慶應義塾志木高等学校

普通科
生徒数　729名
〒353-0004
埼玉県志木市本町4-14-1
☎048-471-1361
東武東上線志木駅　徒歩

県下随一の超難関進学校は
ほとんどが慶應大に推薦入学
校外授業もユニーク

URL	https://www.shiki.keio.ac.jp

伝統に基づく独立自尊の校風

1948（昭和 23）年に開設された慶應義塾農業高等学校を前身に、1957年、普通高等学校へ転換した。福澤諭吉の建学の精神に基づき、慶應義塾大学進学を前提にした、独自の教育が特徴の高校である。具体的な教育目標として、「塾生としての誇りを持たせること」「基礎的な学問の習得」「個性と能力を伸ばす教育」「健康を積極的に増進させること」の４つを掲げている。

武蔵野の面影が残るキャンパスは緑豊か

広大なキャンパスは、美しい森や竹林、柿畑など自然がいっぱいで、今なお武蔵野の風趣をとどめる。校舎に隣接する松林や雑木林は、昼休みの散歩にも最適。自然の美しさ、都会を離れた閑静さ、澄んだ空気などは、勉学に励む者にとって最高の環境といえる。屋外温水プールや体育館、６面あるテニスコート、柔剣道場、弓道場と体育施設が特に充実。さらに 80人が収容できる合宿所「去来舎」、「有朋舎」「陽光舎」と名付けられたクラブの部室棟もある。「去来舎」という名称は、福澤諭吉のことば“戯れ去り戯れ来る、自ずから真あり”に由来し、また、「有朋舎」「陽光舎」は、生徒からの公募で決められた名前である。蔵書約５万冊の図書館や、天体観測室、視聴覚室など、学習施設も整っている。

大学進学に適した学力の充実と向上

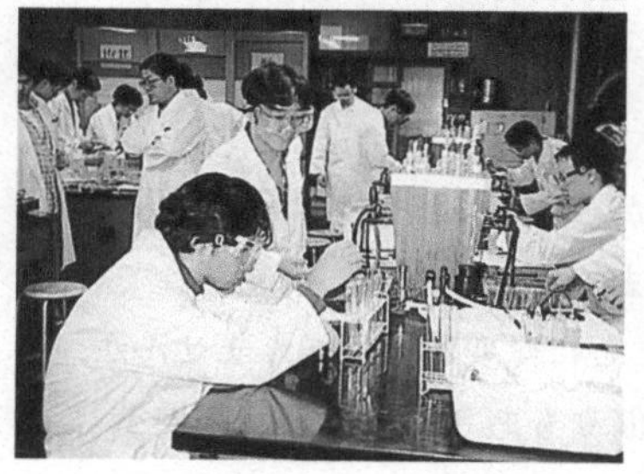

自学自習を習慣に全員慶應義塾大へ

慶應義塾大への進学を前提とした、特色あるカリキュラムを編成している。「個性と能力を伸ばす」少数教育を実践しており、特に３年次はほとんどの科目が選択制で、生徒は教師のガイダンスを参考にして５科目 10 単位を履修し、将来の志望に応じた学習活動を通じ、大学における専門教育の準備をすることができる。

また、２年次には 24 講座から選択履修する「総合的な探究の時間」があり、言語学習の楽しさを知ると同時に、諸外国・諸民族の歴史や文化、政治、風土などを学ぶ。希望者を対象に学年を越えて放課後、「語学課外講座」も開講。アジア、アフリカ、中東地域を中心に、アラビア語、イタリア語、古典ギリシャ語、古典ラテン語、スペイン語、中国語、ロシア語、フランス語など、24 言語を自由に選択できる。

学期は１学期制だが、指導上の関係で定期試験は年に３回あり、定期試験のあと、成績や生活指導に関する保護者会が開かれている。

個性を伸ばし、自立心を養う多彩な学校行事

課外教育のひとつである「志木演説会」は、本校ならではの伝統行事だ。福澤諭吉の三田演説会にならったもので、年２回行われており、開講数は今日までで 130 回を超えている。

また、１年次には三浦方面、２年次には信州方面、３年次には関西方面への研修・見学旅行を行う予定である。ほかにも各教科主催で、歌舞伎や美術の鑑賞、博物館見学などがあり、学校行事は非常に多彩だ。独立自尊の精神に基づいて、クラスマッチや２日間にわたる一大イベント「収穫祭」などは、生徒たちの手で運営される。もちろんクラブ活動も活発で、現在 18 の運動部、11 の文化部が活動している。

図書館

慶應義塾大ひとすじ学部で進路を選択

ほとんど全員が、推薦で慶應義塾大学に入学する。いずれの学部に進学するかは、大学教員による学部説明会を開いて進学指導すると共に、各自の志望と適性、在校時の成績などを考慮した上で、推薦学部が決定される。2023年３月卒業生237名の進学学部の内訳は、文学部13名、経済学部80名、法学部74名、商学部20名、医学部７名、薬学部０名、理工学部33名、総合政策学部２名、環境情報学部５名、看護医療学部０名、その他３名。

2024年度入試要項

試験日　1/23（自己推薦２次）
2/7（一般１次・帰国生１次）
2/11（一般２次・帰国生２次）
※自己推薦１次は書類選考のみ
※２次はすべて１次合格者のみ

試験科目　国・数・英（一般・帰国生１次）
面接（２次）

2024年度	募集定員	受験者数	合格者数	競争率
自己推薦	約40	122	47	2.6
一般	約190	1080	349	3.1
帰国生		61	24	2.5

過去問の効果的な使い方

① **はじめに**　入学試験対策に的を絞った学習をする場合に効果的に活用したいのが「過去問」です。なぜならば，志望校別の出題傾向や出題構成，出題数などを知ることによって学習計画が立てやすくなるからです。入学試験に合格するという目的を達成するためには，各教科ともに「何を」「いつまでに」やるかを決めて計画的に学習することが必要です。目標を定めて効率よく学習を進めるために過去問を大いに活用してください。また，塾に通われていたり，家庭教師のもとで学習されていたりする場合は，それぞれのカリキュラムによって，どの段階で，どのように過去問を活用するのかが異なるので，その先生方の指示にしたがって「過去問」を活用してください。

② **目的**　過去問学習の目的は，言うまでもなく，志望校に合格することです。どのような分野の問題が出題されているか，どのレベルか，出題の数は多めか，といった概要をまず把握し，それを基に学習計画を立ててください。また，近年の出題傾向を把握することによって，入学試験に対する自分なりの感触をつかむこともできます。

過去問に取り組むことで，実際の試験をイメージすることもできます。制限時間内にどの程度までできるか，今の段階でどのくらいの得点を得られるかということも確かめられます。それによって必要な学習量も見えてきますし，過去問に取り組む体験は試験当日の緊張を和らげることにも役立つでしょう。

③ **開始時期**　過去問への取り組みは，全分野の学習に目安のつく時期，つまり，9月以降に始めるのが一般的です。しかし，全体的な傾向をつかみたい場合や，学習進度が早くて，夏前におおよその学習を終えている場合には，7月，8月頃から始めてもかまいません。もちろん，受験間際に模擬テストのつもりでやってみるのもよいでしょう。ただ，どの時期に行うにせよ，取り組むときには，集中的に徹底して取り組むようにしましょう。

④ **活用法**　各年度の入試問題を全問マスターしようと思う必要はありません。できる限り多くの問題にあたって自信をつけることは必要ですが，重要なのは，志望校に合格するためには，どの問題が解けなければいけないのかを知ることです。問題を制限時間内にやってみる。解答で答え合わせをしてみる。間違えたりできなかったりしたところについては，解説をじっくり読んでみる。そうすることによって，本校の入試問題に取り組むことが今の自分にとって適当かどうかが，はっきりします。出題傾向を研究し，合否のポイントとなる重要な部分を見極めて，入学試験に必要な力を効率よく身につけてください。

数学

各都道府県の公立高校の入学試験問題は，中学数学のすべての分野から幅広く出題されます。内容的にも，基本的・典型的なものから思考力・応用力を必要とするものまでバランスよく構成されています。私立・国立高校では，中学数学のすべての分野から出題されることには変わりはありませんが，出題形式，難易度などに差があり，また，年度によっての出題分野の偏りもあります。公立高校を含

慶應義塾志木高等学校

〈収録内容〉

※データのダウンロードは 2025 年 3 月末日まで。
※データへのアクセスには、右記のパスワードの入力が必要となります。 ⇒ 336979

〈合格最低点〉

※学校からの合格最低点の発表はありません。

本書の特長

実戦力がつく入試過去問題集

- 問題 …………… 実際の入試問題を見やすく再編集。
- 解答用紙 …… 実戦対応仕様で収録。
- 解答解説 …… 詳しくわかりやすい解説には、難易度の目安がわかる「基本・重要・やや難」の分類マークつき（下記参照）。各科末尾には合格へと導く「ワンポイントアドバイス」を配置。採点に便利な配点つき。

入試に役立つ分類マーク 

基本 確実な得点源！
受験生の 90%以上が正解できるような基礎的、かつ平易な問題。
何度もくり返して学習し、ケアレスミスも防げるようにしておこう。

重要 受験生なら何としても正解したい！
入試では典型的な問題で、長年にわたり、多くの学校でよく出題される問題。
各単元の内容理解を深めるのにも役立てよう。

やや難 これが解ければ合格に近づく！
受験生にとっては、かなり手ごたえのある問題。
合格者の正解率が低い場合もあるので、あきらめずにじっくりと取り組んでみよう。

合格への対策、実力錬成のための内容が充実

- 各科目の出題傾向の分析、合否を分けた問題（過去３年分）の確認で、入試対策を強化！
- その他、学校紹介、過去問の効果的な使い方など、学習意欲を高める要素が満載！

解答用紙ダウンロード 解答用紙はプリントアウトしてご利用いただけます。弊社ＨＰの商品詳細ページよりダウンロードしてください。トビラのＱＲコードからアクセス可。

＋α ダウンロード 2019年度以降の数学の解説に ＋α が付いています。弊社ＨＰの商品詳細ページよりダウンロードしてください。トビラのＱＲコードからアクセス可。

UD FONT 見やすく読みまちがえにくいユニバーサルデザインフォントを採用しています。

め，ほとんどの学校で，前半は広い範囲からの基本的な小問群，後半はあるテーマに沿っての数問の小問を集めた大問という形での出題となっています。

まずは，単年度の問題を制限時間内にやってみてください。その後で，解答の答え合わせ，解説での研究に時間をかけて取り組んでください。前半の小問群，後半の大問の一部を合わせて50％以上の正解が得られそうなら多年度のものにも順次挑戦してみるとよいでしょう。

英語

英語の志望校対策としては，まず志望校の出題形式をしっかり把握しておくことが重要です。英語の問題は，大きく分けて，リスニング，発音・アクセント，文法，読解，英作文の5種類に分けられます。リスニング問題の有無(出題されるならば，どのような形式で出題されるか)，発音・アクセント問題の形式，文法問題の形式(語句補充，語句整序，正誤問題など)，英作文の有無(出題されるならば，和文英訳か，条件作文か，自由作文か）など，細かく具体的につかみましょう。読解問題では，物語文，エッセイ，論理的な文章，会話文などのジャンルのほかに，文章の長さも知っておきましょう。また，読解問題でも，文法を問う問題が多いか，内容を問う問題が多く出題されるか，といった傾向をおさえておくことも重要です。志望校で出題される問題の形式に慣れておけば，本番ですんなり問題に対応することができますし，読解問題で出題される文章の内容や量をつかんでおけば，読解問題対策の勉強として，どのような読解問題を多くこなせばよいかの指針になります。

最後に，英語の入試問題では，なんと言っても読解問題でどれだけ得点できるかが最大のポイントとなります。初めて見る長い文章をすらすらと読み解くのはたいへんなことですが，そのような力を身につけるには，リスニングも含めて，総合的に英語に慣れていくことが必要です。「急がば回れ」ということわざの通り，志望校対策を進める一方で，英語という言語の基本的な学習を地道に続けることも忘れないでください。

国語

国語は，出題文の種類，解答形式をまず確認しましょう。論理的な文章と文学的な文章のどちらが中心となっているか，あるいは，どちらも同じ比重で出題されているか，韻文(和歌・短歌・俳句・詩・漢詩)は出題されているか，独立問題として古文の出題はあるか，といった，文章の種類を確認し，学習の方向性を決めましょう。また，解答形式は，記号選択のみか，記述解答はどの程度あるか，記述は書き抜き程度か，要約や説明はあるか，といった点を確認し，記述力重視の傾向にある場合は，文章力に磨きをかけることを意識するとよいでしょう。さらに，知識問題はどの程度出題されているか，語句(ことわざ・慣用句など)，文法，文学史など，特に出題頻度の高い分野はないか，といったことを確認しましょう。出題頻度の高い分野については，集中的に学習することが必要です。読解問題の出題傾向については，脱語補充問題が多い，書き抜きで解答する言い換えの問題が多い，自分の言葉で説明する問題が多い，選択肢がよく練られている，といった傾向を把握したうえで，これらを意識して取り組むと解答力を高めることができます。「漢字」「語句・文法」「文学史」「現代文の読解問題」「古文」「韻文」と，出題ジャンルを分類して取り組むとよいでしょう。毎年出題されているジャンルがあるとわかった場合は，必ず正解できる力をつけられるよう意識して取り組み，得点力を高めましょう。

慶應志木の数学

——出題傾向と対策 合否を分けた問題の徹底分析——

出題傾向と内容

〈出題形式〉

年度によって大きく異なることもあるが，通常は，大問数は5～7題，小問数にして13～20題程度である。本年度は昨年同様に，大問7題，小問数14題であった。例年，①は独立した2～6題の小問群で，一つの小問の中に複数の設問が置かれる場合もある。どの分野からも出題され，典型的な形での出題はあまりなく，やや難しいものも混じる。②以降は大問で，2～4題の小問で構成されることが多い。(本年度は証明問題が小問なしでの出題。)大問の場合には，たいていは順に難しくなるように配列されていて，前の問題が後の問題のヒントになる誘導形式がとられていることが多い。いずれも最後の小問が難しい。

〈本年度の出題内容〉

① 2題の小問で構成されている。(1)は座標平面上の点を結んで作った四角形を回転させた立体の体積を求める問題。(2)は式を満たす文字の値の組を求める問題で，求め方に工夫が必要である。

② 係数が文字で与えられた関係式に数値を当てはめて連立方程式を作って文字の値を求め，その式を用いて二次方程式を解くように構成されている。

③ 同じ弧に対しての2つの角の大小関係を証明する問題である。三角形の外角の性質を使って証明できる。

④ 本校で過去にも出されたことのある経路の問題。異なる数個のものを並べる並べ方を基本にして，その中に何個か区別ができないものが混じるときの並び方の数である。(2)では「進む道がない場合はその場に止まる」という条件も加えられている。

⑤ 辺の比から面積の比を求める問題である。単純な設問ではあるが，解答に至るまでには補助線を引くことや線分の分割など，工夫が必要である。

⑥ 座標平面上のグラフや，そこに置かれる長方形などを用いて図形の面積を求める問題である。複雑な数値を使うようになっている。

⑦ 正八面体の頂点をある規則にしたがって切り落として立体を作り，さらにその立体の頂点を同じ規則で切り落として新しく立体を作る。その2つの立体の体積を求める問題。

〈全体的な傾向〉

本年度は中学数学の広い範囲からバランスよく出題されているが，年度によっては，場合の数・確率が多かったり，図形問題が多かったりすることもある。また，数や文字式の計算が繁雑なものが混じることがよくある。いずれの問題も，基本となる知識に基づいての思考力，応用力を必要とするものであり，問題数が多いことから，高いレベルの出題であるといえる。

来年度の予想と対策

来年度もほぼ同様の傾向が続くと思われる。中学数学の全分野から，大問にして5～7題，小問数にして14～18題前後が出題されるだろう。関数・グラフ，平面図形については，標準レベル以上の問題にあたって，座標や直線，線分の位置関係を見抜く力，必要な補助線を引いて用いる力を身につけておこう。場合の数・確率についても工夫した扱い方や高度な処理能力が要求されるだろう。

年度別出題内容の分析表 数学

	出題内容	27年	28年	29年	30年	2019年	2020年	2021年	2022年	2023年	2024年
数・用語	整数・自然数の性質		○	○	○	○	○		○	○	○
	倍数・約数	○									
	用語の意味										
	規則性・新しい記号		○								
計算問題	数・式の計算・式の値					○	○	○		○	
	分数・小数を含む数・式の計算										
	平方根					○				○	
	多項式の展開・因数分解	○	○						○		
方程式・不等式	連立方程式を含む一次方程式				○			○			○
	二次方程式		○	○					○		
	不等式				○						
	等式の変形										
	方程式・不等式の応用	○	○		○	○	○	○	○	○	○
関数・グラフ	比例・反比例				○						
	一次関数	○	○	○	○	○	○	○	○	○	○
	$y=ax^2$の二次関数	○	○	○	○	○	○	○	○	○	○
	その他の関数										
	座標・式を求める問題	○	○		○	○	○	○	○	○	○
	グラフの作成										
大問で使われる計算等	複雑な数・式の計算	○	○	○	○	○	○	○	○	○	○
	平方根の計算	○	○	○		○	○	○	○	○	○
	因数分解								○		
	やや複雑な方程式・不等式	○		○	○		○		○	○	○
	その他の計算										
図形の性質	平行線の性質		○		○			○			
	多角形の性質							○		○	
	円の性質		○			○	○	○	○	○	○
	合　同		○			○		○	○	○	
	相似・平行線と線分の比	○	○		○	○	○	○	○	○	○
	三平方の定理		○	○	○	○	○	○	○	○	○
	動　点					○					
	立体の切断・位置関係	○	○	○		○	○	○	○	○	○
	図形の移動・回転		○	○							○
	説明・証明・作図	○	○	○		○		○	○	○	○
図形の計量	角　度									○	
	長さ・面積・体積	○	○	○	○	○	○	○	○	○	○
	面積・体積の比			○							
確率・統計	場合の数・確率	○	○	○	○	○	○	○	○	○	○
	資料の整理・代表値・平均										
	標本調査										
融合問題	関数・グラフと図形	○	○	○	○	○	○	○	○	○	○
	関数・グラフと確率・場合の数										
	図形と確率・場合の数			○							
	その他の融合問題										○
記述問題											
その他の問題							○				

慶應義塾志木高等学校

2024年度 慶應義塾志木高等学校 合否を分けた問題 数学

1 (2)

xにある自然数を代入して，144を加えた数が平方数になればよい。ということで始めていくと，$x=5$のとき，$25+144=169=13^2$, $x=9$のとき，$81+144=225=15^2$, …といくつか見つかるがどこまでやっていけばよいのかがわからなくなる。$x^2=y^2-144=(y+12)(y-12)$としても，大きな数の限界がわからない。本文解説の方法で取り組めば組の数の限界がわかる。

4

だいぶ前に，KEIOUSIKIの9文字を一列に並べる並べ方の数を問う問題が出題されたことがある。2個のK，3個のIを区別した場合は$9\times8\times7\times6\times5\times4\times3\times2\times1$(通り)　2個のKには$2\times1$(通り)，3個のIには$3\times2\times1$(通り)の並び方があるので，2個のK，3個のIをそれぞれ区別しない場合は，$\dfrac{9\times8\times7\times6\times5\times4\times3\times2\times1}{(2\times1)\times(3\times2\times1)}$(通り)ある。

5

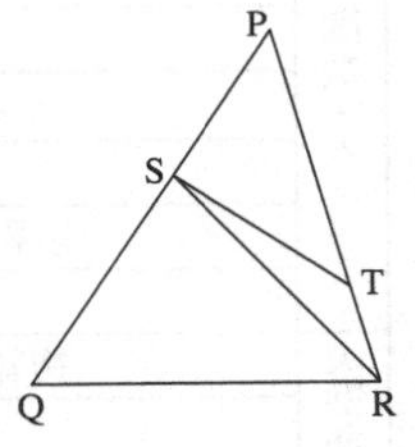

多角形についての面積の比は三角形に分割して考える。2つの三角形の面積の比を考えるときには，高さが等しい三角形⇒底辺の比が面積の比になる。底辺が等しい三角形⇒高さの比が面積の比になる。右図で，PS：PQ＝p：qのとき，$\triangle PSR=\dfrac{p}{q}\triangle PQR$…①　さらに，PT：PR＝$r$：$s$のとき，$\triangle PST=\dfrac{r}{s}\triangle PSR$…②　①を②に代入して，$\triangle PST=\dfrac{pr}{qs}\triangle PQR$　この基本になる考え方をすぐ使えるようにしておこう。すると，本問題の(2)の場合もAG：AEを求めればよいことがわかる。AEを文字で表し，AGがその何分のいくつになるかを考える。

6

$a\pm b$を2乗すると，$(a\pm b)^2=a^2+b^2\pm2ab$となるが，$-a\pm b$を2乗するときは，$(-a+b)^2=a^2+b^2-2ab$となり，$(-a-b)^2=a^2+b^2+2ab$となるので，まとめて書くときには，$(-a\pm b)^2=a^2+b^2\pm2ab$

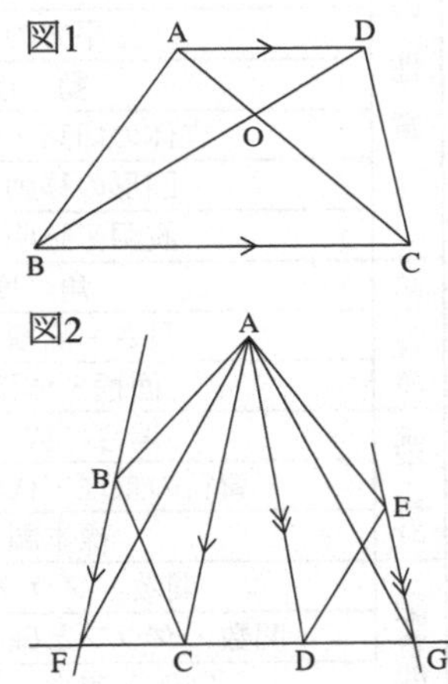

(3)は面積が等しい三角形を利用して解くとよい。図1の形で基本を身につけておこう。AD//BCのとき，平行線間の距離は一定だから，$\triangle ABC=\triangle DBC$，$\triangle BAD=\triangle CAD$　さらに，等しい面積の三角形から共通部分を除いた△AOBと△DOCも面積が等しくなる。

これを使って四角形や五角形と等しい面積の三角形を作ることもできる。図2で直線CD上に点F，Gをとって，五角形ABCDEと等しい面積の△AFGを作りたい。どうやればよいだろうか。

①対角線ACを引く。②点Bを通りACに平行な直線を引いて直線CDとの交点をFとする。BF//ACなので，$\triangle AFC=\triangle ABC$　③対角線ADを引く。④点Eを通りADに平行な直線を引いて直線CDとの交点をGとする。EG//ADなので，$\triangle GAD=\triangle EAD$　よって，△AFG＝五角形ABCDE　このようなことに強くなっていれば，本問題の解法に気づきやすい。

◎本校の過去問題集を，単なる問題集としてではなく，数学の参考書，研究書と考えて，徹底的に復習しておこう。

2023年度 慶應義塾志木高等学校 合否を分けた問題 数学

1 (1)

中学数学でよく使われる定理に「三角形の外角はその隣にない2つの内角の和に等しい。」がある。それを用いた右図の角の関係もすぐ使えるように定理として身につけておくとよい。$a+b+c=d$ $e+f=g+h$

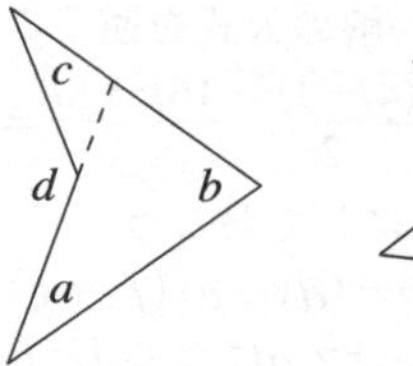

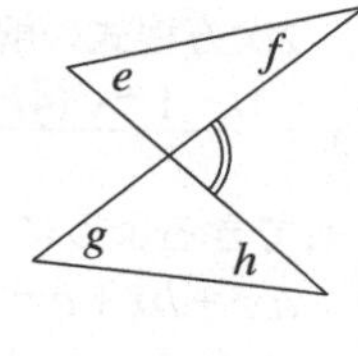

1 (2)

2023は2でも，3でも，5でも割り切れない。7で割ると289 素数を平方した数として，$11^2=121$，$13^2=169$，$17^2=289$，$19^2=361$など覚えておこう。素数ではないが，$15^2=225$，$25^2=625$もよく登場する。

2 (2)

(1)は表が1回以上出る場合の逆，つまり表が1回も出ない場合を考えた。(2)も，表が3回以上連続して出ない場合を考える方法もあるが，かえって難しい。

3

3辺がわかっている三角形の面積を求めるとき，右図で，高さAHをxとして求めようとすると繁雑な計算になる。(1)の設問のように，BH＝xとしてAH^2を2通りに表してまずBHを求め，それからAHを求める。

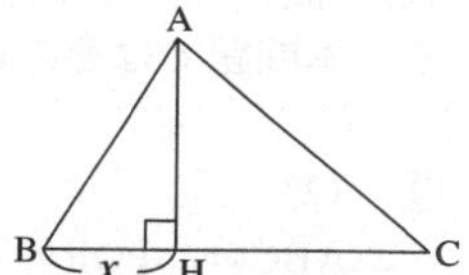

4

AB＝DCを言うには△ABC≡△DCBが言えればよい。そのためには∠ACB＝∠DBCが言えればよい。点A，DからBCに垂線AH，DIを引くと，平行線間の距離が一定であることから，直角三角形の斜辺と他の1辺がそれぞれ等しいので，△DBI≡△ACHが言える。よって，∠ACB＝∠DBC 本文解説では合同の証明を繰り返さない他の方法でやってみた。

5

式をどんどん作って解ける人もいたと思うが，容器A，容器B，容器Cのそれぞれの状態を整理して進めるとよい。(食塩水の量)と(濃度)から(含まれる食塩の量)の3つを明らかにしながら進めていくこと。未知数は文字で表して使えばよい。

6

3つの球のうちの1つの半径が異なっている。円柱の底面からの高さも側面からの距離も違う。その状況を把握することが出発点になる。

(3)は(2)で作られた底面の位置をもとにして考えるとよい。底面の円の中心をOとすると，OA′＝OB′となるので，半径OA′の円を考えて進めていく。

7

放物線の式にも直線の傾きにも$\sqrt{3}$が使われている。正三角形の1辺の長さを2としたときの高さが$\sqrt{3}$なので，(2)までは比較的簡単に進んでいける。(3)で，∠APB＝∠ACBであることから4点A，B，P，Cが同一直線上にあると気づけば，△ABCが二等辺三角形なので，4点A，B，P，Cを通る円の直径が∠BACの二等分線上にあることもわかる。さらに△ABCが正三角形であることから，その円の中心が△ABCの重心であるといえて，円の中心の座標もわかる。

大事な考え方が多く含まれている問題である。

◎本校の過去問題集を，単なる問題集としてではなく，数学の参考書，研究書と考えて，徹底的に復習しておこう。

2022年度 慶應義塾志木高等学校 合否を分けた問題 数学

1 (1)

2次方程式の解の公式を使うこともできる。$x^2-(4t-1)x+4t^2-2t=0$

$x=\dfrac{4t-1\pm\sqrt{(4t-1)^2-16t^2+8t}}{2}=\dfrac{4t-1\pm1}{2}=2t$，$2t-1$と簡単に求められるが，本文解説のような方法もできるようにしておこう。

$ax^2+bx+c=(dx+e)(fx+g)$と因数分解できるとすると，$(dx+e)(fx+g)=dfx^2+(dg+ef)x+eg$だから，かけて$a$になる$d$と$f$，かけて$c$になる$e$と$g$をいろいろと考えて，$dg+ef$が$b$になるものをさがす。高校数学ではこのような因数分解が普通に登場する。高校入試レベルではそれほど難しいものは出題されないので，例をあげるので練習してみよう。$2x^2-x-6$はどうだろう。$(2x+□)(x+△)$の形になることはすぐにわかる。$2\times□+△$が-1になればよい。そのような，かけて-6になる□と△をさがす。□は3，△は-2とわかるから，$(2x+3)(x-2)$

2 (2)

平行四辺形は対角線の交点を通る直線によって面積が2等分される。台形の場合，$\dfrac{1}{2}\times$(上底＋下底)×高さで面積が求められるから，上底，下底それぞれの中点を通る直線によって面積が2等分される。本問題ではそのことを応用している。

3 (2)

△ABC∽△PQRのときに，AB：PQ＝BC：QR＝CA：RPと比をとっていくことが多いが，AB：BC：CAと3辺の比を求め，PQ：QR：RA＝AB：BC：CAを利用した方がわかりやすいこともある。

4

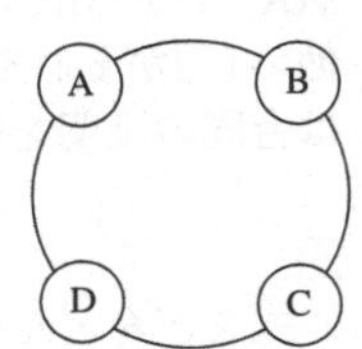

4つの文字A，B，C，Dを一列に並べる並び方は，4×3×2×1＝24(通り)ある。そのうちの，例えばABCD，BCDA，CDAB，DABCは順番が同じである。これを右図のように円の形に並べたときには同じものとなってしまう。A，B，C，Dを円の形に並べる並べ方は，4×3×2×1÷4＝3×2×1＝6(通り)となる。

5

200gあたりの価格が提示されているが，本文解説のように1gあたりの値段で式を作っていくと小さな数値で式を作ることができる。

6 (2)

台形の高さを求めるときに三平方の定理を繰り返し使う。このようなときには，本文解説のように途中の式では平方根をもとめずに2乗のままにして計算していくとよい。

7

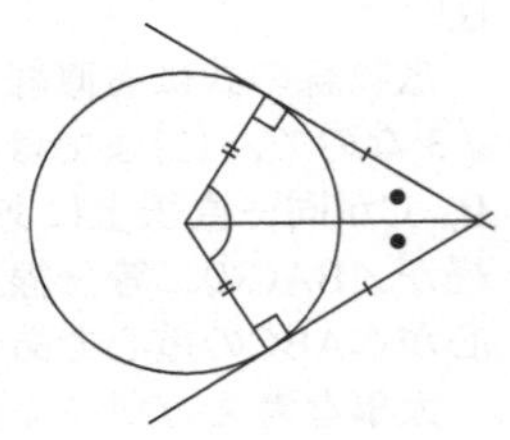

点Rを求める問題はクイズとしてもよく見かけるものである。線対称の位置にある点を結ぶ線分は対称の軸によって垂直に2等分されるので，対称の軸上の点とその2点を線分で結ぶことで合同な図形ができやすい。

点Sの位置を見つける問題が単独で出されたら難しい。点Rを求めることで，「合同な直角三角形」が意識されると，「円外の1点から円に引いた接線の長さが等しい」という定理の証明を思い浮かべることができる。

◎本校の過去問題集を，単なる問題集としてではなく，数学の参考書，研究書と考えて，徹底的に復習しておこう。

慶應志木の英語

──出題傾向と対策 合否を分けた問題の徹底分析──

出題傾向と内容

Ⅰ～Ⅲ　いずれも長文読解問題で，Ⅰは，語句選択補充，空所に入る語を選んで必要に応じて語形を変化させる問題，語句整序，内容吟味から成る総合問題，Ⅱは語句補充，語句整序，文選択補充，発音，英文和訳，指示語，内容吟味，英問英答から成る総合問題，Ⅲは文選択補充の出題である。Ⅰは物語文で，物語の内容を正しく読み取れているかを問う問題が中心で，特に人物が置かれている状況を正しく理解できるかがポイント。語句補充問題と空所に入る語を選んで形を変える問題は，文脈を正しくつかんでいるかが問われている。語句整序問題は，与えられている語句はやや多いが，日本語の意味も与えられており比較的取り組みやすいレベルである。英問英答は，答えるべき内容をつかむことより，条件に合う形で英文で表すのが難しかったと思われるが，全体として，本文の内容がある程度つかめていれば難易度は決して高くはない。Ⅱも物語文。英文は特に難しいレベルではなく，文章も特に長くはない。物語として比較的読みやすいものと言える。内容吟味と語句選択補充問題は，文章の内容をある程度理解できていないと簡単には正解できない。Ⅲは高齢女性たちのサッカーについてのエッセイで，問題の種類は語句解釈と内容吟味のみであるが，本文をかなり正確に読み取れていないと正解するのは難しい。

Ⅳ　英文の説明に合う日本のことわざや格言を選ぶ問題。英文中の語句から当てはまる日本語を見つけるのは決して難しくない。

Ⅴ　正誤問題。ごく基本的だが見落としがちな誤りを含む問題が多く，すべて正解するには確実な基礎力が求められる。

Ⅵ　自由英作文問題。文章の構成が大きなポイントである。

学習のポイント

> 文法事項は，高校1年生レベルのところまでの学習は必要であるが，中学学習範囲の事項についても，さらに理解を深めておくことが重要。読解問題については，さまざまなタイプの英文になじんでおくことが必要である。

来年度の予想と対策

来年度も本年度と同様，長文総合問題を中心とした出題となることが予想される。

長文総合問題で得点を上げることが特に重要なので，内容を速く正確につかめる力をつける必要がある。そのためには，①語いの知識を増やす，②文法の知識をしっかり身につけて文の構造を見極める力を養う，③教科書より一歩進んだ内容の長文にできるだけ多く触れることが必要であるが，加えて，なるべく多くのジャンルの英文や，特殊な場面を描いた物語や会話文を数多く読むとよいだろう。

文法問題の対策としては，中学校で学習する事項を土台としつつ，高校1年生レベルの基本事項まではしっかり理解しておく必要がある。

その他，近年での出題はないが発音関連の問題の対策もしておくべきである。耳で聞いて声に出して覚えるという語学学習の最も基本的な学習をおろそかにしてはならない。

年度別出題内容の分析表　英語

		出題内容	27年	28年	29年	30年	2019年	2020年	2021年	2022年	2023年	2024年
設問形式	話し方・聞き方	単語の発音					○					○
		アクセント										
		くぎり・強勢・抑揚										
		聞き取り・書き取り										
	語彙	単語・熟語・慣用句	○	○	○	○	○	○	○	○	○	○
		同意語・反意語										
		同音異義語										
	読解	内容吟味	○	○	○	○	○	○	○	○	○	○
		要旨把握										
		語句解釈	○			○			○			○
		段落・文整序										
		指示語				○						○
		会話文										
		文補充・選択	○	○	○	○	○	○	○	○	○	○
	文法・作文	和文英訳										
		語句補充・選択	○	○	○	○	○	○	○	○	○	○
		語句整序	○	○	○		○	○	○	○	○	○
		正誤問題		○		○	○					○
		言い換え・書き換え		○				○				
		語形変化	○	○	○	○		○	○	○	○	○
		英問英答							○	○	○	○
		自由・条件作文										
		英文和訳(記述・選択)		○			○	○		○		○
文法事項		文　型	○	○			○	○				
		時　制	○	○					○		○	○
		間接疑問文	○	○			○		○	○	○	
		進行形			○							
		助動詞							○			○
		付加疑問文			○							
		感嘆文										
		命令文			○						○	○
		不定詞	○	○	○	○	○	○	○	○	○	○
		分　詞	○	○		○		○	○	○	○	○
		動名詞	○				○		○	○	○	
		比　較	○	○	○	○	○	○	○	○	○	○
		受動態	○			○			○	○	○	
		完了形	○			○	○	○	○	○	○	
		前置詞	○		○		○	○	○	○		○
		接続詞		○	○	○	○		○	○	○	○
		代名詞		○								○
		関係代名詞		○		○	○	○	○	○	○	○

慶應義塾志木高等学校

2024年度 慶應義塾志木高等学校 合否を分けた問題 英語

Ⅵの英作文問題は，40～55語と比較的長い英文を書く必要があり，さらに表現の幅もいろいろ考えられるので，その分，難易度は高く，満点を取るのは難しい。したがって，ここで少しでも多く得点することは大きな合否の分かれ目となる。ここでは，この英作文問題をいくつかの観点から検討して，語数が多い英作文問題への対応力を高めよう。

この問題では英語学習を続けるべきだと考える理由を書くので，英語を学習することで得られるメリットを書けばよいことは容易に想像できる。この点で，書く内容自体を決めるのはそう難しくないだろうが，語数の条件を満たすためには単に理由を挙げるだけでは足りないので，理由を補足する内容が必要になる。どのように「肉付け」するかが大きなポイントになるということだ。ここでは，解答例で示したものと別の理由を2つ挙げながら，それぞれどのように補足を加えていくかを考えていこう。

解答例1　理由：英語ができれば海外に行ったときに困らない。

まずはこの理由を与えられている because に続ける。you will not have troubles［you will have less troubles］ if you can speak English when you visit a foreign country「外国を訪れたときに，英語を話せれば困ったことにならない[困ったことが少なくなる]」といった表現が可能である。これを直接の理由とすれば，「困らない」→「海外旅行をさらに楽しめる」といった連想ができる。これは you can enjoy traveling more in foreign countries「外国旅行をより楽しめる」のように比較的簡単な英語で表せる。英作文問題では文法上のミスも大きな減点の対象となるので，なるべく簡単な表現を探るのが1つのコツである。これにさらに補足を加えた一例を挙げよう。(However, I really think you should continue studying English because) you will not have troubles［you will have less troubles］ if you can speak English when you visit a foreign country. If there are not any troubles［you have less troubles］, you can enjoy traveling more in foreign countries. You can make many foreign friends in other countries, so you should continue studying English.「外国を訪れたとき，英語を話せれば困ったことがない[少なくなる]（ので，英語を勉強し続けるべきだと本当に思う。）困ったことがなければ[少なければ]，海外旅行をさらに楽しむことができるだろう。他国で多くの外国の友達を作ることができるから，あなたは英語を勉強し続けるべきだ」。

解答例2　理由：将来，職業選択の幅が増える。

これは，「職業を選ぶより多くの機会を得られる」のように言いかえると英語に直しやすいだろう。you will have more chances［opportunities］ to choose your job in the future if you can use English well「英語を上手に使えれば，将来仕事を選ぶ機会が増えるだろう」のように表すことができる。補足としては，if you have a good job, your life will be happy「よい仕事をもてば，あなたの人生は幸せになるだろう」，Having more chances to choose a job means that you can have a job you really want to do「仕事を選ぶ機会が多いことは，やりたい仕事をもつことができるということだ」などが考えられるし，この両方を述べてもよいだろう。注意すべきは，矛盾する内容を続けないことだ。例えば，you will have a better job, but the job will be hard to do「よりよい仕事をもつことができるだろうが，その仕事はするのが大変だろう」などとしては，この問題の条件の1つである「英語の学習を促す内容」に合うとは言えない。

このように，この問題では「理由」と「補足」を盛り込むことが重要である。「理由」を決めたら，そこから連想されることを書く，といった作業が求められる。

このような自由度の高い英作文問題に限らず，自由・条件英作文では「与えられている条件を満たす」，「文法的なミスをなくすために，なるべく簡単な表現を考える」ということが正解に近づく最大の手段である。難しそうな内容を簡潔な表現で表す姿勢が大切だ。

2023年度 慶應義塾志木高等学校 合否を分けた問題 英語

Ⅷの英作文問題は，一見簡単に解答できそうではあるが，細かいところに注意しないと思わぬところで大きな失点につながる。ここでの大きな失点は，合否の分かれ目となる重要な失点となったであろう。ここでは，この問題で注意すべき点に着目して，いかに減点の少ない解答を導き出すかということを解説する。

まず，与えられている条件を確認しよう。「もしあなたが作家(a writer)だとしたら，何についての文章を書きますか」が問いの第一のポイントである。この表現からもわかるように，自分が作家であるということは現実と異なることを仮定する表現，つまり仮定法を用いて表さなくてはならないということだ。実際に受験するときに作家活動をしている受験生の場合はこれに該当しないが，一般的にそうした状況は考えにくいので，あくまで受験生が作家活動をしていないという条件で話を進めると，If I were a writer「もし私が作家だとしたら」で文を始めるのが基本。仮定法は動詞，助動詞の過去形を使うので，これに続く節では I would ～「私は～するだろう」と続けて第1文を作る。ここまでは問題で与えられている最初の条件で，仮定法を使えるかが大きなポイントとなる。ここで仮定法を使わずに If I am a writer とすると，現実に自分が作家になることがあることになってしまうからだ。

この後は，自分が作家として書きたいと思うこと，それを書きたいと思う理由を書くことになる。書きたいことは個人ごとに様々だろうが，それに加えてなぜそれを書きたいかという理由を書かなくてはならないので，第2文で書きたい内容を伝え，第3文でそれを書きたい理由を書くのが書きやすいだろう。「40語以上，55語以内」という語数の制限は決して長くない。「作家として書きたいと思うこと」,「その内容」,「それを書きたいと思う理由」をそれぞれ1文で書くことがポイントである。それぞれについて検証しよう。

最初の「作家として書きたいと思うこと」については前述のとおり，仮定法で表す。If I were a writer, I would write about ～.「もし私が作家だとしたら，私は～について書くだろう」とまとめたい。続いて「書きたい内容」を書く。これは個人によってさまざまな解答があるだろうが，重要なのは I would write about ～「私は～について書くだろう」と正しく仮定法を使って書くことだ。この問題の1つのポイントはここで仮定法を使えるかどうかにある。

この後は，自分が書こうとする話の内容の説明である。ここで仮定法を用いると，「実際とは違う内容の話」ということになってしまい，そもそも実際に存在しない話について述べるのだから，仮定法は逆に矛盾することになる。時制は現在形で，In this story,「この話では」，This story tells about ～「この話は～について述べる」といった表現が使いやすいだろう。

最後は書きたいと思う理由の説明である。理由を書くので because や so などの接続詞を使うことが考えられるが，Because ～，So, ～ といった形で文を始めるのは書き言葉としてはよろしくない。むしろ，無理に理由を表す接続詞を使わず，I think (that) ～. といった形で，理由となることを述べればよい。

全体としては，「私が作家だとしたら～について書くだろう。その文章[物語]の中で，～。～だからだ」という流れがこの問題に答えるうえでの原型だろう。自由英作文の形式の問題だが，求められていることは実は限られている。この問題に取り組むうえで問題の意図を見抜くことができれば，この英作文問題で満点を取ることに大いに近づくことになるし，英文を書く作業もはるかに楽になるはずだ。

2022年度 慶應義塾志木高等学校 合否を分けた問題 英語

Ⅰ 問6は英問英答問題で，1～3文で書くという条件がある。本文の内容を正しく理解することはもちろんだが，1文にまとめるのか，2または3文で表すのかというところでもしっかり検討する必要があり，英文で答えるのは簡単ではない。英文の出来によって得点の幅が考えられる問題なので，ここでどの程度英文を書けたかによって合否に大きな影響が出たものと思われる。この問題では，質問を正しく理解して適切な解答を書く，そして，問題の条件に合うように書くという2点に注意しなくてはならない。部分点が期待できるので，無理に難しい表現を使わず，答えるべき内容を整理して条件に合う形で英文を書くことを心がけよう。ここでは，こうした点に留意しつついくつかの解答例の可能性を探り，英問英答問題への対応力を高めよう。

英文の質問の意味は，「22人の人々は道路で何をしていたのですか，また，それはなぜですか」である。まずは「22人の人々が道路でしていたこと」，そしてそのことをしている理由を答えることを押さえよう。最初の1文で22人が道路でしていたことを書き，次の1文または2文に分けてその理由を書くのがよいだろう。1文にまとめるならば，「22人が道路でしていたこと」の後に because でつないで理由を書くが，1文が長くなるとミスも犯しやすくなるので，2または3文で書くのが無難である。理由を表す文を後に加える場合は because などの接続詞を使う必要はなく，理由とわかる内容の文を並べればよい。

では，解答するにあたって，必要な情報を集めよう。「22人の人々」が初めて出てくるのは第3段落で，その第1文に Twenty-two of us … formed a line blocking the road「私たち22人は…道路を塞いで一列になった」とあるので，このとき彼らは道路を塞でいたことがわかる。また，続く第4段落から，長年伐採されずにきた森林が伐採されることとなり，企業が森林を伐採できるように谷へ通じる道路を建設中だったことをつかむ。さらにその後の2段落から，彼らが森林伐採に反対していることがわかる。

解答するうえでは，これらの材料があれば十分だろう。解答例で示したように，「22人がしていたこと」は本文の表現を使って They were blocking the road. とするのが簡単だろう。より具体的には，道路建設にやって来るトラックを止めようとしていたのだから，They were trying to stop the trucks on the road.「彼らは道路でトラックを止めようとしていた」といった解答も考えられる。また，どのようなトラックであったかを説明して，They were trying to stop the trucks which were going to build the road to the forest.「彼らは森林への道路を作ろうとしているトラックを止めようとしていた」などとすれば，より詳細に答えることができる。さらに，止めようとしていた相手は実際には「アイランド・フォレスト・プロダクツ社」という企業なので，They were trying to stop the company from building the road to the forest.「彼らは企業が森林への道路を建設するのをやめさせようとしていた」といった解答もよいだろう。

次に彼らがしていたことの理由について考える。最初に22人がしていたことをどう表現するかにもよるが，最低限書かなければならないことは，彼らが森林の伐採を望んでいなかったことである。これについていくつか表現例を考えてみよう。解答例のように，前の文で森林の伐採について触れていれば，They wanted to save the forest.「彼らは森林を守りたかった」のように簡単に書くことができるし，少し表現を変えて，They did not want to lose the forest.「彼らは森林を失いたくなかった」などとしてもよい。また，伐採について触れていなければ，They did not want the company to cut down trees in the forests.「彼らは企業が森林の木を伐採することを望んでいなかった」といった解答も考えられる。

このように，22人の行動について基本的な情報が集めることができればいくつかの解答パターンが可能だが，あまり細部にこだわると英文のつなげかたが難しくなったり，文法上のミスを犯しやすくなったりする危険を伴うので，まずはなるべくシンプルな解答を考えることが重要だ。上で見たように，「トラック」に説明を加えてより詳しい記述にするといったことはあえて避けてもよいだろう。

英問英答の問題に限らず，英作文の問題では最初にシンプルな形の英文を作ることを第一に考えて取り組もう。

慶應志木の国語

――出題傾向と対策 合否を分けた問題の徹底分析――

出題傾向と内容

(問題文の種類：㈠小説　㈡論説文　㈢古文　㈣文学史)

小　説　モーパッサンの『車中にて』からの出題。本文中の脱語補充，要約文の脱語補充を通して，語彙力や読解力が試されるような出題構成であった。登場人物の心情や情景の読み取りが出題の中心となっており，記述は25字以内のものが3問出題された。

論説文　「科学」をテーマにした文章で，脱語補充の形で内容理解を問う設問が中心。抜き出しのほかは，20字の記述は一問のみであった。

古　文　『井蛙抄』からの出題。口語訳を含む本文の内容理解が中心となる出題構成で，語句の意も出題された。15～25字の記述問題が2問出題された。

文学史　近代文学からの出題が中心で，昨年度の芥川賞受賞作が出題されるなど，幅広い出題内容であった。また，萩原朔太郎の詩が掲載され，題名を考えるという難易度の高い出題も見られた。

知識事項　漢字の書き取り，慣用句，語句の意味，四字熟語，などの問題が，読解に組み込まれる形で出題された。語彙力が問われる内容となっている。

●出題の特徴

☆本年度は大問四題，問題数が多めなので，時間配分を考えて解くことが必要。
☆漢字の読み書きは読解に含まれる形で出題され，難しいものも含まれる。
☆論説文・小説ともに，脱語補充の形で要約力が問われる出題が多い。
☆本年度は，25字程度の記述問題が多かった。説明・要約などの記述対策は必須。
☆書き抜き問題は，本文中からすばやく抽出する力が求められる。
☆古文は，注釈を参照して大意を把握したうえで深い読解力が求められた。

学習のポイント――

さまざまな種類の文章に読み慣れておくことが必要である。時間内に大意や論旨を理解し，本文中の言葉を使って要約する練習を重ね，洗練された文章を書けるようにすることが必須。やや難しい内容の文章にも慣れておきたい。また，本年度のように，古文が出題されることもあるので，古文・詩歌の対策も万全にしておこう。知識事項は，幅広く出題される傾向にあるので，確実に得点できる力をつけておこう！

来年度の予想と対策

現代文の読解が中心となると予想されるが，本年度の古文，昨年度の和歌・漢詩などの出題もあるので，古文・韻文の知識も充実させておきたい。現代文の高度な読解力とともに，漢字・文法・語句の深い知識も求められるので，読解力・思考力・表現力と同時に，国語知識の充実も図っておこう。やや難しい内容の論説文や，時代背景が現代ではない小説，外国の小説などが出題される傾向にあるので，多くの問題にあたり，力をつけておくことが必要である。

年度別出題内容の分析表 国語

出題内容			27年	28年	29年	30年	2019年	2020年	2021年	2022年	2023年	2024年
内容の分類	読解	主題・表題	○									
		大意・要旨	○				○	○	○	○	○	○
		情景・心情	○	○		○	○	○	○	○	○	○
		内容吟味	○	○	○	○	○	○	○	○	○	○
		文脈把握	○	○	○	○	○	○	○	○	○	○
		段落・文章構成		○			○	○				
		指示語										
		接続語			○	○		○				
		言い換え					○	○				
		脱文・脱語補充	○	○	○	○	○	○	○	○	○	○
	漢字・語句	漢字の読み書き	○	○	○	○	○	○	○	○	○	○
		筆順・画数・部首										
		語句の意味		○	○		○	○		○	○	○
		同義語・対義語										
		三字・四字熟語		○								
		熟語の構成										
		ことわざ・慣用句・故事成語				○	○		○	○		○
	記述	作文										
		要約・説明	○	○	○	○	○	○	○	○	○	○
		書き抜き	○	○	○	○	○	○	○	○	○	○
		その他	○									
	文法	文と文節・品詞分類										
		品詞・用法						○				
		敬語										
		仮名遣い										
		返り点・書き下し文										
	古文・漢文の口語訳				○					○		○
	古文の省略に関する問題											
	表現技法							○	○	○	○	○
	文学史				○		○	○		○		○
問題文の種類	散文	論説文・説明文	○	○	○	○	○	○			○	○
		小説・物語	○	○	○	○	○	○	○	○	○	○
		随筆・紀行・日記										
	韻文	詩										
		和歌・短歌									○	
		俳句・川柳										
	古文		○		○					○		○
	漢文・漢詩										○	

慶應義塾志木高等学校

2024年度 慶應義塾志木高等学校 合否を分けた問題 国語

□ 問十

★ 合否を分けるポイント（この設問がなぜ合否を分けるのか）

本文を精読する力が問われる設問である。本文のすみずみに気を配り，ていねいに解答しよう。

★ こう答えると「合格できない」！

直前に「『だって，最初は，あのお腹の痛い奥さましかいなかったんだよ。神父さまは手品師なのかな。絨毯の下から金魚鉢を出す，ロベール・ウーダンみたいな』」とあることから，「手品」などとしないようにしよう。少年たちは「手品」を見たとは言っていないので適切でない。少年たちの「見たもの」が表現されている部分を探してみよう！

★ これで「合格」！

これより前，「婦人はあいかわらず……」で始まる段落に「三人は，ちらりとうしろをふりむいてはすぐに目をそらして，先生の行っている不思議な仕事を窺っていた」とある。先生（神父）が婦人の出産の手伝いをする様子を少年は「不思議な仕事」と表現していることをとらえ，「不思議な仕事」を抜き出そう！

□ 問五

★ 合否を分けるポイント（この設問がなぜ合否を分けるのか）

本文の大意をとらえたうえで，自分で考える力も求められる高度な出題である。「文覚上人」の言葉に着目し，心情をよく考えて解答しよう！

★ こう答えると「合格できない」！

文覚上人が西行と対面する様子は，本文に「ねんごろに物語して，非時など饗応して，つとめてまた斎などすすめて，帰されにけり」とある。親しく語り合い，丁重にもてなす様子が描かれていることから，西行と語り合うことが楽しく，ずっと語り合っていたいと思うような人物であると思っていることが読み取れるが，それだけでは不十分である。本文最後の「あれは文覚に打たれんずる者の面様か」に着目しよう。

★ これで「合格」！

本文最後の設問は脱語補充で，ここに「文覚（をこそ打たんずる者なれ）」が入ることが，問五の解答の前提となる。西行は文覚に打たれるような者ではなく，文覚を打つ者である，というのである。「文覚を打つ者」は，文覚の心を打つ者，という意味である。実際に西行と対面した文覚は，語り合うことが楽しく，感動を与えてくれる人物だと感じたのである。これらの内容を25字以内で表現してみよう！

2023年度 慶應義塾志木高等学校 合否を分けた問題 国語

㊁ 問五

★合否を分けるポイント(この設問がなぜ合否を分けるのか)

情景を的確に読み取る力が試される設問である。傍線部Dの前後だけでなく，この言葉に至るまでの経緯をふまえ，本文を丁寧に読んで解答しよう。

★こう答えると「合格できない」！

直前に「羆はかれの死を賭した行為によって仕とめられたものであり，それに対して報酬をあたえ，感謝の意をしめすべきであった」とあり，直後には「銀四郎は，殺害された六名の村人たちの報復を果したクマ撃ちであり，感謝の意を謝礼という形でしめす必要がある」とあることから，1を「報酬」，2を「感謝の意」などとしないようにしよう。銀四郎の気持ちが端的に表現されている部分を探してみよう！

★これで「合格」！

銀四郎が，「金を出せ」と言った時の気持ちが表現されている部分を探すと，その前の銀四郎の言葉に着目できる。銀四郎の言葉は「『冗談を言うんじゃねえ。クマの胆は，クマを仕とめた者がもらうのだ。持っていっていいとはなんだ。仕来りを知らぬのか』」「『きさまらはずるい。……おれは大人しく鬼鹿へ帰るつもりでいたが，その気持は失せた……もしもおれに礼を言いたいと言うなら，金を出せ』」というものである。クマの胆を持っていっていい，と言った区長の言葉に激怒し，「クマの胆は，クマを仕とめた者がもらうのだ。……仕来りを知らぬのか」と怒りをあらわにし，「金を出せ」と言い出したのである。この部分をふまえ，1は「クマの胆」，2は「仕来り」としよう。3は，「感謝の意を謝礼という形でしめす必要がある」という部分を受けて，感謝の意を謝礼という形で示すために金銭を渡す，という内容にすればよい。

㊁ 問六

★合否を分けるポイント(この設問がなぜ合否を分けるのか)

問五と同様に，本文を丁寧に読む注意力が試される設問である。現代社会とは異なる社会背景をふまえ，情景を丁寧に読み取って解答しよう！

★こう答えると「合格できない」！

直後に「かれらは，乏しい耕地で得た物でかろうじて生きている。現金収入はほとんどなく，漁師町に出稼ぎに行って得た金も，灯油その他の生活必需品の購入に費され，金銭的な余裕は皆無に近かった」とあることから，生活の厳しさを読み取り，「僅かな金にも困る自分たちの生活を惨めに思っている」とあるオを選ばないようにしよう。この後に「しかし……」と続いていることを見落とさないようにしよう。

★これで「合格」！

この後，「しかし，かれらは区長の言葉を素直にうけいれた。到底対抗できぬ羆を仕とめてくれた銀四郎に出来るかぎりの謝礼を支払うのが義務だ，と思った」と続いていることをとらえ，「区長の提案をもっともだと理解しつつも，……厳しいと感じている」とするエを選ぼう。区長の提案に反発を感じていないこと，理解しつつも金を捻出するのは厳しい，という現実を前に，どうすることもできない，という状況を読み取ろう。区長の提案は理解できるものの，現実の厳しさの前で，「男たち」は視線を落とすよりほかなかったのである。

2022年度 慶應義塾志木高等学校 合否を分けた問題 国語

三 問三

★ 合否を分けるポイント（この設問がなぜ合否を分けるのか）

本文を丁寧に読む力が問われる設問である。難問ではないが，文脈を丁寧に追って解答しよう！

★ こう答えると「合格できない」！

直後に「いかでか，やむごとなき人に，今日参るばかりの粟をば奉らむ」とあることから，「どうして，尊いお方にわずかばかりの粟を差し上げることができましょう（そんな失礼なことはできない）」と解釈してエを選ばないようにしよう。それに続く部分までしっかり読み取って解答しよう，

★ これで「合格」！

続いて「返す返すおのが恥なり」とあることに着目し，「今日召し上がるだけの粟を差し上げるのは恥ずかしいことだと思ったから」とするアを選ぼう。今日召し上がるだけの少量の粟を差し上げるのは「おのが恥なり（自分の恥です）」という部分まで読み，荘子ほどの人に少量の粟を差し上げるのは失礼である，という以上に，そんなことをするのは自分の恥である，という気持ちの方が強いことを読み取って解答しよう！

四 問三①

★ 合否を分けるポイント（この設問がなぜ合否を分けるのか）

似た意味の言葉の意味の違いを説明する問題で，解説文の文脈を的確にとらえる注意力が試される設問である。よく考えて，ふさわしい語を選び出そう！

★ こう答えると「合格できない」！

Aは，直前に「必要量や」とあることから，「必要量」と並立する語ととらえて，「総合力」としないようにしよう。Bについては，直前に「必要量に関係なく」とあることから，「必要量」とは関係のない「空間」「瞬間」「行間」などを選ばないようにしよう。

★ これで「合格」！

Aは，直後に「許容量」とあることに着目し，「許容量」という表現にあてはまるものとして「能力」を選ぼう。Bは，直後に「区切り」とあることから，「区切る」ことにあてはまるものとして「時間」を選ぼう。「能力の許容量」「時間を区切る」という言い方があることに着目して正答を選び出そう。

2024年度

★★★★★★★★★★★★★★★★★★★★★★★★

入　試　問　題

2024年度

慶應義塾志木高等学校入試問題

【数　学】（60分）　＜満点：100点＞

【注意】　図は必ずしも正確ではない。

1　次の問に答えよ。

(1)　4点A（1，6），B（0，2），C（5，2），D（2，6）を頂点とする四角形ABCDを，y 軸を軸として1回転してできる立体の体積 V を求めよ。

(2)　$x^2+144=y^2$ をみたす自然数の組（x，y）をすべて求めよ。

2　登山地図などに書かれているコースの歩行時間を「コースタイム」という。
傾斜率 s（$s \geqq 0$）の斜面を登るとき，距離 d kmのコースタイム T は，
定数 a，b，c を用いて $T=\{(as^2+bs+c)\times d\}$ 分と算出されるとする。
傾斜率0で距離2kmのコースタイムは40分，傾斜率0.1で距離1kmのコースタイムは26.5分，傾斜率0.2で距離1kmのコースタイムは36分となる。

次の問に答えよ。ただし，$(\text{傾斜率})=\dfrac{(\text{標高差})}{(\text{水平距離})}$ とする。

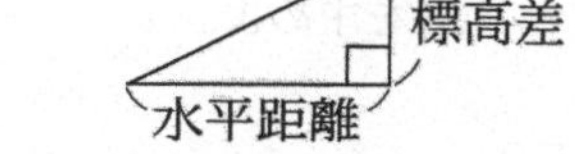

(1)　定数 a，b，c の値を求めよ。

(2)　傾斜率 s で距離9kmのコースタイムが324分であるとき，s の値を求めよ。

3　右図のように円周上に3点A，B，Pがあり，点Qは円の内部にある。このとき，∠APB＜∠AQBを証明せよ。ただし，2点P，Qは直線ABに対して同じ側にある。

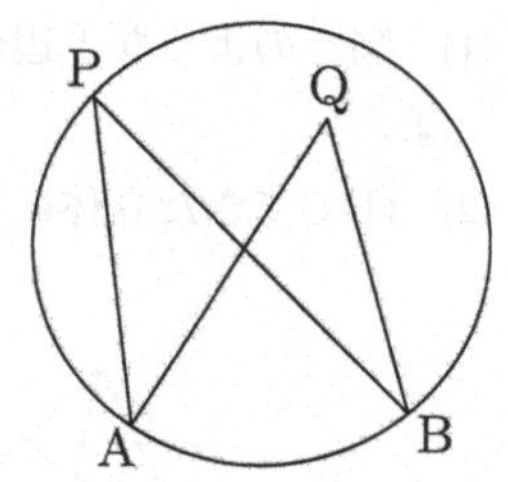

4　↑ と → の2種類の矢印が書かれたカードがたくさんあり，これらを左から順に並べてそれに従いA地点からマス目状の道を1つずつ進んでいく。ただし，進む道がない場合はその場に止まっているものとする。例えば ↑，↑，↑，↑ とカードを並べた場合にはC地点で止まっているものとする。次の問に答えよ。

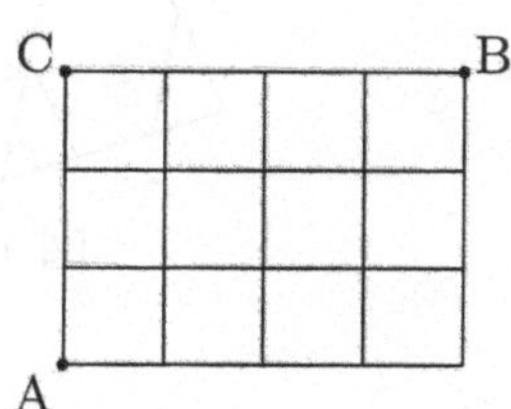

(1)　7枚のカードを並べたとき，B地点にたどり着いた。カードの並べ方は何通りあるか。

(2)　10枚目のカードを並べたとき，はじめてB地点にたどり着いた。カードの並べ方は何通りあるか。

5　右図の△ABCにおいてAD：DB＝１：２，BE：EC＝２：３，CF：FA＝３：４である。△ABCの面積をSとするとき，次の図形の面積をSを用いて表せ。

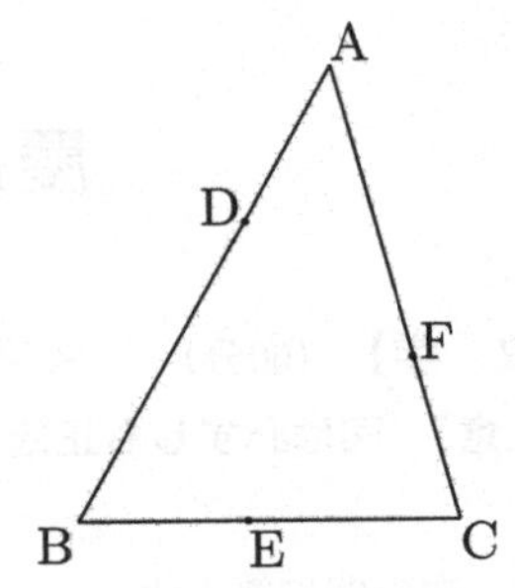

(1)　四角形DBCF

(2)　線分AEと線分DFの交点をGとするとき，△DEG

6　放物線$y=\frac{1}{2}x^2$がある。原点をOとし，放物線上に点A（４，８）をとる。２点（６，０），（０，６）を通る直線をℓとする。この放物線と直線ℓの交点を図のようにP，Qとする。次の問に答えよ。

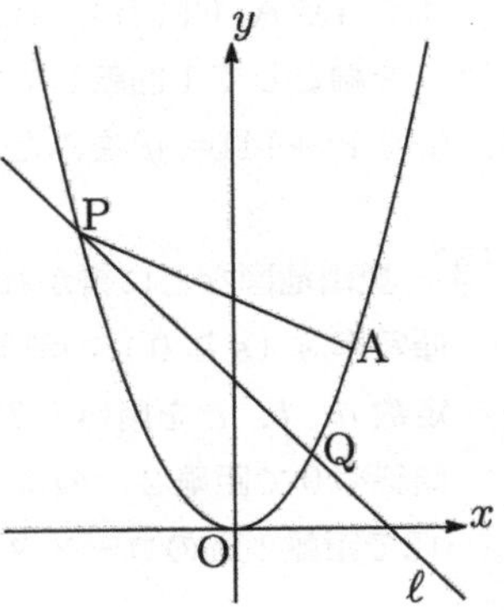

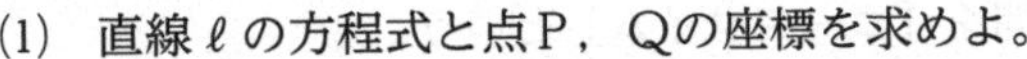

(1)　直線ℓの方程式と点P，Qの座標を求めよ。

(2)　直線ℓ上に点B，Cをとって四角形OCABが長方形になるようにするとき，線分BCの長さを求めよ。ただし，Bのx座標はCのx座標よりも小さいものとする。

(3)　(2)のとき，長方形OCABの面積S_1と四角形OQAPの面積S_2を求めよ。

7　多面体の各頂点に集まる各辺を３等分する点のうち，頂点に近い方の点をすべて通る平面で立体を切り，頂点を含む角錐を取り除いて新しい立体を作る操作を［操作１］とする。例えば図１の正四面体に［操作１］をすると，図２のような立体ができる。次の問に答えよ。

(1)　図３のような１辺の長さが９の正八面体に［操作１］をしたときにできる立体の体積V_1を求めよ。

(2)　(1)でできた立体に対して，さらに［操作１］をしたときにできる立体の体積V_2を求めよ。

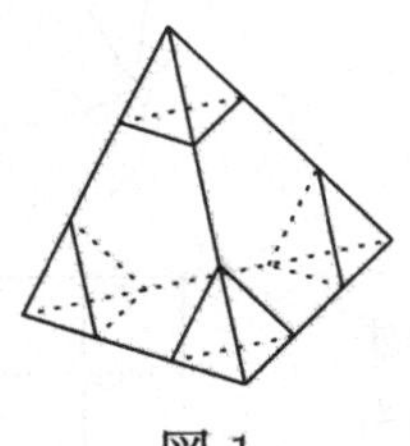

図１

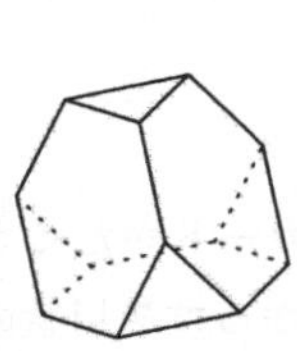

図２

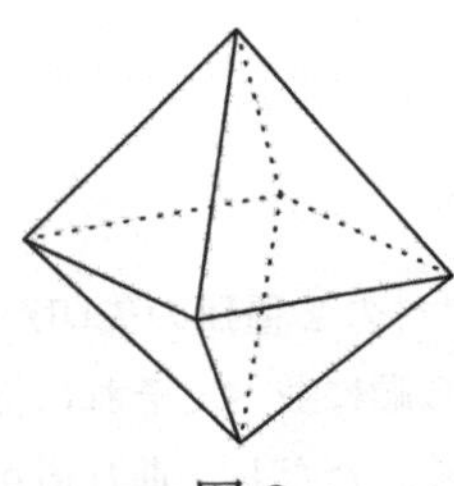

図３

【英　語】(60分)　＜満点：100点＞

I 次の英文を読んで後の問に答えなさい。

Silas Marner was a sad, lonely weaver*;his only friends were the bright gold coins that he earned for his weaving and kept hidden under the floorboards. Only at night, when he finished his work, did he spend time with them.

Dunstan Cass was always in need of money because of gambling and drinking. He drank some whisky from the bottle he kept in his pocket, and started down the country road. He kept thinking about Silas' money. There would certainly be enough for his own needs. Dunstan thought it would be easy to frighten the weaver a little, and then Silas would quickly agree to (①) him his money.

It was four o'clock in the afternoon, and the whole countryside was covered by a thick mist. Dunstan did not see anyone on his way back to the village. He knew he was getting close to the old quarry*, even though he could not see the road in front of him. Soon after he saw light coming from the weaver's cottage, he decided to knock on the door. 'Why not (②) the old man for the money now?' he thought.

When he knocked loudly, there was no reply. When he pushed the door, it opened. (I)**Dunstan [of / front / in / a bright / which / himself / every / showed / found / corner of / fire] the small living-room.** Silas Marner was not there. Dunstan was tired and cold, so he went quickly to sit by the warm fire. As he sat down, he saw a small piece of meat cooking over the fire. It was hanging from a large door key.

'So, the old man is cooking meat for his supper?' wondered Dunstan. 'But where is he? (II)**Why is his door unlocked?** Perhaps he went out to gather some wood for the fire, and fell into the quarry! Perhaps he's dead!' This was an interesting new idea. 'And if he's dead, who receives the money he leaves? Who would know that anybody had come to take it away?' And the most important question of all—'Where is the money?'

(III)**[the weaver / that / him / excitement / could still / Dunstan's / be / forget / made] alive.** He wanted Silas to be dead, and he wanted Silas' money. He looked round the cottage again. There was very little furniture: a bed, the weaving machine, three chairs and a table. Dunstan looked under the bed, but the money was not there. Then he (③) a place on the floor, near the weaving machine, where the floorboards looked different. By pulling up one of the boards, he discovered Silas' hiding place. He took out the two heavy bags (④) with gold, put the boards back and hurried to the door.

Outside, the rain was falling heavily, and he could not see anything at all. Carrying the heavy bags, he stepped forward into the darkness.

When Dunstan Cass left the cottage, Silas Marner was only a hundred meters away. He was walking home from the village, where he had gone to buy what he needed for his next day's work. His legs were tired, but he felt mostly happy. He was looking forward to supper-time, when he would take out his gold. Tonight he had extra reason to hurry home. He was going to eat meat, which was unusual for him. It would cost him nothing, because someone had given him a piece of meat as a present. He had left it cooking over the fire. The door key was needed to hold it safely in place, but he was not at all worried about leaving his gold in the cottage with the door unlocked. He could not imagine that a thief would find his way through the mist, rain and darkness to the little cottage.

When he reached his cottage and opened the door, he did not notice that anything was different. He (⑤) off his wet coat, and pushed the meat closer to the fire. As soon as he was warm again, he began to think about his gold. It seemed a long time to wait until after supper, when he usually took out the coins to look at. So he decided to take out his gold immediately, while the meat was [A] cooking.

But when he took up the floorboards near the weaving machine, and saw the empty hole, he did not understand the situation right away. His heart beat violently as his shaking hands felt all round the hole. There was nothing there! He put his hands to his head and tried to think. Had he put his gold in a different place, and forgotten about it? He searched his small cottage carefully, until he could not lie to himself any more. He had to accept the truth—his [B]!

He cried out wild and hopelessly, and stood [A] for a moment. Then he turned toward his weaving machine, and almost fell into the seat where he always worked. He touched the weaving machine to make sure it, too, had not been stolen. Now he was beginning to think more clearly. 'A thief has been here! If I can find him, he'll have to give back my gold! But I was only away for a short time, and there's no sign of anyone entering the cottage.' He wondered whether it was really a thief who had taken his money, or whether it was the same cruel God who had already destroyed his happiness once. But Silas (⑥) to suspect a thief, who would perhaps return the money. He began to think it must be Jem Rodney, who knew about Silas' money, and who sometimes visited the cottage. Silas felt stronger now that he thought he knew the thief. 'I must go and tell the police!' he said to himself. 'They'll make Jem give me back the money!' So he hurried out in the rain without a coat, and ran toward the Rainbow, a public house*.

[注] weaver* 織工（weave 織る） quarry* 採石場 public house* パブ，酒場

問1．文中の（①）～（⑥）に入る最も適切な動詞を下の語群から選び，必要に応じて形を変えて答えなさい。ただし，同じものは２回以上使ってはならない。

［ ask / fill / lend / notice / prefer / throw ］

問2．下線部(I)と(III)が，それぞれ次の意味になるように［　］内の語句を並べ替えなさい。なお，文頭は大文字で始めること。

(I)「気が付くとDunstanは小さな居間の隅々まで照らす明るい炎を前にしていた。」

(III)「Dunstanは興奮のあまり，その織工がまだ生きているかもしれないということを忘れていた。」

問3．次の文は，下線部(II)の理由を説明したものである。［ア］と［イ］に適切な日本語を補いなさい。

「Silasが［ア］を［イ］に使用していて，ドアを施錠することができなかったため。」

問4．２ヵ所ある［A］に入る最も適切な１語を答えなさい。

問5．［B］に入る英語を<u>3～5語</u>で書きなさい。

問6．本文の内容と一致するものを<u>全て</u>選び，番号で答えなさい。

1．Nobody seemed to be a good friend of Silas' except his coins.
2．Dunstan was going to kill the weaver when he visited his cottage.
3．The inside of Silas Marner's cottage was full of furniture.
4．Silas often had meat before taking out his coins to look at them.
5．Silas didn't immediately realize that someone broke into his cottage.
6．After much thought, Silas realized who the real thief was.

［II］ 次の英文を読んで後の問に答えなさい。

It started on a Monday morning.

It was nine thirty and Jay Kwan was in his office in Chinatown with his assistant Amy Trent. They were drinking coffee, still getting into the week. Jay took a pen and opened his appointment book（ ① ）that day's page: Monday, October 20. There was nothing on the page.

"What's new?" Jay asked Amy.

"Take a look at these," said Amy as she passed him some new case papers she'd prepared. She was new（ ① ）Jay's office. She had just started a month ago, but Jay liked her already. She was quick, smart, and it looked as though she could be a good private investigator*. (I) <u>**Jay's ［ investigation / someone / and / getting / he / good / was / needed / business / busy ］.**</u>

［A］. They were the usual kinds of cases: yet（ ② ）missing person, a husband who was seeing（ ② ）woman. Kwan's Investigation Agency was new, but business wasn't bad. He put the papers down and looked out of the third floor window. From his desk, he could see Stockton Street below. They called San Francisco the "cool gray city," a good name, Jay (II) <u>**thought**</u>. It was October already, and there were leaves all over the sidewalks. It was foggy and cold, and the people at the street markets were wearing (ア) coats. Though Jay loved San Francisco, it wasn't his favorite time of year in the city, and it was a particularly hard season for a private investigator.

Like most investigators, Jay did 70 percent of his job on the street. (III) **Most people thought it was all done at a desk**, but that wasn't true. Though there was some desk work, there was still a lot of work to do out of the office. Most days he spent on the street, watching and looking for people.

Suddenly, the telephone rang. Jay picked it (③).

"Kwan's Investigation Agency," he answered.

"Jay," said the voice. "It's Ken Fong here..."

"Mr. Fong!" Jay was surprised to hear his father's old friend.

"Jay...," said Ken Fong seriously, "it's your father..."

"What? Is he OK?"

"Yes, he's OK," said Ken Fong, "but there was a (イ) at the restaurant last night."

Jay listened for a few minutes, then said, "Thanks, Mr. Fong, I'll go and see him immediately."

[B]. Amy looked at him. Jay didn't say anything but jumped (③) and walked toward the door.

"What is it?" asked Amy.

"Oh nothing... I'll tell you later. That was Ken Fong, a friend of my father. I have to go and see my father right now."

[C]. Would his father even talk to him? He ran down Stockton Street all the way to The Golden Duck, his father's restaurant, on Grant Avenue.

[D]. Louie Kwan was getting old now; he wanted to retire soon and he wanted his son, Jay, to manage The Golden Duck. Jay wasn't interested in being a restaurant manager. They'd had (IV) **a big fight** about it, and it was a year since they had spoken to each other last.

[E]. His father was there, preparing the vegetables for lunch as he always did. Louie Kwan didn't see his son. The old man held the large knife and cut the vegetables into thin pieces. Jay grew up watching his father do this. Now it gave him a sad feeling as he watched Louie. He loved him, but it was always so hard to talk to him. Jay took a deep (V) **breath**. Then he opened the kitchen door and walked in.

"Jay," his father said, smiling. Then he seemed to remember what had happened a year ago, and his face became serious. "What do you want?"

"Father, I umm... Ken Fong told me what happened," said Jay. "He said there was a fire here last night."

His father carried on cutting the vegetables. The older man still didn't smile.

"Ken!" he said. "It's not his business; he's so stupid."

[F]," Jay answered.

"The fire damage is just there in the corner," his father said in a businesslike way. "But it's not too bad. I will have it repaired later. It's nothing to worry about."

[注] private investigator* 私立探偵

問1．文中にそれぞれ２ヵ所ある（①）～（③）に入る最も適切な１語を答えなさい。

問2．下線部(I)が次の意味になるように，[］内の語句を並べ替えなさい。

「Jayの調査の仕事が忙しくなってきたので，彼はよい人材を必要としていた。」

問3．[A] ～ [F] に入る最も適切なものを選び，番号で答えなさい。ただし，同じものは２回以上使ってはならない。

1．Jay put the telephone down

2．It had been a whole year, thought Jay, as he ran toward his father's restaurant

3．He was just being a good friend to you, Father

4．Jay took a drink of his coffee and read the new cases for a few moments

5．Jay took his coat and ran down the stairs to the cold street, wondering what he was going to find

6．Jay arrived in the narrow street behind The Golden Duck and looked through the kitchen window

問4．下線部(II)と(V)の語の最も強く読まれる部分の発音と同じ発音を含む語をそれぞれ１つずつ選び，番号で答えなさい。

(II) 1．though　2．through　3．taught　4．rough

(V) 1．breathe　2．heal　3．weather　4．peace

問5．（ア）にhで始まる最も適切な形容詞を書きなさい。

問6．下線部(III)を日本語に直しなさい。その際，itの意味内容を明らかにすること。

問7．（イ）に入る最も適切な１語を文中から抜き出しなさい。

問8．下線部(IV)の理由を，句読点を含めて30字以上40字以内の日本語でわかりやすく説明しなさい。ただし，必ず「父」「息子」という言葉を使用すること。

問9．本文の内容に関する次の英語の質問に1～2文の英語で答えなさい。

Why did Jay have to go and see his father soon?

[III] 次の英文を読んで後の問に答えなさい。

It was a cold February morning in 2010. I was seated at my desk in a seven-story building in Boston, very early, as usual, so I could get **a head start** on the day's work. It was still silent, a good hour before my coworkers would arrive. But on this particular Tuesday morning, I could not start because of a news story emailed to me—something about a soccer team in South Africa.

Opening ceremonies for the FIFA World Cup were still four months away at that point, yet my excitement was already growing. I was fifty-one years old, and a big soccer fan. I had only recently switched from soccer mom on the sidelines to chasing the ball myself. The video before me had been emailed by my friend Heather, who played keeper on my soccer team. The story was about a soccer club in the countryside of South Africa made up entirely of grannies*.

I clicked "play." On my computer screen appeared an older woman with a round brown face and several missing teeth. She was wearing a yellow shirt and a bandana. She was staring into the camera. "If I ran with you, I would beat you." I didn't doubt her; she spoke with confidence. "—even though I am eighty-three years old and have had six strokes*." Whaaaaaaat? "But soccer has really changed my life," she continued. "It's improved."

I forgot my work for a short time. Moving aside my papers, I bent forward to look carefully at the screen. The reporter explained that this old woman acting like a cool soccer player was part of a team of thirty-five women in South Africa, in their late forties to early eighties. They were lovingly called the Grannies*.

I saw a dusty field on which the women moved through their warm-up exercises. Loose- fitting shirts and below-the-knee skirts gave them freedom of movement. Beyond the dirt field, a few short trees and yellow grass grew. Another granny with very short-cut hair came into focus. "I like to play soccer because it helps us. We were sick, but now our cholesterol and our blood pressures have gone down. Even our doctors are amazed when we go for checkups. God bless the person who came up with this great idea."

With that, the Grannies started running. They chased the leather ball, kicking wildly and sending knee-high clouds of dust into the air. Caught up in the excitement, they paid no attention to the positions they were supposed to be playing. I knew this feeling well. I wasn't the only beginner on my team; like the Grannies, we were drawn to the ball like kids at a birthday party surrounding a piñata*. The ball was kicked again and again and finally found the net. Smiles blossomed across the Grannies' faces as they held each other in their arms. Loud cheers broke out on the sidelines from the crowd of fans.

The news reporter said that not everyone was supportive of the Grannies, but the women played on, even though community members complained. "Your place is at home watching the grandchildren," scolded the townsmen. The local churches didn't allow women to wear trousers*, on or off the field, so at first the Grannies played in skirts. Over time, as their confidence grew—and as their neighbors became used to seeing them play—the Grannies stopped following the unwritten traditional rules of "acceptable" sports clothes for women. Today they play in short pants. However, even some of the Grannies' friends still say, "It's bad for women to wear short pants." A few of their own grandchildren also say,

"Grandma, you can't play soccer; you're too old." But not everyone feels that way. The camera moved to a teenager on the sidelines. "The Grannies play soccer so that they can be healthy and strong, it's great," he says with a smile.

The video ended, and I noticed that it was almost 7 a.m. I really should be getting to work... and yet... I couldn't. I went back and immediately replayed the video—two more times. An outside observer might conclude that these ladies and I had little in common. But it was not true. They had friendship with their teammates, just as we did. They developed confidence through practice, just as we did. We weren't so different, these Grannies and I.

I needed to start my work, so I turned my attention away from the Grannies. But I couldn't get them out of my head.

That day, I didn't know that I would be joining them on the field in fewer than six months.

［注］ granny* おばあちゃん　the Grannies* グラニーズ（チームの愛称）　stroke* 脳卒中
piñata* ピニャータ（子供の誕生日などに使われる，中にお菓子などを詰めたくす玉のような人形）
trousers* ズボン

問１．下線部の意味を説明しているものを選び，番号で答えなさい。

１．to start something you don't really want to do
２．to start something earlier or further ahead than someone else
３．to start something, especially a job, later in life than people generally do
４．to start something in a dishonest way in order to win or get an advantage

問２．次の１～５の各文について，(ア)と(イ)が２つとも本文の内容に合っている場合には○，２つとも間違っている場合には×で答えなさい。また，どちらか１つが合っている場合にはその合っている方の文の記号を答えなさい。

１．(ア) The author started playing soccer when she was a child.
　(イ) A granny wearing a yellow shirt seemed confident about teaching soccer well.
２．(ア) The oldest member of the Grannies was younger than eighty years old.
　(イ) A granny with short hair said she got healthy because she played soccer.
３．(ア) The soccer team which the author belonged to had no beginners.
　(イ) Not all the members in the community supported the Grannies.
４．(ア) Some townsmen in the community thought the Grannies should be home taking care of their grandchildren.
　(イ) The local churches didn't want women to wear trousers while playing soccer.
５．(ア) A few of the Grannies' grandchildren thought that they were too old to play soccer.
　(イ) The author decided to play soccer with the Grannies when she watched their video for the first time.

Ⅳ　(ア)～(シ)の英文とほぼ同じ意味のものを１～18から選び，番号で答えなさい。ただし，同じものは２回以上使ってはならない。

(ア) Anything is better than nothing.
(イ) Here today, gone tomorrow.
(ウ) He who runs after two hares will catch neither.
(エ) It is no use crying over spilt milk.
(オ) Kill two birds with one stone.
(カ) Learn from the mistakes of others.
(キ) Let sleeping dogs lie.
(ク) Speak of the devil, and he will appear.
(ケ) The early bird catches the worm.
(コ) The nail that sticks up gets hammered down.
(サ) Two heads are better than one.
(シ) When in Rome, do as the Romans do.

１．二兎を追う者は一兎をも得ず
２．寝耳に水
３．噂をすれば影
４．類は友を呼ぶ
５．三人寄れば文殊の知恵
６．郷に入っては郷に従え
７．好事魔多し
８．人のふり見て我がふり直せ
９．人生朝露のごとし
10. 枯れ木も山の賑わい
11. 寝た子を起こすな
12. 船頭多くして船山に上る
13. 出る杭は打たれる
14. 一石二鳥
15. 首尾一貫
16. 早起きは三文の徳
17. 鬼の居ぬ間に洗濯
18. 覆水盆に返らず

Ⅴ　１～７の英文には，文法・語法上の誤りが含まれている。①～⑤の下線部から誤りを含むものを１つ選び，下線部全体を正しく書き直しなさい。なお，必要に応じて語数を増減させてもよい。

(例) ①**My** name ②**is** Taro Keio. ③**I'm student** at Keio Shiki Senior High School. Nice ④**to meet** you.

番号	書き直したもの
③	I'm a student

1．Thank you for your hospitality ①**during** I stayed in New York. Everything ②**was interesting**. Let me ③**know** when you ④**come to** Tokyo. I'm looking forward to seeing and ⑤**talking** with you again soon.

2．Because of technological development, robots ①**have been used** in many industries. For example, the fast-food restaurants ②**which** I often eat have food served ③**by** AI robots. This is a ④**surprising** innovation ⑤**which was made** in the last decade.

3．I'm sometimes ①**spoken to by** foreigners in English on ②**my way back**

home. It's difficult to answer their questions ③**easily**, but I feel ④**happy** when I can make myself ⑤**understand**.

4. It's better ①**not to take** the train from 7:30 to 9:00 a.m. The trains are ②**so** crowded that some station staff ③**may push** you into the train. Foreign tourists often say ④**this** a unique part of Japanese culture, but I don't think ⑤**it's** good.
5. My brother is ①**leaving** Japan for Australia tonight. He is staying there for two ②**months** to study English at a language school. He is ③**a little nervous** because this is his first ④**visit** a foreign country without his family. I hope he'll ⑤**enjoy himself** and come back to Japan safely.
6. The other day I was ①**taking** the bus to go to Keio Shiki Senior High School. Somebody on the bus shouted ②**suddenly**. It made a baby ③**cry**, but he ④**has stopped** crying when his mother ⑤**started** to sing a song he liked.
7. I had final exams for my 10 classes last week. I ①**had to** take 10 exams ②**in** two days. The exam questions this year were quite different from ③**that** of last year. Three days ④**later** I received the results, and I ⑤**was shocked** to see them.

Ⅵ あなたが中学３年の男子生徒の父親だとします。ある日，息子から以下のようなメッセージがあなたのスマートフォンに届きました。以下の注意事項に従い，［　　　］の返信文の続きを40～55語で書きなさい。なお，英語の学習を促す内容にすること。

Dad, to be honest, I don't want to study English anymore.
What do you think?

I'm very glad you can express how you are feeling. However,
I really think you should continue studying English because
［　　　　　　　　　　］

［注意事項］
- **必ず解答欄に語数を記入すること。**
- **解答欄にあらかじめ印字されている部分は語数として数えない。**
- 符号（ ,／。／?／!／" ／" ／:／;など）は１語として数えない。
- ハイフンでつながれた語（five-year-old など）は１語として数える。
- 短縮形（I'm / can't など）は１語として数える。
- 数字（2024／15 など）は１語として数える。

在校生「そうですね。文學界新人賞受賞で脚光を浴びた市川沙央のデビュー作『 G 』は、先天性ミオパチーの当事者としての視差から、健常者の本好きに「読書文化のマチズモ」という一文を突き付け、読書をめぐるバリアフリについて問題提起していました。」

卒業生「市川さんは、十代後半から F に傾倒していたって。文学の歴史を紐いてみると、差別や格差への憤りや深い悲しみ、変革への意志に言葉を与えていく果敢なプロセスでもあったんだと気付かされるよ。」

在校生「先輩、文学部でしたっけ。」

卒業生「志木高に入学して、お互いに刺激し合って、半学半教の気持ちで色んなことに手を伸ばせば、学部の垣根なんか関係ないよ。」

在校生「収穫できるんですね。」

卒業生「柿みたいにね。そういえば義塾は一貫校も含めマンドリンクラブが盛んだけど、口語自由詩を確立した萩原朔太郎は、予科在学中にマンドリンを習って清新な音楽性を詩に持ち込んだ。詩集『月に吠える』には『 H 』という詩が二篇収められていて、志木高にも馴染み深い風景を想起するよ。」

問一 B ～ D に当てはまる作家名を次の選択肢から一つずつ選び、記号で答えなさい。

ア 芥川龍之介　イ 有島武郎　ウ 泉鏡花
エ 志賀直哉　オ 島崎藤村　カ 太宰治
キ 谷崎潤一郎　ク 永井荷風　ケ 樋口一葉
コ 宮沢賢治

問二 E ・ G に当てはまる作品名を選択肢から一つずつ選び、記号で答えなさい。

ア 神神の微笑　イ 塩狩峠　ウ 沈黙
エ 野火　オ 焼跡のイエス　カ インストール
キ シンセミア　ク セバスチャン　ケ ニムロッド
コ ハンチバック

問三 A ・ F ・ H に当てはまる作家名・作品名を答えなさい。ただし、 A は漢字四字、 F は漢字五字、 H は漢字一字で書くこと。なお、 H の詩（二篇のうちの一篇）を以下に掲げる。

H

ますぐなるもの地面に生え、
するどき青きもの地面に生え、
凍れる冬をつらぬきて、
そのみどり葉光る朝の空路に、
なみだたれ、
なみだをたれ、
いまはや懺悔をはれる肩の上より、
けぶれる H の根はひろごり、
するどき青きもの地面に生え。

四　以下の会話文は、二〇二三年度の収穫祭に遊びに来た本校のある卒業生と在校生とのやりとりである。後の問に答えなさい。

在校生「先輩、お久しぶりです。僕たちの代から新カリキュラムになったんですよ。」

卒業生「どんな科目になったの？」

在校生「国語だと二年からは「文学国語」と「古典探究」。三年自由選択科目も「ことばと文学」という独自路線ですね。」

卒業生「文学は大事だよ。例えば小説は、時代や社会の中で生じる問題や葛藤について、登場人物の試行錯誤を通して具体的に表すから、同じテーマを考えるにしても、数値を分析する手法とは異なる論理や、ニュアンスに分け入る気付きがあるよ。」

在校生「確かに、［A］の『こころ』を読むと、日露戦争後に不安や空虚さを抱いていた学生たちが、先行する世代の登場人物たちから何かメッセージを受け取ろうとする感覚が伝わってきたかも。」

卒業生「そうそう。一九一〇年には、社会主義運動を弾圧する当局側の思惑から幸徳秋水たちが冤罪で処刑される大逆事件が起こった。当時、慶應義塾大学文学部教授だった［B］は、フランス国家が関わった冤罪事件であるドレフュス事件の際にはゾラが亡命してまで反対の論陣を張ったのに、同じく文学者でありながら告発に身を投じなかったことを恥じ、後に『花火』で大学を辞職する理由の一つに数えている。」

在校生「背景を知ると、大正期の文学も違って見えてきますね。短篇の旗手だった［C］には時代と距離を置くスマートな印象があるけど、社会に関わる発言もあるんですか。」

卒業生「今年は関東大震災から百年。直後には多くのデマが軍も関わって流れ、無辜（むこ）の朝鮮人や大杉栄・伊藤野枝たちの虐殺があった事実が知られている。［C］は連載中の『侏儒（しゅじゅ）の言葉』の中で、ある自警団員がそうした犯行を仄（ほの）めかしつつ核心に触れないようにする心理を巧みに書き残しているよ。本人も自警団に関わったからリアル。最近、森達也監督の『福田村事件』が公開されＮＨＫも特集を組んだし、今こそ考え続けたい問題かな。」

在校生「大学に進んで、縁を感じる文学者はいますか。」

卒業生「生誕百五十年を迎えた［D］の資料を図書館が多く所蔵していて、母から贈られた水晶の兎をはじめ遺品が展示されることもある。今、坂東玉三郎主演で『高野聖』等のシネマ歌舞伎が上映中。本当に美しく幻想的だった。」

在校生「出身作家だと、どうですか。」

卒業生「フランス文学科卒の遠藤周作が生誕百年で、長崎にある文学館からは記念論集が出た。代表作『［E］』は、キリスト教禁教後の宣教師と信者の苦悩を描いて国際的評価も高く、二〇一六年にはスコセッシが映画化したね。ノーベル賞候補にもなっていたそうだよ。」

在校生「三月には、ノーベル賞作家の［F］が亡くなりましたね。」

卒業生「民主主義を護持しつつ世界水準の作品に生涯打ち込んだことにまず驚嘆するし、障がいのある長男をモデルにした登場人物や出来事を取り上げ続けたことの意義は大きかったと思う。現在は多様なマイノリティに光を当てる機会がジャーナリズムや学問の場でも増えたけれど、先駆的で普遍的な試みだった。」

に、御尋ね悦び入り候ふよしなど、ねんごろに物語して、非時※9など饗応※10して、Cつとめてまた斎※11などすすめて帰されにけり。

弟子たち手を握りつるに、無為に帰しぬる事喜び思ひて、「上人はさしも西行に見合ひたらば、頭打ち割らむなど、御あらまし候ひしに、ことに心閑かに御物語候ひつること、日ごろの仰せには違ひて候ふ」と申しければ、「あら言ふかひなの※12法師どもや。あれは文覚に打たれんずる者の面様か。［　］をこそ打たんずる者なれ」と申されけると云々。

（頓阿『井蛙抄』より）

※1　心源上人…鎌倉時代初期の僧だとされる
※2　文覚上人…平安時代末期から鎌倉時代初期にかけての僧
※3　遁世…俗世を捨てて仏門に入ること
※4　数寄…風流、特にここでは和歌
※5　うそぶきありく…詠んでまわる
※6　あらまし…心づもり
※7　高雄法華会…高雄山神護寺での法華経法会
※8　結縁…仏の教えに触れ、仏と縁を結ぶこと
※9　非時…僧侶の食事
※10　饗応…酒食を出してもてなす
※11　斎…※9に同じ
※12　言ふかひなの…言う甲斐のない

問一　傍線部A「弟子どもこれかまへて上人に知らせじ」の内容として最も適切なものを次の選択肢から一つ選び、記号で答えなさい。

ア　弟子たちは西行に気付かれずに上人に引き渡そうと待ち構えていた
イ　弟子たちは上人が西行に決して気付かないようにしようとした
ウ　弟子たちは西行が来たことを暗に知らせようと上人に合図を送った
エ　弟子たちは上人に罪を負わせぬよう自分たちで制裁を加えようとした
オ　弟子たちは西行が警戒していることを上人は知らないと思っていた

問二　傍線部B「思ひつる事」とはどんなことか。十五字以内で答えなさい。ただし、解答欄の「〜ということ。」につながるように答えること。

問三　傍線部C「つとめて」とはどのような時間帯か。最も適切な語句を漢字二字で答えなさい。

問四　［　］に入る最も適切なものを次の選択肢から一つ選び、記号で答えなさい。

ア　西行　イ　心源　ウ　弟子ども
エ　法師ども　オ　文覚

問五　文覚上人は西行と対面して、実際の西行がどのような人物だと思ったか。自分で具体的に考え、二十五字以内で答えなさい。ただし、解答欄の「〜だと思った。」につながるように答えること。

問九　本文から読み取れる内容として合っているものを次の選択肢から一つ選び、記号で答えなさい。

ア　子供たちを非科学的な人間にしないようにするために、疑わしいことについて、親は責任を持って説明し教えなければならない。

イ　筆者の少年時代に科学への憧れが強かったのは現在よりも経済的発展が見込まれたからである。

ウ　「脳の老化を防ごう」というコンセプトのゲームは大人の科学教育には一定の効果がある。

エ　好奇心を持った子供の質問に対して大人が精確には回答できないとき、コミュニケーションを大切にするために印象をしっかり伝える方がいい。

オ　「神様」「ご先祖様」などについて子供に教える場合は宗教の専門家に任せるべきである。

問十　次の文章は、筆者の考えている「正しい科学」についてまとめたものである。［ア］〜［エ］に入る最も適切な語句を本文中からそれぞれ抜き出して答えなさい。ただし、［ア］は二字、［イ］は八字、［ウ］と［エ］はそれぞれ五字で抜き出すこと。

> 私たちは、生活全般が［ア］を礎にして成立していることを知り、その上で［イ］によって豊かな科学精神が育まれることを自覚すべきである。そして、お互いに対話し検証し合いながら［ウ］を適切に選びとることによって、［エ］を目指し続けるのが正しい科学の姿である。

問十一　筆者の挙げていない「言葉」の効用を自分で一つ考え、二十字以内でわかりやすく述べなさい。ただし、解答欄の「言葉は〜できる。」につながるように答えること。

［三］　次の文章を読んで、後の問に答えなさい。

心源上人（しんげんしやうにん）※1語りて云はく、文覚（もんがく）上人※2は西行を憎まれけり。その故は、遁世※3の身とならば、一筋に仏道修行のほか他事あるべからず。数寄（すき）※4を立ててここかしこにうそぶき※5ありく条、憎き法師なり。いづくにても見合ひたらば頭（かしら）を打ちわるべきよし、常のあらまし※6にてありけり。

弟子ども「西行は天下の名人なり。もしさることあらば珍事たるべし」と嘆きけるに、或時、高雄法華会（たかをほけゑ）※7に西行参りて、花の陰など眺めありきける。A弟子どもこれかまへて上人に知らせじと思ひて、法華会も果てて坊へ帰りけるに、庭に「物申し候はむ」といふ人あり。上人「たそ」と問はれたりければ、「西行と申す者にて候ふ。法華会結縁（けちえん）※8のために参りて候ふ。今は日暮れ候ふ。一夜この御庵室に候はんとて参りて候ふ」と言ひければ、上人内にて手ぐすねを引いて、B思ひつる事叶ひたる体（てい）にて、明り障子を開けて待ち出でけり。しばしまもりて「これへ入らせ給へ」とて入れて対面して、年頃承り及び候ひて見参（けんざん）に入りたく候ひつるがわかるだろう。みんなで一緒に遊ぶことはない。ある子は本を読み、ある子は走り回る。ほかの子が気になる子もいれば、周りはまったく目に入らず、自分の世界に没頭している子もいる。こういったところへ、「言葉」を持ち込み、全員が一緒になって行動する連帯感を育てることは、教育の一つの要素である。全員で歌をうたったり、踊ったり、劇をしたり、話し合ったり、という活動は、［E］性を養うためにも、集団の統制を取るためにも不可欠だ。（Ⅳ）

子供たちの時間の半分は、自由に好きなことをしている状況を認識させる。そういった自由とそれの子が勝手なことをさせる。さらに、それぞれの子が勝手なことをしている状況を認識させる。そういった自由と他者の尊重から科学の心が生まれる。そして科学を推進させるために必要な［F］性、そして発想力というものも、やはりこの自由さから生まれるのではないか、と僕は感じる。（Ⅴ）

科学は発展しすぎた、科学が環境を破壊し、人間は本当の幸せを見失っている、という指摘はよく聞かれるところである。しかし、この場合の「科学」とは、そのまま「社会」や「経済」と言い換えてもほぼ同じ意味であり、単に諷刺的姿勢で、警告を発している気になっているだけの物言いである。言葉は何とでもいえる。しかし、言葉では何一つ解決しない。

科学の存在理由、科学の目標とは、人間の幸せである。したがって、もし人間を不幸にするものがあれば、それは間違った科学、つまり非科学にほかならない。そして、そうした間違いを防ぐものもまた、正しい科学以外にないのである。

（森博嗣『科学的とはどういう意味か』より。一部の表現を改めている。）

問一　二重傍線部ａ～ｅのカタカナをそれぞれ漢字に直しなさい。

問二　［A］に入る適切な言葉をひらがな四字で答えなさい。

問三　傍線部１「大人は、自分ではその「眉唾」加減を知っている」のはなぜか。その理由について述べている部分を本文中から五十字以上六十字以内で抜き出し、その最初と最後の五字を答えなさい。ただし、解答欄の「～から。」につながるように抜き出すこと。

問四　傍線部２「子供にいうことをきかせるための手っ取り早い方法」とあるが、それを文意に沿って言い換えるとどのような語句になるか。最も適切なものを漢字二字で答えなさい。

問五　［B］・［C］に入る最も適切な語句をそれぞれ漢字二字で答えなさい。

問六　傍線部３「社会の秩序」とあるが、筆者はどのような考え方を身に付ければそれを維持できると思っているか。それを端的に述べている箇所を本文中から二十字以上二十五以内で抜き出し、その最初と最後の五字を答えなさい。ただし、解答欄の「～ということ。」につながるように抜き出すこと。

問七　［D］～［F］に入る最も適切な語句を次の選択肢から一つずつ選び、記号で答えなさい。

ア　一回　　イ　緊急　　ウ　偶然　　エ　芸術　　オ　国民
カ　社会　　キ　生産　　ク　特殊　　ケ　独創　　コ　法則

問八　次の一文は本文中の（Ⅰ）～（Ⅴ）のどこに入るのが適切か。記号で答えなさい。

「しかし、教育のすべてがそこにあるわけではない。」

3社会の秩序維持の仕組みを教えることにもつながるだろう。

犬だってそうだが、人間ならばなおさら、自分の利益になるよう、できるだけ得をするように行動する。だから、科学的であることが得になる、ということがわかれば、子供は自然に科学的になるはずだ。「お父さんは算数ができなかったけど、こんなに立派になれたよ」というように、（そんなつもりはなくても）つい逆の指導をしてしまい、子供の才能をaツブすことがあるから気をつけたい。

子供の好奇心というのは、本当に大事な才能の表れだ。絶対にこれを無視してはいけない。子供の心は、好奇心として表れる。これを受け止めることでコミュニケーションが成り立つといっても良いくらいだ。

子供の質問に、大人はなかなか精確には答えられないだろう。そういうときには、いい加減なことを言わず、「わからない」「知らない」ということを正直に伝えることが大切である。そして、「わかったら、教えてね」とつけ加えれば良い。子供は、それをますます知りたくなるだろう。一所[C]に考えて、大人に教えてあげよう、と思うかもしれない。「そんなこと、どうだって良い」「そんなことを知って、どうするつもりか」という態度を絶対に取らないことが重要だ。

どうも、大人は子供に対して、「無邪気に自然の中でのびのびと走り回ってほしい」というようなbカタヨったイメージを抱きすぎているのではないか、と僕は感じる。部屋の中で本を読んでいる子供に、もっと外で遊ぼう、とcウナガす。知らず知らずのうちに、自分の不得意なものを子供から遠ざける。たとえば、ちょっとした都市にはたいてい科学館の類の施設がある。そういったところへ行くよりは、海へ魚を捕りにいく方がワイルドで望ましい、というイメージでつい強制してしまう。父親は特に、自分が子供のときに夢中になったものを自分の子供に押しつけがちだ。（Ⅰ）

ゲームは科学教育的にどうだろう？　この頃は、学習的な方向性のゲームが少なくない。大人向けのものでも、頭を使って「脳の老化を防ごう」というコンセプトのゲームが流行っている。でもたいていは、単に記憶する、計算が速い、といった、いわゆるテスト感覚のものばかりだ。テストは、どうしても「言葉」の処理になる。言葉でなくても「図形」あるいは「記号」の処理能力が要求されるだけである。こういったものでは、基本的に新しい好奇心は生まれないので、（大人には良いかもしれないけれど）子供の科学教育には向かない、と僕は思う。（Ⅱ）

ではどうすれば良いのか？　僕たちが科学少年だった時代のように、これからの子供が科学にdミリョウされることは、おそらく無理だろう。それはそれで良いと思う。ただ、それを完全に無視しないこと。自分たちの生活のすべてが科学の上に成り立っていることを知ることが重要だ。数字をよく認識し、[D]性を見出し、そして、自分だけの判断ではなく、他者とコミュニケーションを精確に取り、その中で一つずつみんなで確かめながら、正しい情報を選択するという基本的な仕組みを教えなければならない。eチュウショウ的だが、それが科学教育だと思う。（Ⅲ）

人間にはいろいろなタイプがある。全員が同じことに興味を持つなんて状況は不自然だ。それは子供でも同じであり、むしろ子供の方が大人よりもバラエティに富んでいる。幼稚園児を大勢部屋に集めれば、それるが、このときの母親の心情として最も適当なものを次の選択肢から一つ選び、記号で答えなさい。

ア　息子たちを出産の現場に立ち会わせた神父のことが腹立たしく、今は息子と話をする気持ちにもなれない。

イ　妊娠、出産の仕組みを息子に説明するのはためらわれるので、時間を稼ぐことで何とかやり過ごしたい。

ウ　女性が人目のある列車の中で赤ん坊を産むことになったのは気の毒で、話題にならないよう気を遣っている。

エ　出産を食事の場で話題にするのは紳士としてふさわしくないことを、息子に理解させようと苦心している。

オ　元気な子を産み育てるためには健康な身体が必要なので、息子に日々の食事の大切さを伝えようとしている。

問九　傍線部F「人をこばかにしたような顔で聞いていた」とあるが、ヴォラセルはこのやり取りのどんな点をこばかにしているのか。ブリドワ、母親についてそれぞれ二十五字以内で説明しなさい。ただし、解答欄の「～点。」につながるように答えること。

問十　[ほ] に入る最も適当な語句を本文中から抜き出しなさい。

[二]　次の文章を読んで、後の問に答えなさい。

子供たちを非科学的な人間にしないようにするには、どうすれば良いか、ということを少し考えてみよう。歳を取れば、経験を積むことで、ある程度は非科学的なものを信じない、いわゆる免疫みたいなものができてくる。それに比べて、子供や若者は「染まり」やすい。超自然的なものを信じやすい傾向がある。特に、同年の友人たちの間でこういった「神秘」の話は盛り上がりやすいし、なかには、そういう体験談を [A] やかに話して注目を集めようとする者もいる。また大人が否定すればするほど反発するというのも若者の特徴である。だから、そうならないうちに、もっと小さいときから、「科学」の基本的な姿勢を、大人の責任としてしっかりと教える必要があるだろう。

たとえば、親は「神様」「ご先祖様」などと軽々しく口にしない方が良い。子供を脅かそうと、真剣な顔で言わないことだ。1大人は、自分ではその「眉唾」加減を知っているけれど、言葉や態度だけを見ている子供は、それを信じてしまうかもしれない。そういう言葉が出たときには、きちんと説明をする必要がある。お墓参りをするとき、「ここに死んだ人がいるわけではない。死んだ人は生きている人が思い出すだけのもので、このお墓は、それを思い出すためにあるのだよ」と説明すれば良い。

「悪いことをすると、バチが当たるよ」という言葉は、2子供にいうことをきかせるための手っ取り早い方法ではあるけれど、このように責任を神様に [B] していると、神様がいないとわかったときには、なにをしても見つからなければ叱られない、と考える子になるかもしれない。親は自分が悪者になりたくないから、神様に叱ってもらおうという心理が働く。しかし、はっきりと「私が許しません」と言えば済むことであり、悪いことをすれば不利益が自分自身に訪れることを教えれば良い。その不利益は、親が子供に与えることで感じさせるしかない。それが教育である。不利益というのは、なにかを取り上げられる、ということである。悪いことをしたから、今日はTVを見せてもらえない、くらいの感じか。「バチが当たりますよ」よりは、科学的であるし、これは、

問一 （Ⅰ）～（Ⅲ）に入る最も適当な漢字一字をそれぞれ答えなさい。

問二 い ～ に に入るセリフとして最も適当なものを次の選択肢から一つずつ選び、記号で答えなさい。

ア 「あ、あの……こ、子どもが……生まれそうで」

イ 「洗礼なら……お任せください、奥さま」

ウ 「ああ、どうしましょう、どうしましょう！」

エ 「いえ、どうぞおかまいなく、神父さま」

オ 「どうしよう、なにか……なにかできることは」

カ 「奥さま、奥さま……どうなさいました？」

問三 傍線部A「身も世もない」とはどのような意味か。次の空欄に入る最も適当な言葉を考え、甲は七字以内、乙は五字以内で答えなさい。ただし、甲では「身」、乙では「世」の一字をそれぞれ用いること。

甲 も 乙 考えていられない。

問四 本文中にある一行分の点線は、どのようなことを表していると考えられるか、二十五字以内で答えなさい。ただし、解答欄の「～様子。」につながるように答えること。

問五 傍線部B「ヴォラセルさん、動詞《従わない（デゾベイール）》を二十回書いてもらいます！」とあるが、なぜ神父はこのようなことを命じたのか。最も適当な理由を次の選択肢から一つ選び、記号で答えなさい。

ア 日頃からヴォラセルの反抗的な態度が気になっていたから。

イ 他の生徒に比べてヴォラセルの語彙力が著しく劣っていたから。

ウ ウェルギリウスの詩を理解するのに最も重要な単語だから。

エ 言いつけを破って女性の様子を盗み見しているのに気づいたから。

オ 非常事態に直面した生徒の心を少しでも落ち着かせたかったから。

問六 傍線部C「神父はすっぱだかの小さな赤ん坊を両手に抱えて、おろおろしながら見つめていた」とあるが、このときの神父の気持ちとしてふさわしくないものを次の選択肢から二つ選び、記号で答えなさい。

ア 安堵（ど） イ 歓喜 ウ 屈辱 エ 嫌悪

オ 困憊（ぱい） カ 狼狽（ばい）

問七 傍線部D「神父はとり乱してしまい、自分がとりあげたばかりの赤ん坊を夫人にさしだしながら言った」とあるが、神父がとり乱してしまったのはなぜか。最も適当な理由を次の選択肢から一つ選び、記号で答えなさい。

ア 着飾った生徒の母親たちに会う段階になって、まるで下水口に入ったかのような自分の姿が恥ずかしく思われたから。

イ 出産に立ち会うのは初めての経験であり、果たして自分の介助が適切なものだったのか自信が持てなかったから。

ウ 女性と赤ん坊を残して下車するわけにはいかず、生徒たちの引率という本来の仕事を続けられなくなったから。

エ 人助けをしたことが母親たちの話題になり、尾ひれをつけて周囲に伝わることになると思うと照れくさくなったから。

オ 生徒が出産に立ち会った事情を母親たちに理解してもらわなければならないが、どう説明していいかわからなかったから。

問八 傍線部E「いいから、お食べなさい。訊くのはあとにして」とあけっこうです。――栓を抜いてもらえますか。――よろしい。――では、わたしの手の上に垂らしてください、ほんの数滴ですよ。――そうそう、けっこうです」

そして、抱いている新生児の額にその水を垂らしながら、こう言った。

「父と子と精霊の御名（みな）により、汝に洗礼をほどこす、アーメン」

列車はクレルモンの駅に入った。ブリドワ夫人の顔が昇降口に現れた。D神父はとり乱してしまい、自分がとりあげたばかりの赤ん坊を夫人にさしだしながら言った。

「途中、こちらのご婦人がちょっと具合が悪くなりまして」

まるで、下水口から赤ん坊を拾ってきたのかと思えるほど、神父の髪は汗にまみれ、胸飾りは横にずれ、法衣はひどく汚れていた。神父はくり返し弁解した。「ご子息たちはなにもご覧になっておりません――ええ、まったく――その点は保証いたします。――お三方とも扉のほうを向いておりましたから。――保証いたしますとも――なにもご覧になっておりません」

神父が車室からおりてきた。迎えに行った三人のほかに、もうひとり男の子をひき連れて。ブリドワ、ヴォラセル、それにサルカーニュの奥さま方は、言うべきことばもなく、真っ青になって、おろおろと顔を見合わせるばかりだった。

その晩、子どもたちの帰省を祝って、三家族はいっしょに食事をした。だが、話は弾まず、父親も、母親も、それに子どもたちまでもが、なにやら気にかかることがあるようすだった。

だしぬけに、いちばん年少のロラン・ド・ブリドワが訊いた。

「ねえ、ママ、神父さまはどこであの赤ちゃんを見つけたの？」

母親は話をそらした。

「Eいいから、お食べなさい。訊くのはあとにして」

少年はしばらく黙っていたが、また尋ねた。

「だって、最初は、あのお腹の痛い奥さましかいなかったんだよ。神父さまは手品師なのかな。絨緞（じゅうたん）の下から金魚鉢を出す、ロベール・ウーダン※3みたいな」

「もう、たくさん。神さまがくださったのよ」

「だったら、神さまはあの子をどこにしまっておいたの？　ぼくはなにも見なかったよ。じゃあ、扉から入ってきたのかな？」

ブリドワ夫人はいらいらして、

「いいかげんにしてちょうだい。赤ちゃんはみんなキャベツから生まれるの。知っているでしょう」

「だけど、列車のなかにはキャベツなんてなかったもん」

すると、F人をこばかにしたような顔で聞いていたゴントラン・ド・ヴォラセルが、にやにや笑いながら言った。

「いいや、キャベツはあったよ。ただ、見たのは［ほ］だけだったのさ」

（モーパッサン／太田浩一訳『宝石／遺産』より。一部の表現を改めている。）

※1　ロワイヤ…フランス中部、クレルモン＝フェランの南西にある温泉場。

※2　ウェルギリウス…古代ローマの詩人（前七〇～前一九年）。教訓詩『農耕詩』、叙事詩『アエネイス』などを残した。

※3　ロベール・ウーダン…フランスの有名なマジシャン（一八〇五～七一年）。自動人形の発明でも知られる。

女は小さな声で、［は］と言ったかと思うと、こんどは恐ろしい叫びをあげ始めた。（Ⅲ）も張り裂けんばかりの、長い、A身も世もないといった叫びだった。その鋭い、ぞっとするような叫び声は、魂の苦悶と肉体の苦痛を訴えているかのような、まがまがしい響きをおびていた。

神父は途方にくれて、女のまえに突っ立ったまま、どうすることもできずにいた。どうことばをかけたものか、なにをしたらいいのかわからず、［に］と、顔じゅうを真っ赤にしながらつぶやいていた。横たわって叫びつづけている女を、三人の生徒たちは呆気にとられて眺めていた。

突然、女は両腕を頭の上にあげ、身をよじったかと思うと、わき腹を異様に震わせながら、のたうち始めた。

このままでは死んでしまうかもしれない。神父はそう思った。手助けも介護もしないで見殺しにしていいものか。神父は覚悟を決めた。

「奥さま、お手伝いしましょう。といって、なにをしたらいいのかわかりませんが……ともあれ、できることはなんでもいたします。苦しんでいる人に手をさしのべるのが、わたしの務めですから」

そう言って、少年たちのほうを向き、大声で言った。

「みなさん、扉のほうへ顔を向けて。うしろをふり返ったら、ウェルギリウス※2の詩を千行書いてもらいますよ」

神父はみずから三つの窓ガラスをさげ、そこへ三人の頭をつっ込んで、首筋まで青いカーテンを引いてから、こうくりかえした。

「よろしいですか、ちょっとでも動いたら、夏休み中の遠足はお預けです。言いつけを守らなかったら容赦はしませんから、それを忘れないように」

神父は法衣の袖をまくりあげて、若い女性のそばへ戻った。

婦人はあいかわらず呻いていて、ときおり悲鳴をあげた。神父は顔を真っ赤にしながら女性を介抱し、励まし、力づけていたが、たえず顔をあげて子どもたちから目を離さなかった。三人は、ちらりとうしろをふりむいてはすぐに目をそらして、先生の行っている不思議な仕事を窺っていた。

「Bヴォラセルさん、動詞《従わない（デゾベイール）》を二十回書いてもらいます！」

「ブリドワさん、あなたは一カ月間、デザート抜きです」

ふいに、若い女の悲痛なうめき声が止んだ。するとすぐ、仔犬か仔猫でも鳴いているかのような、弱々しい奇妙な声が聞こえてきた。三人の中学生は、てっきり生まれたての仔犬の声がしたのかと思って、いっせいにふりむいた。

C神父はすっぱだかの小さな赤ん坊を両手に抱えて、おろおろしながら見つめていた。嬉しそうでもあり、弱りはてているようでもあって、笑っていいのか、泣いていいのかわからないように見えた。とにかく、目も口も頬もめまぐるしく動いて、なんとも言えない顔つきをしているので、頭が変になったのかと思ったほどだ。

重大なニュースでも知らせるかのように、神父は生徒たちに向かって、

「男のお子さんです」

そう言ったかと思うと、

「サルカーニュさん、網棚にある水の入った瓶をとってください。――

【国　語】（六〇分）〈満点：一〇〇点〉

〔注意〕字数指定のある設問においては、句読点などの記号をすべて1字分と数えること。字数指定のない設問においては、解答欄に収まるように書くこと。

一　次に掲げるのは、モーパッサンの「車中にて」（一八八五年）の後半部である。パリの寄宿学校に通っているサルカーニュ、ヴォラセル、ブリドワの三人の男子中学生は、夏のあいだ家庭教師を務める神父の引率で帰宅することになった。以下の文章を読んで、後の問に答えなさい。

神父はまず子どもたちに、夏の二カ月間指導の任にあたることを言い聞かせた。それから、教師に敬意をはらうこと、指導の方針、教育の方法などについて、熱心に説教をはじめた。

神父は飾りけのない実直な男で、いくらかしゃべりすぎるきらいはあったが、教育については豊富なプランを持っていた。

神父の話は、隣の女の洩らした深いため息で中断された。神父がそちらを見やると、女は座席の隅に腰かけ、いくらか蒼ざめた顔で、じっと一点を見つめていた。神父はふたたび話しはじめた。

列車は全速力で走っていた。野原を過ぎ、森を抜け、橋の上をとおったり、橋の下をくぐったりしながら、がたごと揺れて車室の乗客全員を揺さぶった。

ルキュイール神父の説教が終わると、ゴントラン・ド・ヴォラセルは、ロワイヤ[※1]や、そこでの気晴らしについて、神父にいろいろ質問を浴びせた。川はあるか、釣りはできるか、前年のように馬に乗れるか、といったようなことだ。

若い女性がいきなり「ああっ！」と叫んだ。急いで抑えたが、苦痛に耐えかねて思わず声をあげてしまったらしい。

神父が心配して尋ねた。

「奥様、お加減が悪いのでは？」

婦人は答えた。「いいえ、だいじょうぶです、神父さま。ちょっと痛みを感じただけで、なんでもございません。二、三日まえから少し体調をくずしておりましたので、列車に揺られて疲れたのでしょう」見ると、顔色は真っ青だった。

なおも神父は言った。「なにかお役に立てることがございましたら、奥さま……」

「いえ、どうぞおかまいなく、神父さま。ありがとうございます」

神父はまた生徒たちを相手にしゃべりだし、教育や指導の方針について語った。

何時間かが過ぎ、列車はときどき停まってはまた動きだした。若い女性はいまは眠っているとみえ、座席の隅でじっと動かずにいた。もう昼を過ぎたというのに、女はなにも食べていなかった。《だいぶ具合が悪いようだ》と神父は思った。

あと二時間たらずでクレルモン＝フェランに着こうというとき、きゅうに女が苦しみだした。座席からずり落ちそうになりながら、必死に両手で身体を支えている。（　Ⅰ　）を血走らせ、（　Ⅱ　）をしかめて、

［　い　］とくり返すばかりだ。

神父はあわててそばに寄り、

［　ろ　］

2024年度

解　答　と　解　説

《2024年度の配点は解答欄に掲載してあります。》

＜数学解答＞ 《学校からの正答の発表はありません。》

[1] (1)　$V=\frac{152}{3}\pi$　　(2)　$(x,\ y)=(5,\ 13),\ (9,\ 15),\ (16,\ 20),\ (35,\ 37)$

[2] (1)　$a=150$　$b=50$　$c=20$　　(2)　$s=0.2$

[3] 解説参照　　[4] (1)　35通り　　(2)　120通り

[5] (1)　四角形DBCF$=\frac{17}{21}$S　　(2)　△DEG$=\frac{2}{25}$S

[6] (1)　直線ℓ：$y=-x+6$　　P$(-1-\sqrt{13},\ 7+\sqrt{13})$　　Q$(-1+\sqrt{13},\ 7-\sqrt{13})$

(2)　線分BC$=4\sqrt{5}$　　(3)　$S_1=12\sqrt{10}$　　$S_2=12\sqrt{13}$

[7] (1)　$V_1=216\sqrt{2}$　　(2)　$V_2=200\sqrt{2}$

○推定配点○

[1] 各6点×2　　[2] (1)　各2点×3　　(2)　6点　　[3] 10点　　[4] 各8点×2

[5] 各8点×2　　[6] (1)　各2点×3　　他　各4点×3　　[7] 各8点×2　　計100点

＜数学解説＞

[1] (小問群ー座標平面上の四角形，回転体の体積，式を満たす自然数の組)

(1)　右図で，ED//BC，ED：BC＝2：5なので，FE：FB＝2：7　点Fのy座標をfとすると，$(f-6):(f-2)=2:5$　$f=\frac{26}{3}$　回転体の体積は，$\left(\text{底面の半径が5で高さが}\frac{20}{3}\text{の円すい}\right)-\left(\text{底面の半径が2で高さが}\frac{8}{3}\text{の円すい}\right)$－(底面の半径が1で高さが4の円すい)で求められる。

よって，$\frac{1}{3}\times25\pi\times\frac{20}{3}-\frac{1}{3}\times4\pi\times\frac{8}{3}-\frac{1}{3}\times\pi\times4=\frac{152}{3}\pi$

(2)　$x^2+144=y^2$　$y^2-x^2=144$　$(y+x)(y-x)=144$　和と差の積が144となる2数を求めると，$144=1\times144=2\times72=3\times48=4\times36=6\times24=8\times18=9\times16=12\times12$　$y+x=a$，$y-x=b$とすると，$2y=a+b$　よって，$a+b$は偶数である。$2y=a-b$　よって，$a-b$は偶数である。また，$y=x$になることはない。$y+x=72$，$y-x=2$から，$(y,\ x)=(37,\ 35)$　$y+x=36$，$y-x=4$から，$(y,\ x)=(20,\ 16)$　$y+x=24$，$y-x=6$から，$(y,\ x)=(15,\ 9)$　$y+x=18$，$y-x=8$から，$(y,\ x)=(13,\ 5)$

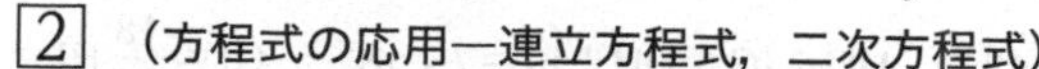

[2] (方程式の応用ー連立方程式，二次方程式)

(1)　与えられた数値を，$T=(as^2+bs+c)\times d$に代入すると，$40=2c$…①　$26.5=0.01a+0.1+c$…②　$36=0.04a+0.2b+c$…③　①から，$c=20$　②，③に代入して，$6.5=0.01a+0.1b$…④　$16=0.04a+0.2b$…⑤　⑤－④×2から，$0.02a=3$　$a=150$　④×4－⑤から，$0.2b=10$　$b=50$

(2)　$T=(150s^2+50s+20)\times d$に$T=324$，$d=9$を代入して，$324=9(150s^2+50s+20)$　$150s^2+50s+$

$20=36$　$75s^2+25s-8=0$　2次方程式の解の公式を用いると，$s=\dfrac{-25\pm\sqrt{25^2-4\times75\times(-8)}}{75\times2}=$ $\dfrac{-25\pm\sqrt{3025}}{75\times2}=\dfrac{-25\pm\sqrt{5^2\times11^2}}{75\times2}=\dfrac{-25\pm55}{150}$　$s>0$だから，$s=\dfrac{30}{150}=0.2$

3 （平面図形―証明，円周角，三角形の外角）

AQの延長線と円との交点をRとすると，弧ABに対する円周角は等しいから，∠ARB＝∠APB…①　∠AQBは△QBRの外角だから，となりにない2つの外角∠QRBと∠QBRの和に等しい。よって，∠AQB＝∠ARB＋∠QBR…②　①を②に代入すると，∠AQB＝∠APB＋∠QBR　したがって，∠APB＜∠AQB

やや難 4 （場合の数―経路，同じものを含む並び方の数）

(1)　↑をx，→をyと表すと，xが3枚，yが4枚でB地にたどり着く。x_1，x_2，x_3，y_1，y_2，y_3，y_4とカードを区別すると，並べ方の数は異なる7個のものの並べ方の数になるから$7\times6\times5\times4\times3\times2\times1$(通り)　そのうちの，例えば，$x_1x_2x_3y_1y_2y_3y_4$，$x_1x_3x_2y_1y_2y_3y_4$，$x_2x_1x_3y_1y_2y_3y_4$，$x_2x_3x_1y_1y_2y_3y_4$，$x_3x_1x_2y_1y_2y_3y_4$，$x_3x_2x_1y_1y_2y_3y_4$は$x$を区別しないときには同じものになる。$x$が他の位置にある場合も同様である。$y$についても同様で，4つの$y$を区別したときの$4\times3\times2\times1$(通り)は区別しないときには1通りとなる。よって，$\dfrac{7\times6\times5\times4\times3\times2\times1}{(3\times2\times1)\times(4\times3\times2\times1)}=$ 35(通り)

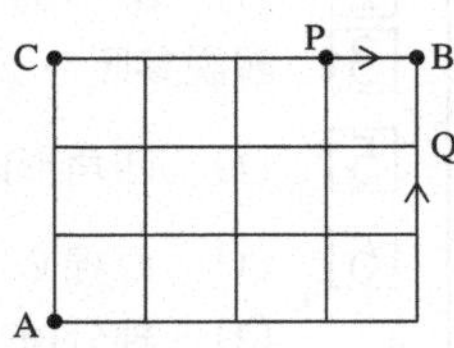

(2)　図のようにBに至る1つ前の角をP，Qとする。Pを通ってBに至るとき，その前にyが4枚以上並ぶことはない。よって，Pに至る前の9枚にはxが6枚，yが3枚含まれる。その並び方の数は，$\dfrac{9\times8\times7\times6\times5\times4\times3\times2\times1}{(6\times5\times4\times3\times2\times1)\times(3\times2\times1)}=84$(通り)　点Qに至る前の9枚には$x$が3枚以上並ぶことはない。よって，Qに至る前の9枚にはxが2枚，yが7枚含まれる。その並び方の数は，$\dfrac{9\times8\times7\times6\times5\times4\times3\times2\times1}{(7\times6\times5\times4\times3\times2\times1)\times(2\times1)}=36$(通り)　したがって，$84+36=120$(通り)

重要 5 （平面図形―辺の比と面積の比）

(1)　高さが共通な三角形の面積の比は底辺の比に等しいから，$\triangle ADF=\dfrac{1}{3}\triangle ABF$…①　$\triangle ABF=\dfrac{4}{7}\triangle ABC$…②　②を①に代入して，$\triangle ADF=\dfrac{1}{3}\times\dfrac{4}{7}\triangle ABC=\dfrac{4}{21}\triangle ABC$　よって，四角形DBCF$=S-\dfrac{4}{21}S=\dfrac{17}{21}S$

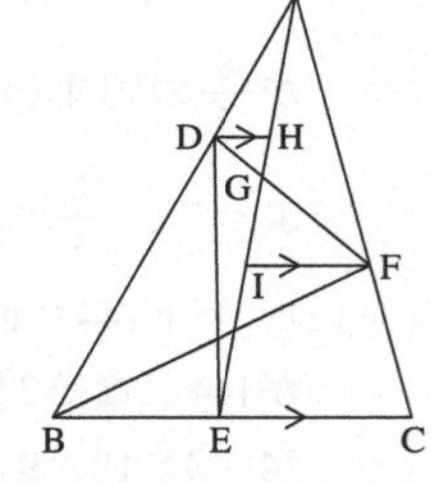

(2)　AE上にDH//IF//BCとなる点H，Iをとる。また，AE＝ℓとするとAH：AE＝AD：AB＝1：3なので，$AH=\dfrac{1}{3}\ell$…①　AI：AE＝AF：AC＝4：7なので，$AI=\dfrac{4}{7}\ell$…②　①，②から，$HI=\dfrac{4}{7}\ell-\dfrac{1}{3}\ell=\dfrac{5}{21}\ell$　BC＝aとすると，$BE=\dfrac{2}{5}a$，$CE=\dfrac{3}{5}a$　DH：BE＝1：3だから，$DH=\dfrac{2}{5}a\times\dfrac{1}{3}=\dfrac{2}{15}a$　FI：CE＝4：7だから，$FI=\dfrac{3}{5}a\times\dfrac{4}{7}=\dfrac{12}{35}a$　よって，$DH:FI=\dfrac{2}{15}a:\dfrac{12}{35}a=7:18$　HG：IG＝DH：FI＝7：18　$GI=\dfrac{18}{25}HI=\dfrac{18}{25}\times\dfrac{5}{21}\ell=\dfrac{6}{35}\ell$　よって，$GE=GI+IE=\dfrac{3}{7}\ell+\dfrac{6}{35}\ell=\dfrac{3}{5}\ell$　したがって，$\triangle DEG=\dfrac{3}{5}\triangle ADE=\dfrac{3}{5}\times\dfrac{1}{3}\triangle ABE=\dfrac{3}{5}\times\dfrac{1}{3}\times\dfrac{2}{5}S=\dfrac{2}{25}S$

+α 6 （関数・グラフと図形―直線の式，放物線，交点の座標，長方形の性質，面積）

基本 (1)　直線ℓの式は，傾きが-1，切片が6なので$y=-x+6$　点P，Qは放物線$y=\frac{1}{2}x^2$と直線ℓとの交点なので，その座標は方程式$\frac{1}{2}x^2=-x+6$の解として求められる。$x^2+2x=12$　$x^2+2x+1=13$　$(x+1)^2=13$　$x+1=\pm\sqrt{13}$　$x=-1\pm\sqrt{13}$　y座標は$y=-(-1\pm\sqrt{13})+6=7\mp\sqrt{13}$　よって，P$(-1-\sqrt{13},\ 7+\sqrt{13})$，Q$(-1+\sqrt{13},\ 7-\sqrt{13})$

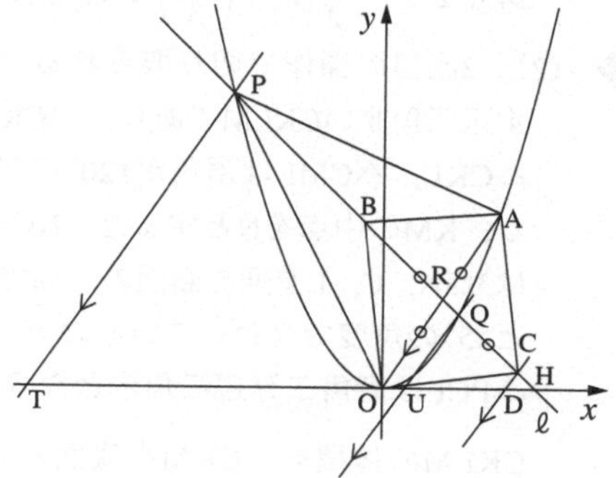

基本 (2)　長方形の対角線は長さが等しいので，長方形OCABにおいて，BC＝OA　点Aからx軸に垂線AHを引くと，OH＝4，AH＝8　△AOHで三平方の定理を用いると，$\mathrm{BC}=\mathrm{OA}=\sqrt{\mathrm{OH}^2+\mathrm{AH}^2}=\sqrt{80}=4\sqrt{5}$

(3)　長方形の対角線はそれぞれの中点で交わるので，AOとBCの中点をRとすると，$\mathrm{OR}=\mathrm{CR}=\mathrm{AR}=\mathrm{BR}=2\sqrt{5}$　点Cの座標を$(m,\ n)$とすると，R(2, 4)であり，三平方の定理を用いて2点間の距離を表せるから，$(m-2)^2+(n-4)^2=(2\sqrt{5})^2$　点Cは直線$y=-x+6$上にあるので，$n=-m+6$　代入して整理すると，$m^2-4m+4+m^2-4m+4=20$　$m^2-4m=6$　$(m-2)^2=10$　$m=2\pm\sqrt{10}$　$n=4\mp\sqrt{10}$　点Bについても同様なので，B$(2-\sqrt{10},\ 4+\sqrt{10})$，C$(2+\sqrt{10},\ 4-\sqrt{10})$　点Cを通りOAに平行な直線は，$y=2x+c$とおいてC$(2+\sqrt{10},\ 4-\sqrt{10})$を代入すると，$c=-3\sqrt{10}$　$y=2x-3\sqrt{10}$　y軸との交点をDとすると，点Dのx座標は，$\frac{3\sqrt{10}}{2}$　$\triangle\mathrm{OCA}=\triangle\mathrm{OCD}=\frac{1}{2}\times\frac{3\sqrt{10}}{2}\times8=6\sqrt{10}$　よって，四角形OCABの面積S_1は，$2\times6\sqrt{10}=12\sqrt{10}$　P$(-1-\sqrt{13},\ 7+\sqrt{13})$から点Pを通るOAと平行な直線の式を求めると，$7+\sqrt{13}=-2-2\sqrt{13}+m$　$m=9+3\sqrt{13}$　$y=2x+9+3\sqrt{13}$　x軸との交点をTとするとTのx座標は，$\frac{-9-3\sqrt{13}}{2}$　$\triangle\mathrm{OAP}=\triangle\mathrm{OAT}=\frac{1}{2}\times\frac{9+3\sqrt{13}}{2}\times8=18+6\sqrt{13}$　Q$(-1+\sqrt{13},\ 7-\sqrt{13})$から点Qを通るOAと平行な直線の式を求めると，$7-\sqrt{13}=-2+2\sqrt{13}+n$　$n=9-3\sqrt{13}$　$y=2x+9-3\sqrt{13}$　x軸との交点をUとするとUのx座標は，$\frac{-9+3\sqrt{13}}{2}$　$\triangle\mathrm{OAQ}=\triangle\mathrm{OAU}=\frac{1}{2}\times\frac{-9+3\sqrt{13}}{2}\times8=-18+6\sqrt{13}$　よって，四角形OQAPの面積S_2は$(18+6\sqrt{13})+(-18+6\sqrt{13})=12\sqrt{13}$

7 （空間図形―正八面体，切断，三平方の定理，方程式，体積）

重要 (1)　正八面体では4つの点を通る対称の面は正方形であり，そのうちの1つの面で切断すると，すべての辺が等しい正四角すい2個に分けられる。右図1の正四角すいEABCDで点Eから正方形ABCDに垂線EFを引くと，点Fは正方形の対角線ACとBDの交点になる。1辺の長さが9の場合，$\mathrm{AC}=9\sqrt{2}$，$\mathrm{EF}=\mathrm{AF}=\frac{9\sqrt{2}}{2}$となる。よって，正八面体の体積は，$\frac{1}{3}\times9\times9\times\frac{9\sqrt{2}}{2}\times2=243\sqrt{2}$　EG＝EH＝EI＝EJ＝2となるように切り取ると，立体EGHIJは四角すいEABCDと相似な正四角すいとなり，相似比は$\frac{1}{3}$である。相似な立体の体積は相似比の3乗だから，［操作1］でできる立体の体積は，

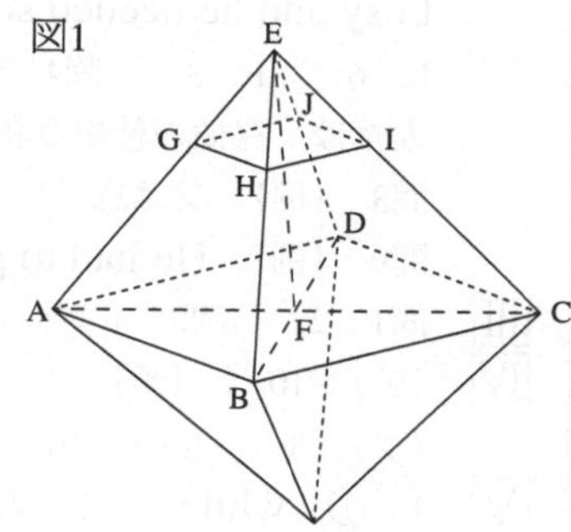

$243\sqrt{2}-\frac{243\sqrt{2}}{2}\times\left(\frac{1}{3}\right)^3\times6=216\sqrt{2}$

やや難 (2) 2回目の操作で切り取られる1つの角すいは，図2で示す正三角すいCKLMであり，△CKMは直角二等辺三角形，△CKL，△CMLは頂角が120°の二等辺三角形となる。また，KMの中点をNとすると，NC＝MC＝$\sqrt{2}$である。図3は3点N，C，Lを通る断面の一部であり，直線CLが面KCMと45°の角度で交わっているので，点Lから直線NCに垂線LPを引くと，△PCLは直角二等辺三角形となり，LP＝$\sqrt{2}$ よって，正三角すいCKLMの体積を△CKMを底面として求めると，$\frac{1}{3}\times\left(\frac{1}{2}\times2\times2\right)\times\sqrt{2}=\frac{2\sqrt{2}}{3}$ 最初の[操作1]で頂点は24個できているので，体積V_2は，$216\sqrt{2}-\frac{2\sqrt{2}}{3}\times24=200\sqrt{2}$

図2

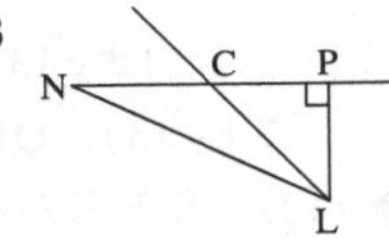

図3
N C P L

★ワンポイントアドバイス★

どの問題も難しく，計算も繁雑である。全問正解を目指さないで，手掛けられるものから確実に仕上げていこう。④の(2)はBの1つ手前を考える。⑥は，平行線を使っての等積変形がやりやすい。⑦の(2)はどこを底面とするかを考えよう。

＋α は弊社HP商品詳細ページ(トビラのQRコードからアクセス可)参照。

＜英語解答＞ 《学校からの正答の発表はありません。》

Ⅰ 問1 ① lend ② ask ③ noticed ④ filled ⑤ threw ⑥ preferred 問2 (Ⅰ) (Dunstan) found himself in front of a bright fire which showed every corner of (the small living-room.) (Ⅲ) Dunstan's excitement made him forget that the weaver could be still alive(.) 問3 (例) ア ドアの鍵 イ 肉をつるすため 問4 still 問5 (例) gold had been lost 問6 1，5

Ⅱ 問1 ① at ② a ③ up 問2 (Jay's) investigation business was getting busy and he needed someone good(.) 問3 A 4 B 1 C 5 D 2 E 6 F 3 問4 (Ⅱ) 3 (Ⅴ) 3 問5 (h)eavy 問6 (例) ほとんどの人々は，探偵の仕事は机ですべて行われると思っていた 問7 fire
問8 (例) 父は息子にレストランを継いでほしかったが，息子はそれを望まなかったから。
問9 (例) He had to go there soon because he was worried about his father.

Ⅲ 問1 2 問2 1 × 2 イ 3 イ 4 ○ 5 ア

Ⅳ (ア) 10 (イ) 9 (ウ) 1 (エ) 18 (オ) 14 (カ) 8 (キ) 11 (ク) 3 (ケ) 16 (コ) 13 (サ) 5 (シ) 6

Ⅴ 1 ①，while 2 ②，in[at] which / where 3 ⑤，understood 4 ④，this is 5 ④，visit to 6 ④，stopped 7 ③，those

Ⅵ (例) (However, I really think you should continue studying English because) you can communicate with foreign people if you can use English. More and more foreign people are visiting Japan today, and you will have many chances to talk with them. Understanding foreign people and their cultures will be helpful to make the world better. So, you should continue studying English for the better world.(54語)

○推定配点○

Ⅰ問1，Ⅱ問1・問4，Ⅳ　各1点×23

Ⅰ問2～問6，Ⅱ問2・問3，問5～問8，Ⅲ　各2点×24(Ⅰ問6完答)

Ⅱ問9，Ⅴ　各3点×8(Ⅴ各完答)　　Ⅵ　5点　　計100点

＜英語解説＞

Ⅰ　(長文読解問題・物語文：語句選択補充，語形変化，語句整序，内容吟味，語句補充)

(全訳)　サイラス・マーナーは哀れで孤独な織工で，彼の唯一の友達は彼が織物で稼いで床板の下に隠しておいた明るい金貨だった。夜にだけ，仕事を終えたときに彼はそれらとともに時を過ごしていた。

ダンスタン・キャスはギャンブルと酒のためにいつも金に困っていた。彼はポケットに入れてあるビンからウィスキーを飲み，田舎道を進みだした。彼はサイラスの金のことを考え続けていた。自分が必要な分はきっとあるだろう。ダンスタンは簡単に織工を少し脅し，そうすればサイラスがすぐに彼に金を①貸すことに同意するだろうと思っていた。

時間は午後4時，地方全体が濃い霧に覆われていた。ダンスタンは村に戻る途中，誰にも会わなかった。彼は，目の前の道が見えなくても，古い採石場に近づいていることがわかっていた。織工の小屋から明かりが見えるとすぐに，彼はドアをノックすることにした。「さあ，じいさんに金を②求めよう」と彼は思った。

彼がドアを強くノックしても返事がなかった。ドアを押すと開いた。(Ⅰ)気がつくとダンスタンは小さな居間の隅々まで照らす明るい炎を前にしていた。サイラス・マーナーはそこにはいなかった。ダンスタンは疲れていて寒かったので，すばやく暖かい火のそばに座りに行った。腰をおろすと，火の上で一切れの小さな肉が料理されているのが見えた。それは大きなドアの鍵につるされていた。

「では，じいさんは夕食に肉を料理しているのか？」とダンスタンは思った。「でもどこにいるんだ？　(Ⅱ)なぜドアに鍵がかかっていないんだ？　たぶん彼は火をおこすための木を集めに出かけて採石場に落ちたんだ！　たぶん死んだだろう！」これは気をそそる初めての考えだった。「そしてもし彼が死んだのなら，誰が彼が残した金を受け取るのだろう？　誰かが金を持ち去りに来たなんて誰にわかるだろうか」そして最も重要な問いはこうだった－「金はどこにあるんだ？」

(Ⅲ)ダンスタンは興奮のあまり，その織工がまだ生きているかもしれないということを忘れていた。彼はサイラスが死んでいてほしいと思い，サイラスの金が欲しかった。彼は再び小屋を見まわした。家具はほとんどなく，ベッド，織機，3つのいす，そしてテーブルだけだった。ダンスタンはベッドの下を見たが，金はそこにはなかった。それから彼は床の上の織機の近くに，床板が他と違って見える場所に③気づいた。板の1枚を引き上げると，サイラスの隠し場所が見つかった。彼は金貨で④いっぱいの2つの重たい袋を取り出し，板を元に戻すとドアへと急いだ。

外は雨が激しく降っていて，何も見えなかった。重たい袋を運びながら，彼は暗闇の中へと踏み出した。

ダンスタン・キャスが小屋を出たとき，サイラス・マーナーはほんの100メートル離れたところ

にいた。彼は村から歩いて帰宅するところで，彼は翌日の仕事に必要な物を買いに村に行ったのだった。彼の足は疲れていたが，ほとんど幸せな気分だった。彼は夕食の時間を楽しみにしていて，そのときに金貨を取り出すつもりだった。今夜，彼には家に急いで帰る特別な理由があった。彼は肉を食べるつもりだったが，それは彼には珍しいことだった。ある人物がプレゼントとして彼に肉一切れをくれたので，お金はかからない。彼はそれを火の上で料理しておいた。ドアの鍵がそれを安定させるのに必要だったが，彼はドアに鍵をかけずに小屋に金貨を置いて行くことを全く心配していなかった。彼は泥棒が霧と雨と暗闇の中を通って小さな小屋まで来るなどと想像することができなかった。

彼が小屋に着いてドアを開けると，何かが違っていることに気づかなかった。彼は濡れたコートを脱ぎ⑤捨てて，肉を火に近づけた。再び体が温まるとすぐに，彼は金貨のことを考え始めた。夕食後まで待つには長くかかるように思えたが，普段はそのときに硬貨を取り出して見ていたのだ。そこで彼はすぐに，肉をAまだ料理している間に金貨を取り出すことにした。

しかし，彼が織機の近くの床板を取り上げて空の穴を見たとき，すぐには状況がわからなかった。震える手で穴のあちらこちらを触りながら，彼の心臓は激しく鼓動した。そこには何もなかった！彼は頭に両手を置いて考えようとした。金貨を他の場所に置いて，そのことを忘れてしまったのだろうか。彼はもう自分を偽れなくなるまで，注意深く小さな小屋を捜した。彼は真実を受け入れざるをえなかった－B彼の金貨はなくなってしまったのだ！

彼は激しく絶望して泣き出し，一瞬の間Aじっと立っていた。それから彼は，織機の方を向いて，いつも座って働いている座席に倒れこみそうになった。彼は織機も盗まれていないことを確認するために，それに触れた。今や彼はさらにはっきりとこう考え始めた。「泥棒が今までここにいたんだ！　彼を見つけることができれば，彼は私の金貨を返さなくてはならないだろう！　でも，私はほんの短い間しか出かけていなかったし，誰かが小屋に入った跡もない」彼は，それは本当に彼のお金を持ち去った泥棒なのだろうか，あるいはすでに一度彼の幸せを破壊した残酷な神なのだろうかと思った。しかしサイラスは，泥棒を疑う方が⑥好ましく思ったが，それはお金を返してくれるかもしれないからだった。彼は，サイラスのお金のことを知っていて，ときどき小屋を訪ねてくるジェム・ロドニーに違いないと思い始めた。今やサイラスは，自分が泥棒を知っていると思っていると強く感じた。「警察に話に行かなくては！」と彼は心の中で思った。「彼らがジェムにお金を返させてくれるだろう！」　そこで彼はコートも着ないで急いで雨の中に出て，パブ，レインボーへと走った。

基本 問1　全訳を参照。　①　ダンスタンは，サイラスを脅すのは簡単だと考えているので，lend「貸す」を入れて，脅されたサイラスがすぐにお金を貸すことに同意する，という内容にすると前後の関係がはっきりする。〈agree to ＋動詞の原形〉で「～することに同意する」なので，lend は原形。　②　ダンスタンがサイラスの小屋のドアをノックしようと決心した場面。ダンスタンはサイラスからお金を借りるつもりでいることから，ask「求める」を入れて，「なぜ今じいさんにお金を求めないことがあろうか(＝さあ，じいさんに金を求めよう)」とするとこの場面のダンスタンの考えとして適切。この場合の Why not ～? は「なぜ～しないのか(＝いや，～しよう，～するべきだ)」という反語表現。ここでは文脈として Why should I not ～?「なぜ～するべきではないだろうか」などの内容が合うので，ask は原形。　③　ダンスタンがサイラスのお金を探している場面。空所の直後の a place on the floor「床の上のある場所」を目的語と考え，notice「気づく」の過去形を入れて，「床板が他と違って見える場所に気づいた」とするとこの後でダンスタンがお金を見つけるという流れに合う。　④　ダンスタンが見つけた袋にはサイラスが集めた金貨が入っていて，それらの袋が重たかったことから，fill「満たす」の過去分詞を入れると

「彼は金貨でいっぱいの2つの重たい袋を取り出した」という文になり，この場面の状況に合う。⑤ サイラスが帰宅して濡れたコートをどうしたかを表す動詞として適切なのは，throw。直後の off と合わせ，「脱ぎ捨てる」という意味になる。同じ文の pushed と同じ時点のことを述べているので，過去形 threw とする。 ⑥ この場面で，サイラスはお金を盗んだのが泥棒の仕業か，残酷な神の仕業かと考えている。空所を含む文の後半が泥棒の仕業なら返してもらえるかもしれないという内容なので，prefer「～の方を好む」の過去形を入れて，サイラスとしては泥棒の仕業と考える方が好ましかったという内容にすると文意が通る。過去形は原形の語尾 r を重ねて ed を付けることに注意。

問2 (Ⅰ) (Dunstan) found himself in front of a bright fire which showed every corner of (the small living-room.) 「気がつくと～を前にしていた」は，「～の前の自分自身に気づいた」と考えて，found himself in front of ～ と表す。その後に，「小さな居間の隅々まで照らす明るい炎」を関係代名詞 which を用いて a bright fire which showed every corner of the small living-room と表して続ける。 (Ⅲ) Dunstan's excitement made him forget that the weaver could still be alive. 与えられている語句に excitement「興奮」という名詞があることから，Dunstan's excitement「ダンスタンの興奮」を主語にして，「ダンスタンの興奮は彼に～を忘れさせた」という文を作る。「(人)に～させる」は〈make ＋人＋動詞の原形〉で表し，forget の後に「その織工がまだ生きているかもしれないということ」を目的語として続ける。

問3 下線部を含む文の直前の段落の最後から，火の上で一切れの小さな肉が料理されていて，それが大きなドアの鍵につるされていたことがわかる。ドアの鍵がかかっていなかったのは，その鍵が肉をつるすのに使われていたためということなので，アに「(ドアの)鍵」，イに「肉をつるす[料理する]ため」などと入れる。

問4 最初の空所を含む文の場面で，サイラスは夕食が済むまで金貨を見るのを待ち切れないでいたため，肉を料理しつつ，金貨を取り出そうと考えている。この状況から，Aには still「まだ」が適する。また，後の空所を含む文はサイラスが隠していた金貨がなくなっていることに気付いた場面。ここでは空所に「じっとして，動かずに」の意味の still を入れると，サイラスが茫然自失の状態になっていることを表せる。

問5 空所には，直前の the truth「真実」の具体的な内容が入るので，his を含めて，「彼のお金がなくなった」といった内容が合う。サイラスがその真実を受け入れる以前のことを述べているので，his gold had been lost などと過去完了で表すのが適切。gold は money でもよい。また，事実としては「盗まれた」が，この直後でサイラスが泥棒が入ったのだと考えていることから，lost の代わりに steal「盗む」の過去分詞 stolen を入れてもよいだろう。

問6 1「サイラスの硬貨を除くと，彼の良い友人は誰もいないように思われる」(○) サイラスが孤独な人物で，友達と言えるのがためてきた金貨だけだったこと(第1段落第1文)や，彼の金貨を盗んだダンスタン・キャスやサイラスが泥棒だと真っ先に疑ったジェム・ロドニーという人物しか登場しないことに合う。 2「ダンスタンは，小屋を訪れたときに織工を殺すつもりだった」(×) 第2段落最終文から，ダンスタンはサイラスを殺すのではなく，少し脅してお金を借りようとしていたことがわかる。また，第3段落最終文で小屋のドアをノックするときも，お金を貸すよう求めようとしていたことから，合わない。 3「サイラス・マーナーの小屋の中は家具でいっぱいだった」(×) 第6段落第4文から，サイラスの小屋には家具がほとんどなかったことがわかる。 4「サイラスは硬貨を見るためにそれらを取り出す前に，しばしば肉を食べていた」(×) 第8段落第6文から，そもそもサイラスが肉を食べることが珍しいことだったことがわかるので，合わない。 5「サイラスは誰かが自分の小屋に侵入したことにすぐには気づかなかった」

(○)　第9段落の内容から，サイラスは帰宅してしばらくの間は誰かが小屋に侵入して金貨を盗んだことに気づかなかったことがわかる。　6「よく考えたのちに，サイラスは本当の泥棒が誰であるかがわかった」(×)　サイラスは，金貨を盗まれたことを認識したときに真っ先にジェム・ロドニーを疑っている。また，本文で述べられている範囲では，サイラスはダンスタン・キャスが真犯人であることに気づいていないので合わない。

Ⅱ　(長文読解問題・物語文：語句補充，語句整序，文選択補充，発音，英文和訳，指示語，内容吟味，英問英答)

(全訳)　それはある月曜日の朝に始まった。

時刻は9時30分で，ジェイ・クワンは助手のエイミー・トレントとチャイナタウンにある彼の事務所にいた。彼らはコーヒーを飲んでいて，一週間は始まったばかりだった。ジェイはペンを取り出してスケジュール帳のその日，10月20日月曜日のページを開いた。そのページには何も書かれていなかった。

「何かある？」とジェイはエイミーに尋ねた。

「これらを見てください」と，エイミーは用意していた新しい事案書を手渡しながら言った。彼女はジェイの事務所の新人だった。彼女は1か月前に仕事を始めたばかりだったが，ジェイはすでに彼女が気に入っていた。彼女は迅速で賢く，優秀な私立探偵にもなれそうに見えた。$_{\text{I}}$ジェイの調査の仕事が忙しくなってきたので，彼はよい人材を必要としていた。$_{\text{A}}$ジェイはコーヒーを一口飲んで，少しの間新たな事案を読んだ。それらはいつもある種の事案だった。相変わらず，行方不明者，女性と会っていた夫。クワンの探偵事務所は新しかったが，仕事は悪くなかった。彼は書類を置いて3階の窓から外を見た。彼の机からはストックトン・ストリートが下に見えた。サンフランシスコは「クール・グレイ・シティー」と呼ばれたが，よい名だと彼は思った。すでに10月になっていて，歩道中に葉があった。霧が出ていて寒く，ストリート・マーケットの人々は$_{\text{ア}}$厚いコートを着ていた。ジェイはサンフランシスコを愛していたが，市の1年でいちばん好きな時期ではなく，私立探偵にとっては特に厳しい季節だった。

ほとんどの探偵と同じように，ジェイは仕事の70パーセントを路上で行っていた。$_{\text{III}}$ほとんどの人々は，探偵の仕事は机ですべて行われると思っていたが，そうではない。デスクワークはいくらかあるが，それでも事務所の外でする仕事がたくさんあった。ほとんどの日は，彼は人々を監視したり探したりしながら路上で過ごした。

突然，電話が鳴った。ジェイは受話器をとった。

「クワン探偵事務所です」と彼は答えた。

「ジェイ，」と相手の声が言った。「こちら，ケン・フォンだけど…」

「フォンさん！」ジェイは父親の旧友の声を聞いて驚いた。

「ジェイ…」ケン・フォンは真剣そうに言った。「君の父さんなんだが…」

「何ですって？　彼は大丈夫なんですか」

「ああ，大丈夫だよ」とケン・フォンは言った。「でも，昨日の夜にレストランで$_{\text{イ}}$火事があったんだ」

ジェイは少しの間話を聞いて，それから「ありがとう，フォンさん，すぐに彼に会いに行きます」と言った。$_{\text{B}}$ジェイは受話器を置いた。エイミーが彼を見た。ジェイは何も言わなかったが，跳び上がってドアの方へ歩いて行った。

「どうしたんですか」とエイミーが尋ねた。

「ああ，何でもないよ…後で話す。父の友達のケン・フォンさんだ。今すぐに父に会いに行かなくてはならないんだ」

$_C$ジェイはコートを取って，走って階段を降りて寒い通りに出た，何を見つけに行くのだろうかと思いながら。父は話すくらいしてくれるだろうか。彼はグランド・アベニューにある父のレストラン，ゴールデン・ダックまでずっとストックトン・ストリートを走って行った。

$_D$丸一年だな，とジェイは父のレストランに向かって走りながら思った。ルイ・クワンはもう高齢になってきていた。彼はすぐに引退したいと思っており，息子のジェイにゴールデン・ダックを経営してもらいたがっていた。ジェイはレストランの経営者になることに関心がなかった。彼らはそのことで$_{Ⅳ}$大喧嘩をして，彼らが最後に話し合ってから1年が経っていた。

$_E$ジェイはゴールデン・ダックの裏の狭い通りに着き，厨房の窓からのぞいた。彼の父はそこにいて，いつものようにランチの野菜を調理していた。ルイ・クワンには息子が見えなかった。その老人は大きなナイフをつかんで野菜を薄く刻んでいた。ジェイは父親がそうするのを見ながら育った。ルイを見ていると，今は悲しい気持ちになった。彼は父親を愛していたが，彼と話すのはいつも大変なことだった。ジェイは深く息を吸った。それから厨房のドアを開けて歩いて入った。

「ジェイ」と彼の父親は笑顔で言った。それから彼は1年前に起こったことを思い出したようで，深刻な表情になった。「何の用だ？」

「父さん，ぼくは，うーん…ケン・フォンが何があったのか教えてくれたんだ」とジェイは言った。「昨日の夜，ここで火事があったって言ってたよ」

彼の父は野菜を刻み続けた。老人はまだ微笑まなかった。「ケンか！」と彼は言った。「やつには関係ないことだ。ばかなやつめ」

$_F$「彼はただよい友達だっただけだよ，父さん」とジェイは答えた。

「火事の被害は隅のそこだけだ」と彼の父親は事務的に言った。「でも大してひどくない。後で直してもらうさ。心配することじゃないよ」

基本 問1　①　最初の空所は，open ～ at[to] … page で「(本などの)…ページを開く」。後の空所の直前の new は，ここでは「新任の，新人の」という意味で，「ケンの事務所で新任だった」という意味の文が合うので場所を表す at が適切。to は〈new to ＋人〉で「(人)にとって初めての[初耳の]」という意味になるのでここでは不適切。　②　いずれも直後に missing person「行方不明者」，woman「女性」と冠詞のない普通名詞があるので，a が適切。　③　pick ～ up「(電話[受話器])をとる」，jump up「跳び上がる」。

問2　(Jay's) investigation business was getting busy and he needed someone good.「ジェイの調査の仕事が忙しくなってきた」と「彼はよい人材を必要としていた」を and でつなぐ。この場合のように，and は「原因」と「理由」という関係で前後をつなぐこともできる。「よい人材」は「誰かよい人物」と考えて someone good と表す。

問3　全訳を参照。　A　空所の直後に「それらはいつもある種の事案だった」と続くことから，case「事案」について述べている4が適切。　B　空所の直前のケンの発言「ありがとう，フォンさん，すぐに彼に会いに行きます」と，直後でケンがドアの方へ歩いて行ったという流れから，フォンからの電話を切ったという1が適切。　C　空所の前でケンが「今すぐに父に会いに行かなくてはならない」と言い，空所の後でケンが父のレストランまで走って行ったことが述べられているので，その間に入る行動として「通りに出た」という5が適切。　D　空所の後で，1年前に父親との間にあったことが述べられているので，このときケンが思っていたこととして2を入れるとこの段落の流れに合う。　E　空所の後でケンの父親が調理をしている様子が述べられているので，この場面でケンは父親の姿を見ていることになる。したがって，厨房の窓からのぞいたという6が適切。　F　空所の直前で，火事のことをケンに知らせたフォンのことを父親が悪く言っているので，フォンを擁護する内容の3が適切。

基本 問4 (Ⅱ) 下線部は think の過去形で，ough[ɔː] の部分を強く読む。同じ発音を含む語は taught「teach の過去形・過去分詞」。though[ou]「～だけれども」，through[uː]「～を通って」，rough[ʌ]「表面がざらざらした，乱暴な」。 (Ⅴ) 下線部は「息，呼吸」という意味で，ea[e] の部分を強く読む。同じ発音を含む語は weather「天気」。breathe[iː]「呼吸をする」，heal[iː]「治す」，peace[iː]「平和」。

問5 空所を含む文の前半から，この日は寒かったことがわかるので，空所を含めて「厚手のコート，暖かいコート」などの意味が合う。「(服などが)厚手の」は heavy で表す。hot は気温や温度について用いるので，ここでは不適切。

問6 Most people thought (that) ～.「ほとんどの人々は～だと思った」という文。it については「すべて机で行われる」ことなので，直前の文の内容から「探偵の仕事」と考えるのが適切。

問7 空所には，前の日の夜に父親のレストランであったことが入る。ケンと父親が会っている場面のケンの最初の発言から，それが火事があったことがわかる。

問8 下線部は「大喧嘩」という意味。同じ段落の第2，3文から，ケンの父親は息子にレストランを継いでほしいと思っていたが，ケンはそれに関心がなかったことが述べられているので，父親の望みと息子の考えが一致しなかったことが喧嘩の原因と考えられる

問9 質問は,「なぜジェイはすぐに父親に会いに行かなくてはならなかったのですか」という意味。父親の友人フォンから，前の日の夜に父親のレストランで火事があったことを聞いて，ケンがすぐに父親に会いに行かなくてはならないと考えていることから，「父親のことが心配になった」といった理由が考えられる。解答例は,「彼は父親のことが心配だったので，すぐにそこへ行かなくてはならなかった」という意味。その他，He heard about the fire at his father's restaurant, and he was worried about his father.「彼は父親のレストランでの火事のことを聞いて，父親のことが心配だった」のように，because などの接続詞を使わずに答えることもできる。また，Because ～. の形だと文として不完全なので，〈主語＋動詞〉が入った文の形で答えるのが望ましい。

Ⅲ (長文読解問題・エッセイ：語句解釈，内容吟味)

(全訳) 2010年の2月のある朝のことだった。私はいつものようにとても早い時間に，ボストンにある7階建てのビルにある自分の机についていたので，他の誰よりも早く，先にその日の仕事を進めることができた。まだ静かで，同僚たちが到着するまでの快適な1時間だった。しかし，この特別な火曜日の朝，届いたEメールのために始めることができなかった－それは南アフリカのあるサッカーチームについてのことだった。

その時点で，FIFAワールドカップの開会式はまだ4か月先のことだったが，私はすでにわくわくしてきていた。私は51歳で，大のサッカーファンだった。私はごく最近，サイドラインのサッカーママから自分でボールを追うように変わっていた。目の前の動画が，私のサッカーチームでキーパーをしている友人のヘザーからメールで送られてきたのだ。その話は，おばあちゃんたちだけで作られた，南アフリカの田舎にあるあるサッカークラブについてのものだった。

私は「プレイ」ボタンをクリックした。パソコンの画面に丸い茶色い顔の歯が数本抜けている年配の女性が現れた。彼女は黄色いシャツとバンダナを身につけていた。彼女はカメラをじっとのぞき込んでいた。「あなたと走ったら私が勝つわよ」私は彼女を疑わなかった。彼女は自信を持って話した。「－私は83歳で6回脳卒中をやったけれど」なあああんだって？ 「でも，サッカーが私の人生を本当に変えてくれたのよ」と彼女は続けた。「人生が上向いたわ」

私は少しの間，自分の仕事を忘れた。書類を脇に移動させて，私は画面を注意深く見るために前のめりになった。レポーターが，すばらしいサッカー選手のようにふるまうこの高齢の女性が南ア

フリカの，40代後半から80代初めの35人から成るチームの一員であることを説明した。彼女たちは愛情を込めてグラニーズと呼ばれていた。

私はその女性たちがウォームアップの運動をしながら動くほこりっぽいフィールドを見た。ゆるいシャツとひざ下まであるスカートのおかげで，彼女たちは自由に動くことができた。汚いフィールドの向こうには数本の短い木と黄色い草が生えている。とても髪が短い別のおばあちゃんに焦点が向けられた。「私は，サッカーが私たちの助けになるからサッカーが好きなの。私たちは病気だったけれど，今ではコレステロールも血圧もすっかり下がったわ。私たちが健康診断に行くと，医者たちさえ驚くのよ。このすばらしい考えを思いついた人物に神のお守りがありますように」

そう言って，グラニーズはランニングを始めた。彼女たちは革のボールを追い，激しくボールを蹴り，ひざまであるほこりを宙に巻き上げた。すっかり興奮して，彼女たちは本来プレイするべき位置に注意を払っていなかった。私はこの気持ちをよく知っていた。私は自分のチームで唯一の初心者ではなかった。グラニーズのように，私たちはピニャータを囲む誕生パーティーの子供たちのようにボールに引っ張られた。ボールは何度も何度も蹴られ，ついにネットを捕らえた。彼女たちが互いに抱き合ったとき，グラニーズの選手たちの顔に笑顔がいっぱいになった。大きな声援が，サイドライン上でファンたちの群れから起こった。

ニュースのレポーターは，誰もがグラニーズを支持しているわけではないと言ったが，女性たちは，地元の人々が文句を言ってもプレイを続けた。「お前たちの居場所は孫たちを見守る家だ」と町の男たちはがみがみ言った。地元の教会は，フィールドの中でも外でも女性がズボンをはくことを許さなかったので，最初グラニーズはスカートをはいてプレイした。時とともに，彼女たちの自信が増して－そして彼女たちの近所の人々が彼女たちがプレイするのを見ることに慣れてくるにつれて－グラニーズは「容認できる」女性用の運動着の伝統的な不文律に従うのをやめた。今日では，彼女たちは短パンをはいてプレイしている。しかし，グラニーズの友人たちの中には今でも「女性が短パンをはくなんていけないことだ」と言う者もいる。彼女自身たちの孫の数人も，「おばあちゃん，サッカーなんてできないよ，年をとり過ぎだよ」と言う。しかし，誰もがそう感じているわけではない。カメラはサイドラインにいるある10代の人物に移った。「グラニーズは健康で丈夫でいられるためにサッカーをしています，それはすばらしいことです」と，彼はほほえみながら言う。

動画が終わり，私はほとんど午前7時になることに気付いた。私は本当に仕事に戻るべきだったが…しかし…できなかった。私は戻ってすぐに動画をリプレイした－さらに2回。外部の傍観者ならば，この女性たちと私はほとんど共有するものはないと結論付けるかもしれない。しかし，そうではない。彼女たちには，私たちとちょうど同じようにチームメイトたちとの友情がある。彼女たちは，私たちとちょうど同じように練習を通じて自信を深めた。私たちはそれほど違わない，このグラニーズの選手たちと私は。

私は仕事を始めなければならなかったので，グラニーズから注意をそらした。しかし，彼女たちを頭から出すことができなかった。

その日，私は6か月もしないうちに彼女たちとフィールドで一緒になるなんて知りもしなかった。

問1　筆者が同僚たちよりもかなり早く職場に来ていること，下線部 head「頭，先頭」の意味などから，2「他の誰よりも早く，先にその日の仕事を進めること」が文脈に合う。1「本当はしたくないことを始めること」，3「一般的に人々がするよりも人生の遅い時期に何か，特に仕事をすること」，4「勝利したり有利に立つために不誠実な方法で何かをすること」はいずれもこのときの状況に合わない。

問2　1　(ア)「筆者は子供のときにサッカーをし始めた」(×)　第2段落第2，3文から，筆者は50歳くらいの年齢になってから自分でサッカーをするようになったことがわかる。　(イ)「黄色いシャツを着たあるおばあちゃんは，サッカーを上手に教えることに自信を持っているように思われた」(×)　第3段落第3～6文から，黄色いシャツを着たおばあちゃんが自信を持っていたのはサッカーを教えることではなく，走ることだったことがわかる。　2　(ア)「グラニーズの最年長のメンバーは80歳よりも若かった」(×)　第3段落第7文から，少なくとも83歳以上のメンバーがいることがわかる。　(イ)「髪の短いあるおばあちゃんは，サッカーをしたために健康になったと言った」(○)　髪の短いおばあちゃんについては第5段落で述べられている。彼女の発言内容から，彼女がサッカーを始めたおかげで健康な体になったことがわかる。　3　(ア)「筆者が所属しているサッカーチームに初心者はいなかった」(×)　第6段落第5文に，「私は自分のチームで唯一の初心者ではなかった」とあるので合わない。　(イ)「町のすべての人がグラニーズを支援しているわけではなかった」(○)　第7段落第1文の内容に合う。　4　(ア)「地元の町の男性の中には，グラニーズのメンバーたちは孫の世話をしながら家にいるべきだと思っていた」(○)　第7段落第2文に，「『お前たちの居場所は孫たちを見守る家だ』と町の男たちはがみがみ言った」とあるので合っている。　(イ)「地元の教会は，女性がサッカーをしているときにズボンをはくことを望まなかった」(○)　第7段落第3文に，「地元の教会は，フィールドの中でも外でも女性がズボンをはくことを許さなかった」とあるので，合っている。　5　(ア)「グラニーズのメンバーの孫たちの数人は，彼女たちは年をとり過ぎていてサッカーはできないと思っていた」(○)　第7段落最後から4文目の内容に合う。　(イ)「筆者はその動画を初めて見たとき，グラニーズとサッカーをする決心をした」(×)　最終段落から，筆者はのちにグラニーズとサッカーをすることなど予想もしていなかったことがわかる。

Ⅳ　(英文和訳)

(ア)　直訳は，「何であってもないよりはよい」。10の意味が合う。

(イ)　直訳は，「今日はここに，明日は行ってしまう」。来たかと思えばすぐになくなってしまうということを表している。9の意味が合う。

(ウ)　直訳は，「2匹のウサギを追う者はどちらも捕まえることはない」。1の意味が合う。

(エ)　直訳は，「こぼれたミルクについて泣いても役に立たない」。18の意味が合う。

(オ)　直訳は，「1つの石で2羽の鳥を殺せ」。14の意味が合う。

(カ)　直訳は，「他人の過ちから学べ」。8の意味が合う。

(キ)　直訳は，「眠っているイヌは寝かせておけ」。11の意味が合う。

(ク)　直訳は，「悪魔の話をすれば現れる」。3の意味が合う。

(ケ)　直訳は，「早起きの鳥は虫を捕まえる」。16の意味が合う。

(コ)　直訳は，「突き出た釘は打ちつけられる」。13の意味が合う。

(サ)　直訳は，「頭は1つより2つの方がよい」。5の意味が合う。

(シ)　直訳は，「ローマにいるときはローマ人がするようにせよ」。6の意味が合う。

重要　Ⅴ　(正誤問題：接続詞，関係代名詞，分詞，前置詞，時制，代名詞)

1　「ニューヨーク滞在中の親切なおもてなしに感謝します。すべてがおもしろかったです。あなたが東京に来るときは知らせてください。すぐにまたあなたに会ってお話しするのを楽しみにしています」　during は前置詞なので，後に名詞(句)が続く。ここではうしろに I stayed と〈主語＋動詞〉があるので，「～している間に」の意味の接続詞 while が正しい。

2　「科学技術の発展のために，多くの産業でロボットが使われている。例えば，私がよく食べるファストフードレストランには，AIロボットによって出される食べ物がある。これはこの10年で作られた驚くべき革新である」　②の which は関係代名詞なので，ここでは the fast-food restaurant を指して eat の目的語ということになって「レストランを食べる」という内容になるので不適切。「レストランで食べる」ということなので，eat in[at] the fast-food restaurant という内容にする必要がある。前置詞 in を which の前に置くか，in which を1語で表す関係副詞 where が正しい。

3 「私はときどき，家に帰る途中で英語で外国人に話しかけられる。彼らの質問に簡単に答えることは難しいが，自分の言うことが理解してもらえるとうれしく思う」「自分の言ったこと」は「理解される」という関係になるので，⑤の understand を過去分詞 understood にするのが正しい。〈make ～ ＋過去分詞〉で「～を…される」という意味になる。

4 「午前7時30分から9時の間は電車に乗らない方がよい。電車はとても混雑しているので，駅員があなたを電車に押し込むかもしれない。外国人旅行者はしばしば，これは日本文化の独特な部分だと言うが，私はそれはよくないと思う」 最終文の say は〈say ＋目的語＋目的語〉の形では使えない。say の後に接続詞 that が省略，that 以下の主語が this と考えて，this に対する動詞 is を補う。

5 「私の兄[弟]は今夜オーストラリアに向けて日本を発つ。彼は言語学校で英語を勉強するために2か月間そこに滞在する。彼は初めて家族なしで外国を訪れるので，少し緊張している。彼が楽しく過ごして無事に日本に帰って来るとよいと思う」 ④の visit は「訪問」の意味の名詞なので，visit(名詞) a foreign country(名詞句)というつながりは不適切。「外国への訪問」ということなので，visit to a foreign country とする。

6 「先日，私は慶応志木高校へ行くためにバスに乗っていた。バスに乗っている誰かが突然叫んだ。そのことで赤ちゃんが泣いたが，母親が彼の好きな歌を歌い出すと泣くのをやめた」 赤ちゃんが泣くのをやめたのは，母親が歌いだしたという過去の時点のことなので，④の時制は過去が正しい。④の has stopped を stopped とする。

7 「私は先週，10の授業で最終試験があった。私は2日で10の試験を受けなくてはならなかった。今年の試験問題は去年のものとはかなり違っていた。3日後，私は結果を受け取り，それを見てショックを受けた」 ③の that は同じ文にある exam questions を受ける。questions と複数形なので，単数形 that ではなく those が正しい。

やや難 Ⅵ **(自由英作文)**

息子からのメールは，「お父さん，正直なところ，ぼくはもう英語を勉強したくないんだ。どう思う？」という意味。父親からの返信は，「あなたがどう感じているかを表現することができてうれしく思うよ。でも，～なので，英語を勉強し続けるべきだと本当に思うよ」という英文で，父親が英語を勉強し続けるべきだと考える理由を40～55語の英語で書く。英語の学習を促す内容にするという条件があるので，英語を学習することによって得られるメリットを挙げるとよいだろう。補う語数がやや多いので，無理に1文にまとめる必要はない。解答例は，「英語を使えれば外国の人々とコミュニケーションをとることができる(ので，英語を勉強し続けるべきだと本当に思うよ。)今日，ますます多くの外国人が日本を訪れていて，あなたは彼らと話す機会がたくさんあるでしょう。外国の人たちと彼らの文化を理解することは，世界をもっとよくするのに役立つでしょう。だから，あなたはよりよい世界のために英語を勉強し続けるべきです」という意味。

★ワンポイントアドバイス★

Ⅳは英文の意味を表すことわざや格言を選ぶ問題。(オ)の two birds, one stone のように英文中で使われている語句の意味から類推できるものが多いので，英文全体をじっくり吟味する必要はない。該当しそうな意味を迷わず選んでいこう。

＜国語解答＞《学校からの正答の発表はありません。》

一　問一　Ⅰ　目　Ⅱ　顔　Ⅲ　喉　問二　い　ウ　ろ　カ　は　ア　に　オ
問三　(例)　甲　自分の身のこと　乙　世間のこと　問四　(例)　三人に隠れるようにして神父が若い女性の出産を手伝う(様子。)　問五　エ　問六　ウ・エ　問七　オ
問八　イ　問九　(例)　(ブリドワ)　赤ちゃんは神父さまがどこかで見つけたと思っている(点)　(母親)　赤ちゃんはキャベツから生まれると言っている(点)　問十　不思議な仕事

二　問一　a　潰(す)　b　偏(った)　c　促(す)　d　魅了　e　抽象
問二　まことし　問三　歳を取れば　～　できてくる(から)　問四　天罰
問五　B　転嫁　C　懸命　問六　悪いことを　～　身に訪れる(ということ)
問七　D　コ　E　カ　F　ケ　問八　Ⅲ　問九　エ　問十　ア　科学
イ　自由と他者の尊重　ウ　正しい情報　エ　人間の幸せ　問十一　(例)　お互いの考えを伝え合うことで情報を共有(できる。)

三　問一　イ　問二　(例)　長年西行に会いたいと思っていた(ということ。)　問三　早朝
問四　オ　問五　(例)　親しく語り合っているだけで感動を与えてくれる人物(だと思った。)

四　問一　B　ク　C　ア　D　ウ　問二　E　ウ　G　コ　問三　A　夏目漱石
F　大江健三郎　H　竹

○推定配点○
一　問一～問三・問六　各2点×11　他　各3点×7　二　問一・問二・問五　各1点×8
問三・問四・問六・問九・問十一　各3点×5　他　各2点×8　三　各2点×5
四　各1点×8　計100点

＜国語解説＞

一　(小説―脱文・脱語補充，慣用句，語句の意味，表現，情景・心情，文脈把握，内容吟味，大意)

問一　Ⅰ「目を血走らせる」は，眼球を充血させて興奮している様子の表現。Ⅱ「顔をしかめる」は，眉間にしわをよせて痛みに耐える表情の表現。Ⅲ　後に「叫び」とあるので，大声をあげている表現として，「喉も張り裂けんばかり」とするのが適切。

問二　い　直後に「くり返す」とあるので，ウが入る。ろ　直前に「神父はあわててそばに寄り」とあるので，あわてて「女」に問いかける言葉として，カが入る。は　直前に「女は小さな声で」とあり，後に「『男のお子さんです』」とあることから，出産間近であることを伝えていると考えられるので，アが入る。に　直前の「神父は途方にくれて……どうしたことばをかけたものか，なにをしたらいいのかわからず」という様子にあてはまるものとして，オが入る。

問三　「身も世もない」は，悲しみや絶望により，自分のことや世間のことなどを考えていられない，という意味なので，甲は「自分の身のこと(7字)」，乙は「世間のこと」などとする。

やや難　問四　この後に「『男のお子さんです』」とあることから，「若い女性」の出産を神父が手伝う場面が省略されていると考えられる。

問五　直前に「三人は，ちらりとうしろをふりむいてはすぐに目をそらして……」とあることから，神父の言いつけを破って，三人が盗み見をしていることがわかるので，エが適切。

問六　直後に「嬉しそうでもあり，弱りはてているようでもあって，笑っていいのか，泣いていいのかわからないように見えた」とあることから，生命の誕生を祝福する喜びと困惑が入り混じっ

た複雑な気持ちが読み取れるので，ウの「屈辱」，エの「嫌悪」はあてはまらない。

問七　直後に「神父はくり返し弁解した。ご子息たちはなにもご覧になっておりません……保証しますとも，なにもご覧になっておりません』」とあり，車中での出来事を説明するのに苦慮する様子が読み取れるので，「どう説明していいかわからなかったから」とするオが適切。

問八　直前に「『ねえ，ママ，神父さまはどこであの赤ちゃんを見つけたの？』」「母親は話をそらした」とあることから，出産について説明するのをためらう様子が読み取れるのでイが適切。

問九　「ブリドワ」の言葉は「『神父さまはどこであの赤ちゃんを見つけたの？』」，「母親」の言葉は「『……赤ちゃんはみんなキャベツから生まれるの。知っているでしょう』」とある。ヴォラセルは，これらの言葉を「こばかに」しているのである。

問十　神父が列車内で出産を手伝う場面については，「婦人は……」で始まる段落に「三人は，……先生の行っている不思議な仕事を窺っていた」とあるので，「不思議な仕事」が適切。

二　**（論説文─漢字，脱文・脱語補充，文脈把握，内容吟味，要旨，記述）**

問一　a 「潰」の訓読みはほかに「つ(える)」「つぶ(し)」「つぶ(らわし)」「つぶ(れ)」。音読みは「カイ」。熟語は「潰瘍」など。　b 「偏」の音読みは「ヘン」。熟語は「偏狭」「偏見」など。　c 「促」の音読みは「ソク」。熟語は「促進」「催促」など。　d 「魅」を使った熟語はほかに「魅力」「魅惑」など。　e 「抽」を使った熟語はほかに「抽出」「抽選」など。

問二　「まことしやかに」は，いかにも本当らしく，という意味。

問三　同様のことは，冒頭の段落に「歳を取れば，経験を積むことで，ある程度は非科学的なものを信じない，いわゆる免疫みたいなものができてくる(51字)」とある。

問四　直前の「『悪いことをすると，バチが当たるよ』という言葉」にあてはまる言葉としては，悪い行いに対して天がくだす罰，という意味の「天罰」が適切。

問五　B　直前に「責任を」とあるので「転嫁」が適切。「責任転嫁」は，自分が引き受けなければならない仕事や任務を他人になすりつけること。　C 「一所懸命」は，真剣に打ち込むこと。

問六　「社会の秩序維持の仕組みを教えること」については，これより前に「悪いことをすれば不利益が自分自身に訪れることを教えれば良い」と説明されている。

問七　D　直前の「数字をよく認識し」につながる内容として，「法則(性を見いだし)」とするのが適切。　E　直後に「集団の統制を取る」とあるので，「社会(性を養う)」とするのが適切。
F　直後の「発想力」と並立する内容として，「独創(性)」とするのが適切。

問八　(Ⅲ)の直前に「……それが科学教育だと思う」とあり，直後では「人間にはいろいろなタイプがある」と別の視点が示されていることから，逆接の接続語を含む内容が入ると考えられるので，Ⅲに入れるのが適切。

問九　エは，「子どもの……」から始まる段落に「子供の好奇心というのは，本当に大事な才能の表れだ。……これを受け止めることでコミュニケーションが成り立つといっても良いくらいだ」「子供の質問に，大人はなかなか精確には答えられないだろう。そういうときには，……ということを正直に伝えることが大切である」とあることと合致する。

問十　「ではどうすれば……」で始まる段落に「自分たちの生活のすべてが科学の上に成り立っていることを知ることが重要だ」とあるので，アには「科学」が入る。「子供たちの……」で始まる段落に「そういった自由と他者の尊重から科学の心が生まれる」とあるので，イには「自由と他者の尊重」が入る。「ではどうすれば……」で始まる段落に「他者とコミュニケーションを精確に取り，……正しい情報を選択する」とあるので，ウには「正しい情報」が入る。最終段落に「科学の存在理由，科学の目標とは，人間の幸せである」とあるので，エには「人間の幸せ」が入る。

やや難 問十一　筆者の挙げている「『言葉』の効用」は，「人間には……」で始まる段落に「連帯感を育てる」とあるので，「連帯感」以外の効用を考える。言葉の効用としては，互いの考えを伝え合うことでコミュニケーションが取れる，などが考えられる。

三　(古文―口語訳，文脈把握，内容吟味，語句の意味，脱語補充，大意，記述)

〈口語訳〉 心源上人が言ったことには，文覚上人は西行を嫌っていた。その理由は，遁世の身であるならば，仏道修行一筋で，ほかのことはすべきではない。和歌を好み，あちらこちらで詠んで歩くとは気に入らない法師である。どこかで出会ったならば，頭を打ち割る心づもりだ，というのである。

弟子たちは「西行は天下の(和歌の)名人である。もしもそのようなことがあったら重大事件だ」と心配していると，ある時，高雄法華会に西行が参上して，花などを見て歩いていた。弟子たちはこれを(文覚)上人には知らせまいと思い，法華会も終わって坊へ帰ると，庭に「お尋ねします」と言う人がいる。上人が「誰ですか」と尋ねられると，「西行と申す者です。法華会の結縁のために参りました。今は日も暮れました。一夜，この庵室に泊めてもらおうと思って参りました」と言うと，(文覚)上人は庵の内で手ぐすねを引いて，念願がかなったという様子で，明かり障子を開けて待っていた。しばらく(西行を)見つめて，「こちらへお入りください」と言って招き入れ，対面して，長年お会いしたいと思っていたところ，お訪ねいただいて大変うれしく思う，ということなどを話し合い，食事を振る舞い，翌朝早く，また食事をすすめて帰した。

弟子たちは，手に汗を握って見守っていたが，何事もなく帰したことをうれしく思って，「上人は，もしも西行に会ったら，頭を打ち割ってやろう，などと言っておられましたが，様子を見ていたら，ことさら心しずかに語り合われていて，いつもおっしゃっていることと違います」と申し上げると，「ああ，言う甲斐のない法師たちであるよ。あれ(西行)は文覚に打たれる者の顔つきであろうか。文覚を打つ者である」と言ったということだ。

問一　「上人に知らせじ」は，文覚上人には知らせまい，という意味なので，イが適切。前に「文覚上人は西行を憎まれけり。……いづくにても見合ひたらば頭を打ち割るべき」とあり，弟子たちは，「もしさることあらば珍事たるべし」と心配していたのである。

問二　「文覚上人」の思っていたことは，この後に「年頃承り及び候ひて見参に入りたく候ひつる(長年お会いしたいと思っていた)」とある。

問三　「つとめて」には「早朝」「翌朝」という意味がある。「時間帯」とあるので「早朝」が適切。

やや難 問四　前に「文覚に打たれんずる」とあり，後で「をこそ打たんずる」としているので，文覚に打たれるのではなく，文覚を打つ者である，という文脈だとわかる。

やや難 問五　西行と対面した時の様子は「ねんごろに物語して，非時など饗応して，つとめてまた斎などすすめて帰されけり」とあり，親しく語り合い手厚くもてなしていることがわかる。また，問四は，「文覚をこそ打たんずる者なれ」となるが，西行を「文覚(の心)を打つ(感動させる)者」としていることに着目し，この部分も含めて解答しよう。

やや難 **四　(文学史)**

問一　B 「慶應義塾大学文学部教授で『花火』の作者にあてはまる人物は永井荷風。永井荷風の作品はほかに『あめりか物語』『ふらんす物語』など。　C 『侏儒の言葉』の作者は芥川龍之介。芥川龍之介の作品はほかに『羅生門』『奉教人の死』など。　D 『高野聖』の作者は泉鏡花。泉鏡花の作品はほかに『婦系図』『歌行燈』など。

問二　E 遠藤周作の作品にあてはまるのは『沈黙』。作品はほかに『白い人』『海と毒薬』など。

G 市川沙央の作品は『ハンチバック』。2023年に「文藝界新人賞」と「芥川賞」を受賞した。

問三　A 『こころ』の作者は夏目漱石。作品はほかに『吾輩は猫である』『草枕』『三四郎』など。

F　ノーベル賞作家で，2023年3月に亡くなったのは大江健三郎。作品は『飼育』『ヒロシマ。ノート』『万延元年のフットボール』など。　H 「ますぐなるもの」「するどき青きもの」「みどりの葉光る」「根はひろごり」にあてはまるものとしては，「竹」が適切。

★ワンポイントアドバイス★

出題数が多めなので，時間配分を考えててきぱきと解答することを心がけよう！
国語知識は毎年，かなり詳細に問われる傾向にあるので，幅広い知識を身につけよう！

大切なことはメモしておこうネ！

2023年度

★★★★★★★★★★★★★★★★★★★★★★★★

入　試　問　題

2023年度

慶應義塾志木高等学校入試問題

【数　学】（60分）　<満点：100点>

【注意】 図は必ずしも正確ではない。

1　次の問に答えよ。

(1)　右の図のように同一円周上の７点を結んだ図形がある。印を付けた７つの角の和を求めよ。

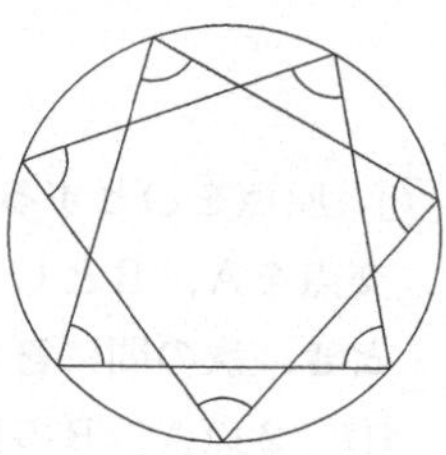

(2)　$\sqrt{2023n}$ が整数となる正の整数 n のうち，２番目に小さい n の値を求めよ。

(3)　$x=\dfrac{7}{3+\sqrt{2}}$ のとき，$(x-1)(x-2)(x-4)(x-5)$ の値を求めよ。

2　１枚のコインを６回投げるとき，次の確率を求めよ。

(1)　表が１回以上出る確率

(2)　表が連続して３回以上出る確率

3　AB＝13，BC＝15，CA＝14である△ABCについて，次の問に答えよ。

(1)　頂点Aから辺BCに垂線をき，辺BCとの交点をHとするとき，BHの長さを求めよ。

(2)　３点A，B，Cを通る円の半径Rを求めよ。

4　AD∥BC，AC＝DBである四角形ABCDにおいて，AB＝DCであることを証明せよ。

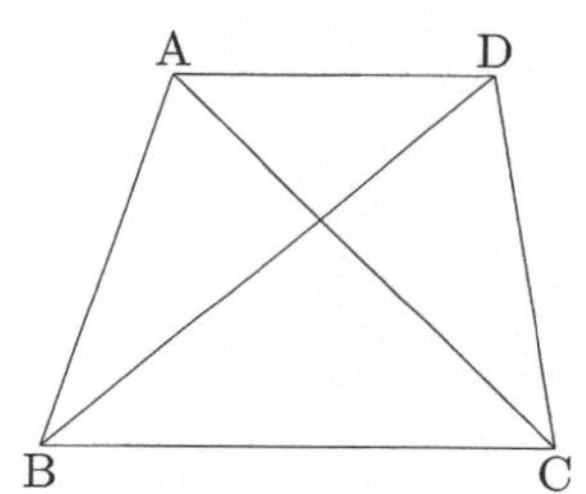

5　５％の食塩水が100ｇ入った容器A，4％の食塩水が100ｇ入った容器B，空の容器Cがある。容器A，Bからそれぞれ x ｇ，$2x$ ｇを取り出し，容器Cに入れてよくかき混ぜ，また，容器A，Bにそれぞれ水を x ｇ，$2x$ ｇ加えた。さらに，容器A，Bからそれぞれ x ｇ，$2x$ ｇを取り出し，容器Cに入れてよくかき混ぜたところ，容器Cの食塩水の濃度が４％になった。このとき，x を求めよ。

6 右の図のように，半径が４の２つの球A，Bと，半径が６の球Cが円柱の容器に入っている。３つの球はそれぞれ互いに接し，容器の底面と側面にも接している。球A，B，Cと容器の底面との接点をそれぞれA′，B′，C′とする。次の問に答えよ。

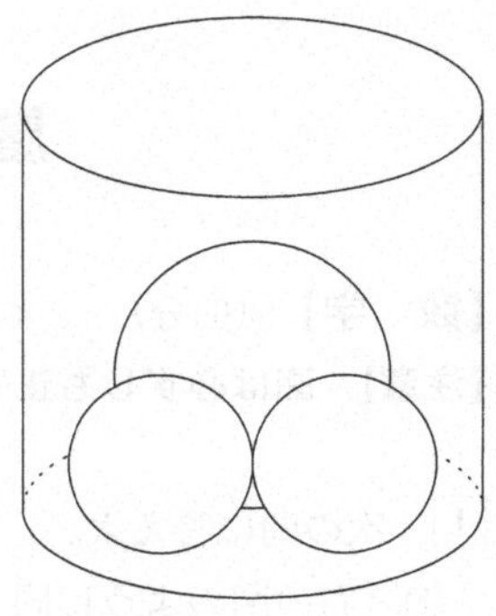

(1) A′C′の長さを求めよ。

(2) △A′B′C′の面積を求めよ。

(3) 容器の底面の半径 r を求めよ。

7 原点をOとする座標平面上において，放物線 $y=\sqrt{3}x^2$ と直線 $\ell : y=\sqrt{3}x+n\,(n>0)$ との交点をA，Bとし，直線 ℓ と y 軸との交点をNとする。△AONと△BONの面積比が４：１であるとき，次の問に答えよ。

(1) ２点A，Bの座標と n の値を求めよ。

(2) x 座標が正である点Cで，△ABCが正三角形となる点Cの座標を求めよ。

(3) ∠APB＝60°となる x 軸上の点Pの x 座標を求めよ。

【英　語】(60分)　<満点：100点>

I 次の英文を読んで後の問に答えなさい。

Jonathan Harker is a lawyer and lives in London. Part of his work is to find houses in England for rich people who live in foreign countries. At the beginning of 1875, he received a letter from Transylvania, a country in Eastern Europe. The letter was from a rich man called *Count Dracula. He wanted to buy a house near London and asked Jonathan to help him. After a long journey, Jonathan arrived at the count's castle to talk about the business. The count was friendly and polite and showed Jonathan to his room just before the sky grew light.

Jonathan slept late the next morning. He (1) breakfast ready for him in the dining room. There was no sign of the count, so Jonathan decided to look round the castle. Many doors were locked, but one was open. Inside there was a large library. Jonathan was surprised that there were English books on the shelves and English newspapers on the desks. He spent the rest of the day there, reading happily.

In the late afternoon the count walked in.

'I am glad that you have found your way here,' he said. 'Since I decided to buy a house in England, I have tried to learn about English life. I am sorry that I only know the language from books. I hope to talk with you, Mr Harker, and to learn it better. And now, let's get to business.'

Dracula sat down opposite Jonathan and continued: 'Tell me about the house that your company has bought for me in England. (I) **There [on / I / my / some / that / name / papers / put / be / must / will]**. Of course, I would like to know everything.'

'The house is called Carfax,' Jonathan began to explain. 'It's to the north of London. It has a lot of land. Most of the land is covered (あ) trees, so it's quite dark. The house is large and old, with few windows. Next to it, there's an old empty church that also (2) to the house. I'm afraid you will find Carfax a lonely house. Your only neighbour is a doctor who looks after a small hospital.'

'I am glad that the house is old,' replied the count. 'I come from an old family and I do not like to live in a house (い) history. And the darkness does not (3) me. I am an old man, and I often think about death. I do not fear darkness.'

He wrote his name on the papers and walked out of the room. Jonathan followed him into the dining room. Dinner was (4), but again the count did not eat. 'I went out to eat today,' he told Jonathan. 'I am not hungry.'

That evening and the following ones passed in the same way as the first. Then one day, about a week after he arrived, a strange thing happened. Jonathan was standing (う) his window. He was shaving in front of a little mirror from his travelling bag.

Suddenly he heard a quiet voice in his ear say, 'Good morning.' (II)**Jonathan jumped with fear** and cut himself on the neck. The count was standing next to him. Jonathan looked in the mirror again, but he could only see himself. 'Why can't I see him in the mirror?' He thought.

He turned again, and saw a strange, hungry look in Dracula's eyes. The count was watching the small stream of blood coming out of the cut on Jonathan's neck. Without thinking, Jonathan lifted his hand to the blood. As he did that, he touched the little silver cross around his neck. The count's face (5). His eyes shone red and he began to shake. Then, without a word, he picked up the mirror and threw it out of the window. There was a long silence, then Jonathan heard the crash of broken glass on the rocks far below. The count turned angrily, 'I will not have mirrors in my house,' he shouted. Then, seconds later, he said more softly, 'Try not to cut yourself. (III)**It is more dangerous in this country than you think.**'

When the count left the room, Jonathan looked out of the window (え) his broken mirror. The ground was a long way down. For the first time he realized that he wanted to go home. 'But will he let me leave?' he thought. (IV)**'Am I really his guest? Or am I, perhaps, his prisoner?'**

[注] count 伯爵

問1．(1)～(5)に入る最も適切な動詞を次の語群から選び，必要ならば形を変えて答えなさい。ただし，同じものは2度以上使ってはならない。

[worry / find / wait / change / belong]

問2．下線部(I)が「私が名前を書かなくてはいけない書類がいくつかあることでしょう。」という意味になるように[ ]内の語句を並べ替えなさい。

問3．(あ)～(え)に入る最も適切なものを下の選択肢の中からそれぞれ1つずつ選び，記号で答えなさい。ただし，同じものは2度以上使ってはならない。

1．by　2．with　3．without　4．at　5．of

問4．下線部(II)の理由を日本語で説明しなさい。

問5．下線部(III)について，今回Jonathanを救ったものは何か。本文中から4語で抜き出しなさい。

問6．下線部(IV)について以下の質問に2文以内の英語で答えなさい。

Why did Johnathan feel that he might be a prisoner?

II 次の英文を読んで後の問に答えなさい。

Mixed martial arts (MMA) is a hybrid combat sport that uses techniques from boxing, wrestling, judo, jujitsu, karate, Muay Thai (Thai boxing), and so on. Although it was at first thought to be a violent and dangerous sport without rules, MMA has tried to clear its *no-holds-barred image and has become one of the fastest-growing professional sports worldwide since the early 21st century. MMA events are held in many countries and in all 50 U.S. states.

MMA was believed to (1) back to the ancient Olympic Games in 648 BC, when pankration—the martial training of Greek armies—was thought to be the combat sport of ancient Greece. The bloody contest combined wrestling, boxing, and street fighting. Kicking and hitting a downed opponent were allowed; only biting and eye gouging were banned. A match ended when one of the fighters gave up or fell *unconscious. In some cases, fighters died during matches. Pankration became one of the most popular events of the ancient Olympics.

In 393 AD, Roman emperor at the time, Theodosius I, banned the Olympic Games and ended pankration as a popular sport. However, this style of fighting later came back in the 20th century in Brazil as a combat sport, *vale tudo* ("anything goes"). It was popularized by the brothers Carlos and Hélio Gracie, who began a jujitsu school in Rio de Janeiro in 1925. They gathered attention by announcing the "Gracie Challenge" in area newspapers, saying (I)**"If you want a broken arm or rib, contact Carlos Gracie."** The brothers would take on all challengers, and their matches, which looked like those of pankration, became so popular that they had to be moved to large soccer stadiums for more people.

MMA first came to the attention of many in North America after the Gracie family decided to introduce its trademark Brazilian jujitsu in the United States in the 1990s. As the top fighter of the family, Royce Gracie, Hélio's son, attended a 1993 tournament in Denver, Colorado, that came to be called UFC 1. The Ultimate Fighting Championship (UFC), an organization named after the event, became the (2) promoter of MMA events. The earliest aim of the UFC events was to have matches with fighters of different styles — such as wrestler against boxer and kickboxer against judoka. At first, the only rules were no biting and no eye gouging. Matches ended when one of the fighters gave up or one corner threw in the towel. Royce Gracie became the champion of UFC 1, which was held in a *caged ring at Denver's McNichols Arena. As the UFC's first cable television pay-per-view event, the tournament attracted 86,000 viewers. That number increased to 300,000 by the third event.

The UFC at first marketed its product as a no-holds-barred sport in which anything could (3). Its violence angered many, including politicians like John McCain, who claimed the sport should be banned. In 2001 new UFC management created rules to make the sport less dangerous. It added weight classes, rounds, time limits and more fouls. The UFC no longer featured violent street fighters. Newer fighters were more skilled as boxers, wrestlers, and martial arts *practitioners, and they were (4) to train hard and remain in peak condition to perform well. In the United States the sport came under strict rules by the same bodies that governed the sport of boxing, including the Nevada State Athletic Commission and the New Jersey State Athletic Control Board. Even McCain, who opposed MMA, accepted in 2007 that the sport had made great progress.

Although the UFC had difficulty earning money in its early years, it eventually (5) into a highly *profitable organization. Between 2003 and 2006, legendary fights between two of the sport's biggest stars, Randy Couture and Chuck Liddell, helped elevate MMA and the UFC.

[注] no-holds-barred 制限なしの，厳しい　unconscious 無意識の　caged フェンスで囲まれた
practitioner 実践者　profitable 利益になる

問１．（１）～（５）に入る最も適切な動詞を次の語群から選び，必要ならば形を変えて答えなさい。ただし，同じものは２度以上使ってはならない。

[happen / lead / force / date / develop]

問２．下線部(I)の発言でGracie兄弟が意図したこととして本文の内容と一致するものを以下から１つ選び，記号で答えなさい。

1．The Gracie brothers wanted to make pankration popular and get it back in the Olympic Games.
2．They believed that nobody could beat them and tried to make sure of that in public.
3．They needed more cases that showed jujitsu techniques could be helpful to heal severe injuries.
4．Carlos Gracie wanted to provide chances for young doctors to learn medical treatment for broken arms or ribs.

問３．The UFCは批判を避けるためにMMAをどのような競技に変えようとしたのか。本文中から２語で抜き出しなさい。

問４．あとの英文のうち本文の内容と一致するものをすべて選び，番号順に答えなさい。

1．MMA was created in Thailand by mixing Muay Thai and other martial arts, such as judo, jujitsu, and karate.
2．MMA has tried to clear its negative image and has increased in popularity around the world.
3．Historically speaking, MMA was thought to start in ancient Greece but it was completely different from what it is now because it had no rules then.
4．In ancient Greece, a match was never stopped until one of the fighters lost his life.

5. Thanks to the Gracie family, jujitsu was introduced to Brazil from America.
6. It was the Gracie family that made MMA popular in the 20th century by making use of mass media.
7. The UFC's first event on cable TV got more than 80,000 viewers, but some people disliked its violence and wanted to ban it.
8. In the 1990s, the UFC achieved great success but it didn't continue in the 2000s because of the absence of new talents like Royce Gracie.

Ⅲ それぞれ内容が異なる【A】～【D】の英文の（1）～（6）に入る最も適切なものを次のページの選択肢から選び，記号で答えなさい。ただし，同じものは２度以上使ってはならない。

【A】Would you like to be the best version of yourself? The version that is kind, hopeful, and thankful? It is easy to look at others and think they are doing better than you. However, you don't really know if they are. Each of us is dealing with challenges, so it is important to do the best you can. Your thoughts and actions impact your level of hope. Do small things every day to be your best self, and increase your level of self-care by being more *optimistic. Be kind to yourself and others—go out of your way to do something kind for another person. Listen well, and pay attention to what other people say to you without cutting in. （ 1 ）

【B】Humans have been trained for thousands of years to think about the negative. （ 2 ） Even now, we still focus on what's going wrong, what's missing, and what might go wrong in the future. Being more thankful for what you have is a way of building more *resilience and strength. Noticing the good things in your life, and the source of those good things, creates a high level of *gratitude and is linked to life, happiness and hope. When you take the time to shift your attention to what's working in your life, more of your needs can be met. Gratitude tones down the alarm system in your brain; this reduces your feelings of stress, and creates a feeling of happiness. Gratitude balances out negativity. （ 3 ）

【C】Everyone loves to be listened to. When you listen carefully, you become much more valuable to others because they like to feel heard. When someone feels heard, they feel more respected and liked. It is not just listening to another person until you feel you understand them—it is so that they feel well listened to. （ 4 ） When people feel heard and understood, they feel more valued and hopeful about the future. When you really listen to someone, they are more likely to listen to you, as listening develops deep trust.

【D】Stories about wars and the pandemic are on your screens and in newspapers all the time. (5) Stress about work, study, family, and money can also wear you down. (6) If you pay attention to what you think and believe, you can develop resilience. When you become aware of stress, take deep breaths and think about something great that has happened. Focusing on positive feelings will help you let go of the stress. You are stronger than you think you are.

[注] optimistic 楽観的な resilience 回復力 gratitude 感謝の気持ち

〈選択肢〉

ア. Listening well is a great way to become the best you can be.

イ. You cannot control what happens outside of your life.

ウ. It also builds awareness of what you want in your life, rather than what you don't want.

エ. This kept us safe in the past when we needed to be aware of danger and threats.

オ. The feeling of being understood connects us to that person.

カ. These events can make you feel worried and sad about the state of the world.

Ⅳ 日本文とほぼ同じ意味を表すように [ ] 内の語句を並べ替えて英文を完成し，各文の①と②に入る最も適切なものを記号で答えなさい。ただし，不要な語句が１つ含まれている。なお，文頭に来るものも小文字になっている。

1．過去のことを心配するのはやめて，現在を楽しもう。

( )(①)( )( )(②)( )( ) the present.

[ア worrying / イ past / ウ the / エ and / オ enjoy / カ let / キ stop / ク about]

2．いつ新しい車を買うつもりなのか教えてもらえますか。

( ) you (①)( )( )(②)( )( ) buy a new car?

[ア going / イ tell / ウ to / エ when / オ are / カ you / キ me / ク teach / ケ could]

3．川崎は以前，僕の父が住んでいた都市です。

Kawasaki is ( )(①)( )( )( )( )(②).

[ア my father / イ used / ウ live / エ a city / オ to / カ is / キ where]

4．彼女は僕のことを２時間以上待っていたようだ。

She seems ( )( )(①)( )( )(②) for ( )( ) two hours.

[ア have / イ for / ウ being / エ than / オ to / カ waiting / キ more / ク been / ケ me]

5．このソフトウェアを使えば，以前の２倍の速度でデータを処理できます。

( )(①)( ) to process ( )(②)( )( ) as before.

[ア enables / イ twice / ウ we / エ this software / オ data / カ fast / キ as / ク us]

6．僕は彼に会うと必ず兄さんのことを思い出す。
I（ ① ）（ ）him（ ）（ ② ）（ ）my brother.
［ア remember / イ thinking / ウ see / エ without / オ can't / カ of］

7．彼の決心を変えようとしても無駄ですよ。
It is（ ① ）（ ）（ ② ）（ ）（ ）his mind.
［ア not / イ use / ウ to / エ trying / オ no / カ change］

8．窓を開けたままにして寝ると風邪をひくよ。
You'll catch a cold（ ）（ ）（ ① ）（ ）（ ② ）（ ）（ ）sleep.
［ア keep / イ are / ウ left / エ the windows / オ you / カ if / キ open / ク while］

9．病気になって初めて健康の価値がわかるのです。
It is（ ）（ ① ）（ ）（ ）（ ② ）you（ ）the value of your health.
［ア realize / イ that / ウ until / エ get sick / オ not / カ you / キ when］

10．日本で過ごしたことのある人なら誰でも，ラーメンの人気を知っている。
（ ）（ ）（ ① ）（ ）any time（ ）Japan knows（ ）（ ② ）（ ）（ ）.
［ア popular / イ is / ウ who / エ has / オ in / カ how / キ spent / ク anyone / ケ ramen / コ if］

V 次の各組の文の（ ）に共通して入る1語を，与えられたアルファベットから始めて書きなさい。

1．(ア) The (p) is that nobody can be sure what the correct answer actually is.
(イ) Even if you know it is a toy gun, you must not (p) it at your friend.

2．(ア) We are going to (p) the film on the wall so that everybody can enjoy it.
(イ) The president successfully launched a (p) to reform the management system.

3．(ア) Imagination is a (m)—the more you use it, the stronger it gets.
(イ) A heart attack happens when a part of the heart (m) doesn't get enough blood.

4．(ア) He is old and walks with a (s).
(イ) If you (s) to it, you will make it.

5．(ア) The prisoner spent 5 years digging a tunnel that ended up in the (g) room.
(イ) The museum should hire someone to (g) the famous painting.

VI 次の（ ）に入る最も適切な語を，次のページの表から選び，記号（A1～H3）で答えなさい。ただし，同じ行のもの（同じアルファベットを含む記号）は2度以上使ってはならない。なお，文頭に来るものも小文字になっている。

1．The information is readily (　　　) on the Internet.
2．Language games are usually intended to encourage student-to-student (　　　).
3．(　　　) sources such as solar energy and water-power are used to run this factory.
4．After the party, we each went back to our (　　　) rooms to go to bed.
5．I need some (　　　) information to solve this problem.
6．My first (　　　) of England was of a grey and rainy place.
7．Russia's (　　　) of Ukraine has had a big impact on global food supply.
8．(　　　) is the ability to invent a new future from raw materials of the past and present.

〔表〕

A1	impressed	A2	impressive	A3	impression
B1	respect	B2	respective	B3	respectful
C1	invader	C2	invasive	C3	invasion
D1	access	D2	accessible	D3	accessibility
E1	add	E2	additional	E3	addition
F1	interact	F2	interactive	F3	interaction
G1	create	G2	creative	G3	creativity
H1	sustainably	H2	sustainable	H3	sustainability

Ⅶ もしあなたが作家（a writer）だとしたら，何についての文章を書きますか。大まかな内容とそれを書きたいと思った理由について40語以上，55語以内の英語で書きなさい。解答欄の［ If I ］に続けて書き始めること。なお，書き終わったら，以下の注意事項に従い，語数を解答欄に記入すること。

[注意事項]

・印刷されている［ If I ］は語数に含めない。
・符号（ , / . / ? / ! / " / " / : / ; など）は1語として数えない。
・ハイフンでつながれた語（five-year-old など）は1語として数える。
・短縮形（I'm / can't など）は1語として数える。
・数字（2023 / 15など）は1語として数える。

ば、「沙頭」を「はまべ」と訳して、一見適訳のようであるが、仔細に分析すると、ここでは「水辺」が適訳ではないかと思われる。また、承句の「あだに打つ羽音もすずし」とあるが、これも名訳のようであるが、「あだ」を「いたずらに又は無駄に」といったような意味にとると、詩全休のバランスがとれなくなって、転結二句の意味が生きてこなくなる。ここでは、羽ばたいているのは「無駄ではなく」、ただ風を待っている。言いかえれば［5］ことを暗喩していることと理解すべきである。従って、「鼓翼」を「あだに打つ」と訳すことはできない。

なお、原詩の転結二句「只待高風便　非無雲漢心」に対して、春夫はこれを「高ゆく風をまてるらむ　こころ雲ゐに［2］」と、やはり起承の二句と同じように、［4］調の音数律で訳している。起承の二句の訳文よりは好訳である。しかし、問題が全くないではない。たとえば、原詩の転句は肯定文であるのに対して、訳文は推量で表している。

また、原詩の結句は、二重否定になっていて、肯定的な意志を表している。訳文は淡い願望となっている。

（吉川発輝『佐藤春夫の『車塵集』』より）

問一　［1］・［2］に入る最も適当な語句を次の選択肢から一つずつ選び、記号で答えなさい。

［1］ア　羽　イ　啼　ウ　禽　エ　鳳　オ　雛

［2］ア　あこがれて　イ　ききほれて　ウ　しのばれて　エ　みたされて　オ　わかたれて

問二　［3］・［4］に入る最も適当な語を考え、［3］は季節を表す漢字一字で、［4］は漢字二字で記しなさい。

問三　本文中の［5］に入る適当な内容の語句を考え、十字以上十五字以内で記述しなさい。

ア　あなたのために　　イ　ただ一度
ウ　単純に　　エ　ひたすらに
オ　他人事のように

問二　傍線部B「花の色は薄きを見つつ薄きとも見ず」の解釈として最も適当なものを次の選択肢から一つ選び、記号で答えなさい。
ア　永遠に変わることのない自然の美しさを感じます。
イ　季節とともに移ろっていく時の流れを感じます。
ウ　自然とは対照的な人の世の薄情さを感じます。
エ　ただ一人取り残されるわが身のつらさを感じます。
オ　私を思ってくれるあなたの心の温かさを感じます。

問三　傍線部C「朝顔の露とあらそふ世を嘆くかな」とあるが、これについて解説した次の文章の空欄に入る語をそれぞれ一語で考えて答えなさい。

「朝顔の露とあらそふ世を嘆くかな」とは、この世の中で、まるで「朝顔の露」のように人間の［1］が［2］ものであることを嘆いた表現である。

問四　傍線部D「若竹の生ひゆく末を祈るかな」とあるが、これはどのようなことを祈った比喩表現か。それについて解説した次の文章の空欄に入る語句を考えて、十字以上十五字以内で記述しなさい。

「若竹の生ひゆく末を祈るかな」とは、若竹のように［　　］ことを祈る比喩表現である。

四　次の文章のうち、[A]は唐代に活躍した張文姫の漢詩、[B]は佐藤春夫による翻訳アンソロジー『車塵集』所収の訳詩、[C]は吉川発輝による比較研究の一部である。よく読んで、後の問に答えなさい。

[A]「沙上鷺」張文姫

沙　頭　一　水　［1］
鼓　翼　揚　清　音
只　待　高　風　便
非　無　雲[※1]　漢　心

[B]「白鷺（しらさぎ）をうたひて」佐藤春夫・訳

はまべにひとり白鷺の
あだに打つ羽（はね）音もすずし
高ゆく風をまてるらむ
こころ雲ゐに［2］

※1　雲漢…ここでは「大空」の意。

[C]

『車塵集』の底本となったのは、『名媛詩帰』であろうが、原詩は韻律が特に美しい。起承二句と承結の二句がそれぞれ同じ脚韻を踏んでいる。声調も、語呂もともによく調和されていて、景と情を高く歌いあげている、格調高い一篇の詩である。読んでみていやみがなく、起句から水辺と白鷺とを配して初［3］のすがすがしい漂いを思わせる。訳者もよくその詩想を汲んで、訳詩集の「［3］の部」に収めている。

原詩の起承の二句を見ると、

沙　頭　一　水　［1］　鼓　翼　揚　清　音

と吟じて、水辺で一人楽しく羽ばたいている白鷺を配置して何かを象徴している。これに対して、訳文は「はまべにひとり白鷺の　あだに打つ羽、音もすずし」と、起承二句とも同じように［4］調で訳してある。原韻律も語呂もよく、一見名訳のようであるが、よく吟味してみると、原詩の意を十分に伝えていないことに気が付く。言ってみれば、起句の訳文はまだいいが、承句はあと一歩がほしいものである。また理屈を言え

問八　傍線部C「カカオの多様な効能を筋道をたてて説明することは難しく」とあるが、なぜ難しいのか。その理由を述べた次の解説文の空欄に入る最も適当な語句を、[1]は本文中から十五字以上二十字以内で抜き出し、[2]・[3]はそれぞれ二字熟語を考えて答えなさい。

> [　1　]ことはない体液病理説に、多様な性質を持つカカオを当てはめようとすると[2]的に[3]するから。

問九　本文から読み取れる内容として誤っているものを次の選択肢から二つ選び、記号で答えなさい。

ア　ある産品が論争になるということは、それだけ社会の関心が高いことを意味している。

イ　砂糖が食品として定着するまでの間には、食品ではないと断定されたこともあった。

ウ　十八世紀メキシコのイエズス会は、おいしいクリオロ種を輸出したくはなかった。

エ　新来の産品が「薬品か、食品か」決着するまで、貴族たちは事態を静観していた。

オ　体液病理説では、病気を治すために四つの体液のバランスを整えようとする。

カ　ヨーロッパ諸国の医学界で、ココアは「冷・乾」か「熱・湿」かという論争が起こった。

三

次の文章は『紫式部集』所収の和歌三首とその詞書（ことばがき）である。よく読んで、後の問に答えなさい。

八重山吹※1を折りて、ある所にたてまつれたるに※2、一重の花の散り残れるをおこせ給へりけるに※3

折からを A ひとへにめづる B 花の色は薄きを見つつ薄きとも見ず

世の中の騒がしきころ※4、朝顔を、同じ所にたてまつるとて※5

消えぬ間の身をも知る知る C 朝顔の露とあらそふ世を嘆くかな

世を常なしなど思ふ人※6の、幼き人の悩みけるに※7、から竹といふもの瓶にさしたる女房の祈りけるを見て

D 若竹の生ひゆく末を祈るかなこの世をうしといとふものから

※1　八重山吹…バラ科の落葉高木。春に黄色の花が咲く。

※2　ある所にたてまつれたるに…「ある高貴な人に差し上げたところ」の意。

※3　おこせ給へりけるに…「（私宛ての和歌に添えて）送ってくださったので」の意。

※4　世の中の騒がしきころ…疫病が流行した長保三年（一〇〇一年）頃のこと。紫式部の夫・宣孝もこの疫病が原因で亡くなったと考えられている。

※5　同じ所にたてまつる…「例の高貴な人に差し上げる」の意。

※6　人…作者・紫式部のこと。

※7　幼き人の悩みけるに…「（紫式部の）幼い娘が病気になった時に」の意。

問一　傍線部A「ひとへに」は、「一重に」の他にもう一つの意味が込められている。その意味として最も適当なものを次の選択肢から一つ選び、記号で答えなさい。

ココアは「冷・乾」か、「熱・湿」かをめぐって論争が生じた。処方を必要とする状況が正反対なので、医者にとっても重大事である。

たとえば、スペイン・セビリヤ出身で、メキシコに移住した医師ファン・デ・カルデナスは、一五九一年出版の自著に次のような見解を記した。カカオは本質的に「[7]・乾」である。摂りすぎると、体液の循環が悪くなり、cユウウツ質が増す。摂りすぎを節制しなければならない。栄養に富み、脂肪が多い点は「[8]・湿」である。かすかな苦味も感じられ、これは「熱・[9]」を示唆している。この苦味成分は、胃の消化を促進する。カカオには、異なる三つの性格が認められる。すぐれた薬材なので利用したほうがよい。ココアに加えるdコウシン料で調整して、カカオの三つ性格のうちのいずれかを際だたせるように処方するとよい。

体液病理説にもとづく医学観では、Cカカオの多様な効能を筋道をたてて説明することは難しく、その後も医者の論争は続いた。やがて、医学そのものが体液病理説を脱して、血液循環説へと移行していった。

カカオ、ココアの受容をめぐって、このように聖職者や医者が介在して、長期にわたる論争を繰り広げた。カカオに関心が集まり、社会的にeシントウしつつあったことの反映だったといえよう。

（武田尚子『チョコレートの世界史』より）

※1　クリオロ種…中米オアハカ等に産するカカオの一種。
※2　フォラステロ種…南米グアヤキル等に産するカカオの一種。
※3　四旬節…キリストの苦難を記念して修養する四十日回。
※4　カカオマス…カカオ豆を炒って皮などを除き、すりつぶしたもの。

問一　二重傍線部a～eのカタカナを漢字に直しなさい。

問二　[1]に入る最も適当な語句を次の選択肢から一つ選び記号で答え、[2]に入る最も適当な語句を本文中から二字以内で抜き出して答えなさい。

[1]　ア　飲料　イ　固体　ウ　嗜好品　エ　食品　オ　調味料

問三　傍線部A「戒律違反」とあるが、ここでいう「戒律」の具体的内容を十五字以上二十字以内で答えなさい。ただし、解答欄の「～ということ。」につながるように答えること。

問四　傍線部B「宗教的批判」とあるが、本文中から読み取れる宗教的批判として最も適当なものを次の選択肢から一つ選び、記号で答えなさい。

ア　食品に薬効はないので、薬品として用いるのは邪道だ。
イ　新来の産品から良種のみを買い占めることは貪欲である。
ウ　美味に慣れた聖職者は堕落している。
エ　未知への興味から新奇な物産を食するのは悪いことだ。
オ　ローマ教皇の判断が正しく、医者の主張は間違っている。

問五　[3]～[5]に入る最も適当な語句を次の選択肢からそれぞれ選び、記号で答えなさい。ただし、同じ記号は二度以上用いてはならない。

ア　開発　イ　価格　ウ　興味　エ　景気　オ　需要
カ　種類　キ　善悪　ク　宣伝　ケ　調理　コ　予算
サ　流入　シ　労働

問六　[6]に入る最も適当な語句を本文中から抜き出して答えなさい。

問七　[7]～[9]に入る最も適当な漢字一字をそれぞれ答えなさい。

しかし、「脂肪分に富み、体温を上昇させる効果がある」等を根拠に、食品であると主張し、A戒律違反を批判する医者が跡を絶たなかった。「薬品か、食品か」という論争は十六～十七世紀にほぼ一〇〇年間にわたって続いた。砂糖を入れたココアは実際に美味に感じられ、ココアの機能を「薬品」に限定する社会的合意を形成することには無理があったといえよう。

このように、十七世紀に「薬品か、食品か」を問われた新来の産物はカカオに止(とど)まらない。十七世紀には茶、コーヒー、ジャガイモ、トウモロコシ、タバコ、トマトなど、新世界から到来した産品が増えた。社会のなかで新奇な物産をどのようなカテゴリーに位置づけるべきか論争が起きた。未知の味にaユウワクされて口にすることを、「悪」とみなす宗教的規範も強かった。エデンの園の「リンゴ」が、人間の原体験として重要な意味を持つ宗教的環境であったから致し方ない。

新来の産物はおもに二つの論争を経て、食品として徐々に受け入れられていった。宗教的論争と医学的論争である。砂糖も同様の過程をたどった。十二世紀に『神学大全』を記したイタリアの神学者トマス・アクィナスは、「砂糖は消化促進に効果がある。薬品である、食品ではない」という結論を述べた。医学的に権威があったイタリア・サレルノの医学校の医学書にも、砂糖に薬効があることが記されていた。

医学的権威に拠(よ)って「薬品」として認められることは、B宗教的批判に対抗する手段になった。結論が出ない論争に、聖職者や医者がbエンエンと関わり続けている間に、貴族層は新来の味を試し、美味に慣れていった。［3］が増し、新来の産品の［4］量が増えて、［5］がいくぶん低下し、新来の味は貴族層から市民層に広がっていった。

カカオは実際に栄養価に富み、薬効があったから、「薬品」として着実に定着していった。当時の医学理論にもとづくと、カカオの薬効はおおよそ次のようなものだった。

中世のヨーロッパでは、体液病理説という医学観で、病気の診断が下され、薬が処方された。体液病理説は、古代ギリシャのヒポクラテスが創始し、ガレノスが発展させたといわれている。人体には、血液、粘液、黄胆汁、黒胆汁の四つの体液があり、バランスが良ければ健康、崩れて病気になる。四つの体液は、「熱」「冷」と「乾」「湿」の組み合わせ四通りのいずれかに分類される。病気を直すには、原因と［6］の薬品が処方された。「熱・乾」がまさって病気が起きている場合は、「冷・湿」の薬が処方された。

カカオをはじめとする新来の産品は、体液病理説にもとづいて、「熱」「冷」と「乾」「湿」の四通りのいずれに該当するか、分類が試みられた。体液病理説によれば、ある一つの物産は、四通りのいずれか一つだけに該当する。二つ以上に該当することはありえなかった。

ところが新来の産品をめぐって、体液病理説に混乱が生じた。たとえばカカオには「冷・乾」と「熱・湿」の両方の性質が見られた。正反対の性格である。それまで、体液病理説では、同一物が正反対の性格を兼ね備えることはなく、学説的にそのようなものはありえなかった。新来の産品のなかには、体液病理説の四つのカテゴリーにうまくはまらないものが出てきたのである。ちなみに、カカオの「冷・乾」は、ポリフェノールの苦味・渋味を表現し、「熱・湿」は脂肪分が多く、ミネラルに富む点を表現したものだろうと考えられている。

スペイン、メキシコ、ポルトガル、イタリア、フランスの医者の間で、

オ　罪に対する恐怖にとらわれるあまり、周囲の反対を押し切って素行の悪い者にすがりついた臆病者。

カ　人とのやりとりで不器用な点はあるが、異なる価値観を持つ者を理解しようとする度量の広い人物。

二　次の文章は、ココアが西洋に広がっていく歴史について述べたものである。カカオに砂糖を加えてココアとして口にする習慣は、十六～十七世紀にスペインから他のヨーロッパ諸国へ広まっていった。よく読んで、後の問に答えなさい。

スペイン・ポルトガル・イタリア・フランスなどカトリック諸国で、初期のカカオ消費者になったのは、聖職者や貴族である。カトリックの各修道会は、新世界で布教活動を展開、カトリックの勢力範囲を拡大し、本国の勢力を維持することに貢献した。本国に輸入されたカカオは高価で、入手できるのは貴族層に限られていた。

一六九三年にイエズス会の宣教師がメキシコのバリャドリード（現モレリア）にあったコレジオ（修道会の教育・学術施設）で、本国スペインの修道会宛に発信した報告の書簡がある。そこには、当地のイエズス会はカカオ農園を二つ経営し、合わせて一九万本のカカオの木を所有していること、カカオを売却して得た収入で、現地のコレジオを経営し、学院の施設拡充の費用も捻出していること等が記されている。一七〇四、一七〇七、一七五一年にも、メキシコ内の他の拠点から本国へ宛てた書簡に、イエズス会が経営していたカカオ農園の状況が報告され、本国の教団維持費を納付していたことがわかる。クリオロ種※1の原産地オアハカにも、イエズス会が経営するカカオ農園があった。現地のイエズス会は、布教機関としての機能のほかに、現地産品の生産・交易に積極的に関与し、資金を作る経済的機能も担っていた。

現地のカカオ農園から本国の教団本部に、カカオの実物も納入されていたのだろう。一七二一年にスペインのイエズス会教団施設で、ココアの美味に驚嘆したことが文献にも記されている。イエズス会はクリオロ種の原産地にも農園を所有していたので、美味だったのはクリオロ種だったのかもしれない。ちなみに、十八世紀のスペインでは中米メキシコのソコヌスコ・タバスコ産のカカオが好まれ、南米グアヤキル産は苦味が強すぎるということで、豆のランクは低かった。クリオロ種とフォラステロ種※2に対する評価の違いがよく表れている。

カトリック修道会の教団運営の資金源として、カカオは不可欠のものだった。ここで論争になったのが、ココアは「薬品か、食品か」「飲み物（液体）か、食べ物（固体）か」という問題である。カトリックには、春のイースター（復活祭）前の四旬節※3などに断食する習慣があった。「薬品」であれば断食中も摂取「可」、「食品」は「不可」だった。また、「液体」は摂取「可」、固体は「不可」だった。

ココアをめぐる宗教的論争は「薬品か、食品か」「液体か、固体か」だった。カカオが栄養価に富み、健康増進に効果的であることは、経験的に認められていた。カカオマス※4を湯に溶いて、泡立てたドロドロの状態は、液体、固体のどちらにもあてはまりそうだった。栄養が不足する断食期間に、滋養に富むココアを摂取できるほうがカトリック教徒たちには好ましい。一五六九年にローマ教皇ピウス五世は、実際にココアを味わって、「［1］であり、断食中に摂取して［2］」という判断を示した。

ウ　世話役として改めて感謝を示すことで、荒れそうな兆候が見えた銀四郎をなだめたい。

エ　羆に殺された者たちを話題にすることで、銀四郎の関心を少しでも酒から逸らせたい。

オ　見返りを上乗せしてきそうな銀四郎に対して、口火を切ることで交渉を有利に進めたい。

問四　傍線部C「不思議にも憤りを感じなかった」とあるが、区長はなぜ腹を立てなかったのか。その理由を述べた次の解説文の空欄に入る最も適当な語句を、本文中から［1］は四字、［2］は二字で抜き出しなさい。

> 銀四郎が酒を飲んで荒れるのは、［1］を身近に感じながらも銃一挺（ちょう）を頼りに狩猟して生きざるを得ない［2］から恢復（かいふく）する術であることを、区長は理解しているから。

問五　傍線部D「わかった。金を集める」とあるが、区長がこのように応答したのはなぜか。その理由を述べた次の解説文の空欄に入る最も適当な語句を、［1］・［2］は本文中から三字以上五字以内で抜き出し、［3］は十五字以上二十字以内で考えて記述しなさい。

> 銀四郎にとって人に危害を加えた羆を斃すのは己の使命であり、［1］さえ得られれば十分であったのに、区長がその［2］に反する言動を取って、銀四郎を立腹させてしまった以上、『［3］ない』と判断したから。

問六　傍線部E「視線を蓆の上に落していた」とあるが、この時の六線沢の男たちの心境として最も適当なものを次の選択肢から選び、記号で答えなさい。

ア　家族が殺害された者たちには気の毒だが、銀四郎への謝礼金は負担してもらいたいと考えている。

イ　簡単に羆を仕とめたにもかかわらず、自分たちに金銭を要求してくる銀四郎に怒りを覚えている。

ウ　銀四郎の言いなりになって、貧しい自分たちから金を集めようとする区長に、内心では失望している。

エ　区長の提案をもっともだと理解しつつも、貧しい生活から金銭を拠出するのは厳しいと感じている。

オ　酒乱の銀四郎にむしり取られるのは悔しく、僅かな金にも困る自分たちの生活を惨めに思っている。

問七　傍線部F「区長は、かれの体が闇の中にとけこんでゆくのを身じろぎもせず見送っていた」とあるが、本文から読み取れる区長の人となりとして適当なものを次の選択肢から二つ選び、記号で答えなさい。

ア　区長として村人たちを威圧する一方で、外部の者には卑屈な態度で取り入ろうとする打算的な人物。

イ　孤独な者に寄り添う優しさを持っているが、周囲の顔色をうかがわずにいられない優柔不断な人物。

ウ　村落の者の生活を守る責任を強く感じており、そのために自ら困難を引き受けようとする正義漢。

エ　たとえ理不尽な暴力を振るわれたとしても、近しい間柄でありさえすれば許してしまう人格者。

そして、或る者は自分の懐中から、他の者は妻のもとに行って肌身につけている金銭を奪いとるように持ってくると、区長の前にさし出した。

区長は、それに胴巻から出した四円を加えて隣室にもどった。

「四十円が集った。受取ってくれ」

区長が、金をさし出した。

銀四郎は、床に置かれた金に眼を据えると、

「足りない」

と、即座に言った。

区長はうなずくと、

「それではおれが十円足す。これで納得してくれ」

と言って、頭をさげた。

銀四郎は、無言のまま焼酎を飲んでいたが、やがて手をのばすと金をつかんで懐に押しこんだ。そして、銃を手に立ち上ると部屋の隅に近寄り、革袋に雪をつめてその中に羆の胆嚢(たんのう)を納めた。

かれは、銃を肩にかけ、焼酎の入った一升瓶をつかんで土間におりた。そして、板戸を荒々しくあけると外に出た。

区長は、窓の垂れ蓆のすき間から外をうかがった。ほの白く雪のひろがった校庭を、銀四郎が肩をいからせて歩いてゆく。おそらく銀四郎は、瓶の酒を飲みながら鬼鹿村まで夜の山中を歩いてゆくのだろう。

F区長は、かれの体が闇の中にとけこんでゆくのを身じろぎもせず見送っていた。

（吉村昭『羆嵐』より）

問一 い・ろ・は に入る語句として最も適当なものを、それぞれ次の選択肢から選び、記号で答えなさい。

い　ア　ぎこちない　イ　豪放な　ウ　寒々しい　エ　控え目な　オ　朗らかな

ろ　ア　媚びるような　イ　探るような　ウ　蔑むような　エ　寂しい　オ　鋭い

は　ア　期待に満ちた　イ　刺すような　ウ　澄んだ　エ　ぼんやりとした　オ　弱々しい

問二　傍線部A「いつの間にか茶碗を蓆の上に置いたまま酒を注がせるようになった」とあるが、銀四郎はなぜこのような行動をとったのか。その理由を述べた次の解説文の空欄に入る最も適当な語句を、それぞれ後の選択肢から選び、記号で答えなさい。

> 銀四郎自身は自分の信念に従って困難な役割を果たしたにもかかわらず、村人たちは自分に対して 1 だけでその場をやり過ごそうとしている。その振る舞いを 2 だと感じ始めているから。

1　ア　あぐねる　イ　うそぶく　ウ　おもねる　エ　たばかる　オ　みまかる

2　ア　奇妙　イ　残酷　ウ　失礼　エ　卑怯　オ　無知

問三　傍線部B「立ち上るとかれの傍に坐った」とあるが、この時の区長の心境として最も適当なものを次の選択肢から選び、記号で答えなさい。

ア　銀四郎に恐れをなしている村人たちに対して、銀四郎と対等な立場であることを示したい。

イ　クマの高価な胆の所有権を認めることで、一刻も早く銀四郎をこの村から追い出したい。

「おれが悪かった。なにか不満があるのか。欲しいものがあるなら言ってくれ」

区長は、痛む眼をかたく閉じたまま言った。

「きさまらは、ずるい。ぺこぺこ頭をさげたりおべっかをつかったりするな。それですませようとするきさまらのずるさがいやだ。おれは、大人しく鬼鹿（おにしか）へ帰るつもりでいたが、その気持は失（う）せた。村中の金をここへ出せ。もしもおれに礼を言いたいと言うなら、金を出せ」

銀四郎は、怒声を浴びせかけると口に近づけた茶碗をかみくだいた。

区長は眼を薄くあけた。

羆を仕とめるまでの銀四郎は殊勝な態度をとっていたが、眼前のかれは、人に忌み嫌われる酒乱の男にもどっている。腰に蛮刀をさし傍に銃を置くかれが、酔いに乱れた頭でどのようなことをするか予測もつかなかった。

区長は、羆を仕とめた折にふりむいた銀四郎の顔を思い起していた。その顔には血の気がなく、死の恐怖とたたかいながら区長は初めて羆撃ちの名手といわれているかれが、羆と対したことを知った。

その顔を眼にした区長は、かれの生活をのぞき見たように思った。銀四郎が羆に対して非力な存在であることを自覚しながら、銃一挺（ちょう）を頼りに羆を斃して生きてきたことに気づき、銀四郎に物悲しさも感じた。

銀四郎が酒を飲んで荒れるのは、胸に巣食う悲哀をいやすためにちがいない。殊に前日仕とめた羆は銀四郎にとって類のない恐しい存在であったはずで、一層酔いが深いのかも知れなかった。

金銭を銀四郎にさし出すのは、当然のことに思えた。警察官も百数十名の他町村の者たちも羆を斃す力はなく、羆は銀四郎個人によって仕とめられた。銀四郎は、自分の体が羆の爪で引き裂かれ骨をくだかれて食いつくされる恐怖にさらされながら、照準を定め引金をひいたにちがいない。羆はかれの死を賭した行為によって仕とめられたものであり、それに対して報酬をあたえ、感謝の意をしめすべきであった。

「Dわかった。金を集める」

区長は、深くうなずくと腰を上げた。そして、六線沢の男たちを手招（てまね）ぎして隣接の教室に入っていった。そこには、女や老人たちがひっそりと身を寄せ合って坐っていた。

かれは、男たちに説いた。銀四郎は、殺害された六名の村人たちの報復を果（はた）したクマ撃ちであり、感謝の意を謝礼という形でしめす必要がある。もしも羆を斃すことができず逃走を許したら、六線沢の者たちは羆の再来におびえ土地を放棄しなければならなかっただろう。銀四郎の行為は、村落の者全員の生活を救ったのである。

かれは、言った。

「被害者の出た家をのぞく十二戸の家から、等分に金を出して銀四郎に贈るべきだ」

六線沢の男たちは、E視線を蓆の上に落していた。かれらは、乏しい耕地で得た物でかろうじて生きている。現金収入はほとんどなく、漁師町に出稼ぎに行って得た金も、灯油その他の生活必需品の購入に費され、金銭的な余裕は皆無に近かった。

しかし、かれらは区長の言葉を素直にうけいれた。到底対抗できぬ羆を仕とめてくれた銀四郎に出来るかぎりの謝礼を支払うのが義務だ、と思った。

かれらは、低い声で話し合い、一戸で三円の金を出すことに定（き）めた。

【国語】（六〇分）〈満点：一〇〇点〉

【注意】字数指定のある設問においては、句読点などの記号をすべて一字と数えること。字数指定のない設問においては、解答欄に収まるように書くこと。

一 次の文章をよく読んで、後の問に答えなさい。

〈あらすじ〉大正四年、北海道北西部の苫前（とままえ）村六線沢（ろくせんさわ）の村落に巨大な羆（ひぐま）が出現し、住人が襲われた。銃を持たない村人たちは隣接する三毛別（さんけべつ）の区長に助けを求めた。区長は、三毛別の住人を指揮して救援に乗り出したが、更に被害を拡大させてしまう。区長は六線沢の住人を三毛別に退避させたうえで、警察の出動を要請した。ところが、警察の最新の装備をもってしても羆を斃（たお）すことはできなかった。そこで区長は、腕は確かだが素行の悪さで知られている猟師の銀四郎に助けを請うことにした。質屋（しちや）に入っていた銀四郎愛用の鉄砲を、区長が代わりに五十円を支払い彼の元に返した。そしてついに、銀四郎は羆を仕留めることに成功した。

日が没し、六名の死者のささやかな通夜が営まれた。分教場にはランプがともり、焼酎（しょうちゅう）がはこびこまれた。また、女や子供には米飯が出され、子供たちは、飯を少しずつ箸でつまんでは口にはこんでいた。

男たちは、焼酎をくみ合った。かれらは、遺族たちとともに銀四郎に近づくと、手をついて感謝の言葉を口にした。銀四郎は、焼酎をみたした茶碗（ちゃわん）をかたむけながらかすかにうなずいていた。

男たちの間ににぎわいが増し、【い】笑い声も起るようになった。

かれらは、時折り銀四郎の顔に【ろ】眼を向けていた。酔いが銀四郎を変化させはしないかと恐れはじめていた。

男たちは、銀四郎の茶碗に酒が少（すく）なくなると、一升瓶を手に近づいた。銀四郎はそれを無言でうけていたが、Aいつの間にか茶碗を蓆（むしろ）の上に置いたまま酒を注（つ）がせるようになった。

男たちは、銀四郎の口がゆがみ、細い眼に【は】光がうかびはじめているのに気づいた。

かれらの口数は、次第に少くなった。笑い声も絶え、身を寄せ合って酒をふくんでいた。

区長も銀四郎の表情をうかがっていたが、B立ち上るとかれの傍に坐（すわ）った。

「こうやって通夜ができるのもあんたのおかげだ。みな、感謝している。お礼をしたいが、どのようにしたらよいかおれたちにはわからない。とりあえずクマの胆（い）はあんたが持っていって欲しい」

かれは、銀四郎の茶碗に焼酎を注ぎ入れながら言った。

「クマの胆？」

銀四郎が、かれの顔に眼を据えた。と同時に、茶碗の中の焼酎が区長の顔に浴びせかけられた。

区長は、眼に激しい痛みを感じ顔を掌（て）でおおった。

「冗談を言うんじゃねえ。クマの胆は、クマを仕とめた者がもらうのだ。持っていっていいとはなんだ。仕来りを知らぬのか」

銀四郎は、ころがった茶碗を拾うと荒々しく焼酎をみたした。

男たちは、顔色を変えて銀四郎の表情をうかがった。

区長は、銀四郎の粗暴な行為にC不思議にも憤りを感じなかった。かれは、腰にたらした手拭（てぬぐい）をぬきとると、顔をぬぐった。

2023年度

解　答　と　解　説

《2023年度の配点は解答欄に掲載してあります。》

＜数学解答＞ 《学校からの正答の発表はありません。》

1 (1) 540°　(2) $n=28$　(3) -2

2 (1) $\frac{63}{64}$　(2) $\frac{5}{16}$　3 (1) $\frac{33}{5}$　(2) $R=\frac{65}{8}$

4 解説参照　5 $x=\frac{200}{21}$

6 (1) $4\sqrt{6}$　(2) $16\sqrt{5}$　(3) $\frac{91+46\sqrt{5}}{19}$

7 (1) $A\left(\frac{4}{3},\ \frac{16\sqrt{3}}{9}\right)$, $B\left(-\frac{1}{3},\ \frac{\sqrt{3}}{9}\right)$, $n=\frac{4\sqrt{3}}{9}$

(2) $C\left(3,\ \frac{\sqrt{3}}{9}\right)$　(3) $\frac{4}{3}\pm\frac{8\sqrt{3}}{9}$

○推定配点○

1 各6点×3　2 (1) 6点　(2) 8点　3 (1) 6点　(2) 8点　4 10点
5 10点　6 (1)・(2) 各4点×2　(3) 8点　7 (1) 各2点×3　(2) 4点
(3) 8点　計100点

＜数学解説＞

1 (小問群―変則多角形の内角の和，素因数分解，平方根，式の値，式の変形)

(1) 右図の①～⑪の角について，三角形の外角の性質から，④＋⑨＝⑥＋⑦　①＋②＋③＋④＋⑤＋⑧＋⑨＋⑩＋⑪＝(①＋③＋⑩)＋{②＋(④＋⑨)＋⑤＋⑧＋⑪}＝(①＋③＋⑩)＋{②＋(⑥＋⑦)＋⑤＋⑧＋⑪}　よって，(三角形の内角の和)＋(四角形の内角の和)＝180°＋360°＝540°

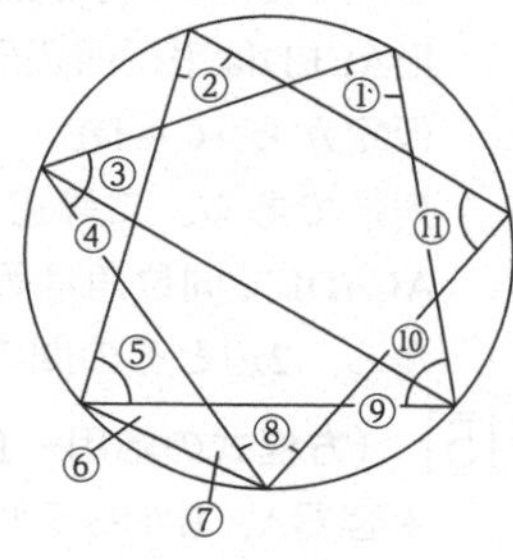

基本 (2) $2023=17^2\times7$なので，$\sqrt{2023n}=\sqrt{17^2\times7n}=17\sqrt{7n}$　$n=7$のとき，$17\sqrt{7^2}=17\times7$　2番目に小さいnは，$7\times2^2=28$

(3) $\frac{7}{3+\sqrt{2}}$の分母を有理数にすると，$x=\frac{7}{3+\sqrt{2}}=\frac{7(3-\sqrt{2})}{(3+\sqrt{2})(3-\sqrt{2})}=\frac{7(3-\sqrt{2})}{7}=3-\sqrt{2}$
よって，$(x-1)(x-2)(x-4)(x-5)$に代入すると，$(2-\sqrt{2})(1-\sqrt{2})(-1-\sqrt{2})(-2-\sqrt{2})=(-\sqrt{2}+2)(-\sqrt{2}-2)(-\sqrt{2}+1)(-\sqrt{2}-1)=(2-4)(2-1)=-2$

2 (確率―コインの表と裏)

(1) コインを6回投げるときの表と裏の出方は$2^6=64$(通り)ある。6回とも表が出るのは1通りであり，それ以外は表が1回以上出る。よって，表が1回以上出る確率は$\frac{64-1}{64}=\frac{63}{64}$

(2) 1回目から6回目までの出方を①，②，…，⑥で表して説明する。連続して3回出る場合は，①②③が表，④が裏の場合が⑤⑥の出方が表表，表裏，裏表，裏裏の$2^2=4$(通り)ある。③が裏，④

⑤⑥が表の場合も①②の出方が$2^2=4$(通り)ある。①が裏，②③④が表，⑤が裏の場合は⑥の出方が表と裏の2通りあり，②が裏，③④⑤が表，⑥が裏の場合も①の出方が表と裏の2通りあるから，$4+2+2+4=12$(通り)　連続して4回出る場合は，①②③④が表，⑤が裏の場合が⑥に表と裏の2通り，①が裏，②，③，④，⑤が表，⑥が裏の場合が1通り，②が裏，③④⑤⑥が表の場合は①に表と裏の2通りあるから，$2+1+2=5$(通り)　連続して5回出る場合が，①②③④⑤が表，⑥が裏と①が裏，②③④⑤⑥が表の2通りある。連続して6回出る場合が1通りあるので，3回以上連続して表が出る確率は，$\dfrac{12+5+2+1}{64}=\dfrac{5}{16}$

3 (平面図形―三平方の定理，相似，三角形の外接円の半径，長さ)

重要 (1)　$\mathrm{BH}=x$とすると，$\mathrm{CH}=15-x$　△ABHと△ACHで三平方の定理を用いてAH^2を表すと，$\mathrm{AH}^2=\mathrm{AB}^2-\mathrm{BH}^2=\mathrm{AC}^2-\mathrm{CH}^2$だから，$13^2-x^2=14^2-(15-x)^2$　$169-x^2=196-(225-30x+x^2$　$30x=198$　$x=\mathrm{BH}=\dfrac{33}{5}$

やや難 (2)　点Aを通る直径を引いて，円周との交点をDとする。弦CDを引くと，直径に対する円周角なので，$\angle\mathrm{ACD}=90°=\angle\mathrm{AHB}$　同じ弧に対する円周角は等しいから，$\angle\mathrm{ADC}=\angle\mathrm{ABH}$　△ACDと△AHBは2組の角がそれぞれ等しいので相似である。よって，$\mathrm{AD}:\mathrm{AB}=\mathrm{AC}:\mathrm{AH}$
ところで，$\mathrm{AH}^2=\mathrm{AB}^2-\mathrm{BH}^2=13^2-\left(\dfrac{33}{5}\right)^2=\dfrac{13^2\times5^2-33^2}{5^2}=\dfrac{(13\times5+33)(13\times5-33)}{5^2}=\dfrac{98\times32}{5^2}=\dfrac{7^2\times8^2}{5^2}$　$\mathrm{AH}=\dfrac{7\times8}{5}$　よって，

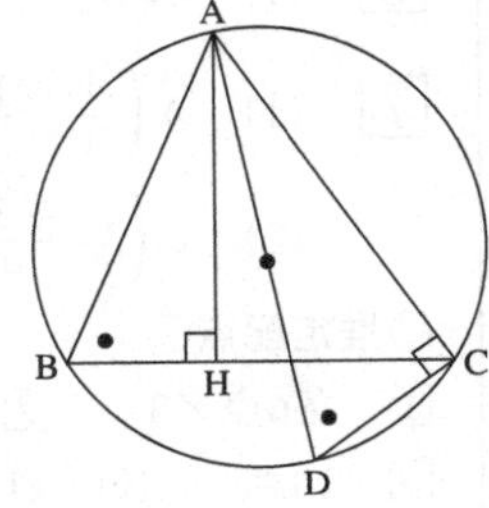

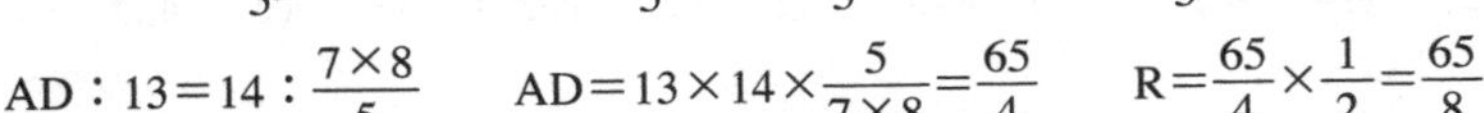

$\mathrm{AD}:13=14:\dfrac{7\times8}{5}$　$\mathrm{AD}=13\times14\times\dfrac{5}{7\times8}=\dfrac{65}{4}$　$\mathrm{R}=\dfrac{65}{4}\times\dfrac{1}{2}=\dfrac{65}{8}$

やや難 **4** (証明―台形，平行線，二等辺三角形，合同)

△ABCと△DCBにおいて，AC＝DB…①，BC＝CB…②　点Dを通るACに平行な直線を引き，直線BCとの交点をEとする。四角形ACEDは平行四辺形であり，対辺の長さは等しいので，DE＝AC　仮定からAC＝DB　よって，DE＝DBなので△DBEは二等辺三角形である。二等辺三角形の底角は等しいから，∠DEB＝∠DBE　AC//DEで同位角は等しいから，∠ACB＝∠DEB　よって，∠ACB＝∠DBC…③　①，②，③から，2辺とその間の角がそれぞれ等しいので，△ABC≡△DCB　よって，AB＝DC

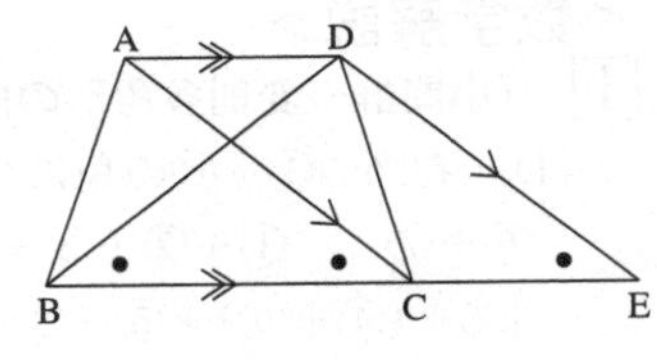

やや難 **5** (方程式の応用―食塩水の濃度，移動，2次方程式)

＊容器A，Bからそれぞれxg，$2x$gを取り出してCに入れる。

容器A　5％の食塩水100g⇒含まれる食塩は5g　xg取り出す⇒含まれる食塩は$0.05x$g，残った食塩水$(100-x)$g⇒含まれる食塩は$0.05(100-x)$g$=(5-0.05x)$g

容器B　4％の食塩水100g⇒含まれる食塩は4g　$2x$g取り出す⇒含まれる食塩は$0.08x$g，残った食塩水$(100-2x)$g⇒含まれる食塩は$0.04(100-2x)$g$=(4-0.08x)$g

容器C　食塩水$3x$g⇒含まれる食塩は$0.05x$g$+0.08x$g$=0.13x$g

＊容器A，Bにそれぞれ水xg，$2x$gを加えると

容器A　＊食塩水の量は100g⇒含まれる食塩は$(5-0.05x)$g，食塩水の濃度は$(5-0.05x)$％

容器B　食塩水の量は100g⇒含まれる食塩は$(4-0.08x)$g，食塩水の濃度は$(4-0.08x)$％

＊さらに容器A，Bからそれぞれxg，$2x$gを取り出してCに入れる。

容器A　含まれる食塩は$(5-0.05x)$g，その$\dfrac{x}{100}$をCに移す。⇒$\dfrac{x(5-0.05x)}{100}$g

容器B　$(4-0.08x)$g，その$\dfrac{2x}{100}$をCに移す。⇒$\dfrac{2x(4-0.08x)}{100}$g

容器C　4%の食塩水$6x$g⇒含まれる食塩は$0.24x$g

よって，Cに含まれる食塩の量から，$0.13x+\dfrac{x(5-0.05x)}{100}+\dfrac{2x(4-0.08x)}{100}=0.24x$

両辺を100倍して整理すると，$13x+5x-0.05x^2+8x-0.16x^2-24x=0$　　$0.21x^2-2x=0$

両辺を100倍してxでくくると，$x(21x-200)=0$　　よって，$x=\dfrac{200}{21}$

6　**(空間図形―円柱に内接する3つの球，長さ，面積，三平方の定理)**

重要　(1)　接する2円の中心を結ぶ直線は接点を通る。よって，AC＝4＋6＝10　また，球が平面に接するとき，半径と接点を結ぶ直線は平面に垂直である。図1は，2点A，Cを通る円柱の底面に垂直な平面でこの立体を切断したときの切断面である。点AからCC′に垂線ADを引くと，CD＝6－4＝2　△ADCで三平方の定理を用いると，AD＝A′C′＝$\sqrt{10^2-2^2}=\sqrt{96}=4\sqrt{6}$

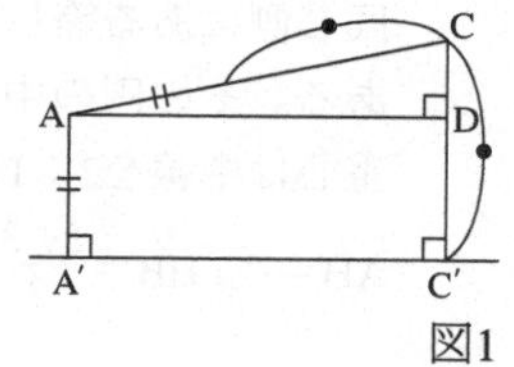

図1

(2)　この立体は球Cの中心と球Aと球Bの接点を通る底面に垂直な平面について対称である。よって，△A′B′C′は図2のような二等辺三角形になる。点C′からA′B′に垂線C′Eを引くと，点EはA′B′の中点であり，A′E＝4　△C′A′Eで三平方の定理を用いると，C′E＝$\sqrt{(4\sqrt{6})^2-4^2}=\sqrt{80}=4\sqrt{5}$　よって，△A′B′C′＝$\dfrac{1}{2}\times8\times4\sqrt{5}=16\sqrt{5}$

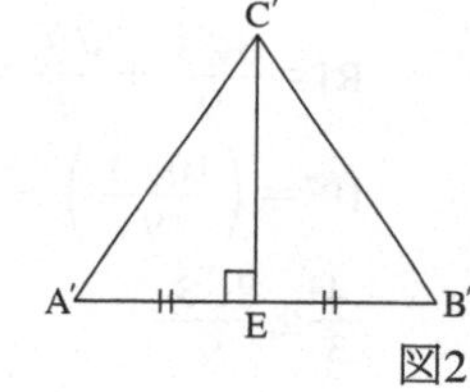

図2

やや難　(3)　容器の円柱の中心をOとし，図3のように，点Oを中心として半径が$r-4$の円を書いて，直線C′EとのP，Qとすると，球Aの半径は6なので，PC′＝2　直径に対する円周角なので，∠PA′Q＝∠PEA′＝90°，∠A′PQ＝∠EPA′　よって，△PA′Q∽△PEA′だから，PA′：PE＝PQ：PA′　PE×PQ＝$(\mathrm{PA}')^2$　EQ＝xとすると，PE＝$4\sqrt{5}+2$，PQ＝$4\sqrt{5}+2+x$　また，△PEA′で三平方の定理を用いると，$(\mathrm{PA}')^2=(4\sqrt{5}+2)^2+4^2$　よって，$(4\sqrt{5}+2)(4\sqrt{5}+2+x)=100+16\sqrt{5}$　$(4\sqrt{5}+2)^2+(4\sqrt{5}+2)x=100+16\sqrt{5}$

$(4\sqrt{5}+2)x=(100+16\sqrt{5})-(84+16\sqrt{5})=16$　　$x=\dfrac{16}{4\sqrt{5}+2}=$

$\dfrac{8}{2\sqrt{5}+1}=\dfrac{8(2\sqrt{5}-1)}{(2\sqrt{5}+1)(2\sqrt{5}-1)}=\dfrac{16\sqrt{5}-8}{19}$　　よって，円柱の底面の直径は，$\dfrac{16\sqrt{5}-8}{19}+4\sqrt{5}+2+4\times2=\dfrac{182+92\sqrt{5}}{19}$　　したがって，半径は，$\dfrac{91+46\sqrt{5}}{19}$

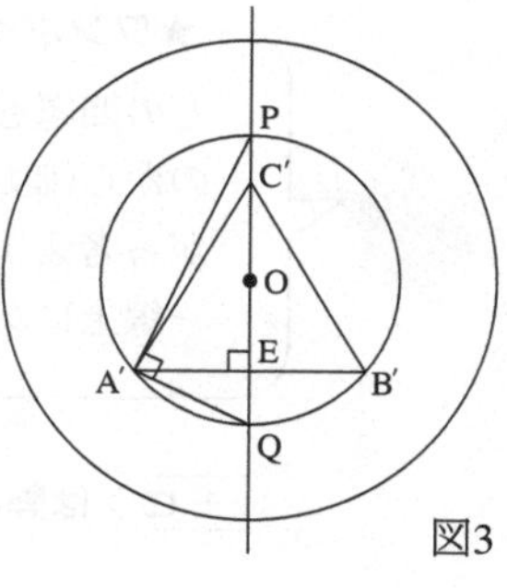

図3

＋α　**7**　**(関数・グラフと図形―面積の比，交点の座標，正三角形，円の性質)**

重要　(1)　放物線$y=\sqrt{3}x^2$と直線$y=\sqrt{3}x+n$の交点のx座標は方程式$\sqrt{3}x^2=\sqrt{3}x+n$の解として求められる。△AONと△BONの底辺をONとみたとき，それぞれの高さは点A，点Bからx軸までの距離である。よって，面積の比が4：1だから，点Bのx座標をmとすると，点Aのx座標は$-4m$である。これらの値を方程式に代入すると，$\sqrt{3}m^2=\sqrt{3}m+n$…①　$16\sqrt{3}m^2=-4\sqrt{3}m+n$…②

②－①から，$15m^2+5m=0$　　$m(3m+1)=0$　　$m=-\dfrac{1}{3}$　　よって，$-4m=\dfrac{4}{3}$　　点A，Bのy座標はそれぞれ，$\sqrt{3}\times\left(\dfrac{4}{3}\right)^2=\dfrac{16\sqrt{3}}{9}$，$\sqrt{3}\times\left(-\dfrac{1}{3}\right)^2=\dfrac{\sqrt{3}}{9}$　　A$\left(\dfrac{4}{3},\ \dfrac{16\sqrt{3}}{9}\right)$，B$\left(-\dfrac{1}{3},\ \dfrac{\sqrt{3}}{9}\right)$

$n=\sqrt{3}\times\left(-\frac{1}{3}\right)^2-\sqrt{3}\times\left(-\frac{1}{3}\right)=\frac{4\sqrt{3}}{9}$

(2)　直線ℓの傾きは$\sqrt{3}$であるから，点Aから点Bを通るx軸に平行な直線に垂線AHを引くと，BH：AH＝1：$\sqrt{3}$である。よって，△ABHは内角の大きさが30°，60°，90°の直角三角形となるので，直線BH上にHC＝BHとなる点Cをとると，△ABCは正三角形となる。点Cの座標は，$HB=\frac{4}{3}-\left(-\frac{1}{3}\right)=\frac{5}{3}$だから，$\frac{4}{3}+\frac{5}{3}=3$　　よって，$C\left(3,\ \frac{\sqrt{3}}{9}\right)$

やや難 (3)　∠APB＝∠ACB＝60°のとき，点Cと点Pは直線ABについて同じ側にある等しい角だから，4点A，B，P，Cは同一円周上にある。その円の中心をRとすると，点Rは△ABCの重心である。重心は中線を2：1に分ける点なので，AR：RH＝2：1　また，$AH=\sqrt{3}HB=\frac{5\sqrt{3}}{3}$　　よって，円Rの半径は，$\frac{5\sqrt{3}}{3}\times\frac{2}{3}=\frac{10\sqrt{3}}{9}$

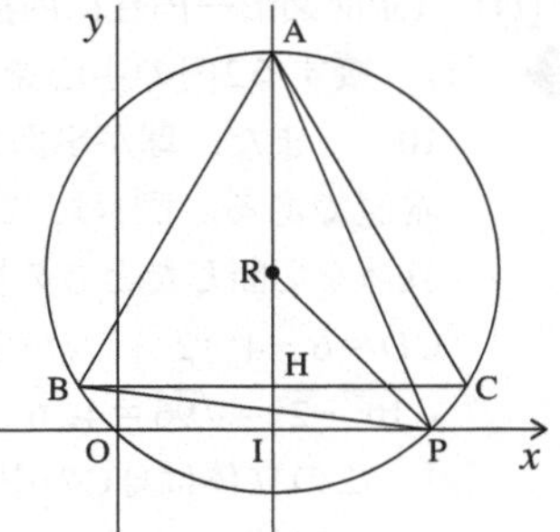

直線AHとx軸との交点をIとすると，$RH=\frac{5\sqrt{3}}{3}\times\frac{1}{3}=\frac{5\sqrt{3}}{9}$

$RI=\frac{5\sqrt{3}}{9}+\frac{\sqrt{3}}{9}=\frac{6\sqrt{3}}{9}$　　△RIPで三平方の定理を用いると，

$IP^2=\left(\frac{10\sqrt{3}}{9}\right)^2-\left(\frac{6\sqrt{3}}{9}\right)^2=\frac{100-36}{27}=\frac{64}{27}$　　$IP=\pm\frac{8}{3\sqrt{3}}=\pm\frac{8\sqrt{3}}{9}$　　よって，点Pのx座標は，$\frac{4}{3}\pm\frac{8\sqrt{3}}{9}$

★ワンポイントアドバイス★

どの問題も難しく，計算も繁雑である。全問正解を目指さないで，手掛けられるものから確実に仕上げていこう。6は真上から見た図，真横から見た図などを書きながら考えよう。7は辺の比が2：1：$\sqrt{3}$の直角三角形が登場する。(3)では4点が同一線上にある条件を考える。

＋α は弊社HP商品詳細ページ（トビラのQRコードからアクセス可）参照。

＜英語解答＞ 《学校からの正答の発表はありません。》

Ⅰ 問1　found　2 belongs　3 worry　4 waiting　5 changed
問2　(There) will be some papers that I must put my name on(.)
問3　あ 2　い 3　う 1　え 4　問4　(例)　伯爵が隣にいるのに，鏡にその姿が映っていなかったから。　問5　the little silver cross
問6　(例)　One reason is that the ground was a long way down. Another reason is that the count would not let him leave the castle.

Ⅱ 問1　1 date　2 leading　3 happen　4 forced　5 developed
問2　2　問3　less dangerous　問4　2, 6, 7

Ⅲ 1 ア　2 エ　3 ウ　4 オ　5 カ　6 イ

Ⅳ 1 ① ア　② イ　2 ① イ　② オ　3 ① キ　② ウ
4 ① ク　② ケ　5 ① ア　② イ　6 ① オ　② イ

7 ① オ　② エ　8 ① ア　② キ　9 ① ウ　② イ
10 ① エ　② ア

Ⅴ　1 (p)oint　2 (p)roject　3 (m)uscle　4 (s)tick　5 (g)uard

Ⅵ　1 D2　2 F3　3 H2　4 B2　5 E2　6 A3　7 C3　8 G3

Ⅶ　(例) If I were a writer, I would write about adventure of boys. In the story, some boys visit a large dark forest where no one lives. They learn many important things through the adventure. I want to write about this adventure because I had a good experience like this when I was a little boy.

○推定配点○

Ⅰ問1, Ⅱ問1　各1点×10　Ⅰ問2～問6, Ⅱ問2～問4, Ⅳ～Ⅵ　各2点×34　Ⅲ　各3点×6
Ⅶ　4点　計100点

＜英語解説＞

Ⅰ　**(長文読解問題・物語文：語句選択補充，語形変化，語句整序，内容吟味，英問英答)**

(全訳)　ジョナサン・ハーカーは弁護士でロンドンに住んでいる。彼の仕事の一部は，外国に住む裕福な人々のためにイギリスで家を見つけることである。1875年の初頭に，彼は東ヨーロッパにある国のトランシルバニアからの手紙を受け取った。その手紙はドラキュラ伯爵という裕福な男性からのものだった。彼はロンドンの近くに家を購入したがっていて，ジョナサンに手伝ってくれるよう頼んだのだ。長旅の末，ジョナサンは仕事の話をするために伯爵の城に着いた。伯爵は友好的で礼儀正しく，空が明るくなる直前にジョナサンを彼の部屋に案内した。

翌朝，ジョナサンは遅くまで眠った。彼は食堂に朝食が用意されているのを(1)見つけた。伯爵がいる様子はなかったので，ジョナサンは城を見て回ることにした。多くのドアにはかぎがかかっていたが，1つのドアが開いていた。その中には広い図書室があった。ジョナサンは，棚には英語の本が，机には英語の新聞があったので驚いた。彼はそこでその日の残りを過ごし，喜んで読書をした。

午後遅くなって伯爵が歩いて入ってきた。

彼は，「あなたがここで自由にお過ごしになってうれしいですよ。イギリスに家を買うことにしてから，私はイギリスの生活について学ぼうとしています。残念ながら，私は本の言葉しか知りません。ハーカーさん，あなたと話をしてもっとよく学べたらよいと思っています。さあ，仕事の話にしましょう」

ドラキュラはジョナサンの反対側に座り，こう続けた。「あなたの会社がイギリスに買ってくれた家について教えてください。(Ⅰ)私が名前を書かなくてはけない書類がいくつかあることでしょう。もちろん，私はあらゆることを知りたいと思います」

「その家はカーファックスといいます」とジョナサンが説明し始めた。「そこはロンドンの北にあります。そこには多くの土地があります。その土地のほとんどは木々(あ)で覆われているので，かなり暗いです。その家は広くて古く，窓がほとんどありません。その隣には，やはりその家に(2)所属する古い人のいない教会があります。カーファックスは寂しい家だと思われるでしょう。ただ1人の隣人は小さな病院を切り盛りする医者だけです」

「その家が古くてうれしいですよ」と伯爵は答えた。「私は古い家の出で，歴史(い)のない家で暮らしたくないのです。それに，暗さが私を(3)不安にさせることはありません。私は老人ですし，よく死について考えます。暗闇は怖くないのです」

彼は書類に名前を書いて，部屋から歩いて出て行った。ジョナサンは彼の後について食堂へ入った。夕食が(4)用意されていたが，伯爵はまた食べなかった。「今日は食事に出たのです。私は空腹ではありません」と彼はジョナサンに言った。

その晩も，続く日々の晩も初日と同じように過ぎて行った。そしてある日，彼が到着しておよそ1週間後，不思議なことが起こった。ジョナサンは窓(う)のそばに立っていた。彼は旅行鞄から出した小さな鏡の前でひげをそっていた。

突然，彼は静かな声で耳に「おはようございます」と言う声が聞こえた。ジョナサンは怖くなって跳び上がり，自分の首を切ってしまった。伯爵が彼の隣に立っていた。ジョナサンは再び鏡を見たが，自分の姿しか見えなかったのだ。

「なぜ鏡に彼が見えないのだろう？」と彼は思った。

再び振り向くと，ドラキュラの目に不思議な飢えた表情が見えた。伯爵はジョナサンの首の切り傷から流れる細い血の流れを見ていた。

考えることもなく，ジョナサンは血のところへと手を上げた。そうしたとき，彼は首にかけてある小さな銀の十字架に触れた。伯爵の表情が(5)変わった。彼の眼は赤く輝き，震え始めた。それから彼は，何も言わずに鏡を拾い上げて窓の外へ投げ捨てた。長い沈黙があり，鏡がはるか下の岩に当たって割れる音が聞こえた。伯爵は腹を立てて振り向いて，「私の家では鏡を置かないのだ」と叫んだ。それから少しして，声を和らげて，「自分の体を切らないようにしてください。この国はあなたが思うよりも危険なのです」と言った。

伯爵が部屋を出るとき，ジョナサンは窓の外から割れた鏡(え)を見た。地面ははるか下にあった。初めて彼は，家に帰りたいと実感した。「しかし，彼は私にここを出て行かせてくれるだろうか」と彼は思った。「私は本当に彼の客なのだろうか。それとも私は，ひょっとすると，彼の囚われ人なのだろうか」

基本 問1 全訳を参照。 (1) ジョナサンが伯爵の城に着いた翌朝，食堂に行った場面。breakfast = ready「朝食＝用意されている状態」という関係を考え，〈find ＋目的語＋補語〉「～が…であるとわかる」を使った文にすると前後関係が成り立つ。遅くまで眠った後，食堂に行ったという過去のことを述べているので，過去形 found にする。 (2) 伯爵が買おうとしているカーファックスという古い家について述べている文。直後の to とのつながりから，belong を入れて，カーファックスに付属する古い教会があることを説明する文にする。ここではジョナサンの発言をそのまま引用しており，その時点では現在のカーファックスの状況を述べているので時制は現在。belong に対する主語は先行詞 an old empty church で3人称単数なので s をつける。 (3) 伯爵は空所を含む文の後で「私は老人ですし，よく死について考えます。暗闇は怖くないのです」と述べていることから，空所に worry を入れて「暗さは私を不安にさせない」とすると伯爵の発言内容に合う。does not の後なので原形を入れる。 (4) ジョナサンが伯爵の後について食堂に入った場面。空所の後で「伯爵はまた食べなかった」とあることから，食堂に夕食が用意されていたことがわかる。主語「夕食」が「待っていた」と考え，また，直前に was があることから waiting として過去進行形の文にする。この場合の wait は「(物が)用意されている」という意味。 (5) 伯爵がジョナサンの首にかかっている十字架を見たときの反応を述べている。直後の文から，伯爵は十字架を見てひどく取り乱していることから，change の過去形を入れて「伯爵の表情が変わった」とするとこの場面に合う。

問2 (There) will be some papers that I must put my name on.「～があるでしょう」という文なので，There is ～. の構文にする。「～でしょう」と予測を述べているのでbe動詞の前に will を入れる。「書類」は paper で表すが，この意味では可算名詞なので複数形になっている。some papers の後に関係代名詞 that を置いて，「私が名前を書かなくてはいけない」の意味の英語を続ける。I must put my name on the papers「私はそれらの書類に名前を書かなくてはいけない」という文の papers が先行詞として前に出たと考える。

問3 （あ） be covered with ～ で「～に覆われている」という意味。 （い） 伯爵が空所を含む文の前半で「私は古い家の出だ」と言っていることから，without を入れて「歴史のない家で暮らしたくない」という文にする。 （う） 空所の前後から，このときジョナサンが立っていた位置と窓との関係を表す前置詞として by「～のそばに」を入れる。at を入れても「窓のところに」となって文意は成り立つが，同じものを2度以上使えないという条件に合わなくなる。
（え） 空所を含む文の動詞 looked とのつながりを考える。ジョナサンが見たものは伯爵が窓から投げ捨てて割れた鏡と考え，look at ～「～を見る」の at を入れる。

問4 下線部はこのときジョナサンが恐怖を感じて思わず跳び上がったことを述べている。下線部の直前では，突然，「おはようございます」と言う声が聞こえたことが述べられており，下線部を含む文の直後では，伯爵がジョナサンの隣に立っていたにもかかわらず，鏡には自分の姿しか見えなかった，つまり，伯爵の姿が鏡に映っていなかったことが述べられている。ジョナサンはこうした状況に恐怖を感じたと考えられるので，「伯爵が隣にいる」「鏡にその姿が映っていない」という2つのことをまとめる。

問5 下線部を含む段落の直前で，ジョナサンは伯爵の姿が鏡に映らないことに恐怖を感じて思わずひげをそっていたかみそりで傷つけ，伯爵が飢えたような表情で流れる血を見ていたことが述べられている。また，下線部を含む段落の第1文で，ジョナサンが傷ついた首に手をやったときに首につけている十字架に触れ，それを見た伯爵は大いに取り乱して窓から鏡を投げ捨てていることから，伯爵がその十字架に対して嫌悪感を抱いていることがわかる。このことから，このときジョナサンを危険から救ったものは，彼がつけていた小さな銀の十字架(the little silver cross)であると考えられる。

問6 質問は，「ジョナサンはなぜ自分は囚われ人かもしれないと感じたのですか」という意味。ジョナサンは下線部の発言の直前で，地面がはるか下にあるのを見て初めて家に帰りたいと実感している。また，最後の発言の第1文から，伯爵が自分を城から出て行かせてくれるのだろうかと疑問に思っていることがわかる。この2つのことから，ジョナサンは城から出られない，言わば伯爵の囚われ人なのではないかと感じたと考えられるので，解答例のように，One reason is (that) ～. Another reason is (that) ～. と2つの理由を述べる。解答例は，「1つの理由は地面ははるか下であることである。もう1つの理由は，伯爵は自分を城から出て行かせてくれないであろうことである」という意味。その他，Because the ground was a long way down and he thought the count would not let him leave the castle.「地面ははるか下にあり，伯爵が自分を出て行かせてはくれないだろうと思ったから」のように1文にまとめて答えることもできる。「地面がはるか下だ」，「伯爵は自分を城から出て行かせてくれないだろう」という2つのことを盛り込むことがポイント。

Ⅱ （長文読解問題・説明文：語句選択補充，内容吟味）

（全訳） 総合格闘技(MMA)とは，ボクシング，レスリング，柔道，柔術，空手，ムエタイ(タイのボクシング)などの技術を使う混種の格闘技である。最初はルールのない暴力的で危険な競技と考えられていたが，MMAは制限なしというイメージを取り除こうと努め，21世紀初期から世界で最も成長の早いプロスポーツの1つになっている。MMAの興行は多くの国と合衆国の全50州で行われている。

MMAは紀元前648年の古代オリンピック競技会にまで(1)遡ると考えられているが，当時は，ギリシャ軍の武道の訓練であるパンクラチオンが古代ギリシャの格闘技と考えられていた。その血なまぐさい戦いは，レスリング，ボクシング，そしてケンカを統合したものだった。倒れた相手を蹴ったり殴ったりすることは認められていたが，噛みついたり，目をえぐったりすることは禁じられていた。試合は，格闘家の1人が降参するか無意識に陥ったときに終わった。場合によっては，闘士が試合中に死ぬこともあった。パンクラチオンは古代オリンピック競技で最も人気の高い種目の1つだった。

紀元393年に，当時のローマ皇帝テオドシウスがオリンピック競技を禁止して，人気スポーツとしてのパンクラチオンを終わらせた。しかし，この戦い方は，20世紀にブラジルでバーリトゥード(何でもあり)という格闘技として復活した。それはカルロスとエリオのグレーシー兄弟によって広められ，彼らは1925年にリオデジャネイロで柔術の学校を始めた。彼らは，「腕や肋骨を折られたかったらカルロス・グレーシーまでご連絡を」と言って，地域の新聞に「グレーシー・チャレンジ」を公表して注目を集めた。兄弟はすべての挑戦者を引き受け，パンクラチオンのようにも見える彼らの試合は大人気となったので，彼らはさらに多くの人々のためにサッカー場へと場を変えなくてはならなかった。

MMAは最初，グレーシー一家が1990年代にそのトレードマークであるブラジリアン柔術を合衆国に紹介することにした後，北米で多くの人々の注目を集めるようになった。一家最強の格闘家で，エリオの息子のホイス・グレーシーはコロラド州デンバーでの1993年の，UHC 1と呼ばれるようになったトーナメントに参加した。その興行にちなんで名づけられた組織であるアルティミット・ファイティング・チャンピオンシップ(UFC)は，MMAの興行の(2)主要な興行主となった。UFCの興行の当初の目的は，ボクサーに対してレスラー，柔道家に対してキックボクサーといったように，異なるスタイルの格闘家同士の試合を行うことであった。最初，唯一のルールは噛みつきと目をえぐることの禁止だけだった。試合は，格闘家の一方が降参するか一方のコーナーがタオルを投げ入れたときに終わった。ホイス・グレーシーは，UFC 1のチャンピオンになったが，それはデンバーのマクニコルス・アリーナのフェンスで囲まれたリングで行われた。UFCの最初のケーブルテレビの有料コンテンツの興行として，トーナメントは86,000人の視聴者を集めた。3回目の興行までに，その数は30万まで増えた。

最初，UFCはその試合を何でも(3)起こりうる，禁じ手なしの競技として売りに出した。その暴力性は多くの人々を怒らせたが，その中にはその競技を禁止するべきだと唱えたジョン・マケインもいた。2001年に，新しいUFCの経営陣はその競技の危険性を減らすためにルールを作り出した。体重別の階級，ラウンド，さらに多くの反則を加えたのだ。UFCはもはや暴力的なケンカを呼び物にはしなかった。新たな格闘家は，ボクサー，レスラー，武術の実践者としてより技量が高く，彼らは厳しい訓練をして，十分に戦えるように最高の状態を保つことを(4)余儀なくされた。合衆国では，その競技は，ネバダ州アスレチック・コミッションとニュージャージー州アスレチック・コントロール・ボードを含むボクシング競技を統制する同じ組織による厳しい規則の下に置かれた。MMAに反対したマケインでさえ，2007年にその競技が大いに進歩したと認めた。

UFCは最初の数年間は収入を得るのに苦労したが，ついには高い利益になる組織へと(5)発展した。2003年から2006年の間に，その競技の2大スター，ランディ・クートゥアとチャック・リデルの間の伝説的な戦いは，MMAとUFCの地位を高める助けとなった。

問1　全訳を参照。　(1)　MMAという競技について，古代のオリンピック競技と関連づけて説明していることから考える。〈believed to ＋動詞の原形〉「～だと信じる」の形なので，date「遡る」の原形を入れる。　(2)　「アルティミット・ファイティング・チャンピオンシップ」はさまざまな格闘技間の試合を興行する組織。その組織とMMAという格闘技との関係を考える。lead

は「～を主導する」という意味の動詞で，その現在分詞形が形容詞 leading は「主要な」という意味を表す。 (3) UFCは当初，禁じ手なしの格闘の試合を売りに出したことから考える。禁じ手(＝反則)がないということを，「何でも起こりうる」と表している。could の後なので happen「起こる」の原形を入れる。 (4) UFCが主催する格闘競技は，当初ほとんどルールのない，ケンカ同様のものだったが，多くの人々の反対を受けてルールを厳しくしたりして危険性を減らした。その結果，参加する格闘家には高い技量が求められ，格闘家は最高の試合をするために厳しい訓練をして体調を管理することとなったという経緯から，UFCの方針の変更によって格闘家もそれに応じた努力をせざるをえなくなったという流れにする。force は「～を強いる，～させる」という使役の意味を表し，ここでは受動態で用いられている。 (5) 空所を含む文の前半はUFCが最初は収入を得るのに苦労したという内容で，Although「～だけれども」で後半とつながれていることから，その後発展して高い利益になる組織になった，という流れにする。過去の事実を述べているので develop「発展する」の過去形を入れる。

問2 下線部の前では，グレーシー兄弟が古代ローマのパンクラチオンの戦い方を復活させたことが述べられ，下線部の後では，彼らがその競技において対戦を希望するすべての人の挑戦を受けたことが述べられていることから，2「彼らはだれも自分たちには勝てないと思っていて，公衆の面前でそれを確かめようとした」が適切。 1「グレーシー兄弟はパンクラチオンを広めてそれをオリンピック競技に復活させたいと思った」は，グレーシー兄弟がパンクラチオンを再びオリンピック競技にしようとしたという記述がないので不適切。 3「彼らは，柔術の技術がひどいけがを治すのに役立つことを示すさらに多くの実例が必要だった」は，柔術がけがの治療に役立つという記述がないので不適切。 4「カルロス・グレーシーは若い医者たちが折れた腕や肋骨の治療を学ぶ機会を提供したかった」は，カルロス・グレーシーが若い医者たちの学習の機会を与えようとしたという記述がないので不適切。

問3 UFCが多くの批判を受けて当初の方針を変えたことについては第5段落で述べられている。同じ段落の第3文に，新しいUFCの経営陣がその競技の危険性を減らすために新たなルールを作ったことが述べられているので，UFCはMMAを less dangerous「より危険でない」競技に変えようとしたことがわかる。

問4 1「MMAはムエタイと柔道や柔術や空手などの他の武術を混ぜ合わせることでタイで作り出された」(×) 第3段落第2文にMMAの前身と考えられているパンクラチオンがブラジルで復活したことが述べられているので，一致しない。 2「MMAはそのマイナスイメージを取り除こうと努めて，世界中で人気を高めてきた」(○) 第1段落第2文の内容と一致する。 3「歴史的に言えば，MMAは古代ギリシャで始まったと考えられていたが，当時は何もルールがなかったので，それは今日のものとはまったく違うものだった」(×) 第2段落第3文に，MMAの前身と考えられているパンクラチオンには，噛みついたり目をえぐったりすることが禁じられていたことが述べられているので，「何もルールがなかった」とは言えない。 4「古代ギリシャでは，格闘家の一方が命を失うまで試合が止められなかった」(×) 第2段落第4文に，試合は格闘家の1人が降参するか無意識に陥ったときに終わったことが述べられているので一致しない。 5「グレース一家のおかげで，柔術はアメリカからブラジルに紹介された」(×) 第4段落第1文に，柔術はグレーシー一家がブラジルからアメリカに紹介したことが述べられているので一致しない。
6「マスメディアを利用して20世紀にMMAを広めたのはグレース一家だった」(○) 第3段落第2～4文を参照。20世紀にブラジルでグレーシー兄弟がバーリトゥードという格闘技として古代ギリシャのパンクラチオンを復活させ，さらに，地域の新聞で自分たちに挑戦する人たちを募って人気を集めたことが述べられている。 7「UFCの最初のケーブルテレビでの興行は，8万人を超える視聴者を得たが，中にはその暴力性嫌ってそれを禁止したいと思う人々もいた」（○） 第4段落最後から2文目に，UFCの最初のケーブルテレビでの興行で86,000人の視聴者を集めたことが述べられている。また，第5段落第2文では，MMAの暴力性を嫌い，その禁止を唱える人がいたことが述べられているので一致する。 8「1990年代に，UFCは大成功を収めたが，ホイス・グレーシーのような新しい才能の持ち主がいなかったために2000年代では続かなかった」（×） 第5段落第3文以降で，UFCが2001年に暴力的であるとの批判を受けてMMAのルールを変えて競技としての質を高めたことが述べられている。また，最終段落第1，2文では，UFCは最初の数年間は収入を得るのに苦労したが，ついには高い利益になる組織になったこと，2003年から2006年の間に，その競技の2大スターの戦いもあり，MMAとUFCの地位が高まったことが述べられている。これらのことから，UFCの成功はむしろ2000年代に入ってからのことと考えられる。

やや難 **Ⅲ** **（長文読解問題・エッセイ：文選択補充）**

（全訳）【A】あなたは最高の状態の自分自身になりたいと思うだろうか。親切で，希望に満ち，感謝する気持ちを持つ状態の自分に？ 他人を見て彼らが自分よりもうまくやっていると思うことは簡単だ。しかし，あなたには彼らがうまくやっているかどうか本当のところはわからない。私たち一人ひとりは課題に取り組んでいるのだから，できうる最善のことをすることが重要である。あなたの考えと行動はあなたの希望の程度に影響を与える。最高の自分になるために日々の細かいことをして，より楽観的になることで自分を大切にする程度を増やすのだ。自分自身と他人に優しくする―他の人のために親切なことをするために尽力するのだ。人の話をよく聞き，口をはさまずに他の人々が言うことに注意を傾けるのだ。(1)人の話をよく聞くことは最高のあなたになるためのすばらしい方法である。

【B】人間は何千年もの間，否定的なことについて考えるよう訓練されてきた。(2)このことは危険や脅威を意識する必要があるときに，過去において私たちを無事でいさせてくれた。今でも，私たちは悪くなりつつあること，なくなりつつあるもの，そして将来誤った方向に進むかもしれないことに気持ちを集中させている。今あるものにもっと感謝することは回復力と力を高める1つの方法である。あなたの人生の良いことと，そうした良いことが起こる元となったことに気づくことは感謝の気持ちの程度を高め，人生と幸福と希望に結びつく。時間をかけてあなたの注意をあなたの人生で起こっていることに向けると，必要なことがより多く満たされる。感謝の気持ちは脳の警戒する仕組みを弱める。これはストレスの感覚を減らし，幸福感を生み出すのだ。感謝の気持ちは否定的なものを相殺してくれる。(3)それはまた，あなたが人生にいてほしくないものよりむしろ，あなたがほしいものを意識させてくれる。

【C】だれでも話を聞いてほしいと思うものだ。話を聞いてもらっていると感じることは気分がよいので，あなたが注意深く話を聞けば，他人にとってあなたの価値ははるかに高まる。話を聞いてもらっていると感じると，その人はより敬意を持たれ，好意を持たれていると感じる。それは，単に相手を理解したと感じるまで他人の話を聞くということではない―他人がよく聞いてもらっていると感じるためなのだ。(4)理解されていると感じることは私たちをその人につなげてくれる。人は話を聞いてもらい，理解されていると感じると，自分の価値が高まり，将来についてさらに希望を抱くようになる。話を聞くことは深い信頼を育むので，あなたが本当にだれかの話を聞けば，その人はあなたの話を聞くようになるだろう。

【D】戦争やパンデミックの話が常に画面や新聞に出ている。(5)こうした出来事は，私たちに世界の状態について不安に思わせたり悲しく思わせたりする。仕事，勉強，家族，そしてお金についいてのストレスもまた，あなたを疲弊させる。(6)人生の外側で起こることはどうすることもできない。自分が考え，信じることに注意を向ければ，回復力を育むことができる。ストレスを感じたら，深く呼吸をしてこれまでに起こったすてきなことについて考えよう。積極的な感覚に気持ちを集中させることはストレスを手放す助けになる。あなたは自分で思う以上に強いのだ。

(1) 最高の自分になるために，人の話をよく聞き，他の人々が言うことに注意を傾けることが重要だと述べた後に続く文なので，人の話をよく聞くことの利点を述べたアが適切。

(2) 「人間は何千年もの間，否定的なことについて考えるよう訓練されてきた」と，これまで人間が否定的なことについて考え続けてきたことを述べた後なので，それが過去においてどのような効果があったかを述べているエが適切。

(3) 感謝の気持ちを持つことで幸福感が生まれ，否定形なものが相殺されると述べた後なので，ほしくないものよりもほしいものを意識するようになる，と積極的な心の状態を持つこともできると追加しているウが適切。

(4) 空所の前では，他人の話をよく聞くことで，相手はより敬意を持たれ，好意を持たれていると感じ，よく聞いてもらっていると感じるようになる，と「人の話をよく聞く」ことで相手がどう感じるかが述べられている。また，空所の後では，人の話をよく聞けば，今度は相手も自分の話を聞くようになると述べていることから，人の話をよく聞くことが自分と相手をつなげることになるという内容のオが適切。

(5) 空所の前の文で，戦争，パンデミックと具体的な惨禍について述べられている。これらをThese event「こうした出来事」とまとめ，私たちを不安に思わせると述べているカが適切。

(6) 空所の前の文では，「仕事，勉強，家族，お金」と，自分自身を取り巻く状況によって人は疲弊すると述べて，空所の後ではそれと対照的に，「自分が考え，信じることに注意を向ければ，回復力を育むことができる」と自分の内面の働きについて述べている。イを入れると，「仕事，勉強，家族，お金」などの「人生の外側で起こること」は自分の力ではどうすることもできないが，自分が考え，信じることに注意を向ければ，回復力を育むことができると論理的につながる。

重要 Ⅳ **(語句整序問題：命令文，間接疑問文，関係詞，完了形，不定詞，動名詞，接続詞)**

1 Stop worrying about the past and enjoy (the present.) 「～のことを心配するのはやめよう」と「現在を楽しもう」を命令文で表して and でつなぐ。let「～させる」が不要。

2 Could (you) tell me when you are going to (buy a new car?) 「～してくれますか」は Could you ～? で表す。この場合のように，今後の予定や道順などを教える場合は teach ではなく tell を用いるので，動詞は tell を使い，その後に「あなたがいつ新しい車を買うつもりなのか」を間接疑問〈疑問詞＋主語＋動詞〉で表して続ける。teach が不要。

3 (Kawasaki is) a city where my father used to live. a city を「以前，僕の父が住んでいた」が後ろから修飾するように，関係副詞 where でつなぐ。〈used to ＋動詞の原形〉で「以前～していた」と過去の状態を表す。これと形が似た be used to ～ は「～に慣れている」という意味で，to の後には名詞(句)が続く。is が不要。

4 (She seems) to have been waiting for me (for) more than (two hours.) 「～のようだ」は，〈seem to ＋動詞の原形〉で表す。to 以下が過去のことを述べているので，完了形〈have ＋過去分詞〉で表す。さらに，「待っていた」と動作の進行を表すので，be動詞の過去分詞の後に wait の現在分詞を続けて進行形にする。「～以上」は more than ～ で表すが，日本語の「～以上」と異なり，後にくる数字は含まず，「～よりも多く」ということを表す。being が不要。

5 This software enables us (to process) data twice as fast (as before.) 「このソフトウェア」を主語にして，〈enable ＋目的語＋ to ＋動詞の原形〉「～が…できるようにする，～が…することを可能にする」を用いて，「このソフトウェアは私たちが以前より2倍速くデータを処理することを可能にする」と考える。「～倍…」は，〈倍を表す語句＋ as … as ―〉で表す。we が不要。

6 (I) can't see (him) without thinking of (my brother.) 「兄のことを思わずに彼に会うことはできない」と考える。without は前置詞なので，後に動詞を続けるときは動名詞にするので，ここでは remember は使えない。「～を思い出す」は think of ～ でも表すことができる。

7 (It is) no use trying to change (his mind.) 「～しても無駄だ」は It is no use ～ing で表す。この～ing形は動名詞。

8 (You'll catch a cold) if you keep the windows open while you (sleep.) 「眠っている間に」を while,「窓を開けたままにすると」を if と，接続詞を2つ使って表す。「窓を開けたままにする」は〈keep ＋目的語＋状態を表す語句〉で表す。

9 (It is) not until you get sick that (you) realize (the value of your health.) 「健康の価値がわかるのは病気になるまでのことではない」と考える。it は形式的な主語で，that 以下が意味のうえでの主語。

10 Anyone who has spent (any time) in (Japan knows) how popular ramen is.「日本で過ごしたことのある人なら誰でも」は，anyone「誰でも」を主語にして，関係代名詞を続けて表す。「ラーメンの人気を知っている」は，「ラーメンがどれほど人気があるか」と考えて，間接疑問を使って knows の後に how popular ramen is と続けて表す。

Ⅴ (語彙問題：比較，現在完了，接続詞，受動態，間接疑問文，分詞)

1 (ア)「重要なのは，誰も実際に正解が何であるのか確かにわからないことだ」「要点，重要な点」という意味の point。 (イ)「それがおもちゃの銃だとわかっていても，それを友達に向けてはならない」「(物などを)向ける」という意味の動詞の point。

2 (ア)「私たちは誰もが楽しめるように，その映画を壁に映すつもりだ」「(映像などを)映す」の意味の project。 (イ)「社長は経営制度を改革するための計画を始めた」「計画，プロジェクト」の意味の project。

3 (ア)「想像力は筋肉だ―使えば使うほど強くなる」「筋肉」の意味の muscle。 (イ)「心臓発作は，心筋の一部が十分な血液を取り込まないときに起こる」。heart muscle で「心筋」。

4 (ア)「彼は年を取っていて杖を使って歩く」「杖」の意味の stick。 (イ)「がんばればうまくいく」「しがみつく」の意味の stick。stick to it は「がんばる」，make it は「うまくいく，成功する」という意味を表す。

5 (ア)「その囚人はトンネルを掘るのに5年を費やし，結局は守衛室にたどり着いた」「守衛」の意味の guard。 (イ)「その美術館はその有名な絵画を守るために誰かを雇うべきだ」「守る」の意味の guard。

Ⅵ (語句選択補充問題：語彙)

1 「その情報はインターネットで容易にアクセスできる」 主語 The information の補語になるので，形容詞 accessible「アクセスできる」が適切。access は名詞「接近，アクセス」，動詞「アクセスする」，accessibility は名詞「接近，近づきやすさ」

2 「言語ゲームは通常，生徒同士の言葉のやりとりを促す意図がある」 student-to-student「生徒同士の」に続く名詞 interaction「(言葉の)やりとり」を入れる。interact は動詞「交流する」，interactive は形容詞「相互に作用する」

3 「太陽光エネルギーや水力のような持続可能なエネルギー源がこの工場を稼働するのに使われている」 名詞 sources「エネルギー源」を修飾する形容詞 sustainable「持続可能な」が適切。sustainably は副詞「持続的に」，sustainability は名詞「持続可能性」

4 「パーティーの後，私たちはおのおの寝るためにそれぞれの部屋に戻った」 名詞 rooms を修飾する形容詞 respective「それぞれの」を入れる。respect は動詞「尊敬する」，名詞「尊敬」。

respectful は形容詞「礼儀正しい」

5 「私はこの問題を解決するためにさらに[追加の]情報が必要だ」 名詞 information を修飾する形容詞 additional「追加の」を入れる。add は動詞「追加する，加える」，addition は名詞「追加」

6 「私のイギリスの第一印象は，灰色で雨の多い場所というものだった」 形容詞 first の後，前置詞 of の前なので名詞 impression「印象」を入れる。impressed は動詞 impress「印象を与える，感動させる」の過去分詞，impressive は形容詞「印象的な」

7 「ロシアのウクライナ侵攻は世界の食料供給に大きな影響を与えている」 Russia's「ロシアの」の後，前置詞 of の前なので invader は名詞「侵略者」を入れる。invader は名詞「侵略者」，invasive は形容詞「侵略的な」

8 「創造力とは過去と現在という素材から新しい未来を発明する能力である」 主語になるので名詞 creativity「創造力」を入れる。create は動詞「創造する」，creative は形容詞「創造力のある」

やや難 Ⅶ （自由英作文：時制）

解答者は基本的には作家ではないので，仮定法を用いて，If I were a writer, I would write about ～. などの形で書き出す。特に細かい条件はないので，最初に日本語で書く内容を決めてから英語で表すとよい。あえて難しい英語を使う必要はないので，なるべく書きやすい内容を考えることも重要。文章の内容は現在形で表す。また，書きたいと思う理由が問われているので，字数制限から，書く内容とそれを書きたいと思った理由をそれぞれ最低1文でまとめる工夫も必要である。解答例は，「もし私が作家だったら，少年たちの冒険について書くだろう。その話の中で，何人かの少年たちが誰も住んでない，広く暗い森を訪れる。彼らはその冒険を通して多くの大切なことを学ぶ。私は幼い少年のときにこれと同じようなよい経験をしたのでこの冒険について書きたい」という意味。

★ワンポイントアドバイス★

Ⅲの文を補充する問題は，本文の内容が抽象的なので難易度は高いが，与えられている選択肢で使われているのと似た表現を使っている箇所に着眼すれば容易に正解できる箇所もある。そのような箇所から空所を埋めることが効率的である。

＜国語解答＞ 《学校からの正答の発表はありません。》

一 問一 い オ ろ イ は イ 問二 1 ウ 2 ウ 問三 ウ
問四 1 死の恐怖 2 悲哀 問五 1 クマの胆 2 仕来り 3 （例） 感謝の意を謝礼という形で金銭で支払うしか(20字) 問六 エ 問七 ウ・カ

二 問一 a 誘惑 b 延々 c 憂鬱 d 香辛 e 浸透 問二 1 ア 2 可
問三 （例） 断食の期間中に食品を摂取してはいけない(19字) 問四 エ
問五 3 ウ 4 サ 5 イ 問六 正反対 問七 7 冷 8 熱 9 乾
問八 1 同一物が正反対の性格を兼ね備える 2 （例） 論理 3 （例） 破綻
問九 ウ・エ

三 問一 エ 問二 オ 問三 1 命 2 水 問四 （例） すこやかにまっすぐに成

長する(14字)

四 問一 1 ウ 2 ア 問二 3 夏 4 七五 問三 (例) 大空へ飛び立とうとしている(14字)

○推定配点○

一 問一・問二・問四・問五1，2 各2点×9 問五3 3点 他 各4点×4

二 問一 各1点×5 問三・問四 各4点×2 問九 各3点×2 他 各2点×12

三・四 各2点×10 計100点

＜国語解説＞

一 (小説―脱語補充，情景・心情，文脈把握，内容吟味，大意)

問一 い 直後の「笑い声」を修飾する語としては「朗らかな」が適切。直前に「にぎわいが増し」とあることから，なごやかな雰囲気であること，明るい笑い声が立っている様子が読み取れる。ろ 後に「酔いが銀四郎を変化させはしないかと恐れはじめていた」とあることから，銀四郎に対する警戒心が読み取れるので，「探るような(眼を向けていた)」とするのが適切。は 直前に「銀四郎の口がゆがみ」とあることから，銀四郎の不機嫌な様子が読み取れるので，「刺すような」が適切。銀四郎の不穏な様子である。

問二 銀四郎の心情は，この後の「『きさまらは，ずるい。ぺこぺこ頭をさげたり，おべっかをつかったりするな。それですませようとするきさまらのずるさがいやだ。おれは，大人しく鬼鹿へ帰るつもりでいたが，その気持は失せた』」というものなので，1には「おもねる」，2には「失礼」が入る。

問三 直後に「『こうやって通夜ができるのもあんたのおかげだ。みな，感謝している。お礼をしたいが，どのようにしたらよいかおれたちにはわからない。……』」とあることから，素直に謝意を示し，銀四郎の要求を聞こうとする様子が読み取れるのでウが適切。

問四 区長の銀四郎に対する思いは，後に「区長は……」で始まる段落に「その顔には血の気がなく，区長は初めて羆打ちの名手といわれているかれが，死の恐怖とたたかいながら羆と対したことを知った」「銀四郎が酒を飲んで荒れるのは，胸に巣食う悲哀をいやすためにちがいない。……」とあるので，1には「死の恐怖」，2には「悲哀」が入る。

やや難 問五 区長の銀四郎への対応については「『こうやって通夜ができるのもあんたのおかげだ。……とりあえずクマの胆はあんたが持っていってほしい』」とあり，「『冗談を言うんじゃねえ。クマの胆は，クマを仕とめた者がもらうのだ。持っていっていいとはなんだ。仕来りを知らぬのか』」と，銀四郎の怒りを買っているので，1には「クマの胆」，2には「仕来り」が入る。「金を集める」ことについては，「かれは……」で始まる段落に「感謝の意を謝礼という形でしめす必要がある」とあるので，3は『感謝の意を謝礼という形で金銭で支払うしか(ない)』などとするのが適切。

やや難 問六 直後に「かれらは，乏しい耕地で得た物でかろうじて生きている。現金収入はほとんどなく，漁師町に出稼ぎに行って得た金も，灯油その他の生活必需品の購入に費やされ，金銭的な余裕は皆無に近かった」「しかし，かれらは区長の言葉を素直にうけいれた。……出来るかぎりの謝礼を払うのが義務だ，と思った」とあるのでエが適切。

問七 本文に描かれる区長は，羆を仕留めてくれた銀四郎の心中を慮り，できる限りのことをしようとするが，一方で，「仕来りを知らぬのか」と銀四郎を怒らせてしまうような面もあるので，ウ・カがあてはまる。

二 （論説文―漢字の読み書き，文脈把握，内容吟味，脱語補充，要旨）

問一　a「誘」の訓読みは「さそ(う)」「いざな(う)」。「惑」の訓読みは「まど(う)」。「誘」を使った熟語はほかに「誘導」「勧誘」など。　b「延」の訓読みは「の(ばす)」「の(びる)」「の(べる)」。「延」を使った熟語はほかに「延滞」「遅延」など。　c「憂」の訓読みは「う(い)」「うれ(い)」「うれ(える)」。「憂」を使った熟語はほかに「憂慮」「一喜一憂」など。「鬱」の訓読みは「うっ（する)」「ふさ(ぎ)」。　d「香」の訓読みは「か」「かお(り)」「かお(る)」。「香」を使った熟語はほかに「香水」「香草」など。音読みはほかに「キョウ」。　e「浸」の訓読みは「ひた(す)」「ひた(る)」。「浸」を使った熟語はほかに「浸食」「浸水」など。「透」の訓読みは「す(かす)」「す(く)」「す(ける)」。

問二　前に「『液体』は摂取『可』，『個体』は摂取『不可』」とあり，「液体，個体のどちらにもあてはまりそうだった。栄養が不足する断食期間に，滋養に富むココアを摂取できるほうがカトリック教徒たちには好ましい」とあることから，摂取が可能となる「液体」と判断したと考えられるので，1には「飲料」，2には「可」が入る。

問三　「戒律」については，「カトリック修道会の……」で始まる段落に「カトリックには，春のイースター(復活祭)前の四句節などに断食する習慣があった」と説明されており，断食期間中に食品を摂取することを「戒律違反」としているので，「断食の期間中は食品を摂取してはいけない(ということ)」などとする。

問四　「宗教的批判」については，「このように……」で始まる段落に「未知の味にユウワクされて口にすることを『悪』とみなす宗教的規範」とあるのでエが適切。

問五　3の直前に「貴族層は新来の味を試し，美味に慣れていった」とあるので，3は「興味(が増し)」とするのが適切。「増す」とつながることにも着目する。4の直後に「増えて」とあり，5の直後には「いくぶん低下し」とあることから，「流入(量)」が増えて「価格」が低下した，という文脈になると考えられるので，4には「流入」，5には「価格」が入る。

問六　直後に「『熱・乾』がまさって病気が起きている場合は，『冷・湿』の薬が処方された」と説明されている。「ところが……」で始まる段落には「『冷・乾』と『熱・湿』の両方の性質が見られた。正反対の性格である」とあるので，直前の「原因」に対して，「正反対(の薬品が処方された)」とするのが適切。

問七　「ところが……」で始まる段落に「カカオの『冷・乾』は，……『熱・湿』は脂肪分が多く，ミネラルに富む点を表現したものだろう」とあるので，「カカオ」の性質を表す7には「冷」が入る。8は，直前に「栄養に富み，脂肪が多い点」とあるので「熱」が入る。8は，直後に「異なる三つの性格」とあるので，「冷・乾」「熱・湿」とは異なる組み合わせとして「乾」が入る。

問八　直前に「体液病理説にもとづく医学観」とある。「体液病理説」については，「ところが……」で始まる段落に「体液病理説に混乱が生じた」とあり，「たとえばカカオには……両方の性質がみられた。正反対の性質である。それまで，体液病理説では，同一物が正反対の性格を兼ね備えることはなく，学説的にそのようなものはありえなかった。新来の産品のなかには，体液病理説の四つのカテゴリーにうまくあてはまらないものが出てきたのである」と説明されているので，1には「同一物が正反対の性格を兼ね備える(16字)」が入る。「学説的にありえなかった」という内容を表すので，2は「論理(的に)」，3は「破綻(するから)」などとする。

問九　ウは，「クロリオ種」について，本文には「輸出したくはなかった」という記述はないので合致しない。エは，本文に「結論が出ない論争に，聖職者や医者がエンエンと関わり続けている間に，貴族層は新来の味を試し，美味に慣れていった」とあることと合致しない。

三 **(古文・和歌―語句の意味，表現技法，和歌の解釈，大意)**

〈口語訳〉 八重山吹の枝を折って，ある高貴な人に差し上げたところ，一重の花が散り残っているのを(私宛ての和歌に添えて)送ってくださったので，

いただいた一重の花をひたすら愛でています。花の色は薄いけれど，あなたの心は薄いとは思えません。

疫病が流行して世の中が騒がしい頃，朝顔を例の高貴な人に差し上げて

命が消えぬ間の身と知るものの，朝顔の露と競うかのようなはかない世を嘆いています

世の無常を知る紫式部が，幼い娘が病気になった時に

この世を憂しと厭うからこそ，若竹が成長することを祈るのです

問一 「ひとへに」は，ひたすら，一途に，という意味。

問二 直前の詞書に「ある所にたてまつれたるに(ある高貴な人に差し上げたところ)」，「おこせ給へりけるに(送ってくださったので)」とあることから，感謝の意を伝える内容であると考えられるのでオが適切。花の色は薄いけれど，(あなたの心は)薄いとは思われない(温かさを感じます)と詠んでいるのである。

問三 詞書に「世の中の騒がしきころ(疫病が流行した長保三年頃のこと)」とあることから考える。「世」には，人間が生きている間，という意味があり，「露」には，はかなく消えやすいもの，という意味があることから，人の命のはかなさを嘆いていると考えられるので，1には「命」が入る。2は，「露」から連想するものとして「水」が入る。「水もの」とは，予想がむずかしいもの，終わってみなければわからないもの，という意味。

問四 詞書に「幼き人の悩みけるに(幼い娘が病気になった時に)」とあることから考える。「若竹」は，その年に生えた竹のこと。「竹」は，まっすぐに伸びる丈夫なもの，という意味があるので，まっすぐに丈夫に成長する，という意味にすればよい。

四 **(漢詩・鑑賞文―表現技法，脱語補充，要旨)**

問一 1 [C]に「起承二句と承結二句がそれぞれ脚韻を踏んでいる」とある。脚韻は，詩歌の行や句などの終わりの韻をそろえることなので，「承句」の「音(オン)」に対応するものとして，1には「禽(キン)」が入る。「禽」には，鳥，という意味がある。 2 「結句」について，「訳文は淡い願望となっている」とあるので，「淡い願望」にあてはまるものとして「あこがれて」が入る。

問二 [3]の前後の「水辺と白鷺を配して」「すがすがしい」にあてはまる季節として，3には「夏」が入る。 4 「はまべにひとり(七音)／白鷺の(五音)／あだに打つ羽(七音)／音もすずし(五音)」となっているので，「七五(調)」。

問三 直前の「ただ風を待っている。」を言いかえており，風を待って，さらには飛び立つことを暗喩している，とする文脈が読み取れるので，「大空へ飛び立とうとしている(13字)」などとするのが適切。

★ワンポイントアドバイス★

問題数が多めなので，時間配分を考えて手際よく解答しよう！ 詩歌の鑑賞については，基礎知識を固めた上で，深い読みができるようにしておこう！

2022年度

★★★★★★★★★★★★★★★★★★★★★★★★

入　試　問　題

2022年度

慶應義塾志木高等学校入試問題

【数　学】（60分）　＜満点：100点＞

【注意】 図は必ずしも正確ではない。

1　(1)　x の２次方程式 $x^2-(4t-1)x+4t^2-2t=0$ の２解を α，β とする。３辺の長さが５，α，β である三角形が直角三角形であるとき，t の値を求めよ。

(2)　自然数 x，y，z を素数とする。$z=80x^2+2xy-y^2$ をみたす $(x,\ y,\ z)$ の組のうち，z の値が２番目に小さい組を求めよ。

2　点Oを原点とする座標平面上で，放物線 $y=2x^2$ と y 切片が５の直線 ℓ とが２点A，Bで交わっており，Aの x 座標が－１である。放物線上の点P，y 軸上の点Qを，AP∥QB，AQ∥PBとなるようにとる。次の問いに答えよ。

(1)　３点B，P，Qの座標を求めよ。また，四角形APBQの面積Sを求めよ。

(2)　点C（3，0）を通り，四角形OPBAの面積を２等分する直線の方程式を求めよ。

3　半径４の円Oの外部の点Pから，この円Oに引いた２つの接線と円Oとの接点をA，Bとする。線分PA上に点Q，線分PB上に点Rを，線分QRが円Oに接するようにとる。PA＝８とし，PQ＝x，PR＝y とするとき，次の問いに答えよ。

(1)　点Qから直線OPに垂線を引き，直線OPとの交点をQ’とするとき，PQ’とQQ’の長さを x を用いた式で表せ。また，QRの長さを x，y を用いた１次式で表せ。

(2)　$y=3$ のとき，x の値を求めよ。

4　立方体の６つの面をぬり分けるとき，次の場合のぬり分け方は何通りあるか。ただし，回転して一致するぬり分け方は同じとみなす。

(1)　赤，青，黄，緑，黒，白の６色をすべて使う場合

(2)　赤，青，黄，緑，黒の５色をすべて使い，隣り合う面は異なる色をぬる場合

(3)　赤，青，黄，緑，黒の５色をすべて使う場合

5　あるコーヒー豆は価格を x％値上げすると，販売量（g）が $\frac{3}{4}x$％減少するという。次の問いに答えよ。

(1)　価格を20％値上げしたときの販売額（円）は，値上げする前の販売額の何％になるか。

(2)　200ｇあたりの価格を1,600円に値上げしたが，販売額の増減がなかったという。値上げする前の200ｇあたりの価格を求めよ。

6　次のページの図のような１辺の長さが２の正八面体ABCDEFがあり，辺AB上の点P，辺AC上の点QをAP：PB＝AQ：QC＝２：１となるようにとる。正八面体ABCDEFを，次のような平面

で切るとき，切り口の面積を求めよ。

⑴　△DEFに平行で体積を２等分する平面

⑵　線分PQを含み体積を２等分する平面

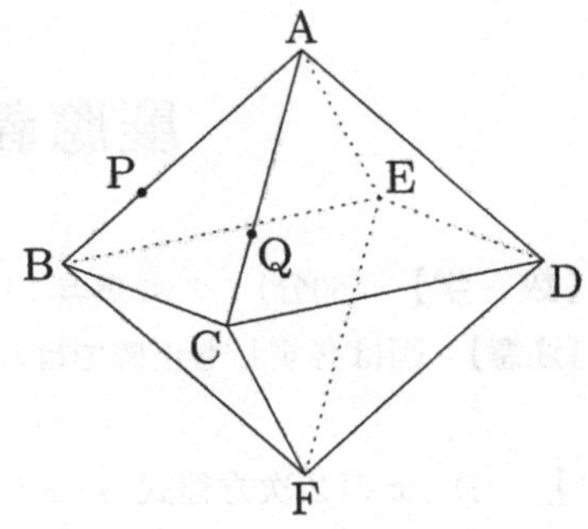

7　図のように線分ABに関して同じ側に点P，Qがある。このとき，PR＋QRの長さが最も短くなるような線分AB上の点Rと，$\angle \mathrm{ASP} = \frac{1}{2}\angle \mathrm{BSQ}$となる線分AB上の点Sを，定規とコンパスを用いて作図せよ。ただし，作図に用いた線は消さないでおくこと。

Q

P

【英　語】（60分）　<満点：100点>

Ⅰ 次の英文を読んで後の問に答えなさい。

It was Monday morning and I stood at the end of the road, waiting for the trucks to arrive. Although it was June, I had to stamp my feet to keep ［ ア ］. My mother noticed how cold I looked, so she （ A ） me her button blanket.

I loved that blanket and I （ B ） it tightly around my shoulders. Like all our traditional button blankets, Mom's was made of pieces of black and red wool cloth, sewn together. What made it ［ イ ］ was that my great-grandmother had sewn the shape of an eagle onto it and drawn the outline of the bird with pearl-white buttons. The sign of the eagle was like a family symbol. Mom had been given the blanket by her mother. It had been passed from mother to daughter for three generations.

Twenty-two of us — some from our tribe*, as well as our friends and supporters from the town of Johnson Bay — formed a line blocking the road. (I)**That [and tallest / the / the / to / way / trees / oldest / was / save / only] in the world.** They grew in a valley （ C ） "Big Tree Country."

For thousands of years, we Nuu-chah-nulth have lived near that valley on an island off Canada's west coast. Trees in the valley had never been cut down for wood because the valley was so ［ ウ ］ from roads and from big cities. Two years ago, the government had sold the right to cut down trees in Big Tree Country. The government had never asked us or anyone else about it when it sold the right to the company, Island Forest Products. The company had promised to bring jobs to our community. Now Island Forest Products was building a road to the valley so that it could cut the forest down.

Today, we had to stop them. We had taken some boards and made a small traffic barrier. Several people held up signs saying "Save Big Tree Country," "Stop Cutting Down the Trees," and "Make this Forest a Park."

A TV news crew had come from the city to record what we were doing. (II)**That would help us**, I thought. The sun was shining on the forest valley. I could hear the birds singing in the trees. Maybe people watching the news would see what we were going to lose if this forest were cut down.

I was getting nervous. When were the people going to come to cut down the trees?

I looked over at Shane Barnett, one of the people from Johnson Bay helping to block the road. Some people think he's my boyfriend, but he's just my best friend. We went to the same high school, the only one in town, and now we spend a lot of time together at college.

"What do we do when those people come here to cut down trees?" I asked.

Shane (D) to notice how worried I looked, so he put away the smartphone he had been checking. Then, as if he were a politician announcing something very important, he (E) his hand through his wavy hair. He adjusted the funny-looking black glasses on his nose and he cleared his throat.

"We'll put up a big traffic sign that says 'Road Closed.' That'll make them turn around and go back home."

(Ⅲ)**<u>I laughed at the joke.</u>** "If the truck drivers know how to read," I said.

[注] tribe* 部族

問1．ア ～ ウ に入る最も適切なものをそれぞれ選び，番号で答えなさい。

ア　1．hard　2．warm　3．cool　4．busy

イ　1．different　2．kind　3．difficult　4．possible

ウ　1．absent　2．far　3．free　4．long

問2．（A）～（E）に入る最も適切な動詞を次の語群から選び，必要ならば形を変えて答えなさい。ただし，同じものは一度しか使ってはならない。

[call / lend / run / seem / tie]

問3．下線部(Ⅰ)が，以下の日本文の意味を表すように，[ ] 内の語句を並べ替えなさい。

「それは，世界で最も古くて背の高い木々を救う唯一の方法だった。」

問4．下線部(Ⅱ)のように考えられる理由を日本語で答えなさい。

問5．下線部(Ⅲ)の理由として最も適切なものを1～6から一つ選び，番号で答えなさい。

1．Because Shane's black glasses looked very funny.
2．Because Shane's smartphone was turned off.
3．Because the traffic sign would never make the truck drivers turn around.
4．Because the traffic sign was turned over.
5．Because the truck drivers would follow the traffic sign.
6．Because the truck drivers were not going to come.

問6．本文の内容に関する次の英語の質問に<u>1～3文の英語で</u>答えなさい。

What were the twenty-two people doing at the road and why?

Ⅱ 次の英文を読んで後の問に答えなさい。

If a nation has a capitalistic economy, it means that each person can own things. In a capitalistic society, the government does not own everything. For example, if you want to go to the store to buy something, you can go to any store you want and you can make your own choice about who to buy from. Also, if you buy something large, such as a house or a piece of land, it belongs to you. Not all governments work this way. In some countries, people are not allowed to have their own land at all. (ア)**<u>The government owns all the land and people cannot own their own things.</u>**

When you live in a capitalistic country, you can buy from someone or sell to someone without the government limiting your activities as long as it is something that is legal to buy or sell. However, (イ)**most countries that have capitalism are not completely "free" economies. The government has some controls on its economy to make things smoother**. Because of this, the United States is a "mixed economy."

"Capital" means something that has a value that everyone realizes. Money that can be invested* is one type of capital and it is the same as any type of thing that has value, such as jewelry. In fact, anything that others think has value and can be used to make people rich is capital. ①**Some inventors have patents* that [and that / are / can / they / to become / use / valuable] rich** so these patents are a form of capital. Tools and machines, as well as land and houses, are also valuable things that can make people rich so they are thought to be capital too.

Capitalism has two important ideas: supply and demand. Supply means an amount of something that can be used, while demand means the amount of a product that people want. These two are connected to each other and they will have a strong effect on price. Imagine you wanted to buy one of Leonardo da Vinci's* notebooks full of his inventions. He did not write too many of these and Leonardo is very famous so one of his notebooks would have great value. Because of Leonardo's greatness and the fact that it is a rare item, ②**one of his notebooks would not only be of great value, but it would also be a good investment*** since no more of these notebooks could be produced. Bill Gates, one of the richest people in the world, bought one of these for about ③**$30,000,000.**

Now imagine you are a young inventor and you want to write your own inventor's notebook. You go to the stationery store and you see a lot of blank notebooks on the shelf. The price of one of these notebooks might be $1.75. That is because there are a very large number of them around us. Lots of [   ] of a product that everyone has means the price goes down. Of course, if you fill it with valuable sketches of future inventions and you become famous, your notebook may someday be valuable too. So, supply and demand will set the price in a capitalistic economy. The government does not set the price.

In 1776, a philosopher* named Adam Smith published a book about economy. In this book, he showed his ideas of an economy based on a "free market" system. He was explaining the rules of capitalism, even though ④**the word "capitalism" was not part of the language until more than 100 years after the book was published**.

In a capitalistic system, people can choose to sell or rent their things to someone else. You can buy, rent, or borrow something from someone else. The government does not control these activities. (ウ)**You can buy or sell without getting permission from anyone.** You can also choose to employ whomever you want as long as they are able to do a job and they accept the pay you offer. Workers in a capitalistic society are employed in order to earn money. If you are a worker in a free economy, you can choose the company you decide to work for.

Many countries around the world have economies with capitalistic systems. However, they are different from the ideal* capitalism that Adam Smith showed in his book. The United States government has many rules to protect the economy. There are also laws to keep the public safe from being tricked out of their money and keep working conditions safe. In a capitalistic society, each person can own things and gain more money by working hard and smart. Most capitalistic countries today have a mixed economy. They have free markets, but there are some government controls that prevent the disadvantages of capitalism such as (エ)**the control of all or most of a business activity by a single company**, (オ)**terrible working conditions either physical or mental**, or (カ)**problems with unfair earnings**.

[注] invest* 投資する　patent* 特許権　Leonardo da Vinci* レオナルド・ダ・ヴィンチ
investment* 投資　philosopher* 哲学者　ideal* 理想的な，理論上の

問１．下線部①が「発明家の中には，価値があり，金持ちになるために使うことができる特許権を持っている者もいる」という意味になるように［　］内の語句を並べ替えなさい。

問２．下線部②のように考えられる理由を日本語で説明しなさい。

問３．下線部③の読み方を解答欄に合うように英語で答えなさい。

問４．［B］に入る最も適切なものを１～５から一つ選び，番号で答えなさい。

１．supply　２．demand　３．price　４．value　５．capital

問５．下線部④を日本語に直しなさい。ただし，“capitalism”はそのまま表記すること。

問６．下線部(ア)～(カ)に最も関連のあるものを１～６から一つずつ選び，番号で答えなさい。

１．Companies in a capitalistic society sometimes get very large. When this happens, it is difficult for other companies to challenge those huge companies.

２．In some countries, all the land and businesses are controlled by the government. In this type of economy, the citizens cannot make their own choice.

３．If some important businesses in the country begin to crash, the government has rules that save the economy from a total breakdown.

４．There is a lot of economic freedom in a society that believes in capitalism. People on both the buying and selling side of the economy are free to do what they want.

５．Sometimes in a capitalistic society only a few people can get a lot of money and others cannot.

６．Managers or owners sometimes put their workers in unsafe environments in order to make more money.

Ⅲ 次の英文を読んで後の問に答えなさい。

Scientists have discovered an unusual trick used by Asian honeybees to protect their hives* from giant hornets*. The discovery shows how clever the bees are, and could give beekeepers* a new way to protect bees.

The discovery was made by scientists studying honeybees in Vietnam. Like bees in much of Asia, these bees are always being attacked by giant hornets. They are called "pirates" because of their habits. They attack and steal from other insects, in particular bees. To get their own food, they use only their powerful jaws*. A sting* with poison is used only for self-defense against large animals and people. The hornets can attack hives, cutting off the heads of the bees, and using younger bees for food.

This problem has been going on for a long time in Asia, so the honeybees there have developed some ways of fighting back. For example, by coming together to form a ball around the hornet and beating their wings very quickly, the bees can raise the temperature high enough to kill the hornet. This is called "heat balling."

By studying honeybees in Vietnam for hundreds of hours, the scientists found something completely new. After the bees were attacked by giant hornets, the bees began collecting small bits of animal dung* and used it to protect their hive.

The bees use dung from many kinds of animals, including pigs, cows, and buffaloes, but they seem to prefer the bad-smelling dung that comes from chickens. Although it smells bad, the honeybee flies around collecting dung not with its legs but with its mouth. When it gets back to the hive, it paints the dung around its entrance.

"I was shocked," said lead scientist Heather Mattila, "Because bees have been known for being clean."

But there's a good reason for such a dirty act — hives with a lot of dung make the bees' enemy, the giant hornet, go away.

The researchers recorded over 300 giant hornet attacks on the beehives. They learned that the dung painted around the entrances greatly reduces the time that the hornet spends at the entrance.

The dung also stopped almost all the hornets from biting on the hive to make the entrance larger — something they have to do to get inside. They can still be outside, hunting bees and carrying them away, but they're not able **<u>to do that next step</u>** before getting into the hive.

When the giant hornets attack a hive, they mark it with a special chemical*. To see if the hornet attacks cause the bees to use dung, the scientists marked a hive with this special chemical. The bees soon began to put dung around the entrance, even though [　　　　].

The scientists don't know why the dung works to keep the hornets away. It could be that the dung smell hides the normally sweet smell coming from the hive. It's also possible that the bad smell drives them away. It certainly seems to protect the hive from the hornets.

Asian honeybees have had a long time to develop methods for fighting giant hornets. That's not true in Europe and North America.

Recently, the first Asian giant hornets were discovered in the US and Canada. Asian giant hornets are a close relative of the giant hornets that the researchers studied.

Scientists are now working hard to protect the bees in the US and Canada from the giant hornets. If they don't, honeybees there could soon be in trouble.

The new information about dung protection could help. If scientists can find out why the dung drives off the hornets, they may be able to find a way to help protect bees that can't protect themselves.

[注] hive* 巣，巣箱　hornet* スズメバチ　beekeeper* 養蜂家　jaw* あご　sting* 針
dung* ふん　chemical* 化学物質

問１．次の１～６の各文について，(ア)と(イ)が二つとも本文の内容に合っている場合には○，二つとも間違っている場合には×で答えなさい。また，どちらか一つが合っている場合にはその合っている方の文の記号を答えなさい。

１．(ア) In Vietnam, giant hornets are always attacking honeybees.
　　(イ) Hornets are called "pirates" because they attack large animals to steal something from them.

２．(ア) Hornets attack beehives and even eat younger bees.
　　(イ) Honeybees can kill giant hornets by throwing heated balls at them.

３．(ア) Bees use dung from many kinds of animals, but they don't like dung from chickens.
　　(イ) While honeybees are collecting dung, they use both their legs and mouths.

４．(ア) Heather Mattila was surprised to find that bees weren't as clean as she thought.
　　(イ) Hornets spend less time around the entrance to the hives painted with dung.

５．(ア) The scientists have already discovered the reason why the hornets stayed away from the hives with dung.
　　(イ) Honeybees in Europe and North America don't have a good way to fight back against hornets.

６．(ア) Asian giant hornets have been in the US for a long time.
　　(イ) Studying more about dung protection may be able to increase the chances of bees' survival in the US.

問２．下線部が表すものとして最も適切な箇所を<u>文中から９語で抜き出し</u>，その最初と最後の１単語をそれぞれ書きなさい。

問３．[　　] に入る最も適切なものをあとの１～５から一つ選び，番号で答えなさい。

1．the hornets already started getting into the hive
2．it was too late to protect themselves
3．the dung smelled bad
4．there weren't really any hornets
5．they had no dung around them

Ⅳ 日本文とほぼ同じ意味を表すように［ ］内の語句を並べ替えて英文を完成し，各文の①と②に入る最も適切なものを記号で答えなさい。ただし，文頭に来るものも小文字になっている。

1．君はこの制服を着て，彼らといっしょに歩くだけでいい。
［ア．and walk　イ．all　ウ．do　エ．have　オ．is　カ．this uniform　キ．to　ク．wear　ケ．with them　コ．you］.
__①__ ____ ____ ____ ____ __②__ ____ ____ ____ ____.

2．こんな面白い試合は観たことがない。
［ア．ever　イ．exciting　ウ．game　エ．have　オ．I　カ．is　キ．most　ク．the　ケ．this　コ．watched］.
____ __①__ ____ ____ ____ __②__ ____ ____ ____ ____.

3．私の両親は北海道に行くと必ずそのホテルに泊まります。
My［ア．at the hotel　イ．go　ウ．Hokkaido　エ．parents　オ．never　カ．staying　キ．to　ク．without］.
My ____ __①__ ____ ____ ____ __②__ ____ ____.

4．僕は3年ぶりにバスケットボールをしました。
I［ア．basketball　イ．the first　ウ．for　エ．in　オ．time　カ．three years　キ．played］.
I ____ ____ __①__ ____ __②__ ____ ____.

5．探すようにお願いしておいた本は見つかりましたか。
［ア．asked　イ．for　ウ．found　エ．have　オ．I　カ．look　キ．the book　ク．you to　ケ．you］?
____ ____ ____ ____ __①__ ____ ____ ____ __②__?

Ⅴ 次の各組の文がほぼ同じ意味になるように（ ）内に最も適切な英単語を1語入れなさい。ただし，指定された文字があるときはそれから始めること。

1．I have five books and you have fifteen books.
You have (　　)(　　) as many books as I do.

2．She doesn't know which bus she should take.
She has no (　　) which bus (　　) take.

3．I became a baseball fan when I was a child, and I still like it.
I (　　)(　　) a baseball fan since I was a child.

4．Only one student can run faster than I can in my class.
I am the (　　)(　　) runner in my class.

5. My sister can't speak English, and she can't speak Chinese, either.
 My sister speaks (　　) English (　　) Chinese.
6. When will they send the letter to him?
 When will the letter (　　)(　　) to him?
7. My brother is proud of being a student of this school.
 My brother is proud (　　)(　　) is a student of this school.
8. Do you know the author of this book?
 Do you know (　　)(　　) this book?
9. It will take you ten minutes on foot to get to the park.
 Ten minutes' walk will (b　　)(　　) to the park.
10. He was sitting, and his friends were all around him.
 He (s　　)(s　　) by his friends.

Ⅵ 各文の(　)に入る最も適切なものを下の選択肢の中からそれぞれ一つずつ選び，記号で答えなさい。ただし，同じ記号を**何度使用してもよい**。文頭に来るものも小文字になっている。

1. All the students have to (①) part (②) the meeting. If not, they will be marked absent.
2. Judging from the bad relationships between those two nations, a war may (①)(②) at any time.
3. The nurse had to (①)(②) late in order to take care of the patient.
4. (①) yourself (②) anything on the table. You can enjoy the food and drinks as you like.
5. What does UN (①) (②)? — The United Nations.
6. We have just (①) out (②) sugar. Somebody must go and buy some.
7. There is a lot of information on the Internet. We have to (①) true information (②) false.
8. My house faces the big street. I can't (①) up (②) the noise.
9. (①) the word (②) in the dictionary when you don't know the meaning of it.
10. Mind your own business. You have nothing to (①) (②) the matter.

[選択肢]

あ. break	い. do	う. help	え. look	お. put
か. run	き. stand	く. stay	け. take	こ. tell
さ. for	し. from	す. in	せ. of	そ. out
た. to	ち. up	つ. with		

「せいぜい」がある限度内においての 〔C〕 することであるのに対し、「たかだか」は対象を傍観し 〔D〕 する気持ちが含まれている。

ア 抵抗　イ 行動　ウ 活躍　エ 努力
オ 黙視　カ 直視　キ 無視　ク 軽視

③ 「つい嘘をついてしまった」と「うっかり遅刻してしまった」

「つい」が 〔E〕 や本能から自然にそうなってしまうのに対し、「うっかり」は 〔F〕 からそうしてしまうことである。

ア 景気　イ 習慣　ウ 風潮　エ 論理
オ 不可能　カ 不注意　キ 不条理　ク 不誠実

（新美南吉『花を埋める』より。一部の表現を改めている。）

※1　秋葉さんの常夜燈　秋葉神社へ参拝する有志で建立した燈籠。

問一　傍線部①とはどのような遊びか。本文から読み取れる範囲で、三十五字以内でわかりやすく説明しなさい。ただし、文末は「～という遊び」につながる形にすること。

問二　傍線部②の台詞はどういう意味か。十字以内でわかりやすく答えなさい。ただし、文末は「～ということ」につながる形にすること。

問三　傍線部③とあるが、「ツルはそうしなかった。」のはなぜか。ツルの真意を、次の文の空欄を埋める形で十八字以内で答えなさい。

ツルは［　　　］から。

問四　傍線部④について、次の各問に答えなさい。

（一）　この二文間で用いられている修辞法を何というか。漢字で答えなさい。

（二）　この場面における（一）の効果はどのようなものか。本文の内容をふまえて、次の文章の空欄を埋める形でそれぞれ十五字以内で答えなさい。

［　甲　］よりも［　乙　］ことを強調する効果。

問五　本文中の空欄にあてはまる文を考え、十字以内で答えなさい。

問六　傍線部⑤に最も近い意味の熟語を本文中から抜き出して答えなさい。

四　次の各問に答えなさい。

問一　次の①～③は江戸時代以前に作られたなぞなぞである。その答えをそれぞれ漢字一字で答えなさい。

①　紅の糸腐りて虫となる

②　風呂の中に床（とこ）がある

③　山の上に復（ま）た山あり

問二　「回文」とは「上から読んでも下から読んでも同音で、意味のある言葉になっている表現」のことである。次の①～③が回文となるよう、空欄にあてはまる語をひらがな一字で答えなさい。

①　うら□い□らう

②　る□に何□る

③　□き月□

問三　次の①～③の傍線部の意味はそれぞれどのようにちがうか。それを説明した解説文の空欄にあてはまる語を後の語群から一つずつ選び、記号で答えなさい。

①　「ジュースの余り」と「ジュースの残り」

「余り」が必要量や［A］の許容量よりも多いことを指すのに対し、「残り」は必要量に関係なく、任意に［B］や量を区切り、その時点でまだあるものすべてを指す。

ア　能力　イ　筋力　ウ　総合力　エ　精神力
オ　空間　カ　瞬間　キ　時間　ク　行間

②　「観客はせいぜい二千人だ」と「お年玉はたかだか三万円だ」

②「お茶わかしたよ。」と、とうとう私はかぶとをぬいだ。すれば、ツルのほうで、意外のところから、③花のありかを指摘して見せるのが当然なのだが、ツルはそうしなかった。「そいじゃ、あしたさがしな。」といった。

私は残念でたまらなかったので、また地びたをはいまわったが、ついに見つからなかった。で、その日は家に帰った。たびたび常夜燈の下の広くもない地びたを眼にうかべた。そのどこかに、ツルがつくったところの、この世のものならぬ美しさを秘めた花のパノラマがあることを思った。その花や、南京玉のありさまが、手にとるように、とじた眼に見えた。

朝起きるとすぐ、私は常夜燈の下へいってみた。そして、ひとりでツルのかくした花をさがした。息をはずませながら、まるで金でもさがすように。だが、ついに見つからなかった。

それから以後、たびたび思いだしてはそこへ行ってさがした。花はもうしおれはてているだろうということは、すこしも考えなかった。いつでも眼をとじさえすれば、ツルのかくした花や南京玉が、水のしたたる美しさで、薄明かりの中にうかぶのであった。だれか他の者に見つけ出されると困るので、私は、ひとりのときにかぎって、そこへさがしにいった。

遊び相手がなくて、ひとりさびしくいるとき、常夜燈の下にツルのかくしたその花があるという思いは、私を元気づけた。④そこへかけつけ、さがしまわる間の希望は、なににもかえ難かった。いくらさがしても見つからない焦燥もさることながら。

ところがある日、私は林太郎に見られてしまった。私が例のように常夜燈の下をすみからすみまでさがしまわっていると、いつのまにきたのか、林太郎が常夜燈の石段にもたれて、とうもろこしをたべていた。私は林太郎に見られたと気づいた瞬間、ぬすみの現行をおさえられたように、びくっとした。私はとっさのまに、ごまかそうとした。

だが林太郎は、私の心の底まで、つまり［　　］ということまで、見すかしたようににやにやとわらって、「まださがしとるのけ、ばかだな。」といった。「あれ、うそだったよ、ツルあ、なにもいけやせんだっただ。」

私は、ああそうだったのか、と思った。心に憑いていたものがとれたように感じて、ほっとした。

それからのち、常夜燈の下は、私にはなんの魅力もないものになってしまった。ときどきそこで遊んでいて、ここにはなにもかくされてはいないのだと思うと、⑤しらじらしい気持ちになり、美しい花がかくされているのだと思いこんでいた以前のことを、なつかしく思うのであった。

林太郎が私に真実を語らなかったら、私にはいつまでも、常夜燈の下のかくされた花の思いはたのしいものであったかどうか、それはわからない。

ツルとはその後、同じ村にいながら、長い間交渉を絶っていたが、私が中学を出たとき、折があって手紙のやりとりをし、あいびきもした。しかし彼女は、それまで私が心の中でそだてていたツルとは、たいそうちがっていて、ふつうの、おろかな虚栄心のつよい女であることがわかり、ひどい幻滅をあじわったのは、ツルがかくしたように見せかけたあの花についての事情と、なにか似ていてあわれであった。

エ　もう五日経ってからお出でください
オ　もう五日前に差し上げましたよ

問三　傍線部②について、「あとう」がこのように述べたのはなぜか。その説明として最も適切なものを次の中から選び、記号で答えなさい。
ア　荘子ほどの尊い人に、今日召し上がるだけの粟を差し上げるのは恥ずかしいことだと思ったから。
イ　荘子ほどの優れた人が、今日すぐにでも粟を食べたいというのは恥ずかしいことだと思ったから。
ウ　病気に苦しむ荘子に、今日食べるだけの粟をお渡しするのは気が引けることだと思ったから。
エ　今日食べるだけの粟しか与えられないのは、荘子のプライドを傷つけてしまうと思ったから。

問四　傍線部③の現代語訳として最も適切なものを次の中から選び、記号で答えなさい。
ア　今からそれまで待つつもりはない
イ　きっとそれまでなら待てるだろう
ウ　決してそれまで待つことはできない
エ　さらにそれまで本気で待とう
オ　再びそれまで待たなくてはならないのか

問五　傍線部④とはどういうことか。次の文章はその解説文である。空欄[A]～[D]にあてはまる語句を本文中から抜き出して答えなさい。ただし、[A]と[C]と[D]はそれぞれ二字、[B]は七字とする。

> 鮒にとって後で[A]に放してもらうことは全く意味がなく、今日の[B]を得ることが重要だったように、私（荘子）にとって後で[C]をもらうことは全く意味がなく、今日の[D]を得ることが重要だということ。

三　次の文章を読んで、後の問に答えなさい。

　ある日の日暮れどき、私たちは①この遊びをしていた。私に、とうふ屋の林太郎に、織布工場のツルさんの三人だった。私たちは、三人同い年だった。※1秋葉さんの常夜燈の下でしていた。ツルは女だから、さすがに花をうまくあしらい、美しいパノラマを造る。また彼女は、それをつくり、私たちに見せるのがすきだった。で、はじめのうち、林太郎と私のふたりが鬼で、ツルのかくした花をさがしてばかりいた。

　私は、ツルのつくった花の世界のすばらしさに、おどろかされた。かの女は、花びらをひとつずつ用い、草の葉や、草の実をたくみに点景した。ときには、おびの間にはさんでいる小さいきんちゃくから、砂つぶほどの南京玉を出し、それを花びらの間に配した。まるで花園に星のふったように。そしてまた、私はツルがすきだった。

　遊びにはおのずから遊びの終わるときがくるものだが、最後に、ツルと林太郎とふたりで花をかくし、私が鬼になった。「よし。」といわれて、私はさがしても見あたらない。「もっとむこうよ、もっとむこうよ。」とツルがいうままに、そのあたりをなでまわるが、どうしても見あたらない。林太郎はにやにやわらって、常夜燈にもたれて見ている。林太郎は、ただ、ツルの花をうずめるのを見ていただけにそういない。

【国語】（六〇分）〈満点：一〇〇点〉

【注意】字数指定のある設問においては、すべて句読点を一字分と数えること。字数指定のない設問においては、解答欄に収まるように書くこと。

一 ※問題に使用された作品の著作権者が二次使用の許可を出していないため、問題を掲載しておりません。

（出典：平田オリザ『演劇入門』より。一部の表現を改めている。）

二 次の文章を読んで、後の問に答えなさい。

今は昔、もろこしに荘子といふ人ありけり。家いみじう貧しくて、今日の食物絶えぬ。隣にかんあとうといふ人ありけり。それがもとへ、今日食ふべき料の粟をこふ。

あとうが曰く、「①今五日ありておはせよ。②千両の金を得むとす。それを奉らむ。いかでか、やむごとなき人に、今日参るばかりの粟をば奉らむ。返す返すおのが恥なるべし」と言へば、荘子の曰く、「昨日、道をまかりしに、あとに呼ばふ声あり。返り見れば、人なし。ただ車の輪跡のくぼみたる所にたまりたる少水に、鮒（ふな）一ふためく。なにぞの鮒にかあらむと思ひて、寄りて見れば、少しばかりの水に、いみじう大なる鮒あり。『なにぞの鮒ぞ』と問へば、鮒の曰く、『我は河伯神の使ひに、江湖へ行くなり。それが飛びそこなひて、この溝に落ち入りたるなり。喉渇き、死なむとす。我を助けよと思ひて、呼びつるなり』と言ふ。答へて曰く、『我、今二三日ありて、江湖もとといふ所に、遊びしに行かむとす。そこにもて行きて放さむ』と言ふに、魚の曰く、『③さらにそれまで、え待つまじ。ただ今日一提（ひとさげ）ばかりの水をもて、喉をうるへよ』と言ひしかば、さてなむ助けし。④鮒の言ひしこと、我身に知りぬ。さらに今日の命、物食はずは、生くべからず。後の千の金、さらに益なし」とぞ言ひける。

それより、後の千金と云ふ事、名誉せり。

（『宇治拾遺物語』より。一部の表現を改めている。）

※1 かんあとう　ここでは人名。後の「あとう」はこの人物を指す。
※2 河伯神　河の神。
※3 江湖　大きな川や湖。後の「江湖もと」はこれに同義。
※4 一提ばかりの水　提一杯ほどの水。「提」は、取っ手と注ぎ口のある、酒や水を入れる容器。
※5 名誉せり　「有名になった」の意。

問一　この文章の出典である『宇治拾遺物語』と同じジャンルの古典文学作品を次の中から二つ選び、記号で答えなさい。

ア　新古今和歌集　イ　源氏物語
ウ　古今著聞集　エ　古事記
オ　今昔物語集　カ　竹取物語
キ　徒然草　ク　平家物語
ケ　枕草子　コ　万葉集

問二　傍線部①の意味として最も適切なものを次の中から選び、記号で答えなさい。

ア　今から五日後に歩いてお越しください
イ　今から五日後にいらっしゃいます
ウ　もう五日間の時間の余裕がありますよ

大切なことはメモしておこうネ！

2022年度

解　答　と　解　説

《2022年度の配点は解答欄に掲載してあります。》

＜数学解答＞ 《学校からの正答の発表はありません。》

1 (1) $t=2,\ \frac{13}{2}$ (2) $(x,\ y,\ z)=(11,\ 109,\ 197)$

2 (1) $B\left(\frac{5}{2},\ \frac{25}{2}\right)$ $P\left(\frac{3}{2},\ \frac{9}{2}\right)$ $Q(0,\ 10)$ $S=\frac{35}{2}$

(2) 直線$y=-\frac{19}{9}x+\frac{19}{3}$

3 (1) $PQ'=\frac{2\sqrt{5}}{5}x$ $QQ'=\frac{\sqrt{5}}{5}x$ $QR=16-x-y$ (2) $x=\frac{50}{7}$

4 (1) 30通り (2) 15通り (3) 75通り

5 (1) 102％ (2) 1200円

6 (1) $\frac{3\sqrt{3}}{2}$ (2) $\frac{10\sqrt{6}}{9}$

7 解説参照

○推定配点○

1 各8点×2　2 (1) 各2点×4 (2) 6点　3 (1) 各2点×3 (2) 8点
4 (1), (2) 各4点×2 (3) 6点　5 (1) 6点 (2) 8点
6 (1) 6点 (2) 8点　7 (1) 点R 6点 点S 8点　計100点

＜数学解説＞

1 (小問群―2次方程式，三平方の定理，因数分解，素数)

重要 (1) $x^2-(4t-1)x+4t^2-2t=0$ $x^2-(4t-1)x+2t(2t-1)=0$ $-2t$と$-(2t-1)$の和が$-(4t-1)$となるので，$(x-2t)\{x-(2t-1)\}=0$ α，βは辺の長さなので正である。よって，$2t>2t-1$ $5>2t$のとき，$5^2=(2t)^2+(2t-1)^2$ $4t^2+4t^2-4t+1=25$ $2t^2-t-6=0$ $(2t+3)(t-2)=0$ $2t+3>0$だから，$t=2$ これは$5>2t$にあてはまる。$2t>5$のとき，$(2t)^2=5^2+(2t-1)^2$ $4t^2=25+4t^2-4t+1$ $4t=26$ $t=\frac{13}{2}$ これは$2t>5$にあてはまる。よって，$t=2,\ \frac{13}{2}$

やや難 (2) $z=80x^2+2xy-y^2=(10x-y)(8x+y)$ zが素数であることから，$10x-y$は1，$8x+y$は素数である。$10x-y=1$となる素数x，yの組は，$(x,\ y)=(2,\ 19)$，$(3,\ 29)$，$(11,\ 109)$，…これらの$(x,\ y)$で，$8x+y$が素数になるものは，$(x,\ y)=(3,\ 29)$，$(11,\ 109)$，… よって，2番目に小さいzは，$8\times11+109=197$ $(x,\ y,\ z)=(11,\ 109,\ 197)$

2 （関数・グラフと図形―接線，相似，長さ，平行四辺形，方程式）

重要 (1)　点Aのy座標は，$y=2\times(-1)^2=2$　直線ℓは$(-1,\ 2)$と$(0,\ 5)$を通るので傾きは3　点Bは放物線$y=2x^2$と直線$y=3x+5$の交点だから，そのx座標は方程式$2x^2=3x+5$の解である。$2x^2-3x-5=0$　$(2x-5)(x+1)=0$　$x=\frac{5}{2}$　y座標は$2\times\left(\frac{5}{2}\right)^2=\frac{25}{2}$だから，$\mathrm{B}\left(\frac{5}{2},\ \frac{25}{2}\right)$　AP//QB，AQ//PBなので四角形APBQは平行四辺形である。よって，AP＝QB，AQ＝PB　〈点Aと点Pのx座標の差，y座標の差〉と〈点Qと点Bのx座標の差，y座標の差〉はそれぞれ等しいから，点Aと点Pのx座標の差は$\frac{5}{2}$　よって，点Pのx座標は$-1+\frac{5}{2}=\frac{3}{2}$　y座標は，$2\times\left(\frac{3}{2}\right)^2=\frac{9}{2}$　$\mathrm{P}\left(\frac{3}{2},\ \frac{9}{2}\right)$　〈点Aと点Qのx座標の差，y座標の差〉と〈点Pと点Bのx座標の差，y座標の差〉もそれぞれ等しいから，点Qのy座標は，$\frac{25}{2}-\frac{9}{2}=8$，$2+8=10$　Q(0，10)　直線ABの切片は5だから，直線ABとy軸との交点をDとすると，DQ＝5　$S=2\triangle\mathrm{ABQ}=2(\triangle\mathrm{ADQ}+\triangle\mathrm{BDQ})=2\times\left(\frac{1}{2}\times5\times1+\frac{1}{2}\times5\times\frac{5}{2}\right)=\frac{35}{2}$

やや難 (2)　直線OPと直線ABはどちらも傾きが3である。傾きが等しい直線は平行だからOP//AB　よって，四角形OPBAは台形であり，OPの中点をM，ABの中点をNとすると，直線MNによって面積が2等分される。また，MNの中点をRとすると，点Rを通る辺OP，ABと交わる直線によっても面積は2等分される。線分の中点の座標は線分の両端の点のx座標，y座標の平均で求められるから，$\mathrm{M}\left(\frac{3}{4},\ \frac{9}{4}\right)$，$\mathrm{N}\left(\frac{3}{4},\ \frac{29}{4}\right)$　よって，$\mathrm{R}\left(\frac{3}{4},\ \frac{19}{4}\right)$　C(3，0)なので，直線CRの傾きは，$\frac{19}{4}\div\left(\frac{3}{4}-3\right)=-\frac{19}{9}$　$y=-\frac{19}{9}x+b$とおいて(3，0)を代入してbを求めると，$b=\frac{19}{3}$　よって，$y=-\frac{19}{9}x+\frac{19}{3}$

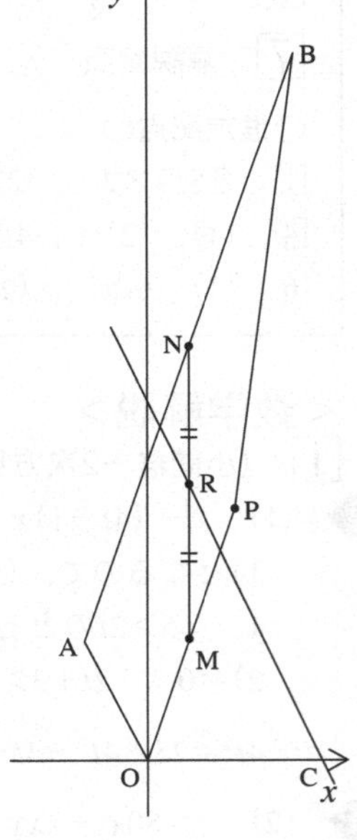

3 （平面図形―円の性質，接線，相似，長さ）

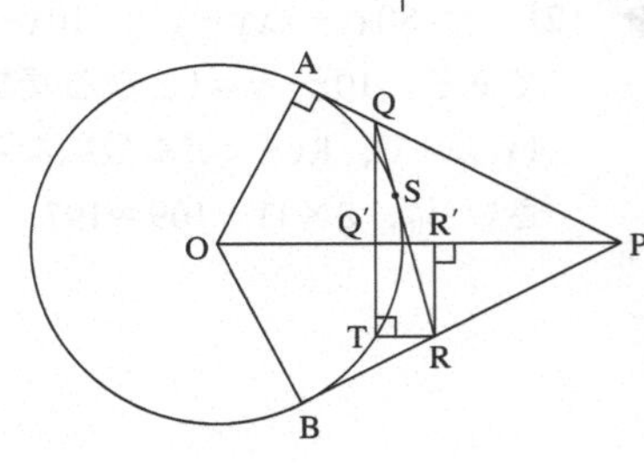

重要 (1)　円外の点から円に引いた接線は長さが等しく，接点を通る半径に垂直に交わる。△OAPと△QQ′Pは2組の角がそれぞれ等しいので相似である。よって，OA：QQ′＝OP：QP　△OAPで三平方の定理を用いると，$\mathrm{OP}=\sqrt{\mathrm{OA}^2+\mathrm{AP}^2}=4\sqrt{5}$　$4:\mathrm{QQ'}=4\sqrt{5}:x$　$\mathrm{QQ'}=\frac{4x}{4\sqrt{5}}=\frac{\sqrt{5}}{5}x$　PA：PQ′＝OP：QP　$8:\mathrm{PQ'}=4\sqrt{5}:x$　$\mathrm{PQ'}=\frac{2\sqrt{5}}{5}x$　また，QRと円Oとの接点をSとすると，$\mathrm{QR}=\mathrm{AQ}+\mathrm{BR}=(8-x)+(8-y)=16-x-y$

やや難 (2)　$y=3$のとき，$\mathrm{QR}=13-x$　点RからOPに垂線RR′を引く。△PQQ′，△PRR′は3辺の比が$\sqrt{5}$：

1：2の直角三角形だから，$QQ'=\frac{x}{\sqrt{5}}$，$PQ'=\frac{2x}{\sqrt{5}}$，$RR'=\frac{3}{\sqrt{5}}$，$PR'=\frac{6}{\sqrt{5}}$　点Rから直線QQ′に垂線RTを引くと，$Q'T=RR'=\frac{3}{\sqrt{5}}$，$RT=PQ'-PR'=\frac{2x}{\sqrt{5}}-\frac{3}{\sqrt{5}}$　△QTRで三平方の定理を用いると，$\left(\frac{x}{\sqrt{5}}+\frac{3}{\sqrt{5}}\right)^2+\left(\frac{2x}{\sqrt{5}}-\frac{6}{\sqrt{5}}\right)^2=(13-x)^2$　$\frac{1}{5}(x+3)^2+\frac{1}{5}(2x-6)^2=169-26x+x^2$

$x^2+6x+9+4x^2-24x+36=169\times5-130x+5x^2$　$112x=800$　$x=\frac{50}{7}$

4 （場合の数―立方体の色の塗分け）

重要 (1)　はじめにどの面に塗るかについては，どの面に塗っても回転すれば同じことになる。説明しやすいように，どこかの1面を上にして，そこを赤にして考えると，その反対側の面には他の色の5通りの塗り方がある。例えば，赤の面の反対側の面に青を塗るとする。その他の面，つまり側面には他の4色の塗り方がある。側面のある面を黄にして考えると他の3色の並び方は$3\times2\times1=6$(通り)　黄として考えた面を他の色にしても，回転させれば同じものになるから，側面の塗り方は6通り。よって，$5\times6=30$(通り)

(2)　5色を使い，隣り合う面は異なる色を用いるのだから，2回使う色は向かい合う面である。どの色を2回使うかで5通りある。側面の4色の塗り方は，回転させると同じになるものがあることから$3\times2\times1=6$(通り)　(1)では，例えば赤と青が対面している場合とそれを逆にした青と赤が対面している場合では異なっているが，同じ色が対面している場合には逆にしても同じものになってしまう。よって，$5\times6\div2=15$(通り)

やや難 (3)　5色のうちのどの色を2面に使うかで5通りある。①向かい合う面に同じ色を使う場合は，(2)で求めた15通りがある。②隣どうしが同じ色の場合，他の4面の塗り方が$4\times3\times2\times1=24$(通り)考えられるが，それらは，右図で示すように回転することで同じになるものが2通りずつある。よって，$5\times24\div2=60$(通り)

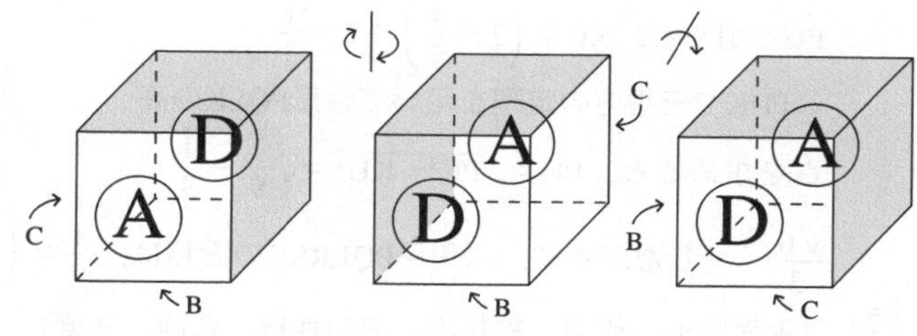

よって，$15+60=75$(通り)

5 （方程式の応用―価格の増加と販売量の減少，二次方程式）

(1)　価格を20%値上げすると，販売量は$\frac{3}{4}\times20=15$(%)減少する。販売額は，前の価格をA円，販売量をBgとすると，$1.2A\times0.85B=1.02AB$となる。よって，前の販売額の102%

やや難 (2)　以前の価格を1gあたりp円とすると，200gあたり1600円というのは1gあたりにすると8円なので，$(8-p)$円の値上げとなるから，その割合は$\frac{8-p}{p}\times100$%と表される。このときの販売量の減少の割合は$\frac{3}{4}\times\frac{8-p}{p}\times100$%である。値上げする前の販売量を$q$gとすると，販売額が変わらなかったことから，$8\left(1-\frac{3}{4}\times\frac{8-p}{p}\right)q=pq$　$8-6\times\frac{8-p}{p}=8p-48+6p=p^2$　$p^2-14p+48=0$　$(p-6)(p-8)=0$　値上げしたのだから，$p=8$ということはない。よって，$p=6$　200gあたり1200円である。

＋α 6 （空間図形―正八面体の切断）

(1)　正八面体で4つの頂点を通る対称の面，ABFD，ACFE，BCDEは正方形であり，その対角線はすべて1点で交わる。その点をOとして，AB，DFの中点をそれぞれG，Hとすると，GHは点Oを通る。AC，EF，BE，CDの中点をそれぞれI，J，K，Lとすると，IJ，KLも点Oを通り，6つの点を結ぶと，1辺の長さが1の正六角形GILHJKができる。この正六角形GILHJKが△DEFに平行で体積を2等分する平面である。正六角形は合同な6個の正三角形でできていて，正三角形の面積は$\frac{\sqrt{3}}{4}\times(1辺)^3$で求められるから，$\frac{\sqrt{3}}{4}\times1^3\times6=\frac{3\sqrt{3}}{2}$

やや難　(2)　辺FD，FE上にそれぞれ点R，SをFR：RD＝FS：SE＝2：1となるようにとると，点Pと点R，点Qと点Sはそれぞれ点Oについて点対称の位置にあり，その4点を通る平面は線分KLを含む。六角形PQLRSKが線分PQを含み体積を2等分する平面である。六角形PQLRSKの面積は台形PQLKの面積の2倍である。点PからBEに垂線PTを引くと，△ABEは正三角形であり，∠PBT＝60°　BP＝$\frac{2}{3}$なので，BT＝$\frac{1}{3}$，PT＝$\frac{\sqrt{3}}{3}$　BK＝1だから，TK＝$1-\frac{1}{3}=\frac{2}{3}$　△PTKで三平方の定理を用いるとPK^2＝PT^2＋TK^2＝$\frac{7}{9}$　点PからKLに垂線PUを引くと，KU＝$\left(2-\frac{4}{3}\right)\div2=\frac{1}{3}$

△PUKで三平方の定理を用いて台形PQLKの高さを求めると，PU＝$\sqrt{PK^2-KU^2}=\sqrt{\frac{7}{9}-\frac{1}{9}}=\frac{\sqrt{6}}{3}$　したがって，六角形PQLRSKの面積は，$\frac{1}{2}\times\left(\frac{4}{3}+2\right)\times\frac{\sqrt{6}}{3}\times2=\frac{10\sqrt{6}}{9}$

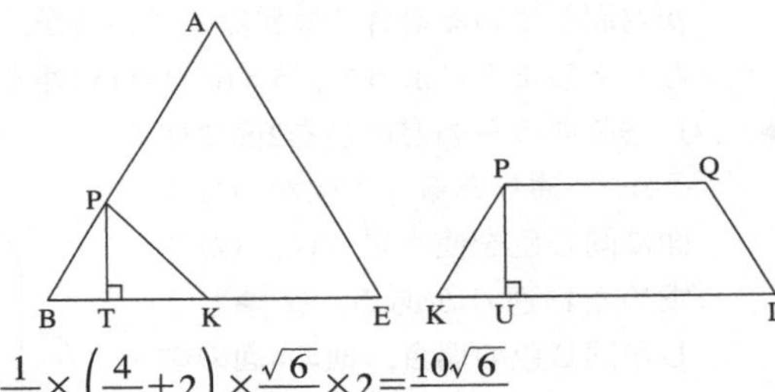

7　(平面図形―作図，線対称，円の性質，合同，角度)

基本　〈点Rについて〉　ABについて点Pと対称な点をとりP′とする。線分QP′を引いてABとの交点をRとすると，P′R＝PR　よって，PR＋QR＝P′R＋QRとなる。2点間を結ぶもっとも短くなる線は2点を両端とする線分なので，この点が求める点Rである。作図は，点PからABに垂線を引き，ABとの交点をCとして，点Cを中心とする半径CPの円を書く。円Cと直線CPとの交点をP′とする。線分QP′を引いてABとの交点をRとする。

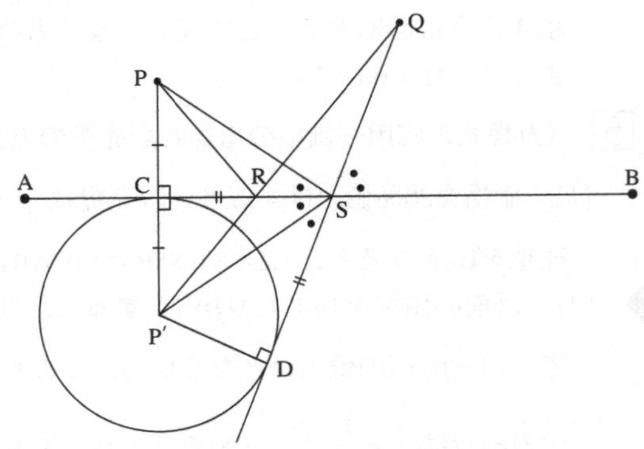

やや難　〈点Sについて〉　△SPC≡△SP′Cだから，△SP′D≡△SP′Cとなる点DをSP′について点Cと対称の位置にとると，∠ASP＝∠ASP′＝∠DSP′となり，∠ASP＝$\frac{1}{2}$∠ASD＝$\frac{1}{2}$∠BSQとなる。作図としては，点P′を中心に半径P′Cの円を書き，点Qから円P′に接線を引いて接点をDとする。円の接線は接点を通る半径に垂直なので，∠SCP′＝∠SDP′，CP′＝DP′，SP′は共通なので，△SP′C≡△SP′Dとなる。直線QDを引いてABとの交点をSとすればよい。

重要 〈作図〉 点Pを中心に円を書き，ABとの交点をE，Fとする。点E，Fをそれぞれ中心として，半径PEの円を書き，その交点をP′とする。線分P′Qを引くとABとの交点がRとなる。PP′とABとの交点をMとし，点P′を中心とする半径P′Mの円を書く。次にP′，Qをそれぞれ中心として適当な半径で円を書き，その交点をG，Hとして直線GHを引く。直線GHとP′Qの交点をIとし，点Iを中心として半径IQの円を書き，円P′との交点をJとする。線分QJとABとの交点がSとなる。

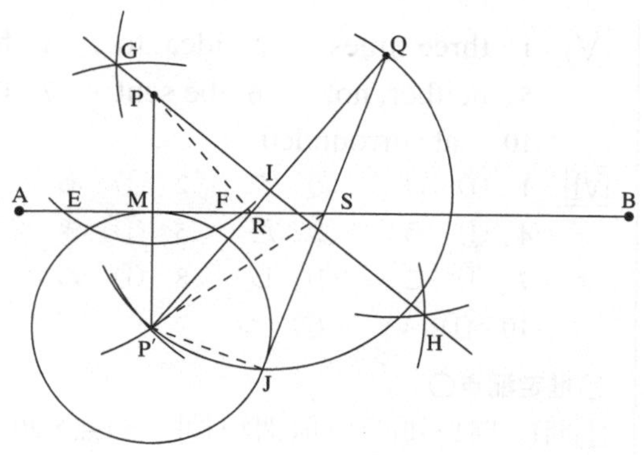

★ワンポイントアドバイス★

問題が多岐にわたって，どの問題もやや難しい。手がけられるものを探しながら仕上げるようにしよう。①の(2)は$80x^2+2xy-y^2$を因数分解して考える。③は三平方の定理をうまく使う。④は手でこぶしを作って回転させて考えるのもよい。⑤は前の価格と販売量を文字で表して進める。⑥の(2)は(1)を応用。⑦はともかく図を書いてみること。

＋α は弊社HP商品詳細ページ(トビラのQRコードからアクセス可)参照。

＜英語解答＞ 《学校からの正答の発表はありません。》

Ⅰ 問1 ア 2 イ 1 ウ 2 問2 A lent B tied C called D seemed E ran 問3 was the only way to save the oldest and tallest trees
問4 (例) テレビのニュースで森林の伐採について報道されれば，多くの人々に森林の伐採によって自分たちが失うものについて知られると考えられるから。
問5 3 問6 (例) They were blocking the road. They wanted to stop the company from building the road to cut down the trees in the forest. They wanted to save the forest.

Ⅱ 問1 are valuable and that they can use to become 問2 (例) レオナルド・ダ・ヴィンチのノートはもはや作られることがなく希少なものなので価値が高く，その価値が下がることはないので，それを売って大きな利益を得ることができるから。
問3 thirty million 問4 1 問5 (例) その本が出版されてから100年を超えるまでの間，‘capitalism’という言葉はなかった 問6 (ア) 2 (イ) 3 (ウ) 4 (エ) 1 (オ) 6 (カ) 5

Ⅲ 問1 1 ア 2 ア 3 イ 4 ○ 5 イ 6 イ
問2 最初 biting 最後 larger 問3 4

Ⅳ 1 ① イ ② オ 2 ① カ ② オ 3 ① オ ② ク
4 ① ウ ② エ 5 ① オ ② イ

Ⅴ 1 three times 2 idea, to 3 have been 4 second fastest
5 neither, nor 6 be sent 7 that he 8 who wrote 9 bring you
10 sat surrounded

Ⅵ 1 ① け ② す 2 ① あ ② そ 3 ① く ② ち
4 ① う ② た 5 ① き ② さ 6 ① か ② せ
7 ① こ ② し 8 ① お ② つ 9 ① え ② ち
10 ① い ② つ

○推定配点○

Ⅰ問1，問2・Ⅱ問3・Ⅲ問2・Ⅵ 各1点×20
Ⅰ問3～問5・Ⅱ問1，問2，問4，問6・Ⅲ問3・Ⅳ・Ⅴ 各2点×28
Ⅰ問6・Ⅱ問5・Ⅲ問1 各3点×8 計100点

＜英語解説＞

Ⅰ （長文読解問題・物語文：語句選択補充，語形変化，語句整序，内容吟味，英問英答）

（全訳） 月曜日の朝のこと，私は道路のいちばん先に立ってトラックが到着するのを待っていた。6月だったが，私は体を$_{ア}$温かくしておくために足を踏み鳴らさなくてはならなかった。母は私の寒そうな様子に気づいて彼女のボタン付きの毛布を私に$_{(A)}$貸してくれた。

私はその毛布が大好きで，それを肩の回りにしっかり$_{(B)}$くくりつけた。私たちのすべての伝統的なボタン付き毛布と同じように，母の毛布は黒と赤の羊毛の布切れが縫い合わされてできていた。他と$_{イ}$違ったものにしているのは，曽祖母がワシの形を縫いつけ，真珠のように白いボタンでその鳥の輪郭をつけていたことだった。ワシの印は家族の象徴のようであった。母は彼女の母親からその毛布をもらった。それは3代にわたって母から娘へと伝えられてきたのだ。

私たち22人は―ジョンソン湾の町の友人たちや支持者だけでなく，私たちの部族の者もいた―道路を塞いで一列になった。$_{(1)}$それは，世界で最も古くて高い木を救う唯一の方法だった。それらは「ビッグ・ツリー・カントリー」と$_{(C)}$呼ばれる谷で育ったものだった。

何千年もの間，私たちヌートカ族はカナダ西海岸沖の島にあるその谷の近くで暮らしてきた。その谷の木は，谷が道路や大都会からとても$_{ウ}$遠かったので木材用に伐採されたことはなかった。2年前，政府がビッグ・ツリー・カントリーで木を伐採する権利を売った。政府はアイランド・フォレスト・プロダクツという企業にその権利を売る際に，私たちにも他のだれにもそのことについて決して尋ねることをしなかった。その企業は私たちの共同体に仕事をもたらすと約束していた。今，アイランド・フォレスト・プロダクツ社は森林を伐採できるように谷へ通じる道路を建設中だった。

今日，私たちは彼らを止めなくてはならなかった。私たちは何枚かの板を持っていき，通行を妨げる小さな障壁を作った。何人かは「ビッグ・ツリー・カントリーを救え」，「伐採をやめろ」，「この森を公園に」と書いてある看板を掲げていた。

テレビニュースの一団が私たちがしていることを記録するために都会から来ていた。それは私たちの助けになるだろう，と私は思った。太陽の光が森の谷に輝いていた。木々で鳥が鳴いているのが聞こえた。たぶんニュースを見ている人々には，この森が伐採されたら私たちが失うものがわかるだろう。

私は落ち着かなくなってきていた。いつ木を伐採しにくるのだろうか。

私は道路を塞ぐ手助けをしているジョンソン湾の人たちの1人であるシェーン・バーネットを見た。彼は私のボーイフレンドだと思う人もいるが，彼はまさに私の親友だ。私たちは町にあるただ

1つの同じ高校に通い，今は大学で一緒に多くの時間を過ごしている。

「あの人たちが木を伐採しにここへ来たら私たちは何をするのかしら」と私は尋ねた。

シェーンは私が心配している様子に気づいた(D)ようで，調べ物をしていたスマートフォンをしまった。それから，何か重要なことを発表している政治家でもあるかのように，彼のウェーブのかかった髪を手で(E)かきなでた。彼は鼻に乗ったおかしな黒いサングラスをただして咳払いをした。

「『通行止め』と書いた大きな交通標識を立てるんだよ。それで彼らは方向転換して帰っていくさ」

私はその冗談に声を出して笑った。「トラックの運転手が読み方を知っていればね」と私は言った。

基本 問1　全訳を参照。　ア　空所を含む文の直後で「母は私の寒そうな様子に気づいた」と述べていることから，このとき気温は低くて寒かったと考えられる。空所を含む文の stamp my feet「足を踏み鳴らす」は体を温めるためにしたことと考えて warm を入れる。〈keep＋目的語＋状態を表す語句〉で「～を…(の状態)にしておく」という意味を表す。　イ　空所を含む文の直前では，母が貸してくれたボタン付き毛布が伝統的な毛布と同じ色や作り方であることが述べられている。これに対して，空所を含む文の that 以下では「曽祖母がワシの形を縫いつけ，真珠のように白いボタンでその鳥の輪郭をつけていた」とその毛布の別の特徴が述べられ，さらにその後に「ワシの印は家族の象徴のようであった。母は彼女の母親からその毛布をもらった。それは3代にわたって母から娘へと伝えられてきたのだ」とあることから，その毛布の他と違う点を説明していると考えられる。空所に different を入れると，What made it different was that ～「それ(＝毛布)を違ったものにしているものは～だった」となり，文脈に合う。この場合の what は「もの・こと」の意味の先行詞を含む関係代名詞。　ウ　空所を含む文の前半では，谷の木が伐採されてこなかったことが述べられ，後半 because 以下はその理由を表す。空所に far「遠い」を入れれば森の木を伐採しなかった理由として成り立つ。far from ～ で「～から遠い」という意味を表す。

問2　全訳を参照。　A　寒そうにしている「私」に母がしてくれたことなので，lend「貸す」の過去形 lent を入れて「彼女のボタン付きの毛布を私に貸してくれた」とすると文脈に合う。
B　空所直後の it は「ボタン付きの毛布」を指す。空所に tie「くくりつける」の過去形 tied を入れると，母から借りたその毛布を tied it tightly around my shoulders「それ(＝ボタン付きの毛布)を肩の回りにしっかりくくりつけた」となり，状況に合う。　C　空所直後の "Big Tree Country" を空所直前の valley「谷」の名と考え，空所に call「～を…と呼ぶ」の過去分詞 called を入れると「『ビッグ・ツリー・カントリー』と呼ばれる谷」となり文意が成り立つ。
D　空所を含む文の後半が so「だから」で始まり，シェーンが使っていたスマートフォンをしまっている。空所に seem「～のように思われる」の過去形 seemed を入れて，「シェーンは私が心配している様子に気づいたようだった」とするとこの「原因と理由」のつながりに合う。
E　his hand through his wavy hair「彼のウェイブがかかった髪を通して手を」に合う動詞を考える。run「動かす」の過去形 ran を入れると「髪を通して手を動かす(＝手で髪をかきなでる)」となって文意が成り立つ。この場合の run は目的語をとる他動詞で「動かす，走らせる」という意味で用いられている。

問3　(That) was the only way to save the oldest and tallest trees (in the world.)　That was the only way「それは唯一の方法だった」が文の骨組み。「世界で最も古くて背の高い木々を救う」を形容詞的用法の不定詞 to save ～ で始めて way の後に続けて，後ろから way を修飾する形にする。

問4　下線部の主語 That は直前の文の内容「テレビニュースの一団が私たちがしていることを記録するために都会から来ていた」ことを指す。下線部を含む文と同じ段落の最終文に「たぶんニュースを見ている人々には，この森が伐採されたら私たちが失うものがわかるだろう」とあることから，テレビニュースで報道されることで，森林が伐採されて失われるものが多くの人々に知られるようになる。広く知られれば，支持者が増えたり企業への批判が高まったりすることも考えられるので，伐採を阻止したい「私」たちには大きな助けとなると考えられる。

問5　下線部で「私」は直前でシェーンが言ったことを joke「冗談」ととらえており，シェーンが言ったことが冗談であるとはっきりとわかっていたことがわかる。冗談であるということは，実際には通行止めの標識を立てても伐採にきたトラックは引き返さないということなので，そのことを表している3「その交通標識は決してトラックの運転手たちに方向転換させないだろうから」が適切。〈make ＋目的語＋動詞の原形〉で「～に…させる」という使役の意味を表す。1は「シェーンの黒いサングラスがとてもこっけいに見えたから」，2は「シェーンのスマートフォンが切られたから」，4は「その交通標識がひっくり返されたから」，5は「トラックの運転手たちはその交通標識に従うだろうから」，6は「トラック運転手たちは来ないだろうから」という意味。

やや難　問6　質問は，「22人の人々は道路で何をしていたのですか，また，それはなぜですか」という意味。第3段落第1文 formed a line blocking the road「道路を塞いで一列になった」から，22人が道路を通れないようにしていたことがわかる。また，第5段落第1文 we had to stop them「私たちは彼らを止めなくてはならなかった」の them は直前の段落の内容から，伐採のために森林に通じる道路を建設している企業の関係者を指すと考えられる。また，第5段落第2文以下からは彼らが森林の伐採に反対していることがわかる。これらのことから，「していたこと」は「森林へ通じる道路建設の阻止」，その理由は「森林の伐採を望まない」といったことが考えられる。解答例の英文は，「They were blocking the road. They wanted to stop the company from building the road to cut down trees in the forest. They wanted to save the forest.「彼らは道路を塞いでいた。彼らは企業が森林の木を伐採するために道路を建設するのをやめさせたかった。彼らは森林を救いたかった」という意味。stop ～ from -ing で「～が…することをやめさせる，～に…させない」という意味。

Ⅱ　**(長文読解問題・説明文：語句整序，内容吟味，語い，語句選択補充，英文和訳)**

（全訳）国家が資本主義経済であれば，それは一人一人が物を所有することができるということを意味する。資本主義社会では，政府がすべてを所有するわけではない。例えば，何かを買いに店に行きたければ，行きたいどんな店にでも行くことができるし，だれから買うかということについて自分で選ぶことができる。また，家や土地のような大きなものを買うなら，それは自分に所属する。すべての国家がこのように機能しているわけではない。国によっては，人々は自分の土地を持つことをまったく許されていない。政府がすべての土地を所有し，人々は自分自身のものを所有することができない。

資本主義国家で暮らしていると，売り買いするのに合法的であるものである限りは政府に活動を制限されることなく，人から買うことも人に売ることもできる。しかし，ほとんどの資本主義国家は完全に「自由な」経済ではない。物事を円滑に進めるために，政府がその経済を制御しているのだ。このために，合衆国は「混合経済」である。

「資本」はだれでも実現できる価値である。投資できるお金は資本の1つの型であり，それは宝石のような価値のあるどんな型のものとも同じである。実際，価値があると考えられ，人を豊かにするために使うことができるものは何でも資本である。発明家の中には，価値があり，金持ちになるために使うことができる特許権を持っている者もいるから，こうした特許権は資本の1つの型である。土地や家と同様に，道具や機械も人を金持ちにすることができる価値のあるものだから，それらも資本と考えられる。

資本主義には2つの重要な考え方，すなわち供給と需要がある。供給が使えるものの量を意味するのに対して，需要は人々がほしがる製品の量を意味する。これら2つは互いに関連し合い，値段に強い影響を持っている。レオナルド・ダ・ヴィンチの発明品でいっぱいのノート1冊を買いたいとしよう。彼はこれらをあまりたくさん書いておらず，レオナルドはとても有名だから彼のノートの1冊には大きな価値があるだろう。レオナルドの偉大さとそれが希少な品であるという事実のために，これらのノートはもう作られることはないのだから，彼のノートは大きな価値があるだけでなく，またよい投資にもなるだろう。世界で最も裕福な人の1人，ビル・ゲイツはこれらの1冊を3千万ドルで買った。

今度は，あなたがもっと若い発明家で，自分の発明家のノートを書きたいと思っているとしよう。文具店に行って棚にたくさんの何も書いていないノートを見る。これらのノートの1冊の値段は1ドル75セントかもしれない。それは，私たちの周りにそれらがとてもたくさんあるからだ。だれでも持っている製品のたくさんの供給は値段が下がることを意味する。もちろん，それを価値のある将来の発明品でいっぱいにして自分が有名になれば，あなたのノートもいつか価値あるものになるかもしれない。だから，資本主義経済においては供給と需要が値段を決めるのだ。政府が値段を決めるのではない。

1776年に，アダム・スミスという哲学者が経済に関する本を出版した。この本の中で，彼は「自由市場」の仕組みに基づく経済の考えを示している。④その本が出版されてから100年を超えるまでの間，'capitalism'という言葉はなかったが，彼は資本主義の規則を説明していた。

資本主義の仕組みにおいて，人々は他の人に自分のものを売るか賃貸するかを選ぶことができる。政府はこれらの活動を制御しない。だれからも許可を得ることなく，買ったり売ったりすることができるのだ。仕事をすることができて提示された賃金を受け取る限りは，自分が望むだれでも雇用することができる。資本主義社会における労働者はお金を稼ぐために雇用される。自由経済にいる労働者であれば，働こうと決めた企業を選ぶことができる。

世界中の多くの国々は資本主義の仕組みの経済を持っている。しかし，それらはアダム・スミスが著書の中で示した理想的な資本主義とは違う。合衆国政府には経済を守るための規則がたくさんある。一般民衆がお金をだまし取られないようにしたり，労働条件を安全にしておくための法律もある。資本主義社会では，それぞれの人がものを所有して熱心に賢く働くことでさらにお金を得ることができる。今日のほとんどの資本主義国は混合経済である。自由市場はあるが，単独の企業による事業のすべてあるいはほとんどの支配，肉体的あるいは精神的に過酷な労働条件，不公平賃金の問題といった資本主義の欠点を防ぐ政府の制御もいくらかある。

問1 (Some inventors have patents that) are valuable and that they can use to become (rich …)「～の中には…もいる」は主語に some をつけて表す。ここでは Some inventors と文頭に与えられているので，「何人かの発明家は，価値があり，金持ちになるために使うことができる特許権を持っている」と考える。日本語から「価値があり，金持ちになるために使うことができる」が「特許権」という名詞を修飾する関係をつかみ，与えられている部分の patents that の that を主格の関係代名詞と考えて後に are valuable「価値がある」を続け，さらに目的格の関係代名詞 that を入れて they can use to become (rich)「金持ちになるために使うことができる」と続ける。2つある that はいずれも関係代名詞だが，主格，目的格と働きが違うので目的格の that は省略しない。

問2 not only ～ but (also) … は「～だけでなく…も」，be of ～ は「～」にくる名詞の形容詞の

意味にする働きをするので be of great value で「大きな価値がある」という意味になる。大きな価値があるものが a good investment「よい投資」でもあるということは，価値が高ければそれを売ることで大きな利益を得ることができるということになる。

基本 問3 3千万は100万の30倍なので，thirty million と表す。dollar「ドル」は2ドル以上の場合は複数形にするが，日本の yen「円」は複数形の s をつけないことにも注意。

問4 需要と供給の関係について述べている段落。空所を含む文の直前で，広く売られているノートの値段は安く，それはとても多く売られている，つまり供給が多いからであることが述べられている。市場に出る製品は，その供給量が多ければその値段は下がるということなので，supply「供給」が適切。

やや難 問5 until more than 100 years「100年を超える年月までの間」，接続詞 after 以下は「その本が出版された後」という意味で，until 以下は「その本が出版されてから100年を超えるまでの間」ということになる。前半の the word ‘capitalism’ was not part of the language は，直訳すると「‘capitalism’ という言葉は言語の1部ではなかった」となるが，ここでは ‘capitalism’ という言葉はなかったということを表している。

問6 (ア) 下線部「政府がすべての土地を所有し，人々は自分自身のものを所有することができない」は，資本主義とは対照的な経済のあり方について述べている。一般市民には個人として所有する権利がないということなので，2「国によっては，すべての土地と事業が政府によって制御されている。この型の経済においては市民は自分自身で選択することができない」が適切。

(イ) 下線部「ほとんどの資本主義国家は完全に『自由な』経済ではない。物事を円滑に進めるために，政府がその経済を制御しているのだ」は，完全な形の資本主義経済を実践している国はほとんどなく，政府が経済を制御している部分もあることについて述べている。政府が自由な経済活動に介入する場合があるという主旨の3「ある重要な事業が破綻し始めれば，政府には完全な崩壊から経済を守る規則がある」が適切。 (ウ) 下線部「だれからも許可を得ることなく，買ったり売ったりすることができる」は，資本主義経済の1つの利点を述べている。資本主義経済においては，売ったり買ったりすることが自由であることを述べている4「資本主義を信じる社会には多くの経済上の自由がある。経済面で買う側の人も売る側の人も自由に望むことをすることができる」が適切。 (エ) 下線部「単独の企業による事業のすべてあるいはほとんどの支配」から起こる弊害を考える。1つの企業がある業種を独占して大きくなりすぎると同業の他の企業の力が弱まることにつながるので，1「資本主義社会における企業はとても大きくなることがある。このことが起こると，他の企業がそうした巨大企業に挑むことは難しい」が適切。

(オ) 下線部「肉体的あるいは精神的に過酷な労働条件」とは，利益を追求するために肉体的あるいは精神的に厳しい環境の下で労働者を働かせることについて述べている。したがって，6「経営者あるいは所有者が，お金を稼ぐために自分たちの労働者を安全ではない環境の中に置くことがある」が適切。 (カ) 下線部「不公平賃金の問題」は，資本主義経済の中で起こる収入の不公平のこと。一部の人しかたくさんのお金を得られないという5「資本主義社会では，ほんの少しの人たちが多くのお金を手にすることができて，他の人たちはお金をたくさん手にすることができないことがある」が適切。

Ⅲ (長文読解問題・説明文：内容吟味，文選択補充)

(全訳) 科学者たちは，オオスズメバチから自分たちの巣を守るためにアジアのミツバチが使う珍しい技法を発見した。その発見はハチがいかに賢く，どのようにして養蜂家にハチを守る新しい方法を与えることができたかを示している。

その発見は，ベトナムでミツバチを研究している科学者たちによってなされた。アジアの多くにいるハチのように，これらのハチはいつもオオスズメバチに攻撃されている。それらはその習性のために「海賊」と呼ばれている。それらは他の昆虫，特にハチを襲って略奪するのだ。自分たちの食料を得るために，それらはその強力なあごを使うだけだ。毒針は大きな動物や人々から身を守るためだけに使われる。スズメバチは巣を攻撃することができ，ハチの頭を切り取り，若いハチを食料に利用する。

この問題はアジアでは長期間続いているので，そこにいるミツバチは反撃する方法をいくつか発達させてきた。たとえば，一緒に集まってスズメバチの周りに球状となって羽をとても速く打つことで，スズメバチを殺せるほどまでに温度を高く上げることができる。これは「ヒート・ボーリング」と呼ばれている。

何百時間もの間ベトナムのミツバチを研究することによって，科学者たちはまったく新しいことを見出した。ハチがスズメバチに攻撃された後，ハチたちは動物のふんの細かい粒を集めて巣を守るために使った。

ハチたちは，ブタ，ウシ，そして水牛を含む多くの種類の動物のふんを使うが，ニワトリから出る悪臭のするふんを好むようである。それはひどく臭うが，ミツバチは足だけでなく口も使って飛び回ってふんを集める。巣に戻ると，その入り口じゅうにふんを塗る。

科学者のリーダーであるヘザー・マッティラは，「私は衝撃を受けました。ハチは清潔であることで知られていましたから」と言った。

しかし，このような不衛生な行動には十分な理由がある―ふんがたくさんついた巣はハチの敵であるスズメバチを逃げ去らせるのだ。

研究者たちは，スズメバチのミツバチへ300を超える攻撃を記録した。彼らは，入り口の周りに塗られたふんがスズメバチが入り口のところで過ごす時間を減らすことを知った。

ふんはまた，ほとんどすべてのスズメバチが入り口を広げるために巣をかじること―中に入るためにそれらがしなくてはならないことを阻止した。それらはそれでも外にいることはでき，ハチを狩ってそれらを連れ去るが，巣の中に入る前にその次の段階のことをすることはできない。

スズメバチは巣を攻撃するときに特殊な化学物質を巣につける。スズメバチの攻撃がハチにふんを使わせるのかどうかを確認するために，科学者たちはこの特別な化学物質を巣につけた。実際にはスズメバチは1匹もいなかったが，ハチたちはすぐに入り口の周りにふんをつけ始めた。

科学者たちはなぜふんがスズメバチを遠ざけるのに機能するのかわかっていない。ふんの臭いが通常は巣から出てくる甘い臭いを隠すことが考えられる。悪臭がそれらを追い払うことも考えられる。それは確かに巣をスズメバチから守っているように思われる。

アジアのミツバチにはオオスズメバチと戦う方法を発展させる時間が長くあった。ヨーロッパや北アメリカではそうではない。

最近，合衆国とカナダで初めてのオオスズメバチが発見された。オオスズメバチは研究者たちが研究したオオスズメバチと近い関係にある。

科学者たちは今，合衆国とカナダのハチをオオスズメバチから守るために懸命に働いている。そうしなければ，ミツバチはすぐに危険な状況になるだろう。

ふんによる保護についての新しい情報が役に立つかもしれない。科学者たちがなぜふんがスズメバチを追い払うのかがわかれば，彼らは自分たちを守ることができないハチたちを守るのに役立つ方法を見つけることができるかもしれない。

やや難 問1 1 (ア) 「ベトナムでは，オオスズメバチがいつもミツバチを襲っている」(○) 第2段落第2文の内容に合っている。 (イ) 「スズメバチは何かを盗むために大きな動物を襲うので『海賊』と呼ばれている」(×) 第2段落第3文に「それら(＝オオスズメバチ)はその習性のために『海賊』と呼ばれている」とあり，その直後に「それらは他の昆虫，特にハチを襲って略奪する」とあるので，大きな動物を襲うために「海賊」と呼ばれるのではないことがわかる。
2 （ア）「スズメバチはハチの巣を襲って若いハチを食べさえする」（○） 第2段落最終文の内容に合っている。 （イ）「ミツバチは熱したボールを投げることでオオスズメバチを殺すことができる」（×） 第3段落第2文に，「一緒に集まってスズメバチの周りに球状となって羽をとても速く打つことで，ハチはスズメバチを殺せるほどまでに温度を高く上げることができる」とある。ミツバチはスズメバチの周りに集まって羽を速く動かすことで熱を出してスズメバチを殺すのであり，熱したボールを投げて殺すのではない。 3 （ア）「ハチは多くの種類の動物のふんを使うが，ニワトリのふんは好まない」（×） 第5段落第1文に，「ハチたちは，ブタ，ウシ，そして水牛を含む多くの種類の動物のふんを使うが，ニワトリから出る悪臭のするふんを好むようである」とある。 （イ）「ミツバチはふんを集めている間，足も口も使う」（○） 第5段落第2文の内容に合っている。 4 （ア）「ヘザー・マッティラはハチが彼女が思ったほどきれいではないのを知って驚いた」（○） 第6段落にあるヘザー・マッティラの発言内容に合っている。（イ）「スズメバチはふんが塗られた巣への入り口の周りでは過ごす時間が少ない」（○） 第8段落第2文の内容に合っている。 5 （ア）「科学者たちはすでにスズメバチがふんがついた巣から離れる理由を見つけている」（×） 第11段落第1文に，「科学者たちはなぜふんがスズメバチを遠ざけるのに機能するのかわかっていない」とある。 （イ）「ヨーロッパと北アメリカのミツバチにはスズメバチと戦ううまい方法がない」（○） 第12段落で，アジアのミツバチにはオオスズメバチと戦う方法を発展させる時間が長くあったが，ヨーロッパや北アメリカではそうではないと述べている。さらに次の第13段落でオオスズメバチが初めてカナダと合衆国で確認されたことが述べられていることから，オオスズメバチとの戦いに慣れていないヨーロッパと北アメリカのミツバチには，スズメバチと戦ううまい方法がないと考えられる。 6 （ア）「オオスズメバチは長い間合衆国にいる」（×） 第13段落第1文から，合衆国でオオスズメバチが初めて確認されたのは最近のことであるとわかる。 （イ）「ふんによる保護についてさらに研究することで合衆国でハチが存続する機会を増やすことができるかもしれない」（○） 最終段落の内容に合っている。最終段落にある「自分たちを守ることができないハチたち」とは，オオスズメバチとの戦いに慣れていない，合衆国やカナダのミツバチである。

問2 下線部の to do that next step「その次の段階のことをする」は，スズメバチがミツバチの巣の中に入る前にすることである。第9段落第1文に，「ふんはまた，ほとんどすべてのスズメバチが入り口を広げるために巣をかじること―中に入るためにそれらがしなくてはならないことを阻止した」とあることから，スズメバチがミツバチの巣の中に入る前にすることとは，「入り口を広げるために巣をかじること」である。この内容を表す9語の部分は，第1文の biting on the hive to make the entrance larger である。

問3 第10段落では，スズメバチがミツバチの巣を攻撃するときに特殊な化学物質を巣につけることを紹介し，続けてそのことを証明するための実験として，ミツバチの巣にその化学物質をつけてみたことが述べられている。近くにスズメバチがいるときであれば，ミツバチがこの化学物質に反応を示すかどうかを確かめるというこの実験の目的は達することができないのだから，4「実際にはスズメバチは1匹もいなかった」が適切。1は「スズメバチはすでに巣に入り始めた」，2は「自分たちを守るには遅すぎた」，3は「ふんはひどい臭いがした」，5は「周りにはふんがなかった」という意味。

重要 Ⅳ （語句整序問題：関係代名詞，比較，動名詞，前置詞，不定詞）

1 All you have to do is wear this uniform and walk with them. 「（あなたは）～するだけで

よい」は all you have to do is to ～ で表す。直訳すると「あなたがしなくてはならないすべてのことは～することだ」となり，この場合のように名詞的用法の不定詞(to wear ～)が文の補語になる場合は to を省略することができる。

2 This is the most exciting game I have ever watched. 「これは私が今まで観た最も面白い試合だ」と言いかえて考える。This is the most exciting game の後に関係代名詞 that を置いて I have ever watched「私が今まで観たことがある」を続けるが，ここでは that が省略されている。

3 (My) parents never go to Hokkaido without staying at the hotel. 「私の両親はそのホテルに泊まらずに北海道へ行くことは決してない」と言いかえて考える。「～せずに，～することなしに」は without ～ing(動名詞)で表す。

4 (I) played basketball for the first time in three years. 「～年ぶりに…した」は，「～年間で初めて…した」と言いかえて考える。「初めて」は for the first time で表す。
気候変動は世界のすべての地域に影響がある。極地の氷が解けていて海面が上昇している。極端な天候や降雨が普通になってきている地域もあれば，極端な熱波を経験することが増えている地域もある」 climate は「気候」という意味。climate change で「気候変動」の意味を表す。

5 Have you found the book I asked you to look for? Have you found the book「あなたはその本を見つけましたか」の the book を先行詞として，後に I asked you to look for「あなたに探すようにお願いした」を続ける。「(人)に～するようにお願いする」は〈ask ＋人＋ to ＋動詞の原形〉で表す。the book の後に関係代名詞が省略された形。the book は look for の目的語で，for の後に続く the book が先行詞として前に出るため文末に for が残る。

重要 V （同意文書きかえ問題：比較，現在完了，接続詞，受動態，間接疑問文，分詞）

1 上の文は，「私は5冊の本を，あなたは15冊の本を持っています」という意味。「あなた」は「私」よりも3倍多くの本を持っていることから，「あなたは私よりも3倍多くの本を持っています」という文に書きかえる。「～倍…」は〈～倍＋ as … as —〉の形で表せる。「2倍」ならば twice,「3倍」以上は〈数字＋ times〉で表す。

2 上の文は，「彼女はどのバスに乗ればよいのかわからない」という意味。下の文では She has no ～ という形になっていることから，has no idea「わからない」として，後に〈疑問詞(＋名詞)＋ to ＋動詞の原形〉を続けて表す。

3 上の文は，「私は子供の頃に野球ファンになって，今もそれが好きだ」という意味。下の文では since I was a child「私が子供の頃から」とあるので，「私は子供の頃からずっと野球ファンだ」という現在完了の文に書きかえる。I am a baseball fan「私は野球ファンだ」を現在完了にして I have been a baseball fan とする。

4 上の文は，「私のクラスでは，1人だけの生徒が私よりも速く走ることができる」という意味。下の文は I am ～ の形になっていることから，「私はクラスで2番目に速い走者だ」という文に書きかえる。「～番目に…な」は〈the ＋序数＋名詞〉で表す。

5 上の文は，「私の姉[妹]は英語を話すことができず，中国語も話すこともできない」という意味。not ～, either は「…もまた～ない」という意味。下の文は「私の姉[妹]は英語も中国語も話すことができない」という意味で考え，neither A nor B「AもBも～ない」を用いて表す。

6 上の文は，「彼らはいつ彼にその手紙を送るのだろうか」という意味。下の文では上の文の目的語 the letter が主語になっているので，受動態の文で表す，助動詞 will があるのでbe動詞は原形 be にする。send は send - sent - sent と変化する。

7 上の文は，「私の兄[弟]はこの学校の生徒であることを誇りに思っている」という意味。be

proud of ～ は「～を誇りに思う」という意味。下の文では空所の後に is があることから，節の形が続くと考え，proud の後に接続詞 that を置き，〈主語＋動詞〉の形を続ける。

8 上の文は，「あなたはこの本の著者を知っていますか」という意味。下の文では文末に this book があることから，know の目的語を「だれがこの本を書いたのか」とする間接疑問で表す。

9 上の文は，「あなたが公園に行くのに歩いて10分かかるでしょう」という意味。〈It takes ＋人＋ to ＋動詞の原形〉で，「(人)が～するのに(時間が)…かかる」という表現。下の文では Ten minutes' walk「10分の徒歩」なので，「10分の徒歩があなたを公園へ連れていくでしょう」と考える。b で始まる語なのでここでは bring を用いる。

10 上の文は，「彼は座っていて，彼の友達が彼を取り囲んでいた」という意味。all around ～ で「～の周りじゅうに」という意味。下の文では「座る」「囲む」の両方の意味を出す必要がある。He sat「彼は座っていた」という文に続けて surround「囲む」の過去分詞を入れると，「彼」が座っていたときの周囲の状況を表すことができ，「彼は友人たちに囲まれて座っていた」という文になる。

Ⅵ (語句選択補充問題：熟語)

1 「すべての生徒がその会合に参加しなくてはならない。そうしなければ，彼らは欠席扱いになるだろう」 take part in ～「～に参加する」。

2 「その2か国間の悪い関係から判断すると，いつでも戦争が起こるかもしれない」 break out「(戦争などが)起こる，勃発する」。

3 「その看護師は患者の世話をするために遅くまで起きていなくてはならなかった」 stay up「眠らないで起きている」。

4 「テーブルの上のものは何でも自由に取ってください。お好きなように食べ物と飲み物を楽しんでいいですよ」 help oneself to ～「(食べ物や飲み物を)自由に取る」。

5 「UNは何の略ですか」「The United Nations(国際連合)です」 stand for ～「～の略である，～を表す，～を象徴する」。

6 「ちょうど砂糖が切れました。だれかが買いにいかなくてはなりません」 run out of ～「～が切れる，～を使い果たす」。

7 「インターネットにはたくさんの情報がある。私たちは正しい情報と間違った情報を見分けなくてはならない」 tell A from B「AとBを見分ける」。

8 「私の家は大通りに面している。私は騒音に我慢できない」 put up with ～「～に我慢する」。

9 「単語の意味がわからないときは，それを辞書で調べなさい」 look ～ up[look up ～]「(単語などの意味)を調べる」。

10 「余計なことに口出ししないでください。あなたはその件には関係ありません」 have nothing to do with ～「～と関係ない」。Mind your own business. は「余計なことに口出しするな，他人ごとに干渉するな」という意味の表現。

★ワンポイントアドバイス★

Ⅰの問1のような語句補充問題は，本文を読み進めながらどんどん入れる語句を決めていこう。前後関係がある程度つかめていれば正しいものを選ぶのは難しくないし，文章の内容をより正しく理解する手助けともなる。

＜国語解答＞ 《学校からの正答の発表はありません。》

一 問一 1 だま(す) 2 凶悪 3 違和 4 隔離 5 奴隷 6 猛獣 7 えそらごと 8 無縁 問二 A オ B ウ 問三 市民社会 問四 ア 問五 D イ F コ 問六 1 問七 甲 Ⅲ 乙 Ⅵ 問八 イ

二 問一 ウ・オ 問二 エ 問三 ア 問四 ウ 問五 A 江湖 B 一提ばかりの水 C 千金 D 食物

三 問一 (例) ツルが自ら造った美しい花のパノラマを隠し，私と林太郎がそれをさがしだす(という遊び) 問二 (例) 花を探せなかった(ということ) 問三 本当は花をどこにも隠してはいなかった(から。) 問四 (一) 倒置法 (二) 甲 さがしても見つからない焦燥 乙 さがし回る間の希望の方が大きい 問五 (例) ツルのことがすきだ 問六 幻滅

四 問一 ① 虹 ② 懐 ③ 出 問二 ① な ② す ③ よ
問三 ① A ア B キ ② C エ D ク ③ E イ F カ

○推定配点○
一 各2点×18 二 各2点×8(問一完答) 三 各3点×8 四 各2点×12 計100点

＜国語解説＞

一 (論説文―漢字の読み書き，脱文・脱語補充，文脈把握，要旨)

問一 1 「騙」の訓読みは「かた(り)」「かた(る)」「だま(かす)」「だま(し)」「だま(す)」。音読みは「ヘン」。熟語は「騙取」。 2 「凶」を使った熟語はほかに「凶弾」「吉凶」など。
3 「違」を使った熟語はほかに「違反」「違約」など。訓読みは「ちが(う)」「ちが(える)」「たが(い)」「たが(う)」「たが(える)」。 4 「隔離」は，他から引き離して，一定の場所に置くこと。「隔」を使った熟語はほかに「隔世」「隔絶」など。訓読みは「へだ(たる)」「へだ(てる)」。
5 「隷」を使った熟語はほかに「隷従」「隷属」など。 6 「猛」を使った熟語はほかに「猛威」「猛烈」など。「猛者(もさ)」という読み方もある。訓読みは「たけ(し)」。 7 「絵」の音読みは「エ」「カイ」。「絵空事」は，現実にはありそうもない大げさなこと，きれいごと，という意味。熟語はほかに「絵手紙」「絵日記」など。「カイ」と読む熟語は「絵画」。 8 「縁」を使った熟語はほかに「絶縁」「良縁」など。「因縁(いんねん)」という読み方もある。訓読みは「ふち」。

やや難 問二 A 直後に「『テレビがいかに人を騙すか』」とあるので，「批判(的)」とするのが適切。
B 直後の「表現」につながる語として，「創造(的)」とするのが適切。

問三 直後に「持ち回りで舞台に出演した市民は，翌年には観客として演劇祭に参加していた」「そこでは，演劇の見方は，明らかに現代社会とは異なっていただろう」とあり，後に「こう見てくると，演劇が観客の側にも参加するものとして捉えられる状況は，ある種の市民社会……においてであると言えるかもしれない」と説明されているので，「市民社会(の仕組みを多角的に捉えるため)」とするのが適切。

問四 直後に「日本舞踊や浄瑠璃の習得を通じて，確かにそこに参加していたのだ」とあるので，「漫然(と観ていたわけではなく)」とするのが適切。「漫然」は，ただ何となく物事すませる様子，という意味。ただ何となく歌舞伎を観ていたわけではなく，「そこに参加していた」とする文脈である。

問五 D 「一環」は，鎖の一つの輪のことで，全体の中で互いに関係を持つものの一つ，という意

味。　F「一途をたどる」は，もっぱらその方向や傾向に向かって行く，という意味。

問六　直後の「単純な娯楽」と並立するものとしては「コミュニケーション」が適切。全体主義国家において「芸術」は，参加するものではなく，コミュニケーションや娯楽の道具にすぎなかった，とする文脈である。

問七　甲　【Ⅲ】の直前に「手品を見せる前に種を明かされているのだから……興ざめしてしまうのではないか」とあり，「例えば……などと思われたら」と「種明かし」による影響の具体的な説明につながるので，【Ⅲ】に補うのが適切。　乙　【Ⅵ】の前に「演ずる側と観る側が，完全にカクリされている」とあり，「参加するものとしての視点を奪われている」とつながるので，【Ⅵ】に補うのが適切。

やや難　問八　「参加する視点」について，本文には「演劇の見方は，明らかに現代とは異なっていただろう」「演劇が観客の側にも参加するものと捉えられる状況は，ある種の市民社会……においてである」と説明されているので，イの「責任意識」は合致しない。

二　（古文―文学史，口語訳，文脈把握，内容吟味，大意）

〈口語訳〉　今となっては昔のことだが，中国に荘子という人がいた。家がひどく貧しくて，今日の食べ物もなくなってしまった。隣にかんあとうという人がいた。その人の所へ，今日食べるための粟を与えてほしいとお願いした。

あとうが言うには，「もう五日経ってからお出でください。千両の金が入るはずです。それを差し上げましょう。どうして(あなたのような)尊いお方に，今日召しあがるだけの粟を差し上げられましょうか。(そんなことをしたら)全くもって私の恥になるでしょう」と言うと，荘子が言うには，「昨日道を通ると，うしろから何度も呼ぶ声がする。ふり返って見るとだれもいない。ただ，車の車輪の跡のくぼんだところにたまっているわずかな水に，鮒が一匹ばたばたしている。『(これは)どうした鮒だろうか』と思って，近寄ってそれを見ると，わずかばかりの水の中に，たいそう大きな鮒がいる。『(お前は)どうした鮒なのか』と問うと，鮒が言うには『私は，河伯神の使者として大きな川や湖へ行くのです。それが飛びそこなって，この溝に落ち込んだのです。喉が渇いて死にそうです。私を助けてもらいたいと思って呼んだのです』と言う。(私が)答えて言うには『私は，あと二，三日たってから江湖という所へ遊びに行こうとしている。そこへ持って行って放してやろう』と言うと，魚が言うには，『それまでの間は，とても待てないでしょう。ただ，今日提げ一杯ほどの水で，喉をうるおしてください』と言ったので，そのようにして助けてやった。鮒の言ったことは，(今)わが身にも思い知った。今日の命は，物を食べないでは，とても生きていけない。後になって千両の金を得ても，いっこうに役に立たない」と言った。

それから，「後の千金」ということばが有名になった。

やや難　問一　『宇治拾遺物語』は，鎌倉時代に成立した説話集。ウの『古今著聞集』，オの『今昔物語集』は説話集。アの『新古今和歌』，コの『万葉集』は和歌集。イの『源氏物語』，カの『竹取物語』はつくり物語。エの『古事記』は歴史書。キの『徒然草』，ケの『枕草子』は随筆。クの『平家物語』は軍記物語。

問二　「今」には，さらに，もう，という意味があり，「おはす」には，おいでになる，という意味があるので，「もう五日経ってからおいでください」とするエが適切。

問三　直後に「いかでか，やむごとなき人に，今日参るばかりの粟をば奉らむ。返す返すおのが恥なるべし」と理由が示されているのでアが適切。高貴な人に少しばかりの粟を差し上げるのは自分の恥になるというのである。

問四　「え」は，下に打消しの語を伴って，～できない，という意味になる。「え～じ」の形で，～できない，という意味になるので，「待つことはできない」とするウが適切。

問五　「鮒」は，「『我，今二，三日ありて江湖もととふ所に，遊びに行かんとす。そこにもて行きて放さむ』」という荘子の言葉に対して，「『……ただ今日一提ばかりの水をもて，喉をうるへよ』」と言っている。二，三日後に江湖へ放してもらうよりも，今，一提ばかりの水で喉をうるおしたい，と言っているので，Aには「江湖」，Bには「一提ばかりの水」が入る。「荘子」は，「今日の命，物食はずは，生くべからず。後の千金さらに益なし」と言っている。今日食べる物については，冒頭に「今日の食物」とあるので，Dには「食物」，Cには「千金」が入る。

三　**（小説一文脈把握，内容吟味，情景・心情，脱文・脱語補充，表現技法，大意）**

問一　「遊び」については，「ツルは女だから，さすがに花をうまくあしらい，美しいパノラマを造る」「はじめのうち，林太郎と私のふたりが鬼で，ツルのかくした花をさがしてばかりいた」と説明されている。ツルがうまくあしらった美しい花のパノラマを隠し，私たちがそれを探す「遊び」である。

問二　直後に「とうとう私はかぶとをぬいだ」とある。「兜を脱ぐ」は，自分の力が相手に及ばないことを認めて降参する，という意味。ここでは，ツルの隠した花を見つけられなかったことを意味する。

問三　「だが林太郎は……」で始まる段落に「『まださがしとるのけ，ばかだなあ』」「『あれ，うそだったよ，ツルあ，なにもいけやせんだっただ』」とある。ツルはどこにも隠してはいなかったので，ありかを指摘することなどできないのである。

問四　（一）　文末が「……さることながら。」と終止形になっていない。本来の語順を変えて，あることを強調する効果を生む「倒置法」が用いられている。　（二）「さがしまわる間の希望」と「いくらさがしても見つからない焦燥」が対比されている。「焦燥」よりも「希望」の方が大きかった，という文脈である。

問五　前後に「私の心の底まで」「見すかしたように」とある。「私」の気持ちは，「私は……」で始まる段落の最後に「私はツルがすきだった」とある。

問六　「しらじらしい」は，興ざめがする，という意味。同様のことは本文の最後に「幻滅をあじわった」と表現されているので，「幻滅」を抜き出す。

四　**（知識問題一漢字，回文，語句の意味，副詞の用法）**

問一　①「紅」の糸へんが消えて「虫」が入ると「虹」になる。　②「風呂(ふろ)」の「ふ」と「ろ」の間に「床(とこ)」が入ると「ふところ」となり，「懐」となる。　③「山」を二つ重ねると「出」になる。

問二　①「な」を入れて，「うらないならう(占い習う)」とする。　②「す」を入れて，「るすになにする(留守に何する)」とする。　③「よ」を入れて，「よきつきよ(よき月夜)」とする。

やや難　問三　①　Aは，直後の「許容量」という言い方にあてはまるものとして，「能力」が入る。Bは，直後の「区切る」という表現にあてはまるものとして，「時間」が入る。　②　Cは，直前の「限度内において」「すること」，として「努力」が入る。　Dは，「対象を傍観」する様子にあてはまるものとして「軽視」が入る。　③　Eは，直後の「本能」と並立するものとして「習慣」が入る。　Fは，「うっかり」にあてはまるものとして「不注意」が入る。

★ワンポイントアドバイス★

脱文・脱語補充の問題は，解きながら内容を理解して行くという姿勢で取り組もう！　知識問題は，柔軟な発想ができるよう，幅広い知識を習得して準備しておこう！

大切なことはメモしておこうネ！

T.G

2021年度

★★★★★★★★★★★★★★★★★★★★★★★

入　試　問　題

2021年度

慶應義塾志木高等学校入試問題

【数　学】（60分）　＜満点：100点＞

【注意】　図は必ずしも正確ではない。

1　次の問に答えよ。

(1)　$a+b+c=0$，$abc=2021$ であるとき，$(ab+ca)(ca+bc)(bc+ab)$ の値を求めよ。

(2)　1のカードが3枚，2と3と4のカードが1枚ずつある。これら6枚のカードから4枚を選んで並べてできる4桁の自然数は，全部で何通りあるか。

2　ある文房具店に鉛筆とボールペンがあり，その本数の比は6：5である。また黒の鉛筆と黒のボールペンの本数の比は5：3で，黒以外の鉛筆と黒以外のボールペンの本数の比は8：7である。このとき，次の問に答えよ。

(1)　鉛筆のうち，黒と黒以外の本数の比を求めよ。

(2)　ボールペンの全本数が400本より多く450本より少ないとき，鉛筆の全本数を求めよ。

3　立方体の各面に1から6の自然数の目が記されているさいころがある。ただしこのさいころは，n の目が1の目の n 倍の確率で出るように細工されている。このとき，次の確率を求めよ。

(1)　このさいころを1回投げて，1の目が出る確率

(2)　このさいころを3回投げて，3の目が1回だけ出る確率

4　図のように，座標平面上に2つの放物線 $y=ax^2$…①，$y=bx^2$…②（$a>0$，$b>0$，$a:b=5:3$）がある。点A，Bは①上の点で，点C，Dは②上の点である。また，点A，Cの x 座標は－4で，点B，Dの x 座標は7である。このとき，次の問に答えよ。

(1)　直線ABと直線CDの交点Eの座標を求めよ。

(2)　四角形ABDCの面積が143であるとき，a，b の値を求めよ。

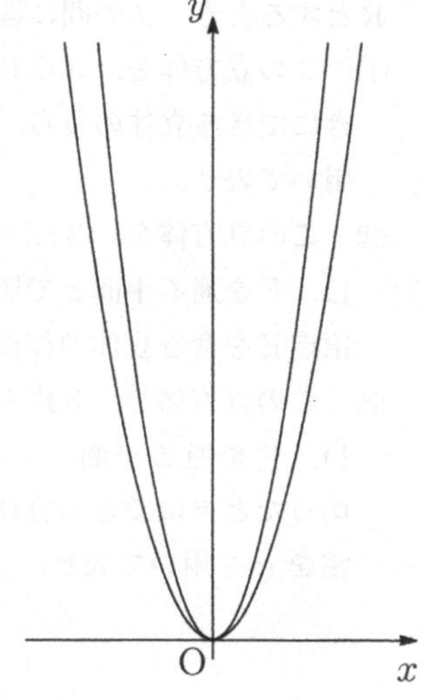

5 図のような鋭角三角形ABCにおいて，辺ABの垂直二等分線と辺ACの垂直二等分線の交点をPとする。点Pから辺BCにひいた垂線と辺BCとの交点をQとするとき，点Qは辺BCの中点であることを証明せよ。

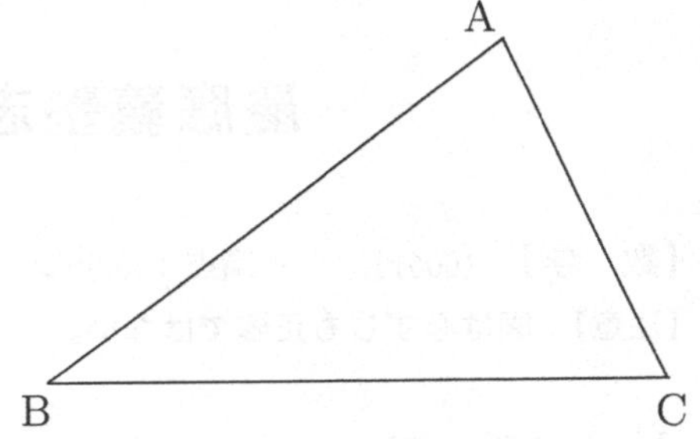

6 座標平面上に点A（−２，２）を中心とする半径２の円Aと，点B（３，３）を中心とする半径３の円Bがある。円A，円Bは両方とも，図のように直線 l，直線 m と接している。このとき，次の問に答えよ。

(1) 直線 l と x 軸の交点Pの x 座標を求めよ。

(2) 直線 l と y 軸の交点Qの y 座標を求めよ。

(3) 直線 m の方程式を求めよ。

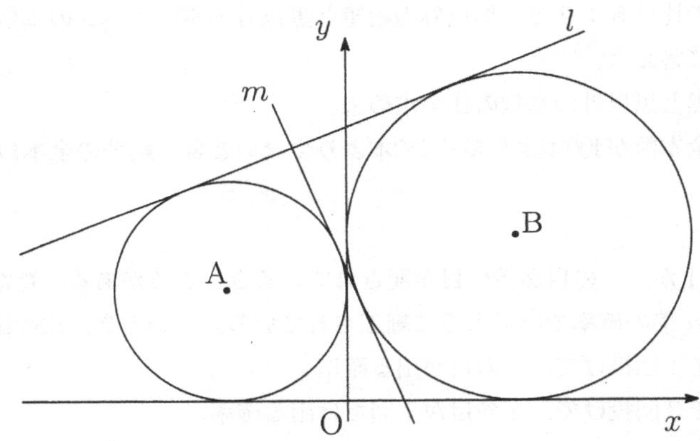

7 １辺の長さが a の立方体ABCD−EFGHがある。辺AB，AD，FGの中点をそれぞれP，Q，Rとするとき，次の問に答えよ。

(1) この立方体を，３点P，Q，Rを通る平面で切ったときにできる立体のうち，頂点Eを含む立体の体積を a を用いて表せ。

(2) この立方体を，３点A，B，Hを通る平面と，３点A，D，Fを通る平面とで切ったときにできる立体のうち，頂点Eを含む立体の体積を a を用いて表せ。

(3) この立方体を，３点A，B，Hを通る平面と，３点A，D，Fを通る平面と，３点P，Q，Rを通る平面とで切ったときにできる立体のうち，頂点Eを含む立体の体積を a を用いて表せ。

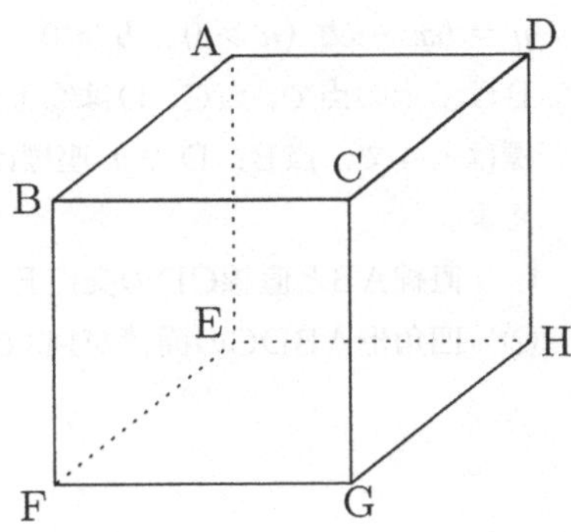

【英　語】（60分）　＜満点：100点＞

I　次の英文を読んで後の問に答えなさい。

The bus moved slowly along the streets of the town, past the shops. The town was Seaverne, and it was on the south coast of England. The time was late afternoon.

Two girls sat in the front seat of the bus, talking to the driver. Their names were Fran and Suzy and they were students.

'We're leaving the town now,' the bus driver told them. 'Cliff Cottage is four kilometres from Seaverne.'

'[A],' Suzy said.

'Okay,' the driver said. He was a young man and enjoyed talking with the two girls.

The bus went up a hill, out of the town and on to the cliff road. The sun was shining and Suzy looked across at the sea. It was flat and blue and it looked beautiful. Small boats with white and yellow sails moved across the water.

'I can go swimming tomorrow,' Suzy said. 'Swimming in the sea is great.'

'[B], getting the cottage ready,' Fran said.

The town of Seaverne was (1) them now. The cliff road was quiet and no other buses or cars went past them.

The girls were from London and were on holiday from college. They were going to stay at Cliff Cottage (2) Mr and Mrs Collins, the owners, came back the next week. Mr and Mrs Collins were friends of Fran's mother and were on holiday in America. The girls were going to get things ready for them – get some food in, open some windows, do some work in the garden, get the dog from a friend who was looking after it.

'[C],' Suzy said.

'Don't worry, we will,' Fran told her.

The bus stopped on the corner of a narrow road and the driver told the girls to get off and walk down the hill. 'Cliff Cottage is at the bottom,' he said. '[D].'

The girls walked down the narrow road between tall trees. There were fields at the sides of the road. It was the middle of September but the weather was still hot.

'Is that Cliff Cottage?' Suzy asked suddenly.

The girls saw a small house with a garden, behind some trees. The garden looked like a jungle.

'Yes, it must be,' Fran replied.

Suzy looked at the garden. 'The grass is long,' she said. 'There's a lot of work to do.'

Fran smiled. 'Don't worry, we can go swimming and walking too.'

The girls went up a path towards the cottage door. There was a pond near one of the front windows and it was full of plants, some with flat green leaves and flowers on the top of the water.

'I wonder if the pond has any fish?' Suzy said, going across. She looked down into the water, (Ⅰ)but [anything / below / to / it / dirty / see / too / was] the plants.

Fran took a key from her bag and opened the door of the cottage, then they went inside.

'It's nice,' Suzy said (3) a smile, looking around the living room. There were three heavy chairs, a large round table and some wooden chairs, a TV in one corner, and books on shelves around the walls. The ceiling of the room was low and the walls had been painted white.

They went into the kitchen, another room with a low ceiling. Fran walked across to the sink by the window. There were two plates, a cup, and a knife and fork in the sink.

'These things need washing,' Fran said. 'And who has used them?'

(Ⅱ)[at / another / the / looked / girls / one / two].

'I thought the cottage was empty, and Mr and Mrs Collins were still in America,' Suzy said slowly.

'They are. (Ⅲ)I don't understand it.'

The girls went upstairs to the bedrooms and Fran opened a door and went into the first room. There was a large bed and two wardrobes, a small table on each side of the bed, and a dressing table with a long mirror.

' [E] ,' Fran said.

The bedclothes were pushed back and there was an electric shaver on the dressing table. Fran opened a wardrobe and saw a man's jacket hanging inside.

Is that Mr Collins's jacket? Fran thought.

She went across to the window and looked out. From here, she could see the fields and a path going up to the cliff top, and she could see the blue of the sea in the distance.

'Let's look in the bathroom,' Suzy said.

'Okay,' Fran said. ' [F] .'

She felt afraid, suddenly. Is somebody in the house? Fran thought. But how can they be? The front door was locked, so how did they get in?

The bathroom was small.

'Look!' Suzy shouted.

There was a toothbrush and some toothpaste on a shelf, and water was coming from the tap.

'Someone forgot to turn (4) the tap.' Fran said, turning it (4).

'There's somebody living here,' Suzy said. 'But who?'

'Perhaps it's someone with no home, maybe.'

'What are we going to do? [G]?'

'I don't know,' Fran said.

There was another small room next (5) the bathroom. It had a window in the ceiling and it looked up at the sky. There was no bed in this room, but there were some old chairs, a table and two old suitcases. The suitcases were empty.

They looked around all the rooms of the cottage.

'Everything looks OK,' Suzy said.

Then they found the back door of the cottage.

'This door isn't locked,' Fran said, opening it. She looked at the lock. 'But the lock isn't broken. How did he get in? Does he have a key?'

'Perhaps he's a friend of Mr and Mrs Collins,' Suzy said.

'[H],' Fran said. 'Then we can ask him.'

'His things are here,' replied Suzy. 'He's coming back some time.'

問1．（1）～（5）に入る最も適切なものを下の選択肢の中からそれぞれ一つずつ選び，記号で答えなさい。ただし，同じ記号は1度しか使ってはならない。なお同じ番号には同じ記号が入る。

[選択肢]
あ．off　い．until　う．on　え．with　お．behind　か．to　き．by

問2．[A] ～ [H] に入る最も適切なものを1～8から一つずつ選び，番号で答えなさい。ただし，同じ番号は1度しか使ってはならない。

1．But we'll stay together
2．Don't forget we have work to do
3．I hope we have time for a holiday ourselves
4．Phone the police
5．Have a good holiday
6．Let's see if he comes back
7．Tell us where to get off the bus, please
8．Somebody has slept in this bed

問3．下線部（Ⅰ），下線部（Ⅱ）が最も適切な英文になるようにそれぞれ［ ］内の語を並べ替えなさい。ただし，文頭に来るものも小文字になっている。

問4．下線部（Ⅲ）について以下の英語の質問に3文以内の英語で答えなさい。

What doesn't she understand and why?

問5．本文の内容と一致するものを1～7からすべて選び，番号で答えなさい。

1．Fran と Suzy は年配のバスの運転手と知り合いだったので，車内での会話が弾んだ。
2．Collins 夫妻は，Fran の母親の友人であり，Cliff Cottage の所有者である。
3．Collins 夫妻は Fran の母親とアメリカに出張中であった。
4．Collins 夫妻は留守にする前に Fran と Suzy に犬を預けていた。

5. Cliff Cottage は小さいながらも，庭の手入れは行き届いていた。
6. Cliff Cottage の寝室には男性用の持ち物が残されていた。
7. Cliff Cottage の裏口のドアは何者かによってこじ開けられていた。

Ⅱ 次の英文を読んで後の問に答えなさい。

Farmer Gabriel Oak was a quiet, honest man. He was twenty-eight years old and unmarried. And he was a man of good character. On Sundays, he went to church and (1). During the week, he worked in the fields of his farm.

On a sunny morning in December, Gabriel Oak walked across his field on Norcombe Hill, in the county of Wessex. He looked towards the road which went between Emminster and Chalk-Newton and saw a bright yellow wagon. Two horses were pulling the heavy wagon slowly along the road. The driver was walking beside the wagon, which was loaded with furniture. A woman was sitting on top of the furniture. She was young and very attractive.

Suddenly, the driver called to her. 'Something has (2) off the wagon, miss! I'll go back and get it.'

The young woman waited quietly. She did not get down from the wagon to help the driver. After several minutes, she looked back to see if the wagon driver was returning. He was not, so she opened a small package that was beside her. She took a mirror from the package and held it up to her face. As she looked in the mirror, she smiled.

The sun shone down on to the woman's red jacket, her pretty face and her dark hair. Gabriel Oak watched her and smiled. The girl did not touch her hat, or her hair. She simply checked her face in the mirror and smiled. (I) Then [returning / the wagon / the wagon driver / heard / to / she]. She put the mirror into the package and waited for him to drive the horses forward.

When the wagon moved on, Gabriel Oak followed it to the gate that people had to pay to go through. As he came nearer to the wagon, Oak heard the driver (3) with the man at the gate.

'This wagon is large,' said the gatekeeper. 'You must pay two pence extra.'

But the young woman would not pay the extra money.

Oak thought that two pence was too small an amount to worry about. He paid two pence to the gatekeeper.

'Take this and let the young woman go through,' he said.

The young woman looked down at Oak. She did not thank him, but she told her driver to go on. Oak and the gatekeeper watched her as the wagon passed.

'[A]' said the gatekeeper.

'That's true,' said Oak. 'But unfortunately, she knows it.'

It was nearly midnight on 21st December, the shortest day of the year. There were no clouds in the dark sky and the stars were shining brightly. A cold wind was blowing, but it was not the sound of the wind that travellers could hear on Norcombe Hill. It was the sound of music. The music came from a little wooden shepherd's house that (4) to Gabriel Oak. Inside the house, Gabriel was playing a happy tune on his flute. The little house gave shelter for the shepherd in the winter and early spring. He stayed there while he cared for his sheep. At this time of the year, the sheep were (5) birth to their lambs. It was warm and comfortable inside. Oak had a small stove to (6) him warm. And he had some bread, cheese and beer.

After a few minutes, Oak stopped playing his flute, picked up a lamp, and went outside to look at each sheep. Suddenly, he saw a light shining in a field next to his own farm. Lamplight was coming from a cow-house that was built into the side of the hill. Oak walked down the hill until he stood above the roof of the wooden building. He looked through a hole in the roof.

Inside the cow-house, two women were sitting beside cows. A lamp was (7) on the floor of the cow-house. The soft yellow light shone on the women and the animals. One woman was about fifty years old. The other was younger, but she was wearing an overcoat which (8) her face.

'We can go home now,' said the older woman. 'I hope that the cows will be all right.'

'If we were rich, we could pay a man to do these things,' said the younger woman.

'Well we aren't rich, so we must do the work ourselves,' said the older woman. 'And you must help me, if you stay on the farm.'

'Aunt, I've lost my hat,' said the younger woman. 'The wind blew it into the next field.'

Suddenly the overcoat fell back from the young woman's head and Oak saw her long black hair and her red jacket. Oak recognized her at once. It was the young woman who had been in the yellow wagon. The young woman who liked to look at B in the mirror. The young woman he helped at the gate.

問１．（１）～（８）に入る最も適切な動詞を次の語群から選び，必要ならば形を変えて答えなさい。ただし，同じものは１度しか使ってはならない。

[argue / hide / keep / throw / fall ／ show / stand / pray / give / belong]

問２．下線部（Ⅰ）が最も適切な英文になるように［　］内の語句を並べ替えなさい。

問３．A に入る最も適切なものを１～５から一つ選び，番号で答えなさい。

１．She's a beautiful woman,

２．She's so poor that she can't even pay such a small amount of money,

３．She's attractive but needs to behave better,

4．What a friendly man you are!
5．You'll get the money back,

問4．［B］に入る最も適切な1語を答えなさい。

問5．次の文の中から本文の内容と一致するものを1～10から三つ選び，番号で答えなさい。

1．People trusted Gabriel Oak since he worked hard to care for the sheep every day, weekends included.
2．While the wagon driver was going back to get the hat, the young woman looked worried.
3．When Gabriel Oak was watching the young woman, he smiled but she paid no attention to him.
4．Gabriel Oak was not able to refuse when the young woman asked him to pay the extra money as he was so attracted to her.
5．On 21st December, the sound of music was drowned out by the strong wind in the village.
6．Even on a cold day it was relaxing inside the house and there Gabriel Oak was playing the flute.
7．When Gabriel Oak saw a light shining from the cow-house, he climbed up on the roof with a ladder and looked inside the building from a small hole.
8．In the cow-house, two women were talking about their poverty, hoping for a better future with a rich man who would help them.
9．The young woman in the cow-house reminded Gabriel Oak of what he saw in the wagon before.
10. Gabriel Oak could not forget about the young woman as he wanted his money back.

Ⅲ 次の英文を読んで後の問に答えなさい。

In 1863, the United States began work on a railroad crossing the continent. Rails already ran from the East Coast to Omaha, Nebraska. The new track would continue from Omaha to California. In 1869, six years later, the large and long-lasting task was completed. The workers had to find solutions for the huge mountains, deep canyons, and miles of desert. The track ran halfway across the country.

As great as that project was, the Russians tried something even greater. They wanted to build a railroad across Siberia. The United States could fit inside Siberia, with 1.4 million square miles left over. Imagine the task of building a railroad across that distance!

The railroad was the grand dream of Czar Alexander III, the emperor of Russia. He needed the railroad to tie his very large land together. So, in 1891, as Alexander III laid the first stone, work began. The project called for two work crews. One crew headed east and the other crew, west. Starting from opposite coasts and working inward, the two work crews planned to meet at a point in the middle.

Plans called for the track to run from Chelyabinsk in the west to Vladivostok in the east, near the coast. That distance would make the railroad the longest in the world – by far! It would cover 4,607 miles. The United States railroad was less than a third of that length.

Irish and Chinese workers built the United States railroad. But the Russians used mostly prisoners to build theirs. (I)<u>The poor job these men did would cause trouble in the future.</u>

As it was, the railroad workers faced many problems. They had to cross wide rivers and climb steep slopes. In some places, the workers had to dig through permafrost. (II)<u>Permafrost, found just below the surface in icy lands, is a layer of dirt that is frozen year round.</u>

Siberia is well known for its cold winters. This area has some of the lowest temperatures in the world. Forty degrees below zero *1Fahrenheit is common. At times, it drops down to 60 degrees below zero. Siberia's summers are not easy either. They can be very hot, with temperatures often rising above 100 degrees. Even springtime, bringing ankle-deep mud, can be a problem.

Many workers died building this railroad. The work itself killed some of them. The bad weather killed others. A few other workers were killed by Siberian tigers.

Nature was not the only difficulty in building the railroad. Politics caused trouble too. At first, the Russians wanted a route that passed through Russian land only. But in 1896, they signed an agreement with China. One result of the agreement shortened the route of the railroad. Part of the track would cut through the north of China.

Then, in 1904, war broke out between Russia and Japan. The fighting ended a year later when the Japanese crushed the Russians. Japan also took over the northern part of China. The Russians lost control of that land and the tracks that ran through it. So the Russian railroad would not cut through China, after all. The Russians returned to the old plan for an all-Russian route. At last, in 1917, the railroad was finished. It had taken more than 25 years to build.

The railroad opened before it was finished. By the end of 1900, trains began to make trips. But there were problems all along the way. Steep slopes near the southern shore of Lake Baikal made it hard to lay tracks in that area. So passengers had to get off the train and cross the lake by ferryboat. In the end, the Russians had to build 38 tunnels through the mountains.

One of the biggest problems, however, was that the trains couldn't be trusted to stay on the tracks. A train would often jump the tracks twice on a trip because of the careless work done by the unskilled crew. Operators at the time had the good sense to run the trains slowly. The average top speed was 15 miles per hour. At that slow speed, people didn't get hurt but the snail-like pace made the travelers unhappy. If all went well, a trip across the continent was supposed to take two weeks. The trip, however, always took longer than three weeks to complete.

Through the years, the Russians improved the Trans-Siberian Railroad. A second set of tracks was laid by 1939 and is still in use today.

Now people can hop on a train in Moscow and ride it all the way east to the Sea of Japan. They have much more trust in the railroad today than in the past. But even a smooth trip takes at least 170 hours – more than seven days – to complete.

For true railroad fans, riding the Trans-Siberian Railroad is a must. Most of these people take the trip just to say that they did it. Surely, no one takes the trip for the scenery. At least, no one takes it for the variety of scenery: Siberia is one vast, empty plain. Whoever made up the phrase "the middle of nowhere" must have had Siberia in mind. As one writer put it, there is "nothing but hut, tree, hut, passing by with the dull rhythm of a forced march."

Still, the railroad has played an important role in the development of Russia. It has opened up Siberia to *[2] settlers. It has also helped industry, for Siberia is rich in natural resources. It has large amounts of oil, coal, natural gas, and iron. The railroad route has linked Siberia's *[3]mining centers with Russia's main business areas. Without the railroad, Siberia's natural riches would lie untouched and of little use.

The railroad has become a lifeline between Siberia and European Russia. This important achievement may have reached beyond even Czar Alexander's greatest dream.

［注］ *[1]Fahrenheit：華氏　*[2]settlers：移住者　*[3]mining：採掘

問１．下線部（Ⅰ）の"trouble in the future"が表すものとして最も適当な箇所を文中から10語で抜き出し，その最初と最後の１単語をそれぞれ書きなさい。

問２．下線部（Ⅱ）を次のように表した場合，□に入る漢字４字を答えなさい。

□□□□層

問３．次の１～６の各文について，ア・イが二つとも本文の内容に合っている場合には○，二つとも間違っている場合には×で答えなさい。また，どちらか一つが合っている場合にはその合っている方の文の記号を答えなさい。

１．ア）Californiaまでの鉄道の建設は1863年にアメリカ東海岸から始まった。
　　イ）アメリカ合衆国の面積に140万平方マイルを加えると，およそSiberiaと同じ面積になる。

２．ア）Czar Alexander III の夢は広大な国土を鉄道でつなぐことだった。
　　イ）19世紀の終わり頃，アメリカ合衆国の鉄道の長さは1,600マイルを超えていた。

3．ア）Siberia 鉄道の建設は1896年に Czar Alexander III の号令のもと開始された。
　イ）Siberia は寒暖の差が華氏にして年間約160度になるほど厳しい気候であった。
4．ア）1905年に戦争が終わり，その結果中国北部がロシアの鉄道ルートから外れた。
　イ）当初 Siberia 鉄道の乗客は Baikal 湖周辺で下車してフェリーに乗ることを強いられた。
5．ア）Siberia 鉄道旅行（大陸横断）は２週間どころか３週間以上かかるのが常だった。
　イ）今日の Siberia 鉄道では順調に行けば一週間足らずでモスクワから日本海へ行くことができる。
6．ア）Siberia 鉄道の車窓からの眺めは千変万化で “the middle of nowhere” という表現が生まれた。
　イ）Siberia 鉄道はロシアの資源開発に貢献したが，それはまさしく Czar Alexander III の目指したものであった。

Ⅳ　近年の社会国際情勢を述べた各文の（　）内に入る最も適切なものをあとの選択肢の中からそれぞれ一つずつ選び，記号で答えなさい。ただし，同じ記号は１度しか使ってはならない。なお大文字で始まる語も小文字で表記されている。

1．The Prime Minister called for a nationwide (　　) in the spring to force people to stay home and that resulted in having children out of school for several months.
2．The US president has a huge influence on people's lives both at home and abroad, so when the (　　) was held on November 3, the result was important to everyone.
3．Japan may have no choice but to declare a state of (　　) if the sudden increase in COVID-19 cases isn't brought under control within three weeks.
4．(　　) change has an impact on all areas around the world. Polar ice is melting and the sea is rising. In some areas extreme weather events and rainfall are becoming more common while others are experiencing more extreme heat waves.
5．Japan Aerospace Exploration Agency members have recovered a (　　) sent to Earth from the Hayabusa 2 space probe.
6．Stores across Japan, including convenience stores and supermarkets, are asked to charge shoppers for (　　) bags in order to help protect the environment.
7．Black (　　) Matter, formed in the United States in 2013, is an international social movement against racism and violence.
8．The Sustainable (　　) Goals were accepted by all United Nations member states in 2015 as a universal call to action to end poverty and to protect the planet.
9．The Nobel Peace Prize for 2020 was awarded to the World Food (　　) for its efforts to combat hunger.
10．In spite of the efforts of many companies, COVID-19 (　　) in Japan are

unlikely to become ready for use in the near future.

[選択肢]
あ．pandemic　い．plastic　う．development　え．virus　お．danger
か．programme　き．lockdown　く．lives　け．emergency
こ．capsule　さ．vaccines　し．election　す．climate

V 各文の（　）に入る最も適切なものをそれぞれ一つずつ選び，番号で答えなさい。

1．Please hand in your paper (　　) next Tuesday.
　1．since　2．by　3．until　4．to
2．He was laughed (　　) his friends when he came to a party in pajamas.
　1．at by　2．at for　3．by　4．with
3．She comes not from Germany (　　) from France.
　1．and　2．also　3．but　4．so
4．Where (　　) all this while?
　1．have you been　2．are you
　3．were you going　4．are you gone
5．Kamakura is the city (　　) is famous for its temples.
　1．where　2．it　3．what　4．which
6．I am sorry, but the e-mail that you sent me was deleted from my computer. Would you mind (　　)?
　1．my sending it again　2．sending it again
　3．me to send it again　4．if I send it to you again
7．Leave here as soon as possible (　　) miss the train.
　1．so to as not　2．not so as to　3．so not as to　4．so as not to
8．During the match one of the players (　　) taken to the hospital after she fell down.
　1．is　2．are　3．was　4．were

VI 各文の [ ] 内の語句を正しく並べ替えなさい。ただし，それぞれ必要な1語を補うこと。なお文頭に来るものも小文字になっている。
※解答欄には [ ] 内に入る語句のみを答えること。

1．She [kind / way / show / was / the / enough / me] to the station.
2．I feel sorry that my grandmother is in hospital. [than / is / important / nothing / health].
3．[his nose / friend / broken / my] while he was playing football yesterday.
4．They are in the mountains now. [the weather / I / like / wonder / what].
5．You [asleep / fall / had / not] in the train. You'll miss your stop.

キ　生き物の定め　ク　季節の推移　ケ　鳥籠の深化

コ　気づかれたい　サ　知られたくない　シ　伝えたい

問十四　傍線部⑪「下女は、どこへ持って参りますかと聞き返した。どこへでも勝手に持って行けと怒鳴りつけたら、驚いて台所の方へ持って行った」とあるが、ここからどのような言葉の上でのおもしろさが読み取れるか。わかりやすく説明しなさい。

問十五　★B【顔を洗いながら裏庭を見ると…（中略）…筆子の手跡である】について、以下の各問に答えなさい。

（一）　ここから読み取れる「自分」の見た光景を簡単に絵で描きなさい。

（二）「公札の表には、この土手登るべからずとあった。筆子の手跡である」からどのような言葉の上でのおもしろさが読み取れるか。二点指摘しなさい。

問十六　傍線部⑫「文鳥は可哀相なことを致しました」とあるが、この「は」によって「文鳥」以外にも「自分（先生）」に対する「可哀相」だという気持ちが表れているようにも読める。それはどのような意味で「可哀相」だと「三重吉」は思っているのか。わかりやすく説明しなさい。

問十七　「自分」の思い出す「女」と、「三重吉」の「例の件」の「女」とを「文鳥」に重ね合わせた時、それら三者が共通する存在であることを最もよく表している文を含む段落を抜き出し、その最初の五字を答えなさい。

るか。具体的に説明しなさい。

問六　傍線部⑤「かようにして金はたしかに三重吉の手に落ちた」とあるが、「手に落ちた」という表現から「自分」の「三重吉」へのどのような気持ちが読み取れるか。わかりやすく説明しなさい。

問七　空欄 Ⅰ ～ Ⅳ に当てはまる文を次から一つずつ選び、記号で答えなさい。ただし、同じ記号は一度しか使ってはならない。

ア　自分は書きかけた小説をよそにして、ペンを持ったまま縁側へ出てみた

イ　自分は進まぬながら、書斎でペンを動かしていた

ウ　書斎の中では相変わらずペンの音がさらさらする

エ　その日は一日淋しいペンの音を聞いて暮らした

問八　傍線部⑥「この女とこの文鳥とはおそらく同じ心持ちだろう」とあるが、「自分」はどのような点で「同じ心持ち」と考えているか。次はその解説文である。空欄に当てはまるように適切な表現を考えて補いなさい。

□□□□ がわからず不思議に思う気持ち。

問九　傍線部⑦「その隅に文鳥の体が薄白く浮いたまま止まり木の上に、有るか無きかに思われた。自分は外套の羽根を返して、すぐ鳥籠を箱のなかへ入れてやった」について、以下の各問に答えなさい。

（一）ここで「自分」には「文鳥」がどのようなものに見えてしまっているか。簡潔に説明しなさい。

（二）「外套の羽根を返して」とはどのような行動か。その時の「自分」の気持ちもふまえて、わかりやすく説明しなさい。

問十　傍線部⑧「文鳥はしのびやかに鳥籠の桟にかじりついていた」とあるが、ここで「かじりついて」いる姿が「しのびやか」であるというのは、「文鳥」のどのような様子を表しているか。なぜその様子になったのかもふまえて、簡潔に説明しなさい。

問十一　傍線部⑨「手紙はそれぎりにして裂いて捨てた」とあるが、前の段落からここまでの本文をふまえて、この時「自分」が「三重吉」に書きたいと思っていた「手紙」の内容を不足なく復元しなさい。

問十二　傍線部⑩「自分は冬の日に色づいた朱の台を眺めた。空になった餌壺を眺めた。空しく橋を渡している二本の止まり木を眺めた。そうしてその下に横たわる硬い文鳥を眺めた」とあるが、この時「自分」が「そうして」の前と後とで「眺めた」ものをどのような事実として捉えているのか、その違いを簡潔に説明しなさい。

問十三　★A【自分はこごんで両手に鳥籠を抱えた。…（中略）…そうして、烈しく手を鳴らした】とあるが、この一連の「手」をめぐる描写から、「自分」のどのような気持ちが読み取れるか。次はその解説文である。空欄 X に当てはまる語句は文中から五字で抜き出し、空欄 f ～ i に当てはまる語句は後から選び、その記号を答えなさい。ただし、同じ記号は一度しか使ってはならない。

「自分」は、まるで X になったかのように、 f を心の中で g に受けとめているが、その思いを h と家人には i にふるまおうとする気持ち。

ア　奇異　　イ　厳粛　　ウ　風雅

エ　攻撃的　オ　積極的　カ　両義的

ない名称。

※10　下女　前注の「小女」に同じ。

※11　公札　知らせたいことを書いて地面に立てた札。

※12　蒼い　草木が青々と生えている様。

※13　木賊　常緑性のシダ植物。竹のように節があり、鉛筆ほどの太さで、一メートルほどの高さまで成長する。

※14　筆子　夏目漱石の長女。当時八歳であった。

問一　二重傍線部1～15のカタカナは漢字に直し、漢字はその読みをひらがなで書きなさい。漢字は楷書ではっきり書くこと。

問二　空欄［a］～［h］に当てはまる漢字をそれぞれ一文字で書きなさい。

問三　傍線部①「伽藍のような書斎にただ一人、片づけた顔を頬杖で支えている」について、次の各問に答えなさい。

(一)「書斎」が「伽藍のような」と表現されているのは、それが「文鳥」を飼う「自分」にとってこの小説の最後でどのような場所になったからか。その説明として最も適切なものを次から選び、記号で答えなさい。

ア　古今の文芸作品を堪能できる場所。
イ　死そのものに向き合うおごそかな場所。
ウ　小説の執筆に専念できる場所。
エ　昔の女性への思いに浸れる場所。
オ　友人たちを招くのにふさわしい場所。

(二)「片づけた顔を頬杖で支えている」という「自分」の様子は、「文鳥」のある様子と重ね合わせて描かれている。その「文鳥」の様子を最もよく表している一文を抜き出し、その最初の五字を答えなさい。

(三)　前問(一)・(二)を通して考えると、「自分」は「文鳥」とどのような点で異なるか。次はその解説文である。「頬杖」がどのような行為かを考えて、空欄に当てはまるように適切な表現を補いなさい。

文鳥と違って自分は［　　　　　　］という点。

問四　傍線部②「ところが三重吉は是非お飼いなさいと、同じようなことを繰り返している」とあるが、「三重吉」が同じような言葉を繰り返したのはなぜか。次はその解説文である。空欄［a］～［e］に当てはまる語句を後から選び、その記号を答えなさい。ただし、同じ記号は一度しか使ってはならない。

「三重吉」は「自分」に「文鳥」を「［a］」が、かといって「三重吉」自身が「文鳥」を「［b］」ことは避けたいので、「自分」に「［c］」と考えている。しかし「自分」の頬杖をついた様子を見て「［d］」気持ちを感じたので、言葉のやりとりを楽しむように、あえて「［e］」と言った。

ア　飼う　　イ　買う　　ウ　飼わせたい
エ　買わせたい　　オ　飼いたくない　　カ　買いたくない
キ　飼いなさい　　ク　買いなさい

問五　傍線部③「三重吉はにやにやしている」、④「寛大なことを言う」とあるが、そのような様子から「三重吉」のどのような下心が読み取れれは底の光るほど涸れている。西へ廻った日が硝子戸を洩れて斜めに籠に落ちかかる。台に塗った漆は、三重吉の言ったごとく、いつの間にか黒味が脱けて、朱の色が出て来た。

⑩自分は冬の日に色づいた朱の台を眺めた。空になった餌壺を眺めた。空しく橋を渡している二本の止まり木を眺めた。そうしてその下に横たわる硬い文鳥を眺めた。★A【自分はこごんで両手に鳥籠を抱えた。そうして、書斎へ持って入った。十畳の真ん中へ鳥籠をおろして、その前へかしこまって、籠の戸を開いて、大きな手を入れて、文鳥を握って見た。柔らかい羽根は冷えきっている。

拳を籠から引き出して、握った手を開けると、文鳥は静かに掌の上にある。自分は手を開けたまま、しばらく死んだ鳥を見つめていた。それから、そっと座布団の上におろした。そうして、烈しく手を鳴らした。】

十六になる小女※9が、はいと言って敷居際に手をつかえる。自分はいきなり布団の上にある文鳥を握って、小女の前へ抛り出した。小女はうつむいて畳を眺めたまま黙っている。自分は、餌をやらないから、とうとう死んでしまったと言いながら、※10下女の顔をにらめつけた。下女はそれでも黙っている。

自分は机の方へ向き直った。そうして三重吉へ葉書をかいた。「家人が餌をやらないものだから、文鳥はとうとう死んでしまった。たのみもせぬものを籠へ入れて、しかも餌をやる義務さえ尽くさないのは残酷の至りだ」という文句であった。

自分は、これを投函して来い、そうしてその鳥をそっちへ持って行けと下女に言った。⑩下女は、どこへ持って行けと聞き返した。どこへでも勝手に持って行けと怒鳴りつけたら、驚いて台所の方へ持って行った。

しばらくすると裏庭で、子どもが文鳥を埋めるんだ埋めるんだと騒いでいる。庭掃除に頼んだ植木屋が、お嬢さん、ここいらが好いでしょうと言っている。［Ⅳ］。

翌日は何だか頭が重いので、十時頃になってようやく起きた。★B【顔を洗いながら裏庭を見ると、昨日植木屋の声のしたあたりに、小さい公札※11が、蒼い※12木賊※13の一株と並んで立っている。高さは木賊よりもずっと低い。庭下駄を履いて、日影の霜を踏み砕いて、近づいて見ると、公札の表には、この土手登るべからずとあった。※14筆子の手跡である。】

午後三重吉から返事が来た。⑫文鳥は可哀相なことを致しましたとあるばかりで家人が悪いとも残酷だともいっこう書いてなかった。

（夏目漱石「文鳥」より）

※1　伽藍　僧侶の修行する閑静な寺院の建物。
※2　片づけた顔　すっきりと落ち着いた表情の顔。
※3　三重吉　小説家の鈴木三重吉のこと。夏目漱石の門下生。
※4　七子　目の粗い織り方をした織物の名称。
※5　五円札　当時の紙幣。現在の五万円ほどの価値があったと思われる。
※6　豊隆　夏目漱石の門下生。三重吉の後輩。
※7　とうから　「とっくに」の意。
※8　外套の羽根　肩掛けがついている男性用のコートの肩掛けの部分。下の絵を参照すること。 
※9　小女　家に雇われて家事などの仕事をする若い女性。現在では使われ

は薄紅くなった頬を上げて、繊い手を額の前に翳しながら、不思議そうに12マバタきをした。⑥この女とこの文鳥とはおそらく同じ心持ちだろう。

日数が立つにしたがって文鳥はよく囀る。しかしよく忘れられる。ある時は餌壺が粟の殻だけになっていたことがある。ある時は籠の底が糞でいっぱいになっていたことがある。ある晩宴会があって遅く帰ったら、冬の月が硝子越しに差し込んで、広い縁側がほの明るく見えるなかに、鳥籠がしんとして、箱の上に乗っていた。⑦その隅に文鳥の体が薄白く浮いたまま止まり木の上に、有るか無きかに思われた。自分は外套※8の羽根を返して、すぐ鳥籠を箱のなかへ入れてやった。

翌日文鳥は例のごとく元気よく囀っていた。それからは時々寒い夜も箱にしまってやるのを忘れることがあった。ある晩いつもの通り書斎で専念にペンの音を聞いていると、突然縁側の方でがたりと物の13クツガエった音がした。しかし自分は立たなかった。依然として急ぐ小説を書いていた。わざわざ立って行って、何でもないといまいましいから、気にかからないではなかったが、やはりちょっと聞き耳を立てたまま知らぬ顔ですましていた。その晩寝たのは十二時過ぎであった。便所に行ったついで、気がかりだから、念のため一応縁側へ廻って見ると――

籠は箱の上から落ちている。そうして横に倒れている。水入れも餌壺も引っ繰り返っている。粟は一面に縁側に散らばっている。止まり木は抜け出している。⑧文鳥はしのびやかに鳥籠の桟にかじりついていた。自分は明日から誓ってこの縁側に猫を入れまいと決心した。

翌日文鳥は鳴かなかった。粟を山盛り入れてやった。水を漲るほど入れてやった。文鳥は一本足のまま長らく止まり木の上を動かなかった。午飯を食ってから、三重吉に手紙を書こうと思って、二三行書き出すと、文鳥がちちと鳴いた。自分は手紙の筆を留めた。文鳥がまたちちと鳴いた。出て見たら粟も水もだいぶん減っている。⑨手紙はそれぎりにして裂いて捨てた。

翌日文鳥がまた鳴かなくなった。止まり木を下りて籠の底へ腹を圧しつけていた。胸の所が少し14フクらんで、小さい毛が漣のように乱れて見えた。自分はこの朝、三重吉から例の件で某所まで来てくれという手紙を受け取った。十時までにという依頼であるから、文鳥をそのままにしておいて出た。三重吉に会ってみると例の件がいろいろ長くなって、いっしょに午飯を食う。いっしょに晩飯を食う。その上明日の会合まで約束して宅へ帰った。帰ったのは夜の九時頃である。文鳥のことはすっかり忘れていた。疲れたから、すぐ床へ入って寝てしまった。

翌日眼が覚めるや否や、すぐ例の件を思い出した。いくら当人が承知だって、そんな所へ嫁にやるのは行く末よくあるまい、まだ子どもだから、どこへでも行けと言われる所へ行く気になるんだろう。いったん行けばむやみに出られるものじゃない。世の中には満足しながら不幸に陥って行く者がたくさんある。などと考えて楊枝を使って、朝飯を済ましてまた例の件を片づけに出掛けて行った。

帰ったのは午後三時頃である。玄関へ外套を懸けて廊下伝いに書斎へ入るつもりで例の縁側へ出て見ると、鳥籠が箱の上に出してあった。けれども文鳥は籠の底にそっ繰り返っていた。二本の足を硬く揃えて、胴と直線に伸ばしていた。自分は籠の傍に立って、じっと文鳥を見守った。黒い眼を眠っている。瞼の色は薄蒼く変わった。

餌壺には粟の殻ばかり溜まっている。15啄むべきは一粒もない。水入て、上からこごんで籠の中を覗き込んだ。いくら見ても足は一本しかない。文鳥はこの華奢な一本の細い足に総身を託して黙然として、籠の中に片づいている。

自分は不思議に思った。文鳥について万事を説明した三重吉もこのことだけは抜いたと見える。自分が炭取りに炭を入れて帰った時、文鳥の足はまだ一本であった。しばらく寒い縁側に立って眺めていたが、文鳥は動く気色もない。音を立てないで見つめていると、文鳥は丸い眼をしだいに細くし出した。おおかた眠たいのだろうと思って、そっと書斎へ入ろうとして、一歩足を動かすや否や、文鳥はまた眼を開いた。同時に真白な胸の中から細い足を一本出した。自分は戸を閉てて火鉢へ炭をついだ。

小説はしだいに忙しくなる。朝は依然として寝坊をする。一度家のものが文鳥の世話をしてくれてから、何だか自分の責任が軽くなったような心持ちがする。家のものが忘れる時は、自分が餌をやる水をやる。籠の出し入れをする。しない時は、家のものを呼んでさせることもある。自分はただ文鳥の声を聞くだけが役目のようになった。

それでも縁側へ出る時は、必ず籠の前へ立ち止まって文鳥の様子を見た。たいていは狭い籠を苦にもしないで、二本の止まり木を満足そうに往復していた。天気の好い時は薄い日を硝子越しに浴びて、しきりに鳴き立てていた。しかし三重吉の言ったように、自分の顔を見てことさらに鳴く気色はさらになかった。

自分の指からじかに餌を食うなどということは無論なかった。折々7キゲンのいい時は麺麭の粉などを人指し指の先へつけて竹の間からちょっと出してみることがあるが文鳥はけっして近づかない。少し無遠慮に突き込んでみると、文鳥は指の太いのに驚いて白い翼を乱して籠の中を騒ぎ廻るのみであった。二三度試みた後、自分は気の毒になって、この芸だけは永久に断念してしまった。今の世にこんなことのできるものがいるかどうだかはなはだ疑わしい。おそらく古代の聖徒の仕事だろう。三重吉は嘘を吐いたに違いない。

ある日のこと、書斎で例のごとくペンの音を立てて侘しいことを書き連ねていると、ふと妙な音が耳に入った。縁側でさらさら、さらさらいう。女が長い衣の8スソを捌いているようにも受け取られるが、ただの女のそれとしては、あまりに9仰山である。雛壇を歩く、10ダイリ雛の袴の襞の擦れる音とでも形容したらよかろうと思った。［Ⅲ］。すると文鳥が行水を使っていた。

水はちょうど替え立てであった。文鳥は軽い足を水入れの真ん中に胸毛まで浸して、時々は白い翼を左右にひろげながら、心持ち水入れの中にしゃがむように腹を圧しつけつつ、総身の毛を一度に振っている。そうして水入れの縁にひょいと飛び上がる。しばらくしてまた飛び込む。水入れの直径は一寸11五分ぐらいに過ぎない。飛び込んだ時は尾も余り、頭も余り、背は無論余る。水に浸かるのは足と胸だけである。それでも文鳥は欣然として行水を使っている。

自分は急に替え籠を取って来た。そうして文鳥をこの方へ移した。それから如露を持って風呂場へ行って、水道の水を汲んで、籠の上からさあさあとかけてやった。如露の水が尽きる頃には白い羽根から落ちる水が珠になって転がった。文鳥は絶えず眼をぱちぱちさせていた。

昔紫の帯上げでいたずらをした女が、座敷で仕事をしていた時、裏二階から懐中鏡で女の顔へ春の光線を反射させて楽しんだことがある。女ければならない。また大きな手を籠の中へ入れた。非常に用心して入れたにもかかわらず、文鳥は白い翼を乱して騒いだ。小(ち)さい羽根が一本抜けても、自分は文鳥にすまないと思った。殻は綺麗に吹いた。吹かれた殻は本枯らしがどこかへ持って行った。水も替えてやった。水道の水だから大変冷たい。

［Ⅰ］。その間には折々千代千代という声も聞こえた。文鳥も淋(さび)しいから鳴くのではなかろうかと考えた。しかし縁側へ出て見ると、二本の止まり木の間を、あちらへ飛んだり、こちらへ飛んだり、絶え間なく行きつ戻りつしている。少しも不平らしい様子はなかった。

夜は箱へ入れた。明くる朝目が覚めると、外は白い霜だ。文鳥も眼が覚めているだろうが、なかなか起きる気にならない。枕元にある新聞を手に取るさえ4ナンギだ。それでも煙草は一本ふかした。この一本をふかしてしまったら、起きて籠から出してやろうと思いながら、口から出る煙の行方を見つめていた。するとこの煙の中に、首をすくめた、眼を細くした、しかも心持ち眉を寄せた昔の女の顔がちょっと見えた。自分は床の上に起き直った。寝巻きの上へ羽織りを引っ掛けて、すぐ縁側へ出た。そうして箱の蓋をはずして、文鳥を出した。文鳥は箱から出ながら、千代千代と二声鳴いた。

三重吉の説によると、馴(な)れるにしたがって、文鳥が人の顔を見て鳴くようになるんだそうだ。現に三重吉の飼っていた文鳥は、三重吉が傍(そば)にいさえすれば、しきりに千代千代と鳴きつづけたそうだ。のみならず三重吉の指の先から餌を食べるという。自分もいつか指の先で餌をやってみたいと思った。

次の朝はまた怠けた。昔の女の顔もつい思い出さなかった。顔を洗って、食事を済まして、初めて、気がついたように縁側へ出て見ると、いつの間にか籠が箱の上に乗っている。文鳥はもう止まり木の上を面白そうにあちら、こちらと飛び移っている。そうして時々は首を伸ばして籠の外を下の方から覗(のぞ)いている。その様子がなかなか5ムジャキである。昔紫の帯上げでいたずらをした女は襟の長い、背のすらりとした、ちょっと首を曲げて人を見る癖があった。

粟はまだある。水もまだある。文鳥は満足している。自分は粟も水も替えずに書斎へ引っ込んだ。

昼過ぎまた縁側へ出た。食後の運動かたがた、五六間(けん)の廻り縁を、歩きながら書見するつもりであった。ところが出て見ると粟がもう七分がた尽きている。水も全く濁ってしまった。書物を縁側へ抛(ほう)り出しておいて、急いで餌と水を替えてやった。

次の日もまた遅く起きた。しかも顔を洗って飯を食うまでは縁側を覗かなかった。書斎に帰ってから、あるいは昨日のように、家人(うちのもの)が籠を出しておきはせぬかと、ちょっと縁へ顔だけ出して見たら、はたして出してあった。その上餌も水も新しくなっていた。自分はやっと安心して首を書斎に入れた。途端に文鳥は千代千代と鳴いた。それで引っ込めた首をまた出して見た。けれども文鳥は再び鳴かなかった。けげんな顔をして硝子越しに庭の霜を眺めていた。自分はとうとう机の前に帰った。

［Ⅱ］。書きかけた小説はだいぶんはかどった。指の先が冷たい。今朝埋(い)けた佐倉炭は白くなって、薩摩五徳に懸けた6テツビンがほとんど冷めている。炭取りは空だ。手を敲(たた)いたがちょっと台所まで聞こえない。立って戸を開けると、文鳥は例に似ず止まり木の上にじっと止まっている。よく見ると足が一本しかない。自分は炭取りを縁に置い

片づけてみたり、取り乱してみたり、頰杖を突いたりやめたりして暮らしていた。戸は二重に締め切った。火鉢に炭ばかり継いでいる。文鳥はついに忘れた。

ところへ三重吉が門口から［ e ］勢よく入って来た。時は宵の［ f ］であった。寒いから火鉢の上へ胸から上を翳(かざ)して、［ g ］かぬ顔をわざとほてらしていたのが、急に陽気になった。三重吉は豊隆※6を従えている。豊隆はいい迷惑である。二人が籠を一つずつ持っている。その上に三重吉が大きな箱を［ h ］貴分に抱えている。五円札が文鳥と籠と箱になったのはこの初冬の晩であった。

三重吉は大得意である。まあご覧なさいと言う。豊隆その洋灯(らんぷ)をもっとこっちへ出せなどと言う。そのくせ寒いので鼻の頭が少し紫色になっている。

なるほど立派な籠ができた。台が漆で塗ってある。竹は細く削った上に、色が染(つ)けてある。それで三円だと言う。安いなあ豊隆と言っている。豊隆はうん安いと言っている。自分は安いか高いか[2]ハンゼンとわからないが、まあ安いなあと言っている。好いのになると二十円もするそうですと言う。二十円はこれで二遍目である。二十円に比べて安いのは無論である。

この漆はね、先生、[3]日向へ出して曝(さら)しておくうちに黒味が取れてだんだん朱の色が出て来ますから、――そうしてこの竹は一遍よく煮たんだから大丈夫ですよなどと、しきりに説明をしてくれる。何が大丈夫なのかねと聞き返すと、まあ鳥をご覧なさい、綺麗でしょうと言っている。

なるほど綺麗だ。次の間へ籠を据えて四尺ばかりこっちから見ると少しも動かない。薄暗い中に真白に見える。籠の中にうずくまっていなければ鳥とは思えないほど白い。何だか寒そうだ。

> 三重吉からの頼みである以上、義理で飼うことにした。うまく飼えるか不安ではあったが、家の者の世話も期待することにした。自分は翌朝、遅く起床しながらも、文鳥の餌と水の世話を始めたが、文鳥をまるで生きた宝石のように愛おしむ気持ちが芽生えてきた。その頃自分は小説を連日書いている時期であった。三重吉と豊隆が持ってきていたのは、文鳥のための寒さよけの箱と行水用の替え籠であった。

明くる日もまた気の毒なことに遅く起きて、箱から籠を出してやったのは、やっぱり八時過ぎであった。箱の中ではとうから※7目が覚めていたんだろう。それでも文鳥はいっこう不平らしい顔もしなかった。籠が明るい所へ出るや否や、いきなり眼をしばたたいて、心持ち首をすくめて、自分の顔を見た。

昔美しい女を知っていた。この女が机に凭(もた)れて何か考えているところを、後ろから、そっと行って、紫の帯上げの房になった先を、長く垂らして、首筋の細いあたりを、上から撫で廻したら、女はものうげに後ろを向いた。その時女の眉は心持ち八の字に寄っていた。それで眼尻と口元には笑いが萌(きざ)していた。同時に格好の好い首を肩まですくめていた。文鳥が自分を見た時、自分はふとこの女のことを思い出した。この女は今嫁に行った。自分が紫の帯上げでいたずらをしたのは縁談のきまった二三日後である。

餌壺(えつぼ)にはまだ粟が八分通り入っている。しかし殻もだいぶ混っていた。水入れには粟の殻が一面に浮いて、苛(いた)く濁っていた。替えてやらな

【国語】（六〇分）〈満点：一〇〇点〉

【注意】字数指定のある設問においては、すべて句読点を一字分と数えること。字数指定のない設問においては、解答欄の行数に収まるように書くこと。

【問題】 次の文章を読んで、後の問に答えなさい。

　十月早稲田に移る①伽藍(がらん)※1のような書斎にただ一人、片づけた顔を頬杖(ほおづえ)※2で支えていると、三重吉※3が来て、鳥をお飼いなさいと言う。飼ってもいいと答えた。しかし念のためだから、何を飼うのかねと聞いたら、文鳥ですという返事であった。

　文鳥は三重吉の小説に出て来るくらいだから綺麗な鳥に違いなかろうと思って、じゃ買ってくれたまえと頼んだ。②ところが三重吉は是非お飼いなさいと、同じようなことを繰り返している。うむ買うよ買うよとやはり頬杖を突いたままで、むにゃむにゃ言ってるうちに三重吉は黙ってしまった。おおかた頬杖に［ a ］想を尽かしたんだろうと、この時初めて気がついた。

　すると三分ばかりして、今度は籠をお買いなさいと言いだした。これもよろしいと答えると、是非お買いなさいと［ b ］を押す代わりに、鳥籠の講釈を始めた。その講釈はだいぶ込み入ったものであったが、気の毒なことに、みんな忘れてしまった。ただ好(い)いのは二十円ぐらいするという段になって、急にそんな高価(たか)いのでなくってもよかろうと言っておいた。③三重吉はにやにやしている。

　それから全体どこで買うのかと聞いてみると、なにどこの鳥屋にでもありますと、実に平凡な答えをした。籠はと聞き返すと、籠ですか、籠はその何ですよ、なにどこにかあるでしょう、とまるで［ c ］を攫(つか)むような④寛大なことを言う。でも君あてがなくっちゃいけなかろうと、あたかもいけないような顔をして見せたら、三重吉は頬(ほ)っぺたへ手をあてて、何でも駒込に籠の名人があるそうですが、年寄りだそうですから、もう死んだかもしれませんと、非常に心細くなってしまった。

　何しろ言いだしたものに責任を負わせるのは当然のことだから、さっそく万事を三重吉に依頼することにした。すると、すぐ金を出せと言う。金はたしかに出した。三重吉はどこで買ったか、七子(ななこ)※4の三つ折れの紙入れを懐中していて、人の金でも自分の金でも悉皆この紙入れの中に入れる癖がある。自分は三重吉が五円札※5をたしかにこの紙入れの底へ押し込んだのを目撃した。

　⑤かようにして金はたしかに三重吉の手に落ちた。しかし鳥と籠とは容易にやって来ない。

　そのうち秋が小［ d ］になった。三重吉はたびたび来る。よく女の話などをして帰って行く。文鳥と籠の講釈は全く出ない。硝子(がらす)戸を透かして五尺の縁側には日が好く当たる。どうせ文鳥を飼うなら、こんな暖かい季節に、この縁側へ鳥籠を据えてやったら、文鳥も定めし鳴きよかろうと思うくらいであった。

　三重吉の小説によると、文鳥は千代千代(ちよちよ)と鳴くそうである。その鳴声がだいぶん気に入ったと見えて、三重吉は千代千代を何度となく使っている。あるいは千代という女に惚れていたことがあるのかもしれない。しかし当人はいっこうそんなことを言わない。自分も聞いてみない。ただ縁側に日がよく当たる。そうして文鳥が鳴かない。

　そのうち霜が降り出した。自分は毎日伽藍のような書斎に、寒い顔を

大切なことはメモしておこうネ!

2021年度

解 答 と 解 説

《2021年度の配点は解答欄に掲載してあります。》

＜数学解答＞ 《学校からの正答の発表はありません。》

1 (1) −4084441 (2) 72通り

2 (1) 5：28 (2) 528本

3 (1) $\frac{1}{21}$ (2) $\frac{108}{343}$

4 (1) $E\left(-\frac{28}{3},\ 0\right)$ (2) $a=1,\ b=\frac{3}{5}$

5 解説参照

6 (1) 点Pのx座標 −12 (2) 点Qのy座標 5 (3) 直線m：$y=-\frac{12}{5}x+\frac{12}{5}$

7 (1) $\frac{1}{2}a^3$ (2) $\frac{1}{3}a^3$ (3) $\frac{5}{16}a^3$

○推定配点○

1 各8点×2　2 各7点×2　3 各7点×2　4 各7点×2　5 8点

6 (1) 5点 (2)・(3) 各6点×2　7 (1) 5点 (2)・(3) 各6点×2　計100点

＜数学解説＞

1 (小問群−式の値，場合の数)

(1) $a+b+c=0$のとき，$b+c=-a$ よって，$ab+ca=a(b+c)=-a^2$ 同様に，$a+b=-c$だから，$ca+bc=c(a+b)=-c^2$ $c+a=-b$だから，$bc+ab=b(a+c)=-b^2$ したがって，$(ab+ca)(ca+bc)(bc+ab)=-a^2b^2c^2=-(abc)^2=-2021^2=-4084441$

＋α (2) 1のカードを3枚選んだとき，他の数のカードが使われるのは千の位，百の位，十の位，一の位の4通りである。そのそれぞれの位に2，3，4から1枚を選んで並べればよいから，4×3＝12(通り)…① 1のカードを2枚選んだとき，他の数のカードが使われるのは〈千の位と百の位〉，〈千の位と十の位〉，〈千の位と一の位〉，〈百の位と十の位〉，〈百の位と一の位〉，〈十の位と一の位〉の6通りあり，そのそれぞれの位に2，3，4から2枚を選んで並べればよいから，6×(3×2)＝36(通り)…② 1のカードを1枚しか選ばないときは，1〜4の4枚のカードの並べ方の数だけできるから，4×3×2×1＝24(通り)…③ ①，②，③から72通りある。

2 (方程式の応用−本数，本数の比)

(1) 黒の鉛筆と黒のボールペンの本数の比が5：3なので，黒の鉛筆の本数を$5x$本とすると，黒のボールペンの本数は$3x$本と表される。同様に，黒以外の鉛筆の本数を$8y$本とすると，黒以外のボールペンの本数は$7y$本と表される。よって，$(5x+8y):(3x+7y)=6:5$ $25x+40y=18x+42y$ $7x=2y$…① 鉛筆のうち，黒と黒以外の本数の比は$5x:8y$ ①から$y=\frac{7}{2}x$として代入すると，$5x:8y=5x:28x=5:28$

(2) ボールペンの全本数は$3x+7y$(本) ①から$x=\frac{2}{7}y$として代入すると，$\frac{6}{7}y+7y=\frac{55}{7}y$(本)

これが400本より多く450本より少ないのだから，$400<\frac{55}{7}y<450$　$560<11y<630$　$50.9\cdots<y<\cdots57.2$　$x=\frac{2}{7}y$なので，yは7の倍数である。よって，$y=56$，$x=16$　したがって，鉛筆の本数は，$5x+8y=80+448=528$(本)

3 （確率―さいころの目）

(1)　1回投げて1の目がでる確率をpとすると，1回投げて2，3，4，5，6の目がでる確率はそれぞれ，$2p$，$3p$，$4p$，$5p$，$6p$であり，それらの確率の和は1だから，$p+2p+3p+4p+5p+6p=1$　$21p=1$　$p=\frac{1}{21}$　したがって，1回投げて1の目がでる確率は$\frac{1}{21}$である。

(2)　1回投げて3の目が出る確率は，$3p=3\times\frac{1}{21}=\frac{1}{7}$　3の目が出ない確率は$1-\frac{1}{7}=\frac{6}{7}$　1回目に3に目が出て，2回目，3回目に3の目が出ない確率は，$\frac{1}{7}\times\frac{6}{7}\times\frac{6}{7}=\frac{36}{343}$　2回目だけに3の目が出る確率，3回目だけに3の目が出る確率も同様だから，3回投げて3の目が1回だけ出る確率は，$\frac{36}{343}\times3=\frac{108}{343}$

4 （関数・グラフと図形―放物線，直線，座標，面積）

重要 (1)　点A$(-4,\ 16a)$，B$(7,\ 49a)$，C$(-4,\ 16b)$，D$(7,\ 49b)$であり，$a>b$なので，AC：BD$=16(a-b):49(a-b)=16:49$　直線ABと直線CDの交点をE$(p,\ q)$とすると，EC：EDは線分の両端のx座標の差の比で求められるから，EC：ED$=(-4-p):(7-p)$　AC//BDだから，EC：ED＝AC：BD　$(-4-p):(7-p)=16:49$　$49(-4-p)=16(7-p)$　$-196-49p=112-16p$　$-33p=308$　$p=-\frac{28}{3}$　点Eを通りx軸に平行な直線$y=q$を引いて，点C，Dから垂線CF，DGを引くと，CF：DG＝EC：ED　$(16b-q):(49b-q)=16:49$　$16b\times49-16q=49b\times16-16q$　$33q=0$　$q=0$　したがって，E$\left(-\frac{28}{3},\ 0\right)$

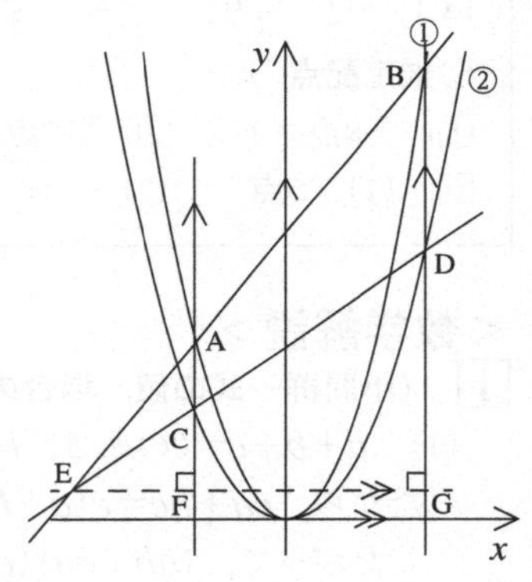

(2)　四角形ABDCはAC//BDの台形である。ACとBDの距離は$7-(-4)=11$　よって，四角形ABDCの面積の関係から，$\frac{1}{2}\times\{16(a-b)+49(a-b)\}\times11=143$　$65(a-b)=26$　$a-b=\frac{26}{65}=\frac{2}{5}\cdots$①　$a:b=5:3$から，$5b=3a$，$b=\frac{3}{5}a\cdots$②　②を①に代入して，$a-\frac{3}{5}a=\frac{2}{5}$　$a=1$　②に代入して，$b=\frac{3}{5}$

5 （平面図形―垂直二等分線，証明）

線分の垂直二等分線上の点は線分の両端から等しい距離にあるので，PA＝PB，PA＝PC　よって，PB＝PC　△PBCは二等辺三角形であり，二等辺三角形では，頂角から底辺に引いた垂線は底辺を2等分するから，BQ＝CQ　したがって，点QはBCの中点である。

〈三角形の合同を使って証明してもよいが，「線分の垂直二等分線上の点の性質」，「二等辺三角形の性質」は定理として使ってよい。すると，上記のように簡潔に証明できる。〉

6 （平面図形―円，円の接線，2円の中心を結ぶ直線，座標，直線の式）

重要 (1) 円A，円Bと直線ℓ，x軸，直線m，y軸との交点を右図のように点C，D，E，F，G，H，I，Jとする。また，直線ℓと直線mの交点をRとする。円外の1点から円に引いた接線の長さは等しいので，直角三角形の斜辺と他の1辺がそれぞれ等しい三角形は合同であることから，△AGR≡△AHR，△BIR≡△BJR　また，対頂角が等しいことを考えると，点Rが直線AB上にあることがわかる。また，直線ℓとx軸との交点をSとすると，△SCA≡△SEA，△SDB≡△SFBであることも言え，∠CSA＝∠DSBなので，SAとSBは同一直線である。つまり，SはPと一致し，直線ℓは直線ABについてx軸と対称な直線であり，点Pは直線ABとx軸との交点である。

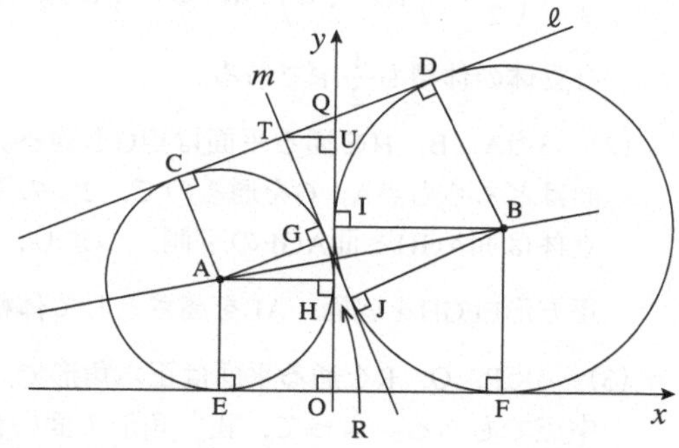

直線ABの傾きは$\frac{3-2}{3-(-2)}=\frac{1}{5}$　$y=\frac{1}{5}x+b$とおいて$(-2,\ 2)$を代入すると，$2=-\frac{2}{5}+b$　$b=\frac{12}{5}$　よって，直線ABの式は$y=\frac{1}{5}x+\frac{12}{5}$であり，$x$軸との交点Pの$x$座標は，$0=\frac{1}{5}x+\frac{12}{5}$から，$x=-12$

(2) 四角形AEOHは1辺の長さが2の正方形である。PO＝12から，PC＝PE＝10　QC＝QH＝xとおいて△QPOで三平方の定理を用いると，$12^2+(2+x)^2=(10+x)^2$　$144+4+4x+x^2=100+20x+x^2$　$16x=48$　$x=3$　よって，QO＝5なので，点Qのy座標は5

やや難 (3) 直線ℓと直線mの交点をTとすると，四角形AGTCは直線ABについて四角形AHOEと対称である。よって，四角形AGTCは正方形であり，直線ℓと直線mは垂直に交わる。点TからQRに垂線TUを引くと，TUは直角の頂点から斜辺に引いた垂線なので，△TUR∽△QTR　また，△QTR∽△QOSとなるので，TU：UR＝QT：TR＝QO：OS＝5：12　したがって，直線mの傾きは$-\frac{12}{5}$　直線mと直線ABはy軸上で交わるので切片は等しい。したがって，直線mの方程式は，$y=-\frac{12}{5}x+\frac{12}{5}$

7 （空間図形―立方体の切断，体積，三平方の定理）

重要 (1) 平行な平面に他の平面が交わるとき，交わりの直線は平行になる。よって，切断面とGHとの交点をSとすると，RS//PQ　SはGHの中点である。また，BP＝FR，DQ＝HSなので，切断面とBF，DHの交点をT，Uとすると，T，UはそれぞれBF，DHの中点である。提示されている図で見やすいのは切ったときにできる頂点Cを含む立体なので，その体積を考える。Cを頂点，切断面の正六角形を底面とする六角錐については，1辺の長さは直角二等辺三角形APQの斜辺なので$\frac{\sqrt{2}}{2}a$である。正六角形の最長の対角線PS，QR，TUの交点は1点で交わり，それらの対角線によって，1辺の長さが$\frac{\sqrt{2}}{2}a$の正三角形6個に分けられる。また，その交点は立方体の対角線CEの中点だから，Cから底面までの距離は$\frac{\sqrt{3}}{2}a$である。正三角形の面積は$\frac{\sqrt{3}}{4}\times(1辺)^2$で求められるから，正六角錐の体積は，$\frac{1}{3}\times\left\{\frac{\sqrt{3}}{4}\times\left(\frac{\sqrt{2}}{2}a\right)^2\times6\right\}\times\frac{\sqrt{3}}{2}a=\frac{3}{8}a^3$　それと，三角錐CBPT，三角錐CRGS，三角錐CUDQを合わせた立体が切断によってできる頂点Cを含む立体であり，その体積は，$\frac{3}{8}a^3+$

$\frac{1}{3}\times\left(\frac{1}{2}\times\frac{1}{2}a\times\frac{1}{2}a\right)\times a\times 3=\frac{1}{2}a^3$　立方体の体積はa^3であり，その半分なので，頂点Eを含む立体の体積も$\frac{1}{2}a^3$である。

(2)　3点A，B，Hを通る平面は点Gも通る。また，3点A，D，Fを通る平面は点Gも通る。2つの平面はどちらも点A，Gを通るので，2つの平面の交わりの直線はAGである。よって，頂点Eを含む立体は面AGHと面AGFの下側，つまり，四角錘A－EFGHである。AEは面EFGHに垂直なので，正方形EFGHを底面，AEを高さとして体積を求めればよいから，$\frac{1}{3}\times a\times a\times a=\frac{1}{3}a^3$

(3)　3点P，Q，Rを通る平面は正六角形で，(1)の図のPS，QR，TUの交点をOとすると，OはAGの中点でもある。よって，正六角形の面の台形TRSUの部分が四角錘A－EFGHと交わり，△ORSが四角錘A－EFGHを切り取る面となる。三角錐O－RGSの体積は△RGSを底面とすると，$\frac{1}{3}\times\left\{\frac{1}{2}\times\frac{1}{2}a\times\frac{1}{2}a\right\}\times\frac{1}{2}a=\frac{1}{48}a^3$　したがって，$\frac{1}{3}a^3-\frac{1}{48}a^3=\frac{5}{16}a^3$

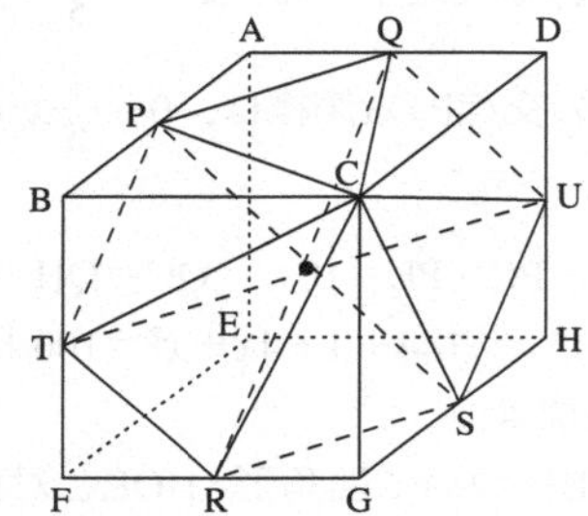

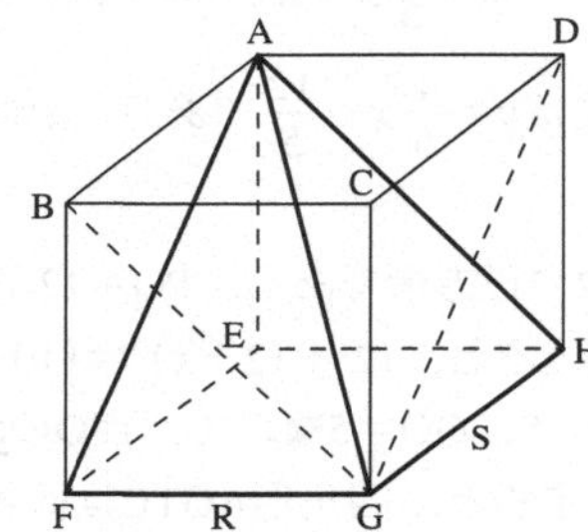

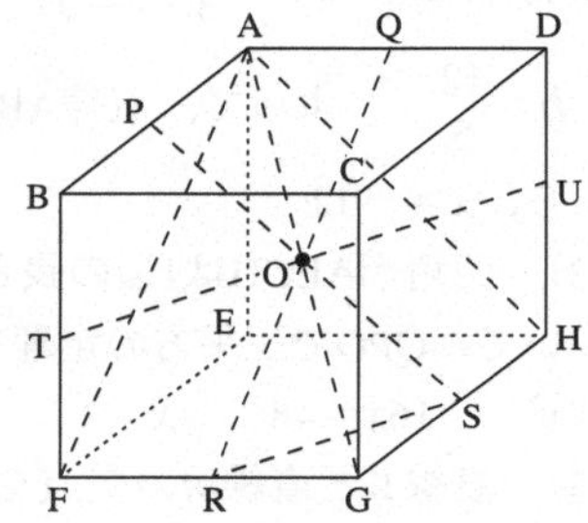

★ワンポイントアドバイス★

問題が多岐にわたっているので，手がけられるものを探しながら仕上げるようにしよう。4は直線の式を求めながら進む方法もあるが，平行線と線分の比を利用する方法もある。6は，問題の図が直線ABについて対称であることをつかむと解きやすい。7は，ともかく図を書いてみること。2つの平面の交わりの直線をみつけよう。

＋α は弊社HP商品詳細ページ(トビラのQRコードからアクセス可)参照。

＜英語解答＞ 《学校からの正答の発表はありません。》

Ⅰ 問1 1. お 2. い 3. え 4. あ 5. か 問2 A 7 B 2 C 3 D 5 E 8 F 1 G 4 H 6 問3 (Ⅰ) (but) it was too dirty to see anything below (the plants.) (Ⅱ) The two girls looked at one another.
問4 (例) Mr and Mrs Collins are in America now and there is nobody in this cottage. So, she doesn't understand who has used the two plates, the cup, and the knife and fork. 問5 2, 6

Ⅱ 問1 1. prayed 2. fallen 3. arguing 4. belonged 5. giving 6. keep 7. standing [stood] 8. hid 問2 (Then) she heard the wagon driver returning to the wagon. 問3 1 問4 herself 問5 3, 6, 9

Ⅲ 問1 最初 the 最後 tracks 問2 永久凍土
問3 1. イ 2. ア 3. イ 4. ○ 5. ア 6. ×

Ⅳ 1. き 2. し 3. け 4. す 5. こ 6. い 7. く 8. う 9. か 10. さ

Ⅴ 1. 2 2. 1 3. 3 4. 1 5. 4 6. 2 7. 4 8. 3

Ⅵ 1. (She) was kind enough to show me the way (to the station.)
2. (I feel sorry that my grandmother is in hospital.) Nothing is more important than health.
3. My friend had broken his nose (while he was playing football yesterday.)
4. (They are in the mountains now.) I wonder what the weather is like.
5. (You) had better not fall asleep (in the train. You'll miss your stop.)

○推定配点○
Ⅰ問1～問3, Ⅱ問1～問4, Ⅲ 各2点×34 Ⅰ問2・問4, Ⅲ問5 各3点×3
Ⅳ, Ⅴ, Ⅵ 各1点×23 計100点

＜英語解説＞

Ⅰ （長文読解問題・物語文：語句選択補充，文選択補充，語句整序，英問英答，内容吟味）

（全訳） バスはゆっくりと店を通り過ぎながら町の通りを進んだ。その町はシーベレンで，イングランド南岸にあった。午後の遅い時間だった。

バスの前部の座席には2人の少女が座り，運転手と話をしていた。彼女たちの名前はフランとスージーで，彼女たちは学生だった。

「これから町を離れますよ。クリフコテージはシーベレンから4キロです」とバスの運転手は彼女たちに言った。

「$_A$どこでバスを降りればいいか教えてね」とスージーが言った。

「わかりました」と運転手は言った。彼は若い男性で2人の少女と話を楽しんだ。

バスは丘を登り，町を出て崖の道へ入った。太陽が輝き，スージーは海を見渡した。海は平らで青く，美しく見えた。白や黄色の帆の小さな船が海を渡っていた。

「明日は泳ぎに行けるわ。海水浴なんてすてきね」とスージーは言った。

「$_B$私たちにはすることがあるのを忘れないでね，コテージの準備をするのよ」

シーベレンの町はもう彼女たち$_{(1)}$の背後にあった。崖の道は静かで，彼女たちを通り過ぎるバスも車も他にはなかった。

少女たちはロンドンの出身で大学の休暇中であった。彼女たちは所有者のコリンズ夫妻が来週戻る(2)まで，クリフコテージに泊まることになっていた。コリンズ夫妻はフランの母親の友人で，休暇でアメリカにいた。少女たちは彼らのために，食料を蓄えたり，窓を開けたり，庭仕事をしたり，イヌの世話をしている友人からそのイヌを引き取ったりと，彼らのためにいろいろと用意をするつもりだった。

「C自分たちの休暇があるといいなあ」とスージーが言った。

「心配しないで，あるわよ」とフランが彼女に言った。

バスは狭い道の角で停まり，運転手は少女たちに降りて丘を下るように言った。「クリフコテージはいちばん下にありますよ」と彼は言った。「Dよい休日を」と彼は言った。

少女たちは高い木の間の狭い道を歩いてくだった。道の両側には野原があった。9月の半ばだったが，天候はまだ暑かった。

「あれがクリフコテージかしら？」とスージーが突然尋ねた。

少女たちには数本の木の背後に庭がある小さな家が見えた。庭はジャングルのように見えた。

「ええ，そうにちがいないわ」とフランが返事をした。

スージーは庭を見た。彼女は，「草が長いわね。やらなくてはならない仕事がたくさんあるわ」と言った。

フランはほほえんだ。「心配ないわ，泳いだり散歩しにいったりできるわよ」

少女たちはコテージのドアに向かう小道を登った。正面の窓の1つの近くに池があり，それは植物でいっぱいで，平たい緑の葉や花が水面にあった。

「池に魚はいるのかしら？」と横切っていきながら言った。彼女は池をのぞきこんだが，(Ⅰ)それはあまりに汚くて植物の下は見えなかった。

フランはかばんから鍵を取り出してコテージのドアを開け，2人は中に入った。

「すてきだわ」と，スージーは居間を見回しながら，(3)ほほえんで言った。重たい椅子が3脚，大きな丸いテーブルが1台と何脚かの木製の椅子，片隅にテレビ，壁の周りの本棚には本があった。部屋の天井は低く，壁は白く塗られていた。

彼女たちはもう1つ天井の低い部屋である台所に入っていった。フランは横切って窓際の流しのところまで行った。流しには皿が2枚，カップが1つ，ナイフとフォークがあった。

「これらは洗う必要があるわ。誰が使ったのかしら？」とフランは言った。

(Ⅱ)2人の少女は互いに顔を見合わせた。

「コテージには誰もいなかったと思うし，コリンズ夫妻はまだアメリカにいたのよ」とスージーがゆっくりと言った。

「2人はアメリカにいるわ。私にはわからないわ」

少女たちは2階の寝室に行き，フランがドアを開けて最初の部屋へ入った。そこには大きなベッドと2つの衣装だんす，ベッドの両側には小さなテーブル，そして長い鏡がついた化粧台があった。

「E誰かがこのベッドで眠ったんだわ」とフランが言った。

寝具が押しのけられ，化粧台には電気カミソリがあった。フランが衣装だんすを開けると男性用の上着が中にかかっているのが見えた。

コリンズさんの上着かしら？　フランは思った。

彼女は窓のところまで行って外を見た。そこから，野原と小道ががけの頂上まで登っているのが見え，遠くには海の青さが見えた。

「浴室を見てみましょうよ」とスージーが言った。

「そうね，Fでも一緒にいましょう」とフランは言った。

彼女は急に怖くなった。誰かが家にいるのだろうか。フランは思った。でもどうしてそんなことができるの？　玄関のドアは鍵がかかっていたから，どうやって中に入ったのかしら？

浴室は小さかった。

「見て！」とスージーが叫んだ。

棚には歯ブラシと歯磨き粉があり，蛇口から水が流れていた。

「誰かが蛇口(4)を閉め忘れたんだわ」とフランはそれ(4)を閉めながら言った。

「ここに誰かが住んでいるんだわ。でも誰が？」とスージーが言った。

「家のない人かもしれないわ，たぶん」

「どうしましょうか。G警察に電話する？」

「わからないわ」とフランは言った。

浴室(5)の隣にもう1つ小さな部屋があった。その天井には窓があり，空が見えた。この部屋にはベッドはなかったが，何脚かの古い椅子とテーブルと2つの古いスーツケースがあった。スーツケースは空だった。彼女たちはコテージのすべての部屋を見て回った。

「何も問題ないように見えるわ」とスージーが言った。

それから彼女たちはコテージの裏口を見つけた。

「このドアは鍵がかかっていないわ」とフランはそれを開けながら言った。彼女は鍵を見た。「鍵は壊されていないわ。彼はどうやって中に入ったのかしら？　鍵を持っているのかしら？」

「コリンズさん夫妻の友達かもしれないわよ」とスージーが言った。

「H彼が戻ってくるかどうか確かめましょう。それから聞いてみることができるわ」とフランは言った。

「彼の持ち物はここにあるのよ。いつか戻ってくるわ」とスージーは言った。

問1　全訳を参照。　(1)　空所を含む文の5行前に，彼女たちが乗ったバスがすでに町を離れたことが述べられているので，位置関係として，シーベレンは彼女たちの「背後」にあることになる。したがって，behind が適切。　(2)　空所の前半が「彼女たちはクリフコテージに泊まることになっていた」と期間を要する動作 stay が用いられているので，後半の「所有者のコリンズ夫妻が来週戻る」とつなぐのに適する語は until「～するまで(の間ずっと)」。　(3)　空所の後の a smile とのつながりから，with a smile「ほほえんで」とすると文意が成り立つ。　(4)　空所を含む文の直前から，蛇口から水が流れていたことが述べられているので，turn off「～を閉める」を入れて「誰かが蛇口を閉め忘れた」とすると文意が成り立つ。　(5)　next とのつながりから，next to「～の隣に」を入れると「浴室の隣に」となり文意が成り立つ。

問2　全訳を参照。　A　スージーの発言に，バスの運転手は「わかりました」と答えていること，最後にバスが狭い道の角で停まり，運転手が少女たちに降りて丘を下るように言ったことから，このときスージーは，自分たちがバスを降りるべき場所に着いたら教えてくれるように運転手に頼んだとすると会話とこの後の話の流れに合う。　B「明日は泳ぎに行けるわ。海水浴なんてすてきね」というスージーの発言に対するフランの返答が入る。下線部を含む段落の2つ後の段落から，彼女たちはコリンズ夫妻が不在の間にコテージの掃除などをしてコテージがすぐに使える状態にするためにコテージを訪れたことがわかる。このことから，「海水浴がしたい」と言うスージーに，本来の訪問の目的を伝えている2を入れるのが適切。空所の直後でフランが「コテージの準備をする」と簡潔に来訪の目的を言っていることともつながる。　C　空所の発言を受けて，フランは Don’t worry, we will. と答えており，will の後には直前でスージーが言ったことが省略されていると考えられる。この前の場面でスージーが海水浴に行きたいと言っていることと合わせると，3を入れると会話が成り立つ。will の後には3の we have time for a holiday ourselves が省略されている。　D　バスを降りてコテージへ向かう少女たちに運転手がかける言葉として適切なのは5。　E　空所直後の寝室の様子から，8を入れるのが適切。　F　この段階で，誰もいないはずのコテージに誰かが住んでるらしいことがわかってきて，フランは恐怖感を抱いている。「浴室を見てみよう」と言うスージーに対して，単独で動くのはやめて一緒に行動しようという内容になるように1を入れるのが適切。　G　誰かがコテージに住んでいる証拠が次々に出てくる中で，2人は不安になってきている。4を入れて，これからどうすべきか，警察を呼ぶか，というスージーの発言にすると，判断がつかず「わからないわ」と答えるフランとの会話が自然になる。　H　空所を含む文の直後で，フランは「それから聞いてみることができる」と言っている。この発言の中の him はコテージに住んでいると思われる人物のことと考え，6を入れるとフランの発言がつながる。

問3　(Ⅰ)　it was too dirty to see anything below the plants.　too ～ to …「あまりに～なので…」の構文。直前の「池をのぞきこんだ」と but でつながれていることから，「池の中が見えなかった」といった内容を考える。below は「～の下方に」という意味の前置詞。　(Ⅱ)　The two girls looked at one another.　one another で「お互い」という意味を表す。直前で，誰もいないはずなのに台所の流しに使った後の食器があったことから，2人が不思議に思っている状況であることを考え，「顔を見合わせた」という文にする。

やや難　問4　質問は，「彼女には何がわからなかったのか，またそれはなぜですか」という意味。空所の直前では，コテージには誰もいないはずなのに，台所に使用済の食器があったことが述べられ，それを見たフランは「誰が使ったのかしら？」と言っていることから，フランがわからなかったのは，それらの食器を誰が使ったのかということと考えられる。また，直前の「コテージには誰もいなかったと思うし，コリンズ夫妻はまだアメリカにいたのよ」というスージーの発言を受けてフランは They are. と言っているが，この They はコリンズ夫妻を指し，are の後には still in America が省略されていて，「コリンズ夫妻は今もアメリカにいる」ということだが、このことから，フランが食器を使ったのが誰なのかわからなかったのは，コリンズ夫妻は今アメリカにいて，コテージには誰もいないはずだと思っているからである。これらの内容を3文以内にまとめる。解答例は，「コリンズ夫妻はアメリカにいてコテージには誰もいない。だから，彼女は誰が皿とカップとナイフとフォークを使ったのかがわからない」という意味。plates，cup，knife and fork は本文中に出ているので冠詞を the にすることもポイントである。

問5　1（×）　空所Aを含む文の次の文から，運転手は若い男性であることがわかる。また，運転手がフランとスージーと知り合いであるという記述はない。　2（○）　空所(2)を含む文とその直後の文の内容に合う。　3（×）　空所(2)を含む文の直後の文から，コリンズ夫妻は休暇でアメリカにいることがわかる。　4（×）　空所Cの直前の文を参照。犬の世話をしていたのはコリンズ夫妻の友人である。　5（×）　フランとスージーがコテージに近づいていく場面で，庭がジャングルのように見えたこと，草が長く伸びていることが述べられている。　6（○）　空所Eの直後の2文から，寝室の化粧台に電気カミソリが置かれていたこと，衣装だんすに男性用の上着があったことが述べられている。　7（×）　空所(5)を含む文から6行後のフランの発言から，裏口のドアの鍵は壊れていなかったことがわかる。

Ⅱ　**（長文読解問題・物語文：語句選択補充，語句整序，文選択補充，語句補充，内容吟味）**

（全訳）　農夫のガブリエル・オークは物静かで誠実な男性だった。彼は28歳で未婚だった。そして彼は善良な性格をしていた。日曜日には，彼は教会に行って(1)お祈りをした。平日は，自分の農場の畑で働いていた。

12月のある晴れた日の朝，ガブリエル・オークはウェセックス州の田舎にあるノーコウム・ヒルの自分の畑を歩いて横切った。彼はエミンスターとチョーク・ニュートンの間を走る道路の方を見ると，明るい黄色の荷馬車が見えた。2頭の馬が道路に沿って重たい荷車を引いていた。御者は荷車の横を歩いていて，荷車には家具が積まれていた。家具の上には女性が座っていた。彼女は若くてとても魅力的だった。

突然，御者が彼女に「お嬢さん，荷車から何かが(2)落ちました！　取りに戻ります」と声をかけた。

若い女性は静かに待った。彼女は御者を手伝うために荷車を降りなかった。数分後，彼女は御者が戻ってくるか確かめようと，振り向いた。彼は戻ってきていなかったので，彼女は脇にあった小さな包みを開けた。彼女はその包みから鏡を取り出して顔のところへ持ち上げた。鏡を見ると，彼女はほほえんだ。

太陽が女性の赤い上着，彼女のきれいな顔，そして彼女の黒い髪に輝いた。ガブリエル・オークは彼女を見てほほえんだ。その女性は自分の帽子にも髪にも触れなかった。彼女はただ鏡に映った顔を確認してほほえんだ。(I)そのとき，彼女には御者が荷車のところへ戻ってくる音が聞こえた。彼女は鏡を包みの中に入れて彼が馬を進めるのを待った。

荷馬車が進んでいくと，ガブリエル・オークは通り抜けるのにお金を払わなくてはならない門のところまで後についていった。彼が荷馬車に近づいていくと，オークには御者が門のところにいる男と(3)口論しているのが聞こえた。

「この荷馬車は大きいんだ。あなたは追加で2ペンス払わなくてはいけない」と門番が言った。

しかし，若い女性は追加のお金を払おうとしなかった。

オークは2ペンスは心配するにはあまりに少ない額だと思った。彼は門番に2ペンスを支払った。

「これを受け取ってその若い女性を通らせてやってください」と彼は言った。

若い女性はオークを見下ろした。彼女は彼にお礼を言わず，御者に進むように言った。オークと門番は荷馬車が通り過ぎるときに彼女を見た。

「A彼女は美しい女性だね」と門番が言った。

「その通りですね。でも不幸なことに彼女はそのことを知っているんです」とオークは言った。

1年で最も日が短い12月21日の真夜中になろうとしているときのことだった。暗い空には雲1つなく，星が明るく輝いていた。冷たい風が吹いていたが，ノーコウム・ヒルで旅人に聞こえるのは風の音ではなかった。それは音楽の音だった。その音楽はガブリエル・オーク(4)の持ち物である小さな木造の羊飼いの家から聞こえてきた。家の中ではガブリエルが自分のフルートで楽し気な曲を吹いていた。その小さな家は冬と春先に羊飼いに住まいを提供していた。彼は羊の世話をする間そこに泊まった。1年のこの時期は，羊たちが子羊たち(5)を産んでいた。中は暖かくて快適だった。オークは自分の体を暖たく(6)しておくための暖炉を持っていた。そして彼には，パンとチーズとビールがあった。

数分後，オークはフルートを吹くのをやめて，ランプを取り上げてそれぞれの羊を見に外へ出た。突然，彼には自分の農場の隣の畑で光が輝いているのが見えた。ランプの明かりは丘の脇に建てられた牛小屋から出ていた。オークは，その木造の建物の屋根の上に立つまで丘を歩いて下った。彼は屋根の穴から中を見た。

牛小屋の中では，2人の女性が牛たちの脇に座っていた。ランプは牛小屋の床に(7)あった。その柔らかく黄色い光は女性たちと動物たちを照らし出していた。1人の女性は50歳くらいだった。もう1人はもっと若かったが，顔(8)を隠す外套を着ていた。

「もう家に帰ろう。牛たちが大丈夫だといいけど」と年上の女性が言った。

「私たちが裕福だったら，こういうことはお金を払って男の人にやってもらえるのに」と若い方の女性が言った。

「ねえ，私たちは裕福ではないから，自分たちで仕事をしなくてはならないんだよ。それにお前は農場にいるなら私の手伝いをしなくてはならない」と年上の女性が言った。

「おばさん，私は帽子をなくしてしまったの。風が隣の畑に吹き飛ばしてしまったのよ」と若い方の女性が言った。

突然，外套が女性の頭から後ろに落ちて，オークには彼女の黒い髪と赤い上着が見えた。オークはすぐに彼女だとわかった。それは黄色い荷馬車にいた若い女性だった。鏡の中の$_{B}$<u>自分の顔</u>を見るのが好きな女性だった。彼が門のところで助けた女性だった。

基本 問1 全訳を参照。 1 教会へ行ってすること。pray「祈る」を went に合わせて過去形にして入れる。 2 この直後，御者が来た道を戻っていったことから，「何かが落ちた」という意味にする。直前に has があることから現在完了の文と判断し，過去分詞 fallen を入れる。 3 the driver「御者」の動作を考える。heard「聞こえた」とあること，空所の直後に with があることから argue「口論する」を入れる。〈hear ＋目的語＋現在分詞〉で「～が…しているのが聞こえる」となり適切な文意になるので現在分詞の形を入れる。 4 直前の that を主格の関係代名詞と考え，直後の to とのつながりから belong を過去形にして入れる。belong to ～ で「～に所属する，～の持ち物だ」という意味。 5 空所の直後の birth「誕生」に着目。give birth to ～ で「～を生む[産む]という意味を表す。直前に were があることから進行形の文と考え現在分詞を入れる。 6 後に続く him warm から「彼を暖めておく」と考え，keep を入れる。〈keep ＋目的語＋状態を表す語句〉で「～を…(の状態)にしておく」という意味を表す。ここでは to keep 以下が形容詞的用法の不定詞で a small stove を修飾している。 7 直後の on the floor とのつながりから，「ランプが床にあった」という内容を考える。stand には「(物が)立っている，置いてある」という自動詞と，「(物を)置く，立てる」という他動詞の両方があるので，進行形 was standing「(明かりが)置いてあった」も受動態 was stood「(明かりが)置かれていた」も可能。 8 直前の which は関係代名詞。空所に入る動詞の目的語が her face であることから，「彼女の顔を隠す外套」とすると文意が通る。hide を過去形 hid にして入れる。

問2 (Then) she heard the wagon driver returning to the wagon. 〈hear ＋目的語＋現在分詞〉「～が…しているのが聞こえる」の形を使う。the wagon driver「荷馬車の御者」を heard の目的語にして returning to the wagon を続け，「御者が荷馬車に戻ってくる音が聞こえた」という文にすると文脈に合う。

問3 直後のオークの発言「その通りですね。でも不幸なことに彼女はそのことを知っているんです」とのつながりから，2「彼女はとても貧しいからそんな少額のお金を払うこともできない」，3「彼女は魅力的だがもっとよいふるまいをする必要がある」，4「きみはなんて優しい男なんだろう」，5「きみはお金を取り戻すんだ」は不自然。1「彼女は美しい女性だね」を入れると，オークの発言は，「確かに美しいが，残念なことに彼女は自分でそのことを知っている。だから(美しいことを鼻にかけて)態度が悪い」という内容に解釈でき，文脈に合う。オークは御者の手伝いをしなかったり，たった2ペンスの通行料も支払おうとしない女性の態度から，このように思ったと考えられる。2は，この時点ではその女性が貧しいかどうかはわからなかったはずなので，この点でも不適切。

問4 who ～ the mirror が The young woman を修飾する。オークが初めてその女性を見たとき，彼女は鏡で自分の顔を見てばかりいたことから，空所には「自分の顔[姿]」を表す語を入れる。「自分自身」ということなので herself を入れる。

問5　1「人々は，オークが週末を含めて毎日羊の世話をするために熱心に働いていたので彼を信頼していた」(×)　第1段落最終文から，オークは平日は畑で働いていることがわかる。本文後半の最初の段落で，オークが冬から初春の間に羊の世話をしていることが述べられているが，それが1年を通して毎日のことであるという記述はない。　2「荷馬車の御者が帽子を取り戻しに戻っている間，若い女性は心配そうだった」(×)　下線部(Ⅰ)の前の記述から，御者が落とし物を取りに行っている間，女性は帽子をかぶっていたことがわかる。また，ほほえんで鏡で自分の顔ばかり見ていたことから，御者を心配していたとは考えられない。　3「ガブリエル・オークは若い女性を見ているとき，彼はほほえんだが彼女は彼に注意を払わなかった」(○)　女性が御者を待っている場面で，オークが女性を見てほほえんでいたことが述べられているが，女性がオークに何かしら注意を払ったという記述はない。　4「ガブリエル・オークは若い女性にとても惹かれていたので，彼女が彼に追加のお金を払うように頼んだときに断ることができなかった」(×)　オークが女性に追加の通行料を払うよう頼まれたという記述はない。追加の通行料はオークが自ら払った。　5「12月21日に，村では音楽の音が強風によってかき消された」(×)　本文後半の最初の段落第3，4文の内容に合わない。風は吹いていたが，音楽は聞こえる状況だった。
6「寒い日でも家の中はくつろぐことができ，ガブリエル・オークはそこでフルートを吹いていた」(○)　本文後半の最初の段落第６文以下の内容に合う。　7「ガブリエル・オークが牛小屋から明かりが輝いているのを見たとき，彼ははしごで屋根に登って小さな穴から建物の中を見た」(×)　本文後半の第2段落最終文を参照。オークははしごで牛小屋の屋根に登ったのではなく，眼下に牛小屋が見える場所に立ち，屋根の穴から中を見た。　8「牛小屋の中では2人の女性が自分たちの貧しさについて話していて，彼女たちを助けてくれる裕福な男性がいるもっとよい将来を願っていた」(×)　本文後半の第3段落以下の女性たちの会話を参照。若い女性が「私たちが裕福だったら，こういうことはお金を払って男の人にやってもらえるのに」と言っているが，裕福な男性に助けてもらいたいという発言はない。　9「牛小屋にいた若い女性は，ガブリエルに彼が以前荷馬車の中に見たものを思い出させた」(○)　本文後半の第3段落から，牛小屋にいた女性とは，オークが以前見た荷馬車に乗っていた女性であることがわかる。「ガブリエルに彼が以前荷馬車の中に見たもの」とは，その女性のことを指している。　10「ガブリエル・オークはお金を返してほしかったので，その若い女性について忘れることができなかった」(×)　女性が初めて村に来て門を通るときにオークが代わりに追加の通行料を払ったが，オークがそのお金を返してほしいと思っているという記述はない。

Ⅲ　**(長文読解問題・説明文：内容吟味，語句解釈)**

(全訳)　1863年，合衆国は大陸を横断する鉄道に取り組み始めた。レールはすでに東海岸からネブラスカ州のオマハまで通っていた。新しい線路はオマハからカリフォルニアまで続くことになっていた。6年後の1869年に大規模で長期間にわたる作業が完了した。作業者たちは大きな山々や，深い渓谷や，何マイルにもおよぶ砂漠の問題を解決する方法を見つけなくてはならなかった。線路は国の半分を通った。

その計画と同様に壮大なことだが，ロシア人がさらに大規模なことに挑戦した。彼らはシベリアを横断する鉄道を建設したいと思ったのだ。合衆国は，140万平方マイルあまりの広さのシベリアにぴったり収まるほどの大きさだった。その距離を横断する鉄道を建設するという作業を想像してみよう！

その鉄道はロシア皇帝アレクサンドル3世の大きな夢だった。彼は自分の広大な土地を結びつける鉄道を必要としていた。そこで，1891年にアレクサンドル3世が礎石を築き。作業が始まった。その計画では2つの作業班が必要だった。一方は東へ進み，もう一方は西へ進んだ。反対側の海岸から始めて，2つの作業班は中央のある地点で合流する計画だった。

計画では西部のチェリャビンスクから，海岸に近い東部のウラジオストックまで通る線路が必要だった。その距離は世界最長の鉄道になることになっていた―それまでのところでは！ それは4,607マイルに及ぶことになっていた。合衆国の鉄道はその長さの3分の1に満たなかった。

アイルランド人と中国人の作業員が合衆国の鉄道を建設した。しかし，ロシア人は鉄道を建設するのに主に囚人を使った。その人々が行ったずさんな仕事のせいで，その先厄介なことが起こることとなった。

実際に，鉄道の作業員たちは多くの問題に直面した。彼らは広い川を渡ったり，急斜面を登ったりしなくてはならなかった。場所によっては，作業員たちは永久凍土層を掘削しなくてはならなかった。永久凍土層は，凍った土地の地表のすぐ下にあって，一年中凍っている土の層である。

シベリアは寒い冬でよく知られている。この地域は世界で最も低い気温になるところがある。華氏零下40度は普通である。時によっては零下60度まで下がることもある。シベリアの夏も楽ではない。しばしば100度を超える気温になって，とても暑いこともある。春の時期でも，足首までうずまる泥がもたらされて問題となることがある。

この鉄道の建設中に多くの作業員が死んだ。仕事そのもののせいで死んだ者もいる。悪天候のせいで死んだ者もいる。シベリアトラに殺された作業員も少しいた。

鉄道の建設において，自然が唯一の困難ではなかった。政治もまた問題を引き起こした。最初，ロシア人はロシアの領土だけを通る道を欲していた。しかし1896年に，中国とのある協定が署名された。その協定の1つの決定で鉄道が短くされた。線路の一部が中国の北部を通っていたのだ。

それから1904年に，ロシアと日本の間で戦争が勃発した。戦闘は日本がロシアを破った1年後に終わった。日本はまた中国北部を占領した。ロシアはその土地とそこを通る線路の支配権を失った。だから，結局はロシアの鉄道は中国を通ることにはならなかった。ロシアはロシア内だけの道を作るという当初の計画に戻った。1917年，ついに鉄道が完成した。建設には25年を超える歳月がかかっていた。

鉄道は完成する前に開業された。1900年の終わりまでには列車が走り始めた。しかし，道中ずっと問題が起こった。バイカル湖南岸近くの急斜面のせいで，その地域に鉄道を敷くことは困難だった。そこで乗客は列車を降りてフェリーで湖を渡らなくてはならなかった。最終的に，ロシア人は山を通る38のトンネルを建設した。

しかし，最大の問題の1つは列車が線路に安定して乗ることが信用できないことだった。列車は，死なずに済んだ作業員たちによる不注意な作業のせいで，進行中に2回脱線することがしばしばあった。当時の運転手たちはゆっくりと列車を走らせる優れた感覚を持っていた。平均最高時速は時速15マイルだった。そのゆっくりとした速度で，人々はけがをすることはなかったが，カタツムリのような速度のために旅行客は不満を感じた。すべて順調にいっても，大陸を横断する旅は2週間かかることになっていた。しかし，旅は終わるまで常に3週間より長くかかった。

長い年月にわたって，ロシア人たちは大陸横断シベリア鉄道を改善した。2本目の線路が1939年に敷かれ，それは今日でも使われている。

今では，モスクワで列車に飛び乗って，日本海東岸までずっと乗っていくことができる。人々は，今日では過去よりもはるかに鉄道を信頼している。しかし，すんなり進んでも，終わるまでには少なくとも170時間－7日よりも長くかかる。

真の鉄道ファンにとって，大陸横断シベリア鉄道に乗ることは不可欠のことである。こうした人々のほとんどは乗ったと言うだけのために旅をする。確かに，景色のために旅をする人は誰もいない。少なくとも，さまざまな景色のためにそれに乗る人はだれもいない。シベリアは1つの広大な何もない平地なのだ。「何もない場所」という句を思いついた人なら誰でも，心にシベリアを思ったにちがいない。ある作家が，「強制された行進のけだるいリズムにのって，小屋，木，小屋以外には何も通り過ぎない」と端的に言っている。

それでも，その鉄道はロシアの発展に重要な役割を果たしてきた。それは移住者にシベリアを切り開いた。それはまた，産業にも役立った。シベリアは天然資源が豊富だからだ。そこには豊富な石油，石炭，天然ガス，そして鉄がある。鉄道がシベリアの採掘の中心地とロシアの主要な商業地域を結んできたのだ。その鉄道がなければ，シベリアの自然の恵みは手つかずのままで，ほとんど使われることはないだろう。

その鉄道はシベリアとヨーロッパロシアの間のライフラインになっている。この重要な偉業は，アレクサンドル3世の最大の夢さえも超えているかもしれない。

問1　下線部の these men はシベリア鉄道の建設に従事した作業員たちを指す。彼らのずさんな作業の結果としてのちに起こったことが述べられている箇所を探すと，第12段落第2文に「列車は，死なずに済んだ作業員たちによる不注意な作業のせいで，進行中に2回脱線することがしばしばあった」とある。「10語」という指定があるので，このことを間接的に表している，前文の the trains couldn't be trusted to stay on the tracks「列車が線路に安定して乗ることが信用できない」が該当箇所。

問2　下線部は permafrost という語について，「凍った土地の地表のすぐ下にあって，一年中凍っている土の層」と説明している文。このような土の層は「永久凍土層」と呼ばれる。

重要 問3　1　ア）　第１段落第2文を参照。1863年の時点で，鉄道はすでに東海岸からネブラスカ州のオマハまで通っていて，カリフォルニアまでの建設はオマハから始まった。　イ）　第2段落第3文の内容に合う。　2　ア）　第3段落第1，2文の内容に合う。　イ）　第4段落最後の2文にシベリア鉄道の全長と合衆国の大陸横断鉄道の長さに関する記述がある。アメリカの大陸横断鉄道は1869年に完成しており（第1段落第4文），計画ではシベリア鉄道が完成すると全長4,607マイルで，合衆国の大陸横断鉄道の全長はその3分の1に満たないとあるので，1,600マイルよりも短かったことになる。　3　ア）　第3段落第3文を参照。アレクサンドル3世の号令でシベリア鉄道の建設が始まったのは1891年である。　イ）　第7段落第4，6文の内容に合う。　4　ア）　第10段落を参照。ロシアと日本の戦争は1904年に始まって翌年1905年に終わっている。その後，日本が中国北部を占領したために，ロシアは結局ロシア国内だけを走る鉄道の計画に戻ったことが述べられているので，合っている。　イ）　第11段落第5文の内容に合う。　5　ア）　第12段落最終文の内容に合う。　イ）　第14段落最終文を参照。今日でも，シベリア鉄道でモスクワから日本海まで行くのに7日よりも多くかかると述べられている。　6　ア）　第15段落第5文から，シベリアの風景は変化に乏しいことがわかる。　イ）　最終段落最終文を参照。シベリア鉄道が資源開発に貢献したことは，アレクサンドル3世の夢を超えるものだった。

Ⅳ　（語彙問題：語句選択補充）

1　「首相は春に人々が家に留まることを強制する全国的な封鎖を求め，そのことは子供たちが数か月間学校に行けなくなる結果となった」 lockdown はある場所に閉じ込めて外に出られない状態にすること。

2　「合衆国大統領は国内外で人々の暮らしに大きな影響力を持つので，11月3日に選挙が行われたとき，その結果はだれにとっても重要だった」 election「選挙」

3　「COVID-19 の急速な増加が3週間以内に制御できなければ，日本は緊急事態を宣言するしか選択の余地はないかもしれない」 state は「状況，事態」，emergency は「緊急の状況」という意味で。a state of emergency で「緊急事態」の意味を表す。

4 「気候変動は世界のすべての地域に影響がある。極地の氷が解けていて海面が上昇している。極端な天候や降雨が普通になってきている地域もあれば，極端な熱波を経験することが増えている地域もある」 climate は「気候」という意味。climate change で「気候変動」の意味を表す。

5 「宇宙航空研究開発機構のメンバーたちは，無人観測宇宙船はやぶさ2から地球に送られたカプセルを発見した」 capsule「カプセル」

6 「コンビニエンスストアやスーパーマーケットを含め，日本中の店が環境保護に役立てるように，買い物客にビニール袋の代金を請求するよう求められた」 plastic「ビニール[プラスチック]の」

7 「『ブラック・ライヴズ・マター』は2013年に合衆国で形成された，人種差別と暴力に反対する国際的な社会運動である」 Black Lives Matter は社会運動の名称。black は「黒人の」，lives は life 「命」の複数形，matter は「重要だ」という意味の動詞で，直訳すると「黒人の命は大事だ」となる。黒人男性が警官によって不当な扱いを受けて死亡した事件をきっかけにして起こった運動。

8 「『持続可能な開発目標』は，2015年に貧困を終わらせ，地球を守るための行動への世界共通の呼びかけとして，すべての国連加盟国によって同意された」 Sustainable Development Goals は国連が定めた国際的な目標。

9 「2020年のノーベル平和賞は飢餓と戦う努力に対して国際連合世界食糧計画に授与された」 the World Food Programme は，食糧援助と天災などの被災国への緊急援助によって経済・社会の開発を促進する国際的な機関。

10 「多くの企業での努力にもかかわらず，日本での COVID-19 ワクチンは近い将来に使用できるようになりそうにない」 vaccine「ワクチン」

V **（語句選択補充問題：前置詞，受動態，接続詞，現在完了，関係代名詞，動名詞，不定詞）**

1 「次の火曜日までに論文を提出してください」 hand in 「～を提出する」。論文を提出する期限を表すように by 「(期限)までに」を入れる。until は「(ある時)まで(ずっと)」と「期間」を表すので不適切。

2 「彼はパジャマでパーティーに来たとき，友人たちに笑われた」「～を笑う」は laugh at ～ で表す。受動態で用いる場合も at が必要。

3 「彼女はドイツ出身ではなくフランス出身だ」 not A but B 「AではなくB」。

4 「あなたは今までずっとどこへ行っていたのですか」 all this while「今までずっと」とあることから，have been to ～「(今まで)～へ行っていた」が適切。Where で「どこへ」の意味なので「(場所)へ」を表す to は不要。

5 「鎌倉はその寺で有名な町だ」 空所以下が the city を修飾する文と考えると文意が成り立つこと，空所直後に動詞 is があることから主格の関係代名詞 which を入れる。

6 「すみませんが，あなたが私に送ったメールが私のコンピューターから削除されてしまいました。もう一度送っていただけますか」 Would you mind ~ing(動名詞)? で「～してくれますか」と依頼する意味を表す。mind は「～を嫌がる[気にする]」の意味の動詞で，動名詞を

7 「電車に乗り遅れないようにできるだけ早くここを出なさい」 〈so as to ＋動詞の原形〉は「～するために」という意味で目的を表す。不定詞の否定形は〈to ＋動詞の原形〉の前に not を置くので so as not to ～ の形にする。「～しないように」という意味になる。

8 「試合中に選手の1人が転倒した後に病院へ連れていかれた」 受動態の文。主語は one で単数で，after 以下から過去のことを表していることがわかるので was を入れる。

重要 **VI** **（語句整序問題：不定詞，比較，完了形，間接疑問文，助動詞）**

1 (She) was kind enough to show me the way. 「彼女は親切にも私に道を教えてくれた」 〈形

容詞[副詞]＋ enough to ＋動詞の原形〉で「～するのに十分なほど…，…なことに～してくれる」という意味を表す。

2　Nothing is more important than health.「(祖母が入院していて気の毒に思う。)健康より大切なものはない」 nothing を主語にして，「健康が最も大切だ」という内容の文を作る。than があるので比較級 more important を使って表す。

3　My friend had broken his nose [while he was playing football yesterday.]「私の友達は，昨日フットボールをしている間に鼻を骨折していた」 while 以下が過去の内容を表しているが，与えられた語句に過去分詞 broken があることから過去完了〈had ＋過去分詞〉にする。

4　I wonder what the weather is like.「(彼らは今，山にいる。)天気はどうなのだろう」 I wonder ～. は「～なのだろうか」という意味で，疑問に思う気持ちを表す表現。後に間接疑問を続けて用いる。この場合の like は「～のような」の意味。like what で「どのような」の意味になるが，間接疑問で what が前に出て文末に like が残る。

5　(You) had better not fall asleep (in the train.)「電車の中で寝込まない方がいいですよ。降りる駅を乗り過ごしてしまいます」「電車の中で寝込まない方がよい」と忠告する文にすると後の文とのつながりが自然になる。had better「～した方がよい」は助動詞と同じ働きをするので，「～しない方がよい」と否定の意味にするときは better の後に not を置く。

★ワンポイントアドバイス★

[I]の問2のような脱文補充問題では，本文を読んでから入る文を考えるのではなく，本文を読み進めながら当てはまりそうなものを順に選ぶのがよい。不自然な箇所があれば一度他の箇所に入れたものを確認できるので，正解率も高まる。

＜国語解答＞ 《学校からの正答の発表はありません。》

問一　1　しっかい　2　判然　3　ひなた　4　難儀　5　無邪気　6　鉄瓶　7　機嫌　8　裾　9　ぎょうさん　10　内裏　11　ごぶ　12　瞬　13　覆　14　膨　15　ついば　問二　a　愛　b　念　c　雲　d　春　e　威　f　口　g　浮　h　兄
問三　(一)　イ　(二)　文鳥はこの　(三)　(例)　現状に満足していない　問四　a　ウ　b　イ　c　エ　d　オ　e　ク　問五　(例)　文鳥と籠を「自分」に買わせ，「三重吉」自身もいくばくかのお金を手に入れようという下心。　問六　(例)　五円を確かに支払ったのだから，文鳥も籠もすぐにやってくるのだろうと期待する気持ち。　問七　Ⅰ　エ　Ⅱ　ウ　Ⅲ　ア　Ⅳ　イ　問八　(例)　自分の身に何が起きているのか[自分が何をされているのか]
問九　(一)　(例)　世話をする人間次第で生死を左右される心もとないもの。
(二)　(例)　文鳥の身を案じ，一刻も早く安全な場所に移そうとする行動。　問十　(例)　鳥籠を猫に倒され，突然のことに驚き，恐怖にふるえながら自分を支えている様子。
問十一　(例)　自分には文鳥の世話がうまくできず，家人による世話も期待できないので，文鳥を引き取ってもらえないだろうか。　問十二　(例)　「そうして」の前では，籠の中の様子から文鳥の死を予感し，後では，硬くなった姿を見て，文鳥の死を認識している。
問十三　X　古代の聖徒　f　キ　g　イ　h　サ　i　エ　問十四　(例)　下女に「勝手に持って行け」と言ったら，「台所(勝手)」へ持って行ったということ。　問十五　(一)　省略

(二) (例) ・文鳥を埋めたあとの土の盛り上がりは，「土手」というには不似合いな小さなものであること。 ・小さな盛り土は，人が「登る」というようなものではないこと。
問十六 (例) 死んだ文鳥は可哀想だが，文鳥はまた，その死によってもたらされる淋しさを「先生」に与えたということ。 問十七 自分は机の

○推定配点○
問一・問二・問四・問七・問八・問十三 各1点×38 問三 各2点×3
問八・問九・問十五・問十七 各3点×7 他 各5点×7 計100点

＜国語解説＞

(小説一漢字，脱文・脱語補充，文脈把握，内容吟味，情景・心情，要旨，表現，要約)

問一 1 「悉皆」は，すっかり，残らず，という意味。「悉」を使った熟語はほかに「知悉」など。訓読みは「ことごと(く)」「つぶさ(に)」。 2 「判然」は，はっきりとよくわかること。「判」を使った熟語はほかに「判断」「判明」など。 3 「日向」は，日のあたる場所，という意味。「日」の訓読みはほかに「か」。音読みは「ジツ」「ニチ」。熟語は「祭日」「日時」など。

4 「難」を使った熟語はほかに「難解」「難航」など。訓読みは「むずか(しい)」「かた(い)」。

5 「無邪気」は，いつわりなく，素直なこと。 6 「鉄瓶」は，鉄で作った湯を沸かす道具。「瓶」を使った熟語はほかに「花瓶」「土瓶」など。 7 「嫌」を「ケン」と読む熟語は「嫌悪」「嫌疑」など。訓読みは「いや」「きら(う)」。 8 「裾」は，衣服の下の縁のこと。音読みは「キョ」。 9 「仰山」は，おおげさな様子のこと。「仰」を使った熟語はほかに「仰臥」「大仰」など。音読みはほかに「コウ」。訓読みは「あお(ぐ)」「おお(せ)」。 10 「内」を「ダイ」と読む熟語はほかに「境内」「参内」など。音読みはほかに「ナイ」。訓読みは「うち」。 11 「一寸」は3.03cm,「一分」はその10分の1なので,「一寸五分」は，約4.5cm。 12 「瞬」の訓読みはほかに「またた(く)」。音読みは「シュン」。熟語は「瞬時」「瞬発力」など。 13 「覆」の訓読みは「おお(う)」「くつがえ(す)」「くつがえ(る)」。音読みは「フク」。熟語は「覆面」「転覆」など。

14 「膨」 の訓読みは「ふくらむ」「ふくれる」。音読みは「ボウ」。熟語は「膨大」「膨張」など。

15 「啄」の音読みは「タク」。熟語は「啄木」で，「キツツキ」のこと。

問二 a 「愛想を尽かす」は，いやになる，という意味。 b 「念を押す」は，相手に十分に確かめる，という意味。 c 「雲を攫むような」は，漠然としてとらえどころのないこと。 d 「小春」は，晩秋のこと。 e 「威勢よく」は，元気で勢いがある様子で，という意味。 f 「宵の口」は，日が暮れて間もない時のこと。 g 「浮かぬ顔」は，心配事があって晴れ晴れとしない顔のこと。 h 前に「三重吉は豊隆を従えている」とあることから，「豊隆」は「三重吉」の後輩であるとわかるので,「兄貴分」とするのが適切。

問三 (一) 「伽藍」は寺院の建物のことなので，イの「死そのものに向き合うおごそかな場所」が適切。本文最後で，「文鳥」を死なせてしまった無念さや淋しさが描かれている。文鳥の「死」と向き合う場所になることを暗示するように「伽藍」と表現されているのである。

(二) 「片づけた顔」と似た表現は，「[Ⅱ]……」で始まる段落に「文鳥はこの華奢な一本の細い足に総身を託して黙然として籠の中に片づいている」とある。すっきりと落ち着いた顔ではあるが退屈している様子の「自分」と，籠の中で静かに落ち着いた様子でいる「文鳥」を対比させているのである。 (三) 「頬杖」をつく様子からは，退屈で時間を持て余す心情がうかがえる。籠に中の「文鳥」については，「いっこう不平らしい顔もしなかった」「狭い籠を苦にもしないで，二本の止まり木を満足そうに往復していた」とある。狭い籠の中でも満足そうに落ち着

いている「文鳥」に対して,「自分」は現状に満足しておらず,時間を持て余し退屈しているのである。

問四 「是非お飼いなさい」「今度は籠をお買いなさいと言いだした」とあることから,「飼う」と「買う」の同音の言葉のやりとりを楽しんでいる様子がわかるので,aは「飼わせたい」,bは「買う」,cは「買わせたい」が入る。後で「買いなさい」と言っているので,eは「買いなさい」が入る。eの前に「言葉のやりとりを楽しむように」とあることから,dは,「買う」と同音の「飼う」が入ると考えられるので,「飼いたくない」が入る。

問五 「下心」には,ひそかに持っている本心,悪だくみ,という意味がある。「文鳥」と「籠」を買うことを「自分」に勧めながら,「好いのは二十円ぐらいする」「どこの鳥屋にでもあります」「籠はその何ですよ,なにどこにかあるでしょう」などと漠然としたことを言っていることから,文鳥も籠も出所がはっきりしない様子がわかる。文鳥や籠を「自分」に買わせて,その代金の一部あるいは大半を自分の懐に入れようとたくらんでいるのである。

問六 「手に落ちる」は,人の所有物になる,という意味。「三重吉」の手に渡った,ということである。直後に「しかし鳥と籠とは容易にやって来ない」とある。文鳥と籠の代金として五円を渡したのに,鳥と籠はなかなかやって来ない,とあることから,金を渡したのだから,鳥と籠はすぐにやって来るのだろという期待が読み取れる。

問七 Ⅰ 直後に「文鳥も淋しいから鳴くのではなかろうかと考えた」とあるので,エが入る。 Ⅱ 直後に「書きかけた小説はだいぶんはかどった」とあるので,ウが入る。 Ⅲ 前に「ふと妙な音が耳に入った」とあり,直後には「文鳥が行水を使っていた」とあることから,書斎から移動したことがわかるので,アが入る。 Ⅳ 直後の「翌日は何だか頭が重いので」につながる内容としては,イが適切。

問八 「文鳥」については,直前の段落に,籠の上から如露の水をかけられて「絶えず眼をぱちぱちさせていた」とあり,直前には「裏二階から懐中鏡で女の顔へ春の光線を反射させて楽しんだことがある」「女は薄紅くなった顔を上げて,……不思議そうにマバタきをした」とある。「この女と文鳥」はともに,何をされているのかわからず戸惑っているのである。

問九 (一) 直前に「しかしよく忘れられる。ある時は……。ある晩餐会があって遅く帰ったら,……鳥籠がしんとして,箱の上に乗っていた」とある。世話をする人間に忘れられれば,命も落としかねないような,頼りない存在であることが表現されている。 (二) 大急ぎで何かをする様子である。文鳥を心配して大急ぎで鳥籠を箱の中にしまおうとする様子である。

問十 「しのびやか」は,人目に立たずひそやかである様子のこと。直前に「籠は箱の上から落ちている。そうして横に倒れている。水入れも餌壺も引っ繰り返っている。粟は縁側に散らばっている」とある。猫に籠を倒され,恐怖を感じひっそりしている様子を「しのびやか」と表現しているので,文鳥が恐怖を感じている様子を表現すればよい。

やや難 問十一 直前に「文鳥はまたちちと鳴いた。出て見たら粟も水もだいぶん減っている」とあり,その前には「翌日文鳥は鳴かなかった。……長らく止まり木の上を動かなかった」とあることから,猫に鳥籠をひっくり返されてから,すっかり元気をなくした文鳥を飼う自信がなくなり,文鳥を三重吉に引き取ってほしいと言おうと思っていたが,元気を取り戻したことがわかり,考え直したと考えられる。前に「うまく飼えるか不安ではあったが,家の者の世話も期待することにした」とあることもふまえ,文鳥をうまく飼える自信がなく家人の世話も期待できない状態であることを理由に文鳥を引き取ってほしいという旨をまとめればよい。

問十二 「そうして」の前には「空になった餌壺」「空しく橋を渡している二本の止まり木」と,文鳥の不在を感じさせる様子が描写されており,後には「横たわる硬い文鳥」と,文鳥の死がはっきりと描かれているので，その対比をはっきりさせて表現すればよい。

問十三　文鳥の死を受けとめ，文鳥のなきがらを静かに大切に扱う様子と，それを知らせるために鳴らす手の音の大きさを対比させた表現である。文鳥の死を受けとめる様子なので，fには「生き物の定め」，gには「厳粛」が入る。その心情とは対照的な大きな音を立てているので，hには「知られたくない」，iには「攻撃的」が入る。Xには，死を厳粛に受けとめる人物を表す語が入ると考えられるので，「自分の指から」で始まる段落の「古代の聖徒」が入る。

やや難 問十四　「勝手に持って行け」と言ったら「台所の方へ持って行った」とある，台所は「勝手」とも言うので，「勝手」と「勝手(台所)」という同音異義語のおもしろさを説明すればよい。

問十五　(一)「小さい公札が，蒼い木賊の一株と並んで立っている。高さは木賊よりもずっと低い」とある。前に「子どもが文鳥を埋めるんだ埋めるんだと騒いでいる」とあることから，文鳥のなきがらを埋めたあとの盛り土に札を立てていることがわかる。小さな盛り土とその上に立った札，その横には木賊(竹のように節があり，鉛筆ほどの太さで，一メートルほどの高さ)が立っている，という絵を描けばよい。　(二)「言葉の上でのおもしろさ」とあり，ここでは「土手」「登る」という言葉に着目できる。小さな文鳥を埋めた後の盛り土は「土手」という表現には不似合いな小さなものであると考えられ，人が「登る」ようなものではないので，この二点を指摘すればよい。

問十六　文鳥は「先生」に可哀想なことをした，という文脈になるので，文鳥は，死によって「先生」に悲しみや淋しさを与えた，という内容にすればよい。

やや難 問十七　「女」については，「昔美しい女を知っていた」で始まる段落に「縁談のきまった二三日後である」とあり，「『例の件』の女」については，「翌日目が覚めるや否や」で始まる段落に「いくら当人が承知だって，そんな所へ嫁にやるのは行く末よくあるまい。……世の中には満足しながら不幸に陥って行く者がたくさんある」とある。この女たちの行く末の「不幸」を暗示するように，「自分は机の方へ向き直った」で始まる段落に「『家人が餌をやらないものだから，文鳥はとうとう死んでしまった。たのみもせぬものを籠へ入れて，しかも餌をやる義務さえ尽くさないのは残酷の至りだ』」とある。

★ワンポイントアドバイス★

問題数が多めなので，時間配分を考え，最後までしっかりやり抜く持久力を身につけよう！　記述問題が多いので，難易度の高い問題集で多くの問題にあたり，要約の練習を重ねよう！

2020年度
★★★★★★★★★★★★★★★★★★★★★★★★

入　試　問　題

2020年度

慶應義塾志木高等学校入試問題

【数　学】（60分）　＜満点：100点＞

【注意】 図は必ずしも正確ではない。

1 次の問いに答えよ。

(1) Tokyo2020の９文字を１列に並べる。T，k，y がこの順に並ぶ並べ方は何通りあるか。

(2) $18\times19\times20\times21+1=m^2$ を満たす正の整数 m を求めよ。

2 座標平面上に２点A（－３，０），B（１，４）があり，直線ABと y 軸との交点をCとする。次の問いに答えよ。

(1) x 軸上の点Pと△BCPを作り，その周の長さが最小となるとき，点Pの x 座標を求めよ。

(2) y 軸上の点Qと△BCQを作り，その面積が(1)の△BCPと同じ面積となるとき，直線BQの方程式を求めよ。

3 ある洋菓子店では，シュークリームとプリンを売っている。今月は両方とも先月よりも多く売れた。今月は先月に対して，シュークリームは10%，プリンは15%，売り上げ個数がそれぞれ増加し，プリンの増加個数はシュークリームの増加個数の２倍となった。また，今月のシュークリームとプリンの売り上げ個数は合計3239個であった。先月のシュークリームとプリンの売り上げ個数をそれぞれ求めよ。

4 正三角形PQRが円に内接している。図のように辺QR上に点Sをとり，直線PSと円との交点をTとする。PT＝３，QT＝２，TR＝１ であるとき，次の問いに答えよ。

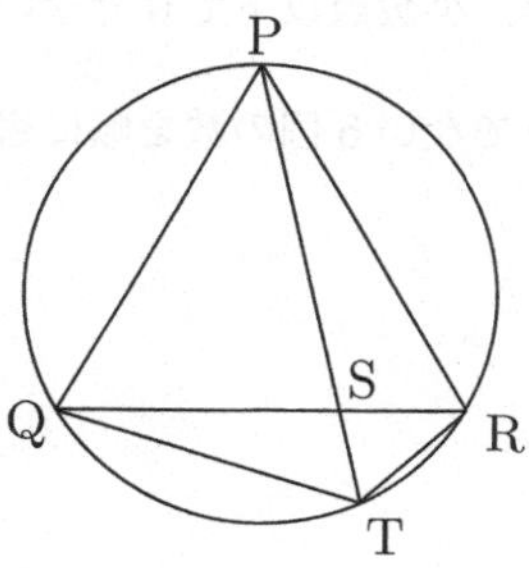

(1) 正三角形PQRの１辺の長さを求めよ。

(2) △RSTの面積を求めよ。

5　放物線 $y=ax^2(a>0)$ 上に２点A$(-1,\ a)$，B$(2,\ 4a)$ があり，y 軸上に点C$(0,\ 8)$ があって，△ABCは AB＝AC の二等辺三角形である。辺ABと y 軸との交点をDとし，また，辺BC上に点Eがあって，直線DEが△ABCの面積を二等分している。次の問いに答えよ。

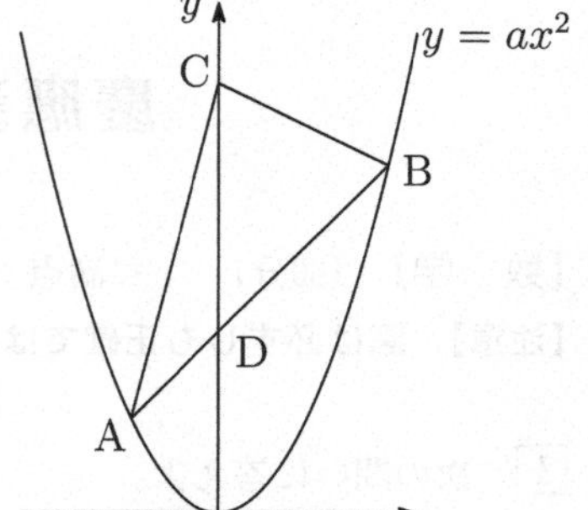

⑴　a の値を求めよ。

⑵　BE：EC を求めよ。

⑶　点Eの座標を求めよ。

6　図のように，１辺の長さが a の正方形ABCDを底面とする正四角柱を平面EFGHで切った立体がある。AE＝$2a$，BF＝a，CG＝$3a$ であるとき，次のものを a を用いて表せ。

⑴　この立体の体積 V

⑵　四角形EFGHの面積 S

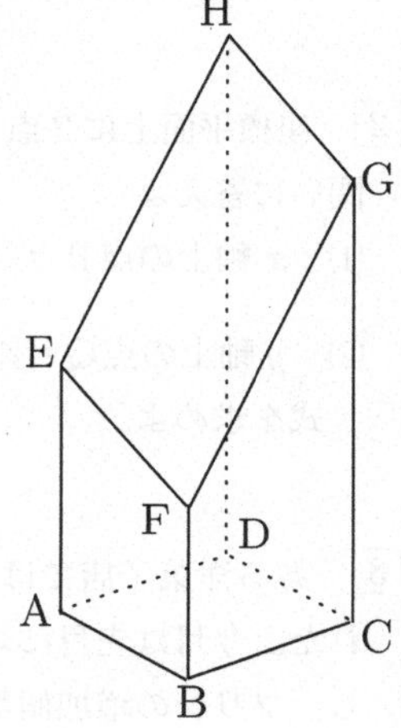

7　次の問いに答えよ。

⑴　分数 $\dfrac{1}{998}$ を小数で表したとき，小数第13位から小数第15位までと，小数第28位から小数第30位までの，３桁の数をそれぞれ書け。

⑵　分数 $\dfrac{5}{99997}$ を小数で表したとき，小数点以下で０でない数が初めて５個以上並ぶのは，小数第何位からか。また，そこからの０でない５個の数を順に書け。

【英　語】（60分）　<満点：100点>

I　次の文を読んで後の問に答えなさい。

The touch of Mr. Lee's needle felt gentle as a feather as it was stuck into Paul's right ear. Paul was surprised that he felt no pain, only a little itch. That wasn't too bad. He did not (1) as two more needles were put into position. Then the same was done to his left ear. Paul was (2) to relax for a while as the needles did their work. Mr. Lee read a magazine and Paul, though conscious of the needles hanging from his ears, sat in his chair and stared (a) the window.

He saw bright sunlight, bright colors and streets lined with trees and many kinds of brilliant flowers. He could see tourists buying delicious snacks from street sellers. Shops displayed everything from pots and pans to paper toys, often outside where shoppers could see more easily. Everywhere he looked it seemed there were large paper signs in letters of red and gold advertising the latest festival. People were not (3) for the cold and wet, they were wearing light summer clothes and only wore hats to shade themselves from the sun.

Paul thought about his life as it had been only two weeks before. He thought of the views he had then from his office windows: the grey winter skies, the wet crowded streets and the few leafless trees which lined the streets of the London suburb he (4) in. At five in the evening he would have been looking forward to the end of his working day at the small college where he had taught Business Studies for the last ten years. He would be lighting up his twentieth cigarette since breakfast and looking forward to another cup of strong coffee before he finally went back to his lonely apartment. He had been bored, bored, bored. His whole life had felt [A]. How completely (b) that was from the view which now met his eyes! Paul Russel was glad he had moved to Singapore.

He felt so good about it that he had finally (5) to give up smoking, with a little help from Mr. Lee's *[1]acupuncture center. He had always wanted to give up the bad habit but had, somehow, always found a (c) to continue, such as the stress of work or the end of yet another failed relationship with a girlfriend. [B] It would be a good timing with the fresh start he had made in his life as a lecturer in a respected Singapore college. New job, new life. And what better way to give up than through the use of the ancient art of acupuncture? After all, it has been (6) in the East for over a thousand years.

Acupuncture involves the use of fine needles placed into particular points on the body that are said to be the focus of important channels of life energy called *chi*. The needles then direct this *chi* into its proper place. It is said that many illnesses and bad habits are the result of *chi* being *[2]disturbed or blocked. Acupuncture tries to correct such disturbances and (7) the blocked *chi*. That's what they say.

Ten minutes later, Mr. Lee removed the needles from Paul's ears. Paul stood up and (8) his arms. (I)He was not sure (ア) his ears had to do (イ) his smoking, but he was prepared to trust the expert advice of Mr. Lee. Why shouldn't he?

"How do you feel now, Mr. Russell?" asked Mr. Lee. (II)He was a [appeared / who / be / man / sixty / to / short / about], and he had to look up to speak to the tall figure of Paul. "Do you still want a cigarette?"

Paul was disappointed to discover that he did want a cigarette, but he was too polite to say so. Instead he (9) for further treatment in three days' time. In the meantime, he had to take some powder and drink it in hot water at home. "It will help to direct your *chi*," Mr. Lee promised him.

When Paul got home and tasted it he nearly spat it out. It tasted like mud. But he was determined to finish it and finish it he did. Normally, (III)his first reaction to unpleasant experiences was to have a smoke. (d) his surprise, he found he did not experience his usual automatic desire to reach out for a cigarette. He still wanted one, but he did not feel as if he would (10) crazy without one. He could manage.

［注］ *[1] acupuncture：鍼（針）治療　*[2] disturb：乱す

問１．（１）～（10）に入る最も適切な動詞を次の語群から選び，必要ならば活用させて答えなさい。ただし，同じ語を２度以上選んではならない。

【 clear / leave / decide / dress / go / stretch / arrange / complain / use / work 】

問２．（ａ）～（ｄ）に入る最も適切な語をア～オからそれぞれ選び，記号で答えなさい。

（ａ）：ア．at　イ．over　ウ．in　エ．through　オ．below
（ｂ）：ア．exciting　イ．hard　ウ．lovely　エ．hopeless　オ．different
（ｃ）：ア．right　イ．reason　ウ．desire　エ．purpose　オ．proof
（ｄ）：ア．With　イ．In　ウ．By　エ．For　オ．To

問３．［ A ］には，色を表す形容詞が入ります。文中から最も適切な１語を抜き出しなさい。

問４．［ B ］に入る最も適切な文をア～エから選び，記号で答えなさい。

ア．But it must have been so easy.
イ．Therefore he had lost interest.
ウ．This time he was serious.
エ．Then it was not exciting for him.

問５．下線部(I)が以下に与えられた日本文とほぼ同じ意味を表すように，（ア），（イ）に最も適切な語をそれぞれ入れなさい。

「耳が喫煙とどのような関係にあるのか，彼にはよくわからなかった」

問６．下線部(Ⅱ)が最も適切な文になるように［　］内の語を並べ替えなさい。
問７．下線部(Ⅲ)をわかりやすい日本語に直しなさい。
問８．本文の内容と一致するものをア～キから２つ選び，記号で答えなさい。

ア．Mr. Lee の鍼治療は全く苦痛を与えるものではなかったが，かなり疲労感を覚えたので，Paul は椅子に座ってしばらくの間休憩する必要があった。

イ．Paul が訪れた鍼治療センターの窓から見える街の眺めは実に明るく華やいだもので，太陽の光が降り注ぐ中，通りを行き交う人々の服装もまた，軽やかで夏向きのものだった。

ウ．ロンドンの中心部にある大学で経営学を教えていた Paul がシンガポールに来た主な目的は，現地の大学で講演するとともに鍼治療を受けることだった。

エ．Paul が教授として勤務していた大学はロンドン郊外の田園地帯にあったので，仕事が終わった後，研究室の窓から見える豊かな自然の風景に，彼の心は日々癒されていた。

オ．Paul はシンガポールで人生の再スタートを切ることになったので，心機一転，これまでの生活習慣を改め，禁煙する決心をした。

カ．Paul は Mr. Lee に治療の後でタバコを勧められた時，どうしようもなく吸いたい気持ちになったが，失礼だと思い，その勧めを丁重に断った。

キ．Paul は鍼治療を行った場所にパウダーをつけ，Mr. Lee に治療の後に指示されたとおりに，家に帰って３日間温かいお湯を飲むことで気の流れを整えた。

Ⅱ　次の英文は，投資会社に勤務する男性が行方不明になった後，警察に語った内容である。英文を読み，後の問に答えなさい。

Two years ago, the old department head moved to another firm. I'd worked at Ocean Star for over eight years and I thought I had a good chance of getting the job. [1] - the president, Lorraine Houston, had decided to bring in someone new. Someone who didn't care who he hurt.

So I went on with my work and did what was necessary. After she brought Steinmann in the firm as the head of department, it was making even more money than before. Houston thought [2], but people who were working with me thought the opposite. Steinmann loved to push people hard.

A year ago, I asked Steinmann how the firm could continue paying so much money to its clients. The money our department made from clients' investments wasn't that high. [3] and still didn't understand. Where was the money coming from? I was worried, but Steinmann promised me that there were no problems. He said, "Just do your job and don't ask too many questions. She knows what she's doing on the top floor."

The "top floor" is where Lorraine Houston has her offices. Steinmann hoped to get his own office there some day. It seemed impossible to talk to him, so I kept my mouth shut. Time passed and Ocean Star went on paying out big money to its clients. Then, on Friday morning last week, [4] that could destroy the firm and send Lorraine Houston to jail.

[5]. I got a letter from Houston's office. At first I didn't understand why I'd been sent a hard copy of the *accounts - usually everything like that is sent through office email. I soon realized that it had been a mistake. Houston's personal assistant had sent me an envelope which was meant to go to the vice-president.

[6], but I continued reading. As I read, I was more and more surprised as everything there was new to me. Now I understood that the public accounts weren't the truth. These were secret accounts, which weren't on computer. They showed that Ocean Star was using the money from its new clients to pay the old ones. Now I understood how Houston had so much to spend on her cars, homes, clothes and vacations.

I didn't like the idea, but I thought I should talk with Steinmann. [7], so I made a copy of the accounts to show him. What about the ones I'd received? How could I get the information out of the building safely? I had an idea - I put the accounts in an envelope and addressed it to my old friend Frank Van Zandt. Then I left the building for five minutes and dropped the envelope in the nearest mailbox.

Later that morning, I spoke with Steinmann, and gave him the copy of the accounts. He was soon very interested. He laughed and said, "So that's how she does it. [8]. I'll go straight upstairs and talk with Houston. With this information, I could make a lot of money. Maybe I'll share some with you."

His plan was to ask Houston to pay him to keep quiet. [9] and tried to make him change his mind. But he refused. He wouldn't listen to me and went up to the top floor. Now I knew that I could be in real trouble because Steinmann had gotten the accounts from me. I wasn't sure what to do, but my first move was to get out of the office quickly.

I told my personal assistant that I'd had a terrible headache all day and had to go home. Back home, I waited a couple of hours, then made some phone calls. First I called Steinmann's personal assistant. She told me that Steinmann's desk was empty and his computer was gone, but she couldn't tell me anything more. I sent Steinmann an angry email to his home computer. I wrote something like, "I didn't think [10]. I can't believe what you've done."

The next day, I felt bad about what I'd said in the email, so I tried to phone Steinmann. His wife answered and told me that he hadn't come home, and she was very worried. That night, I stayed up late thinking about what I should do. Just before midnight I got a call. Someone said, "You have information which belongs to the firm. Return this information to Ms. Houston by midday tomorrow if [11]."

How could I return the accounts? They were in the U.S. Mail. So I thought the safest thing to do was to hide. I wrote a note for my wife and left in the middle of the night. Looking back, maybe it wasn't the most intelligent decision. [12], left by the back entrance, took a cab to Frank Van Zandt's place. I can promise you I left my car on Henry Street. I told Frank to expect the letter with the accounts, then I checked into a hotel. On Monday morning I took out $10,000 from the bank so I wouldn't need to use any credit cards. A few days later, I watched the news that Steinmann was found to be dead in my car.

［注］ *accounts：会計書類

問．文中の [1] ～ [12] に入る最も適切なものをア～シから選び，記号で答えなさい。ただし，同じものを２度以上用いてはならない。なお，文頭の語も小文字になっている。

ア．you could be so stupid	イ．he was wonderful
ウ．I became really angry with him	エ．you've done the right thing
オ．I packed a bag	カ．I knew I had to be careful
キ．it happened by chance	ク．I was wrong
ケ．I did the math again	コ．I received information
サ．you want to stay alive	シ．I knew I shouldn't

Ⅲ 次の英文を読んで後の問に答えなさい。

If you have an iPod or a phone that plays music, the Sony Walkman may look like ancient history. But when it came out forty years ago, it completely changed how people listened to music.

Before the Walkman came out, there wasn't really a good portable way to listen to music. Small portable radios were common, but they didn't sound good and usually came with just a small earphone that went in one ear.

There were boomboxes - large music players which sounded good and could be turned up loud. But they were huge and heavy. And almost any way someone could listen to music meant that everyone around them would have to listen to their music, too.

On July 1, 1979, Sony introduced a product called the "Walkman". The "walk" part of the name was important, because it meant that you could listen to your own music as you walked around. These days, we are very used to that idea, but in 1979, it was pretty special.

Another thing that was special about the Walkman was how good it sounded. Compared to the headphones we have now, the quality wasn't great. But back then, the sound amazed people. It almost felt like the music was playing inside your head. The first Walkman actually allowed you to plug in two sets of headphones, so that users could share their music with a friend.

The Walkman cost about $200. Many people thought it wouldn't sell very well because it couldn't record music. They were wrong. The Walkman was hugely popular. Soon other companies were imitating Sony's device. But no matter who made the device, most people kept using the name "Walkman".

On a phone or other music player today, you might have hundreds or thousands of songs. If you stream music, you might be used to playing any song you want at any time.

The selection on the Walkman was much more limited. The Walkman played cassette tapes. Just like people make playlists today, back then, people began to make "mix tapes" - cassette tapes filled with the songs they wanted to hear.

Most tapes were 60 to 90 minutes long. One side of the tape played for half that time. The tape needed to be taken out and turned over to play the other side. If you wanted to go to a certain song, you would need to wind or rewind through the rest of the tape to get to the song you wanted to hear.

But at the time, most people didn't mind. The Walkman offered people a way to listen to their own music whenever they wanted and wherever they wanted.

Over the years, Sony updated the Walkman as technology changed. But the cassette Walkman was its biggest success. And it started the trend of "personal" music that led to the iPod, the iPhone, and the other music-playing devices we use today.

問．次の各文が２つとも本文の内容に合っている場合には○，２つとも間違っている場合には×で答えなさい。また，どちらか１つが合っている場合にはその文の記号を答えなさい。

1．ア．Sony was the first to produce a portable device which made it possible to listen to music while being outside.
　イ．Before the Walkman was released, people enjoyed listening to music outside with a big and heavy music player that had a good sound.

2．ア．Even today, the idea of enjoying music while walking is still new.
　イ．As people had never expected such a small portable music player with good sound quality, they felt it was a completely new experience.

3．ア．Two people could enjoy music at the same time with the Walkman released in 1979.
　イ．It took a very long time before the Walkman started to sell well because of the price and the quality.

4．ア．Other companies also made portable music-playing devices and named them Walkman.
　イ．People could enjoy their favorite songs anytime, anywhere with the Walkman although the number of songs recorded on a cassette tape was much smaller than that of recent devices.

5．ア．Although the Walkman could not select a certain song from the list in a moment, most users didn't think it inconvenient.
　イ．The Walkman set the trend for "personal" music, which has influenced the other music-playing devices such as the iPod and the iPhone.

Ⅳ 次の各組の文がほぼ同じ意味になるように（ ）に最も適切な１語を入れなさい。

1．(a) What made you come to Japan?
(b) What (　　) you (　　) Japan?

2．(a) He is too young to get a driver's license.
(b) He is not (　　) (　　) to get a driver's license.

3．(a) The singer died a long time ago.
(b) A long time (　　) (　　) since the singer died.

4．(a) Because the door was not locked, the thief could break into the room easily.
(b) (　　) the door (　　), the thief could break into the room easily.

5．(a) The woman said to me, "I can tell your fortune."
(b) The woman said that (　　) (　　) tell (　　) fortune.

6．(a) While he was staying in England, he studied literature.
(b) (　　) (　　) stay in England, he studied literature.

7．(a) No other student in the club plays the guitar as well as he does.
(b) He plays the guitar (　　) (　　) (　　) other student in the club.

8．(a) He is the boy who had his bicycle stolen last night.
(b) He is the boy (　　) (　　) was stolen last night.

Ⅴ 語群Ａと語群Ｂからそれぞれ１語ずつ選んで順につなぎ，文の（ ）に入る最も適切な語をつくりなさい。ただし，同じものを２度以上選んではならない。語群Ａと語群Ｂをつなぐ際にはハイフンを用いるものと，用いなくてもよいものがある。なお，文頭の語も小文字になっている。

1．We will hold the new project's (　　) meeting at noon this Friday.
2．In rugby, when a player mishandles the ball, drops it or allows it to rebound off a hand or arm, and the ball travels forwards, it is known as a (　　).
3．Over 30 years ago, a (　　) at the Chernobyl nuclear plant happened.
4．The Internet, like the steam engine, is a technological (　　) that changed the world.
5．(　　) tourism to Japan has more than tripled in recent years.
6．It is two weeks since Typhoon No.15 caused large scale (　　)s in Chiba Prefecture.
7．We're going to need some financial (　　) for this project as it's running short of cash.
8．He's having (　　)s of his days in the war.

語群Ａ 【 flash / knock / in / black / kick / back / break / melt 】
語群Ｂ 【 through / on / bound / off / back / out / up / down 】

ア　天候の不順と季節の推移が、孝次郎をはじめとする兵隊たちに少しずつ虚無感を抱かせて、兵隊たちはこれからの人生に対する絶望感を深めている。

イ　港町での冬の雨の冷たさが、今の季節に対する違和感を孝次郎たちに抱かせて、兵隊たちは出兵前との断絶感にさいなまれていると推測している。

ウ　孝次郎など一人ひとりの心に、漠然とした不安な気持ちが思い浮かんで、兵隊たちの心にはこれから起こるであろう我が身の不幸が推測されている。

エ　孝次郎たち個々人の身体感覚が、兵隊の漠然とした心情の説明となり、それが多くの兵隊たちに通底するより一般的な心情の推測として深められている。

オ　身体感覚に過敏になっている孝次郎たちの気持ちの変化が、兵隊の投げやりな心情として表現され、さらに兵隊たちに共有されたものとして表現されている。

問六　傍線部Eについて、「戦場での空想」を具体的に語っている部分を冒頭の段落から連続する二文で抜き出し、その最後の十字を答えなさい。ただし、句読点も字数に含めること。

問七　傍線部Fについて、それはどういうことか。七十字以内でわかりやすく説明しなさい。ただし、「不安な臆測」と「父の言葉」とが孝次郎にとってどのようなものであるのかを明らかにして説明すること。

問八　傍線部Gについて、「大きい駱駝の絵」は孝次郎にとってどのようなものか。次はその解説文である。空欄 f ～ h に入る最も適切な語を、それぞれ五文字以内で本文から抜き出して答えなさい。

> 帰国して f として孝次郎の脳裏に焼きつき、今の孝次郎の g のような精神状態と h のような身体とをかえって実感させるもの。

「あぁよく働く女で、総三郎と二人で馬車馬みたいに働いとるでなあ……」

作太郎はこうした因縁になったことを正直に委(くわ)しく話してくれた。

——孝次郎は二人が不憫(ふびん)であった。初代は総三郎よりたしか二つ年が上のはずだったが、兄の女房を押しつけられて馬車馬のように働いていると言うことを聞くと、孝次郎は誰も憎めなかったのだ。戦地で、毎日空想していた子供のような数々の思いからすっと虚脱したような空白な心になっていた。作太郎が便所へ立って行った。障子を二三寸開けたままで出て行ったので、そこから肩をさすような寒気がすうっと吹き込んで来る。孝次郎は畳の上にごろりと寝転んで眼を閉じた。G瞼(まぶた)の中に大きい駱駝の絵が浮かんだ。白々と酒の酔いも醒(さ)めたようだった。父から委しいことを聞いて、かえっていまでは清々した気持ちでさえある。初代のおもかげも何となく霧の中に消えてとらえどころがない。体が疲れているせいか、肉体的な苦しみもなく、すべては何も彼もいまは藻抜けの殻になっている感じだった。

（林芙美子「雨」より）

※1　ひらった　「ひろった」と同義。
※2　広蓋　料理などを載せる台。
※3　インバネス　袖のない男性用のコート。
※4　小女　料理屋などで働く若い女性。
※5　日華事変　日中戦争のこと。

問一　傍線部Aについて、「祖国」・「故国」とはそれぞれ何を指すか。次から一つずつ選び、記号で答えなさい。

ア　アメリカ　　イ　佐世保　　ウ　戦地　　エ　中国
オ　日本　　カ　松代　　キ　旅館

問二　空欄 Ⅰ ～ Ⅳ にあてはまる文を、次から一つずつ選び、記号で答えなさい。ただし、同じ記号は一度しか使ってはならない。

ア　戦場に放浪していたこの月日が惜しまれてならない。
イ　行って来いよ。御奉公頼むと言った人たちに、孝次郎は腹を立てていた。
ウ　短い寿命を、いい生き方で埋めきれない人間生活の運命を不思議に考えるのである。
エ　孝次郎は、動物たちが山谷の自然にたわむれて無心に生きてゆく生活を羨ましく空想していた。

問三　傍線部Bと対照的に描写されているものの象徴的な表現を、次の「残務整理」で始まる段落から十字以内で抜き出して答えなさい。

問四　傍線部Cについて、次はその解説文である。空欄 a ～ e にあてはまる語句を後のア～コから一つずつ選び、記号で答えなさい。ただし、同じ記号は一度しか使ってはならない。

> a が b となったことは、「どうしてみんな我慢していたのか」という c の d を、初めて e で告白しているように思えるから。

ア　神の前　　イ　変わり果てた姿　　ウ　故国
エ　砂漠の中　　オ　沁みるような淋しさ　　カ　祖国
キ　日本人　　ク　兵隊　　ケ　本当の思い
コ　予期せぬ不運

問五　傍線部Dについて、この三文はどのように構成されているか。その説明として最も適切なものを次から選び、記号で答えなさい。

「お前は死んだことになっとったんだぞ。お前の隊の者は、おおかた南の海で戦死したと言うことだし、役場の知らせもあってな」

「いつのことです?」

「去年の春だよ」

「戦死したことになっているんですか?」

　昏(くら)い山々はひしめきあって風を呼びあうかのように、どこからともなくごおうとすさまじい音をたてている。頬を凍らすような霙(みぞれ)混じりの寒い風が吹いた。今夜は吹雪になるのかも知れない。父親は町の方へ歩いて行った。孝次郎は不思議だと思いながら、父親の後から荷物を背負ってついて行った。

「家へは行かないんですか?」

「あああ、支度がしてあるので、一杯飲もう」

　小さい旅館のような家へ父親は入って行った。割合広い梯子(はしご)段を上って、奥まった部屋へ入って行くと、炬燵(こたつ)の上に※2広蓋(ひろぶた)が乗っていて、その上には徳利や盃(さかずき)が置いてあった。薄暗い灯火の下で、父親は※3インバネスをぬいだ。

「それでも、よく生きていたぞ。夢のようださ。痩せもせずにようかえってくれた……」

「自分はねえ、どんなことがあっても生きていたいと思いましたよ。生きて、お父さんやお母さんに逢いたいと思いました」

　父の作太郎はちょっと眼をしばたたいた。二年逢わないうちに、父もだいぶ年をとっていた。

「辛かったろうなあ……」

　父がふっとそう言った。孝次郎は急にハンカチを出して顔に当てるとくっくっと声を出して泣いた。生きてかえったことが嬉しくてたまらなかった。F不安な臆測が何となく影のように心の中を去来していたが、そんなことも父の言葉ですっと消えてしまった。ただ嬉しくて嬉し涙がふつふつとたぎって来る。

「お母さん丈夫ですか?」

「ああ丈夫だとも、皆、うちのものは元気だ……」

「そうですか……そればかり案じていました」

「さあ、寒かったろう、一杯どうだ」

　ぬるくなった徳利を持ちあげて作太郎が盃を差した。大きい盃に酒はなみなみとつがれた。父は息子につがして、自分も盃を二三杯いそいであけた。しばらく妙な沈黙がつづいた。孝次郎は少しばかりまた不安になってきている。

「実は、あの電報をおふくろさんが受け取ってわしに見せたんだが……わしはあの電報を見てな、毎日考えあぐねていたのさ……戦争が済んですぐな、初代は総三郎の嫁にしてしまったんだよ、――お前にどうして申し訳したらよいかと心配してなあ……」

　孝次郎はああそうだったのかと、しばらく黙って膳の上をみつめていた。※4小女(こおんな)が鰊(にしん)と昆布の煮た皿を運んで来た。障子がひとところびりびりと風に鳴っている。

　総三郎は孝次郎の次の弟で、※5日華事変で二年ばかり兵隊に行ってかえると、家にいて百姓を手伝っていた。実直者で、孝次郎は一番好きな弟だった。自分が戦死したとなれば、どうしても総三郎が家を継がなければならなかった。

「初代は元気ですか?」

らないのだ。［ Ⅰ ］みんな虚栄心ばかりで生きているような人たちに対して、孝次郎は哀しいものを感じた。――早くかえって何よりも花のような美しい絵を描きたい。美しいものを見ないではいられない、うまいものを食べないでは生きられない、女を愛さずにはいられない、これが人間の生き方なのだ。［ Ⅱ ］どんなにもがいたって、人間はたった五十年しか生存できないとすれば、人間のいままでの発明は、あまりに人間を惨めに落しすぎるものばかりではないだろうかと、孝次郎は、こうした異常な生活をくりかえしている人間の浅はかな生活をおかしく思わないではいられない。［ Ⅲ ］呟くように、孝次郎は自分がいつの間にか二十九歳になったことを何度も心に反芻していた。［ Ⅳ ］原隊にいる時、毎日筏を組んで死ぬ訓練をさせられていたある日、一人の上官は、なまけている兵隊を叱って、「死ぬことを思えば何だってできるはずだっ」と言っていたのを孝次郎はいつまでもおぼえていた。生きようと思うからこそ何でもできるのであって、死ぬと思えば、いまそこで舌を噛んで死んだほうが至極簡単だよと、叱られていた兵隊が蔭で言っていたけれども、孝次郎も同感だった。死ぬる苦しみと人々は言うけれど、死ぬる苦しみと言うことは孝次郎には漠としてとらえどころがない。生きる苦しみと考えた方が孝次郎のような男には実感があった。

一月×日朝、まだ夜のしらじら明けに佐世保へ上陸して、孝次郎は土に落ちているB煙草の空箱を※1ひらった。パラピン紙に包まれた箱には駱駝の絵が描いてあった。黄いろい沙漠と、黄いろいピラミッドと、三本の椰子の木の模様はいかにもアメリカの煙草の箱らしく垢抜けのしたものだった。CAMELという白い文字もすっきりしている。祖国へ着いてこれが最初の色彩だった。

残務整理で、どうしても佐世保へ一泊しなければならなかったので、孝次郎は、変り果てた祖国の姿を見て沁みるような淋しさを感じた。子供のように涙があふれてくるのをせきとめることができなかった。一緒にかえって来た兵隊もみな泣き出したいような表情をしていた。こんな不運にはいったい誰がしたのだ。……こんなになるまで、どうしてみんな黙って我慢をしていたのか孝次郎には不思議でならない。白々とした廃墟の姿は日本人の本当の告白を表現しているようでもある。Cこの景色は厳粛でさえあった。港に兵隊が上陸したせいか、いろいろな姿をした人たちが彷徨うていた。小雨が降っていた。D孝次郎たちは寒いも暑いも感じないほど季節には鈍感になっていた。――兵隊は、何となく、何も彼もに少しずつ嫌悪の心を深めていっている。人生に対するさまざまな哀しみがこれほど一度に兵隊たちの心におそいかかって来たことはあるまい。家がないだろうと案じている者、肉親が生存しているだろうかと案じている者、これから職業がみつかるだろうかと不安になっている者、E戦場での空想は、祖国へ上陸してみれば、いまはみんな儚いうたかたのようなものであった。

三日目の夜、孝次郎は松代に着いて駅に出迎えている父親に逢った。逢うなり、孝次郎は父親にひっぱられるようにして暗い畑道の方へ出て行った。孝次郎は雪道を歩きながら泣いていた。何かものを言えばすぐ涙になるのだ。

「お前が生きとったんでびっくりした」

「一生懸命、自分は、生きてかえりたいと思ったんです」

ウ　合格発表まではなお数日ある。
エ　その生徒はなおき心を持っている。
オ　受験勉強は苦しくてもなお意味がある。

問四　空欄[a]～[e]にあてはまる語の組み合わせとして最も適切なものを次から選び、記号で答えなさい。

ア　a個性―b対象―c一般―d対象―e一般
イ　a対象―b個性―c個性―d対象―e個性
ウ　a対象―b一般―c一般―d個性―e個性
エ　a個性―b一般―c一般―d個性―e対象
オ　a個性―b個性―c一般―d一般―e対象

問五　空欄[I]～[V]にあてはまる語を次から一つずつ選び、記号で答えなさい。ただし、同じ記号は一度しか使ってはならない。

ア　あるいは　イ　しかし　ウ　それどころではなく
エ　だから　オ　まして

問六　空欄[甲]・[乙]に文脈上ふさわしい表現を考え、それぞれ五字以内で答えなさい。

問七　傍線部Aについて、「秩序ある宇宙」という意味で用いられている語を本文中から一語で抜き出して答えなさい。

問八　傍線部Bについて、次の各問に答えなさい。

（一）「朝」と「夕」の読みを、それぞれひらがな三文字で答えなさい。

（二）この文は、「吾十有五にして学に志す」と述べた人物の言葉であるが、その人物名と、その人物の言行をまとめた書物名とを、それぞれ漢字で答えなさい。

（三）ここでの「道」と同じ意味で用いられていない「道」を含む熟語を、次からすべて選び記号で答えなさい。

ア　王道　イ　人道　ウ　道中
エ　道程　オ　道義　カ　報道

問九　傍線部Cについて、次の各問に答えなさい。

（一）ここでの「放埒」とはどのようなことか。二十字以内でわかりやすく説明しなさい。

（二）「音楽がひどく好き」であっても「放埒とはいわれない」のは、音楽がどのようなものであるからか。五十字以内でわかりやすく説明しなさい。

問十　傍線部Dについて、「現今の学生が一般に音楽を好愛し理会すること」が「社会の進歩」であるということを、筆者は端的に何と呼んでいるか。冒頭の段落から十字程度で抜き出して答えなさい。

問十一　傍線部Eについて、筆者はなぜ「殊に自ら」と強調して、音楽を愛し練習する学生へこのように説いているのか。本文全体の趣旨をふまえて、五十字以内でわかりやすく説明しなさい。

【二】　次の文章を読んで、後の問に答えなさい。

> 太平洋戦争のさなか、「孝次郎」は「初代」と結婚したが、その妻を残して中国に出兵していた。そして、戦争は終わりを迎えた。

いよいよ夢に考えていた終戦となった。Aいつの日にかは祖国へ送られる日が来る……。だが、まだ、故国へ着くまでには遠い山河があるのだ。孝次郎は自分の両手を眺めて、よし、もう一息だと言いきかせた。いまは廃墟と化しているという祖国へ、泳いでもかえりつかなければな精神的活動に至るまで快の要素をふくんでいる。［Ⅲ］労苦そのものが快の一面を伴っている。快がわるいのではない。否、快は生を高揚せしめる。けれども快の過度がわるいのである。快に12耽り、快の13ドレイとなるのがわるいのである。ところで快には様々な種類の存することが考えられねばならぬ。アリストテレスによれば快楽に関する徳を節制という。節制的な人は過度に快を求めず、しかし快が健全な生に役立ちあるいは少なくとも妨げず、yなお資力を超えぬ場合にはしかるべき仕方でそれを欲求する。快を過度に求めることは※2放埒（ほうらつ）という悪徳であるが、快に無感覚なのは人間的でない。この両極端の14チュウヨウが節制である。節制のかかわるのは名誉愛、学習愛のごとき精神的快でもなく、肉体的快のうちでも色とか形とか絵画とかのような視覚によるものでもなく、また音楽、15シバイのような聴覚によるものでもなくそれ以外の感覚特に触覚である。C音楽がひどく好きだからとて放埒とはいわれない。享楽といっても音楽のそれは嗅覚や触覚に関するものとは性質を16異にするもので、一概に享楽として様々の名目の下に反道徳視するのは不道理であるのみならず、かかる主張は往々にして17甚だしき偽善を伴うことがある。D私は現今の学生が一般に音楽を好愛し理会することをもって社会の進歩であり喜ばしき現象であると信じている。できるならばもっともっと18ショウレイしたいと思う。

しかし学生は言うまでもなく学ぶ人である、学問の習得がその本分である。［Ⅳ］音楽がいかによきものであっても本分を19ホウキしてまでそれに没入することは固よりゆるさ（え）［れ］ない。学問を勉強しない学生というのは［甲］鳥とか、［乙］魚とかいうような20ジコムジュン者であって、本来ある（お）［べき］はずのものではない。それゆえ音楽の練習等のために学業が21ソガイされては困るが、しかしその程度によっては許されるように思う。音楽やスポーツの練習などが学業にいくらかの影響をもつことについて（固より程度の問題であるが）私はそれほど神経的に考えたくない。何よりも22厭うべきは感激のない生活である。心の底からうちこむものをもたぬ生活である。［Ⅴ］卑俗なる遊戯等への23耽溺である。若い心は24コウショウな感激をもたねばならぬ。心の奥底からゆり動かされる体験をもたねばならぬ。とはいえ、善きものはつねに悪しきものを随伴しやすい。音楽への純粋な愛は放埒に至るわけはなくとも、放埒や25タイダを随伴することは可能である。E音楽を愛し殊に自ら音楽を練習する学生諸君は音楽の名誉のために、この絶対精神の世界のために厳粛な気持ちをもって日々の生活を営むべきだと思う。

（天野貞祐「学生と音楽」）

※1　理会　物事の深い道理を悟ること。
※2　放埒　限度を超えて欲望のままにふるまうこと。

問一　傍線部1～25のカタカナは漢字に直し、漢字はその読みをひらがなで書きなさい。漢字は楷書ではっきり書くこと。

問二　枠囲み部（あ）～（お）の文法的な意味を次から一つずつ選び、記号で答えなさい。

ア　意志　イ　受身　ウ　打消し　エ　仮定　オ　可能
カ　希望　キ　使役　ク　尊敬　ケ　断定　コ　当然

問三　傍線部x・yの「なお」について、同じ意味で用いられている「なお」を含む文を、次から一つずつ選び、記号で答えなさい。

ア　その先生は公平でなお人情味がある。
イ　誤字をなおして編集した。

【国語】（六〇分）〈満点：一〇〇点〉

【一】次の文章を読んで、後の問に答えなさい。

「人間にとって生まれたことは生まれなかったことよりもいかなる点において望ましいか」という問いに答えて古代ギリシャの哲学者アナクサゴラスは「天と天体とを貫流する秩序の観照のために」と言ったと伝えられている。A宇宙の秩序を観照することにおいて人生の意義を認めるという考え方は「B朝に道を聞けば夕に死すとも可なり」という思想とも通ずるところがある。人生の意義は自己を真実な意味において豊富にすることによって全体を豊富にするにある。各人に道が実現されることをほかにして社会に道の行われることはなく、社会が高い文化水準に達することなくしては1タクエツした個人の生まれることもありえない。この個人と社会との相即の理から考えても道を学び宇宙の秩序を観照し、その他あらゆる経験を通じて自己を豊富にすることが、すなわちまた社会を豊富にする2所以であって、人生の意義だと言えると思う。

　そういう意味から私は他人に迷惑をかけず自分の品性に悪い影響を及ぼす心配のないのはもちろん、研学の妨げとならずかつ自分の資力のゆるす範囲ではいろいろの経験をしたいと思っている。時として映画を見たり、旅行をしたり、3センモン以外の書物を読んだりするのも、私にとっては生まれて来た以上人生を知り自己の分に応じた範囲ではあるが豊富な一生をもちたいという願望にほかならない。そういう考え方をしている私は一般に今の若い人たちが音楽の趣味をもち、音楽を※1理会するのを羨ましいと思う。音楽の世界というのは一つのコスモスである、「天と天体」にも比せられるような調和の世界である。音楽のわかることはそういう世界を知っていることである。音楽に対してセンスを欠いている人はこの広大なこの豊富な世界の存在を知らないわけである。人間とは単に栄養と4セイショクとを営み精々金銭と名誉とを追求する動物だとした（あ）［なら］ば、人生とはいかにみじめなものであろうか。それはxなお生の労苦に値するであろうか。喜怒哀楽と労苦と争闘とはそもそも何を意味するであろうか。しかるに音楽は人生の永遠なるものを人の魂に感得せ（い）［しめる］であろう。この調和の世界から人は知らず識らず生存への感激を体験するであろう、厳粛な人生を5メイロウカイカツに生きる希望をうけとるであろう。哲学も芸術も一般に人生の深みを開示するものであるが、人は音楽によって最も具体的にそれを捉えうるのではないかと思う。感受性の鋭い若い心がこの調和の世界を分有し人生の、6否、世界の深みを感得することはまことに望ましいことと言わ（う）［ね］ばならぬ。交響楽のごときは人が［ a ］的であればあるほど［ b ］的であり、［ c ］的であることは却って［ d ］的であって決して個性の滅却ではないという人生の真理を直接に7会得せしめると思う。音楽は8固より学問ではない、［ I ］自然科学ではない。だから決して音楽によって人生を［ e ］的に捉え得るなどというのではない。音楽を楽しむことが、音楽の世界に9トウスイすることがおのずから人生の厳粛さや深みや悦びなどを会得せしめると思うのである。純粋な楽しみそのものが既に生を高揚せしめ豊富にすると考えられるのである。

　10享楽についてはそれ自身反道徳的であるかのごとく考える人たちがある。［ II ］人間の生そのものが決して徹底的に快の要素を11ハイジョすることをゆるさない。睡眠や飲食のごとき営みから読書のごとき

2020年度

解答と解説

《2020年度の配点は解答欄に掲載してあります。》

＜数学解答＞ 《学校からの正答の発表はありません。》

1 (1) 7560通り (2) $m=379$

2 (1) $x=\frac{3}{7}$ (2) $y=\frac{31}{7}x-\frac{3}{7}$，$y=-\frac{17}{7}x+\frac{45}{7}$

3 シュークリーム1230個，プリン1640個

4 (1) $\sqrt{7}$ (2) $\frac{\sqrt{3}}{6}$

5 (1) $a=-1+2\sqrt{2}$ (2) BE：EC＝3：1 (3) $\mathrm{E}\left(\frac{1}{2},\ 5+2\sqrt{2}\right)$

6 (1) $\mathrm{V}=\frac{5}{2}a^3$ (2) $\mathrm{S}=\sqrt{6}\,a^2$

7 (1) 小数第13位から15位 016 小数第28位から第30位 513

(2) 小数第32位，5個の数36451

○推定配点○

1 各8点×2 2 (1) 6点 (2) 各4点×2 3 各4点×2

4 (1) 6点 (2) 8点 5 各6点×3 6 (1) 6点 (2) 8点

7 (1) 各4点×2 (2) 8点 計100点

＜数学解説＞

1 (小問群―場合の数，工夫する計算，因数分解)

重要 (1) T，k，yがこの順番に何番目に来るかについては，1番目から9番目までの中から3つを選ぶ選び方の数だけある。1から9までの数から3つを選んで並べる並べ方の数は，9×8×7(通り)ある。しかし，例えば，1，2，3の場合，選び方としては1通りであるが，並べかたとしては123，132，213，231，312，321の6通り(3つのものの並べ方の数，3×2×1)として数える。よって，$\frac{9\times8\times7}{3\times2\times1}=$84(通り)…① 残る6つの数や文字の並べ方の数については，o_a，o_b，0_c，0_d，2_e，2_fと区別したときは，6×5×4×3×2×1(通り) ところが，それぞれを区別しないときには，例えば，T$\underline{o_a}k\underline{o_b}y2_e0_c2_f0_d$とT$\underline{o_b}k\underline{o_a}y2_e0_c2_f0_d$は同じもの，T$o_ako_by\underline{2_e}0_c\underline{2_f}0_d$とT$o_ako_by\underline{2_f}0_c\underline{2_e}0_d$は同じものと数えることになる。$o$，2，0が2個ずつあるので，実際の並べ方の数は，$\frac{6\times5\times4\times3\times2\times1}{(2\times1)\times(2\times1)\times(2\times1)}=$90(通り)…② ①の84通りのそれぞれについて②の90通りずつがあるので，84×90＝7560(通り)

やや難 (2) $18\times19\times20\times21+1=m^2$ 18＝xとすると，$18\times19\times20\times21=x(x+1)(x+2)(x+3)+1=m^2$ $\{x(x+3)\}\{(x+1)(x+2)\}+1=(x^2+3x)(x^2+3x+2)+1$であるから，$x^2+3x=\mathrm{A}$とおくと，$\mathrm{A}^2+2\mathrm{A}+1=m^2$ $(\mathrm{A}+1)^2=m^2$ $m>0$なので，$m=\mathrm{A}+1=x^2+3x+1=18^2+3\times18+1=379$

2 (関数・グラフと図形―最短距離，直線の式，等積移動)

重要 (1) △BCPで，点PがどこにあってもBCの長さは一定だから，BP＋CPが最小となる点Pの位置を定めればよい。x軸について点Bと対称な点をB′とすると，x軸はBB′の垂直二等分線となるので，

x軸上の点はB，B′から等距離にある。よって，BP＝B′Pなので，BC＋BP＋CP＝BC＋B′P＋CP　B′P＋CPが最小になるのは，点Pが線分B′C上にくるときである。直線ABの傾きは，$(4-0)\div\{1-(-3)\}=1$　$y=x+b$とおいて$(-3,\ 0)$を代入すると，$b=3$　C$(0,\ 3)$　B′$(1,\ -4)$なので，直線B′Cの傾きは-7　よって，点Pのx座標は，$y=-7x+3$に$y=0$を代入して，$0=-7x+3$　$x=\frac{3}{7}$

(2)　点Pを通るBCに平行な直線を引き，その直線とy軸との交点をQとすると，△BCQと△BCPはBCを底辺とみたときの高さが等しいので面積が等しい。平行な直線の傾きは等しいから，$y=x+c$とおいて$\left(\frac{3}{7},\ 0\right)$を代入すると，$c=-\frac{3}{7}$　よって，Q$\left(0,\ -\frac{3}{7}\right)$　ところで，点PからBCまでの距離が等しい点はBCの上方にもとることができる。$\mathrm{CQ}=3-\left(-\frac{3}{7}\right)=\frac{24}{7}$　$3+\frac{24}{7}=\frac{45}{7}$　$\left(0,\ \frac{45}{7}\right)$をQとしても△BCQ＝△BCPとなる。Q$\left(0,\ -\frac{3}{7}\right)$の場合，直線BQの傾きは，$4-\left(-\frac{3}{7}\right)=\frac{31}{7}$　よって，式は，$y=\frac{31}{7}x-\frac{3}{7}$　Q$\left(0,\ \frac{45}{7}\right)$の場合の傾きは，$4-\frac{45}{7}=-\frac{17}{7}$　よって，式は，$y=-\frac{17}{7}x+\frac{45}{7}$

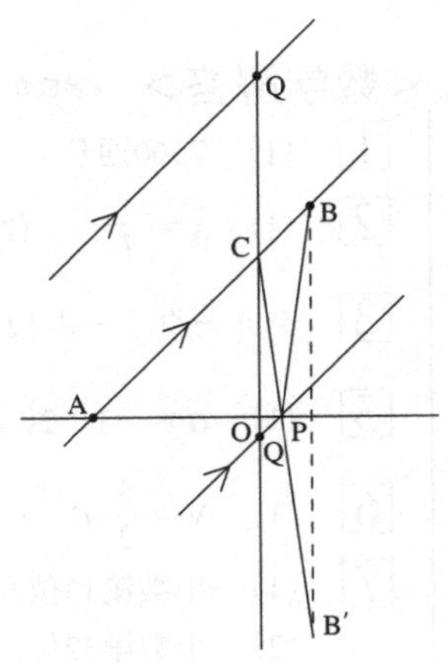

3　**（方程式の応用―値段，個数や金額の増加）**

先月のシュークリームとプリンの売上個数をそれぞれx，yとすると，今月はそれぞれ$0.1x$，$0.15y$増加して$1.1x$，$1.15y$となった。プリンの増加個数がシュークリームの増加個数の2倍なので，$0.15y=0.2x$　$3y=4x$…①　今月の売上個数の関係から，$1.1x+1.15y=3239$…②　②×100÷5から，$22x+23y=64780$…③　①を整理して11倍すると，$44x-33y=0$…④　③×2から，$44x+46y=129560$…⑤　⑤－④から$79y=129560$　$y=1640$　$4x=3\times1640$　$x=1230$　したがって，先月の売り上げ個数は，シュークリームが1230個，プリンが1640個

4　**（平面図形―円の性質，角の二等分線，相似）**

重要　(1)　同じ弧に対する円周角は等しいから，∠PTQ＝∠PRQ＝60°，∠PTR＝∠PQR＝60°　よって，TSは∠QTRの二等分線であり，三角形の角の二等分線はその角と向かい合う辺を，その角を作る2辺の長さの比に分けるので，QS：RS＝QT：TR＝2：1　SR＝xとするとQS＝$2x$　△PQRの1辺の長さは$3x$　△QTSと△PRSにおいて，∠TQS＝∠RPS，∠QTS＝∠PRS　2組の角がそれぞれ等しいから，△QTS∽△PRS　よって，QT：PR＝TS：RS　TS＝yとすると，$2:3x=y:x$　$3yx=2x$　$y=\frac{2}{3}$　よって，$\mathrm{PS}=3-\frac{2}{3}=\frac{7}{3}$　QT：PR＝QS：PSだから，$2:3x=2x:\frac{7}{3}$　$6x^2=\frac{14}{3}$　$x^2=\frac{7}{9}$　$x=\sqrt{\frac{7}{9}}=\frac{\sqrt{7}}{3}$　よって，△PQRの一辺の長さは，$3\times\frac{\sqrt{7}}{3}=\sqrt{7}$

(2)　高さが等しい三角形の面積の比は底辺の比に等しいから，△RST：△RSP＝ST：SP＝$\frac{2}{3}:\frac{7}{3}=2:7$　よって，△RST＝$\frac{2}{7}$△RSP…①　△RSP：△PRQ＝RS：RQ＝1：3　△RSP＝$\frac{1}{3}$△PRQ…②　②を①に代入すると，△RST＝$\frac{2}{7}\times\frac{1}{3}$△PRQ＝$\frac{2}{21}$△PRQ　ところで，1辺の長さが$a$の正

三角形の面積は$\frac{\sqrt{3}}{4}a^2$で求められるから，$\triangle RST=\frac{2}{21}\times\frac{\sqrt{3}}{4}\times(\sqrt{7})^2=\frac{\sqrt{3}}{6}$

＋α 5 **（関数・グラフと図形―一次関数，yがxの2乗に比例する関数，線分の長さ，三平方の定理，面積の等分，座標）**

基本 (1)　AB＝ACのとき，$AB^2=AC^2$　点Aを通るx軸に平行な直線と点Bを通るy軸に平行な直線を引いて，AB，ACをそれぞれ斜辺とする直角三角形を作り三平方の定理を用いると，$AB^2=\{2-(-1)\}^2+(4a-a)^2$　$AC^2=\{0-(-1)\}^2+(8-a)^2$　よって，$9a^2+9=1+64-16a+a^2$　$8a^2+16a=56$　$a^2+2a=7$　$a^2+2a+1=7+1$　$(a+1)^2=8$　$a>0$だから，$a+1=\sqrt{8}$　$a=-1+2\sqrt{2}$

重要 (2)　高さが等しい三角形の面積の比は底辺の比に等しいから，△DBC：△ABC＝DB：AB　座標平面上の線分の長さの比は線分の両端のx座標（またはy座標）の差の比で求められるから，DB：AB＝$(2-0)$：$\{2-(-1)\}$＝2：3　よって，$\triangle DBC=\frac{2}{3}\triangle ABC$…①　△DBE：△DBC＝BE：BCだから，$\triangle DBE=\frac{BE}{BC}\times\triangle DBC$…②　①を②に代入すると，$\triangle DBE=\frac{BE}{BC}\times\frac{2}{3}\triangle ABC$　これが$\frac{1}{2}\triangle ABC$となればよいから，$\frac{BE}{BC}\times\frac{2}{3}=\frac{1}{2}$　$\frac{BE}{BC}=\frac{1}{2}\div\frac{2}{3}=\frac{3}{4}$　よって，BE：BC＝3：4　したがって，BE：EC＝3：1

(3)　BE：EC＝3：1なので，点Eのx座標をeとすると，$(2-e):(e-0)=3:1$　$3e=2-e$　$e=\frac{1}{2}$　直線BCの傾きは，$(4a-8)\div 2=2a-4$　よって，直線BCの式は$y=(2a-4)x+8$　点Eのx座標は$\frac{1}{2}$だから，y座標は$\frac{1}{2}(2a-4)+8=a+6$　ここに$a=-1+2\sqrt{2}$を代入して，$(-1+2\sqrt{2})+6=5+2\sqrt{2}$　よって，$E\left(\frac{1}{2},\ 5+2\sqrt{2}\right)$

6 **（空間図形―正四角柱，切断，体積，切断面の面積）**

(1)　点Fを通る底面に平行な平面で元の正四角柱を切断したときの切断面をFIJKとする。また，点Hを通る底面に平行な平面の切断面をHLMNとする。平行な平面（面LADHと面MBCN）に他の平面（面EFGH）が交わるときの交わりの直線は平行だから，EH//FG　同様にEF//HGなので，四角形EFGHは平行四辺形となる。よって，EH＝GF　また，LH＝IF　∠EHL＝∠GFIもいえるので，△EHL≡△GFI　よって，$EL=GI=3a-a=2a$　したがって，$LK=3a$　直方体KFIJ－LMNHは底面KFIJに対する高さが$3a$となるので，その体積は，$a\times a\times 3a=3a^3$　立体EFGH－KFIJと立体EFGH－LMNHは合同な立体なので，立体EFGH－KFIJの体積は，$\frac{3}{2}a^3$　直方体ABCD－KFIJの体積は$a\times a\times a=a^3$　したがって，この立体の体積は，$\frac{3}{2}a^3+a^3=\frac{5}{2}a^3$

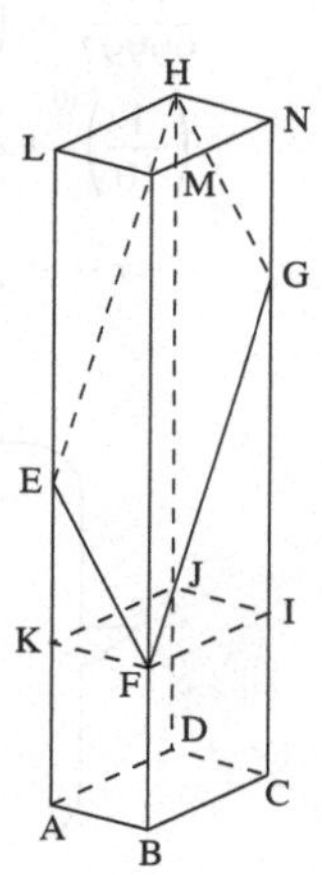

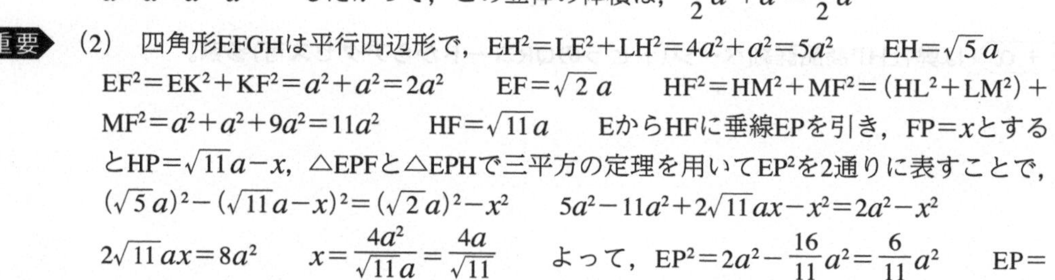

重要 (2)　四角形EFGHは平行四辺形で，$EH^2=LE^2+LH^2=4a^2+a^2=5a^2$　$EH=\sqrt{5}a$　$EF^2=EK^2+KF^2=a^2+a^2=2a^2$　$EF=\sqrt{2}a$　$HF^2=HM^2+MF^2=(HL^2+LM^2)+MF^2=a^2+a^2+9a^2=11a^2$　$HF=\sqrt{11}a$　EからHFに垂線EPを引き，$FP=x$とすると$HP=\sqrt{11}a-x$，△EPFと△EPHで三平方の定理を用いてEP^2を2通りに表すことで，$(\sqrt{5}a)^2-(\sqrt{11}a-x)^2=(\sqrt{2}a)^2-x^2$　$5a^2-11a^2+2\sqrt{11}ax-x^2=2a^2-x^2$　$2\sqrt{11}ax=8a^2$　$x=\frac{4a^2}{\sqrt{11}a}=\frac{4a}{\sqrt{11}}$　よって，$EP^2=2a^2-\frac{16}{11}a^2=\frac{6}{11}a^2$　EP＝

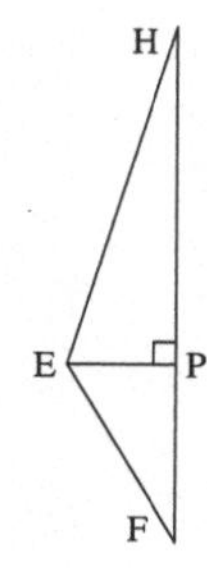

$\sqrt{\frac{6}{11}a^2}=\frac{\sqrt{6}}{\sqrt{11}}a$　　よって，四角形EFGHの面積は，$\frac{1}{2}\times\sqrt{11}a\times\frac{\sqrt{6}}{\sqrt{11}}a\times2=\sqrt{6}a^2$

やや難 7 （規則性―小数点以下の数字）

(1)　$\frac{1}{998}=\frac{1000}{998}\times\left(\frac{1}{10}\right)^3=\left(1+\frac{2}{998}\right)\times\left(\frac{1}{10}\right)^3=1\times\left(\frac{1}{10}\right)^3+\frac{2}{998}\times\left(\frac{1}{10}\right)^3=1\times\left(\frac{1}{10}\right)^3+\frac{2000}{998}\times\left(\frac{1}{10}\right)^6=1\times\left(\frac{1}{10}\right)^3+\left(2+\frac{4}{998}\right)\times\left(\frac{1}{10}\right)^6=1\times\left(\frac{1}{10}\right)^3+2\times\left(\frac{1}{10}\right)^6+\frac{4}{998}\times\left(\frac{1}{10}\right)^6=1\times\left(\frac{1}{10}\right)^3+2\times\left(\frac{1}{10}\right)^6+\frac{4000}{998}\times\left(\frac{1}{10}\right)^9=1\times\left(\frac{1}{10}\right)^3+2\times\left(\frac{1}{10}\right)^6+4\times\left(\frac{1}{10}\right)^9+\frac{8}{998}\times\left(\frac{1}{10}\right)^9=1\times\left(\frac{1}{10}\right)^3+2\times\left(\frac{1}{10}\right)^6+4\times\left(\frac{1}{10}\right)^9+\frac{8000}{998}\times\left(\frac{1}{10}\right)^{12}=1\times\left(\frac{1}{10}\right)^3+2\times\left(\frac{1}{10}\right)^6+4\times\left(\frac{1}{10}\right)^9+8\times\left(\frac{1}{10}\right)^{12}+\frac{16}{998}\times\left(\frac{1}{10}\right)^{12}=1\times\left(\frac{1}{10}\right)^3+2\times\left(\frac{1}{10}\right)^6+4\times\left(\frac{1}{10}\right)^9+8\times\left(\frac{1}{10}\right)^{12}+\frac{16000}{998}\times\left(\frac{1}{10}\right)^{15}=1\times\left(\frac{1}{10}\right)^3+2\times\left(\frac{1}{10}\right)^6+4\times\left(\frac{1}{10}\right)^9+8\times\left(\frac{1}{10}\right)^{12}+16\times\left(\frac{1}{10}\right)^{15}+\frac{32}{998}\times\left(\frac{1}{10}\right)^{15}+\cdots=\cdots+32\times\left(\frac{1}{10}\right)^{18}+\cdots=\cdots+64\times\left(\frac{1}{10}\right)^{21}+\cdots=\cdots+128\times\left(\frac{1}{10}\right)^{24}+\cdots=\cdots+256\times\left(\frac{1}{10}\right)^{27}+\cdots=\cdots+512\times\left(\frac{1}{10}\right)^{30}+\cdots=\cdots+512\times\left(\frac{1}{10}\right)^{30}+$　さらに$\cdots+1024\times\left(\frac{1}{10}\right)^{33}+\cdots$と続くので，少数第30位の数字は2＋1＝3となる。よって，小数第13位から15位までは016　　小数第28位から第30位までは513

(2)　$\frac{5}{99997}=\frac{500000}{99997}\times\left(\frac{1}{10}\right)^5=\left(5+\frac{15}{99997}\right)\times\left(\frac{1}{10}\right)^5=5\times\left(\frac{1}{10}\right)^5+\frac{15}{99997}\times\left(\frac{1}{10}\right)^5=5\times\left(\frac{1}{10}\right)^5+\frac{1500000}{99997}\times\left(\frac{1}{10}\right)^{10}=5\times\left(\frac{1}{10}\right)^5+\left(15+\frac{45}{99997}\right)\times\left(\frac{1}{10}\right)^{10}=5\times\left(\frac{1}{10}\right)^5+15\times\left(\frac{1}{10}\right)^{10}+\frac{45}{99997}\times\left(\frac{1}{10}\right)^{10}=5\times\left(\frac{1}{10}\right)^5+15\times\left(\frac{1}{10}\right)^{10}+\frac{4500000}{99997}\times\left(\frac{1}{10}\right)^{15}=5\times\left(\frac{1}{10}\right)^5+15\times\left(\frac{1}{10}\right)^{10}+45\times\left(\frac{1}{10}\right)^{15}+\frac{135}{99997}\times\left(\frac{1}{10}\right)^{15}=5\times\left(\frac{1}{10}\right)^5+15\times\left(\frac{1}{10}\right)^{10}+45\times\left(\frac{1}{10}\right)^{15}+\frac{13500000}{99997}\times\left(\frac{1}{10}\right)^{20}=5\times\left(\frac{1}{10}\right)^5+15\times\left(\frac{1}{10}\right)^{10}+45\times\left(\frac{1}{10}\right)^{15}+135\times\left(\frac{1}{10}\right)^{20}+\frac{405}{99997}\times\left(\frac{1}{10}\right)^{20}=\cdots+405\times\left(\frac{1}{10}\right)^{25}+\cdots=\cdots+1215\times\left(\frac{1}{10}\right)^{30}+\cdots=\cdots+3645\times\left(\frac{1}{10}\right)^{35}+\cdots=\cdots+10935\times\left(\frac{1}{10}\right)^{40}+\cdots$　　よって，小数第32位から36451と並ぶ。

★ワンポイントアドバイス★

問題数が多く，多岐にわたっているので，手がけられるものを探しながら仕上げるようにしよう。4は三角形の角の二等分線の性質を利用する。5の(2)は，三角形の辺の比と面積の関係から求めるとよい。7は3桁，5桁ごとに出てくる数字の規則性をつかむ。

＋α は弊社HP商品詳細ページ(トビラのQRコードからアクセス可)参照。

＜英語解答＞ 《学校からの正答の発表はありません。》

Ⅰ 問1 (1) complain (2) left (3) dressed (4) worked (5) decided (6) used (7) clear (8) stretched (9) arranged (10) go
問2 (a) エ (b) オ (c) イ (d) オ 問3 grey 問4 ウ
問5 (ア) what (イ) with 問6 short man who appeared to be about sixty
問7 (例) 不快な経験に対する彼の最初の反応は一服することだった。 問8 イ，オ

Ⅱ 1 ク 2 イ 3 ケ 4 コ 5 キ 6 シ 7 カ 8 エ 9 ウ 10 ア 11 サ 12 オ

Ⅲ 1 イ 2 イ 3 ア 4 イ 5 ○

Ⅳ 1 brought, to 2 old enough 3 has passed 4 With, unlocked 5 she could, my 6 During his 7 better than any 8 whose bicycle

Ⅴ 1 A kick B off 2 A knock B on 3 A melt B down 4 A break B through 5 A in B bound 6 A black B out 7 A back B up 8 A flash B back

○推定配点○

Ⅰ 問1 各1点×10 他 各2点×45 計100点

＜英語解説＞

Ⅰ （長文読解問題・物語文：語句選択補充，語句補充，文選択補充，英文和訳，語句整序，内容吟味）

（全訳） リー先生の針がポールの右耳に刺さったとき，それは羽根のように柔らかく感じた。ポールは痛みをまったく感じず，少しかゆかったことに驚いた。そう悪いものではなかった。さらに2本の針が刺されたとき，彼は(1)不平を言わなかった。それから左耳にも同じことが行われた。針が作用したので，ポールはしばらくの間リラックス(2)させられた。リー先生は雑誌を読み，ポールは，耳から針が垂れ下がっているのがわかっていたが，椅子に座って窓(a)越しに外を見た。

明るい日の光，明るい色，そして木と様々な種類の見事な花が並ぶ通りが見えた。観光客が露天商からおいしい軽食を買っているのが見えた。店には，多くの買い物客が見やすい外側に，壺や平なべから紙のおもちゃまであらゆるものが並べられていた。彼が見たあらゆる場所に，この前の祭りを宣伝する赤や金の文字が書かれた大きな紙の掲示があるように思われた。人々は寒さや湿気に備えた(3)服装をしておらず，明るい夏服を着て，太陽から身を守るために帽子をかぶっているだけだった。

ポールはほんの2週間前の自分の人生について考えた。彼はそのときオフィスの窓から見た眺めのことを思った。冬の灰色の空，湿った混雑した通りと彼が(4)働いていたロンドン郊外の通り沿いに並ぶ葉のないわずかな木々を。夕方5時にもなると，10年間経営学を教えてた小さな大学での一日の労働の終わりを楽しみにしていたものだ。朝食から20本目のタバコに火をつけ，最後に一人ぼっちのアパートに帰る前にもう一杯強いコーヒーを飲むのが楽しみだった。彼はうんざりしきっていた。彼の全人生がA落ち込んでいた。それは，今見えている眺めとなんと(b)違うことか！ ポール・ラッセルはシンガポールに移ったことをうれしく思った。

彼はそのことでとても気分がよかったので，リー先生の鍼治療所のちょっとした助けを得てとうとうタバコをやめる(5)決心をしていた。彼はつねにその悪習をやめたいと思っていたが，仕事のストレスやまた別のガールフレンドとの破綻など，なんとかして続ける理由を見つけてきた。B今回

は真剣だった。シンガポールの評判のよい大学の講師として人生で始った新たな出発とともに，よいタイミングになるだろう。新たな仕事，新たな人生。古くからの鍼治療法を通してやめるよりもよいどんな方法があるというのだ？　だって，それは何千年もの年月を超えて東洋で(6)使われているのだから。

鍼治療は，「気」と呼ばれる生命のエネルギーの重要な経路が集まる場所であると言われる，体のある特定の箇所に刺される細い針を使うことを伴う。そうすると針はこの「気」を正しい場所へと導く。多くの病気や悪習は「気」が乱されたり遮られたりするために起こると言われている。鍼治療はそうした乱れを正したり，遮られた「気」を(7)すっきりさせようとする。そういうことなのだ。

10分後，リー先生がポールの耳から針を抜いた。ポールは立ち上がって両腕を伸ばした。耳が喫煙とどのような関係にあるのか。彼にはよくわからなかったが，彼はリー先生の専門的なアドバイスを進んで信じる気になっていた。そうすべきではない理由があるだろうか。

「気分はどうですか，ラッセルさん？」とリー先生が尋ねた。(Ⅱ)彼は60歳ほどに見える身長の低い男で，背の高いポールに話しかけるには見上げなくてはならなかった。「まだタバコがほしいですか？」

ポールはタバコが本当にほしいと思っていることに気づいてがっかりしたが，彼はあまりに礼儀正しくてそうは言えなかった。代わりに彼は，この先3日間のさらなる治療の(9)打ち合わせをした。その間に，彼は家で熱い湯で粉薬を飲まなくてはならなかった。「あなたの『気』を管理するのに役立つでしょう」とリー先生は約束した。

ポールが帰宅してそれを飲むと，彼はほとんどそれを吐き出しそうになった。それは泥のような味だった。しかし彼は飲み切ろうと強く決意していて，実際に飲み切った。通常ならば，(Ⅲ)不快な経験に対する彼の最初の反応は一服することだった。驚いたことに，彼はいつもの反射的なタバコに手を伸ばしたいという欲求を感じなかった。まだタバコが欲しかったが，タバコがなくても気が狂いそうかのようには感じなかった。彼はどうにかすることができた。

基本 問1　全訳を参照。　(1)　直前で，耳に針を刺されて痛みもなく，悪くないと感じたことが述べられているので，さらに2本刺されても否定的な気持ちにならなかったという内容が合う。選択肢の中でこの流れに合うのは complain「不満を言う」。　(2)　文の後半に「針が作用したので」とあることから，「針の効果でリラックスさせられた」という内容が合う。〈leave ＋目的語＋ to ＋動詞の原形〉「～に…させる」を受動態で用いている。　(3)　空所の後に目的語になる名詞がないので，wear「～を着る」は不適切。さらに，空所の後に続く内容から，このとき人々は寒さや湿気に対応した服装ではなく夏の軽装だったこと，直後の for the cold and wet「寒さと湿気に対する」とのつながりから，受動態 be dressed「～の服装をしている」とすると文意が通る。　(4)　suburb と he の間に関係代名詞が省略されていると考えて，the London suburb he (　　) in という意味のまとまりを作る。この時点で筆者はロンドンを離れており，かつて自分がいたころのロンドンを回想して述べているので，過去形 worked とする。　(5)　〈decide to ＋動詞の原形〉「～する決心をする，～することにする」　(6)　空所の前の it has been から現在完了形であることがわかる。it は「鍼治療」を指し，空所直後の「何千年もの年月を超えて東洋で」と，筆者がその効果を信用していることから，「鍼治療はずっと使われている」という受け身の状態が継続している内容にするのが適切。　(7)　鍼治療が目指すところを述べている個所なので，the blocked *chi*「遮られた『気』」の問題を解決するという内容が合う。
(8)　筆者が針の治療から解放された場面。目的語 his arms「彼の両腕」に合う動詞は stretch「伸ばす」。文の動詞 stood に合わせて過去形にする。　(9)　タバコが吸いたい気持ちをおさえて代わりにしたことが入る。空所直後のforとのつながりと，この先の治療のことが述べられていることから，arrange for ～「～の打ち合わせをする」が合う。（10）苦い薬を飲んだ後，タバコを吸いたいと思いつつも「タバコがなければ～するような気分ではなかった」という内容から，「タバコを吸わずにはいられない」という内容が合う。go crazyで「気が狂う」という意味を表す。助動詞wouldの後なのでgoは原形。

問2 （a） この後の描写から，筆者は窓の外の風景を見ていたことがわかるので，through「～を通して」を入れて，「窓越しに外を見た」という意味にする。（b） 筆者がロンドンとシンガポールの生活を比べて感想を述べている場面。空所を含む文は感嘆文で，空所直後のthatが主語。thatはロンドンのアパートの窓からの寂しい風景を指す。それと今まさに見ているシンガポールの窓外の輝かしい風景を比べているので，different「違う」が適切。（c） 空所直後のto continueを空所に入る名詞を修飾する形容詞的用法の不定詞と考える。この場合のcontinueは「喫煙の悪習を続ける」ということ。同じ文の後半にある「仕事のストレスや，また別のうまくいかないガールフレンドとの破綻」を具体例とすれば，reason「理由」を入れて「悪習を続ける理由」とすると文脈に合う。（d） to one's surprise「(～が)驚いたことに」

問3 気分が落ち込んでいたロンドンでの生活について述べている個所。feel greyで「落ち込む」という意味を表す。なお，greyはイギリス英語のつづり。アメリカ英語ではgrayとつづる。

問4 空所の直前では，これまで禁煙しようと思ってもうまくいかなかったことが，直後では禁煙するには絶好のタイミングであることが述べられているので，「これまでとは違って今度は真剣だ」という内容になるウを入れると前後のつながりが自然になる。アは「しかし，それはとても簡単なことであったに違いない」，イは「そのために彼は関心を失ってしまったのだ」，エは「そのとき，それは彼にとってわくわくするものではなかった」という意味。

問5 「耳が喫煙とどのような関係にあるのか」を間接疑問で表す。have to do with ～で「～と関係がある」という意味を表し，「～」に当たる語がwhatとなって前に出た形。

問6 (He was a) short man who appeared to be about sixty　この後に続く「背の高いポールに話しかけるには見上げなくてはならなかった」から，少なくともリー先生の方が身長が低かったことを読み取る。He was a short man「彼は背の低い男だった」のa short manを関係代名詞によって後ろから修飾する形を作る。〈appear to ＋動詞の原形〉「～のように見える」。

重要 問7 全訳を参照。主語his first reaction to unpleasant experiences「不快な経験に対する彼の最初の反応」に対する補語がto have a smoke「タバコを1本吸うこと(＝一服すること)」という構文。「不快な経験」は「嫌なこと」などとしてもよい。

問8 ア （×） 第6段落第1文を参照。耳に針を刺したままの状態が10分続いた後，ポールはすぐに立上がっている。　イ （○） 第2段落で述べられている鍼治療センターの窓からの眺めと一致している。　ウ （×） 第3段落第2文から，ポールが勤務していた大学はロンドンの中心ではなく郊外にあったことがわかる。また，第4段落第4～6文から，ポールはシンガポールで新たな仕事を得たことと，鍼治療との出会いによってタバコをやめる決心がついたことが読み取れる。鍼治療が目的でシンガポールに移ったのではない。　エ （×） ロンドンで勤めていた大学から見た風景は，第3段落第2文で述べられている。それはシンガポールの鍼治療センターの窓から見える心を癒す風景とは正反対のものであった。　オ （○） 第4段落第1文にポールが禁煙する決心をしたことが述べられている。He felt so good about itのitは直前の段落で述べられている，ロンドンの職場の環境とはまったく違うシンガポールの明るい眺めを指し，第4段落第4文からはシンガポールでの新たな仕事が彼にとって人生の再スタートと言えるものであったことがわかる。　カ （×） リー先生が治療の後でポールにタバコを勧めたという記述はない。また，第8段落第1

文から，ポールが失礼だと思って言わなかったことは，治療後にタバコを吸いたい気持ちがあったことであることがわかる。　キ　(×)　第8段落第3文にpowder「パウダー」という語があるが，これは粉薬のことで，針による治療の後の3日間飲まなくてならなかったもの。第9段落第1文のitはこの粉薬を指し，ポールはそれをお湯とともに飲んでいる。

Ⅱ　〔長文読解問題・物語文：文選択補充〕

〔全訳〕　2年前，その年老いた部長は他の会社に移っていた。私は8年以上オーシャン・スターに勤めていて，その職につくよい機会を得たと思っていた。$_1$私は間違えていた。─社長のロライン・ヒューストンが新しい人物を取り入れることにしていたのであった。誰を傷つけても気にしない誰かを。

そこで私は自分の仕事を続け，必要なことをやった。彼女がシュタインマンを部長として入社させてから，それ以前よりもはるかに多くのお金を稼いでいた。ヒューストンは，$_2$彼はすばらしいと思っていたが，私と一緒に働いていた人たちは反対のことを考えていた。シュタインマンはひどく社員に無理強いさせた。

1年前，私はシュタインマンに，どうしたら会社が顧客にそれほどの大金を支払い続けることができるのかを尋ねた。私たちの部署が顧客から稼ぐお金はそれほど高額ではなかった。$_3$私はもう一度計算したが，それでもわからなかった。お金はどこから来るのだろう？　私は心配したが，シュタインマンは私に問題はないと約束した。彼は，「自分の仕事だけをやって，あまり質問をしないことだ。彼女は最上階で自分がやっていることをわかっているさ」と言った。

「最上階」はロライン・ヒューストンが自分のオフィスを持っている場所だ。シュタインマンはいつかそこに自分のオフィスを持ちたいと思っていた。彼に話すのは無理のように思われたので，私は口を閉ざしていた。時が過ぎてオーシャン・スターは顧客に大金を支払い続けていた。それからある金曜日の朝，$_4$私は会社をつぶして彼女を牢屋に入れるかもしれない情報を受け取ったのだ。

$_5$それは偶然起こった。私はヒューストンのオフィスから書簡を受け取った。最初，私はなぜ私に会計書類のコピーを送られたのかわからなかった─普通はそのようなものはすべてオフィスのメールを通じて送られるからだ。私はすぐに，それは間違いだったのだろうと理解した。ヒューストンの私設秘書が副社長に行くはずの封筒を私に送ってきていたのだ。

$_6$そうするべきではないとはわかっていたが，私は読み続けた。読むにつれて，私はそのすべてが私の知らないことだったのでますます驚いた。今や私は公式の会計書類が真実ではないことを理解した。これらは秘密の会計書類で，コンピューターにはないものだ。オーシャン・スターは新たな顧客から得たお金を昔からの顧客に使っているのだった。今や私はどうやってヒューストンがあれほどのお金を自分の車，家，服，そして休暇に使うのに持っているのかがわかった。

私はその考えがよいとは思わなかったが，シュタインマンと話すべきだと思った。$_7$注意しなければならないことはわかっていたので，私は彼に見せるための会計書類のコピーをとった。私が受け取った書類はどうする？　どうしたらその情報を建物から安全に持ち出せるだろうか？　ある考えが浮かんだ─私は会計書類を封筒に入れて旧友のフランク・ファン・ファンツ宛てにした。それから私は5分間建物を出て最寄りのポストにその封筒を投函した。

その日の午前中の遅い時間になって，私はシュタインマンと話をして，彼に会計書類のコピーを渡した。彼はすぐに興味を示した。彼は声をあげて笑い，「彼女はこうやっていたのか。$_8$きみは正しいことをしたんだ。まっすぐ上の階に行ってヒューストンと話そう。この情報があれば，私は大金を手にすることができる。きみといくらか分け合うけどね」と言った。

彼の計画はヒューストンにだまっている代わりに金を払えというものだった。$_9$私は本当に彼に腹を立て，彼の心を変えようとした。しかし彼は拒んだ。彼は私の言うことを聞こうとせず，最上階へ行った。シュタインマンが私からコピーを手にしたから，私は本当に面倒に巻き込まれるだろうということがわかった。私はどうしたらよいのかわからなかったが，私の最初の行動は会社から静かに出ることだった。

私は私設秘書に，一日中頭痛がひどくて帰宅しなければならないと言った。家に戻って，私は数時間待ち，それから何軒か電話をかけた。私は最初にシュタインマンの私設秘書に電話をかけた。彼女は私に，シュタインマンのデスクはだれもおらず，彼のパソコンがなくなっていると言ったが，それ以上のことは言わなかった。私はシュタインマンの自宅のパソコンに怒りのこもったメールを送った。私は，「10あなたがそんなに愚かだとは。あなたがやったことが信じられない」といったようなことを書いた。

翌日，私はメールに書いたことで気分が悪かったので，シュタインマンに電話をかけてみた。彼の妻が電話に出て，私に彼は帰宅しておらず，とても心配していると言った。その日の夜，私はどうしたらよいかということについて考えながら遅くまで起きていた。真夜中になる前に，電話があった。だれかが「あなたは会社の情報を持っています。11生きていたければ，この情報を明日の正午までにヒューストン氏に返しなさい」と言った。

どうしたら私は会計書類を返せるのだろう？　それらは合衆国の郵便に入っているのだ。そこで私はするべき最も安全なことは隠れることだと思った。私は妻にメモを書いて，真夜中に家を出た。振り返ってみれば，それは最も賢明な決断ではなかったかもしれない。12私は荷物をまとめ，裏口から出て，フランク・フォン・ファンツの住まいまでタクシーに乗った。自分の車はヘンリー・ストリートに置いてきたのは確かだ。私はフランクに，会計書類の入った書類が来ると言って，それからホテルにチェックインした。月曜日の朝，私はクレジットカードを使わずにすむように銀行から1万ドルをおろした。数日後，私はシュタインマンが私の車の中で死んでいると言うニュースを見たのだ。

問　全訳を参照。　1　空所の直前では空いた部長の職につけると思っていたことが述べられているが，空所の直後では別の人物が部長職についたことが述べられていることから，クが適切。
2　社長のヒューストンの新しい部長，シュタインマンに対する評価が入る。空所の直後に同僚たちのシュタインマンに対する考え方が社長と異なっていたことが述べられていることから，イが適切。　3　空所の直前の「私たちの部署が顧客から稼ぐお金はそれほど高額ではなかった」ことと，直後の「私はそれでもわからなかった」とのつながりから，ケが適切。　4　空所の直後の関係代名詞 that 以下が空所に入る語句の説明になる。その説明に合う名詞 information を含むコが適切。　5　空所以下の内容から，筆者が会社にとって不都合な情報を得たのは偶然だったとするのが適切。したがって，キを入れる。by chance は「偶然に」という意味。　6　空所の直後で but でつないで「私は読み続けた」とあるので，そうするべきではなかったという内容のシが適切。　7　直後に so があり，空所に入る内容の結果として，シュタインマンに見せるための会計書類のコピーをとるという慎重な行動をとっていることから，カが適切。　8　筆者から不正の報告を受けたシュタインマンは，空所の直後で「まっすぐ上の階に行ってヒューストンと話そう。この情報があれば，私は大金を手にすることができる。きみといくらか分け合うけどね」と言っているので，筆者の行動を評価する内容のエが適切。　9　空所の直後で筆者はシュタインマンの考えを変えさせようとしているので，筆者はシュタインマンがしようとしていることに反対であることがわかる。この内容に合うのはウ。　10　筆者はシュタインマンの行動を非難する内容のメールを書いているので，アが適切。　11　ある人物が，電話で筆者が持っている情報をヒューストンに返すよう，筆者に圧力をかけていることから，サが適切。　12　筆者はこの後，家を出て友人の家に向かってタクシーに乗っているので，出かける前にすることであるオが適切。

やや難 Ⅲ （長文読解問題・説明文：内容吟味）

（全訳） iPodあるいは音楽を流す電話を持っていれば，ソニー・ウォークマンは昔のもののように見えるかもしれない。しかし，40年前にそれが世に出たとき，それは人々の音楽の聴き方を完全に変えたのだ。

ウォークマンが世に出る前は，携帯して音楽を聴くよい方法は本当になかった。小さな携帯用ラジオは一般的だったが，それらは音がよくなく，普通は一方の耳に入れる小さなイヤホンだけがついていた。

音がよく，大きな音が出る大型の音楽プレーヤーのラジカセはあった。しかしそれらは大きくて重たかった。そして，人が音楽を聴くほとんどどんな方法も，その周囲の全員もその人たちが聴く音楽を聴かなくてはならないということを意味していた。

1979年7月1日，ソニーは「ウォークマン」という製品を発表した。歩き回りながら自分の音楽を聴くことができるということなので，その名前の「ウォーク」の部分が重要だった。最近では，私たちはその考え方にとても慣れているが，1979年ではそれはかなり特別なものだった。

ウォークマンについてもう1つ特別なことは，音がとてもよいことだった。私たちが今持っているヘッドホンと比べると，その質は大したことはなかった。しかし，当時はその音は人々を驚かせた。ほとんど頭の中で音楽が流れているように感じられた。最初のウォークマンは2本のヘッドホンを差し込めるようになっていて，そのため使い手は友達と音楽を共に聴くことができた。

ウォークマンはおよそ200ドルした。多くの人は，音楽を録音することができないからあまり売れないだろうと思った。彼らは間違っていた。ウォークマンは大変な人気となった。間もなく，他社はソニーの装置をまねしていた。しかし，だれがその装置を作ったにせよ，ほとんどの人々は「ウォークマン」の名前を使い続けた。

今日の電話あるいは音楽プレーヤーに，何百あるいは何千もの歌が入っているかもしれない。音楽をストリーミング再生すれば，いつでも聴きたい歌をかけることに慣れているかもしれない。

ウォークマンでの選曲ははるかに限られていた。ウォークマンはカセットテープをかけていた。人々が今日プレイリストを作っているのと同じように，当時，人々は聴きたい歌でいっぱいにしたテープ，「ミックス・テープ」を作り始めた。

ほとんどのテープは60分から90分の長さだった。テープの片面がその半分の時間音を流した。もう一方の面をかけるには，テープを取り出して裏返しにする必要があった。ある歌のところまで進みたいなら，聴きたい歌のところまで進むのにテープの残りを巻いたり巻き戻したりする必要があった。

しかしそのときでも，人々は気にしなかった。ウォークマンは人々に，聴きたいときはいつでもどこでも自分の音楽を聴く手段を提供したのだ。

年月を通して，技術が変わるにつれてソニーはウォークマンを更新した。しかし，カセットのウォークマンは最大級の成功を収めた。そしてそれは私たちが今日使っているiPod，iPhone，そして他の音楽をかける装置へと導いた「個人の」音楽の流れを始めたのである。

問 1 ア「ソニーは外にいる間も音楽を聴くことを可能にする携帯用の装置を生産した最初の企業だった」（×） 第2段落第1，2文を参照。携帯して音楽を聴くことのできる装置として，ウォークマンの前にラジオがあった。 イ「ウォークマンが発売される前は，人々は屋外でよい音が出る大きくて重たい音楽プレーヤーで音楽を聴いて楽しんだ」（○） 第3段落に，屋外で使用できて音もよいが重たいラジカセについて述べられている。 2 ア「今日でも，歩きながら音楽を楽しみという考えはまだ新しい」（×） 第4段落第最終文に These days, we are very used to that idea「最近では，私たちはその考え方にとても慣れている」とあり，この the idea は直前の文にある「歩き回りながら自分の音楽を聴くこと」を指しているので，その考え方が今日でも新しいとは言えない。　イ「人々は音質のよいそのような小さな携帯用音楽プレーヤーを決して期待していなかったので，彼らはそれはまったく新しい経験であると感じた」(○)「40年前にそれ(＝ウォークマン)が世に出たとき，それは人々の音楽の聴き方を完全に変えた」(第1段落最終文)，「1979年ではそれ(＝歩き回りながら自分の音楽を聴くこと)はかなり特別なものだった」(第4段落最終文)，「音がとてもよい」(第5段落第1文)などの記述に合う。　3　ア「1979年に発売されたウォークマンを使えば，2人の人が同時に音楽を楽しむことができた」(○)　第5段落最終文に，最初のウォークマンは2本のヘッドホンを差し込めるようになっていて，使い手は友達と音楽を共に聴くことができたことが述べられている。　イ「価格と質のために，ウォークマンが売れ出すまでにとても長い時間がかかった」(×)　第6段落第1～4文を参照。発売当時ウォークマンはおよそ200ドルで決して安いものではなく，多くの人は音楽を録音することもできなかったのであまり売れないだろうと思っていたことが述べられているが，その直後で They were wrong.「彼らは間違っていた」とある。多くの人々の予想に反していたということなので，ウォークマンはすぐに大人気となったことがわかる。　4　ア「他の企業も携帯用の音楽プレーヤーを作り，それらをウォークマンと名づけた」(×)　第6段落最終文に，ソニー以外の企業がウォークマンをまねて同様の音楽プレーヤーを作ったことが述べられているが，そうした他社の製品を「ウォークマン」と呼んだのは最終文後半の most people「ほとんどの人々」，つまり購入者であり，企業がそう名づけたのではない。　イ「カセットテープに録音された歌の数は最近の装置のそれよりもはるかに少なかったが，人々はウォークマンがあればいつでもどこでもお気に入りの歌を楽しむことができた」(○)「ウォークマンでの選曲ははるかに限られていた。ウォークマンはカセットテープをかけていた」(第6段落第1文)，「ウォークマンは人々に，聴きたいときはいつでもどこでも自分の音楽を聴く手段を提供した」(第10段落最終文)という記述に合っている。　5　ア「ウォークマンはリストから瞬間的にある歌を選ぶことはできなかったが，ほとんどの使用者はそれが不便だとは思わなかった」(○)　第9段落第3，4文に，テープを取り出して裏返したり，ある歌のところまで進みたいなら，テープの残りを巻いたり巻き戻したりする必要があったというウォークマンの欠点が述べられているが，直後の段落の第1文で，「しかしそのときでも，人々は気にしなかった」とあり，当時の人々が不便さを感じていなかったことがわかる。　イ「ウォークマンは『個人の』音楽への流れを定め，それは iPod や iPhone などの他の音楽を流す装置に影響を与えた」(○)　最終段落最終文の内容に合う。

重要　**Ⅳ**　**(同意文書きかえ問題：文型，不定詞，完了形，分詞，前置詞，比較，関係代名詞)**

1　(a)の英文は，「何があなたを日本へ来させたのですか」という意味。〈make ＋目的語＋動詞の原形〉で「～に…させる」という使役の意味を表す。(b)の英文も What が主語だが，動詞の原形 come がないことから，「何があなたを日本へ連れてきたのですか」と考えて，brought を動詞にする。

2　(a)の英文は too ～ to …「あまりに～で…できない」を用いた文で，「彼は若すぎて運転免許を取ることができない」という意味。(b)の英文は not があることから，… enough to ～「～するのに十分…」を用いて，「彼は運転免許を取れる年齢ではない」という英文にする。

3　(a)の英文は「その歌手はずいぶん前に死んだ」という意味。(b)の英文は A long time が主語で since the singer died「その歌手が死んでから」があることから，空所に has passed を入れて「その歌手が死んでから長い時間が経った」という英文にする。

4　(a)の英文は，「ドアにかぎがかかっていなかったので，泥棒は簡単に部屋に侵入することができた」という意味。(b)の英文では，「ドアにかぎがかかっていなかった」という状況を付帯状況を表すwithを用いて表す。〈with＋目的語＋状態を表す語句〉で「～を…(の状態)にして」という意味を表す。

5 (a)の英文は発言を直接引用した形で，「その女性は私に『私はあなたの運勢を言うことができます』と言った」という意味。(b)の英文は女性の発言内容を間接的に伝える表現で，said の後にthat節を続ける。can tell は時制の一致で could tell に，実際の発言中の your はthat節中では my にする。

6 (a)の英文は，「彼はイングランドに滞在している間，文学を勉強した」という意味。while は接続詞なので，後に〈主語＋動詞〉が続いている。(b)の英文の stay を名詞と考えて，while と同じように「(特定の期間)の間に」の意味の前置詞 during を用いて表す。

7 (a)の英文は「部の中で彼ほど上手にギターを弾く生徒はいない」主語に no other がつくことで，「～な生徒は他にいない」ということを表す。(b)の英文では He が主語であることから，any other「他のどの～」を用いて，「彼は部の他のどの生徒よりも上手にギターを弾く」という英文にする。

8 (a)の英文は「彼は昨夜自転車を盗まれた少年だ」という意味。〈have＋目的語＋過去分詞〉で「～を…される」という意味を表す。(b)の英文では空所の後の was stolen に着目する。「盗まれた」のは少年の自転車なので，直前の the boy とつながるように所有格の関係代名詞を用いて表す。

Ⅴ **(語彙問題：語句選択補充)**

1 「私たちは今週金曜日の正午に新企画のキックオフミーティングを開く」 kickoff meeting は，大きな計画・企画などの開始に当たって行われる最初の会合のこと。

2 「ラグビーでは，選手がボールをうまく扱えなかったり，下に落としたり，跳ね返って手や腕から離れたりしてボールが前に転がると，それはノックオンとして知られている」 knock-on はラグビーの反則の1つ。

3 「31年以上前に，チェルノブイリ原発でメルトダウンが起こった」 meltdown は原子炉の炉心にある核燃料が過熱して，燃料集合体あるいは炉心構造物が融解して破損する事故のこと。

4 「インターネットは，蒸気機関のように，世界を変えた飛躍的進歩である」 breakthrough は「飛躍的な進歩，突破」などの意味。

5 「日本へのインバウンド観光客はこの数年で3倍超となった」 inbound は「外から中へ入る，本国への」という意味。inbound tourism to Japan で「海外からの日本への旅行客」のことを表す。

6 「台風15号が千葉県での大規模な停電を引き起こしてから2週間になる」 blackout で「停電」という意味を表す。

7 「現金が足りなくなってきているので，私たちはこの計画のために資金援助が必要になるだろう」 backup で「援助，後援」という意味を表す。

8 「彼は戦争時の日々がフラッシュバックしている」 flashback は過去のことを思い出すことを表す。

★ワンポイントアドバイス★

Ⅰの問3では，本文中から色を表す形容詞を探す必要があるが，その前に空所を含む文の直前の内容からこの場面でのポールの心情を考えることが重要。考えられる心情をイメージできそうな色を想定してから探すと見つけやすいだろう。

＜国語解答＞ 《学校からの正答の発表はありません。》

【一】 問一 1 卓越 2 ゆえん 3 専門 4 生殖 5 明朗快活 6 いな 7 えとく 8 もと 9 陶酔 10 きょうらく 11 排除 12 ふけ 13 奴隷 14 中庸 15 芝居 16 こと 17 はなは 18 奨励 19 放棄 20 自己矛盾 21 疎外 22 いと 23 たんでき 24 高尚 25 怠惰 問二 あ エ い キ う ウ え イ お コ 問三 x オ y ア 問四 エ 問五 Ⅰ オ Ⅱ イ Ⅲ ア Ⅳ エ Ⅴ ウ 問六 甲 たとえば 乙 あるいは 問七 コスモス 問八 (一) 朝 あした 夕 ゆうべ (二) (人物名) 孔子 (書物名) 論語 (三) ア・ウ・エ・カ 問九 (一) (例) 嗅覚や触覚に関する享楽で反道徳的なもの。(20字)
(二) (例) 音楽を楽しむことで人生の厳粛さや深みや悦びなどを会得することができ，生を高揚させることができるから。(50字) 問十 社会を豊富にする所以(10字)
問十一 (例) 音楽は善きものであるがゆえに放埒や怠惰を随伴しやすいという懸念があるので，十分な注意が必要だから。(48字)

【二】 問一 (祖国) オ (故)国 カ 問二 Ⅰ イ Ⅱ ウ Ⅲ エ Ⅳ ア 問三 白々とした廃墟の姿(9字) 問四 a カ b イ c キ d ケ e ア 問五 ウ 問六 人間の生き方なのだ。 問七 (例) 戦死したことになっているという自分の居場所はもうないのではないかという不安が，「辛かったろうなあ」という父の一言で消えたということ。(66字) 問八 f 最初の色彩 g 清々した h 藻抜けの殻

○推定配点○

【一】 問一～問八 各1点×46(問八(三)完答) 問九 (一) 3点 (二) 5点 問十 3点 問十一 10点 【二】 問一～問四・問八 各1点×15 問五・問六 各4点×2 問七 10点 計100点

＜国語解説＞

【一】 (論説文―漢字，品詞・用法，脱語補充，接続語，語句の意味，文脈把握，内容吟味，要旨)

問一 1 「卓越」は，他よりもはるかに優れていること。「卓」を使った熟語はほかに「卓抜」「卓見」など。 2 「所以(ゆえん)」は，理由，わけ，いわれ，という意味。 3 「専」を使った熟語はほかに「専横」「専念」など。訓読みは「もっぱ(ら)」。 4 「殖」をつかった熟語はほかに「繁殖」「利殖」など。訓読みは「ふ(える)」「ふ(やす)」。 5 「明朗快活」は，明るく元気でほがらかなこと。「朗」を使った熟語はほかに「朗報」「晴朗」など。訓読みは「ほが(らか)」。 6 「否」の音読みは「ヒ」。熟語は「否定」「拒否」など。 7 「会得」は，理解して自分のものにすること。「会」を「エ」と読む熟語はほかに「会釈」など。音読みはほかに「カイ」。訓読みは「あ(う)」。 8 「固より」は，初めから，以前から，本来，という意味。訓読みはほかに「かた(い)」「かた(まる)」「かた(める)」。 9 「陶」を使った熟語はほかに「陶然」「薫陶」など。 10 「享楽」は，思いのままに遊び楽しむこと。「享」を使った熟語はほかに「享受」「享年」など。訓読みは「う(ける)」。 11 「排」を使った熟語はほかに「排水」「排斥」など。 12 「耽」の音読みは「タン」。熟語は「耽美」「耽溺」など。 13 「隷」を使った熟語はほかに「隷属」「隷従」など。 14 「中庸」は，考えや行動がかたよらず，ほどよいこと。「庸」をつかった熟語はほかに「凡庸」など。 15 「芝」をつかった熟語はほかに「芝生」など。 16 「異にする」は，

別にする，異なっている，という意味。訓読みは「こと」。音読みは「イ」。熟語は「異口同音」「異国情緒」など。　17　「甚だ」は，ひじょうに，たいそう，という意味。訓読みは「はなは(だ)」「はなは(だしい)」。音読みは「ジン」。熟語は「甚大」「甚句」など。　18　「奨」をつかった熟語はほかに「推奨」「報奨」など。訓読みは「すす(める)」。　19　「棄」をつかった熟語はほかに「自暴自棄」「廃棄」など。訓読みは「す(てる)」。　20　「自己矛盾」は，自分自身の思考や行為に一貫性を欠くこと。　21　「疎」をつかった熟語はほかに「疎通」「親疎」など。訓読みは「うと(い)」「うと(む)」「おろそ(か)」。　22　「厭う」は，好まないで避ける，いやがる，という意味。　23　「溺」を使った熟語はほかに「溺愛」「溺死」など。訓読みは「おぼ(れる)」。

24　「尚」を使った熟語はほかに「尚古」「尚早」など。訓読みは「なお」「たっと(ぶ)」。

25　「怠」の訓読みは「おこた(る)」「なま(ける)」。「惰」には，なまける，おこたる，という意味がある。

問二　あ　「ならば」の「なら」は，断定の助動詞「だ」の仮定形で，接続助詞「ば」に接続して「仮定」を意味する。　い　「せしめる」は，動詞「する」の未然形「せ」に，使役の助動詞「しむ」の連体形「しむる」が接続したもので，「使役」を意味する。　う　「言わねば」の「ね」は，打消しの助動詞「ず」の已然形。動詞「言う」の未然形「言わ」に接続して「打消し」を意味する。　え　「れ」は，動詞「ゆるす」の未然形「ゆるさ」に接続する「受け身」の助動詞。

お　「べき」は，助動詞「べし」の連体形で，「当然」を意味する。

問三　xの「なお」は，そうは言っても，それでも，という意味の副詞。yの「なお」は，そのうえ，さらに，という意味の副詞。アは，さらに，という意味の副詞。イは，動詞「なおす」の語幹。ウは，まだ，という意味の副詞。エは，真っ直ぐである，という意味の形容詞「なおき(なおし)」の語幹。オは，それでも，という意味の副詞。xとオ，yとアが同じ意味。

問四　dの直後の「決して個性の滅却ではない」につながる語として，dは「個性(的であって)」となる。dの直前には「却って」とあるので，cには，「個性」の対義語の「一般」が入る。bとcは同じ語が入る文脈なので，bは「一般」が入る。aは，bの対義語が入る文脈なので「個性」が入る。eは，直後の「捉え得る」につながる語として「対象」が入る。

問五　Ⅰ　直前の「学問ではない」と，直後の「自然科学ではない」をつなぐ言葉としては，言うまでもなく，という意味の副詞「まして」が適切。　Ⅱ　直前に「享楽についてそれ自身反道徳的であるかのごとく考える人がある」とあるのに対し，直後では「徹底的に快の要素をハイジョすることをゆるさない」と相反する内容になっているので，逆接を表す「しかし」が入る。

Ⅲ　直前の「快の要素をふくんでいる」と，直後の「快の一面を伴っている」を対比させているので，対比・選択を表す「あるいは」が入る。　Ⅳ　直前の「学生は……学問の習得が楚の本分である」と，直後の「本文をホウキしてまでそれに没入することは固よりゆるされない」は，順当につながる内容なので，順接を表す「だから」が入る。　Ⅴ　直前に「厭うべきは感激のない生活である。……生活である」とあり，直後には「卑俗な遊戯等への耽溺である」と，さらに「厭うべき」ことが示されているので，さらに悪くなることを意味する「それどころでなく」が入る。

問六　甲の直前に「学問を勉強しない学生」とあり，直後で，具体例として「鳥」を挙げているので，甲には「たとえば」が入る。乙の直後には，「鳥」と対比させる形で「魚」とあるので，乙には，対比・選択を表す「あるいは」が入る。

問七　「そういう意味から……」で始まる段落に「『天と天体』にも比せられるような調和の世界」とあり，それを「コスモス」としているので，「コスモス」が適切。「コスモス」には，秩序と調和をもつ宇宙・世界，という意味がある。

問八 (一) Bは,「あしたにみちをきけばゆうべにしすともかなり」と読み,朝正しい道理を聞いてその道理の真意を理解できたならば,たとえその日の夕方に死んだとしても構わない,という意味。 (二) Bは,孔子の『論語』の一部。『論語』は,孔子の言行,孔子と弟子たちとの問答,弟子たち同士の問答などを集録した書。 (三) 「道」は,道理,という意味。イの「人道」,オの「道義」は同じ意味。アは,手段,手法,という意味。ウは,目的地に至る途中,という意味。エは,道のり,という意味。カは,通行する所,という意味。

問九 (一) 「放埒とはいわれない」理由について,直後に「享楽といっても音楽のそれは嗅覚や触覚に関するものとは性質を異にするもので,一概に享楽として様々な名目のもとに反道徳視するのは不道理である」と説明されている。「放埒」とは反対の意味の説明になっているので,この部分を書き直して,「嗅覚や触覚に関する享楽で反道徳的なもの。(20字)」などとする。
(二) 「音楽」については,「否……」で始まる段落に「音楽を楽しむことが,……人生の厳粛さや深みや悦びなどを会得せしめると思うのである。純粋な楽しみそのものが既に生を高揚せしめ豊富にする……」と述べられているので,この部分を要約する。

問十 冒頭段落に「自己を豊富にすることが,すなわち社会を豊富にする所以であって,人生の意義だと言えると思う」と述べられているので,「社会を豊富にする所以」を抜き出す。

やや難 問十一 直前に「とはいえ,善きものはつねに悪しきものを随伴しやすい。音楽への純粋な愛は放埒に至るわけではなくとも,放埒やタイダを随伴することは可能である」と,音楽に伴う筆者の懸念が述べられているので,これらの内容を要約すればよい。

【二】 (小説—文脈把握,脱文補充,大意,文章構成,内容吟味,情景・心情,表現)

問一 「祖国」は,自分の生まれた国,という意味なので,「日本」を指す。「故国」は,ふるさと,故郷,という意味なので,孝次郎が帰り着いた「松代」を指す。

問二 I 直前に「いまは廃墟と化しているという祖国へ,泳いででもかえりつかなければいけない」とあるので,イが入る。 II 直後に「どんなにもがいたって,人間はたった五十年しか生存できないとすれば……」とあるので,ウが入る。 III 直前に「人間の浅はかな生活をおかしく思わないではいられない」とあるので,エが入る。 IV 直前に「いつの間にか二十九歳になっていた」とあるので,アが入る。

問三 後に「祖国へ着いてこれが最初の色彩だった」とあり,「残務整理で……」で始まる段落には,「色彩」とは対照的な表現として,「白々とした廃墟の姿(9字)」とある。

問四 直前に「こんな不運にはいった誰がしたのだ。……こんなになるまで,どうしてみんな黙って我慢をしていたのか……日本人の本当の告白を表現しているようでもある」とあるので,aには「祖国」,bには「変わり果てた姿」,cには「日本人」,dには「本当の思い」が入る。eは,直後の「告白している」につながる語として「神の前」が入る。

やや難 問五 直後に「家がないだろうと案じている者,……がみつかるだろうかと不安になっている者」とあるので,「これから起こるであろうわが身の不幸が推測されている」とするウが適切。

問六 「戦場での空想」については,「いよいよ……」で始まる段落に「——早くかえって何よりも……絵を描きたい。……これが人間の生き方なのだ。」と二文で表現されている。

やや難 問七 「父の言葉」は直前の「『辛かったろうなあ……』」というもので,直後には「生きてかえってきたことがただ嬉しくてたまらなかった」とあることから,この一言で不安が消えたとわかる。孝次郎の「不安」は,「『戦死したことになっているんですか?』」というものなので,戦死したことになっている自分の居場所はもうなきのではないかという「不安」と,父の発した言葉によって不安が消えたことをおさえてまとめればよい。

問八 「大きい駱駝の絵」とは,「煙草の……」で始まる段落の「煙草の空箱」に描かれていた「駱駝の絵」を指し，「祖国へ着いてこれが最初の色彩だった」と表現されている。「今の考次郎」については，「父から委しいことを聞いて，かえって今では清々した気持ちでさえある」「体が疲れているせいか，……すべては何も彼もいまは藻抜けの殻になっている感じだ」と表現されているので，fには「最初の色彩」，gには「清々した」，hには「藻抜けの殻」が入る。

★ワンポイントアドバイス★

漢字，文法は，文語文法も視野に入れて幅広く学習し，確実に得点できる力をつけておこう！　読解は，記述対策として，指示内容や要旨などを過不足なく簡潔にまとめる練習をしておこう！

2019年度

★★★★★★★★★★★★★★★★★★★★★★★★★

入　試　問　題

2019年度

慶應義塾志木高等学校入試問題

【数　学】（60分）〈満点：100点〉
【注意】　図は必ずしも正確ではない。

[1]　次の問いに答えよ。

(1)　$x=\sqrt{6}-1$，$y=\sqrt{2}-\sqrt{3}$　のとき，$x^2+2\sqrt{2}xy+3y^2+3x+2\sqrt{3}y+3$　の値を求めよ。

(2)　$(\sqrt{3}+\sqrt{5})^2$　の小数部分を x とするとき，x^2+14x　の値を求めよ。

(3)　0から999までの1000個の整数のうち，数字の3が使われている整数は何個あるか。

(4)　赤球3個，白球2個，青球4個が入った袋から3個を同時に取り出すとき，球の色が2色となる確率を求めよ。

(5)　1個220円の商品Aを x 個，1個330円の商品Bを y 個買うとき，商品の合計額に対して8%の消費税を加算して，税込総額が2019円になった。このとき，$(x,\ y)$の組合せとして考えられるものをすべて求めよ。ただし，消費税の計算では1円未満は切り捨てるものとする。

[2]　図のような1辺の長さ4の正六角形ABCDEFの辺上を，点Pが毎秒1の速さで A→B→…→F→A の順に一周する。x 秒後の△OAPの面積を S とするとき，次の問いに答えよ。

(1)　$0<x\leqq 4$　のとき，S を x で表せ。

(2)　$S=3\sqrt{3}$　となるときの x の値を求めよ。

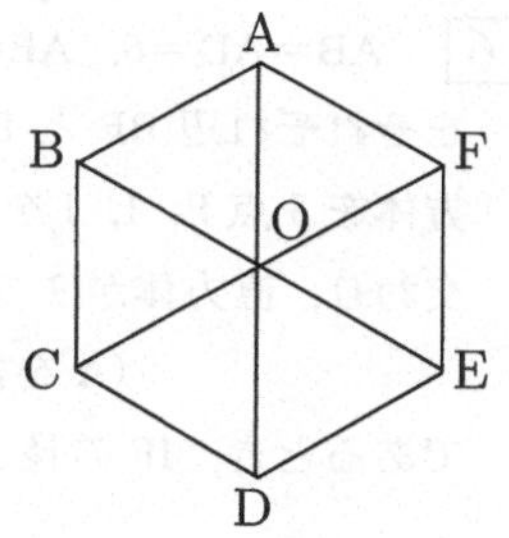

[3]　正三角形ABCが円に内接している。図のように点Aを含まない側の弧BC上に点Pをとるとき，AP＝BP＋CP　であることを証明せよ。

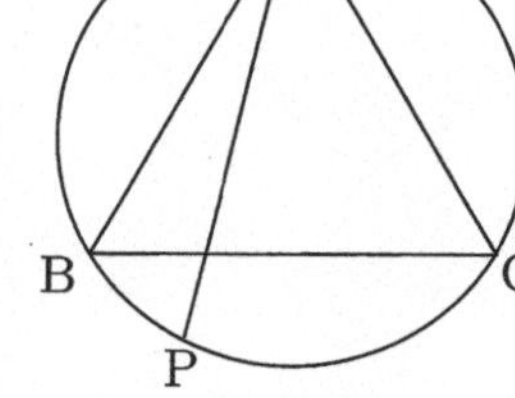

4 放物線 $C:y=\frac{1}{4}x^2$ について，x 座標が 4 である C 上の点を P とし，点 P を通り傾きが $-\frac{1}{2}$ である直線を l とする。l と y 軸との交点を Q とし，l と C の交点のうち P でない点を R とする。

(1) 点 R の座標を求めよ。

(2) △OPR の面積を求めよ。

(3) 線分 PQ の垂直二等分線の方程式を求めよ。

(4) 点 P を通り y 軸に平行な直線を m とし，直線 l を対称の軸として，直線 m と対称な直線を n とする。直線 n と y 軸との交点を S とするとき，点 S の y 座標を求めよ。

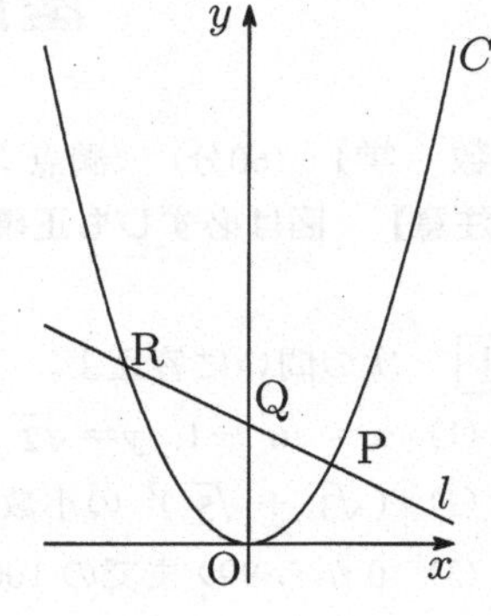

5 長方形 ABCD の辺 AB 上に点 E をとり，辺 AD 上に点 F をとる。線分 EF を折り目として折り返したところ，点 A が辺 BC 上の点 G に重なった。AB＝12，AD＝20，BE＝5 のとき，次の線分の長さを求めよ。

(1) BG

(2) EF

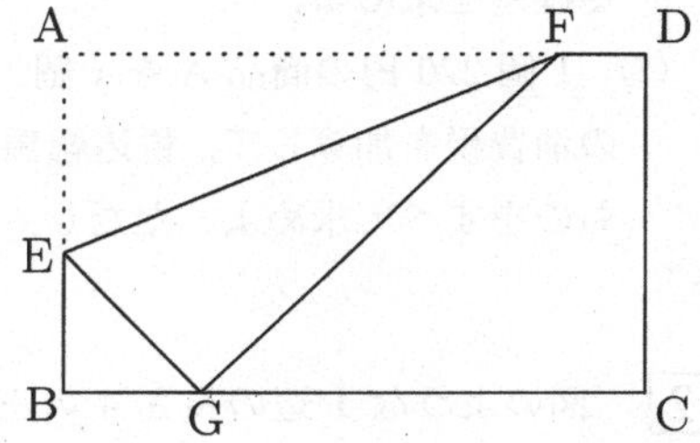

6 AB＝AD＝6，AE＝8 の直方体 ABCD－EFGH において，点 I，J をそれぞれ辺 BF と DH 上に IF＝JH＋1 となるようにとる。この直方体を 3 点 E，I，J を通る平面で切ると，この平面は辺 CG と点 K で交わり，直方体が 2 つの立体に分けられた。2 つの立体の体積の比が

(A を含む立体)：(G を含む立体)＝5：3

であるとき，IF の長さを求めよ。

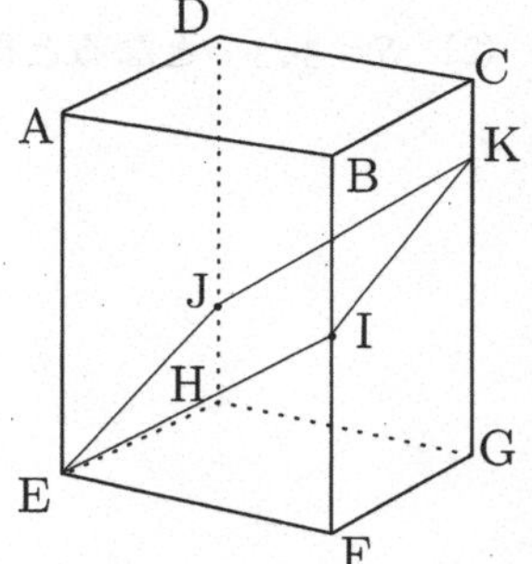

【英　語】（60分）〈満点：100点〉

Ｉ　次の文を読んで後の問に答えなさい。

The train was really flying along now. The buildings, fields and trees all seemed to race by. A bridge shot past the window. Then a station. Ken put his face near the glass to see the name, but they were traveling so fast it was impossible to（ 1 ）. Ken wondered if they were traveling faster than the *Shinkansen*, the world-famous Bullet Train of Japan. He looked up at the small screen above the door, which（ 2 ）the speed — 294 kilometers per hour! He watched the numbers as they slowly（ 3 ）. 296 ... 298 ... All of a sudden, they were there: 301 kph! Well, that was something [A] to tell ...

And then it hit him all over again. Yes, but who would he tell? If it had been a month ago — even two weeks — he would have sent Mayumi a message. But since their break-up she didn't want to（ 4 ）from him. "Don't send me any messages, because I won't reply," she had told him angrily. "If you'd rather have a photo of Yuki than me on your mobile phone, that's fine. Just don't expect me to be your girlfriend any（ ア ）!"

Ken looked sadly out of the window again. Where were they? He knew they'd（ 5 ）Belgium and were in Germany now because he'd seen a sign just before the last station. But what city came next? Was it *Köln? In Köln, Ken had to（ 6 ）trains. He wondered if he should ask the middle-aged woman sitting opposite. But just when he had decided not to, the train flew past a village and the woman suddenly spoke to him in English.

"Ha!" she said. "There's my village! I'll be home [B] an hour. It's only ten minutes to Köln!"

Ken smiled politely. The woman never seemed to sit still.

"But *you* are a long way from home ..." she went on. "Are you Japanese?"

Ken nodded. He didn't feel much like talking, but (Ｉ)<u>it was clear the woman did</u>. "Yes," he said, "but I'm studying in England. I'm on a Study Year Abroad program. This is my summer holiday."

"Very good! And where are you going?" she went on.

"Berlin. I have an InterRail ticket," Ken answered, then seeing the confused look on her face, guessed he'd better explain. "(Ⅱ)<u>That [travel / can / my / to / means / ticket / I / use] anywhere in Europe</u>. Berlin is my first stop."

"How exciting! [C] That's very brave."

Ken paused. "My friends ..." he began. "My friends ... couldn't come."

"Oh, that's too bad," the woman answered. She was about to say something else when her mobile phone（ 7 ）. She searched excitedly [D] her bag, then began a loud conversation in German on her phone.

Ken picked up his book. It was an American story of adventure — he'd brought it with him to practice his English — and it was quite exciting. But Ken couldn't read now. He thought sadly about（ イ ）he'd just told the woman. It wasn't really the truth.

The truth was that he and Mayumi had planned to have a holiday together, but after their argument everything had changed. They'd been so happy all the time they'd been together. She was on the same course in England and they'd met in the first week. And they'd never argued at all. So, then to get jealous about a dog! That was crazy!

Ken (8) into his pocket and took out his own mobile phone. With one easy movement, he opened it and watched the screen come to life. For a moment or two he looked at his screensaver — the picture that appeared when he turned (ウ) his phone. It was a photo of Yuki, his beautiful twelve-year-old golden retriever, the most wonderful dog in the world. Then he (9) *My Photos* from the menu on the side of the screen. Almost immediately, a picture of Mayumi appeared. It was his favorite photo of her — the one at the restaurant (エ) he'd taken her for her birthday. She looked so happy and so pretty! Ken (10) his head and quickly went back to the picture of the dog.

［注］*Köln：ケルン（ドイツのライン河畔の都市名）

問1. (1)～(10)に入る最も適切な動詞を【　】内から選び，必要ならば形を変えて答えなさい。ただし，同じものを2度以上選んではならない。

【 shake / change / ring / leave / show / choose / read / hear / reach / increase 】

問2. [A] には頭文字が **e** で始まる形容詞が入る。最も適切な1語を文中から抜き出しなさい。

問3. [B] と [D] に共通する語を答えなさい。

問4. [C] に入る最も適切な文を選び，番号で答えなさい。

1. Well, you don't have to worry about anything.
2. You came to make friends with Europeans.
3. Your first time to talk to a foreigner?
4. I didn't have any chance to study in Germany at your age.
5. But you're traveling alone.

問5. 下線部(Ⅰ)をわかりやすい日本語に直しなさい。その際，**did** の意味内容を明らかにすること。

問6. 下線部(Ⅱ)が以下の日本文の意味を表わすように，[　]内の語を並べ替えなさい。

「つまり，僕はこの切符を使ってヨーロッパのどこへでも列車で行けるということなんです。」

問7. (ア)～(エ)に入る最も適切な語を1～4からそれぞれ選び，番号で答えなさい。

(ア) 1. less　2. other　3. better　4. more

(イ) 1. that　2. what　3. which　4. when

(ウ) 1. on　2. to　3. in　4. up

(エ) 1. which　2. whose　3. where　4. whom

問8. 本文の内容と一致するものを一つ選び，番号で答えなさい。

1. Ken が夏休みを利用してイギリスに来た主な目的は，留学している同級生の Mayumi に久しぶりに会うことであった。
2. Ken が高速列車の中で向かいに座っていた外国人女性に英語で話しかけたのは，自分の英語力を試したいと思ったからである。
3. Ken がイギリスに着いてすぐに立てたヨーロッパ諸国の旅行計画は，イギリスから高速列車に乗り，フランス経由で最終目的地のドイツに至るというものであった。

4. Mayumi は，Ken と旅行に出かけている間でも，たびたび電子メールで自分の写真を送ってくる Yuki に腹を立てていた。
5. Ken は日本の自宅で犬を飼っており溺愛していたが，Mayumi と出会ってからは彼女に夢中で，愛犬のことなどすっかり忘れてしまっていた。
6. Ken と Mayumi は，留学先のイギリスで知り合って以来交際していたが，思いがけないことが原因で彼女は気分を損ね，二人は疎遠になってしまっていた。
7. Mayumi が Ken に腹を立てたのは，彼がいつまでも別の女性の写真を携帯電話に保存している事実を知ってしまったからである。

Ⅱ 次の文を読んで後の問に答えなさい。

George Austen looked after the [*1]parish in Steventon, a small village about fifty miles west（　ア　）London. He and his wife, Cassandra, had expected their seventh child to be born in November. But the baby did not（　1　）until December 16, (Ⅰ)<u>1775</u>. They（　2　）her Jane.

In the south of England, the winter of 1775 was very cold and snowy. The [*2]harsh weather（　3　）the Austen children inside. But Jane's [*3]siblings — James, George, Edward, Henry, Cassandra, and Francis — were happy to have another baby to play（　イ　）. And the Austens were pleased that Cassandra, who was almost three years old, now had a（　ウ　）.

Once spring arrived in Steventon, Jane was sent to live with a foster family in the village. (Ⅱ)<u>Sending a baby to live with another family might sound strange</u>, but this was common at the time. All（　エ　）Jane's brothers and sisters had also gone to live with other families when they were young. (Ⅲ)<u>Jane's parents [home / would / children / their / to / easier for / return / be / it / youngest / felt]</u> when they were older, especially since the house was already very (Ⅳ)<u>crowded</u>.

George Austen also used the family home as a school. He tutored students to（　4　）money to support his family. From August to December and February to June, the Austens had students living with them. George Austen（　5　）them Latin, Greek, geography, and science. The students, who were all boys, slept in the attic rooms at the top of the house. Jane's father also raised cows, sheep, and chickens to bring in extra money to support his growing family.

By the time Jane was three years old, she was once again living with her family, and her younger brother, Charles, had been born. So the Austens' house was crowded and noisy. But although they did not have a lot of money, it was a happy, comfortable place. The library was filled（　オ　）George's books, and Jane spent a lot of time reading there. The family also read out loud to one（　カ　）. And Jane's parents（　6　）their children and George Austen's students to write and to put on skits — short performances for their own entertainment.

At the time, it was not common to send girls to school. Most people thought that was a waste of time and money. Girls learned to (V)<u>sew</u>, sing, and play music. They were expected to (7) on having good manners, getting married, and preparing to be good wives when they grew up. But Jane's elder sister, Cassandra, was (8) to a boarding school in Oxford in the spring of 1783 when she was ten years old. Jane and her elder sister had become very good friends, and Jane begged her parents to let her go to boarding school as well.

[注] *1parish：教区(教会と牧師を持つ宗教上の小区域)　*2harsh：厳しい
*3sibling：兄弟姉妹(男女を問わない)

問1. (1)～(8)に入る最も適切な動詞を【　】から選び，必要ならば形を変えて答えなさい。ただし，同じものを２度以上選んではならない。

【 focus / arrive / earn / keep / teach / name / encourage / send 】

問2. (ア)と(エ)，(イ)と(オ)の各組にそれぞれ共通する語を答えなさい。

問3. 下線部(Ⅰ)の年号の読み方として最も適切なものを一つ選び，番号で答えなさい。

1. one hundred seventy-seven five　2. one seventy-seven five
3. seventeen seventy-five　4. one double seven five

問4. (ウ)に入る最も適切な語を一つ選び，番号で答えなさい。

1. brother　2. father　3. mother　4. sister

問5. 下線部(Ⅱ)をわかりやすい日本語に直しなさい。

問6. 下線部(Ⅲ)の[　]内の語句を最も適切な順に並べ替えなさい。

問7. 下線部(Ⅳ)，(Ⅴ)の語の最も強く読まれる部分の発音と同じ発音を含む語を１～４からそれぞれ一つずつ選び，番号で答えなさい。

(Ⅳ) crowded：1. owl　2. own　3. crow　4. grow
(Ⅴ) sew：1. shoot　2. chew　3. eve　4. loan

問8. (カ)に入る最も適切な１語を文中から抜き出しなさい。

問9. 本文の内容と一致しないものを全て選び，番号で答えなさい。

1. The Austens had two Cassandras.
2. People in those days thought it necessary for girls to learn skills to be a good wife.
3. Keeping cows, sheep and chickens did not help the Austens to survive at all.
4. Jane's birthday is December 16.
5. Students lived with the Austens in October.
6. There were some female students who studied in the Austens' house.
7. Charles, the youngest son, had two elder sisters, Cassandra and Jane.

Ⅲ 次の文の(ア)～(コ)に入る最も適切なものを１～４からそれぞれ一つずつ選び，番号で答えなさい。

The little town of St Andrews is next (ア) the sea in the east of Scotland. It is very famous (イ) golf. People began to play golf there in the 1500s, or perhaps earlier. Now golfers come from all over the world to play there.

The University of St Andrews is very old. It first opened in 1413, and it is the oldest university in Scotland, and (ウ) in the UK after Oxford and Cambridge. It has more than 8,000 students.

William and Kate lived in the same building, (エ) students of art history, and had some of the same friends. In March 2002, Kate was in a fashion show at the university, and William and some friends went to watch. Girls in wonderful dresses walked up and down. Kate came out in a beautiful coloured jumper at first, but then she walked out in a very exciting black dress, and she looked wonderful! (In 2011, the designer got £78,000 for the dress!) Soon, William and Kate were friends. Later, William said, '(オ)'

In their second year, many students do not live at the university. They find a flat or house in the town and live there together. William and some friends did this in 2002. The four friends cleaned the flat and did some of the cooking. Sometimes William began to cook dinner for Kate there — but often things (カ) wrong, and then Kate finished cooking for them.

In the summer of 2003, Kate was twenty-one, and William went to a party at her parents' house in Berkshire. Other friends from St Andrews were there too. Later, Prince Charles had an 'African' party for William's twenty-first birthday at Windsor Castle. It was not an official party, with suits and speeches. The guests wore African clothes, and African musicians played for them. Kate was invited to the party as (キ).

In September 2003, they began their third year at university. Now, William moved to a house in the country called Balgove House. It was not far from the town and the university, but it was a quiet place, away from photographers and reporters.

Then in March 2004, William and Kate were in the news — together. They went to Klosters in Switzerland on a skiing holiday with some friends, and William's father Prince Charles. Soon, newspapers all over the world had a photo of William with Kate. Now everybody wanted to know '(ク)' The newspapers started to write about 'Will and Kate' as a couple.

September 2004 was the beginning of their last year at St Andrews. There were often photos of William at weddings and parties without Kate. She was not part of the royal family, so she (ケ) with him. But they were boyfriend and girlfriend.

Then in June 2005, they graduated from St Andrews. The Queen, Prince Philip, and Prince Charles all came up to Scotland for the special ceremony. Kate's mother and father were there too, (コ) the two families did not meet.

It was the end of William and Kate's happy university life. But what was next for these two young people?

(ア) 1. on　2. to　3. in　4. for

(イ) 1. as　2. to　3. by　4. for

(ウ) 1. the older three　2. third the oldest　3. the oldest third　4. the third oldest

(エ) 1. which　2. where　3. whose　4. were

(オ) 1. We were friends for over a year first.
2. It took at least three years to fall in love with her.
3. I proposed to her right after the fashion show.
4. We didn't meet for over a year after the fashion show.

(カ) 1. made　2. went　3. took　4. came

(キ) 1. one of the organizers　2. William's fiancé
3. one of the guests　4. the designer of the African clothes

(ク) 1. Why is Kate so good at skiing?
2. Who is Kate Middleton?
3. How did Kate Middleton become a member of the royal family?
4. When did William and Kate marry?

(ケ) 1. always not could go　2. could always not go
3. could not always go　4. could go always not

(コ) 1. that　2. because　3. but　4. so

IV 各組のａ～ｄから最も適切な文を選び，それぞれ記号で答えなさい。

1. a. I met a my old friend when I was studying in the library.
b. It was nice to meet you, and look forward to hear from you soon.
c. This knife we use to cut the bread to is very sharp.
d. I have no idea why Jonathan married her.

2. a. My sister made progress in her English during she lived in New York.
b. Rachel had been ill for a week when the doctor was sent for.
c. What do you know the bird is called in English?
d. With sleeping, I was dreaming of her.

3. a. She patted me gently in my shoulder.
b. This is the place I have wanted to visit it for a long time.
c. It was about two years ago that I visited Paris for the first time.
d. Among swimming and running, I like running best.

4. a. I don't know if it will rain tomorrow, but if it rains, I won't go there.
b. She was seen come up the stairs with tears in her eyes.
c. I wonder why there is my book on your desk.
d. The bank rented him money for a new car.

5. a. I've just finished to read this magazine.
b. I had got to the school until the bell rang.
c. Six months is too short a time to master a foreign language.
d. I was twenty minutes lately to school because I missed the bus by seconds.

6. a. My father left from Tokyo to London on business last night.
b. Yesterday I was spoken to by an American in the street.
c. Will you teach me the way to the station?

d. George is resembling to his father more and more.

7. a. I'm not sure neither you or Henry have made the mistake.
 b. You need not to go to church unless you don't want to.
 c. The woman he fell in love left him after a month.
 d. What's the name of the man whose car you borrowed?

V 各組の(　　)に共通して入る，身体の一部の意味を持つ語を答えなさい。必要ならば適切な形に変えること。

1. ア．Give him a big (　　　).
 イ．I got this news at first (　　　).
2. ア．I didn't have the (　　　) to ask the clerk for the discount.
 イ．There was a sharp pain in my (　　　) when I got a body blow.
3. ア．Let's support him here so that he doesn't lose (　　　).
 イ．How could you keep a straight (　　　) and say such a nonsense?
4. ア．Keep an (　　　) on this suitcase.
 イ．You really have an (　　　) for pictures.
5. ア．How long does it take to go to school on (　　　)?
 イ．He was shaking from head to (　　　).
6. ア．Don't speak ill of Ken behind his (　　　).
 イ．She waved her flag (　　　) and forth.
7. ア．He learned all the names on the list by (　　　).
 イ．I love you from the bottom of my (　　　).
8. ア．The (　　　) of a large company has a lot of responsibilities.
 イ．We are about to (　　　) off for Helsinki.

問九　傍線部Dについて、なぜ芳子は「母」に「薄い煎茶」を、「私」に「濃い煎茶」を運んできたのか。その理由を考えて五十字以内で書きなさい。

問十　傍線部Fについて、「多少の感慨」とはどのような「感慨」か。三十五字以内で説明しなさい。

問十一　傍線部G「急に私にはこれまでとは少し異ったものに見えて来た」とあるが、それはどういうことか。「自尊心」という語を用いて、八十字以内で分かりやすく説明しなさい。

このように考えると、母の老耄の世界は、急に私にはこれまでとは少し異ったものに見えて来た。母は朝食を摂って何ほども経たないのに、やがて夕方がやって来ると思い込むこともあったし、その反対に夕方を朝と取り違えたりすることもあった。しかし、朝であろうと、夕方であろうと、母に感覚的に朝と感じさせるものがあるとすれば、それは母にとっては朝なのであり、夕方と受取らせるものがあるとすれば、それは母にとっては夕方である以外仕方ないものであった。

私は母と向かい合ってお茶を飲んでいたが、私は母に、おばあちゃん、えらいことを始めたね、こんどは本当に自分だけの世界を生き始めたんだね、そんな言葉をかけてやりたい気持になっていた。確かに他の誰にも通用しない自分だけの世界であった。母が自分の感覚で、現実の一部を切り取り、それを再編成した世界であった。

しかし、母に言わせれば、そんなことは今に始まったことではなくて、ずっと前から自分はそのようにして生きていると言うかも知れなかった。夕方を朝と間違えたり、朝を夕方と取り違えたりするのは、何年も前からのことであったからである。

（井上靖「雪の面」より）

問一　井上靖は一九〇七年生まれである。世代が最も遠い作家を次の中から一人選び、記号で答えなさい。

ア　芥川龍之介　　イ　川端康成

ウ　太宰治　　エ　夏目漱石

オ　三島由紀夫

問二　井上靖の代表作を次の中から一つ選び、記号で答えなさい。

ア　あすなろ物語　　イ　伊豆の踊子

ウ　潮騒　　エ　トロッコ

オ　走れメロス　　カ　吾輩は猫である

問三　二重傍線部1～10のカタカナは漢字で、漢字はその読みをひらがなで書きなさい。

問四　芳子から見た「私」「母」「美津」「志賀子」の親族呼称を漢字で書きなさい。

問五　空欄X・Yに入る言葉を考えて、十字以内で書きなさい。

問六　傍線部Aについて、「相手を蔑むような」と同じような意味で使われている語を同じ段落から抜き出しなさい。また、傍線部Eについて、「眼を当てた」に込められた感情を考えて、「眼を当てた」を「目」を用いた慣用句で表しなさい。

問七　傍線部Bについて、「本能の青い焔のゆらめき」を芳子はどのように捉えているか。芳子の言った言葉の中から十五字以内で抜き出して答えなさい。

問八　傍線部C「別種の哀れさ」は、これまでの「哀れさ」とどのように違うと作者は考えているのか。次はその説明文である。空欄a～dに当てはまる語を後から選び、その記号を答えなさい。ただし、同じ語は二度使えない。

> これまでの哀れさは［a］対象を烈しく［b］哀れさであるのに対して、［c］対象を諦めた後の［d］に直面した哀れさであると考えている。

ア　追い求める　　イ　孤独　　ウ　最期

エ　探すべき　　オ　存在しない　　カ　存在する

キ　見放すべき　　ク　老耄

「亡くなってから三日目になりますか、多分今日は三日目でしょう」

　と言った。私は自分が亡くなって三日目になるという自分の書斎を見渡した。部屋は手をつけられないほど乱雑を極めていた。書棚にはやたらに書物が詰め込まれてあり、畳の上にも幾つかの書物の山ができていて、そのあるものは崩れたり、崩れかかったりしている。そしてその書物の山と山との間には旅行鞄が二つ、段ボールの箱が三つ、それから分散しないように紐で結んである幾つかの資料の束などが置かれてあった。資料の束は自分のものもあれば、人から借りたものもあった。それから窓際の棚にも書類やら紙袋やら雑誌などが、これも乱雑に積み重ねられてあり、私と母が椅子に腰掛けている廊下もまた雑多なもので手がつけられない状態になっていた。これで自分が亡くなっては、遺族の者は後片付けにさぞたいへんだろうな、と私は思った。

　私の眼はそうしたところを順々に嘗(な)め廻してから、仕事机の上で留まった。机の上も乱雑になっているが、まだ仕事に取りかかっていないので、半分ほど何も置かれていない場所ができていて、そこだけがいやにさっぱりした感じに整頓されてあった。手伝いの小母(おば)さんが上に載っていたものを片隅に押しのけ、そこだけに布巾をかけたのである。そしてそのこざっぱりした[6]空地には、まだ一本の[7]スイガラもはいってない灰皿が二個、インキ[8]壜と並んで置かれてあった。私は[F]多少の感慨を以て、その前に坐る人のなくなった机の上を眺めた。

「三日目か」

　私が声に出して言うと、

「ね、まだ多勢の人が見えているでしょう」

　母は言った。

「なるほどね」

　私は言った。そして、なるほど主人が亡くなって三日目の騒がしさが、いまこの家の内部を占めていると思った。隣りの応接間では美津が銀行の人らしい二、三人の客と話していて、その声が聞えており、居間の方には、声こそ聞えなかったが、ゆうべから泊っている美津の妹の家族四人が外出の[9]支度をしている筈であった。そしてその[10]シンセキの家族を迎えに来ているもう一組の若い夫婦者も居た。また庭の隅の方では車庫のシャッターの破損を直しに来ている建築会社の若い社員二人が、手伝いの小母さんと立話をしている。この方は書斎の縁側の椅子に腰を降ろしている私の視野の中にもはいっている。

　この時ふと、母はいま状況感覚の中に生きているのではないかという、そんな思いが私を捉えた。状況感覚というような言葉があるかどうか知らなかったし、またそうした言葉が適当かどうか知らなかったが、いまここには、母にこの家の主人が亡くなって三日目であるということを思わせる幾つかの感覚的データがあると思った。私の仕事机は、そこに坐る人が坐らなくなって丁度三日経ったぐらいの整頓さを見せていたし、家には主人が亡くなって三日目ぐらいはかくあろうかと思われるくらいの人の出入りがあった。まだこの他に、私には気付かれないが、母は同じようなデータを幾つか拾っているかも知れなかった。そしてそうしたデータによって、母は自分だけの世界を造り上げ、そのドラマの中に生き始めているのではないか。少くとも、いま母は主人が亡くなって三日目のこの家に生きているのである。悲しむこともできるし、喪に服することもできる。自分自身の造り上げたドラマの中で、母はいかなる役割をも受持つことができるのである。

まあ、この程度のことはあったが、このくらいの母なら一ヵ月でも、二ヵ月でも、さして苦労なしに預かることができるのではないかと、私たちは話し合った。例年七月の初めに軽井沢の山荘を開けることになっていたが、今年はそこへ母を連れて行けないものでもないと、私も思い、美津も思った。あるいは軽井沢に移したら、何年か前の軽井沢生活の時とは違って、母は案外軽井沢の落葉松(からまつ)に取り巻かれた静かな山荘の生活を楽しむのではないかと、二人の息子たちも言った。芳子だけが反対した。

「考えてごらんなさい。この前だってたいへんだったでしょう。あの時に較べると、おばあちゃんの耄碌(もうろく)はもっとずっと進んでいるのよ。静かでいいとか、涼しくていいとか思うものですか。そうした感情はすっかりなくなっているの。わたしたちが思いも寄らぬことをおばあちゃんは考えたり、感じたりして生きているんだから」

芳子が言うと、他の者は黙らざるを得なかった。母を主になって世話をしているのは芳子であり、現在の母を、少くとも夜の母を一番よく知っているのは芳子であったからである。

実際にまた母を軽井沢に連れて行くのは、考えてみれば無理な話であった。問題は往復の乗りものであった。列車で連れて行くことは、駅の雑踏などを眼に浮かべると、母の弱った神経には耐え難いことに思われたし、くるまでの四、五時間のドライブもまた母の衰えた肉体には5カコクであるに違いなかった。

一週間、十日と、母の東京滞在は予想外にうまく運んでいた。B母が本能の青い焔(ほのお)のゆらめきに烈しく身を任せないだけでも、郷里の家に居るよりは寧ろ母にとってはいいことではないかという気がした。母は子供を探し廻る狂乱の若い母親にもならなければ、母親の姿を追い求める哀れな子供にもならなかった。しかし、考えてみるとそれは母にそうした衝動がないということではなかった。深夜ふらふら歩き廻りたくても歩き廻ることができないだけの話であって、そう思うと、母にはまたC別種の哀れさが感じられた。居間の隅に口数少く坐っている母の姿には、いくら母親を探し廻っても、ついに見付けることができないで諦めてしまった幼女の哀れさもあれば、同じようにわが子を探し廻って、ついに諦める以外仕方なくなってしまった若い母親の哀れさもあった。私には母の顔は、そうした孤独な子供の顔にも見えれば、孤独な母親の顔にも見えた。子供の顔にも、母親の顔にも見えた。子供にすれば子供の顔に見え、母親にすれば母親の顔に見えた。

東京へ来てから半月ほど経った頃、私は母を書斎に迎えて、芝生の庭に面した縁側の椅子に向かい合って坐ったことがあった。遅い朝食をすませたあとで、十時を少し廻った時刻であった。私は仕事にはいる前の短い時間を、母と一緒にお茶を飲んで過そうと思ったのである。D芳子が母に薄い煎茶を、私に濃い煎茶を運んで来た。私がお茶の茶碗を取り上げた時、それまですぐそこに見えている私の仕事机の方に視線を投げていた母が、ふいに、

「この間までそこで毎日書きものをしていた人は亡くなりましたね」

と言った。そこで書きものをしていた人というのは私以外の人物であろう筈はなかった。

「いつ亡くなったの？」

私は母の顔にE眼を当てたままで訊いた。母はちょっと考え深そうな表情を見せていたが、幾らか自信のなさそうな言い方で、

【二】次の文章を読んで、後の問に答えなさい。

〈これまでのあらすじ〉
「私」は妹の「志賀子」から「母」の死の知らせを受けた。生前、「母」は歩くことは不自由なく夜中に家中を徘徊し、「私」の住む東京に連れて来てからも懐中電灯を持って他の部屋に入ってくるような事件を何度も起こしていた。

郷里の志賀子の話では、このところ母の深夜の徘徊は以前ほどではなくなり、一晩に二回も三回も起き出すようなことはめったになく、起き出しても一回であるということであった。そして時には全然起き出して来ないこともあった。そういう夜は志賀子の方が起き出して行って、母の寝室を覗かなければならず、どちらにしてもたいへんなのと、志賀子は言った。

東京へ来てからの第二夜も第三夜も、母は他の部屋を歩き廻ることはなかった。深夜眼覚めても、芳子を起して、トイレに行くだけであった。芳子に言わせると、母は前と同じように深夜ふらふら歩き廻りたいらしいが、どこを歩いていいか見当がつかなくなっているのではないかということであった。この前の時に較べると、それだけ母の体力は衰えていた。どこでも構わないから歩き廻るという烈しさはなくなっていた。

母が東京へ来て四、五日した頃、

「もしかしたら、おばあちゃんは1カンキンでもされていると思っているんじゃないかしら、それで歩き廻ることを諦めてしまっているのかも知れない」

芳子は新しい見解を陳(の)べた。母はその前夜、夜半トイレに行った帰りに、次男の寝室の前に立って、その扉の2把手に手をかけたが、たまたま内側から鍵がかけられてあって、扉は開かなかった。すると母は、その扉を［　X　］とでも錯覚したのか。もうどこへも出しては貰えないのねと、ひとり言のように芳子に3囁いたということであった。

「わたし、たいして気にしていなかったけど、おばあちゃんは時々、同じようなことをしていると思うの。そしてその度に、自分は閉じ込められてしまっていると思うんじゃないかしら」

芳子は言った。私は母に夜毎そういう錯覚を持たせることは痛ましい気がしたが、しかし、それで母が［　Y　］なら、その点は我慢して貰わなくてはなるまいと思った。

昼間の母はこの前の滞在の時と同じように、日に何回となく郷里の家に帰ることを主張したが、その主張の仕方には何となくエネルギーが感じられなかった。思い出しては、帰る帰ると言ったが、いつも居間の畳の上に坐っての主張であって、めったに玄関の土間にまで降り立って行くようなことはなかった。ここにも母の体力の衰えが感じられ、体力の衰えと共に、老耄(ろうもう)もまたその迫力を失っているかのように見受けられた。時に怒りの感情を露わに顔に出したり、口に出したりすることはあったが、大抵の場合、自尊心を傷つけられたと思われる場合であった。ただその自尊心の実体がはっきりしなかったので、その点周囲の者は取扱いが4ヤッカイであった。言い聞かしても、説明しても解らなかった。しかし、そういう時、私には、母が祖父の許で我儘に育った驕慢な幼女としていま生きているということがよく判った。おばあちゃんの分らず屋！　誰かが言うと、母は両手をきちんと膝の上にのせている姿勢で、いかにもA相手を蔑むような表情で顔をつんと横に向けた。そういうところは五歳の私の孫娘に似ていた。

りの人間が何の考えもなく投げてよこす食べ物をひたすら受けとりつづけ、彼らの歓心を（オ）［　］おうとしたのである。

人類は初期の環境のもとで、生きるために必要な真剣かつ積極的な取り組みを強いられてきた。［　V　］もはや機敏に反応する必要などないのに、われわれはせかせかと動きまわることをやめない。時には馬鹿げたことや不適切なことまでやってしまう。［　W　］あげくの果てに、自分自身を痛めつけ、理由もなしに物を壊したり、他人を傷つけたりして、その結果生じるさまざまなストレスに悩む。ストレスの種類によっては、化学薬品や体操の助けをかりて刺激を少なくしたり過剰な反応を抑制できるが、なかにはそれと折りあって生きていく以外に方法のないストレスもある。

このように、ネオフィリアにも問題はあるが、差し引き勘定すると、人間の進化にとって積極的かつ強力な推進力になったとはいえそうだ。［　X　］石器時代と変わらぬ草原に日がな寝そべり、たまたま捕まえたウサギなどを殺しては食べ、自分たちより工夫の才のないサルたちを出し抜く程度のことで満足していたかもしれない。［　Y　］そして、食物ばかりか、ほとんどあらゆる類いの思考と行動様式をものにした。

［　Z　］

（ライアル・ワトソン『ネオフィリア――新しもの好きの生態学』（内田美恵　訳）より）

※　設問の都合で本文の一部を省略した箇所がある。

（注）イギリスの動物行動学者。『裸のサル』『マン・ウォッチング』等の著者。

問一　二重傍線部１～５のカタカナを漢字で書きなさい。

問二　空欄a～eに当てはまる漢字を書きなさい。ただし、a、b、c、eは一文字、dは二文字である。

問三　傍線部ア～オはことわざや慣用句が元になっている表現である。空欄に当てはまる漢字を書きなさい。

問四　▼の段落について、この段落中には誤って用いられた名詞が一つある。それを指摘し、正しい名詞に改めなさい。

問五　傍線部Aについて、「人間の人間らしいところ」とはどのようなところか、「人間動物園」という語を用いて五十字以内で説明しなさい。

問六　傍線部B「その中には正常量の社会的交歓が含まれていなかった」とはどのようなことか、五十字以内で説明しなさい。

問七　空欄V～Zに当てはまる文を、次の中からそれぞれ一つ選び、記号で答えなさい。

①　われわれこそ、究極の「ネオフィル」(neophile)なのだ。

②　だが、それだけに、人間は未だに行動過剰が引き起こすさまざまな危険を負ったまま生活している。

③　ネオフィリックでなかったら、われわれもライオン的な霊長類そのままの状態にとどまったことだろう。

④　われわれはネオフィリックであったために、初期の肉食生活を脱して雑食生活への道を切り拓くことができた。

⑤　ひとえに、何かするということは、たとえどんな行為であろうと、何もしないよりはましだと思っているからだ。

のはないかと気を配っている。絶えずあくせく動きまわり、何が起ころうとその機会を活用する準備もぬかりなく、時に応じて自分を変えていく。

▼これが、つまり、ヒトの成功の秘訣なのである。われわれこそ、究極のスペシャリストなのだ。何ごとも試してみる気がある以外に、とりたてて得意とすることはひとつもない。とんでもない高さまで登ることも、速く走ることも、深く2モグることも、できない。高層ビルをひとっ飛び、などといった3カルワザも無理だ。が、たいがいのことはほどほどにはこなせる。そして、生き残るためだけでなく、子[d]栄に必要なことなら何でもやるだけの柔軟性を、体にも心にも備えている。

わたしが動物園について学んだのは、ほぼ三〇年前、ロンドン動物園の(注)デズモンド・モリスのもとでだった。モリスはそこで初めて、動物園と近代都市を比較し、どちらの居住者も、置かれた状況が人工的に作られていることに苦しんでいると指摘した。都市は、コンクリート・ジャングルというよりはむしろ人間動物園だとモリスは言っている。もともとネオフィリックであるため、都市の住人たちは、本来不快な環境にも、実にうまく対処しているのだ。

かつて部族社会を構成していたわれわれは、変化に富み、自分の能力が日々試せるような環境に生きていた。そういう自然の中の生息地をあとにして住みついた都市は、人間にとっては基本的に退屈きわまりない場所だった。常に刺激を欲する人間の欲求を満たしてくれないからだ。だが、その結果として、都市のそういう不足を補う妙手をいくつも考え出したのも、A人間の人間らしいところだった。

人間は必要もないような問題を作り出しては、エ揺り籠から[　]までの暇をつぶす。そのための省力（labour-saving）ならぬ消力（labour-wasting）機械をいくつも考案してきた。基本的欲求は社会が面倒をみてくれるから、困難を自分たちで作り出すしかない。仕事は必要以上に複雑にする。余暇にはますます手のこんだ慰みごとを登場させ、リスクを4オカしたり、わざわざ画策して肉体的、社会的生命を賭けた闘いに自らを駆り立てる。危険をもてあそび、運を試したいからだ。

暮しの中でも、自己表現に、より複雑なもの、より高度なものを指向する。巨大な頭脳に能力を自在に発揮させる、芸術や科学の実験もおこたりない。交響楽や戯曲を書いてはそれを演じ、絵画の鑑賞にふけり、オペラに耳を傾ける。肉体を鍛えあげて体操やバレエの5カンペキな妙技へと[e]華させる。効果を増幅するために誇張もする。花はより大きく、色はより鮮やかに、そして作る料理にはもっとスパイスを、だ。「檻」の中のありとあらゆる変化の源泉から刺激の最後の一滴までも絞り尽くそうという、不断の努力がそこにある。

これらの営みはいずれも健全でエキサイティングではある。だが「人間動物園」が何から何まで素晴らしくて価値がある、と思うのは当たっていない。そこには、過剰に反応する危険も存在する。ある雌のゾウを例にとると、普段と変わらぬある一日のうちに、ピーナッツ一七〇六粒、キャンディ一三二〇粒、パン一〇八九個、ビスケット八一一個、オレンジ一九八切れ、リンゴ一七個、紙一六枚、アイスクリーム七個、ハンバーガー一個、靴紐（ひも）一本、婦人用革手袋片方、をきれいに平らげたことがある。空腹だったからではない。栄養バランスを考えた食事がちゃんと与えられてはいたのだが、Bその中には正常量の社会的交歓が含まれていなかったのだ。彼女は慰めと触れあいをほかの動物種に求めた。通りがか

【国語】（六〇分）〈満点：一〇〇点〉

【一】次の文章を読んで、後の問に答えなさい。

ライオンとトラにはきわめて大きな違いがある。

身体的にはほとんど差異はない。毛皮を剥いでしまうと、1カイボウ学の専門家でもないかぎり、この巨大な二種のネコ科動物を見分けることはまずできないだろう。ところが、心理的な面から見ると、ア天と地ほども［　］があるのだ。

ライオンは生まれついての怠け者。食糧さえ十分にあれば、怠惰な生活をいとも簡単に受け入れ、木陰なんぞでイこれ［　］いとばかり、いくらでもうたた寝にふける。

トラはそうはいかない。彼らには求めるものがはるかに多いのだ。神経系統が［a］為を嫌い、長時間くつろぐことを許さない。どんなにたらふく食べさせようと駄目なものは駄目なのだ。檻（おり）に入れると、すぐに退屈して落ち着かなくなり、中をうろうろと歩きはじめる。それだけに、檻で飼うのが困難をきわめる動物だ。

わたしはかつて動物園長を務めたとき、いち早くこの違いに気がついた。園内の動物を基本的な二種――専門化を指向するスペシャリスト・タイプと、ウ［　］をとらえるに俊敏なオポチュニスト・タイプ――に分けて考えるようになったのはそのためだった。前者は、ライオンのように、野生を離れ、人間に飼育されるのに難なく適応してしまう。後者のグループには、トラのように、常に何かを探し求めて行動しつづける動物が属する。

ライオンやワシ、ヘビ、アリクイの類いを喜ばすのはわけはない。好物の餌と暖かな寝場所さえ与えておけば、動物園の中でどんどん繁殖して、飼っている方が恥しくなるほどたくさんの子を産み殖やす。

それに引き換え、トラやオオカミ、一般のサル、類人猿などは、気むずかしいうえにむら気で、時にはノイローゼにかからないよう、特別な配慮をする必要がある。

動物のほとんどはライオンのカテゴリーに入る。生来、保守的で、昔から慣れ親しんだものを求めるのだ。一部のヒト、時にはある文化全体がこのタイプの場合もあるが、種としての人類はトラ・タイプになる傾向がある。ヒトはチャレンジを好む。進んで新しいもの、違うものを求める。無理をしたり、背伸びをするのが好きだ。刺激を求め、あえてわが身を危険にさらす。わかりやすく言えば、われわれは「ネオフィリック」(neophilic)、つまり新しもの好きなのである。

一方、「ネオフォビック」(neophobic　新しもの嫌い)な動物とは、スペシャリスト・タイプを指す。生存のために特別な方法を編み出してほかの方法には目もくれず、それに従って生きるパターンを発達させる動物だ。たとえばアリクイは、アリを探し出して食べるのに［b］群の才能を発揮する。周囲のどの動物より、体の構造や行動が「アリを食う」という行為に向いているのだ。これほどの数のアリを、これほど短時間に食い尽くす動物もほかにいないだろう。それはそれで結構だ、アリが存在するかぎりは……。だが、ひとたびこの食糧源に変事が起こると、アリクイは即、アリたち同様、古代の［c］物と化す。専門技の発揮できないスペシャリストに未来はない。

それに対して、ネオフィリック・タイプは断固たる非スペシャリスト指向である。飽くことなく探究を続け、環境の中で自分に有利になるも

大切なことはメモしておこうネ！

2019年度

解 答 と 解 説

《2019年度の配点は解答欄に掲載してあります。》

＜数学解答＞《学校からの正答の発表はありません。》

1 (1) $3\sqrt{6}$ (2) 11 (3) 271 (4) $\frac{55}{84}$ (5) (1，5)，(4，3)，(7，1)

2 (1) $\sqrt{3}x$ (2) 3，9，15，21 3 解説参照

4 (1) (−6，9) (2) 30 (3) $y=2x+1$ (4) 1

5 (1) $2\sqrt{6}$ (2) $7\sqrt{7}$ 6 $\frac{7}{2}$

○推定配点○

1 各6点×5 2 (1) 7点 (2) 8点 3 10点 4 各5点×4

5 (1) 7点 (2) 8点 6 10点 計100点

＜数学解説＞

1 (小問群一式の値，平方根，因数分解，数の性質，場合の数，確率，方程式の応用)

重要 (1) $x^2+2\sqrt{2}xy+3y^2+3x+2\sqrt{3}y+3$に$x=\sqrt{6}-1$，$y=\sqrt{2}-\sqrt{3}$をそのまま代入してもよいが，$2=(\sqrt{2})^2$，$3=(\sqrt{3})^2$であることを利用すると，$x^2+2\sqrt{2}xy+3y^2+3x+2\sqrt{3}y+3=x^2+2\sqrt{2}xy+(\sqrt{2}y)^2+y^2+2\sqrt{3}y+(\sqrt{3})^2+3x=(x+\sqrt{2}y)^2+(y+\sqrt{3})^2+3x=\{(\sqrt{6}-1)+\sqrt{2}(\sqrt{2}-\sqrt{3})\}^2+(\sqrt{2}-\sqrt{3}+\sqrt{3})^2+3(\sqrt{6}-1)=1^2+(\sqrt{2})^2+3\sqrt{6}-3=3\sqrt{6}$

重要 (2) $(\sqrt{3}+\sqrt{5})^2=8+2\sqrt{15}$　$3.5^2=12.25$なので，$3.5<\sqrt{15}<4$　よって，$7<2\sqrt{15}<8$　$15<8+2\sqrt{15}<16$　よって，$(\sqrt{3}+\sqrt{5})^2$の整数部分は15であるから，$(\sqrt{3}+\sqrt{5})^2=15+x$と表せる。したがって，$x=(\sqrt{3}+\sqrt{5})^2-15=2\sqrt{15}-7$　よって，$x^2+14x=x(x+14)=(2\sqrt{15}-7)(2\sqrt{15}-7+14)=(2\sqrt{15})^2-7^2=60-49=11$

(3) 百の位に3が使われているのが，300～399までの100個ある。百未満の数の百の位の数を0とすると，百の位の数で3以外の数が9種類あって，そのそれぞれに十の位が3のものが10個ずつあるから，10×9＝90(個)ある。十未満の数の十の位の数を0とすると，百の位が3でなく十の位も3でなく，一の位だけが3であるものは9×9＝81(個)ある。よって，数字の3が使われている整数は，100＋90＋81＝271(個)

(4) 9個の球から3個を取り出す取り出し方は，球に1から9までの番号をつけて1から順番に考えていくと，1と2のときに3～9の7通り，1と3のときに4～9の6通り，1と4のときに5から9の5通り，…，1と8のときに残りの9の1通りあるから，1から始めたときには7＋6＋5＋4＋3＋2＋1＝28(通り)　2から始めると，2と3のときが4～9の6通り，2と4のときが5から9の5通り，…，2と8のときが9の1通りあるから，6＋5＋4＋3＋2＋1＝21(通り)　このようにして数えると，3から始めたときには5＋4＋3＋2＋1＝15(通り)　4から始めたときには4＋3＋2＋1＝10(通り)，5から始めたときには3＋2＋1＝6(通り)，6から始めたときには2＋1＝3(通り)，7から始めたときには1通り　よって，取り出し方の総数は，28＋21＋15＋10＋6＋3＋1＝84(通り)…①　そのうち，球の色が3色となるのは，3個の赤球から1個を取る取り出し方が3通りあり，そのそれぞれに白球

の取り出し方が2通りずつあり，さらにそれらに対して青球の取り出し方が4通りずつあるので，$3\times2\times4=24$(通り)…② 1色になるのは，赤球3個を取りだす取り出し方が1通り，青玉3個を取りだすのは，4個のうちどの青玉を取りださないかで4通りあるから，$1+4=5$(通り)…③

①，②，③から，球の色が2色となる確率は，$1-\frac{24+5}{84}=\frac{55}{84}$

(5) 商品の合計額をA円とすると，税込み総額は1円未満を切り捨てて2019円になったのだから，$2019\leqq1.08A<2020$ よって，$1869.44\cdots\leqq A<1870.37\cdots$ したがって，$220x+330y=1870$ 両辺を110で割ると，$2x+3y=17$ $y=\frac{17-2x}{3}$ よって，$(x,\ y)=(1,\ 5),\ (4,\ 3),\ (7,\ 1)$

2 **(平面図形ー正六角形，三平方の定理，動点，平行線と線分の比，方程式)**

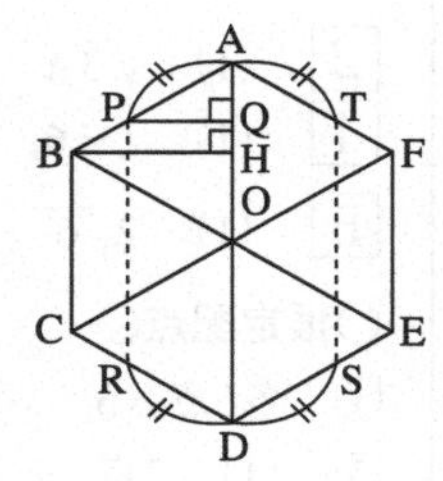

(1) 正六角形は最も長い対角線を3本引くことで合同な6個の正三角形に分けられる。右図のように点BからAOに垂線BHを引くと，BHは1辺の長さが4の正三角形の高さだから，$BH=4\times\frac{\sqrt{3}}{2}=2\sqrt{3}$ $0<x\leqq4$のとき，点PはAB上にある。点PからAOに垂線PQを引くと，PQ：BH＝AP：AB PQ：$2\sqrt{3}=x：4$ $PQ=\frac{\sqrt{3}}{2}x$ よって，△OAPの面積Sは，$S=\frac{1}{2}\times4\times\frac{\sqrt{3}}{2}x=\sqrt{3}x$

(2) $S=3\sqrt{3}$となるとき，$\sqrt{3}x=3\sqrt{3}$ $x=3$ AP＝3のとき，点Pを通りADに平行な直線を引いてCDとの交点をRとすると，点RからADまでの距離は$\frac{3\sqrt{3}}{2}$となり，点Pが点Rに達したときに$S=3\sqrt{3}$となる。そのときのxは，AB＋BC＋CR＝9なので，$x=9$ DS＝3，AT＝3となる点S，TをそれぞれDE，AF上にとると，点S，点TからADまでの距離は$\frac{3\sqrt{3}}{2}$となり，点Pが点S，点Tに到達したときにも$S=3\sqrt{3}$となる。そのときのxはそれぞれ，$4\times3+3=15$，$4\times5+1=21$ したがって，$x=3,\ 9,\ 15,\ 21$

3 **(証明ー正三角形，円の性質，三角形の合同)**

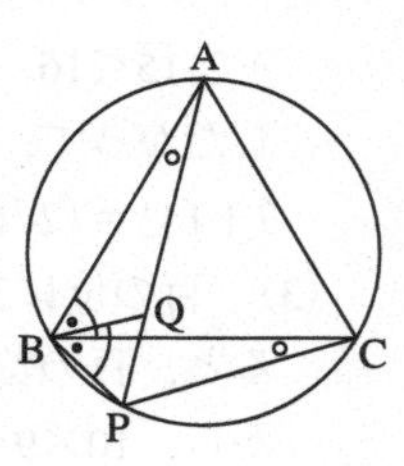

AP上にQP＝BPとなる点Qをとる。弧ABに対する円周角なので，∠APB＝∠ACB＝60° よって，△BPQは頂角が60°の二等辺三角形なので正三角形である。△ABQと△CBPにおいて，正三角形の辺だからAB＝CB…① 弧PBに対する円周角なので，∠BAQ＝∠BCP…② ∠ABQ＝∠CBP＝60°－∠QBC…③ ①，②，③から，1辺とその両端の角がそれぞれ等しいので，△ABQ≡△CBP よって，AQ＝CP したがって，AP＝QP＋AQ＝BP＋CP

4 **(関数・グラフと図形ー放物線，直線，座標，三角形の面積，線分の垂直二等分線，線対称)**

重要 (1) 点Pのy座標は$\frac{1}{4}\times4^2=4$ P(4, 4) 直線ℓの式を$y=-\frac{1}{2}x+b$とおいて$x=4$，$y=4$を代入すると，$4=-2+b$ $b=6$ 点Rのx座標は方程式$\frac{1}{4}x^2=-\frac{1}{2}x+6$の解として求められるので，$x^2+2x-24=0$ $(x+6)(x-4)=0$ $x=-6$ $y=\frac{1}{4}\times(-6)^2=9$ よって，R(−6, 9)

(2) △OPR＝△OPQ＋△ORQ OQ＝6を△OPQ，△ORQの共通の底辺とすると，それぞれの三角形の高さは，4，6 よって，$\triangle OPR=\frac{1}{2}\times6\times4+\frac{1}{2}\times6\times6=30$

やや難 (3) 線分PQの垂直二等分線と直線ℓとの交点をM，y軸との交点をTとすると，点MはPQの中点なので，その座標は$\left(\frac{4}{2},\ \frac{6+4}{2}\right)=(2,\ 5)$　点Mからy軸に垂線MNを引くと，$\angle$TMN＝90°－QMN＝$\angle$MQN，$\angle$TNM＝$\angle$MNQなので△TMN∽△MQN　よって，MN：TN＝QN：MN＝1：2　よって，線分PQの垂直二等分線の傾きは2　$y=2x+c$とおいて(2，5)を代入すると，$5=4+c$　$c=1$　よって，$y=2x+1$

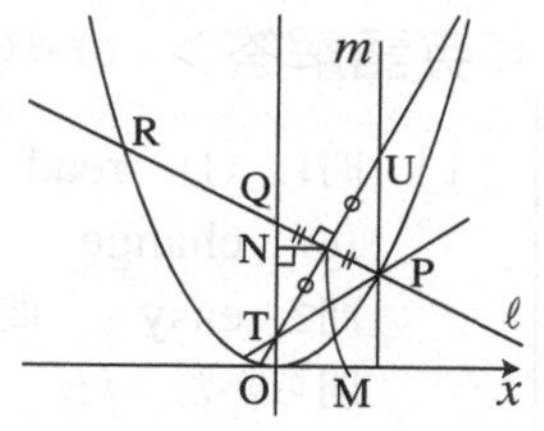

(4) 線対称な図形では対応する点を結ぶ線分は対称の軸によって垂直に2等分される。直線$y=2x+1$と直線mとの交点をUとすると，U(4，9)　(3)では，直線$y=2x+1$とy軸との交点をTとおいてT(0，1)であることを求めた。$\left(\frac{4+0}{2},\ \frac{9+1}{2}\right)=(2,\ 5)$だから，点Mは2点T，Uの中点である。また，$y=2x+1$は直線$\ell$に垂直である。よって，線分TUは直線$\ell$によって垂直に二等分されるので，点Uと点Tは直線$\ell$について対称な位置にある。つまり，直線$n$は2点T，Pを通る。したがって，点Sは点Tと一致し，そのy座標は1である。

＋α 5 **(平面図形－折り返し，三平方の定理，相似，方程式)**

(1) △EGFは△EAFを折り返したものだから，EG＝EA＝7　△EBGで三平方の定理を用いると，BG＝$\sqrt{EG^2-EB^2}=\sqrt{49-25}=\sqrt{24}=2\sqrt{6}$

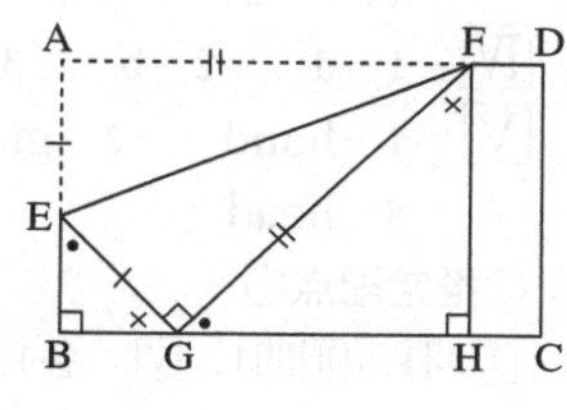

やや難 (2) 点FからBCに垂線FHを引くと，$\angle$FHG＝$\angle$GBE　$\angle$GFH＝90°－$\angle$FGH＝$\angle$EGB　2組の角がそれぞれ等しいので△FHG∽△GBE　よって，FH：GB＝HG：BE　AF＝BH＝xとすると，HG＝$x-2\sqrt{6}$　$12:2\sqrt{6}=(x-2\sqrt{6}):5$　$2\sqrt{6}x-24=60$　$2\sqrt{6}x=84$　$x=\frac{84}{2\sqrt{6}}=7\sqrt{6}$　△EFGで三平方の定理を用いると，GF＝AF＝$7\sqrt{6}$だから，EF＝$\sqrt{EG^2+GF^2}=\sqrt{49+49\times6}=\sqrt{49\times7}=7\sqrt{7}$

6 **(空間図形－切断)**

平行な平面が他の平面と交わるとき，交わりの直線は平行になる。よって，EI//JK　点JからHGに平行な直線を引き，辺CGとの交点をLとすると，△JKL≡△EIFとなる。よって，KL＝IFなのでKG＝JH＋IF　JH＝xとすると，IF＝$x+1$，KG＝$2x+1$　点Kを通る面EFGHに平行な平面と辺DH，AE，BFとの交点をそれぞれM，N，Oとすると，直方体KMNO－GHEFは面EIJKによって2等分される。よって，(Aを含む立体)＝$\frac{6\times6\times(2x+1)}{2}+6\times6\times\{8-(2x+1)\}=18(2x+1)+36(7-2x)$　(Gを含む立体)＝$\frac{6\times6\times(2x+1)}{2}=18(2x+1)$　よって，$\{18(2x+1)+36(7-2x)\}:18(2x+1)=5:3$　$(2x+1+14-4x):(2x+1)=5:3$　$-6x+45=10x+5$　$16x=40$　$x=\frac{5}{2}$　したがって，IF＝$\frac{5}{2}+1=\frac{7}{2}$

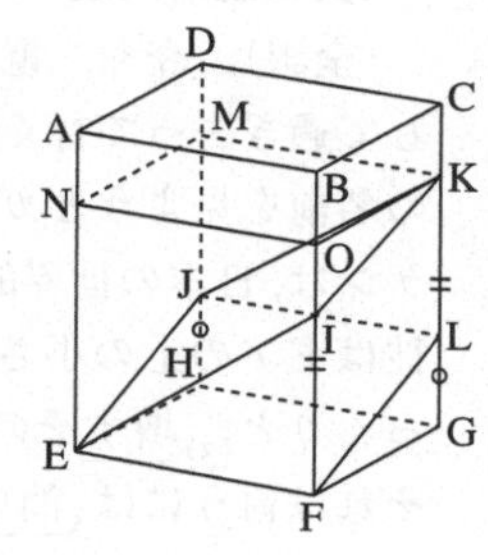

★ワンポイントアドバイス★

1に紛らわしい問題が多いので，うまくいかなかったら後回しにして2以降を先に手掛けよう。4は(3)が重要。垂直に交わる2直線の傾きの積が－1であることを使ってもよい。6は点Kを通る面EFGHに平行な平面で切った直方体を考えるとよい。

＋α は弊社HP商品詳細ページ(トビラのQRコードからアクセス可)参照。

＜英語解答＞ 《学校からの正答の発表はありません。》

Ⅰ 問1 (1) read (2) showed (3) increased (4) hear (5) left
(6) change (7) rang (8) reached (9) chose (10) shook
問2 easy 問3 in 問4 5 問5 (例) その女性が話をしたい気分であることは明らかだった。 問6 means I can use my ticket to travel 問7 (ア) 4
(イ) 2 (ウ) 1 (エ) 3 問8 6

Ⅱ 問1 (1) arrive (2) named (3) kept (4) earn (5) taught
(6) encouraged (7) focus (8) sent 問2 (アとエ) of (イとオ) with
問3 3 問4 4 問5 他の家族とともに暮らすために赤ちゃんを送り出すと聞くとおかしなことのように思われるかもしれない 問6 felt it would be easier for their youngest children to return home 問7 (Ⅳ) 1 (Ⅴ) 4 問8 another
問9 3, 6

Ⅲ (ア) 2 (イ) 4 (ウ) 4 (エ) 4 (オ) 1 (カ) 2 (キ) 3
(ク) 2 (ケ) 3 (コ) 3

Ⅳ 1 d 2 b 3 c 4 a 5 c 6 b 7 d

Ⅴ 1 hand 2 guts 3 face 4 eye 5 foot 6 back 7 heart
8 head

○推定配点○
Ⅰ問1, Ⅱ問1, Ⅴ 各1点×26 Ⅰ問2～問8, Ⅱ問2～問9, Ⅲ, Ⅳ 各2点×37 計100点

＜英語解説＞

Ⅰ **(長文読解問題・物語文：語句選択補充，語句補充，文選択補充，英文和訳，語句整序，内容吟味)**

(全訳) 今や，電車は本当に飛んでいるかのようだった。建物，野原，そして木々がすべて競争して過ぎ去って行くように思われた。橋が窓を一瞬にして過ぎて行った。それから駅が。ケンはその名前を見ようとガラスに顔を寄せたが，あまりに速く進んだので，(1)読むことができなかった。ケンは，日本の世界的に有名な高速列車である新幹線よりも速く進んでいるのではないかと思った。彼はドアの上の小さな画面を見上げたが，それは速度を(2)示していた—時速294キロだ！ 彼はゆっくりと(3)増すその数字をじっと見た。296…298…突然，そうなった。時速301キロだ！ そう，それは言うには A簡単なものだった。

そしてあのことが再び彼の心に浮かんだ。そうだ，でもだれに話そうか。1か月前だったら—2週間でも—マユミに伝言を送っていたのに。しかし，2人が別れてから，彼女は彼から(4)便りをもらいたいと思っていなかった。「何も伝言は送らないでちょうだい，返事を出すつもりはないから」と彼女は怒って彼に伝えていた。「私よりもユキの写真を携帯に載せたいなら，それでいいわ。もうあなたのガールフレンドになってほしいなんて期待しないでね！」

ケンは悲しそうに再び窓の外を見た。自分たちはどこにいるのだろう？ 彼は最後の駅のすぐ手前で看板を見ていたので，自分たちがすでにベルギー(5)を出ていて，もうドイツにいることを知っていた。でも，次はどの都市だろう？ ケルンだろうか？ ケルンでは電車(6)を乗り換えなくてはならない。彼は向かいに座っている中年の女性に尋ねた方がよいかと思った。しかし，そうしないことにしたちょうどそのとき，電車がある村を飛ぶように通過して，その女性が突然彼に英語で話しかけてきた。

「あら！　私の村だわ！　Bあと1時間で家に帰れるわ。ケルンまでたったの10分ね！」

ケンは社交辞令的にほほえんだ。その女性はじっとしていられないようだった。

「でも，あなたはずっと遠くから来たのでしょう…あなたは日本人ですか？」と彼女は続けて言った。

ケンはうなずいた。彼はあまり話したい気分ではなかったが，(Ⅰ)その女性が話をしたい気分であることは明らかだった。「はい，でもイギリスで勉強しているんです。通年留学プログラムに入っているんです。今は夏休みなんですよ」と彼は言った。

「それはいいわね！　それで，どこに行くの？」と彼女は続けた。

「ベルリンです。インターレイルチケットを持っています」とケンは答え，彼女の顔に困惑の表情が見えたので，説明した方がよいと思った。「(Ⅱ)つまり，僕はこの切符を使ってヨーロッパのどこへでも列車で行けるということなんです。ベルリンが最初の停留地なんです」

「なんてすてきなんでしょう！　Cでもあなたは一人で旅をしているのね。とても勇敢なことだわ」

ケンは間を置いた。「友人たち…友人たちは来ることができなかったんです」と彼は言い始めた。

「まあ，お気の毒に」とその女性は答えた。彼女が何か別のことを言おうとしたとき，彼女の携帯電話が(7)鳴った。彼女はわくわくしながらバッグDの中を探し，ドイツ語で大声で電話で会話を始めた。

ケンは本を取り出した。それはアメリカの冒険談で―英語の練習のために持って来たのだが―とてもわくわくするものだった。しかし，ケンは今や読むことができなかった。彼はその女性に話したばかりの(イ)ことを悲しい思いで考えた。それは実は本当のことではなかった。本当は，彼とマユミは一緒に休日を過ごすことにしていたのだが，口論の末，すべてが変わってしまったのだ。彼らは一緒にいるといつもとても楽しかった。彼女はイギリスで同じ課程にいて，最初の週に出会った。口論することなど一度もなかった。だから，それからイヌのことで妬むようになったのだ！正気ではない！

ケンはポケットに(8)手を伸ばし，自分の携帯電話を取り出した。単純な動きで彼はそれを開いて，画面が出て来るのを見た。少しの間，彼はスクリーンセーバーを見た―電話に電源を入れたときに現れる画面を。それは，彼の美しい12歳の，世界で最もすばらしいイヌであるゴールデンレトリバー，ユキの写真だった。それから彼は画面の横のメニューからマイ・フォト(9)を選んだ。ほとんど同時に，マユミの写真が出て来た。それは彼がいちばん気に入っている彼女の写真―彼女の誕生日に彼女を連れて行ったレストランで撮ったものだった。彼女はとても幸せそうで，とてもきれいに見えた！　ケンは頭(10)を振ってすぐにイヌの写真に戻った。

重要 問1　全訳を参照。　(1)　この場面で，ケンは高速で走る電車の窓から通り過ぎる駅の名前を読み取ろうとしている。電車が速すぎて，駅名が読み取れないという内容にすると場面に合う。空所を含む文の後半 but 以下は so ～ that …「とても～なので…」の構文で that が省略された形。that 以下は〈It is ～ to ＋動詞の原形〉「…することは～だ」の構文なので，read の原形を入れる。　(2)　空所の後に 294 kilometers per hour「時速294キロ」とあることから，ケンはドアの上にある電車の速度を示す画面を見ていると考えられる。which 以下はその画面の説明なので，「速度を示す」という意味にすると文脈に合う。全体が過去形で述べられているので，ここも show を過去形にして入れる。　(3)　電車の速度を示す数字が，最初は時速294キロだったのが，296，298と上がって行ったことを述べている箇所。the numbers が「増した」ということなので，increase の過去形を入れる。　(4)　第2段落の最初で，1か月前に恋人のマユミと別れたことが述べられている。空所を含む文はマユミが望んでいなかったことを述べていること，後に from があることから hear from ～「～から便りをもらう」を入れる。 (5) 空所を含む箇所は,「ベルギーを～してドイツにいる」という内容。ベルギーという国からドイツという別の国に来ているということなので，leave「～を出る」を入れて「ベルギーを出てドイツにいる」とするのが適切。they'd は they had の短縮形。ベルギーを出たのは he knew「彼は～がわかった」時点よりも前のことなので，過去完了になっている。leave の過去分詞 left を入れる。(6) 空所の直後の trains とつながる動詞は change。change trains で「電車を乗り換える」という意味を表す。had to の後なので原形を入れる。 (7) 「携帯電話が～」に続いて，女性は電話で話し始めているので,「電話が鳴った」という意味になるように ring の過去形 rang を入れる。 (8) 空所の後に続く内容から,「ポケットに手を入れて自分の携帯電話を取り出した」という内容の文を考える。この内容に合うのは reach「手を伸ばす」。文全体の時制に合わせて過去形にする。 (9) 空所を含む文の直前で，ケンは携帯電話の画面でイヌの写真を見ている。それに続いて今度はマユミの写真を見たのだから，マユミの写真を見るために，それまでに撮った写真が保存されているマイ・フォトを「選んだ」とするのが適切。 (10) ケンはマユミの幸せそうな写真を見た後で，すぐにイヌの写真が出ている画面に戻っている。別れた恋人のことを考えるのは彼にはつらいことのはずなので，苦悩を表すように「頭を振った」という意味にする。shake「～を振る」の過去形 shook を入れる。

問2 電車の驚くべき速さについて述べている部分。直前で「301キロ！」と驚きの気持ちをもって述べていることから,「(301キロと)言葉で言うのは簡単だが…」という内容にするとこの場面でのケンの心情に合う。

問3 Bは「(時間が)あと～で，～以内に」の意味の in。Dの in は searched「探した」場所を表している。

問4 女性は空所に入る発言に続いて,「それは勇敢だ」と言っている。また，女性の発言を受けて，ケンは「友人たちは来ることができなかった」と，一人旅の予定ではなかったことをほのめかしていることから，5「でもあなたは一人で旅をしているのね」が適切。女性は，ケンが一人旅をしていることを「勇敢だ」と言っていると考えると自然な流れになる。1は「そうねえ，何も心配する必要はありません」,2は「あなたはヨーロッパの人たちと友達になるために来たのですね」,3は「外国人と話すのはこれが初めて？」,4は「あなたの年齢のころ，私はドイツで勉強する機会がありませんでした」という意味。

問5 did が指す内容を正しくつかむことが重要。一般動詞の過去形を言いかえたものなので，直前の feel much like talking を当てはめる。feel like ～ing は「～したい気がする」という意味。ケンはあまり話す気分ではないが，女性のほうは話したい気分でいることを明らかにする。また，It is ～ (that) …「…であることは～だ」の構文にも注意する。

問6 (That) means I can use my ticket to travel (anywhere in Europe.) 主語 That は「インターレイルチケットを持っていること」を指す。「そのことは～ということを意味する」と考えて,〈That means (that) ＋主語＋動詞 ～〉という構文にする。that 以下は「私はヨーロッパのどこでも旅するために私のチケットを使うことができる」と考え，can use my ticket の後に副詞的用法の不定詞を続ける。

問7 (ア) not ～ any more で「もはや～ない」という意味を表す。 (イ) 前置詞 about に続くので，代名詞が入る。「こと，もの」の意味の先行詞を含む関係代名詞 what が適切。
(ウ) 「携帯電話の電源を入れるとスクリーンセーバーの絵が出て来る」とすると文意が通る。「～の(電源)を入れる」は turn on ～ で表す。 (エ) he'd taken her と the restaurant は he'd (＝ he had) taken her to the restaurant という関係。to the restaurant「そのレストランへ」

という副詞句を指す関係副詞 where が適切。

問8 1 (×) 最後から2つ目の段落，最後から4文目から，ケンがマユミに出会ったのはイギリスに留学してからであることがわかる。 2 (×) 第3段落最終文から，話しかけてきたのは向かいに座っていた女性の方であることがわかる。 3 (×) ケンがヨーロッパ旅行の計画を立てたことは本文に書かれていない。 4 (×) マユミはケンと旅行に来ていない。また，ユキはイヌの名前なので，電子メールを送ることはできない。 5 (×) ケンがかわいがっているイヌが日本にいるときに飼っていたのかについては本文に書かれていない。また，ケンがイヌをかわいがるあまりマユミを怒らせたのである。 6 (○) 最後から2つ目の段落，最後から3，4文目から，ケンがマユミに出会ったのはイギリスに留学してからであり，口論などしたこともなかったことが，また，最後から2文目から，イヌがきっかけでマユミが気分を損ねたことがわかるが，そのことを最終文で「正気ではない！」と述べているので，ケンにとってはそれが思いがけないことだったと言うことができる。 7 (×) 最終段落第4文から，ケンが携帯電話に保存していたのはイヌの写真であることがわかる。

Ⅱ **(長文読解問題・伝記文：語句選択補充，語句補充，語い，英文和訳，語順整序，発音，内容吟味)**

(全訳) ジョージ・オースティンは，ロンドンの西50マイルほどにある小さな村，スティーブントンの教区の世話をしていた。彼とその妻，カサンドラには11月に7番目の子供が生まれる予定だった。しかし，その赤ちゃんは1775年12月まで(1)生まれなかった。彼らは彼女をジェーン(2)と名づけた。

イングランドの南は，1775年の冬はとても寒くて雪がよく降った。その厳しい天候は，オースティンの子供たちを家の中に(3)とどめた。しかし，ジェーンの兄弟姉妹―ジェームズ，ジョージ，エドワード，カサンドラ，そしてフランシスは一緒に遊ぶ赤ちゃんがまたできてうれしかった。そして，オースティン家の人々は，3歳近いカサンドラに今や(ウ)妹ができて喜んだ。

スティーブントンに春がやって来ると，ジェーンは村の養家とともに暮らすために送り出された。(Ⅱ)他の家族とともに暮らすために赤ちゃんを送り出すと聞くとおかしなことのように思われるかもしれないが，当時はこれが一般的だった。ジェーンの兄弟姉妹の全員も幼いときに他の家族とともに暮らしに行ったのだ。(Ⅲ)ジェーンの両親は，特に家がすでにとても混み合ってからは，最年少の子供は年齢を重ねてからの方が，家に帰りやすいだろうと感じていた。

ジョージ・オースティンはまた，その家族の家を学校として使った。彼は自分の家族を養うためのお金(4)を稼ぐために生徒たちを教育した。8月から12月までと，2月から6月までの間，オースティン家には一緒に暮らす生徒たちがいたのだ。ジョージ・オースティンは彼らにラテン語，ギリシャ語，地理，そして科学(5)を教えた。生徒たちは皆男子で，家の最上階の屋根裏部屋で眠った。ジェーンの父親は，育っていく家族を支えるための追加のお金を稼ぐためにウシ，ヒツジ，そしてニワトリも飼育した。

ジェーンが3歳になるときまでには，彼女は再び自分の家族と暮らしていて，弟のチャールズが生まれていた。だから，オースティンの家は混み合っていて騒がしかった。しかし，彼らには多くのお金はなくても，そこは楽しくて快適な場所だった。書斎はジョージの本でいっぱいで，ジェーンはそこで読書をして多くの時間を過ごした。一家はまた，互いに声に出して本を読んだ。そしてジェーンの両親は子供たちとジョージ・オースティンの生徒たちに寸劇―自分たちの娯楽のための短い演劇を書いて上演するよう(6)勧めた。

その頃，女子を学校にやることは一般的ではなかった。ほとんどの人が，それは時間と金の無駄遣いだと思っていた。女子は縫物と歌と音楽の演奏を学んだ。彼女たちは，成長したら行儀よくし，結婚し，よき妻になる準備をすることに(7)集中することを期待された。しかし，ジェーンの姉のカサンドラは10歳のときの1783年春にオックスフォードの寄宿学校(8)に行かされた。ジェーンと彼女の姉はとても仲の良い友人となっていて，ジェーンは両親に自分も同じように寄宿学校に行かせてくれるよう頼んだ。

問1　全訳を参照。　(1)　前文の「11月に7番目の子供が生まれる予定だった」と But でつながっているので，予定と大きく違う12月16日に赤ちゃんが生まれたと考えるのが適切。arrive には「生まれる」という意味もある。　(2)　空所の後の her の名前が Jane と考えられるので，「～を…と名付ける」の意味の name の過去形を入れる。　(3)　「厳しい天候」が主語で，後に inside「(家の)中に」があることから，厳しい天候のせいで子供たちは家の外に出られなかったという状況を説明した文と考える。「～を…(の状態)にしておく」という意味の keep の過去形を入れる。　(4)　空所に入る動詞の目的語が直後の money，その後に「自分の家族を養うために」と目的を表す表現があることから，「お金を稼ぐ」という意味にする。to の後なので earn「～を稼ぐ」の原形を入れる。　(5)　ジョージが自分の子供以外の子供を生徒として受け入れていたことに着目する。空所の直後の them が「人」を表す目的語，その後に具体的にラテン語や地理など，教える内容が挙げられているので，〈teach ＋人＋もの・こと〉「(人)に(もの・こと)を教える」の形を考え，teach の過去形を入れる。　(6)　ジェーンの両親が子供たちや生徒たちに寸劇を書いて上演することをどうしたのかを考える。選択肢の中でこの内容に合う動詞は encourage「～を勧める」。〈encourage ＋人＋ to ＋動詞の原形〉で，「(人)に～するように勧める」という意味を表す。　(7)　当時の女子が期待されていたことを述べている箇所。同じ段落の第1文に，当時，女子が学校に通うことは一般的なことではなかったと書かれており，それに続く箇所なので，「(学業など無駄なことはせずに)行儀よくし，結婚し，よき妻になる準備をすることに集中する」という内容にすると文脈に合う。to の後なので，focus「集中する」の原形を入れる。focus on ～ で「～に集中する」という意味を表す。　(8)　空所の後の to a boarding school「寄宿学校」とのつながりから，send「(学校などに) 行かせる」を入れる。主語が Jane's elder sister, Cassandra で空所の前に be動詞があるので受動態の文と考え，過去分詞 sent を入れる。

問2　(ア)　west of ～ で「～の西に」の意味。　(エ)　「(複数の人・もの)の中の」の意味。
(イ)　to play は形容詞的用法の不定詞。play with another baby「また別の赤ちゃんと遊ぶ」の another baby が前に出たと考える。　(オ)　be filled with ～ で「～でいっぱいだ」の意味。

問3　4けたの西暦は基本的に最初の2けたの数字と後半の2けたの数字に分けて読む。

問4　空所を含む文の Cassandra は3歳なので，ジョージの妻ではなく，妻と同じ名前の娘である。ジェーンという赤ちゃんが生まれたときのことを述べている箇所なので，カサンドラとの関係を表す sister を入れる。

問5　Sending a baby to live with another family が主語。to live ～ は目的を表す副詞的用法の不定詞。〈sound ＋形容詞〉で「～のように聞こえる，(聞いた感じとして)～のように思われる」という意味を表す。

問6　(Jane's parents) felt it would be easier for their youngest children to return home (when they were older, …)　felt の後に接続詞 that が省略された文。that 以下は〈It is ～ for ＋人＋ to ＋動詞の原形〉「(人)にとって…することは～だ」の構文を続ける。

問7　(Ⅳ)　crowded「混雑している」の ow の部分を最も強く読む。発音は [au] で，owl「フクロウ」の ow と同じ。own「所有する，～自身の」，crow「カラス」，grow「育つ，育てる」の下線部はいずれも [ou] の発音。　(Ⅴ)　sew「縫う」の ew の発音は [ou] で，loan「貸し付け，貸す」の oa と同じ。shoot「～を撃つ」，chew「～をかむ」の下線部は [uː]，eve「前夜，前日」

の下線部は[iː]の発音。

問8 one anotherで「(3人[つ]以上の間で)お互い」という意味を表す。

問9 1「オースティン家には2人のカサンドラがいる」(○) 第1段落第2文にあるCassandraはオースティンの妻。第2段落最終文にあるCassandraは3歳であることから，オースティンの娘である。 2「当時の人々は，女子がよい妻になるための技能を学ぶことは必要だと思っていた」(○) 最終段落の内容に合う。 3「ウシ，ヒツジ，ニワトリを飼うことはオースティン家が生き延びる助けとはまったくならなかった」(×) 第4段落最終文の内容に合わない。 4「ジェーンの誕生日は12月16日だ」(○) 第1段落第2，3文から，オースティンと彼の妻には11月に子供が生まれる予定があったが，実際に子供が生まれたのは12月16日だったことが述べられている。 5「生徒たちは10月にオースティン家とともに暮らした」(○) 第4段落を参照。第3文から，オースティン家では8月から12月の間，一緒に暮らす生徒を受け入れていたことが述べられている。 6「オースティンの家で勉強した女性の生徒が何人かいる」(×) 第4段落第5文を参照。オースティン家が受け入れた生徒はすべて男子だった。 7「最年少のチャールズには，カサンドラとジェーンの2人の姉がいた」(○) 第5段落第1文から，チャールズがジェーンの弟であることがわかる。また，第2段落最終文から，カサンドラはジェーンが生まれたときに3歳だったことがわかる。第1段落第2文にジョージの妻がカサンドラという名前であったことが述べられているが，母親とその娘が同じ名前であったことを読み取る必要がある。

Ⅲ (長文読解問題・エッセイ：語句選択補充，文選択補充)

(全訳) セント・アンドリュースの小さな村はスコットランド東部の海(ア)の隣にある。そこはゴルフ(イ)でとても有名だ。人々は1500年代か，おそらくそれ以上早くそこでゴルフをし始めた。今では，そこでプレイするために世界中からゴルファーがやって来る。

セント・アンドリュース大学はとても古い。1413年に初めて開校して，スコットランドでは最も古い大学で，イギリスでもオックスフォードとケンブリッジに次いで(ウ)3番目に古い。

ウィリアムとケイトは同じ建物に住み，美術史の学生で，同じ友人が何人かいた。2002年3月，ケイトは大学のファッション・ショーに出て，ウィリアムと数人の友人が見に行った。すてきなドレスを着た女性たちが歩いて行ったり来たりした。ケイトは最初，きれいな色のジャンパーを着て出て来たが，それからとても刺激的な黒いドレスを着て出て来て，すばらしい見栄えだった！(2011年，そのデザイナーはそのドレスで7万8,000ポンドを得た！) すぐにウィリアムとケイトは仲良くなった。後に，ウィリアムは「(オ)ぼくたちは最初，1年以上の間は友人だった」と言った。

2年目は，多くの学生が大学には住まない。彼らは町にアパートか家を見つけていっしょにそこで暮らす。ウィリアムと何人かの友人は2002年にそうした。4人の友人たちはアパートを掃除していくらか料理をした。ウィリアムはときどきそこでケイトのために夕食を料理し始めた―しかし，しばしば(カ)うまくいかず，それからケイトが彼らのために料理を仕上げた。

2003年の夏，ケイトは21歳で，ウィリアムはバークシャーにある彼女の両親の家でのパーティーに行った。セント・アンドリュースの他の学生たちもそこにいた。後に，チャールズ皇太子がウィリアムの21歳の誕生日のために，ウインザー城で「アフリカン」パーティーを開いた。それはスーツを着てスピーチをする公式的なパーティーではなかった。招待客はアフリカの衣装を着て，アフリカの音楽家が彼らのために演奏した。ケイトはそのパーティーに(キ)招待客の1人として招待された。

2003年の9月に，彼らは大学で3学年目を始めた。そのとき，ウィリアムはバルゴーブ・ハウスという田舎の家に移った。そこは町と大学から遠くなかったが，静かな場所で，写真家やレポーターからは離れていた。

それから2004年の3月，ウィリアムとケイトはニュースになった―いっしょに。彼らはスキー休暇で何人かの友人たち，そしてウィリアムの父と一緒にスコットランドのクロスターに行った。すぐに，世界中の新聞がケイトと一緒にいるウィリアムの写真を撮った。今や，だれもが「(ク)ケイト・ミドルトンとはだれ？」かを知りたがった。新聞は，「ウィルとケイト」についてカップルとして書き始めた。

2004年9月はセント・アンドリュースでの最後の年の始まりだった。結婚式やパーティーの席にいる，ケイトのいないウィリアムの写真がしばしば出た。彼女は王家の一員ではなかったので，(ケ)いつも彼と一緒に行けるわけではなかったのだ。しかし彼らはボーイフレンドとガールフレンドだった。

それから2005年6月に，彼らはセント・アンドリュースを卒業した。女王，フィリップ王配，そしてチャールズ皇太子が皆，特別な式典のためにスコットランドにやって来た。ケイトの母親と父親もそこにいた(コ)が，その2つの家族は会うことはなかった。

それはウィリアムとケイトの幸せな大学生活の終わりだった。しかし，この2人の若者には次に何が待っていただろうか。

問 (ア) next to ～「～の隣に」。 (イ) be famous for ～「～で有名だ」。 (ウ)「～番目に…」は最上級の前に序数を置いて表す。 (エ) lived in the same building, had some of the same friends と，当時の状況を列挙しているので，過去形の動詞が適切。 (オ) ウィリアムとケイトが近づくきっかけとなったファッション・ショーが行われたのは2002年の3月。その後，翌年の2003年の夏にケイトは「アフリカン」パーティーに招待され，2004年には2人の関係がニュースになり始めたという経緯から，1を入れるのが適切。2は「彼女に恋をするのに少なくとも3年かかった」，3は「ぼくはファッション・ショーの直後に彼女に求婚した」，4は「ぼくたちはファッション・ショーの後，1年以上会わなかった」という意味。 (カ) go wrong「うまくいかない」。 (キ) この時点でケイトがウィリアムの婚約者だったという根拠は書かれていないので，2「ウィリアムの婚約者」は不適切。また，パーティーを主催したのはウィリアムの家族の方なので，1「主催者の1人」は不適切。4は「アフリカの衣装のデザイナー」という意味。 (ク) ケイトが報道で知られるようになった頃のことなので，まだ詳しいことは一般に知られていないと考えるのが自然。世間の人々が関心を抱いていることを示す2が適切。1は「ケイトはなぜそれほどスキーが上手なのか」，3は「ケイト・ミドルトンはどのようにして王室の一員になったのか」，4は「ウィリアムはいつケイトと結婚したのか」という意味。 (ケ) always のように頻度を表す副詞は助動詞の後に入れるのが基本。could not で意味のまとまりになるので，not の後に置く。not always ～ で「いつも～するとは限らない」という部分否定になる。 (コ)「ケイトの両親も式典の席にいた」という内容と，「2つの家族は会わなかった」という内容をつなぐのに適切なのは but。

重要 Ⅳ （正誤問題：分詞，接続詞，不定詞，関係代名詞，完了形，比較，受動態）

1 a a my old friend を an old friend of mine「旧友の1人」と直すと「私は図書館で勉強していたときに旧友の1人に会った」という英文になる。 b look forward to ～「～を楽しみにする」の to は不定詞を作る to ではないので，後に動詞を続けるときは動名詞にする。「あなたに会えてよかったです。すぐにお便りをもらえることを楽しみにしています」という英文になる。 c to cut the bread で「パンを切るために」と完結した意味になるので，bread の後の to は不要。「私たちがパンを切るために使うこのナイフはとても鋭い」という英文になる。 d 正しい英文。have no idea「わからない」の後には間接疑問を続けることができる。「私にはなぜジョナサンが彼女と結婚したのかわからない」という英文。

2 a during は前置詞なので，後に節を続けることはできない。ほぼ同じ意味を表す接続詞whileを用いるのが正しい。「私の姉[妹]はニューヨークで暮らしている間に英語が上達した」という英文になる。 b 正しい英文。send for ～ は「(医者)を呼びにやる」という意味で，ここでは受動態で用いられている。医者が呼ばれたという過去の時点まで病気の状態が継続していたことを表しているので，had been ill と過去完了が用いられている。「レイチェルは医者が呼ばれるまで1週間病気だった」という英文。 c know の直後に what を置くと正しい間接疑問文になる。「あなたはその鳥が英語で何と呼ばれているか知っていますか」という英文になる。

d With を While にすると正しい英文になる。when，while のように「時」を表す接続詞は，後に続く節が進行形で，主語が主節の主語と同じ場合，〈主語＋動詞〉を省略することができる。While sleeping は While I was sleeping ということ。「私は眠っている間，彼女の夢を見た」という英文になる。

3 a pat は「なでる，軽くたたく」という意味の動詞。「(人)の～をなでる[軽くたたく]」は，〈pat＋人＋on＋たたく場所〉で表すので，in を on に直すと「彼女は私の肩をやさしくなでた」という英文になる。She patted my shoulder gently. としてもよい。 b the place の後に関係代名詞が省略された文。「その場所を訪れる」は visit the place と表し，この the place が先行詞として前に出た形なので，visit の後に it は不要。it をとると「ここは私が長い間訪れたいと思っていた場所だ」という英文になる。 c 正しい英文。〈It is ～ that …〉は「～」の部分を強調する強調構文。「私が初めてパリを訪れたのはおよそ2年前だった」という英文。

d swimming と running を比べて「走る方が好きだ」という内容とすると，I like running better than swimming.「私は泳ぐことよりも走ることの方が好きだ」のように表すのが適切。

4 正しい英文。前半にある if は「～かどうか」という意味で名詞節を導く接続詞。if 以下は know の目的語。後にある if は「～ならば」の意味の接続詞で副詞節を導く。この意味の if や「時」を表す接続詞 when の後に続く節の中では，未来のことでも現在形で表す。「私は明日雨が降るかどうかわからないが，もし雨が降ったらそこには行かない」 b 〈see＋目的語＋動詞の原形〉「～が…するのを見る」を受動態にした文。この構文は，受動態では〈be動詞＋過去分詞＋to＋動詞の原形〉の形になるので，come の前に to が必要。〈with＋～＋状態を表す語句〉は「…を～(の状態)にして」という意味で，ここでは「彼女」が目に涙を浮かべている状態だったことを表している。「彼女は目に涙を浮かべて階段を昇るところを見られた」という意味の英文になる。

5 a finish は動名詞を目的語にするので，to read を reading に直す。「私はちょうどこの雑誌を読み終えたところだ」という英文になる。 b until は「～するときまでずっと」という意味で，継続する動作に伴って用いる。ここでは had got to school「その学校に着いた」という動作なので，until は不適切。by the time the bell rang「ベルが鳴ったときまでには」とするのが適切。「私はベルが鳴るまでにはその学校に着いていた」という英文になる。 c 正しい英文。〈too ～ ＋ to ＋動詞の原形〉「…するにはあまりに～，～すぎて…できない」の構文。「6か月は外国語を習得するにはあまりに短い」という意味の英文になる。 d 「～(時間)遅れる」は〈be動詞＋時間＋late〉で表す。「私は数秒の差でバスに乗り遅れたので学校に20分遅刻した」という意味の英文になる。

6 a left(leave「～を離れる」)の過去形。leave は目的語をとる動詞なので，「～を離れる」という場合，前置詞は不要。「私の父は昨夜仕事で東京を出てロンドンに行った」という意味の英文になる。 b 正しい英文。speak to ～「～に話しかける」を受動態で用いた文で，過去分詞 spoken の後に to が必要。「昨日，私は通りでアメリカ人に話しかけられた」という意味の英文になる。「通りで」は on the street でもよい。 c 「(道など)を教える」は tell または show

で表すのが普通。tell は口頭で教える場合，show は地図を書いて教えたり実際にその場所まで案内したりする場合に用いる。「駅まで行く道を教えてくれますか」という意味の英文になる。 d resemble は「～に似ている」という意味の動詞で，目的語をとる動詞なので，「～をに似ている」という場合，前置詞は不要。more and more「ますます」。「ジョージはますます父親に似てきている」という意味の英文。

7 a neither A nor B で「AもBも～ない」という意味を表す。either A or B「AかBのどちらか」とすれば，「私はあなたかヘンリーのどちらかが間違えたかわからない」という意味の英文になる。 b 〈need not ＋動詞の原形〉で「～する必要はない」という意味になるので，to は不要。go to church は「お祈りに行く」という意味。「あなたは行きたくなければお祈りに行く必要はない」という意味の英文になる。 c The woman の後に関係代名詞が省略された文。fall in love with ～ で「～に恋をする」という意味なので，love の後に with が必要。「彼が恋をした女性は1か月後に彼を離れた」という意味の英文になる。 d 正しい英文。whose は所有格の関係代名詞。whose 以下は，you borrowed his car ということ。「あなたが車を借りた男性の名前は何ですか」という意味の英文。

基本 V （語彙問題：語句補充）

1 ア 「彼に力を貸しなさい」 give ～ a hand で「～に力を貸す」という意味。 イ 「私は直接この知らせを受け取った」 at first hand で「直接に」という意味。

2 ア 「私は店員に値下げをお願いする勇気がなかった」 gut は「内臓」の意味だが，他に「勇気，根性」などの意味もある。 イ 「私が腹に一撃くらったとき，内臓に鋭い痛みがあった」

3 ア 「彼が面目を失わないようにここで彼を支えよう」 lose face で「面目を失う」という意味。 イ 「あなたはどうしてまじめな顔をしてそんなばかげたことを言えるのだろう」 keep a straight face で「まじまな顔をしている」という意味。

4 ア 「このスーツケースを見守っていてください」 keep an eye on ～ で「～を見守る，見張る」という意味。 イ 「あなたは本当に絵画を見る目がある」 eye には「価値を見る力」という意味もある。

5 ア 「歩いて学校に行くのにどれくらい時間がかかりますか」 on foot で「歩いて，徒歩で」という意味。 イ 「彼は全身震えていた」 from head to foot で「全身(～する)」という意味。

6 ア 「陰でケンの悪口を言ってはいけない」 back は名詞で「背中」という意味がある。behind one's back で「(～の)陰で」という意味。speake ill of ～ は「～の悪口を言う」という意味。 イ 「彼女は旗を前後に振った」 back and forth で「前後に」という意味。この forth は「前に」という意味の副詞。

7 ア 「彼は名簿のすべての名前を暗記した」 learn by heart で「暗記する，そらで覚える」という意味。 イ 「私は心の底からあなたを愛している」 from the bottom of one's heart で「心の底から」という意味。

8 ア 「大会社の長には多くの責任がある」 この場合の head は「(組織の) 長」という意味。 イ 「私たちはヘルシンキに向かうのを回避するところだった」 head off で「～を回避する」という意味。

★ワンポイントアドバイス★

Vの語句補充問題は，身体の一部の意味を持つ語を入れる問題で，イディオムの知識が問われる部分も多いが，そのイディオムを知らなければ，全体の文意から類推して，意味に合う体の部位を表す単語を入れよう。

＜国語解答＞《学校からの正答の発表はありません。》

【一】 問一 1 解剖 2 潜 3 軽業 4 冒 5 完璧 問二 a 無 b 抜 c 遺 d 孫繁 e 昇 問三 ア 差 イ 幸 ウ 機 エ 墓場 オ 買 問四 非スペシャリスト 問五 (例) 都市の不足を補う妙手を考え出し，本来は不快な「人間動物園」の環境にもうまく対処するところ。(45字)
問六 (例) 動物園で与えられる栄養バランスを考えた食事には，慰めや触れあいの要素が不足していたということ。(47字) 問七 V ② W ① X ③ Y ④ Z ⑤

【二】 問一 エ 問二 ア 問三 1 監禁 2 とって[はしゅ] 3 ささや 4 厄介 5 過酷[苛酷] 6 あきち 7 吸殻 8 びん 9 したく 10 親戚 問四 (私) 父 (母) 祖母 (美津) 母 (志賀子) 叔母
問五 X (例) 自分の部屋の扉(7字) Y (例) 歩き廻ることをやめる(10字)
問六 A 驕慢 E 目を止めた 問七 わたしたちが思いも寄らぬこと(14字)
問八 a オ b ア c エ d イ 問九 (例) これから仕事にはいる「私」には目を覚ますために濃い煎茶を出し，高齢の母には刺激の弱い煎茶を出した。(49字)
問十 (例) 母の中で「私」は，三日前に亡くなった人になっているという感慨。(31字)
問十一 (例) 母は自分の感覚的なデータで現実の一部を切り取り，それを再編成した自分だけの世界を，自尊心をもって生き始めたのだというように，私には思えてきたということ。(76字)

○推定配点○
【一】 問一～問三・問七 各1点×20 問四 3点 他 各6点×2
【二】 問一～問三 各1点×12 問四・問八 各2点×8 問五～問七 各3点×5 問九・問十 各6点×2 問十一 10点 計100点

＜国語解説＞

【一】 (論説文ー漢字の読み書き，語句の意味，慣用句，脱文・脱語補充，文脈把握，内容吟味，要旨)

問一 1「解」を使った熟語はほかに「解析」「解釈」など。「解」の訓読みは「と(かす)」「と(く)」「と(ける)」「わか(る)」。 2「潜」の訓読みは「ひそ(む)」「もぐ(る)」「くぐ(る)」。音読みは「セン」。熟語は「潜在」「潜伏」など。 3「業」は，「軽業」のほかに「神業」「早業」などと使われる。音読みは「ギョウ」「ゴウ」。 4「冒す」は，邪魔なものを乗り越えてすること，という意味。同訓の「犯す」は，規則を破る，「侵す」は，他人の権利や領土などに無理やり入り込む，という意味。「冒」の音読みは「ボウ」。 5「璧」は字形の似た「壁」と区別する。「完」を使った熟語はほかに「完結」「完全無欠」など。

問二 a「無為(むい)」は，何もしないでぶらぶらする，という意味。 b「抜群(ばつぐん)」は，多くのものの中で，とびぬけてすぐれていること。 c「遺物(いぶつ)」は，昔の人が使ったもので今でも残っているもの，時代遅れのもの，という意味。 d「子孫繁栄(しそんはんえい)」は，孫や子の代まで，血統が絶えることなく栄えること。 e「昇華(しょうか)」は，より高いものにすること，一段とすぐれた混じりけのないものにすること。

問三 ア「天と地ほども差がある」は，違いの大きいことをたとえた表現。 イ「これ幸い」は，思いもよらぬ好都合が生じたときに言う語。 ウ「機をとらえる」は，物事の起こるきっかけを逃さない，という意味。　エ 「揺り籠から墓場まで」は，生まれたときから死ぬまで，という意味。　オ 「歓心を買う」は，相手に気に入られるように機嫌を取ること。

問四 ▼段落の冒頭に「われわれこそ，究極のスペシャリストなのだ。つまり，何ごとも試してみる気がある以外に，とりたてて得意とすることはひとつもない。……そして，生き残るためだけでなく，……柔軟性を，体にも心にも備えている」とあるが，この特徴は，直前の段落に示されている「非スペシャリスト」にあてはまる。

問五 「人間らしいところ」については，直前に「都市のそういう不足を補う妙手をいくつも考え出した」とあり，「人間動物園」については，「わたしが……」で始まる段落に「都市は，コンクリート・ジャングルというよりはむしろ人間動物園だとモリスは言っている。もともとネオフィリックであるため，都市の住人たちは，本来不快な環境にも，実にうまく対処しているのだ」と説明されている。

やや難 問六 直前に「空腹だったからではない。栄養バランスを考えた食事がちゃんと与えられてはいた」とある。直後には「彼女は慰めと触れあいをほかの動物種に求めた」とあり，「社会的交歓」を「慰めと触れあい」と言い換えている。動物園で与えられる，栄養バランスを考えた食事には，彼女(雌のゾウ)が必要とする慰めと触れあいが不足していたから，通りがかりの人間が投げてよこす食べ物をひたすら受け取り続けることで，社会的交歓(慰めや触れあい)の不足を補おうとしたというのである。

問七 V 直前の「生きるために必要な真剣かつ積極的な取り組みを強いられてきた」に続く内容として，②の「人間は未だに行動過剰が引き起こすさまざまな危険を負ったまま生活している」が入る。　W 直前の「われわれはせかせかと動きまわることをやめない。時には馬鹿げたことや不適切なことまでやってしまう」を言い換えた表現として，①の「われわれこそ，究極の『ネオフィル』(neophile)なのだ」が入る。　X 直後の「石器時代と変わらぬ草原に日がな寝そべり，……満足していたかもしれない」につながる内容として，③の「ネオフィリックでなかったら，われわれもライオン的な霊長類そのままの状態にとどまったことだろう」が入る。　Y 直後の「食物ばかりか，ほとんどあらゆる類いの思考と行動様式をものにした」につながる内容として，④の「われわれはネオフィリックであったために，初期の肉食生活を脱して雑食生活への道を切り拓くことができた」が入る。　Z 直前の「ほとんどあらゆる類いの思考と行動様式をものにした」につながる内容として，⑤の「ひとえに，何かするということは，たとえどんな行為であろうと，何もしないよりはましだと思っているからだ」が入る。

【二】（小説―文学史，漢字の読み書き，文脈把握，脱文補充，慣用句，言い換え，情景・心情，要旨）

問一 生没年はそれぞれ，井上靖は1907～1991，芥川龍之介は1892～1927，川端康成は1899～1972，太宰治は1909～1948，夏目漱石は1867～1916，三島由紀夫は1925～1970。

問二 井上靖の作品は『あすなろ物語』のほかに『しろばんば』『氷壁』『敦煌』など。『伊豆の踊子』は川端康成，『潮騒』は三島由紀夫，『トロッコ』は芥川龍之介，『走れメロス』は太宰治，『吾輩は猫である』は夏目漱石の作品。

問三 1 「監禁」は，人を部屋などに閉じ込めて，行動の自由を奪うこと。「監」を使った熟語はほかに「監視」「監督」など。　2 「把手」は，ドアや引き出しなどに付いている，手でつかむ部分。「把」の音読みは「ハ」。熟語は「把握」「把持」など。　3 「囁く」は，小声でひそひそ話すこと。　4 「厄」は，「厄除け」「厄落とし」「厄年」などと使われる。　5 「過」を使った熟語はほかに「過剰」「過疎」など。訓読みは「す(ぎる)」「す(ごす)」「あやま(つ)」「あやま(ち)」。　6 「空」の訓読みは「あく」「あける」「から」「そら」「むな(しい)」。音読みは「クウ」。熟語は「空理空論」「空転」など。　7 「殻」を使った熟語はほかに「貝殻」など。音読みは

「カク」。熟語は「甲殻」「地殻」など。　8 「壜」は，「牛乳壜」「醤油壜」などと使われる。
9 「支度」は「仕度」とも書く。「度」の音読みはほかに「ド」「ト」。熟語は「度外視」「法度」など。訓読みは「たび」。　10 「戚」には，血筋のつながった人，身内，という意味がある。「戚」を使った熟語はほかに「姻戚」「外戚」など。

やや難　問四 「芳子」は，「私」の母を，「おばあちゃん」と呼んでいるので，「母」の「孫」，「私」の「娘」であるとわかる。よって，「芳子」にとって「私」は「父」，「母」は「祖母」になる。「志賀子」は「私」の妹なので，「芳子」の「叔母」になる。「美津」については，「美津の妹の家族四人」とあることから，「私」とは血縁関係にないことがわかり，「隣りの応接間では美津が銀行の人らしい二，三人の客と話していて」とあることからは，「私」にとって，ごく近しい存在であることが表現されているので，「私」の「妻」だと考えられる。「芳子」にとっては「母」。

問五　X　直後に「もうどこへも出しては貰えないのね」とあることから，自分の部屋に閉じ込められていると「錯覚」していることが読み取れるので，「自分の部屋の扉（とても錯覚したのか）」などとする。　Y　直前に「私は母に夜毎そういう錯覚を持たせることは痛ましい気がしたが」とあり，直後には「その点は我慢して貰わなくてはなるまい」とあることから，「もうどこへも出して貰えない」という「錯覚」を持たせるのは気の毒だが，それで夜毎歩きまわることがなくなるなら，我慢してもらわなくてはなるまい，という文脈が読み取れる。

やや難　問六　A 「母」については，前に「祖父の許で我儘に育った驕慢な幼女」と表現されているので，「驕慢」があてはまる。「驕慢(きょうまん)」は，おごり高ぶって，人を侮る，という意味。
E　母の返事を待って，じっと見つめる様子を「眼を当てたまま」と表現しているので，じっと見る様子を表す「目を止めた(まま)」が適切。

問七 「母」について芳子は，「まあ……」で始まる段落で「『……わたしたちが思いも寄らぬことをおばあちゃんは考えたり，感じたりして生きているんだから』」と言っているので，「わたしたちが思いも寄らぬこと(14字)」を抜き出す。

問八 「別種の哀れさ」については，直後に「いくら母親を探し廻っても，ついに見付けることができないで諦めてしまった幼女」「わが子を探し廻って，ついに諦める以外仕方なくなってしまった若い母親」「そうした孤独な子どもの顔にも見えれば，孤独な母親にも見えた」と表現されているので，cには「探すべき対象」，d「孤独」が入る。「これまでの哀れさ」については，直前に「子供を探し廻る狂乱の母親」「母親の姿を追い求める哀れな子供」と表現されている。探しても見つからない「哀れさ」なので，aには「存在しない」，bには「追い求める」が入る。

やや難　問九　直後に「私は仕事にはいる前の短い時間を，母と一緒にお茶を飲んで過ごそうと思ったのである」とあることから，これから仕事を始める「私」には，仕事の前に頭をすっきりさせるために「濃い煎茶」を入れたのだと考えられる。対して高齢の「母」には，刺激の少ないものをという配慮から「薄い煎茶」を出したのだと考えられる。

問十　直後に「その前に坐る人のなくなった机の上を眺めた」とあるので，「『この間までそこで毎日書きものをしていた人は亡くなりましたね』」という母の言葉に対する「感慨」である。「この前までそこで書きものをしていた人」とは「私以外の人物であろう筈はなかった」とあり，「『亡くなってから三日になりますか……』」とあるので，母の中で，「私」は三日前に亡くなっているということに対する「感慨」である。

やや難　問十一 「母の老耄の世界」について，「私」が新たにどのように思うようになったのかをまとめる。同じ文の初めに「このように考えると」とあるので，直前の内容に着目する。直前の段落で，母は「感覚的データ」によって「自分だけの世界を造り上げ，そのドラマの中に生き始めている」「自分自身の造り上げたドラマの中で，母はいかなる役割をも受持つことができる」と述べられている。また，——線部Gの直後の段落で「おばあちゃん，えらいことを始めたね，こんどは本当に自分だけの世界を生き始めたんだね」とあり，その世界について「母が自分の感覚で，現実の一部を切り取り，それを再編成した世界」とも表現されている。母がどのようにして「自分だけの世界」を作ったのかということを述べ，指定語を用い，「自尊心」をもって「その自分だけの世界」を生き始めたのだと「私」は思うようになった，とまとめる。

★ワンポイントアドバイス★

記述式の解答が多いので，文中の表現を用いて要約する練習をしておこう！
本文を精読し，表現の細部にまで目を配る，高いレベルの読解力を身につけよう！

平成30年度

★★★★★★★★★★★★★★★★★★★★★★★★

入　試　問　題

平成30年度

慶應義塾志木高等学校入試問題

【数　学】（60分）〈満点：100点〉

1 次の問いに答えよ。

(1) 既約分数 $\dfrac{b}{a}$ がある。$a+b=1234$ であり，この分数の平方根の小数部分を切り捨てると 10 になるという。この分数を求めよ。

(2) 3.2 km 離れた駅と学校の間を一定の速さで往復するスクールバスがある。ある生徒がこのバスと同時に駅を出発して毎分 80m の速さで歩いて学校へ向かった。学校に到着するまでに 2 度バスとすれ違い，また 1 度だけバスに後ろから追い抜かれた（出発時は含めない）。このとき，バスの速さを毎分 x m として x の範囲を求めよ。ただし，バスは学校と駅のどちらでもちょうど 5 分停車し，途中に停留所はないものとする。

(3) 袋の中に赤球と白球が 2 個ずつ入っている。この袋の中から 1 個ずつ球を取り出し，赤球が取り出されたときは白球に変えて袋に戻し，白球が取り出されたときはそのまま袋の中に戻す。この操作を繰り返すとき，3 回以内で袋の中がすべて白球になる確率を求めよ。

2 図のような格子状の道がある。点 A から点 B まで行く最短経路のうち，次のものの総数を求めよ。

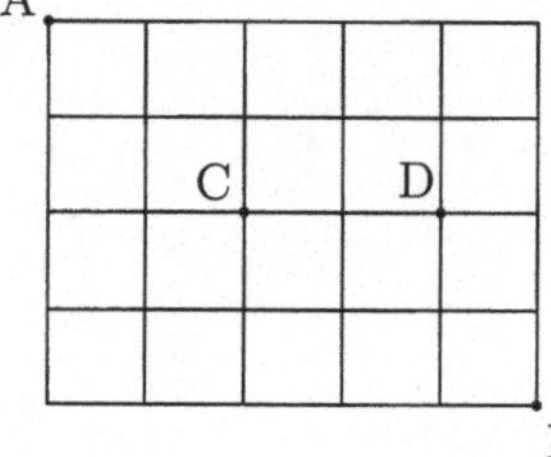

(1) すべての最短経路

(2) 点 C，点 D をともに通る経路

(3) 点 C または点 D を通る経路

(4) ちょうど 3 回曲がる経路

3 $\angle A=90°$，$AB=3$，$BC=5$ の直角三角形 ABC がある。この三角形の 3 辺 CA，AB，BC を延長して，$CA:AP=AB:BQ=BC:CR=1:a$ となるように点 P，Q，R をとる。ただし，$CP>AP$，$AQ>BQ$，$BR>CR$ とする。次の問いに答えよ。

(1) △APQ の面積を a を用いて表せ。

(2) △PQR の面積が $\dfrac{39}{2}$ のとき，a の値を求めよ。

4 あるパンの販売店が，パンの製造所から一定の個数のあんパンが入っているケースを 10 ケース仕入れ，その運送料 6000 円と合わせて代金を製造所に支払った。仕入れたあんパンの個数の 10％が賞味期限が切れて売れなくなっても，20％の利益があるように 1 個 64 円の定価で売ることにした。実際には売れなかったのは 125 個で 25％の利益があった。あんパンの 1 ケース当たりの仕入れ額 x 円と，1 ケースに入っているあんパンの個数 y 個をそれぞれ求めよ。

5 図のように，放物線 $y=3x^2$ 上に 3 点 A，B，C があり，直線 AB は x 軸に平行，点 A の x 座標は -3 である。また，直線 BC は放物線 $y=3x^2$ と直線 AB とで囲まれた部分の面積を二等分しており，その傾きは a である。このとき，次の問いに答えよ。

(1) 直線 BC の方程式を a を用いて表せ。

(2) △BOC の面積 S を a を用いて表せ。

(3) 図の斜線部分の面積 T を a を用いて表せ。

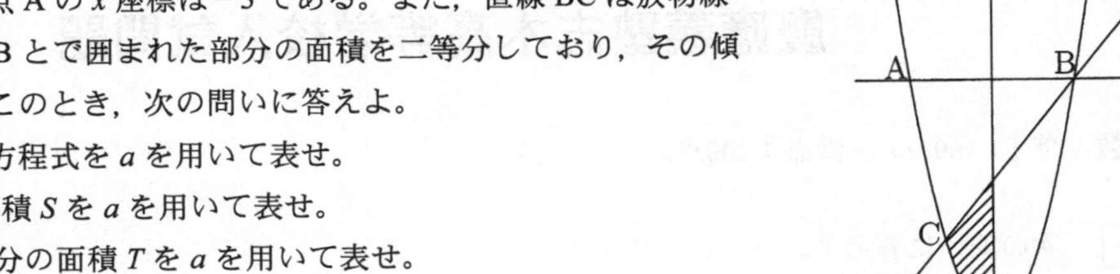

6 関数 $y=\dfrac{k}{x}$ $(k>0)$ のグラフと，傾きが $-p\,(p>0)$ である直線 l が，異なる 2 点 A，B で交わっている。点 A の x 座標を a $(a>0)$ とする。

(1) $k=6$，$p=2$，$a=3$ のとき，点 B の座標と△OAB の面積を求めよ。

(2) 点 B の座標を k，p，a を用いて表せ。

(3) 原点を通り△OAB の面積を二等分する直線を m とする。

(ⅰ) 直線 m の方程式を求めよ。

(ⅱ) 直線 l と直線 m のなす角が 60° のとき，p の値を求めよ。

【英　語】（60分）〈満点：100点〉

I　次の文を読んで後の問に答えなさい。

The snake's world was a silent one. Its world was a box with a glass front. It was staring at its next meal. Its meal, a rat, was staring back.

The rat sat frozen with fear in the corner of the large box. It heard a soft shaking sound and answered with a few high sounds of terror. The snake was hungry and moved quickly. It was a big North American *rattlesnake, almost two meters long with enough poison in its bite to (1) several men. The rat was soon dead and the snake stretched its jaws to swallow its meal.

Carl Penton sat and watched [A] the glass as Susie ate her rat. The sight made him feel a little uncomfortable — it always did — but (I)<u>that</u>, he thought, was the way of Nature. And he did admire snakes. He admired their beautiful patterned skins. But most of all he admired their deafness.

Carl had (2) some years before that snakes were completely deaf. They depended mostly on their highly developed sense of smell, and their tongues could actually *taste* smells from the air. As well as this, their eyes could see the heat given off by the bodies of other animals. Carl watched with feelings of deep respect as the rat slowly (3) down Susie's throat.

The snake lived in a world without continuous noise. A silent world. To Carl, snakes (4) for beauty and perfection. He loved to watch them and admire them. If only his own world could be as silent as theirs! That was (a) he had caught Susie. More correctly, he had Marco — a local gardener — catch her for him. Susie had been caught in the rocky dry land in Arizona, where Carl lived. Marco was most casual in the way he touched dangerous snakes. Sometimes he would even eat them. "They're good to eat and they're (II)<u>free</u>," he would say. This made Carl sick and tired, not because he didn't like the idea of snakes being used as food, [B] because he thought it failed to give the snake enough respect. In spite of that, he was glad Marco had found Susie. She was a beauty.

Carl liked living outside the town. He had to drive to work and it (5) him over an hour each way. It was noisy and hot, but (b) least he had quiet when he got home. Quiet was very important to Carl. As a young man he had been a soldier and had fought in a war. His mind had been damaged by the noise of loud and terrible explosions and he had to be sent to a hospital at home to (6). He had met his wife, Martha, there. She was one of the nurses who had looked after him.

He still hated noise. "Everybody talks about pollution," Carl would say to anybody who would listen. "The way we poison our environment with this and that, yet the one thing which *really* poisons the quality of our lives is noise. Everywhere you go you hear people making noise, noise, noise. Where can you hear the birds sing these days? Not in

the city, my friend. (c) you hear is traffic, loud radios and people with noisy machinery. Twenty-four hours a day it's noise, noise, noise.
[C]"

Too much noise took Carl back, in his mind, to the war with its loud explosions that had brought death and suffering. Martha had saved him from madness. Martha and his work and his medicine.

Carl looked like many other fifty-nine-year-old men: he was of average height and his once-dark hair was now grey. He was neither fat nor thin and (7) casually — usually in black trousers, a blue shirt and his favorite cowboy hat. His thin face had taken on a more troubled look since Martha had died (d) cancer one year before. She had helped him [A] the bad times and made sure he took the medicine he needed to keep him calm. But now Martha was gone.

They had no children. Most of Carl's time was now (8) to his work. Even when he was at home he would be thinking about work, putting new ideas down onto his computer. His work was his life.

［注］ *rattlesnake：ガラガラヘビ

問1. (1)～(8)に入る最も適切な動詞を【　】内から選び，必要ならば形を変えて答えなさい。ただし，同じものを2度以上選んではならない。

【 take / give / discover / dress / recover / disappear / kill / stand 】

問2. [A] と以下の文の（　）に共通する最も適切な1語を答えなさい。ただし，[A] は文中に2ヶ所あります。

It is reported that a famous tennis player got injured ( ) his own carelessness.

問3. [B] に入る最も適切な1語を答えなさい。

問4. [C] に入る最も適切な文を1～5から選び，番号で答えなさい。

1. You mustn't stop making any noise in the city.
2. What can we do to keep them from singing?
3. Someday you'll like such a loud noise.
4. It's enough to drive you crazy.
5. It's natural for you to like living in the city.

問5. (a)～(d)に入る最も適切な語を1～5から選び，番号で答えなさい。

(a)：1. where 2. what 3. how 4. why 5. whether
(b)：1. no 2. at 3. much 4. the 5. in
(c)：1. Little 2. Only 3. All 4. Just 5. Nothing
(d)：1. of 2. in 3. for 4. by 5. over

問6. 下線部(Ⅰ)の具体的な意味内容を，句読点を含めて10字以上，15字以内の日本語でわかりやすく説明しなさい。

問7. 下線部(Ⅱ)とほぼ同じ意味で用いられているものを1～5から1つ選び，番号で答えなさい。

1. Finally I'm <u>free</u> from my strict parents!
2. Is this lecture <u>free</u> or do we have to pay?

3. I'm busy until five o'clock, but <u>free</u> any time after.
4. Please feel <u>free</u> to take as much time as you need.
5. Are you <u>free</u> tomorrow afternoon?

問8. 本文の内容と一致するものには○，一致しないものには×をつけなさい。

1. 餌のねずみが素早く動く音を聞いて，空腹のヘビは威嚇(いかく)するための音を出した。
2. Carl はヘビの俊敏な動きやその美しい姿に何よりも魅了されていた。
3. Carl は，ヘビの世界と同様に自分の住む世界も音の聞こえない世界であって欲しいと非現実的な願望を抱いていた。
4. Carl はヘビを飼育していたが，その目的は鑑賞するだけにとどまらず，時には食べることさえあった。
5. Carl は退職後の静かな田舎暮らしに満足しており，騒々しい町中に出向くことなどすっかりなくなっていた。
6. 環境汚染の中でも，本当に我々の生活に悪影響を及ぼしているものは騒音であると Carl は考えていた。
7. Carl が異常なほど騒音に敏感であるのは，若い頃に参加した戦争での悲惨な体験に起因している。
8. Carl は妻が他界してからというもの，自宅に引きこもる毎日を送っていた。

Ⅱ 次の文は，*word* という語を使ったイディオムに関するものである。この文には，短縮形となっているものも含め，本来入るべき not が 5 箇所欠落している。not が入るべき箇所を見つけて行番号を示し，その箇所の前後 1 語ずつを抜き出しなさい。以下の例に従い，番号の若い順に解答しなさい。ただし，行をまたがる場合には，行番号を 2 つ書くこと。

（例） Penguins <u>can fly</u> in the air, but they can swim in the sea very well. Why can't they fly?

＊ この場合，下線部 can fly の箇所から not が欠落している。can の否定形は一般的に can't / cannot となるが，解答に際しては can と fly を抜き出しなさい。

解答例	行番号　1	前　can	後　fly

Idioms mean phrases that can be understood from the words alone. So, let's take a look at some common idioms that use the word *word*. I think you'll find them useful.

Here's an idiom: *give someone one's word*. It's a promise. If you give someone your word, you promise something, or promise to do something. Here's an example: I bought a TV. The salesman gave me his word the TV would be delivered on Friday morning. Here's another example from my own experience. I have friends who never come on time. They're not bad people; they just can follow a schedule. We were meeting somewhere outside and they promised they would be late; they gave me their word they would be on time. They were on time; I was happy. That's a true story. I give you my word.

If you have a word with someone, you have a short conversation with the person. For instance, the professor said he wanted to have a word with me after class. It's not going to be a long meeting, but there's something he wants to talk about. This can also be used to speak to someone about something. Imagine an elementary school teacher telling a mother her son wasn't doing his homework. The teacher says, "I'd like you to have a word with your son about his attitude, about the disadvantages of doing his homework."

When you take someone at their word, you believe the person. That salesman told me the TV would be delivered on Friday morning. I took him at his word and stayed at home on Friday morning. I know lots of people don't trust what the government tells us. Maybe I'm naive. (Mostly *naive* is a good thing in English. Naive people are easily fooled.) I take them at their word. I believe what they say.

By the way, I'd like to have a word with you again next week. How about meeting here next time? I'll be here. I give you my word. See you then. Bye!

Ⅲ 次の文を読んで後の問に答えなさい。

It is not big news that we live in a digital world. Whether at home or in the classroom, [1]. But do students need to know how to create that technology in order to be prepared for college and their future careers? Yes, say computer experts. They point out that by 2020, U.S. universities will not be able to fill even a third of the country's 1.4 million computing jobs.

"Learning how technology works and how you can make use of it are as important as reading and writing," Srini Mandyam told us. [2]. It creates programs to teach kids how to write *1code, or the instructions that tell a computer what to do. "Technology is a way for students to understand something they use every day," Mandyam says.

Every application, game, and computer program starts with a code. "Coding is the act of creating technology rather than just using it," says Hadi Partovi. He is a *2cofounder of *3the nonprofit site Code.org, which was started last year. A recent study shows that [3]. Code.org wants to change the situation and suggests that every student in every school should have the chance to learn computer programming. The group wants U.S. schools to follow the examples set by China, Vietnam, and Britain, where coding classes are offered as early as elementary school.

As a way to introduce coding into schools, Code.org created a campaign last year called Hour of Code. The program was ready for use for free to schools throughout the world. This year's Hour of Code will take place during Computer Science Education Week, December 8 to 14. [4].

Through a series of activities, [5]. By joining all these commands together, users create a path for the game to follow. Other companies have also developed coding programs for kids. Mandyam says one of Tynker's goals is to link coding with STEM (science, technology, engineering, and math) lessons. Skills learned from Tynker's activities, like problem solving, can be applied to all academic subjects.

But not everyone is ready for coding classes in elementary school. Some educators say [6]. "When we spend too much time on computer science, we can't spend time on other activities," says Melanie Reiser. She is the leader of programs and activities at the *4Association of Waldorf Schools of North America.

Reiser says students must first develop skills in subjects that don't focus directly on technology before studying computer programming. "Students under 12 years old need to develop both sides of the brain, trying not to focus on one or the other," she says. "[7]."

Mandyam and other coding supporters believe that kids need to be ready for the future. The digital world continues to grow quickly, and [8]. "Technology is at the heart of every major change that's happening in the world," says Mandyam. "Kids need to know technology makes it possible for us to change the world."

［注］ *1code：コンピューターのコード(符号体系)　*2cofounder：共同設立者
*3the nonprofit site Code.org：Code.org という名の非営利サイト　*4Association：協会

問. 文中の [1] ～ [8] に入る最も適切なものをア～クから選び，記号で答えなさい。ただし，同じものを2度以上用いてはならない。なお，文頭の語も小文字になっている。

ア. only one out of 10 schools in the United States offers computer-science classes
イ. most kids are connected to some form of technology
ウ. users are taught how to customize their own game by connecting blocks, each with a different command
エ. being balanced is healthiest for a child
オ. learning coding could be a way to keep up with its developments
カ. he started a company called Tynker
キ. its mission is to challenge students to learn computer-science skills for one hour
ク. computer science is a subject that should wait until high school

IV 次の各組の文のうち，どちらか誤りを含む文を記号で答えなさい。

1. ア. When she gets home, the dogs are always exciting to see her.
   イ. I ran all the way to the bus stop so that I could catch the last bus.
2. ア. He didn't take an umbrella with him because of the weather was fine.
   イ. If our boss wants you to come here tomorrow, I will let you know tonight.

3. ア．The doctor said him to drink a liter of water a day.
   イ．I can't remember which year my grandmother was born in.
4. ア．The game had already started before they got to the stadium.
   イ．This is the book which I told you about it yesterday.
5. ア．I have lived in London for three years when I was a child.
   イ．Meals taste better when you eat them outdoors than when you eat them at home.
6. ア．It is very happy for you to have time to read books.
   イ．My brother wanted to have what every other boy had.
7. ア．What does it feel to have won the first prize?
   イ．We were taught that World War II ended in 1945.
8. ア．Nancy looks younger than she really does.
   イ．If you arrive early tomorrow, then please wait there.
9. ア．Probably because she didn't want to meet me, she didn't come here.
   イ．How many is the number of people in Osaka?
10. ア．Nothing gives me as much real happiness as listening to Mozart.
    イ．Next month's meeting will hold on Wednesday night.
11. ア．It's nice to meet a young man with such a good manners.
    イ．Live abroad at least once and you'll become a more interesting person.

V 次の空所にア～ソから語を選び，イディオムを完成させ，記号で答えなさい。ただし，同じ語を何度使用してもかまわない。なお，文頭の語も小文字になっている。

1. Something that is (①)(②)(③) is not modern and no longer useful.
2. When you do something (④)(⑤)(⑥), you do it before you do anything else.
3. (⑦)(⑧) is used to show that other people probably already know what you are saying is true, or expect to hear it.
4. If something happens (⑨)(⑩)(⑪), it happens suddenly when you are not expecting it.
5. (⑫)(⑬) means 'most importantly' or 'more than anything else'. You use it to call attention to something that you most want people to note.

ア．at　イ．after　ウ．from　エ．of　オ．to
カ．all　キ．first　ク．right　ケ．one　コ．above
サ．once　シ．out　ス．course　セ．date　ソ．time

もっと強いものだ。だから［オ］の人を人は仁者と思っているが、それは違う。鮮いかな仁、であるという解釈もあるんです。」

梅棹「短いから、言葉のもっている多義性が極度に盛りこまれてくるんですな。」

池田「いってみれば、言葉の表現力を最高度に発揮させる技術が、諺でしょうから。江戸のいろは歌留多のいっとう最初の〝［カ］〟。昔から二説あるんです。私、うろうろする犬は魚屋にどやされるというふうに受けとっていたのですが、なにかいいことにめぐり会うという別の意味、江戸のころからあったんですって。」

梅棹「人生に対する対し方が、いろいろとあるということなんですね。」

（池田弥三郎・梅棹忠夫［監修］『百人百話』より）

問　空欄［ア］～［カ］に入る最も適切なことわざや慣用句、語を、解答欄のマスに合うように答えなさい。ただし、［ア］と［ウ］には最後の一文字が入っている。また、［イ］は的（まと）の中心部を指す語を答えること。

ることはできませんし、その必要もありませんが、勤務先でも地域のコミュニティでも、規則や規定に類するものを作らされる機会は案外多いものです。そのとき、接続詞の簡単な心得を身につけているかどうかだけでも、文書の精度が違ってくると思います。

問一　空欄 1 ～ 6 に入る最も適切な語を次の中から一つずつ選び、記号で答えなさい。

ア　すなわち　イ　たとえば　ウ　かつ　エ　もしくは
オ　および　カ　ないし　キ　つづいて　ク　または
ケ　ならびに　コ　即ち　サ　例えば　シ　且つ
ス　若しくは　セ　及び　ソ　乃至　タ　続いて
チ　又は　ツ　並びに

問二　空欄 7 に入る最も適切な語を漢字五字で答えなさい。

【四】次の対談の文章を読んで、後の問に答えなさい。（なお、一部の表現を改めている。）

池田「日本でいわゆる諺（ことわざ）といわれているものは、ほとんどが作者不詳、詠み人知らずです。民衆が、長い生活の体験のなかから積み上げてきた言葉です。民衆の知恵もなかなかたいしたものだと思いますね。」

梅棹「単なる言葉遊びに終わっていなくて、そこに人間の生き方が反映している。これが特徴といえましょうね。」

池田「〝好きこそものの上手なれ〟という諺があるかと思えば〝 ア 〟がある。両方を知っていなければ世の中渡っていけないんだということ。民衆の知恵としてじつに イ を得ていますね。それから同じものが多い。〝猿も木から落ちる〟〝上手の手から水が漏る〟〝弘法も筆の誤まり〟〝 ウ 〟みな同じです。つまり、一つの諺を何度も繰り返していると「あいつまた同じことを言ってやがる」というので、効果がなくなる。それで新手を考えていくのですね。民衆の働きの面白い一面をみせていますな。」

梅棹「同時に、一つの諺が二通り、三通りに解釈できる点です。まるで正反対の解釈があり得るんです。そこがまた面白い。世界的にもそういうことがあるようですな。英語でも〝転がる石には エ がつかない〟というのがあります。英国風の解釈ですと、だから転がるな、じっくり座っとれということになる。これがアメリカへいきますと、だから動いていなければ駄目だ。じっとしていると エ がついてしまう（笑）。同じ諺がです。解釈の二面性がある。しかもそれが時代とともに、社会とともに動くということですな。社会の価値観にあわせて変わる。そういうもんですな、諺は。」

池田「表現が非常に短いですから、解釈の揺れが生じる余地がじゅうぶんあるんですね。」

梅棹「同じようなことが、典籍主義の中国にもある。有名な〝 オ 、鮮（すくな）いかな仁〟。普通に解釈すると、 オ では仁者になれないぞ。ろくな奴じゃないという意味のものでしょう。ところが別の解釈があるんですってね。」

池田「あります。お世辞をいったりなにかするのが オ ではなくて、非常に丁寧な、人の意見をただもうごもっともと聞く人をいう。だから仁者と間違えられやすい。しかし孔子いわく、仁とは

問六　空欄[D]に入る最も適切な表現を次の中から選び、記号で答えなさい。

ア　型にはまって満足するな、精進を怠るな
イ　どうせ習うのであれば、力や美を習え
ウ　型を越えられるまでは、分ったつもりになるな
エ　みずから修めたものも、結局は同じ答えにたどりつく
オ　自分自身の良さを知らないで、ひとをうらやましがるな
カ　ひとの受け売りよりは、無知でいる方がましである

問七　傍線部④のことわざによって筆者は何を強調しようとしているのか。「個性」という語を使わずに、本文全体を踏まえて四十字以内で説明しなさい。ただし、文末は「〜こと」で終えるように。

問八　食を題材にした俳句を詠みなさい。ただし、季節は冬とする。

【三】次の文章は、石黒圭『文章は接続詞で決まる』の一節である。よく読んで、後の問に答えなさい。

「[1]」系——厳めしい顔つきで論理づけ

並列の接続詞の三つめは「[1]」系の接続詞です。「[1]」「[2]」「[3]」があります。「[1]」系の接続詞は、論理を重視した厳めしい感じのするもので、法律の条文や論文など、論理を明確にしたい文章に使われます。古い条文では、「[4]」「[5]」「[6]」という漢字表記が好まれます。次の例はいずれも[7]の条文です。

第三十三条　何人も、現行犯として逮捕される場合を除いては、権限を有する司法官憲が発し、[4]理由となつてゐる犯罪を明示する令状によらなければ、逮捕されない。

第二十二条　何人も、公共の福祉に反しない限り、居住、移転[5]職業選択の自由を有する。

第七十二条　内閣総理大臣は、内閣を代表して議案を国会に提出し、一般国務[5]外交関係について国会に報告し、[6]行政各部を指揮監督する。

「[1]」は、「A[1]B」で、AもBも両方同時に満たすことを意味します。論理学や数学でもよく用いられます。

「[2]」は「A[2]B」で、AもBも両方満たすことには変わりありませんが、同時に満たすといった強い制約はありません。比較的短い要素をいくつも並列するときに使われます。

「[3]」は「A[3]B」で、「[2]」と同じ意味を表します。ただ、比較的長い要素を結ぶという点で、「[2]」とは異なります。「[2]」と「[3]」が同時に使われる場合、「[3]」のほうが大きい接続を表します。次に挙げる「[7]」第七条の「天皇の国事行為」の五がその例です。

国務大臣[5]法律の定めるその他の官吏の任免[6]全権委任状[5]大使[5]公使の信任状を認証すること。

一般の人が法律家と同じような精密さでこうした接続詞を使い分け

気をつけねばならぬことは、レディーメイドの力や美を教えこまれぬことだ。型から始まるのも悪くはないが、自然に型の中にはいって満足してしまうことが恐ろしい。型を抜けねばならぬ。型を越えねばならぬ。型を卒業したら、すぐ自分の足で歩き始めねばならぬ。同じ型のものがたくさん出ても日本は幸福にはならぬ。山あり、河あり、谷ありで美しいのだ。しかも、山にも、谷にも、一本の同じ形の木も、同じ寸法の花もない。しかも、その花の一つ一つは、初めはみな同じような種から③発芽したのだ。芽を出したが最後、それらのものは、みなそれぞれ自分自身で育ってゆく。

習うな、とわたしがいうことは、［　D　］ということだ。

この本を読んだからとて、決して立派になるとはかぎらない。表面だけ読んで、満足してしまってはなお困る。実行してくれることだ。そして、それぞれに研究し、成長してくれることだ。読みっぱなしで分ったようなつもりになってくれては困る。

それでは、個性とはどんなものか。

④うりのつるになすびはならぬ——ということだ。

自分自身のよさを知らないで、ひとをうらやましがることも困る。誰にも、よさはあるということ。しかも、それぞれのよさはそれぞれにみな大切だということだ。

牛肉が上等で、だいこんは安ものだと思ってはいけない。だいこんが、牛肉になりたいと思ってはいけないように、わたしたちは、料理の上に常に値段の高いものがいいのだと思い違いをしないことだ。すきやきの後では、誰だって漬けものがほしくなり、茶漬けが食べたくなるものだ。料理にそのひとの個性というものが表われることも大切であると同時に、その材料のそれぞれの個性を楽しく、美しく生かさねばならないとわたしは思う。

（北大路魯山人「個性」より）

（注）ガクブツ　カジカ科の淡水魚カマキリのことで、ガクブツ汁は福井県の郷土料理。

問一　空欄［A］に入る最も適切な表現を次の中から選び、記号で答えなさい。

ア　照れながら　　イ　いらだちながら

ウ　睨みながら　　エ　かしこまりながら

オ　笑いながら　　カ　うつむきながら

問二　傍線部①「感心した」、傍線部②「寒心した」はそれぞれなぜそう思ったのか。それぞれ二十字以内で説明しなさい。ただし、文末は「〜から」で終えるように。

問三　空欄［B］に入る最も適切な表現を次の中から選び、記号で答えなさい。

ア　苦しまねばならない　　イ　あきらめねばならない

ウ　知らされねばならない　　エ　まもられねばならない

オ　助け合わねばならない　　カ　やらされねばならない

問四　空欄［C］に入る最も適切な語を次の中から選び、記号で答えなさい。

ア　賢さ　　イ　美しさ　　ウ　立派さ

エ　うまさ　　オ　正しさ　　カ　強さ

問五　傍線部③と文脈上同じような意味で用いられている語を、本文中から漢字二字で抜き出しなさい。

【二】次の文章を読んで、後の問に答えなさい。

　さて、なにをいおうと思っていたのかな。そうだ。ある晴れた日の午後であった……のつづきだ。わたしは、犬をつれて散歩に出た。いや、そうではない。小学校の先生と散歩したのだ。その先生は、遠いところからわたしを訪ねてきてくれたのである。福井県のひとであった。わたしに、福井の産物をいつも送ってくれるひとだ。福井のガクブツ※注である。

　わけても福井のうには日本一だ。方々の国々にうにの産地はあっても、おそらく福井のうには格別である。福井の四箇浦（しかうら）のうにはとげがない。とげというか、針というか、あのくちゃくちゃと突き出た奴がないのだ。割ってみると、他のうにのように、やわらかい肉がなくて、からの中にかたまった、乾いたような、ちょうど木の実のような奴がはいっている。落とせば、かんからかんのかんと鳴るだろう。それを取り出して、俎板の上で、念入りに何度もムラのないように練られたものだ。そのうにの産地のひとと、駅へわたしも行くので、いっしょに出かけたのだ。すると、道ばたで遊んでいた小学生が、その先生を見て、チョコンと頭をさげたものだ。その先生はわたしを見返って、

［A］いう。

「わたしはどこへ行っても、子供におじぎをされますよ。どこへ旅行しても、わたしは子供たちの目からは学校の先生に見えるのですね」

　わたしは①感心したり、②寒心したりした。先生、という型にはまりこんでしまったひとを、わたしは立派だと思ったが、同時に大変さみしく思った。型にはまったればこそ、型にはまった教育を間違いなくやれるのだ。だが、型にはまってしまっているがために、型にはまったことしかできないのだ、と、思った。

　料理だって同じことだ。型にはまって教えられた料理は、型にはまったことしかできない。わたしは、決して型にはまったものを悪いというのではない。無茶苦茶な心ない料理よりは、まだ型にはまったものの方が見苦しくない。大学を出ない無知よりは、同じ大学を出た無知の方がましだ。だが、大学に行っても自分でやろうと思ったこと以外はなにも身につかないものだ。本当にやろうと思って努力するひとにとって、学校は不要だ。学校は、［B］人間のためにある。自分で努力し研究するひとなら、なにも別に学校へ行かなくともよい。とはいうものの、習ったから、自分でやったからといって、大きな違いがあるわけでもない。字でいえば、習った「山」という字と、自分で研究し、努力した「山」という字が別に違うわけではない。やはり、どちらが書いても、山の字に変わりはなく「山」は「山」である。違いは、型にはまった「山」には個性がなく、みずから修めた「山」という字には個性があるということである。みずから修めた字には力があり、心があり、美しさがあるということだ。型にはまって習ったものは、仮に正しいかも知れないが、正しいもの、必ずしも楽しく美しいとはかぎらない。個性のあるものには、楽しさや尊さや美しさがある。しかも、自分で失敗を何度も重ねてたどりつくところは、型にはまって習ったと同じ場所にたどりつくものだ。そのたどりつくところのものはなにか。［C］だ。しかも、個性のあるものの中には、型や、見かけや、立法だけでなく、おのずからなる、にじみ出た味があり、力があり、美があり、色も匂いもある。いや、習いたければ習うもよい。習ったとて、やはり力を、美を、味をと教えてくれるだろう。

ウ　テレビの芸能人の悪口みたいなもの
エ　端書に二字か三字の熟語の様なもの
オ　田舎生活の淋しい単調なこと

問三　空欄 D にふさわしい表現を自分で考え、十字以内で答えなさい。

問四　傍線部①の場面について、この時点での登場人物四人と「蚊帳」の位置がわかるように絵を描きなさい。ただし、真上からの視点では描かず、「蚊帳」の形状がはっきりわかるようにすること。

問五　空欄 E に入る語を自分で考え、浅七の洒落が成り立つようにしなさい。

問六　空欄 F ～ J に入る最も適切な語を次の中から一つずつ選び、記号で答えなさい。

ア　殊更に　　イ　不平そうに　　ウ　やさしく
エ　ぼんやり　　オ　引き取って

問七　傍線部②から読み取ることができる恭三の気持ちはどのようなものか。最も適切なものを次の中から選び、記号で答えなさい。

ア　特に用事のない手紙であることを知っていながら、なぜ父が自分に読めと言ってきたかわからなかった。
イ　普段は弟が読むことになっている父宛ての手紙を、まさか自分が読むとは思わなかった。
ウ　自分宛てではない手紙への関心のなさが露呈することで、父の機嫌をここまで損ねるとは思わなかった。
エ　父がだいぶ酔っていたので、冗談で手紙を読めと言っているのかと思い、まさか本気だとは思わなかった。
オ　いつもは兄弟のいざこざに関わろうとしない父が、今日にかぎってなぜ介入してくるのかわからなかった。

問八　傍線部③について、なぜ恭三は身体的状況の変化までともなうような心理的動揺を示しているのか。その理由を直前の母のことばを踏まえて想像し、七十五字以内で答えなさい。ただし、文末は「～から」で終えるように。

問九　傍線部④の「父の心」とはどのような心情か。次の空欄にあてはまる十五字以内の文章で答えなさい。

> 文字の読める息子に読んでもらい、手紙の内容について知ると同時に、［　　　　　］という心。

問十　空欄 K に入る最も適切な語を次の中から選び、記号で答えなさい。

ア　哀切　　イ　皮肉　　ウ　冷静
エ　快活　　オ　満足

問十一　傍線部⑤について、なぜ母と弟は笑ったのか。その理由を四十字以内で答えなさい。ただし、文末は「～から」で終えるように。

問十二　空欄 L に入る最も適切な語を次の中から選び、記号で答えなさい。

ア　勇み足　　イ　忖度　　ウ　早とちり
エ　うぬぼれ　　オ　負惜しみ

問十三　傍線部⑥について、なぜ恭三はそのような気持ちになったのか。その理由を七十五字以内で答えなさい。ただし、文末は「～から」で終えるように。

「まるでおかしうなったようやが。」と母は稍々小さな声で言った。

奥の間の方から猫がニャンと泣いてのそのそやって来た。それで父親は益々癪に触ったと見えて、

「屁糞喰らえ！」と呶鳴りつけた。

⑤母と弟とはドッと笑い出した。恭三は黙って居った。猫は恭三の前に一寸立ち止って、もう一度ニャンと啼いてすとすとと庭に下りて行った。父親は独言の様に、

「己りゃこんな無学なもんじゃさかい、愚痴やも知れねど、手紙というものはそんなもんじゃないと思うのじゃ。同じ暑さ見舞でも種々書き様があろうがい。大変暑なったが、そちらも無事か私も息災に居る。暑いさかい身体を大切にせいとか何とか書いてあるじゃろうがい、それを只だ一口に暑さ見舞じゃ礼手紙じゃと言うた丈では、聞かして貰う者がそれで腹がふくれると思うかい。お前等みたいに字の読める者なら、それで宜いかも知れねどな、こんな字の読めん者には一々詳しく読んで聞かして呉れるもんじゃわい。」大分優しく意見する様に言った。

恭三も最早争うまいと思ったが、

「だってお父様、こんな拝啓とか頓首とかお定り文句ばかりですもの、いくら長々と書いてあっても何にも意味のないことばかりですから、そんなことを一々説明してもお父様には分らんと思ってああ言ったのですよ。悪かったら御免下さい。」

「分らんさかい聞くのじゃないか。お前はそう言うがそりゃ［L］というものじゃ、六かしい事は己等に分らんかも知れねど、それを一々、さあこう書いてある、ああ言うてあると歌でも読む様にして片端から読うで聞かして呉れりゃ嬉しいのじゃ。お前が他人に頼まれた時に、それで宜いと思うか考えて見い。無学な者ちゅう者は何にも分らんとって、一々聞きたがるもんじゃわい。分らいでも皆な読うで貰うと安心するというもんじゃわい。」と少し調子を変えて、「お前の所から来る手紙は、金を送って呉れって言うより外ね何もないのやれど、それでも一々浅七に初めから読ますのじゃ。それを聞いて己でも、お母さんでも心持よく思うのじゃ。」

「そりゃ私の手紙は言文一致※注2で、其儘誰が聞いても分る様に……」と皆まで言わぬ中に、

「もう宜い!!」と父親は鋭く言い放った。そして其後何とも言わなかった。

恭三は⑥何とも言われぬ妙な気持になって尚お暫くたって居たが、やがて黙って自分の部屋へ行った。

(注1) いくいた　原形の「いくす」は「やる」「くれる」の方言。

(注2) 言文一致　書きことばと話しことばとを一致させること。また、話しことば体の文章。口語文。明治二十年ごろから一つの国語改良運動として進められ、成功した。その後、漸次普及し、第二次大戦後、公文書も口語体となり、現在では口語体に統一されている。

問一　波線部a～dの読みをひらがなで書きなさい。

問二　空欄［A］～［C］に入る最も適切な表現を次の中から一つずつ選び、記号で答えなさい。

ア　庭の裏手から狒々が柿を盗みに来たこと

イ　隣家の竹垣に蝸牛が幾つ居たということ

「ふーむ。」

恭三の素気ない返事がひどく父の感情を害したらしい。それに今晩は酒が手伝って居る。それでも暫くの間は何とも言わなかった。やがてもう一度「ふーむ」といってそれから独言の様に「そうか、何ちゅうのー。」と不平らしく恨めし相に言った。

④恭三は父の心を察した。済まないとは思ったが、さて何とも言い様がなかった。

「もう宜い、もう宜い、お前に読んで貰わんわい、これから……。へむ、何だい。あんまり……。」

恭三はつとめて平気に、

「このお父さまは何を仰有るんです。何も別にそれより外のことはないのですよ。」

父は赫と怒った。

「馬鹿言えッ！　それならお前に読うで貰わいでも、己りゃちゃんと知っとるわい。」

「でも一つは暑中見舞だし、一つは長々お世話になったという礼状ですもの。他に言い様がないじゃありませんか。」

「それだけなら、おりゃ字が読めんでも知っとるわい。先刻郵便が来たとき、何処から来たのかと郵便屋に尋ねたのじゃ、そしたら、八重さ所からと、弟様とこから来たのやと言うさかい、そんなら別に用事はないのや、ははん、八重さなら時候の挨拶やし、弟様なら礼手紙を※注1いくいたのやなちゅうこと位はちゃんと分っとるんじゃ。お前にそんなことを言うて貰う位なら何も読うで呉れと頼まんわい。」

「だって……」

「もう宜い、宜いとも！　明日の朝浅七に見て貰うさかい。さア寝て呉れ、大い御苦労でござった。」と K に言った。

こう言われると恭三も困った。黙って寝るわけにも行かぬし、そうかと言って屈従する程淡白でもなかった。ここで一寸気を変えて、「悪うございました。」と一言謝ってそして手紙を詳しく説明すれば、それで何の事もなく済んで了うのであることは恭三は百も承知して居たが、それを実行することが頗る困難の様であった。妙な羽目に陥って蚊にさされながら暫くモジモジして居た。

「じゃどう言うたら宜いのですか？」と仕方なしに投げだす様に言った。

「己りゃ知らんない。お前の心に聞け！」

今まで黙って居た母親は此時始めて口を出した。

「もう相手にならんと、蚊が食うさかい、早う蚊帳へ入らっしゃい。お父さんは酔うとるもんで、又いつもの愚痴が始まったのやわいの。」

「何じゃ！　おれが酔うとる？　何処に己りゃ酔うて居るかいや。」

「そうじゃないかいね、お前様、そんなね酔うて愚痴を言うとるじゃないかね。」

「何時愚痴を言うたい？　これが愚痴かい。人に手紙を読うでやるのに、あんな読方が何処の国にあろい？」

「あれで分ってるでないかいね、執拗い！」

「擲きつけるぞ！　貴様までが……」と父は恐しい権幕になった。枕でも投げようとしたのか、浅七は、

「父様何するがいね、危い。……この母様また黙って居らっされかア。」

と仲裁する様に言った。

「おう。」

「何処から？」

「本家の八重さのとこからと、清左衛門の弟様の所から。」と弟が G 答えた。

「一寸読んで見て呉れ、別に用事はないのやろうけれど。」と父が H 言った。

「浅七、お前読まなんだのかい。」

恭三は I 言った。

「うむ、何も読まん。」

「何をヘザモザ言うのやい。浅七が見たのなら、何もお前に読んで呉れと言わんない!! あっさり読めば宜いのじゃないか。」

父親の調子は荒かった。

②恭三はハッとした。意外なことになったと思った。が妙な行きがかりで其儘あっさり読む気にはなれなかった。それで、

「何処にありますか。」と大抵其在所が分って居たが J 尋ねた。

父は答えなかった。

「炉縁の上に置いてあるわいの。浅七が蚊帳に入ってから来たもんじゃさかい、読まなんだのやわいの。邪魔でも一寸読んで呉んさい。」と母は優しく言った。

恭三は洋灯を明るくして台所へ行った。炉縁の角の所に端書と手紙とが載って居た。恭三は立膝のままでそれを手に取った。

生温い灰の香が鼻についた。蚊が二三羽耳の傍で呻った。③恭三は焦立った気持になった。呼吸がせわしくなって胸がつかえる様であった。腋の下に汗が出た。

先ず端書を読んだ。京都へ行って居る八重という本家の娘からの暑中見舞であった。手紙の方は村から一里余離れた富来町の清左衛門という呉服屋の次男で、つい先頃七尾の或る呉服屋へ養子に行った男から来たのであった。彼は養子に行く前には毎日此村へ呉服物の行商に来た男で、弟様といえば大抵誰にも通ずる程此村に出入して居た。恭三の家とは非常に懇意にして居たので、此処を宿にして毎日荷物を預けて置いて、朝来てはそれを担って売り歩いた。今度七尾へ養子に行ったのについて長々厄介になったという礼状を寄越したのであった。

恭三は両方共読み終えたが、不図した心のはずみで妙に間拍子が悪くなって、何でもない事であるのに、優しく説明して聞かせることが出来にくいような気持になった。で何か言われたら返事をする積りで煙草に火をつけた。

蚊が頻りに攻めて来た。恭三は大袈裟に、

「非道い蚊だな！」と言って足を叩いた。

「蚊が居って呉れねば、本当に極楽やれど。」と母は毎晩口癖の様に言うことを言った。

恭三は何時までも黙って居るので、父は、

「読んだかい？」

「え、読みました。」と明瞭と答えた。

「何と言うて来たかい。」

「別に何でもありません。八重さのは暑中見舞ですし、弟様のは礼状です。」

「それだけか？」

「え、それッ限です。」

【国　語】（六〇分）〈満点：一〇〇点〉

【注意】字数指定のある設問においては、すべて句読点を一字分と数えること。

【一】次の小説は、一九一〇（明治四十三）年に発表された、加能作次郎「恭三の父」の一節である。よく読んで、後の問に答えなさい。
（なお、一部の表現を改めている。）

恭三は夕飯後例の如く村を一周して帰って来た。

帰省してから一カ月余になった。昼はもとより夜も暑いのと蚊が多いのとで、予(かね)て計画して居た勉強などは少しも出来ない。話相手になる友達は一人もなし毎日毎日単調無味な生活に苦しんで居た。仕事といえば昼寝と日に一度海に入るのと、夫々(それぞれ)故郷へ帰って居る友達へ手紙を書くのと、こうして夕飯後に村を一周して来ることであった。彼は以上の事を殆(ほとん)ど毎日欠かさなかった。中にも手紙を書くのと散歩とは欠かさなかった。方々に居る友達へ順繰(じゅんぐり)に書いた。大方端書(はがき)であった。彼は誰にも彼にも［ A ］を訴えた。そして日々の出来事をどんなつまらぬ事でも書いた。［ B ］でも彼の手紙の材料となった。何にも書くことがなくなると、［ C ］を書いて送ることもあった。斯(こ)んなことをするのは一つは淋しい平凡な生活をまぎらすためでもあるが、どちらかと言えば友達からも毎日返事を貰いたかったからである。友達からも殆ど毎日消息があったが時には三日も五日も続いて来ないこともあった。そんな時には彼は堪らぬ程淋しがった。郵便は一日に一度午後の八時頃に配達して来るので彼は散歩から帰って来ると来ているのが常であった。彼は狭い村を彼方(あちら)に一休み此方(こちら)に一休みして、なるべく時間のかかる様にして周った。そして帰る時には誰からか手紙が来て居ればよい、いや［ D ］という一種の予望を無理にでも抱いて楽しみながら帰るのが常であった。

今夜も矢張(やはり)そうであった。

①家のものは今 a 蚊帳の中に入った所らしかった。b 納戸の入口に洋灯(ランプ)が細くしてあった。

「もう寝たんですか。」

「寝たのでない、［ E ］に立って居るのや。」と弟の浅七が洒落(しゃれ)をいった。

「起きとりゃ蚊が攻めるし、寝るより仕方がないわいの。」と母は蚊帳の中で c 団扇をバタつかせて大きな欠伸をした。

恭三は自分の部屋へ行こうとして、

「手紙か何か来ませんでしたか。」と尋ねた。

「お、来とるぞ。」と恭三の父は鼻のつまった様な声で答えた。彼は今日笹屋の土蔵の d 棟上に手伝ったので大分酔って居た。

手紙が来て居ると聞いて恭三は胸を躍らせた。

「えッ、どれッ!!」慌てて言って直ぐに又、「何処にありますか。」と努めて平気に言い直した。

「お前のとこへ来たのでない。」

「へえい……。」

急に張合が抜けて、恭三は［ F ］広間に立って居た。一寸(ちょっと)間を置いて、

「家へ来たんですか。」

平 成 30 年 度

解　答　と　解　説

《平成30年度の配点は解答用紙に掲載してあります。》

＜数学解答＞ 《学校からの正答の発表はありません。》

1　(1)　$\dfrac{1223}{11}$　(2)　$384<x\leqq800$　(3)　$\dfrac{9}{32}$

2　(1)　126通り　(2)　18通り　(3)　87通り　(4)　24通り

3　(1)　$6a^2+6a$　(2)　$\dfrac{1}{2}$　4　$x=9000$円　$y=200$個

5　(1)　$y=ax-3a+27$　(2)　$\dfrac{1}{2}a^2-\dfrac{27}{2}a+81$　(3)　$\dfrac{9}{2}a^2$

6　(1)　Bの座標　(1，6)　△OABの面積　8　(2)　$\left(\dfrac{k}{ap},\ ap\right)$

(3)　(i)　$y=px$　(ii)　$\sqrt{3}\left[\dfrac{\sqrt{3}}{3}\right]$

＜数学解説＞

1　(小問群一数の性質，平方根，速さ，範囲，確率)

(1)　$\sqrt{\dfrac{b}{a}}$は10以上11未満の数だから，$\dfrac{b}{a}$は100以上121未満の数である。よって，bは$100a$以上$120a$未満の数である。また，$a+b=1234$が偶数なので，a，bともに偶数かa，bともに奇数であるが，a，bともに偶数である場合には，a，bともに2を素因数としてもつので$\dfrac{b}{a}$が既約分数とはならない。$a=3$，5，7のときには，それぞれ，$b=363$未満，605未満，847未満なので，$a+b=1234$とはならない。$a=11$のとき，bは1100以上1331未満なので，$b=1234-11=1223$　よって，この分数は$\dfrac{1223}{11}$

(2)　右図はバスが駅と学校の間を走る様子を表したものである。この生徒がバスが2回目に学校を出発する時刻より遅れて学校に到着し，バスが3回目に学校に到着する時刻以前に学校に到着したときに，2度バスとすれ違い，1度だけバスに追い抜かれる。この生徒が駅から学校まで行くのにかかる時間は$3200\div80=40$分であり，バスは片道$\dfrac{3200}{x}$分かかるから，$\dfrac{3200}{x}\times3+15<40\leqq\dfrac{3200}{x}\times5+20$　それぞれの辺をx倍すると，$9600+15x<40x\leqq16000+20x$　$9600+15x<40x$から，$9600<25x$　$384<x$　$40x\leqq16000+20x$　$20x\leqq16000$　$x\leqq800$　よって，$384<x\leqq800$

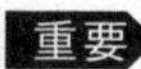
(3)　1回目に赤玉が取り出される確率は$\dfrac{2}{4}=\dfrac{1}{2}$　その後で2回目にも赤玉が取り出される確率は$\dfrac{1}{4}$　ある事柄A，B，C…が起きる確率がp，q，r，…であるとき，それらが連続して起きる確率は$p\times q\times r\times\cdots$であるから，2回連続して赤玉が取り出される確率は，$\dfrac{1}{2}\times\dfrac{1}{4}=\dfrac{1}{8}$…①　1回目に赤，2回目に白，3回目に赤と取り出される確率は，$\dfrac{1}{2}\times\dfrac{3}{4}\times\dfrac{1}{4}=\dfrac{3}{32}$…②　1回目に

白，2回目に赤，3回目に赤と取り出される確率は，$\frac{1}{2}\times\frac{1}{2}\times\frac{1}{4}=\frac{1}{16}$…③　よって，3回以内にすべて白玉となる確率は，$\frac{1}{8}+\frac{3}{32}+\frac{1}{16}=\frac{9}{32}$

2　（場合の数－経路）

やや難　(1)　下に進む進み方をx，横に進む進み方をyと表すことにすると，xが4回，yが5回で点Aから点Bまで最短で進むことになる。よって，xを4個，yを5個並べる並べ方の数を求める。x_1，x_2，x_3，x_4，y_1，y_2，y_3，y_4，y_5としたとき，この9個の並べ方の総数は$9\times8\times7\times6\times5\times4\times3\times2\times1$（通り）ある。そのうちの例えば，$x_1x_2x_3x_4y_1y_2y_3y_4y_5$は，$x_1x_2x_4x_3y_1y_2y_3y_4y_5$，$x_1x_3x_2x_4y_1y_2y_3y_4y_5$，…などと同じ動き方となる。$x_1$，$x_2$，$x_3$，$x_4$の4個の並び方は$4\times3\times2\times1$（通り）あるので，$x$，$x$，$x$，$x$，$y_1$，$y_2$，$y_3$，$y_4$，$y_5$の並び方は$\frac{9\times8\times7\times6\times5\times4\times3\times2\times1}{4\times3\times2\times1}$（通り）。$y_1$，$y_2$，$y_3$，$y_4$，$y_5$の5個の並び方は$5\times4\times3\times2\times1$（通り）なので，$x$のときと同様に考えて，$x$，$x$，$x$，$x$，$y$，$y$，$y$，$y$，$y$の並び方は$\frac{9\times8\times7\times6\times5\times4\times3\times2\times1}{(4\times3\times2\times1)\times(5\times4\times3\times2\times1)}$（通り）　よって，すべての最短経路は126通り

(2)　点Aから点Cまでがxが2回，yが2回だから，$\frac{4\times3\times2\times1}{(2\times1)\times(2\times1)}=6$（通り）　点Cから点Dまでは1通りの経路しかない。点Dから点Bまではxが2回，yが1回だから，$\frac{3\times2\times1}{2\times1}=3$（通り）　よって，$6\times1\times3=18$（通り）

(3)　点Cを通る経路は，点Aから点Cまでが6通りあり，点Cから点Bまでが，xが2回，yが3回だから，$\frac{5\times4\times3\times2\times1}{(2\times1)\times(3\times2\times1)}=10$（通り）　よって，$6\times10=60$（通り）　点Dを通る経路は，点Aから点Dまでが，$x$が2回，$y$が4回だから，$\frac{6\times5\times4\times3\times2\times1}{(2\times1)\times(4\times3\times2\times1)}=15$（通り）あり，点Dから点Bまでは3通りあるから，$15\times3=45$（通り）　点C，点Dをともに通る経路が18通りあるので，点Cまたは点Dを通る経路は，$60+45-18=87$（通り）

やや難　(4)　〈下に⇒右に⇒下に⇒右に〉と〈右に⇒下に⇒右に⇒下に〉と進むときにちょうど3回曲がることになる。AyByCyDyEyFという並びのA～Fのどこにx（または，xx，xxx）が入るかを考えると，Aにxが入るとき，B，C，D，Eのいずれかにxが入ればよいので4通りある。xの入り方としては，xとxxx，xxとxx，xxxとxの3通りがあるので，$4\times3=12$（通り）　Aがxでない場合，つまり，yから始まるときには，最後のFがxとなる。その場合には他の1個所はB，C，D，Eのいずれかの4通りである。xの並び方が3通りだから，$4\times3=12$（通り）　したがって，ちょうど3回曲がる経路は$12+12=24$（通り）

3　（平面図形－三平方の定理，面積，相似，平行線と線分の比，2次方程式）

(1)　△ABCで三平方の定理を用いると，$AC=\sqrt{5^2-3^2}=4$　CA：AP＝AB：BQ＝1：a，CA＝4，AB＝3だから，AP＝$4a$，BQ＝$3a$，AQ＝$3+3a$　よって，△APQの面積は，$\frac{1}{2}\times4a\times(3+3a)=6a^2+6a$

重要　(2)　点Qから直線BCに垂線QHを引くと，△QHBと△CABは∠QHB＝∠CAB，∠QBH＝∠CBAなので2組の角が等しいから相似である。QH：CA＝BQ：BC　QH：4＝$3a$：5　QH＝$\frac{12}{5}a$　また，BR＝$5+5a$　よって，△BQR＝$\frac{1}{2}\times(5+5a)\times\frac{12}{5}a=6a^2+6a$　点Rから直線ACに垂線RIを引くと，AB//RIなので，RI：BA＝RC：BC　RI：3＝$5a$：5　RI＝$3a$　また，PC＝$4+4a$

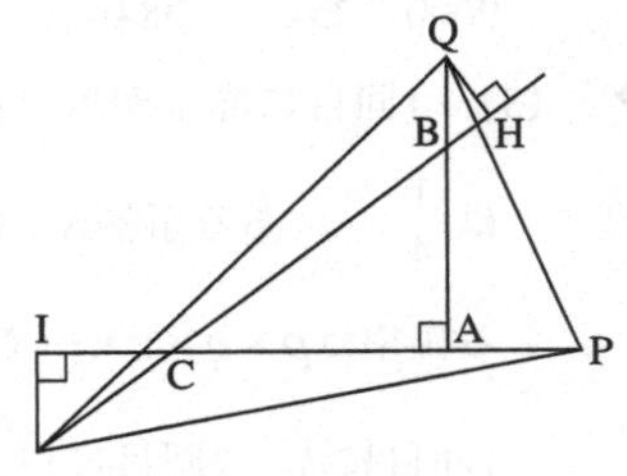

なので，$\triangle \mathrm{RPC}=\frac{1}{2}\times(4+4a)\times 3a=6a^2+6a$　$\triangle \mathrm{ABC}=\frac{1}{2}\times 3\times 4=6$　よって，$\triangle \mathrm{PQR}=\frac{39}{2}$のとき，$3(6a^2+6a)+6=\frac{39}{2}$　$(6a^2+6a)+2=\frac{13}{2}$　$12a^2+12a-9=0$　$4a^2+4a-3=0$　左辺を因数分解して，$(2a+3)(2a-1)=0$　よって，$2a-1=0$，$a=\frac{1}{2}$

4 （方程式の応用―値段，個数，利益の割合，連立方程式）

仕入れにかかった費用は$10x+6000$(円)　10%が売れなかったときの売れた個数は，$0.9\times 10y=9y$(個)　1個64円で売って20%の利益があったのだから，$64\times 9y=1.2(10x+6000)$　$12x+7200=576y$　両辺を12でわって，$x+600=48y$…①　実際には125個売れ残って25%の利益があったのだから，$64(10y-125)=1.25(10x+6000)$　$640y-7500=12.5x+8000$　$12.5x+15500=640y$　両辺を2倍して，$25x+31000=1280y$　両辺を5でわって，$5x+6200=256y$…②　①×5−②から，$16y=3200$　$y=200$　①に代入して，$x=9000$　よって，1ケースあたりの仕入れ額は9000円，1ケースのあんパンの個数は200個

5 （関数・グラフと図形―直線の式，放物線と直線で囲まれた図形，面積）

(1)　点Aのy座標は$3\times(-3)^2=27$　放物線はy軸について対称だから，B(3, 27)　直線BCの式を$y=ax+b$として(3, 27)を代入すると，$27=3a+b$　$b=27-3a$　よって，直線BCの式は，$y=ax-3a+27$

重要　(2)　直線BCとy軸との交点をDとすると，D$(0, 27-3a)$　点Cは放物線$y=3x^2$と直線$y=ax-3a+27$の交点なので，そのx座標は方程式$3x^2=ax-3a+27$の解として求められる。$3x^2-27-ax+3a=0$　$3(x^2-9)-a(x-3)=0$　$3(x+3)(x-3)-a(x-3)=0$　$(x-3)(3x+9-a)=0$　$x=3$ではない方だから，$x=\frac{a-9}{3}$　点Cのx座標は負の数なので，点Cからy軸までの距離は，$-\frac{a-9}{3}=\frac{9-a}{3}$　$\triangle \mathrm{BOC}=\triangle \mathrm{BOD}+\triangle \mathrm{COD}$だから，ODを共通の底辺とすると，$\triangle \mathrm{BOC}=\frac{1}{2}\times(-3a+27)\times 3+\frac{1}{2}\times(-3a+27)\times\frac{9-a}{3}=\frac{1}{2}\times(-3a+27)\times\left(3+\frac{9-a}{3}\right)=\frac{1}{2}(-a+9)(18-a)=\frac{1}{2}a^2-\frac{27}{2}a+81$

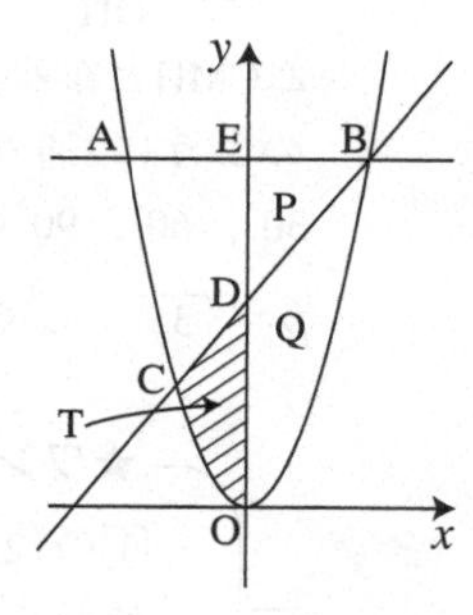

やや難　(3)　参考図のP+Q(放物線OBと直線ABとy軸とによって囲まれる部分)の面積は，放物線$y=3x^2$と直線ABとによって囲まれる部分の面積の$\frac{1}{2}$である。T+Qも放物線$y=3x^2$と直線ABとによって囲まれる部分の面積の$\frac{1}{2}$だから，斜線部Tの面積はPの面積に等しい。ABとy軸との交点をEとするとき，BE=3，DE$=27-(27-3a)=3a$　よって，Tの面積は$\frac{1}{2}\times 3\times 3a=\frac{9}{2}a^2$

6 （関数・グラフと図形―双曲線，直線との交点，面積，座標，三平方の定理）

基本　(1)　$a=3$のとき，点Aのy座標は$y=\frac{6}{3}=2$　直線ℓの式を$y=-2x+b$として(3, 2)を代入すると，$2=-6+b$　$b=8$　点Bは$y=\frac{6}{x}$のグラフと直線$y=-2x+8$との交点だから，そのx座標は方程式$\frac{6}{x}=-2x+8$の解である。$6=-2x^2+8x$　$x^2-4x+3=0$　$(x-1)(x-3)=0$　よって，点Bのx座標は1なので，B(1, 6)　△OABの面積は，右図のように点Aを通るy軸に平行な直線と，点Bを通るx軸に平行な直線をひいて長方形OPQRを作ると，△OAB=(長方形

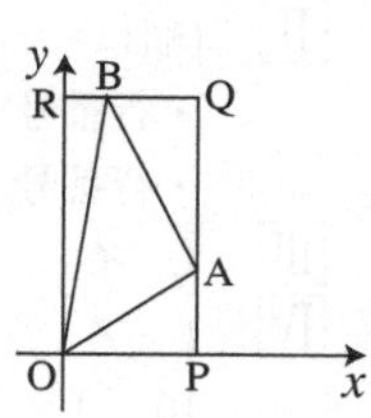

OPQR)−△AQB−△ORB−△OAP＝18−4−3−3＝8

(2)　点Aのy座標は$y=\dfrac{k}{a}$　　直線ℓの式を$y=-px+b$として$\left(a,\ \dfrac{k}{a}\right)$を代入すると，$\dfrac{k}{a}=-ap+b$　　$b=\dfrac{k}{a}+ap$　　点Bは$y=\dfrac{k}{x}$のグラフと直線$y=-px+\dfrac{k}{a}+ap$との交点だから，そのx座標は方程式$\dfrac{k}{x}=-px+\dfrac{k}{a}+ap$の解である。$px-\dfrac{k}{a}-ap+\dfrac{k}{x}=0$　　$px^2-\dfrac{k}{ax}-apx+k=0$　　$apx^2-kx-a^2px+ak=0$　　$apx(x-a)-k(x-a)=(x-a)(apx-k)=0$　　よって，点Bのx座標は$\dfrac{k}{ap}$　　y座標は，$k\div\dfrac{k}{ap}=ap$　　よって，$B\left(\dfrac{k}{ap},\ ap\right)$

重要　(3)　(ⅰ)　ABの中点をMとすると，△AMOと△BMOはAM，BMをそれぞれの底辺とみたときの高さが等しいから，直線OMが△OABの面積を二等分する。点Mのx座標は，$\left(a+\dfrac{k}{ap}\right)\div2=\dfrac{a^2p+k}{2ap}$　　y座標は，$\left(ap+\dfrac{k}{a}\right)\div2=\dfrac{a^2p+k}{2a}$　　よって，直線OMの傾きは$\dfrac{a^2p+k}{2a}\div\dfrac{a^2p+k}{2ap}=p$　　よって，直線mの式は$y=px$

(ⅱ)　直線ℓとx軸との交点をC，点Mからx軸に引いた垂線をMHとすると，直線ℓと直線mの傾きの絶対値が等しいので，$\dfrac{MH}{OH}=\dfrac{MH}{CH}$　　よって，OH＝CHであり，△OMH≡△CMHとなる。直線ℓと直線mのなす角が60°の場合は右図のように2通りある。∠OMC＝60°のとき，∠OMH＝30°，∠MOH＝60°　内角の大きさが30°，60°，90°の直角三角形は3辺の比が$2:1:\sqrt{3}$となるから，OH：MH＝$1:\sqrt{3}$　　よって，$p=\sqrt{3}$　　∠OMC＝120°のときには，OH：MH＝$\sqrt{3}:1$　　$p=\dfrac{1}{\sqrt{3}}=\dfrac{\sqrt{3}}{3}$

★ワンポイントアドバイス★

①の(2)はバスの運行のグラフを書いて考えるとよい。②の(1)は何らかの方法を使わないと数えきれない。⑤は，傾きが数字で表されているときと同様に進めていく。(3)は図形AOBがy軸によって二等分されていることに着目する。

＜英語解答＞《学校からの正答の発表はありません。》

Ⅰ　問1　(1) kill　(2) discovered　(3) disappeared　(4) stood　(5) took　(6) recover　(7) dressed　(8) given　問2 through　問3 but　問4 4　問5 (a) 4　(b) 2　(c) 3　(d) 1　問6 ヘビがねずみを飲み込んだこと。　問7 2　問8 1 ×　2 ×　3 ○　4 ×　5 ×　6 ○　7 ○　8 ×

Ⅱ　(順に)　・行番号 1　前 can　後 be　・行番号 6　前 can　後 follow　・行番号 7　前 would　後 be　・行番号 15　前 of　後 doing　・行番号 18　前 is　後 a

Ⅲ　1 イ　2 カ　3 ア　4 キ　5 ウ　6 ク　7 エ　8 オ

Ⅳ　1 ア　2 ア　3 ア　4 イ　5 ア　6 ア　7 ア　8 ア　9 イ　10 イ　11 ア

V	1 ①シ ②エ ③セ 2 ④キ ⑤エ ⑥カ 3 ⑦エ ⑧ス 4 ⑨カ ⑩ア ⑪サ 5 ⑫コ ⑬カ

＜英語解説＞

I （長文読解問題・物語文：語句選択補充，語形変化，語句補充，文補充，指示語，語句解釈，内容吟味）

（全訳） ヘビの世界は沈黙の世界だった。その世界はガラスでできた正面部分がついた箱であった。それは次のえさを見つめていた。そのえさであるねずみは，見つめ返していた。

ねずみは大きな箱の隅で恐怖で凍りついていた。ねずみには軽く震える音が聞こえ，恐れからくる甲高い声を何度か出して応じた。ヘビは空腹で素早く動いた。それは，かめば数人の人を殺すのに十分な毒を持つ，2メートル近くもある大きな北米ガラガラヘビだった。ねずみはすぐに死に，ヘビはあごを伸ばしてえさを飲み込んだ。

Carl Penton は座って Susie がねずみを食べるのをガラス越しに見ていた。いつものように，その光景は彼を少し不快な気分にさせたが，それが自然のあり様なのだと彼は思った。そして彼はヘビに敬服していた。彼はその美しい模様の皮に敬服していた。しかし，彼はとりわけヘビの耳が聞こえないところに敬服していた。

Carl は，ヘビはまったく耳が聞こえないことを数年前に発見していた。それらは高度に進化した嗅覚にほとんど依存していて，舌は空気からの臭いを実際に味わえるほどだ。これと同様に，ヘビの目は他の動物の体から出される熱が見えるほどである。Carl はねずみがゆっくりと Susie ののどの下に消えていくのを深い敬意を持って見守った。

そのヘビは絶え間のない騒音のない世界で生きていた。音のない世界である。Carl にとって，ヘビは美と完成を象徴していた。彼はヘビを見て敬服することを好んだ。自分の世界がヘビたちの世界と同じくらい音のないものでありさえすれば！ それが彼が Susie を捕まえた理由だった。さらに正確に言えば，地元の庭師である Marco に Susie を捕まえてもらったのだった。Susie はアリゾナの乾燥した岩場で捕らえられたのだが，Carl はそこに住んでいた。Marco は危険なヘビに触れることをほとんど気にかけなかった。彼はヘビを食べてしまうことさえあった。彼は，「食べておいしいし，ただだしね」と言ったものだった。これには Carl も嫌な気分になり疲弊した。ヘビが食用に使われるという考えが気に入らないからではなく，ヘビに十分な敬意を与えていないと思ったからだ。それにもかかわらず，彼は Marco が Susie を見つけてくれてうれしかった。彼女は美しかった。

Carl は町の外に住むことを好んだ。彼は車で仕事に行かねばならず，片道1時間以上かかった。騒がしくて暑かったが，少なくとも帰宅すると静かだった。静けさは Carl にとってとても重要だった。彼は若い頃兵士だったことがあり，戦争で戦った。彼の心は大きくて恐ろしい爆発音によって傷つき，回復するために自国の病院に送られた。彼はそこで妻の Martha に出会った。彼女は彼の世話をした看護師の1人だった。

彼はまだ騒音を嫌っていた。「だれもが汚染について話している。あれやこれやで環境を汚染しているが，私たちの生活の質を本当に汚染するのは騒音だよ」と，Carl は話を聞こうとする者にはだれにでも言ったものだ。どこへ行っても人々が騒音をたてている，騒音，騒音だ。最近，鳥がさえずるのがどこで聞こえるというんだ？ 都会では聞こえないよ，きみ。聞こえるのは交通の音や，うるさいラジオの音や，騒がしい機械を使う人々がたてる音だけだよ。1日24時間，騒音だらけだ。$_C$<u>きみをおかしくさせるには十分だ。</u>

あまりの騒音が，心の中でCarlを死と苦しみをもたらした大きな爆発音がする戦争へと連れ戻した。Marthaは彼を狂気から救ったのだった。Marthaと彼の仕事と薬が。

Carlは他の多くの59歳の男性と同じように見えた。身長は平均的で，以前は黒かった髪は白髪になっていた。彼は太ってもやせてもなく，カジュアルな服装で―普段は黒いズボンに青いシャツを着て，お気に入りのカウボーイハットをかぶっていた。彼のやせた顔は，1年前にMarthaががんで死んでから，さらに困ったような表情を帯びていた。彼女は苦しい時期を通して彼を助け，確実に彼が落ち着いていられる薬を飲ませたのだった。

しかし今やMarthaは亡くなってしまった。

彼らには子どもがいなかった。Carlの時間のほとんどは，今や仕事に与えられていた。家にいるときでさえ，彼は仕事のことを考え，コンピューターに新しいアイデアを書きとどめていた。彼の仕事は彼の人生だった。

重要 問1　全訳を参照。　(1)　to以下は前のenough poison「十分な毒」を修飾すると考える。毒の強さを表しているのでkill「殺す」が適切。不定詞なので原形で入れる。　(2)　that以下が空所に入る動詞の目的語と考えると，「ヘビはまったく耳が聞こえないことを数年前に発見していた」とするのが適切。直前にhadがあるので過去完了の文。discoverを過去分詞にする。

(3)　空所の前後のslowly「ゆっくり」，down Susie's throat「Susieののど」から，ねずみがヘビに殺されて飲み込まれ，姿が見えなくなっていく光景を述べた文と推測できる。文の動詞がwatchedと過去形で，これと同じときのことを述べているので，disappear「消える」も過去形にする。　(4)　主語snakesと，空所の後のbeauty and perfectionのつながりを考える。stand for ～ で「～を象徴する」という意味を表す。ヘビについて述べた2つ前の文に合わせ，過去形にする。　(5)　文の前半「車で仕事に行かねばならなかった」に合うように，職場までかかる時間を説明する内容にする。〈It takes ＋人＋時間〉で「(人)に(時間)をかけさせる」という意味。had toに合わせてtakeを過去形にする。　(6)　空所の前の「自国の病院に送られた」に合うように，その目的を表す内容を続ける。病院に送られる目的は「回復する」ことなので，recoverが適切。副詞的用法の不定詞で使うと「回復するために」と目的を表す意味になる。

(7)　Carlの服装を説明している文。casuallyが服装の様子と考え，「～な服装をしている」の意味のbe dressedを用いる。be動詞が前にあるので，dressの過去分詞dressedを入れる。

(8)　同じ段落の最終文His work is his life.から，Carlは仕事に没頭する暮らしをしていたことがわかる。空所を含む文の主語直後のMost of Carl's time「Carlの時間のほとんど」がhis work「彼の仕事」に「与えられた」とう受動態の文を考え，giveの過去分詞を入れる。

問2　最初の空所を含む文は，前にガラスがついた箱の中でヘビがねずみを食べるところを見ていることを述べている。throughを入れると「ガラスを通して[ガラス越しに]見た」という文になる。後の空所のthroughは「(時期)を通して」の意味。問題に与えられている英文は，「有名なテニス選手が自分自身の不注意のためにけがをしたと報告されている」という意味。このthroughは「～のために」という意味で，原因・理由を表す。

問3　空所を含む文の主語Thisは，直前のMarcoの発言「食べておいしいし，ただだしね」の内容を指す。このことがCarlの気分を害する理由がbecause以下に述べられているが，最初のbecauseの前にnotがあるので，実際の理由は後のbecause以下ということになる。この関係にするために，not A but B「AではなくB」を用いてつなぐ。

問4　空所の直前で，Carlは都会の騒音のひどさについて「交通の音」，「うるさいラジオの音」，「騒がしい機械を使う人々がたてる音」と具体例を挙げている。Carl自身は騒音をひどく嫌っているのだから，この後に続く内容も，騒音について否定的なものであるのが自然。したがって，

4「それはきみをおかしくさせるのに十分だ」が適切。この場合の drive は「(人)を～(の状態)にさせる」という意味。1は「きみは都会で騒音を立てるのをやめてはならない」，2は「それらがさえずらないようにさせておくために何ができるだろうか」，3は「いつかきみはそのような大騒音が好きになるだろう」，5は「きみが都会暮らしを気に入っているのは当然だ」という意味。

問5 (a) That is why ～「そういうわけで～」 (b) at least「少なくとも」 (c) All の後に関係代名詞が省略されている。All (that) you hear is ～「聞こえるすべて」=「聞こえるのは～だけだ」 (d) die of ～「(病気)で死ぬ」

問6 下線部を含む文の前半で，Carl はヘビがねずみを殺して飲み込む様子を見て少し不快な気分になることが述べられている。その内容を受けて，「しかしそれは自然のあり様なのだ」と言っているのだから，Carl は，ヘビがえさとしてねずみを食べることは自然の世界で普通に起こっていることだと考えていることがわかる。

問7 下線部を含む文は，「ヘビはおいしいうえに無料である」と解釈すると，毒ヘビを捕まえることを恐れず，食べてしまうことさえあるマルコの発言として自然である。「無料の，ただの」の意味の free を使っているのは2「この講義は無料ですか，それともお金を払わなくてはならないのですか」。1は「ついに私は厳しい両親から解放された」，3は「私は5時まで忙しいが，その後はいつでも暇だ」，4は「どうぞご自由に，必要なだけ時間をかけてください」，5は「あなたは明日の午後，空いていますか」という意味。

問8 1 (×) 第2段落第1文から，ねずみは恐怖で動けなかったことがわかる。また，第3文から，素早く動いたのはヘビの方であることがわかる。 2 (×) 第3段落最後の2文を参照。Carl がヘビに敬服するのは，その皮の模様の美しさもあるが，最終文にある「ヘビの耳が聞こえないところ」が彼がヘビに最も魅了される点である。最終文の most of all は「とりわけ」という意味。 3 (○) 第5段落第5文で，Carl がヘビと同じように音の聞こえない世界を願望していることが書かれている。If only ～ could be … は「～が…であってくれさえすれば」という意味の仮定法の表現。現実と異なる状況を願望することを表す表現。 4 (×) 第5段落最後から第4文目の Marco の発言に「(ヘビは)食べておいしい」とある。これに対する Carl の考えは，次の文に「ヘビが食用に使われるという考えが気に入らない」と書かれている。 5 (×) 第7段落第4, 5文「最近，鳥がさえずるのがどこで聞こえるというんだ？ 都会では聞こえない」から，Carl は都会に出ることもあることが推測できる。また，最終段落から，Carl はまだ仕事を続けていることがわかる。 6 (○) 第7段落第3文の内容と一致する。後半の yet は，ここでは逆接の接続詞として用いられている。 7 (○) 第6段落第4文以降から，戦争での悲惨な体験が Carl が騒音に対して敏感になった原因であることがわかる。さらに，第8段落第1文から，Carl がひどい騒音を聞くと戦争の体験を思い出すことが書かれている。 8 (×) 第6段落第2文および第11段落最後の2文から，妻の Martha が亡くなってからも Carl は仕事を続けていたことがわかる。

やや難 Ⅱ **(長文読解問題・説明文：正誤問題)**

(全訳) イディオムとは，単語だけからは理解できない表現のことである。そこで，word という単語を使ういくつかの一般的なイディオムを見てみよう。それらが便利であることがわかると思う。

give someone one's word というイディオムがある。それは「約束」ということだ。give someone your word と言えば，あることを約束したり，何かをすることを約束するということだ。例を挙げよう。私はテレビを買った。販売員が，テレビは金曜日の午前中に配送されると約束した(gave me his word)。もう1つ，私自身の経験から例を挙げよう。私には決して時間通りに来ない友人たちがいる。彼らは悪い人たちではなく，ただ予定通りに動けないだけなのだ。私たちは外で会うことになっていて，彼らは遅刻しないと約束した。彼らは時間通りに来ると約束したのだ(gave me their word)。彼らが時間通りに来て，私はうれしかった。それは本当の話だ。約束しよう(give you my word)。

have a word with someone と言えば，その人と少し話をするということだ。例えば，教授が授業の後で私と少し話がしたい(wanted to have a word)と言った。長い話し合いにはならないが，彼には何か話したいことがあるのだ。これはだれかと何かについて話すためにも使われる。小学校の先生が，ある母親に彼女の息子が宿題をしていないと伝えているとしよう。先生は，「あなたの息子さんと，彼の態度と宿題をしないことの不利益について，少し話をしていただきたいと思います(I'd like you to have a word)」と言う。

take someone at their word と言えば，その人の言うことを信じるということだ。例の販売員は，テレビは金曜日の午前中に配達されると言った。私は彼の言うことを信じ(took him at his word)，金曜日の午前中は家にいた。私は，多くの人が政府の言うことを信用していないことを知っている。たぶん私は単純なのだろう。(たいていの場合，「単純であること」は英語では良いことではない。単純な人間は簡単にだまされるからだ)私は政府を信じる(take them at their word)。彼らが言うことを信じているのだ。

ところで，来週また皆さんと少しお話がしたいと思う(I'd like to have a word with you)。次回もここでお会いするのはどうだろうか？ 私はここに来る。約束しよう(give you my word)。それでは！

問　全訳を参照。　・1行目　イディオムの定義を説明している個所。文字通りの単語の意味だけでは理解できない表現がイディオムである。3行目で例として挙げられている give someone one's word は文字通りには「だれかに自分の言葉を与える」だが，これでは意味が通らない。
・6行目　いつも約束の時間に遅れてくる友人たちのことを述べている個所。遅刻をするのはその友人たちに悪気があるのではなく，「予定通りに動けないだけだ(they just cannot follow a schedule)」とすると前後のつながりが正しくなる。　・7行目　どこか外で会う約束をするという内容の文。最初に約束する段階なので，「遅刻すると約束した」とすると不自然。　・15行目　the disadvantage「不利益」とのつながりを考えると，「宿題をしないことの不利益」とするのが適切。動名詞の否定形は〈not ＋動名詞〉の形。　・18行目　ここでは，単純な人間は政府の言うことを簡単に信じてしまう，という話を持ち出して，take someone at their word というイディオムの説明をしている。「政府の言うことを簡単に信じる」ことは，ここでは良くないこととされているので，「単純な人間であること」は英語では良いことではない」とする。

Ⅲ　(長文読解問題・エッセイ：文補充)

(全訳)　私たちがデジタルの世界に生きていることは大ニュースではない。家庭でも学校でも，1ほとんどの子どもが何らかの形態の科学技術に関係している。しかし，生徒たちに，大学や将来の職業の準備のために科学技術を創造する方法を知る必要があるだろうか。コンピューターの専門家は，必要だと言う。彼らは，2020年までには，合衆国の大学は国の1400万あるコンピューターの仕事の3分の1ですら満たすことはできなくなるだろうと指摘している。

Srini Mandyam は，「科学技術がどのように機能しているか，それをどのように利用しているかを学ぶことは本を読んだり文章を書いたりすることと同じくらい重要です」と言った。2彼は Tynker という会社を設立した。それは，子どもたちにコンピューターのコードの書き方，すなわち，コンピューターに何をするべきかを伝える命令を教えるプログラムを作り出している。「科学技術は，生徒たちが毎日使っているものを理解するための手段なのです」と Mandyam は言う。

あらゆるアプリケーションもゲームもコンピュータープログラムも，コードから始まる。Hadi Partovi は，「コードを作ることはただ科学技術を使うだけというよりも，科学技術を作り出す行為なのです」と言う。彼は，Code.org という名の非営利サイトの共同設立者で，そのサイトは昨年開設された。最近の調査で，$_3$合衆国の学校のうち，10校に1校しかコンピューターサイエンスの授業を提供していないことがわかっている。Code.org はその状況を変えたいと思い，すべての学校のすべての生徒にコンピュータープログラミングを学ぶ機会を与えるべきだと提案している。その団体は，合衆国の学校が中国，ベトナム，イギリスが定めた例に従うことを望んでいる。それらの国々では，コードを作る授業が小学校から提供されているのだ。

コードの作成を学校に導入する方法として，Code.org は昨年，Hour of Code という運動を始めた。そのプログラムは，世界中の学校が無料で使えるようになっていた。今年の Hour of Code は，12月8日から14日のコンピューターサイエンス教育週間の間に実施される。$_4$その任務は，1時間生徒たちがコンピューターサイエンスを学ぶ気にさせることである。

一連の活動を通じて，$_5$ユーザーはそれぞれ異なる指令を用いてブロックをつなぎ合わせ，自分自身のゲームを自分の好みに合う設定にする方法を教わる。これらすべての指令をつなぎ合わせることで，ユーザーはゲームがたどる道筋を作り出すのだ。他の会社でも，子ども向けのコード作成プログラムを開発している。Mandyam は Tynker の目標の1つはコード作成を STEM(科学，科学技術，工学，数学)の授業と関連づけることであると言う。Tynker の活動から学ぶ技能は，問題解決と同じように，すべての人文科目に応用できるのだ。

しかし，だれもが小学校でコード作成の授業を受けられる状況ではない。教育者の中には，$_6$コンピューターサイエンスは高校まで待つべき科目であると言う者もいる。Melanie Reiser は，「コンピューターサイエンスに時間を使いすぎると，他の活動に時間を使えなくなります」と言っている。彼女は北米ウォルドーフ校協会のリーダーだ。

Reiser は，生徒はコンピュータープログラミングを勉強する前に，まずは直接科学技術に集中しない科目での技能を発達させなければならないと言う。「12歳未満の生徒は，一方に集中しようとせず，脳の両側を発達させる必要があります。$_7$バランスが取れていることが生徒にとって健全なのです」と彼女は言う。

Mandyam や他のコード作成支持者は，子どもは将来に向けて準備をする必要があると信じている。デジタル世界は急速に拡大し続け，$_8$コード作成を学ぶことはその発展についていく方法となるかもしれない。Mandyam は，「科学技術は世界で起こっているそれぞれの大きな変化の核心です。子どもたちは科学技術が世界を変えることを可能にすることを知る必要があるのです」と言っている。

問　1　空所直前の「家庭でも学校でも」から，子どもたちが置かれている状況に関する文が入ることが推測できる。直後の「しかし，生徒たちに，大学や将来の職業の準備のために科学技術を創造する方法を知る必要があるだろうか」から，空所に入る文では，現代の子どもたちが科学技術に携わる度合いが強い状況であることを表す文が適切。　2　Srini Mandyam という人物の考えが紹介されていること，空所直後の It が指すものに着目する。カの he は Srini Mandyam を，空所直後の It はカの「Tynker という会社」を指す。　3　空所には，最近の調査で明らかになったことが入る。空所直後の，「Code.org はその状況を変えたいと思い，すべての学校のすべての生徒にコンピュータープログラミングを学ぶ機会を与えるべきだと提案している」から，その調査結果は学校でのコンピューター関連の技術の授業が不十分であることを示すものだったことがわかる。　4　Code.org が始めた Hour of Code という運動について説明している段落。その運動で，今年行われることの具体的な内容を続けると文脈に合う。キの its は Hour of

Code を指す。 5 前の段落に続き，Hour of Code で行われることについて述べられている。子どもたちが行う具体的な作業内容を説明している文を入れる。空所直後の「これらすべての指令をつなぎ合わせることで…」の command「指令」がウの文でも使われていることにも着目したい。 6 前の段落までは，主に子どもへのコンピューター関連の教育の現状について述べられているが，「しかし，だれもが小学校でコード作成の授業を受けられる状況ではない」と始まっていることから，空所には子どもへのコンピューター関連技術の教育に対する反論が入る。
7 空所直前の「12歳未満の生徒は，一方に集中しようとせず，脳の両側を発達させる必要がある」を言い換えた内容を続ける。エの「バランスが取れている」は，右脳と左脳のバランス良い発達のことを言っている。 8 最終段落では再び Mandyam らコード作成支持者の考えが述べられているので，彼らの意見として適切な内容になる文を選ぶ。オの最後にある its は，文の主語 the digital world を指し，その発展についていくうえでコード作成を学ぶことが重要だ，ということを述べている。

重要 Ⅳ （正誤問題：分詞，接続詞，不定詞，関係代名詞，完了形，比較，受動態）

1 アの後半の主語は the dogs。主語が「うきうきしている，興奮している」は excited で表す。exciting は「(主語が～を)うきうきさせる，興奮させる」という場合に使う。アは「彼女が家に帰ると，イヌたちはいつも彼女を見てうきうきする」，イは「私は最終バスに間に合うようにバス停までずっと走った」という意味。all the way「(道のりを)ずっと」，so that ～ can …「～が…できるように」

2 アの because of ～「～のために」は後に名詞(句)が続く。ここでは the weather was fine と節の形が続いているので，接続詞 because でつなぐ。したがって of が不要。アは「天気が良かったので，彼は傘を持っていかなかった」という意味。with him は「身につけて，～を持って」という状態を表し，take や bring ともによく用いられるが，特に訳に出す必要はない。イは「私たちの上司があなたに明日ここに来て欲しければ，私が今夜あなたに知らせます」という意味。〈let＋目的語＋動詞の原形〉で「～にさせる」という意味を表す。

3 say は〈動詞＋目的語＋ to ＋動詞の原形〉の形では使わない。tell を用いて「～に…するように言う」という文にすれば正しい。アは「医者は彼に1日に1リットルの水を飲むように言った」，イは「私は祖母が何年に生まれたのか思い出せない」という意味の間接疑問文。

4 イは目的格の関係代名詞 which を使った文。先行詞 the book が about の目的語なので，後にある it が不要。アは「私たちが競技場に着く前に試合は始まっていた」，イは「これが昨日あなたに話した本だ」という意味。イの〈had ＋過去分詞〉(過去完了)は，「試合が始まった」時点が「競技場に着いた」時点よりも前であることを表している。

5 アは現在完了を使っているが，後に when I was a child「私が子どもだったとき」と，過去のことに限定する表現があるので時制が矛盾する。「子どもの頃から3年間ずっとロンドンに住んでいる」という意味にするなら when を since にする。イは「食事は家で食べるときよりも外で食べるときの方がおいしい」という意味。taste は「～の味がする」という意味の動詞。when you eat outdoors と when you eat them at home で食事の味を比較している。

6 happy は「(人が)幸せだ，うれしい」の意味で用いるので，It (＝ to have time to read books) を主語にするのは誤り。You are very happy to have time to read books. とすれば，「あなたには本を読む時間があって幸せだ」という正しい英文になる。イは「私の兄[弟]は他のすべての少年が持っているものを持ちたいと思っていた」という意味。what は thing「もの[こと]」という先行詞を含む関係代名詞。

7 アの feel は「(人などが)～と感じる」という意味なので，It (＝ to have won the first prize)

を主語にするのは不適切。「あなたは1等賞を取ってどう感じていますか」という意味にするならば，疑問詞も what ではなく how を用いて，How do you feel to have won the first prize？とするのが正しい。イは「私たちは，第二次世界大戦は1945年に終わったと教わった」という意味。

8 アの than 以下は really があるので，ナンシーの実際の年齢を言っている。she really is young ということなので，does が不適切。「ナンシーは実際よりも若く見える」という意味。イは「あなたが明日早く着いたらそこで待っていてください」という意味。この場合の then は if とともに用いて，「そうすれば，その場合は」という意味を表す。

9 イの主語は the number of people「人々の数」。number「数」自体は単数の名詞なので，How many とともに用いるには誤り。英語では，「～の数は何ですか」と考え，What is the number of ～？と表す。「大阪の人々の数は何人ですか」という意味になる。アは「おそらく私に会いたくなかったから，彼女はここに来なかったのだ」という意味。Probably は because ～ me の部分を修飾している。

10 イの hold は「(会議など)を開く」という意味。ここでは Next month's meeting「来月の会合」が主語なので，will be held「開かれる」と受動態にする。「来月の会合は水曜日の夜に開かれる」という意味の文になる。アは as ～ as …「…と同じくらい～」を用いた文。listening to Mozart「モーツァルトの音楽を聞くこと」と同じくらいの much real happiness「たくさんの本当の幸福」ということだが，主語が Nothing なので，そうした幸福を与えてくれるものはないことになる。したがって，「モーツァルトの音楽を聞くことほどたくさんの本当の幸福を与えてくれるものはない」という意味の文になる。

11 アの文末 manners「行儀，礼儀」が複数形なので，a がつくのは誤り。manner は「行儀，礼儀」の意味では複数形で用いるのが基本。「あんなに行儀の良い若者に会うことはすてきなことだ」という意味になる。イは「少なくとも1度は海外で暮らしなさい，そうすればもっとおもしろい人物になれるだろう」という意味。命令文に続く and は，「そうすれば」の意味。at least「少なくとも」。

基本 Ⅴ （語句選択補充問題：熟語）

1 「『時代遅れの』ものは現代的でなくもはや便利ではない」 out of date で「時代遅れの」という意味のイディオム。

2 「『何よりもまず』何かをするとき，他の何よりも先にそれをする」 first of all で「何よりもまず」という意味のイディオム。

3 「『もちろん』は，他の人たちがあなたの言っていることは本当だとおそらくすでに知っているか，それを聞くことを予期していることを示すために使われる」 of course で「もちろん」という意味のイディオム。

4 「何かが『突然』起これば，そのことを予期していないときにそれがいきなり起こる」 all at once で「突然」という意味のイディオム。

5 「『とりわけ』は『最も大切に』，あるいは『他の何よりも』という意味だ。人に注意を払ってもらいたいことに注意を促すために使う」 above all で「とりわけ」という意味のイディオム。

★ワンポイントアドバイス★

Ⅲの文補充問題では，空所の前後と選択肢に共通して使われている単語に着目すると，大きな手がかりを見つけることができる。本文の内容も英文もレベルが高いので，こうしたところにも目をつけられるようにしよう。

＜国語解答＞《学校からの正答の発表はありません。》

【一】 問一 a かや b なんど c うちわ d むねあげ 問二 A オ B イ C エ 問三 (例) 来ているに相違ない 問四 右図 問五 横 問六 F エ G オ H ウ I イ J ア 問七 ウ 問八 (例) 自分宛てでもない内容の乏しい手紙を，父だけでなく母からも，どうしても読めと執拗に命じられて面倒なうえに，不快な灰の香や蚊までにも攻められるように感じた(から)(75字)

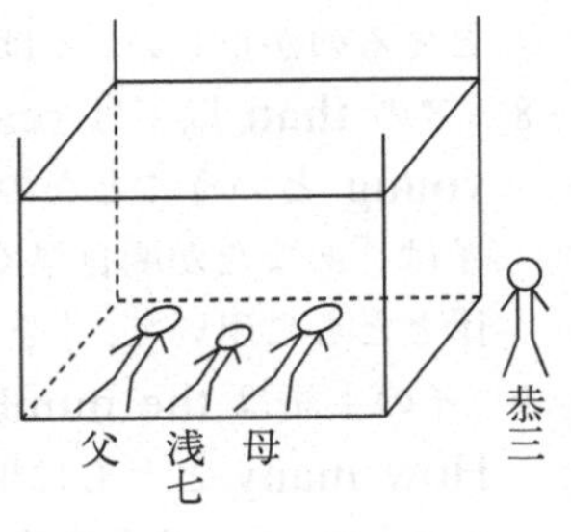

問九 (例) 恭三には言うことを聞いてほしい(15字) 問十 イ

問十一 (例) 緊張した場面を和ませるかのように猫が現れたが，父親はその猫にも八つ当たりをした(から)(39字) 問十二 オ 問十三 (例) 文字の読めない父や母を無意識のうちに見下していたのではないかという自分の傲慢さに気づき，自分が間違っていたのではないかと居心地の悪さを感じている(から)(72字)

【二】 問一 オ 問二 ① (例) 型にはまった教育は間違いなくできそうだ(から)(19字) ② (例) 型にはまったことしかできそうにない(から)(17字) 問三 カ 問四 オ 問五 卒業 問六 ア 問七 (例) 型にとらわれない，他とは違う自らのよさを自覚し，他人をうらやんではいけないという(こと)(40字)

問八 (例) 寄せ鍋で家族の心も寄せ合うよ

【三】 問一 1 ウ 2 オ 3 ケ 4 シ 5 セ 6 ツ 問二 日本国憲法

【四】 ア へたの横好(き) イ 正鵠 ウ 河童の川流(れ) エ 苔 オ 巧言令色 カ 犬も歩けば棒にあたる

＜国語解説＞

【一】 (物語ー情景把握，心情把握，内容吟味，文脈把握，脱語補充，漢字の読み取り)

基本 問一 a「蚊帳」は，麻や木綿などを網状に織り，夏，蚊を防ぐために寝室に設けるもの。 b「納戸」は，衣類や調度類をしまっておく部屋。 c「団扇」は，竹などの骨に紙や布などを張り，あおいで風を起こす道具。 d「棟上」は，建築物の骨組みができて，その上に棟木を上げること。またそれを祝う儀式。ここでは後者。

問二 A 少し後に「淋しい平凡な生活」とあり，この内容を「訴えた」と考える。 B「どんなつまらぬ事でも書いた」とあり，その具体例となるものを答える。 C 特別な出来事がない場合なので，アはあてはまらない。またこの時代にはテレビは存在しない。

問三 恭三は「誰かから手紙が来て居ればよい」と思いつつ帰宅するが，単に来ていればよいと思うだけでなく，来ているにちがいないという確信を持つことで自分の心に楽しみを与えていることから考える。

問四 蚊帳は吊るすと立方体または直方体になる。ここでは恭三以外の父，母，弟の三人はすでに蚊帳の中に入り，横になっている。恭三は「自分の部屋へ行こうとして」いるので，蚊帳の中には入っていない。

基本 問五 「洒落」とあることから考える。布団の上に寝た状態を「横に立って居る」と言っているのである。

問六　F「急に張合が抜けて」に合う語を入れる。　G　本来，父が答えるところを，弟が代わりに答えている。　H　恭三に手紙を読んでほしいと依頼しているときの様子である。　I　恭三は，自分あての手紙ではないので，それを父のために読むのが面倒なのである。　J　在所が分っていながら，わざと質問する場面である。

重要　問七　手紙を読んでほしい，読みたくないという些細な会話が，思いがけない感情の違いに発展しそうな情況になり，思わず不安な気持ちになる場面である。

やや難　問八　恭三は，自分宛ての友だちからの手紙が届いていることを期待して帰宅するが，それは裏切られ，代わりに本家の娘からと，清左衛門からの，さして急用でもない葉書と手紙を手にする。それを父も母もしきり読んでほしいと懇願し，精神的落ち着きを失った恭三には，容易に応じることができない。さらに，灰の匂いや蚊の襲来などが恭三の精神に追い打ちをかけるように描写されている。これらの状況と情景を合わせてまとめる。

問九　手紙と葉書を読んでほしいという願いに対して，恭三はそれらを一字一句読んで聞かせるのではなく，自分だけが読んで，「別に何でもありません。八重さのは暑中見舞ですし，弟様のは礼状です」と，素っ気なく答えるだけである。これでは父は満足できず，恭三の態度に不満を持つことを考える。

重要　問十　思い通りに手紙を読んでくれない恭三に「大い御苦労でござった」というのは皮肉である。

問十一　場面の状況は，父と恭三だけでなく，父と母・浅七までもが蚊帳の中で争っている。そこへ猫が一声鳴いて現れ，腹を立てている父はその猫までも怒鳴りつけたので，一座が和み，二人は笑ったのである。

やや難　問十二　直後に「六かしい事は己等に分らんかも知れねど」とあることから考える。

やや難　問十三　直前の段落の「そりゃ私の手紙は言文一致で……」という会話から，恭三がやはり文字を読めない父を見下している心情がうかがわれる。その会話をさえぎり「もう宜い!!」と父に言われ，その後父が黙ってしまったことに対する恭三の「妙な気持」の正体をとらえる。恭三は，父の変わらぬ不機嫌さを通じて，文字の読めない無学な父や母を高慢にも無意識のうちに蔑んでいたのではないかということに気づき，自分のとった態度が間違っていたのではないかというばつの悪さを感じていることを，「妙な気持」の内容としてまとめる。

【二】（論説文ー内容吟味，文脈把握，脱語補充，俳句）

問一　どこへ行っても知らない子どもからおじぎをされるという事実は，一種の笑い話だといえる。

重要　問二　①は「先生，という型にはまりこんでしまったひとを……立派だと思った」，②は「型にはまってしまっているがために……できないのだ」とあることに着目する。

問三　直後に「自分で努力し研究するひとなら，なにも別に学校へ行かなくともよい」とある。学校は自発的に勉強したり，研究する場所ではなく，受動的に強制されたことをやる場所だと考えているのでカが適切。

問四　「型にはまって習ったと同じ場所にたどりつく」とあり，その「型にはまって習ったもの」は「仮に正しいかも知れない」とあるので，たどりつくところは「正しさ」であると考える。

問五　花の一つ一つは，種から出てきたものであり，人間が「型」を出て，自分の足で歩き始めることと同意である。

問六　本文では，一貫して型にはまらず，「それぞれに研究し，成長」することの必要性を主張している。

やや難　問七　「うりのつるになすびはならぬ」は，平凡な親からは非凡な子は生まれないという意味のことわざ。ここでは，自らの持つ個性は自分に独自のものであって，他人をうらやましがる必要はないことを述べている。これと本文全体の趣旨である「型にはまらない」とを結びつけてまとめるとよい。

基本 問八 「冬」の季節を表す言葉を入れる。身近なものでは大根，湯豆腐，カニ，みかん，おでん，なべ焼き，年越しそば，などがあげられる。

【三】（説明文一接続語，脱語補充）

やや難 問一 1～3は同一系列の接続詞が入る。1・2・3の区別は，日本国憲法の第三十三条～第七十二条の引用直後の「AもBも両方同時に……」「同時に満たすといった強い制約はありません」「比較的長い要素を結ぶという点で」などをヒントに決める。4～6は1～3をそれぞれ漢字で表記したものが入る。

問二 「天皇の国事行為」などについて規定した文書のことである。

【四】（説明文一脱語補充，ことわざ，慣用句）

ア 「好きこそものの上手なれ」は，好きであれば熱心にやるので，自然に上達するものだということ。これとは対照的な意味のことわざは「下手の横好き」で，下手なくせにそのことを好み，熱心であること。

イ 弓の的の中心の黒点を意味する「正鵠」が入る。物事のねらい所や，要点，急所を表す。

ウ 直前に示されているのが，いずれも「達人でも，ときには失敗することもある」という意味のことわざなので，これと同意のことわざを入れる。

エ 「転がる石には苔がつかない」は，イギリスでは，頻繁に住所や職業を変える人は落ち着きがなく，お金もたまらなくて人間としても大成しないという意味で用いられ，忍耐の必要性を説くものである。しかしアメリカでは，苔が否定的な意味になり，活発に活動している人は，いつまでも古くならず新鮮だということわざになる。

オ 「巧言令色」は，気に入られようとして言葉を飾り，顔つきをやわらげること。「巧言令色鮮し仁」は『論語』の言葉で，巧言令色の人は道徳の理想である仁に乏しいということ。 カ「江戸のいろは歌留多のいっとう最初」とあること，また直後に「うろうろする犬」とあることから考える。

カ 「江戸のいろは歌留多のいっとう最初」とあること，また直後に「うろうろする犬」とあることから考える。

★ワンポイントアドバイス★

脱語補充問題は，文脈から解答するもののほかに，知識を必要とするものもある。柔軟な解答方針で臨むことが要求される。

解答用紙集

○月×日 △曜日 天気（合格日和）

◆ご利用のみなさまへ

＊解答用紙の公表を行っていない学校につきましては、弊社の責任において、解答用紙を制作いたしました。

＊編集上の理由により一部縮小掲載した解答用紙がございます。

＊編集上の理由により一部実物と異なる形式の解答用紙がございます。

人間の最も偉大な力とは、その一番の弱点を克服したところから生まれてくるものである。 ――カール・ヒルティ――

東京学参株式会社

慶應義塾志木高等学校　2024年度

◇数学◇

※ 182%に拡大していただくと，解答欄は実物大になります。

1 (1)

$V=$

(2)

$(x, y)=$

2 (1)

$a=$

$b=$

$c=$

(2)

$s=$

3 ［証明］

4 (1)

通り

(2)

通り

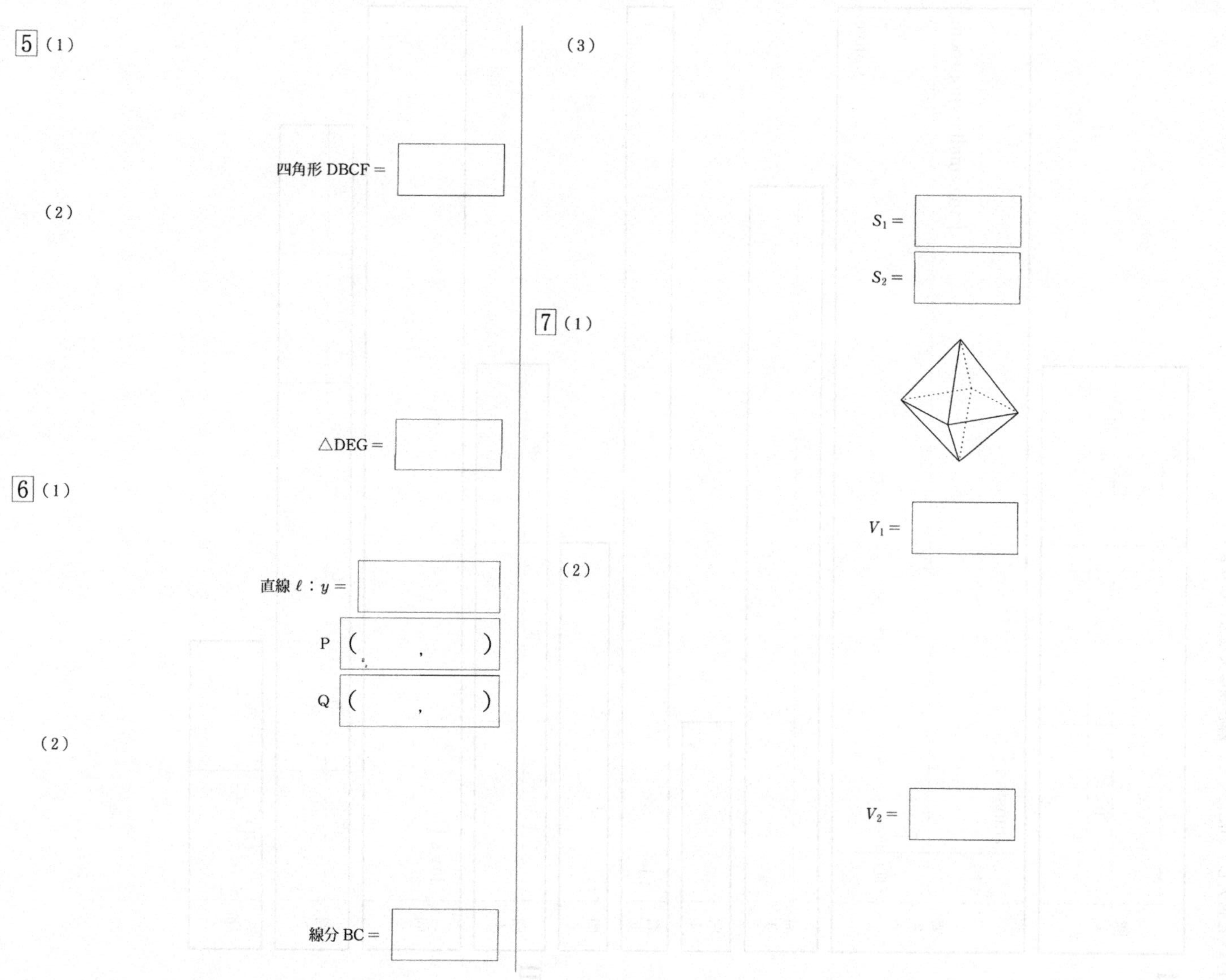
5 (1)
四角形 DBCF =
(2)
△DEG =
6 (1)
直線 ℓ : y =
P (,)
Q (,)
(2)
線分 BC =
(3)
7 (1)
S₁ =
S₂ =
V₁ =
(2)
V₂ =

慶應義塾志木高等学校　2024年度

◇英語◇

※ 133%に拡大していただくと，解答欄は実物大になります。

I

問1	①	②	③
	④	⑤	⑥

問2	
(I)	Dunstan [ ] the small living-room.
(III)	[ ] alive.

問3	ア	イ

問4	

問5	his !

問6	

II

問1	①	②	③

問2	Jay's [ ].

問3	A	B	C	D	E	F

問4	(II)	(V)

問5	h

問6	

問7	

問8																				
										10										20
										30										40

問9	

III

問1	

問2	1	2	3	4	5

IV

(ア)	(イ)	(ウ)	(エ)	(オ)	(カ)
(キ)	(ク)	(ケ)	(コ)	(サ)	(シ)

V

	番号	書き直したもの
1		
2		
3		
4		
5		
6		
7		

VI

I'm very glad you can express how you are feeling. However, I really think you should continue studying English because

（　　　　語）

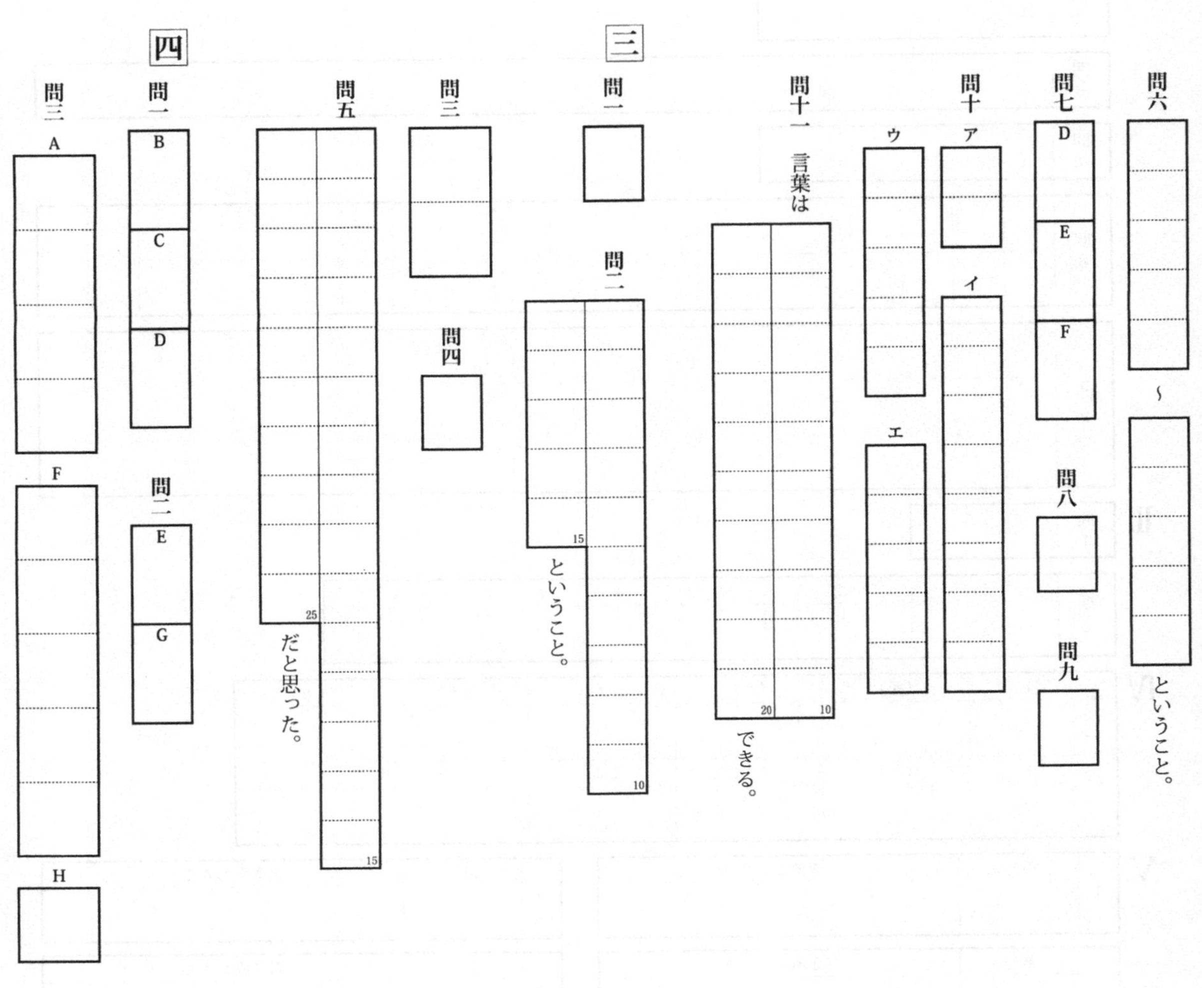
問六
～
ということ。
問七
D
E
F
問八
問九
問十
ア
イ
ウ
エ
問十一
言葉は
できる。
三
問一
問二
ということ。
問三
問四
問五
だと思った。
四
問一
B
C
D
問二
E
G
問三
A
F
H

慶應義塾志木高等学校　2024年度

◇国語◇

※ 140%に拡大していただくと，解答欄は実物大になります。

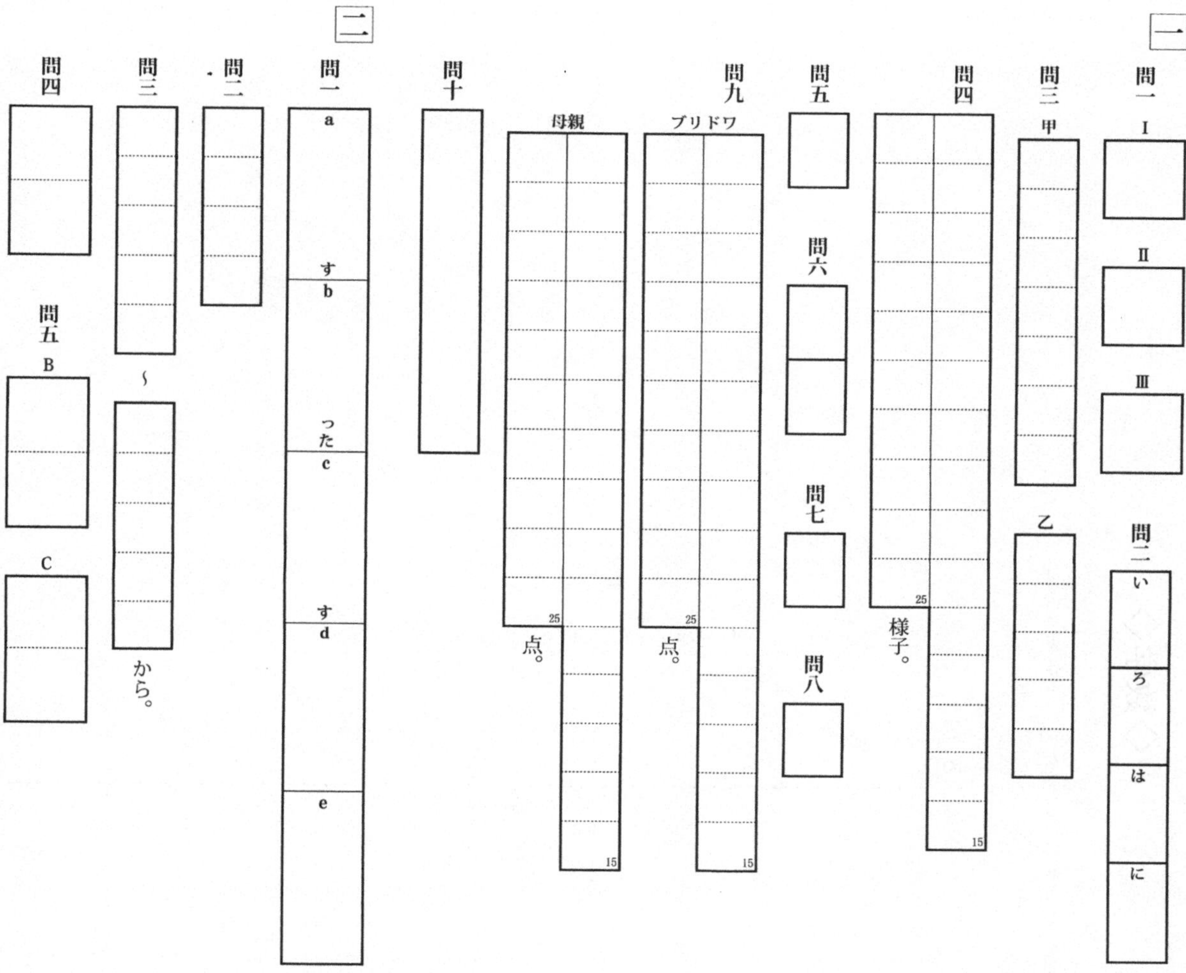

慶應義塾志木高等学校　2023年度

◇数学◇

※ 147%に拡大していただくと，解答欄は実物大になります。

〔注意〕 1. 4 以外の解答に際しては，当該の解答欄に考え方や途中経過をわかりやすくまとめ，解答は□の中に記入すること.
2. 解答の分母は有理化すること．また，円周率はπとすること.

1 (1)

(2)

$n =$

(3)

2 (1)

(2)

3 (1)

(2)

$R =$

4 ［証明］

A D B C

5

6 (1)

(2)

(3)

7 (1)

$r =$

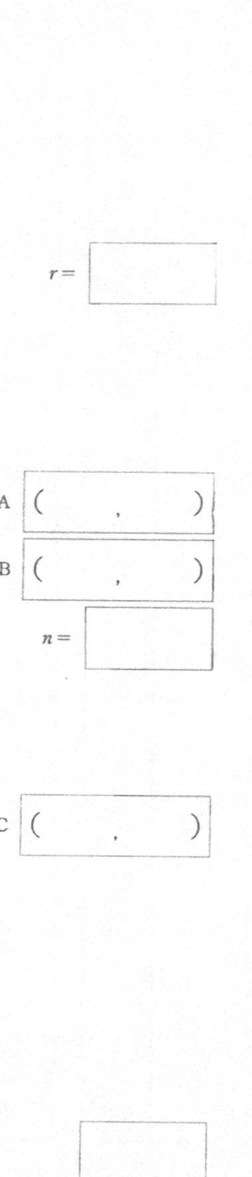

A (,)

B (,)

$n =$

(2)

C (,)

(3)

慶應義塾志木高等学校　2023年度

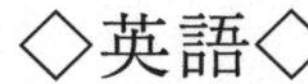

※ 133％に拡大していただくと，解答欄は実物大になります。

I

問1	1	2	3	4	5

問2	There [ ].

問3	あ	い	う	え

問4	

問5	

問6	

II

問1	1	2	3	4	5

問2	

問3	

問4	

III

1	2	3
4	**5**	**6**

IV

1	①	②

2	①	②

3	①	②

4	①	②

5	①	②

6	①	②

7	①	②

8	①	②

9	①	②

10	①	②

V

1	2	3	4	5
p	p	m	s	g

VI

1	2	3	4
5	6	7	8

VII

If I

語

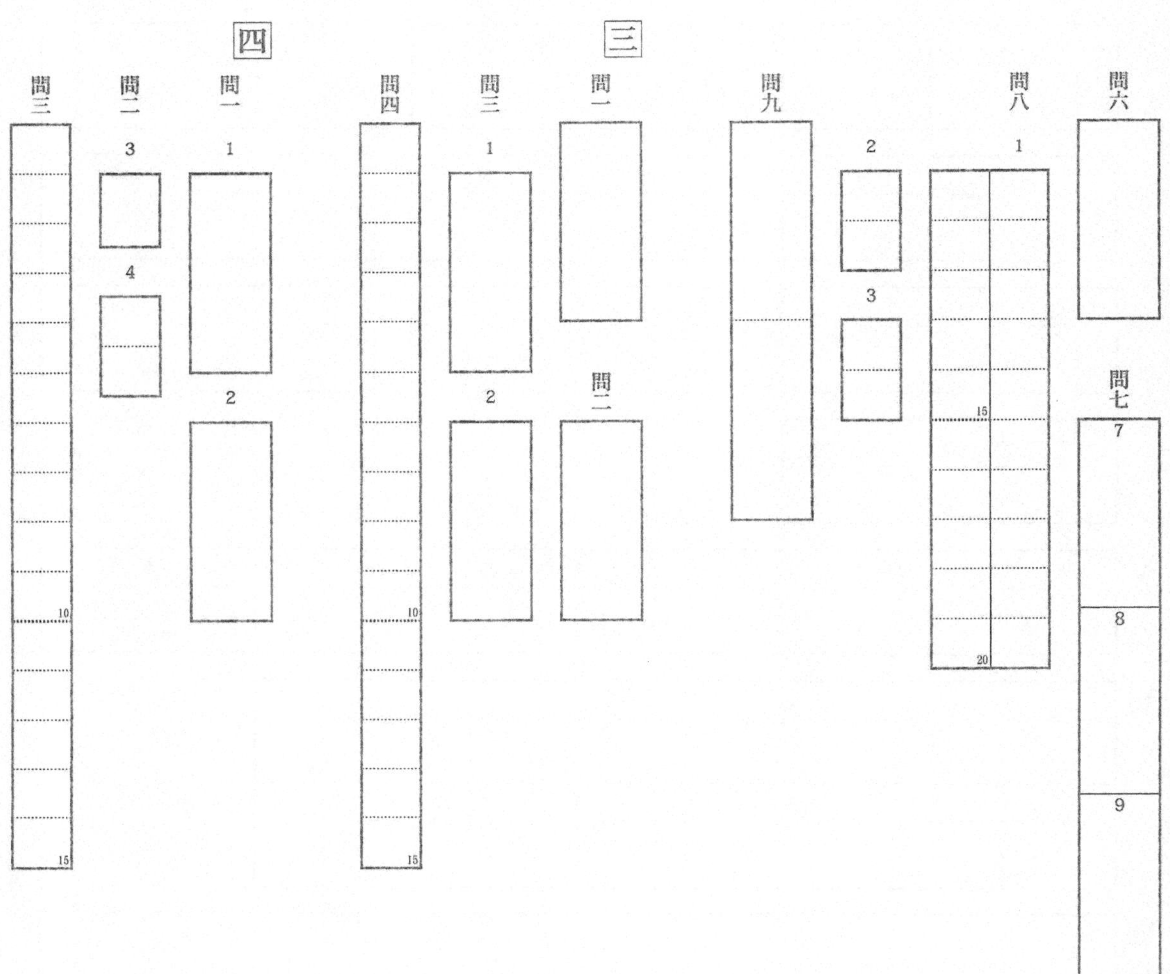
三
問一
問二
問三
1
2
問四
四
問一
1
2
問二
3
4
問三
問六
問七
7
8
9
問八
1
問九
2
3

慶應義塾志木高等学校　2023年度　◇国語◇

※ 140%に拡大していただくと，解答欄は実物大になります。

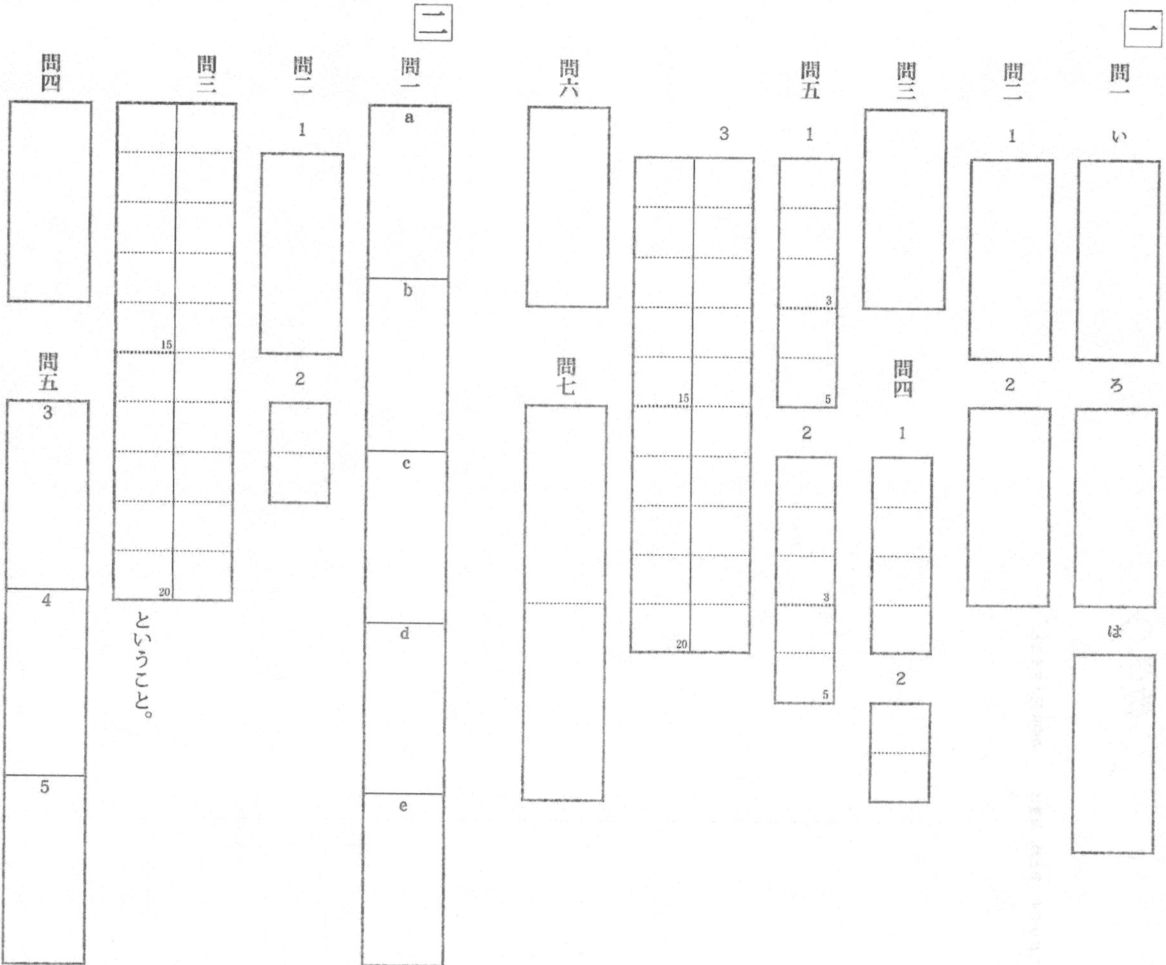

慶應義塾志木高等学校　　2022年度

◇数学◇

※ 200%に拡大していただくと，解答欄は実物大になります。

〔注意〕 7以外の解答に際しては，当該の解答欄に考え方や途中経過をわかりやすくまとめ，解答は□の中に記入すること．
解答の分母は有理化すること．また，円周率はπとすること．

1 (1)

$t=$ □

(2)

$(x, y, z)=$ (, ,)

2 (1)

直線 $y=$ □

(2)

B (,)

P (,)

Q (,)

$S=$ □

3 (1)

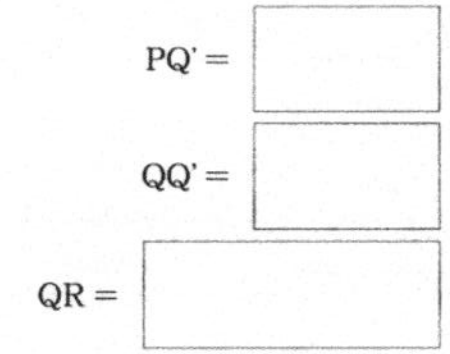

PQ' = □

QQ' = □

QR = □

(2)

$x=$ □

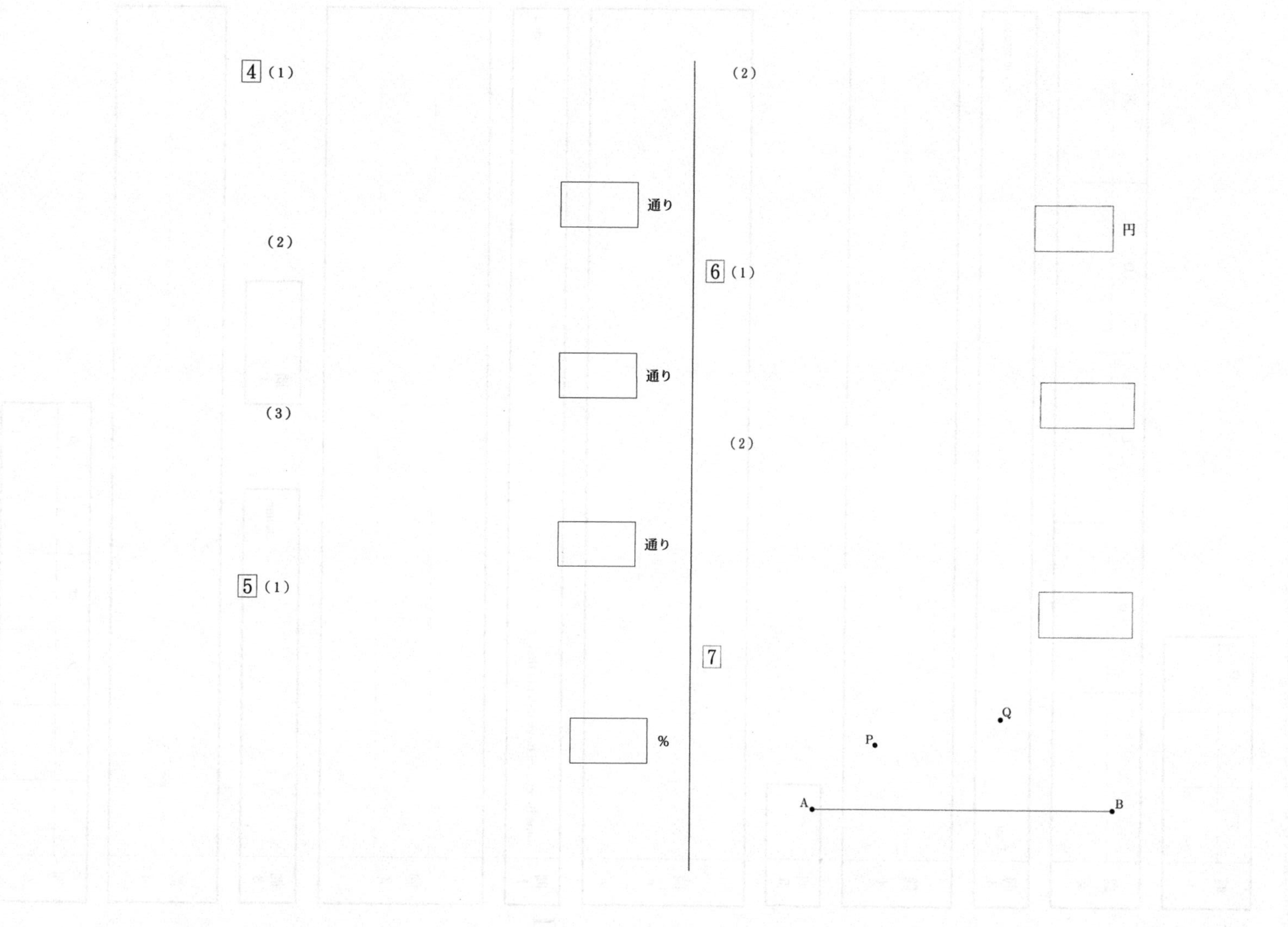
円
Q
P
A
B
(2)
6 (1)
(2)
7
通り
通り
通り
%
4 (1)
(2)
(3)
5 (1)

※ 137%に拡大していただくと，解答欄は実物大になります。

I

問1	ア	イ	ウ

問2	A	B	C	D	E

問3　That　　　　in the world.

問4

問5

問6

II

問1　Some inventors have patents that　　　　rich

問2

問3　　　　dollars

問4

問5

問6	ア	イ	ウ	エ	オ	カ

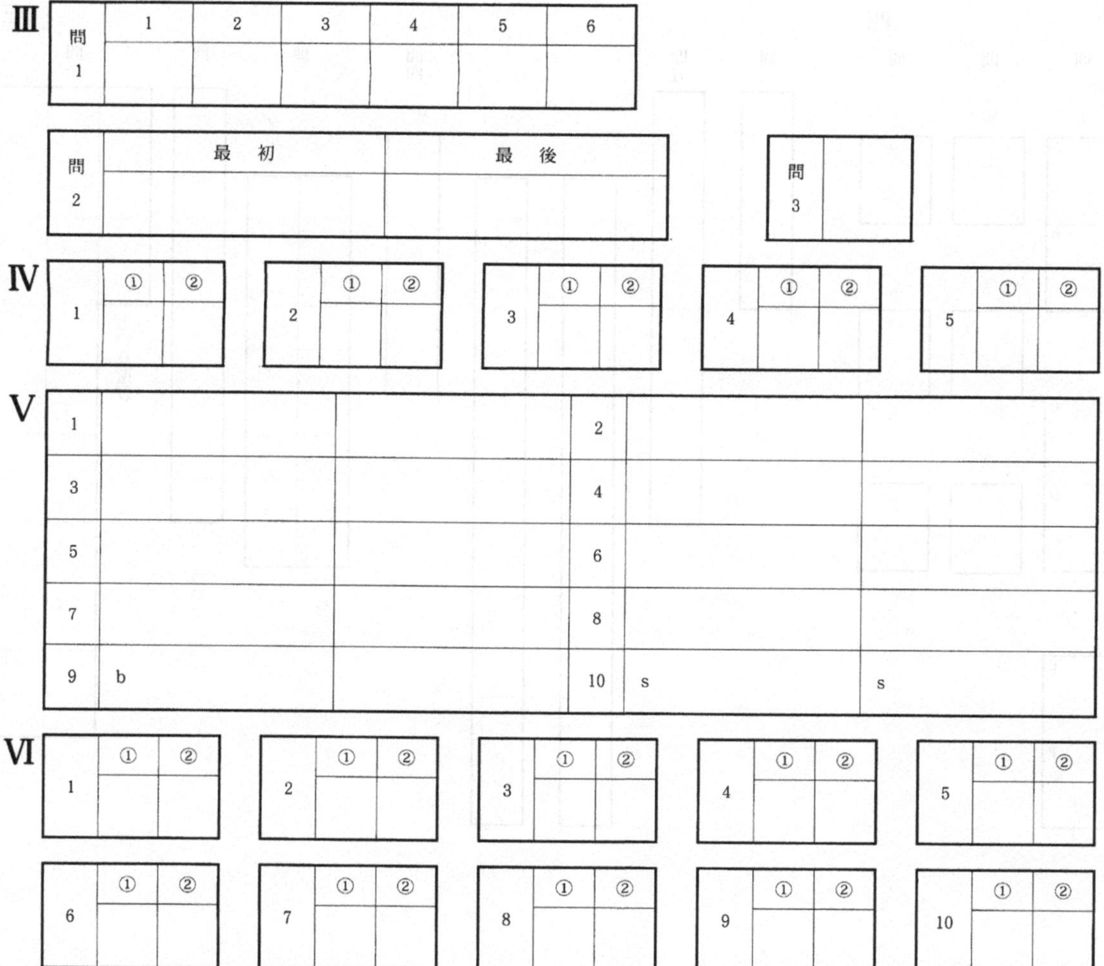

Ⅲ

問1	1	2	3	4	5	6

問2	最　初	最　後

問3	

Ⅳ

	①	②
1		
2		
3		
4		
5		

Ⅴ

1			2		
3			4		
5			6		
7			8		
9	b		10	s	s

Ⅵ

	①	②
1		
2		
3		
4		
5		
6		
7		
8		
9		
10		

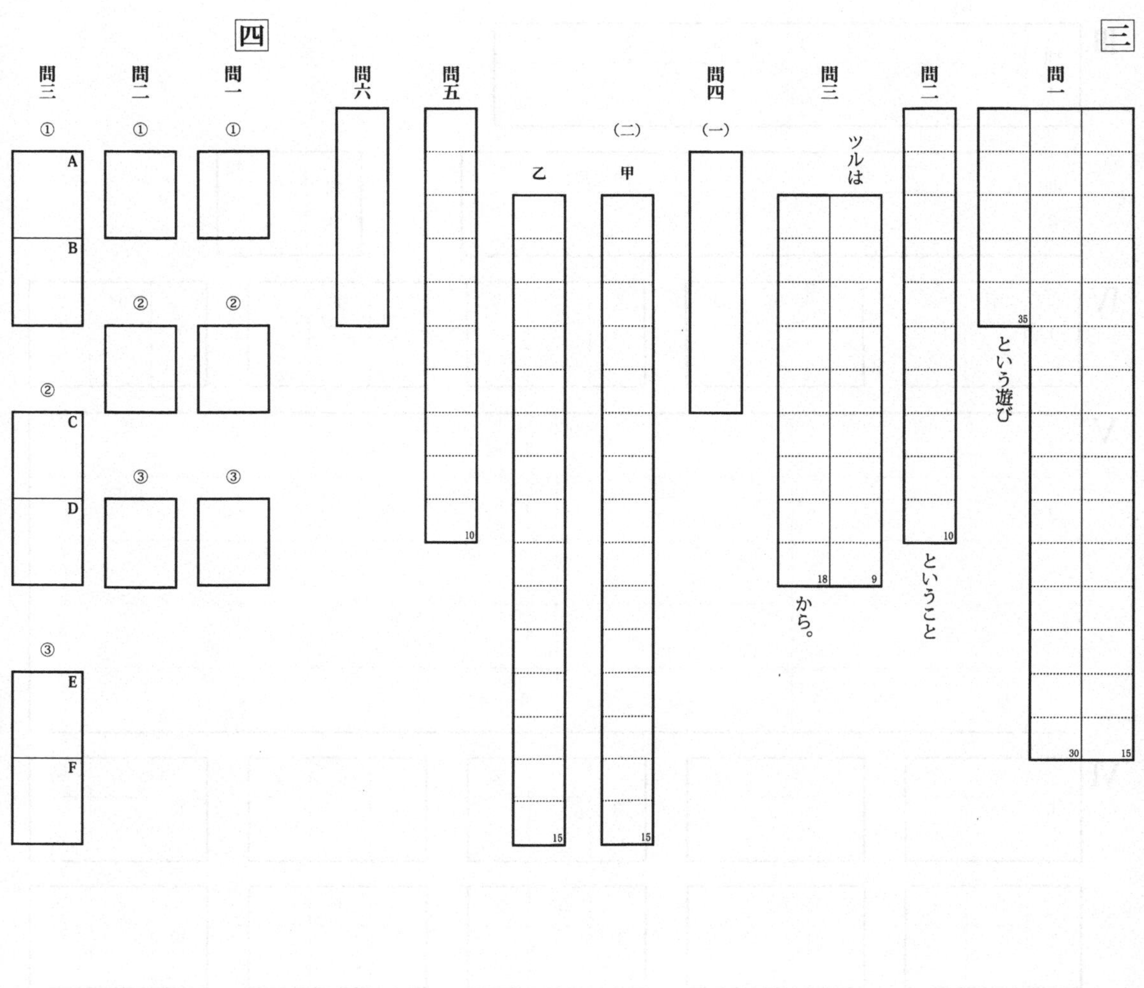
三
問一
という遊び
問二
ということ
問三
ツルは
から。
問四
(一)
(二)
甲
乙
問五
問六
四
問一
①
②
③
問二
①
②
③
問三
①
A
B
②
C
D
③
E
F

慶應義塾志木高等学校　2022年度

◇国語◇

※ 161％に拡大していただくと，解答欄は実物大になります。

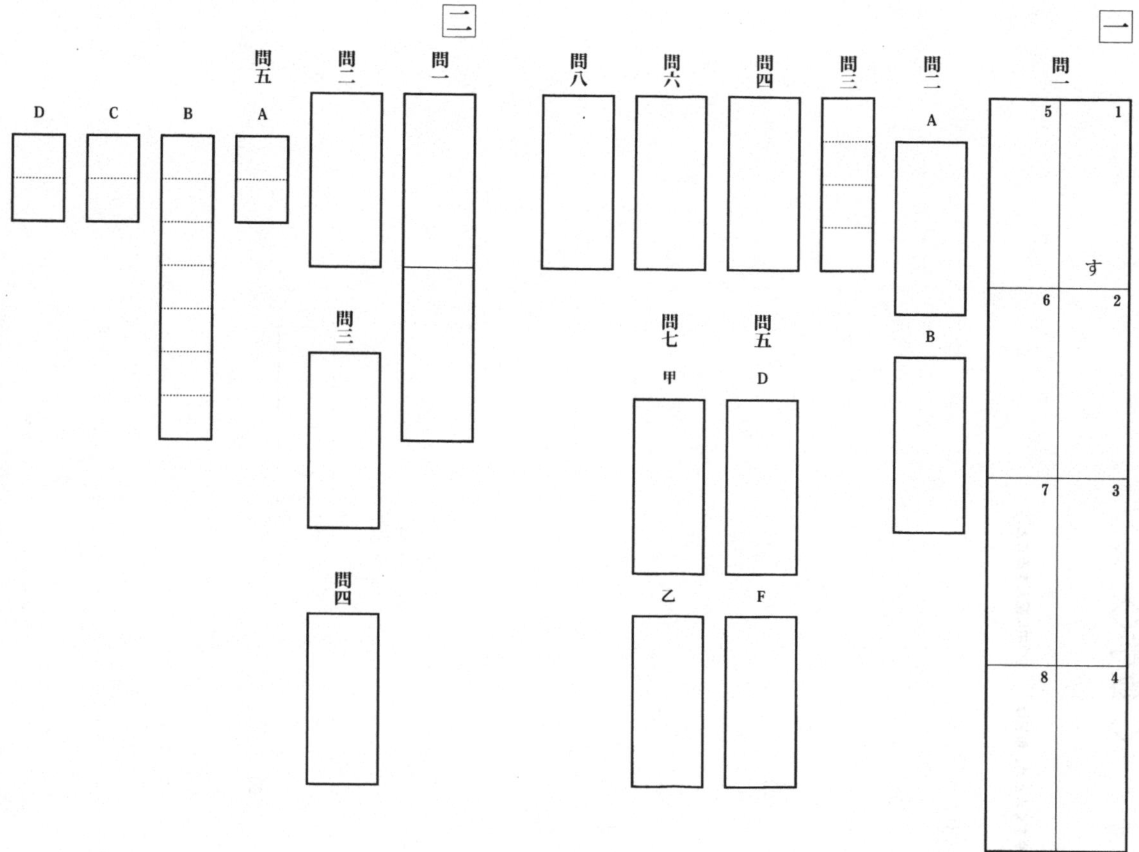

慶應義塾志木高等学校　2021年度

◇数学◇

※ 167%に拡大していただくと，解答欄は実物大になります。

〔注意〕 5 以外の解答に際しては，当該の解答欄に考え方や途中経過をわかりやすくまとめ，解答は □ の中に記入すること．
解答の分母は有理化すること．また，円周率は π とすること．

1 (1)

(2)

通り

2 (1)

：

(2)

本

3 (1)

(2)

4 (1)

E（　　，　　）

(2)

$a=$ 　，$b=$

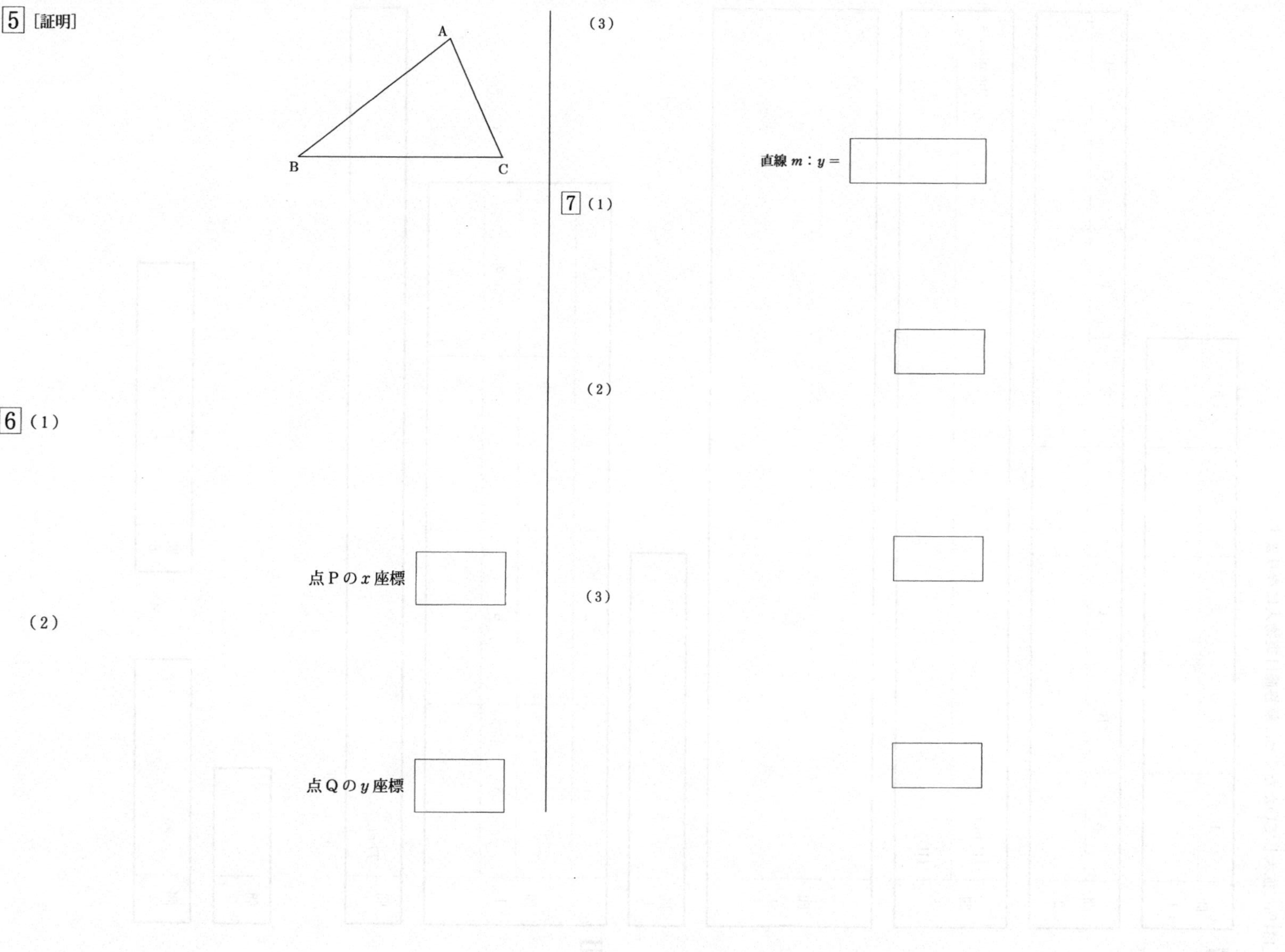
5 [証明]
A
B
C
6 (1)
(2)
点Pのx座標
点Qのy座標
(3)
7 (1)
直線m：$y=$
(2)
(3)

慶應義塾志木高等学校　2021年度

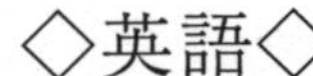

※ 131％に拡大していただくと，解答欄は実物大になります。

I

問1	1	2	3	4	5

問2	A	B	C	D	E	F	G	H

問3	
	(I) but　　　　the plants
	(II)　　　　.

問4	

問5	

II

問1	1	2	3	4
	5	6	7	8

問2	Then　　　　.

問3	

問4	

問5			

III

問1	最初	最後

問2					層

問3	1	2	3	4	5	6

IV

1	2	3	4	5	6	7	8	9	10

V

1	2	3	4	5	6	7	8

VI

1	She [ ] to the station.
2	I feel sorry that my grandmother is in hospital. [ ].
3	[ ] while he was playing football yesterday.
4	They are in the mountains now. [ ].
5	You [ ] in the train. You'll miss your stop.

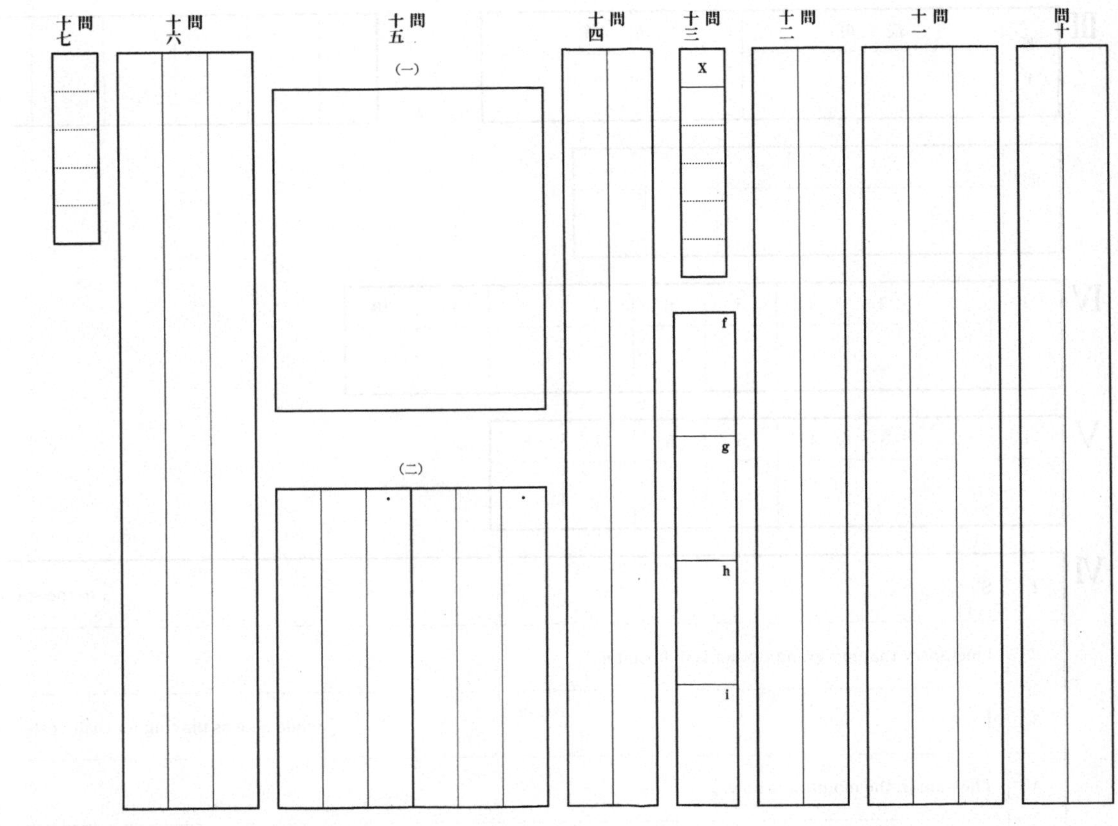
問十
問十一
問十二
問十三
X
f
g
h
i
問十四
問十五
(一)
(二)
問十六
問十七

慶應義塾志木高等学校　2021年度

◇国語◇

※ 185％に拡大していただくと，解答欄は実物大になります。

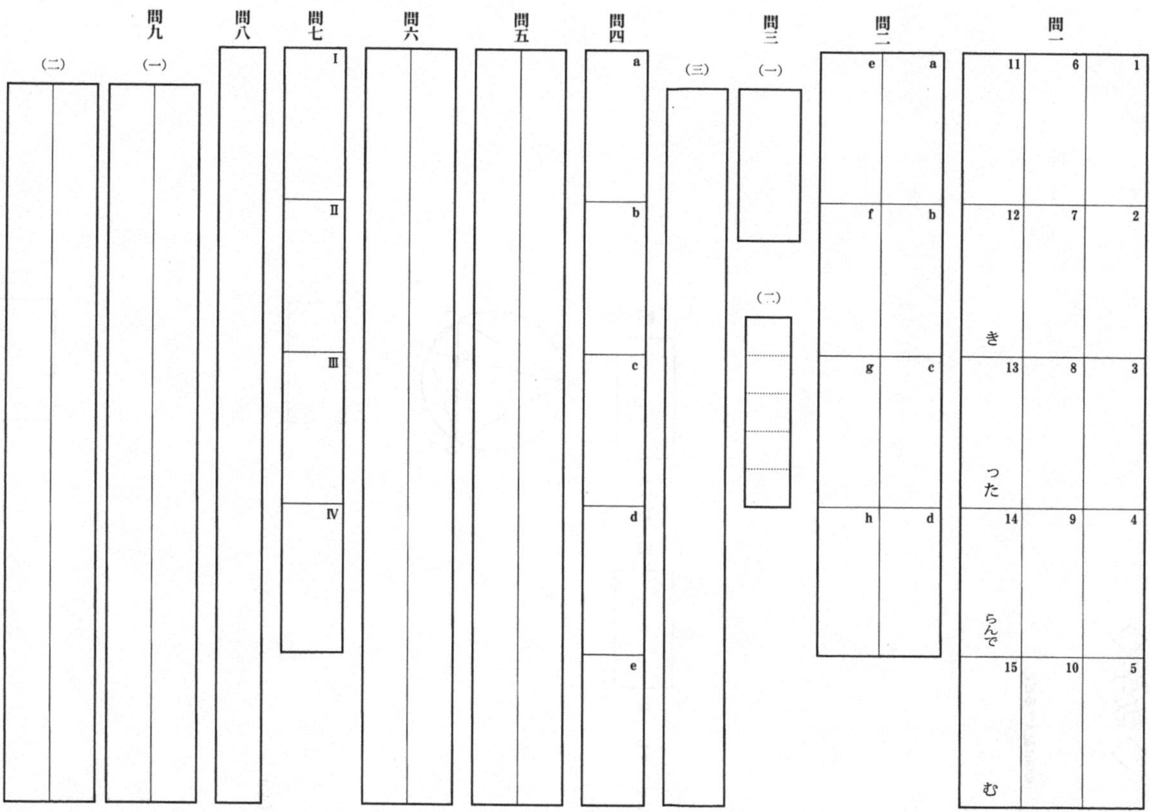

慶應義塾志木高等学校　　2020年度

◇数学◇

※184％に拡大していただくと，解答欄は実物大になります。

〔注意〕 解答については，当該の解答欄に考え方や途中経過をわかりやすくまとめ，答は□の中に記入すること．
答の分母は有理化すること．また，円周率はπとすること．

1 （1）

□ 通り

（2）

$m=$ □

2 （1）

$x=$ □

（2）

直線BQ：□

3

シュークリーム □ 個，プリン □ 個

4 （1）

P, Q, R, S, T

□

（2）

□

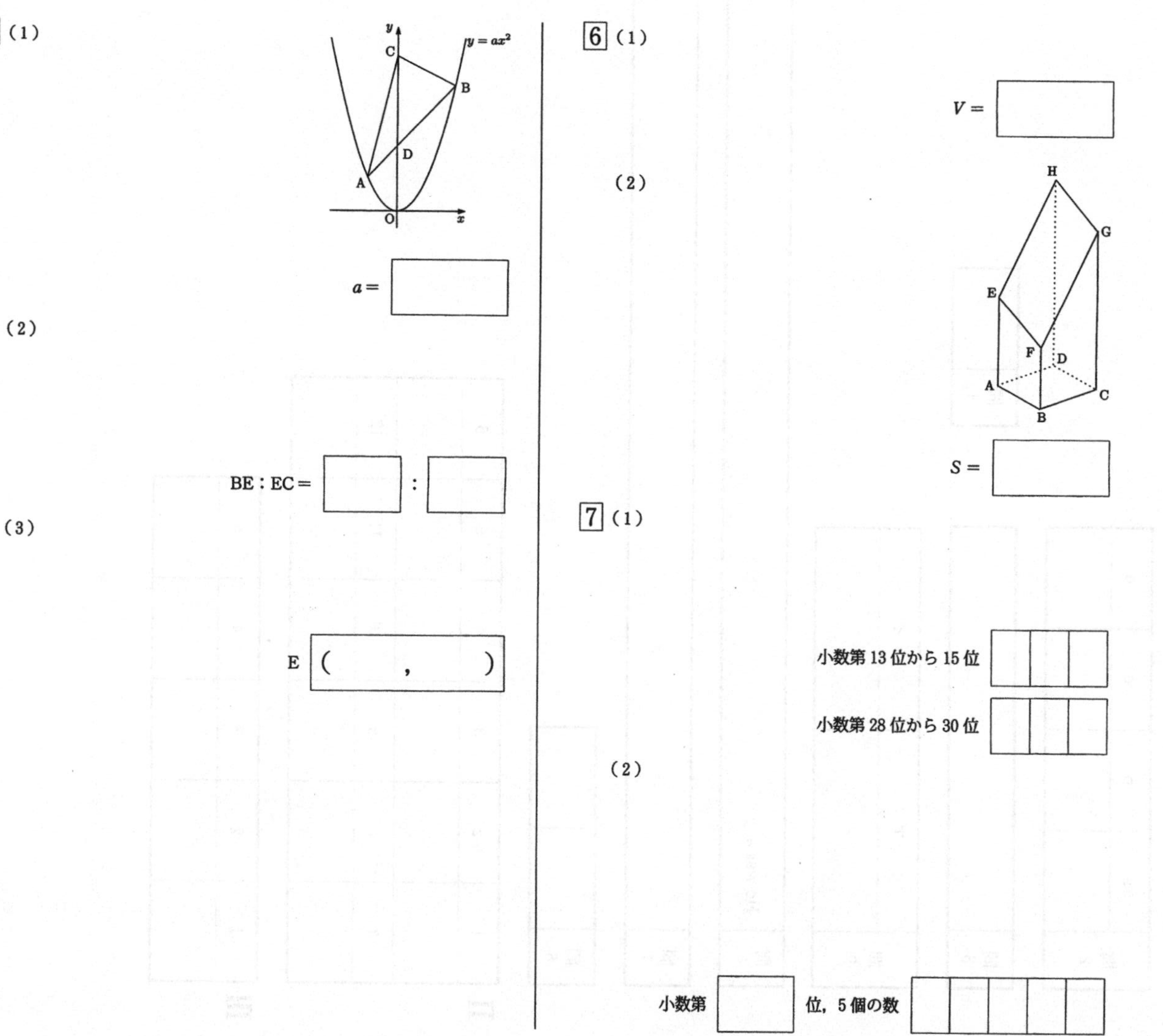
5 (1)
y
C
B
$y = ax^2$
D
A
O
x
$a =$
(2)
BE : EC = :
(3)
E (,)
6 (1)
$V =$
(2)
H
G
E
F
D
A
C
B
$S =$
7 (1)
小数第 13 位から 15 位
小数第 28 位から 30 位
(2)
小数第 位，5 個の数

慶應義塾志木高等学校　2020年度

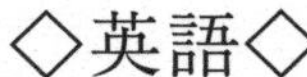

※130％に拡大していただくと，解答欄は実物大になります。

Ⅰ

問1	1	2	3	4	5
	6	7	8	9	10

問2	a	b	c	d

問3	

問4	

問5	ア	イ

問6	He was a

問7	

問8		

Ⅱ

1	2	3	4	5	6
7	8	9	10	11	12

Ⅲ

1	2	3	4	5

IV

1		2	
3		**4**	

5			6	
7			**8**	

V

	A	B		A	B
1			2		
	A	B		A	B
3			4		
	A	B		A	B
5			6		
	A	B		A	B
7			8		

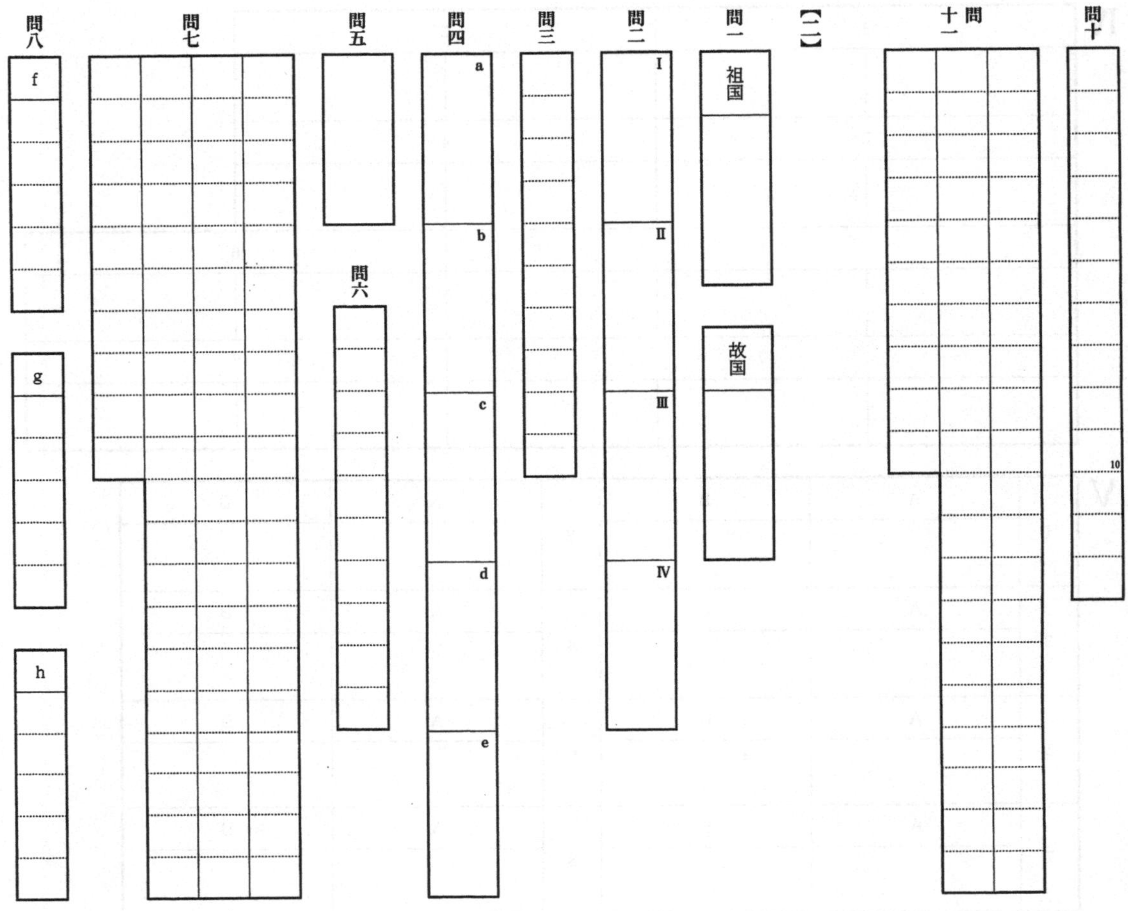
問十
10
問十一
【二】
問一
祖国
故国
問二
I
II
III
IV
問三
問四
a
b
c
d
e
問五
問六
問七
問八
f
g
h

慶應義塾志木高等学校　2020年度　◇国語◇

※165％に拡大していただくと，解答欄は実物大になります。

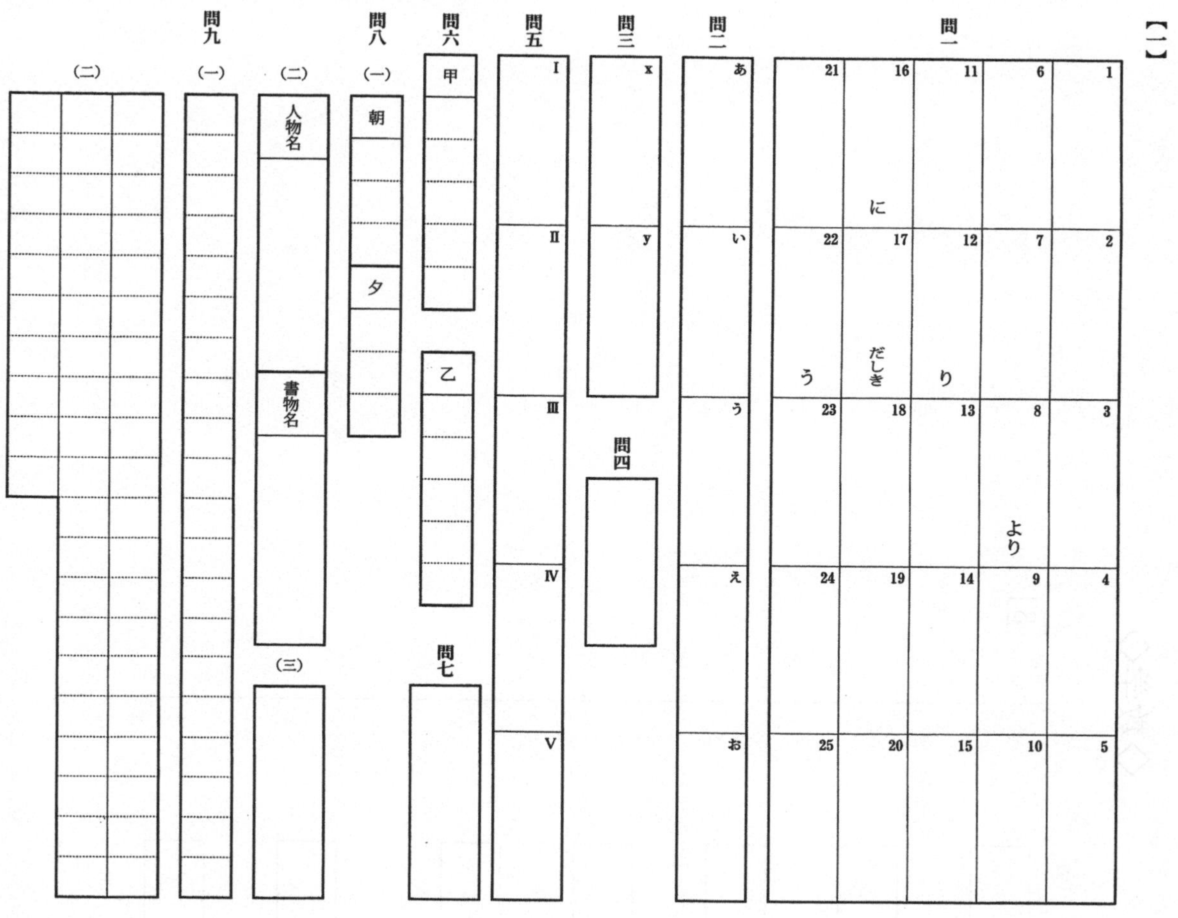

慶應義塾志木高等学校　2019年度

◇数学◇

1 (1)

(2)

(3)

(4)

(5)

2 (1)

(2)

3

4

(1)

(2)

(3)

(4)

5

(1) BG

(2) EF

6

慶應義塾志木高等学校　　2019年度

◇英語◇

I

問1	1	2	3	4	5
	6	7	8	9	10

問2		問3		問4	

問5	

問6	

問7	ア	イ	ウ	エ

問8	

II

問1	1	2	3	4	5
	6	7	8		

問2	アとエ	イとオ

問3		問4	

問5	

問6	

問7	IV	V

問8		問9	

Ⅲ

ア	イ	ウ	エ	オ
カ	キ	ク	ケ	コ

Ⅳ

1	2	3	4	5
6	7			

Ⅴ

1	2	3	4	5
6	7	8		

【二】

問十一	問十	問九

【一】

問一	問二

問三									
1	2	3	4	5	6	7	8	9	10

問四			
私	母	美津	志賀子

問五	
X	Y

問六	
A	E

問七

問八			
a	b	c	d

慶應義塾志木高等学校　2019年度

◇国語◇

【一】

問一	問二	問三	問四	問五	問六	問七
1	a	ア				V
2	b	イ				W
3	c	ウ				X
4	d	エ				Y
5	e	オ				Z

慶應義塾志木高等学校　平成30年度

◇数学◇

※この解答用紙は184％に拡大していただくと，実物大になります。

〔注意〕 解答については，当該の解答欄に考え方や途中経過をわかりやすくまとめ，答は□の中に記入すること．
答の分母は有理化すること．また，円周率は π とすること．

1 (1)

(2)

(3)

□ $< x \leqq$ □

2 (1)

□ 通り

(2)

□ 通り

(3)

□ 通り

(4)

□ 通り

3 (1)

(2)

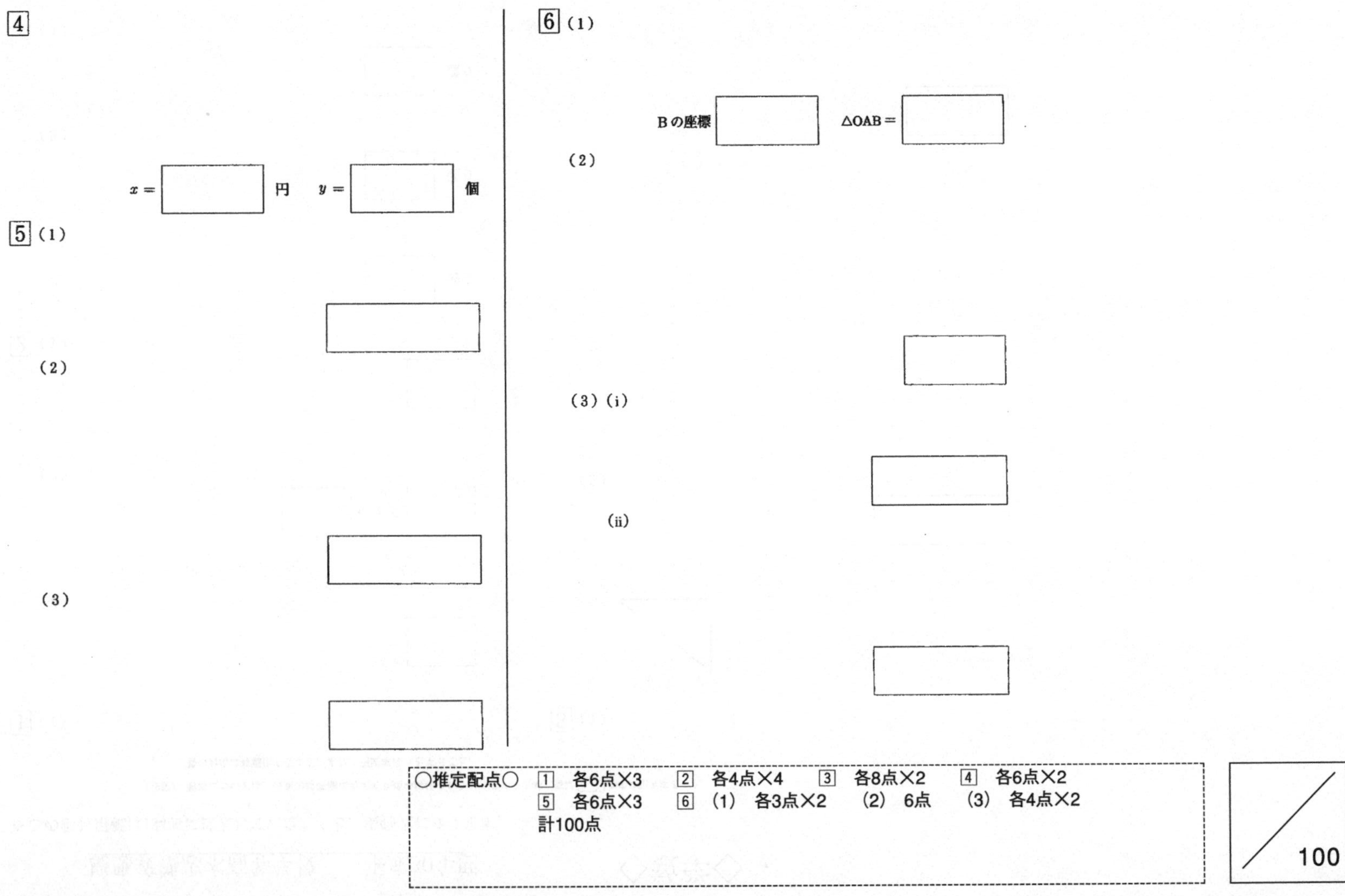

4

$x =$ 円 $y =$ 個

5 (1)

(2)

(3)

6 (1)

Bの座標 △OAB＝

(2)

(3) (i)

(ii)

○推定配点○ 1 各6点×3 2 各4点×4 3 各8点×2 4 各6点×2
5 各6点×3 6 (1) 各3点×2 (2) 6点 (3) 各4点×2
計100点

/100

慶應義塾志木高等学校　平成30年度

◇英語◇

※この解答用紙は130％に拡大していただくと，実物大になります。

I

	1	2	3	4
問1				
	5	6	7	8

問2	

問3	

問4	

	a	b	c	d
問5				

問6										

問7	

	1	2	3	4	5	6	7	8
問8								

II

行番号	前	後
行番号	前	後
行番号	前	後
行番号	前	後
行番号	前	後

III

1	2	3	4		5	6	7	8

IV

1	2	3	4	5	6
7	8	9	10	11	

V

	①	②	③
1			

	④	⑤	⑥
2			

	⑦	⑧
3		

	⑨	⑩	⑪
4			

	⑫	⑬
5		

○推定配点○　I問1　各1点×8　I問2～問8，II，III，IV，V　各2点×46　計100点

/100

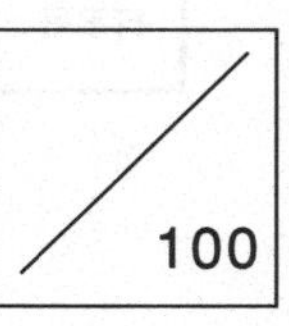

【一】

問十三
から

問一	問二 ①	問二 ②	問三	問四	問五	問六	問七	問八
	から	から					こと	

【二】

【三】

問一	問二
1	
2	
3	
4	
5	
6	

【四】

問	
ア	エ
き	オ
イ	カ
ウ	
れ	

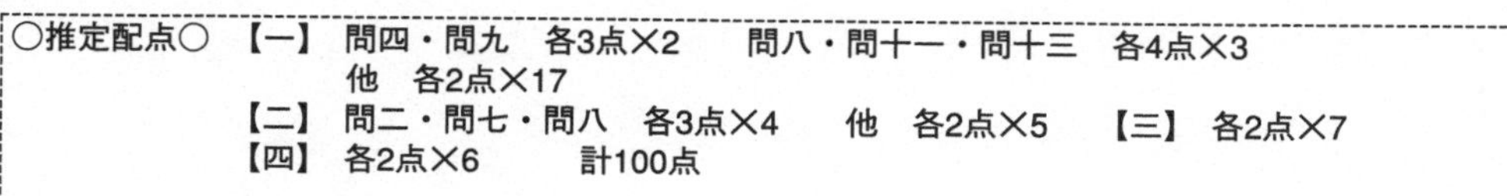
○推定配点○　【一】 問四・問九　各3点×2　問八・問十一・問十三　各4点×3
他　各2点×17
【二】 問二・問七・問八　各3点×4　他　各2点×5　【三】 各2点×7
【四】 各2点×6　計100点

/ 100

慶應義塾志木高等学校　　平成30年度

◇国語◇

※この解答用紙は175％に拡大していただくと，実物大になります。

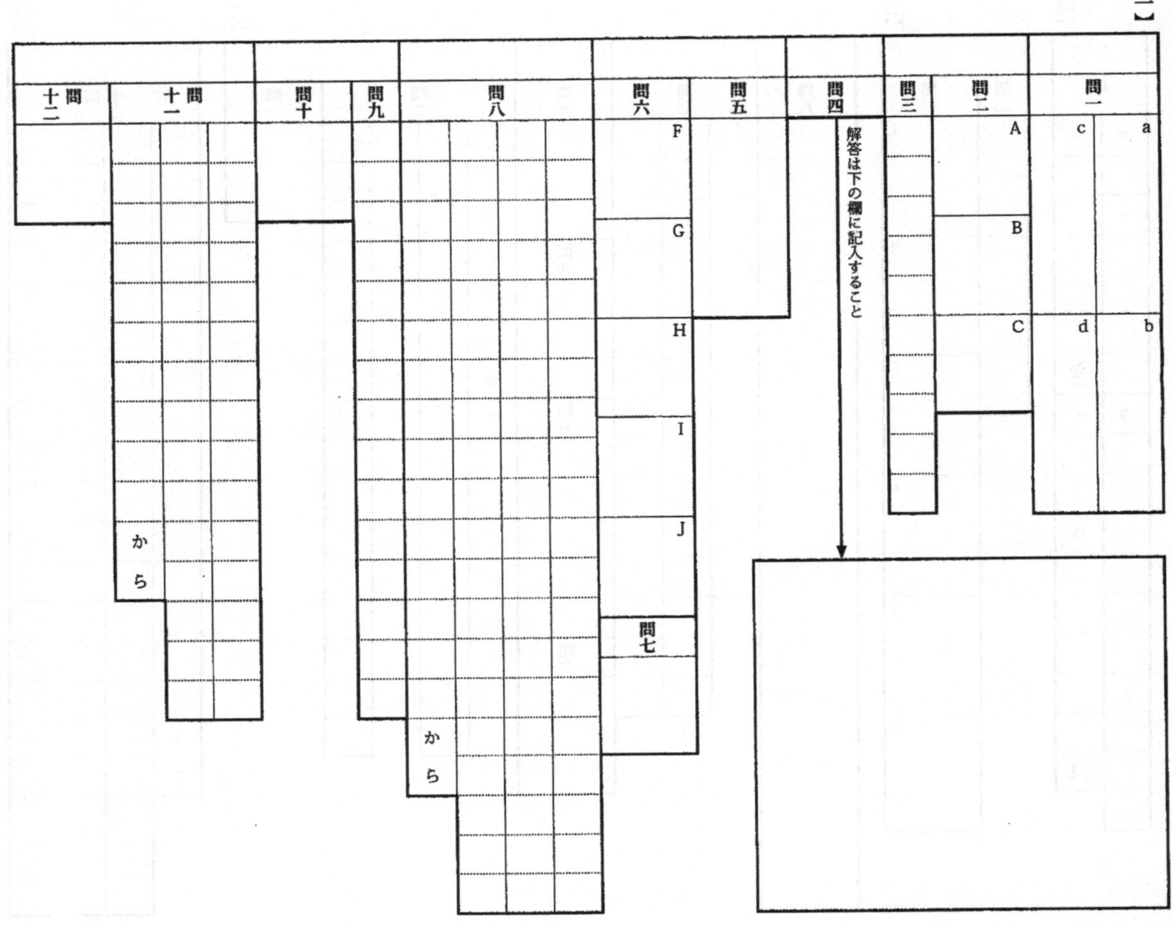

〈ダウンロードコンテンツについて〉

本問題集のダウンロードコンテンツ、弊社ホームページで配信しております。現在ご利用いただけるのは「2025年度受験用」に対応したもので、**2025年3月末日**までダウンロード可能です。弊社ホームページにアクセスの上、ご利用ください。

※配信期間が終了いたしますと、ご利用いただけませんのでご了承ください。

高校別入試過去問題シリーズ

慶應義塾志木高等学校　2025年度

ISBN978-4-8141-2908-9

[発行所] 東京学参株式会社

〒153-0043　東京都目黒区東山2-6-4

書籍の内容についてのお問い合わせは右のQRコードから　⇒

※書籍の内容についてのお電話でのお問い合わせ、本書の内容を超えたご質問には対応できませんのでご了承ください。

2024年4月23日　初版

JN045263

新 版　線形代数学
〈第２版〉

阿部　吉弘
伊藤　　博
小関　祥康
加藤　憲一
酒井　政美
堀口　正之
松澤　　寛

東京教学社

著者紹介

阿部　吉弘　　神奈川大学　理学部　教授

伊藤　博　　神奈川大学　理学部　教授

小関　祥康　　神奈川大学　理学部　准教授

加藤　憲一　　神奈川大学　理学部　准教授

酒井　政美　　神奈川大学　理学部　教授

堀口　正之　　神奈川大学　理学部　教授

松澤　寛　　神奈川大学　理学部　教授

序

本書は, 大学初年次生において数学を勉強しようという学生のために, これから必要となる見方や考え方の基礎となる事項について, 線形代数という内容を通して, 数理的概念の具体化, 論理の構成, 証明, 計算による例示などをまとめたものである. はじめに, 行列やベクトルの演算, 性質について学び, 連立 1 次方程式を行列で表し, その方程式を解き解の構造を明らかにする. また, その過程で掃き出し法による逆行列の計算方法についても学ぶ. 次に, 行列式の値を置換によって定義し, 行列式の性質, 逆行列の余因子行列による表示, 小行列式など学び, 逆行列が余因子行列によって求められること, 連立方程式の解も余因子行列によって表わすことができることを示す. ベクトルの独立性や従属性は, 行列の階数という性質によって関係付けられ, 固有値や固有ベクトル, 行列の対角化などが連立方程式の解法と結びついていることを確かめる. また, 線形空間というある性質を満たす集合があることを公理として定め, その空間上での写像の性質を考える. たとえば, 連立方程式はこの線形写像の表す像空間と元像, 核などによって抽象的に表現することができることがわかる. さらに, 複素数体上でのベクトルや行列の演算, 性質を正規行列や Jordan 標準形とともに学び, 正値行列の性質や応用としての確率行列への具体例も取り上げている.

高校までの数学とは違い, 初めのうちは厳密な内容にわかりにくいところがあっても, 読み飛ばしつつ進み, あとで何度も読み返すことで, 抽象的な思考にも馴染んでくる. 線形代数の各事項の内容のみならず, 見方や考え方, 論理の構築, 展開の方法などは, この先に続く代数学, 解析学, 幾何学の純粋数学と, 確率・統計の応用数学での勉強に役立つ.

本書は講義用テキストとして書かれたものであり, その校正に関して, 神奈川大学技術職員の藤原 飛一氏に多大なご協力をいただき感謝申し上げます. また, カリキュラムの編成, 教育と研究に温かい助言をし続けてくださった神奈川大学名誉教授の長 宗雄先生に深く感謝申し上げます.

2020 年 3 月

著者

目 次

カバーデザイン：**Othello**
イラスト：**梅本 昇**

第1章 行　列

本章では行列という概念を導入し，その基本的な用語や性質について学ぶ．行列とは数を適当に並べたものであり，行列たちの間には加法，乗法やスカラー倍といった演算が定義される．ただし除法については特別な注意が必要であり，与えられた行列で「割る」という行為はいつでも可能というわけではない．このことについても後半で学ぶ．

1.1 行列とその和・スカラー倍

数を下のように長方形上に並べて括弧でくくったものを **行列** という．

$$A = \begin{pmatrix} a_{11} & a_{12} & \cdots & a_{1n} \\ a_{21} & a_{22} & \cdots & a_{2n} \\ \vdots & \vdots & & \vdots \\ a_{m1} & a_{m2} & \cdots & a_{mn} \end{pmatrix}$$

行列において，横の並びを **行** といい，縦の並びを **列** という．上の行列 A は，行が m 個，列が n 個あるので，m **行** n **列の行列**，または (m,n) **行列** という．行列 A の第 i 行と第 j 列の交わりの位置にある数を A の (i,j) **成分** という．(i,j) 成分が a_{ij} である行列を (a_{ij}) と書く．$(1,1)$ 型の行列は (a) の形をしているが，この場合は括弧を省略し，単に a と書くことが多い．

例 1.1.1. 行列 $\begin{pmatrix} 1 & 0 & 2 \\ -3 & 2 & 1 \end{pmatrix}$ は 2 行 3 列の行列，すなわち $(2,3)$ 行列である．また，その $(2,1)$ 成分は -3 である．

■

例 1.1.2. $a_{ij} = i^2 - j$ であるとき，$(4,5)$ 行列 $A = (a_{ij})$ の成分を並べて書き表すと

$$A = \begin{pmatrix} 0 & -1 & -2 & -3 & -4 \\ 3 & 2 & 1 & 0 & -1 \\ 8 & 7 & 6 & 5 & 4 \\ 15 & 14 & 13 & 12 & 11 \end{pmatrix}$$

となる．

■

$(1,n)$ 行列を n **次元行ベクトル**，$(m,1)$ 行列を m **次元列ベクトル** といい，これらを総称して **数ベクトル** という．特に，すべての成分が 0 の数ベクトルを **零ベクトル** といい，$\mathbf{0}$ と書く，(m,n) 行列 $A = (a_{ij})$ の第 i 行の成分からできる行ベクトルを A の第 i 行ベクトルといい，A の第 j 列の成分からできる列ベクトルを A の第 j 列ベクトルという．たとえば，例 1.1.1 の A について，第 2 行ベクトルは

$$(-3\ 2\ 1)$$

であり, 第 3 列ベクトルは

$$\begin{pmatrix} 2 \\ 1 \end{pmatrix}$$

である.

成分がすべて 0 の行列を **零行列** といい, O で表す. (m,n) 行列であることを明示したいときは $O_{m,n}$ と書く.

2 つの (m,n) 行列 $A=(a_{ij}),\ B=(b_{ij})$ について, $A=B$ であるとは,

$$\text{すべての } i,j \text{ について } a_{ij}=b_{ij}$$

となることである.

例 1.1.3.

$$\begin{pmatrix} 2a-4b & c+d \\ 3b+c & a-d \end{pmatrix} = \begin{pmatrix} 6 & 1 \\ 7 & 8 \end{pmatrix}$$

となるように a,b,c,d を定めよ.

解. 連立方程式

$$2a-4b=6,\ c+d=1,\ 3b+c=7,\ a-d=8$$

を解いて, $a=5,\ b=1,\ c=4,\ d=-3.$ ■

2 つの (m,n) 行列 $A=(a_{ij}),\ B=(b_{ij})$ について, その**和** $A+B$ とその**差** $A-B$ を

$$A+B=(a_{ij}+b_{ij}),\ A-B=(a_{ij}-b_{ij})$$

として定める. また実数 λ について,

$$\lambda A=(\lambda a_{ij})$$

と定める (**スカラー倍**).

例 1.1.4.

$$A=\begin{pmatrix} 2 & 1 & 0 & 3 \\ -1 & 0 & 2 & 4 \\ 4 & -2 & 7 & 0 \end{pmatrix}, \quad B=\begin{pmatrix} -4 & 3 & 5 & 1 \\ 2 & 2 & 0 & -1 \\ 3 & 2 & -4 & 5 \end{pmatrix}$$

とするとき,

$$A+B=\begin{pmatrix} -2 & 4 & 5 & 4 \\ 1 & 2 & 2 & 3 \\ 7 & 0 & 3 & 5 \end{pmatrix}, \quad A-B=\begin{pmatrix} 6 & -2 & -5 & 2 \\ -3 & -2 & 2 & 5 \\ 1 & -4 & 11 & -5 \end{pmatrix}.$$

また,

$$3A=\begin{pmatrix} 6 & 3 & 0 & 9 \\ -3 & 0 & 6 & 12 \\ 12 & -6 & 21 & 0 \end{pmatrix}.$$

■

定理 1.1.1. A, B, C を同じ型の行列, λ, μ を数とする.

1. $A+B=B+A$
2. $(A+B)+C=A+(B+C)$
3. $(\lambda\mu)A=\lambda(\mu A)$
4. $\lambda(A+B)=\lambda A+\lambda B$
5. $(\lambda+\mu)A=\lambda A+\mu A$

証明. 証明はどれも容易である. たとえば, $\lambda(A+B)$ の (i,j) 成分は $\lambda(a_{ij}+b_{ij})=\lambda a_{ij}+\lambda b_{ij}$. つまり, λA, λB それぞれの (i,j) 成分の和と等しいので, $\lambda(A+B)=\lambda A+\lambda B$ が成り立つ. □

この定理の (2), (3) から $A+B+C$, $\lambda\mu A$ などと記しても混乱が生じないことになる.

問 1.1 3次元ベクトル

$$\begin{pmatrix} -3j \\ j \\ 2j-1 \end{pmatrix}$$

を第 j 列ベクトルとする $(3,3)$ 行列 A を書け. また, A の第 3 行ベクトルを書け.

1.2 行列の積

この節では行列の積およびスカラー倍を定義し, それらの基本的な性質について述べる. $A=(a_{ij})$ を (m,n) 行列, $B=(b_{ij})$ を (k,l) 行列とする. 行列 A と B の**積** AB は $n=k$ のときに限り定義され, このとき

$$c_{ij}=\sum_{p=1}^{n}a_{ip}b_{pj}$$

を (i,j) 成分とする (m,l) 行列 $C=(c_{ij})$ を AB と定める. (n,n) 行列を n **次正方行列** ともいう. たとえば $\begin{pmatrix} 1 & 2 \\ -1 & 0 \end{pmatrix}$ は 2 次正方行列である. 正方行列 A と 自然数 $p>0$ に対して

$$A^p=AA\cdots A \quad (A \text{ を } p \text{ 個かける})$$

とおき, これを行列 A の p 乗という.

例 1.2.1.

1.

$$A = \begin{pmatrix} 1 & 2 & 4 \\ 2 & 6 & 0 \end{pmatrix}, \quad B = \begin{pmatrix} 4 & 1 & 4 & 3 \\ 0 & -1 & 3 & 1 \\ 2 & 7 & 5 & 2 \end{pmatrix}$$

とすると,

$$AB = \begin{pmatrix} 12 & 27 & 30 & 13 \\ 8 & -4 & 26 & 12 \end{pmatrix}.$$

2.

$$C = \begin{pmatrix} 1 & 1 \\ 2 & 2 \end{pmatrix}, \quad D = \begin{pmatrix} 1 & -3 \\ -1 & 3 \end{pmatrix}$$

とすると,

$$CD = \begin{pmatrix} 0 & 0 \\ 0 & 0 \end{pmatrix}, \quad DC = \begin{pmatrix} -5 & -5 \\ 5 & 5 \end{pmatrix}.$$

■

上の例からもわかるように, 行列の積については, 交換法則が成り立たない. また, $A \neq O$, $B \neq O$ でも $AB = O$ となることがある.

例 1.2.2.

$$A = \begin{pmatrix} 2 & 5 \\ -3 & 1 \end{pmatrix}, \quad B = \begin{pmatrix} 4 & -5 \\ 3 & k \end{pmatrix}$$

とする. $AB = BA$ となる k があれば求めよ.

解.

$$AB = \begin{pmatrix} 23 & 5k - 10 \\ -9 & k + 15 \end{pmatrix}, \quad BA = \begin{pmatrix} 23 & 15 \\ -3k + 6 & k + 15 \end{pmatrix}$$

であるので, $AB = BA$ となる条件は,

$$\begin{cases} 5k - 10 = 15 \\ -3k + 6 = -9. \end{cases}$$

これを解いて $k = 5$. ■

定理 1.2.1. A, B, C を行列, λ を数とする.

1. $(AB)C = A(BC)$
2. $(A + B)C = AC + BC, \quad A(B + C) = AB + AC$
3. $\lambda(AB) = (\lambda A)B = A(\lambda B)$

証明. (1) のみ示す. $A=(a_{ij})$ を (k,l) 行列, $B=(b_{ij})$ を (l,m) 行列, $C=(c_{ij})$ を (m,n) 行列とする. $AB=(d_{ij})$, $BC=(e_{ij})$ とすると,

$$d_{ij}=\sum_{q=1}^{l}a_{iq}b_{qj},\quad e_{ij}=\sum_{p=1}^{m}b_{ip}c_{pj}$$

となり, $(AB)C$ の (i,j) 成分は

$$\sum_{p=1}^{m}d_{ip}c_{pj}=\sum_{p=1}^{m}\left(\sum_{q=1}^{l}a_{iq}b_{qp}\right)c_{pj}=\sum_{q=1}^{l}a_{iq}\left(\sum_{p=1}^{m}b_{qp}c_{pj}\right)=\sum_{q=1}^{l}a_{iq}e_{qj}.$$

これは $A(BC)$ の (i,j) 成分に等しい. □

定理 1.2.1 の (1) から, ABC と記しても混乱が生じないことに注意する.

1 という数はすべての数 a に対して $a\cdot 1=1\cdot a=a$ という性質をみたす. 行列の場合にもこの 1 に対応するものが存在する. n 次正方行列

$$E=E_n=\begin{pmatrix}1&0&\cdots&0\\0&1&\cdots&0\\\vdots&\vdots&\ddots&\vdots\\0&0&\cdots&1\end{pmatrix}$$

を n 次 **単位行列** という. (m,n) 行列 A について,

$$E_mA=A,\ AE_n=A$$

が成り立つ.

例 1.2.3.

$$A=\begin{pmatrix}1&-2\\-2&5\end{pmatrix},\quad AB=\begin{pmatrix}-1&2&-1\\6&-9&3\end{pmatrix}$$

であるとき, 行列 B を求めよ.

解. B は $(2,3)$ 行列である.

$$B=\begin{pmatrix}a&c&e\\b&d&f\end{pmatrix}$$

とすると,

$$AB=\begin{pmatrix}a-2b&c-2d&e-2f\\-2a+5b&-2c+5d&-2e+5f\end{pmatrix}.$$

よって

$$\begin{cases}a-2b=-1\\-2a+5b=6,\end{cases}\quad\begin{cases}c-2d=2\\-2c+5d=-9,\end{cases}\quad\begin{cases}e-2f=-1\\-2e+5f=3.\end{cases}$$

これから,

$$a=7,\ b=4,\ c=-8,\ d=-5,\ e=1,\ f=1.$$

ゆえに,

$$B = \begin{pmatrix} 7 & -8 & 1 \\ 4 & -5 & 1 \end{pmatrix}$$

となる. ■

問 1.2 次の各行列を A とするとき, $A = B^2$ となる行列 B をすべて求めよ.

(1) $\begin{pmatrix} 5 & 0 \\ 0 & 9 \end{pmatrix}$　(2) $\begin{pmatrix} 0 & 1 \\ 0 & 0 \end{pmatrix}$　(3) $\begin{pmatrix} 2 & 2 \\ 2 & 2 \end{pmatrix}$

1.3　種々の行列

この節では行列に付随したいくつかの記号とその性質, および特別な形をした行列についてまとめる. (m, n) 行列 $A = (a_{ij})$ について, A の (j, i) 成分 a_{ji} を (i, j) 成分とする (n, m) 行列を ${}^tA$ と書いて, A の **転置行列** という. ${}^tA = (b_{ij})$ とすれば, $b_{ij} = a_{ji}$ である.

例 1.3.1.

$$A = \begin{pmatrix} 2 & 1 & -3 \\ 1 & 0 & 1 \end{pmatrix}, \quad B = \begin{pmatrix} -1 & 2 \\ 1 & 3 \end{pmatrix}$$

ならば,

$${}^tA = \begin{pmatrix} 2 & 1 \\ 1 & 0 \\ -3 & 1 \end{pmatrix}, \quad {}^tB = \begin{pmatrix} -1 & 1 \\ 2 & 3 \end{pmatrix}$$

■

定理 1.3.1. 次が成り立つ.

1. ${}^t({}^tA) = A$
2. ${}^t(A + B) = {}^tA + {}^tB$
3. ${}^t(AB) = {}^tB\,{}^tA$

証明. (1), (2) については容易であるので略する. (3) を示す. $A = (a_{ij})$ を (m, n) 行列, $B = (b_{ij})$ を (n, l) 行列とすると,

$${}^t(AB) \text{ の } (i, j) \text{ 成分} = AB \text{ の } (j, i) \text{ 成分} = \sum_{p=1}^{n} a_{jp} b_{pi}$$

となる. 一方で, ${}^tA = (a'_{ij})$, ${}^tB = (b'_{ij})$ とすると $a'_{ij} = a_{ji}$, $b'_{ij} = b_{ji}$ なので,

$${}^tB\,{}^tA \text{ の } (i, j) \text{ 成分} = \sum_{p=1}^{n} b'_{ip} a'_{pj} = \sum_{p=1}^{n} a_{jp} b_{pi}.$$

よって, ${}^t(AB)$ と ${}^tB\,{}^tA$ はすべての成分が一致するので ${}^t(AB) = {}^tB\,{}^tA$. □

数 a は $a \neq 0$ ならばその逆数 $a^{-1} = 1/a$ を考えることができる. これと同じことを行列 $A \neq O$ に対しても考えようとすることは自然であるが, 一般には "A^{-1}" に該当する行列は存在するとは限らない. この存在判定についての細かい議論は次章に回すこととして, ここでは "A^{-1}" が存在する場合にその特徴について述べよう.

定義 1.3.2. n 次正方行列 A について

$$AX = XA = E_n$$

となるような n 次正方行列 X が存在するとき, A は **正則行列** であるという. この X を A の **逆行列** といい, A^{-1} で表す.

逆行列は存在すればただ 1 つに定まることに注意しておく. 実際, 2 つの n 次正方行列 X, Y が等式 $AX = XA = E_n$, $AY = YA = E_n$ をみたしているならば

$$X = XE_n = X(AY) = (XA)Y = E_nY = Y$$

となるので, X と Y は一致しなければならないことが分かる.

また, 正則行列 A に対して,

$$A^0 = E$$

とし, さらに自然数 $p > 0$ に対して,

$$A^{-p} = (A^{-1})^p$$

と定義する. このとき全ての整数 p, q に対して,

$$A^{p+q} = A^pA^q, \quad A^{pq} = (A^p)^q$$

が成り立つことが確認できる.

例 1.3.2. 2 次正方行列

$$A = \begin{pmatrix} a & b \\ c & d \end{pmatrix}$$

は $ad - bc \neq 0$ ならば正則で, このとき

$$A^{-1} = \frac{1}{ad - bc}\begin{pmatrix} d & -b \\ -c & a \end{pmatrix}.$$

逆に $ad - bc = 0$ ならば A は正則ではない.

証明. $D = ad - bc \neq 0$ のとき, $X = \dfrac{1}{D}\begin{pmatrix} d & -b \\ -c & a \end{pmatrix}$ とおくと, $AX = XA = E_2$ となることが確認される. よって A は正則で $A^{-1} = X$. 逆に $D = ad - bc = 0$ とする. A が正則と仮定すると $AX = E$ となる $X = \begin{pmatrix} x & y \\ z & w \end{pmatrix}$ が存在する. $AX = E$ を計算すると (1) $ax + bz = 1$, (2) $ay + bw = 0$, (3) $cx + dz = 0$, (4) $cy + dw = 1$ を得る. (1)$\times d -$(3)$\times b$ より $(ad-bc)x = d$. $D = 0$ より $d = 0$. よって (4) より $cy = 1$, 特に $c, y \neq 0$. 一方 (2) $\times d -$ (4) $\times b$ より $(ad - bc)y = -b$. $D = 0$ より $b = 0$. よって (1) より $ax = 1$, 特に $a, x \neq 0$. したがって $a, y \neq 0$ となるが, これは (2) と $b = 0$ に矛盾する. □

問 1.3

$$A = \begin{pmatrix} 1 & 2 \\ 2 & 4 \end{pmatrix}$$

は正則行列でないことを示せ.

例 1.3.3.

$$A = \begin{pmatrix} 0 & 0 & 1 \\ 0 & 2 & 0 \\ 4 & 0 & 0 \end{pmatrix}$$

の逆行列を求めよ.

解. $AX = E$, $X = (x_{ij})$ とすると,

$$\begin{pmatrix} 1 & 0 & 0 \\ 0 & 1 & 0 \\ 0 & 0 & 1 \end{pmatrix} = E = AX = \begin{pmatrix} x_{31} & x_{32} & x_{33} \\ 2x_{21} & 2x_{22} & 2x_{23} \\ 4x_{11} & 4x_{12} & 4x_{13} \end{pmatrix}.$$

よって,

$$X = \begin{pmatrix} 0 & 0 & 1/4 \\ 0 & 1/2 & 0 \\ 1 & 0 & 0 \end{pmatrix}.$$

このとき $XA = E$ となることも確かめられる. ゆえに,

$$A^{-1} = \begin{pmatrix} 0 & 0 & 1/4 \\ 0 & 1/2 & 0 \\ 1 & 0 & 0 \end{pmatrix}.$$

■

定理 1.3.3. A, B を n 次正則行列, $\lambda\ (\neq 0)$ を数とする. このとき, 次が成り立つ.

1. A^{-1} は正則で $(A^{-1})^{-1} = A$
2. λA は正則で $(\lambda A)^{-1} = \lambda^{-1} A^{-1}$
3. ${}^tA$ は正則で $({}^tA)^{-1} = {}^t(A^{-1})$
4. AB は正則で $(AB)^{-1} = B^{-1}A^{-1}$

証明. (4) のみ示す. A, B が正則であるとき, $X = B^{-1}A^{-1}$ とすれば,

$$(AB)X = ABB^{-1}A^{-1} = AEA^{-1} = E,$$

$$X(AB) = B^{-1}A^{-1}AB = B^{-1}EB = E.$$

よって AB も正則で $(AB)^{-1} = B^{-1}A^{-1}$. □

問 1.4

$$A = \begin{pmatrix} 1 & 0 & 0 \\ 0 & 2 & 1 \\ 0 & 1 & 1 \end{pmatrix}$$

の逆行列を求めよ.

n 次の正方行列 $A = \left(a_{ij}\right)$ において,

$$i > j \implies a_{ij} = 0$$

であるとき, A を **上三角行列** という. つまり上三角行列とは次の形をした行列のことである.

$$A = \begin{pmatrix} a_{11} & a_{12} & \cdots & a_{1n} \\ & a_{22} & \cdots & a_{2n} \\ & 0 & \ddots & \vdots \\ & & & a_{nn} \end{pmatrix}$$

また,

$$i < j \implies a_{ij} = 0$$

であるとき, A を **下三角行列** という. つまり下三角行列とは次の形をした行列のことである.

$$A = \begin{pmatrix} a_{11} & & & 0 \\ a_{21} & a_{22} & & \\ \vdots & \vdots & \ddots & \\ a_{n1} & a_{n2} & \cdots & a_{nn} \end{pmatrix}$$

上三角かつ下三角である行列を **対角行列** という.

定理 1.3.4. (1) 上三角行列の積は上三角行列である. さらに,

$$\begin{pmatrix} a_1 & & & * \\ & a_2 & & \\ & & \ddots & \\ 0 & & & a_n \end{pmatrix} \begin{pmatrix} b_1 & & & * \\ & b_2 & & \\ & & \ddots & \\ 0 & & & b_n \end{pmatrix} = \begin{pmatrix} a_1b_1 & & & * \\ & a_2b_2 & & \\ & & \ddots & \\ 0 & & & a_nb_n \end{pmatrix}.$$

(2) 下三角行列の積は下三角行列である. さらに,

$$\begin{pmatrix} a_1 & & & 0 \\ & a_2 & & \\ & & \ddots & \\ * & & & a_n \end{pmatrix} \begin{pmatrix} b_1 & & & 0 \\ & b_2 & & \\ & & \ddots & \\ * & & & b_n \end{pmatrix} = \begin{pmatrix} a_1b_1 & & & 0 \\ & a_2b_2 & & \\ & & \ddots & \\ * & & & a_nb_n \end{pmatrix}.$$

(3) 対角行列の積は対角行列である. さらに,

$$\begin{pmatrix} a_1 & & & 0 \\ & a_2 & & \\ & & \ddots & \\ 0 & & & a_n \end{pmatrix} \begin{pmatrix} b_1 & & & 0 \\ & b_2 & & \\ & & \ddots & \\ 0 & & & b_n \end{pmatrix} = \begin{pmatrix} a_1b_1 & & & 0 \\ & a_2b_2 & & \\ & & \ddots & \\ 0 & & & a_nb_n \end{pmatrix}.$$

証明. まず (1) を示す. $A = (a_{ij})$, $B = (b_{ij})$ を n 次の上三角行列とする. $AB = (c_{ij})$ とすると,

$$c_{ij} = \sum_{k=1}^{n} a_{ik}b_{kj}.$$

$i > j$ ならば,

$$c_{ij} = \sum_{k=1}^{j} a_{ik}b_{kj} + \sum_{k=j+1}^{n} a_{ik}b_{kj} = \sum_{k=1}^{j} 0 \cdot b_{kj} + \sum_{k=j+1}^{n} a_{ik} \cdot 0 = 0.$$

よって, AB も上三角行列である. また,

$$c_{ii} = \sum_{k=1}^{i-1} a_{ik}b_{ki} + a_{ii}b_{ii} + \sum_{k=i+1}^{n} a_{ik}b_{ki} = \sum_{k=1}^{i-1} a_{ik} \cdot 0 + a_ib_i + \sum_{k=i+1}^{n} 0 \cdot b_{ki} = a_ib_i$$

なので, (1) は示された. (2) は (1) と同様なのでここでは省略する. (3) は (1) と (2) から従う. □

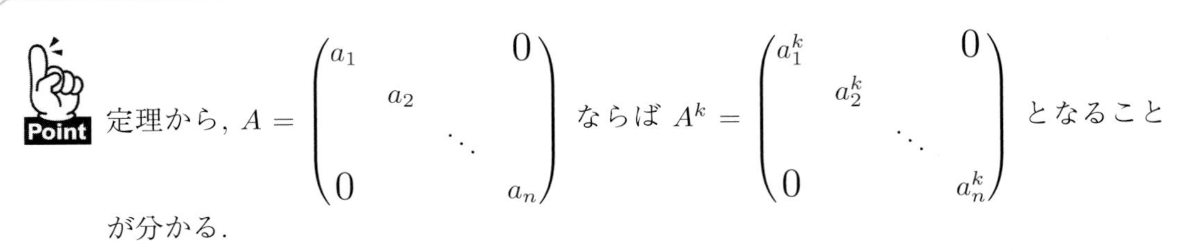

定理から, $A = \begin{pmatrix} a_1 & & & 0 \\ & a_2 & & \\ & & \ddots & \\ 0 & & & a_n \end{pmatrix}$ ならば $A^k = \begin{pmatrix} a_1^k & & & 0 \\ & a_2^k & & \\ & & \ddots & \\ 0 & & & a_n^k \end{pmatrix}$ となることが分かる.

問 1.5 上三角行列

$$A = \begin{pmatrix} 1 & a & b \\ 0 & 1 & c \\ 0 & 0 & 1 \end{pmatrix}$$

の逆行列を求めよ.

第 1 章練習問題

1. 次の計算をしなさい.

(1) $\begin{pmatrix}1 & 7 & 3\\ 2 & 0 & 5\end{pmatrix}+\begin{pmatrix}1 & 4 & 1\\ 4 & 2 & 1\end{pmatrix}-\begin{pmatrix}2 & 2 & 3\\ 6 & 0 & 6\end{pmatrix}$ (2) $2\begin{pmatrix}1 & 2\\ 0 & 1\\ 3 & 0\end{pmatrix}-5\begin{pmatrix}0 & 1\\ 1 & 2\\ 0 & 3\end{pmatrix}$

(3) $\begin{pmatrix}1 & 3\\ 2 & -1\\ 5 & 0\end{pmatrix}\begin{pmatrix}1 & 4\\ 2 & 7\end{pmatrix}$ (4) $\begin{pmatrix}1 & 7 & 3\\ 2 & 0 & 5\end{pmatrix}\begin{pmatrix}2 & 2\\ 3 & 6\\ 0 & 6\end{pmatrix}$

(5) $\begin{pmatrix}2 & -3 & 5\\ 5 & 1 & 1\\ -2 & 0 & 2\end{pmatrix}\begin{pmatrix}1 & 2 & 1\\ 0 & -1 & 1\\ 0 & 1 & 2\end{pmatrix}$ (6) $\begin{pmatrix}2 & 3 & -1\end{pmatrix}\begin{pmatrix}1 & -1\\ 2 & 1\\ 5 & 3\end{pmatrix}\begin{pmatrix}3\\ 1\end{pmatrix}$

(7) $\begin{pmatrix}\alpha & 1 & 0\\ 0 & \alpha & 1\\ 0 & 0 & \alpha\end{pmatrix}^n$ (8) $\begin{pmatrix}\alpha & 1 & 0 & 0\\ 0 & \alpha & 0 & 0\\ 0 & 0 & \beta & 1\\ 0 & 0 & 0 & \beta\end{pmatrix}^n$

2. $A=\dfrac{1}{2}\begin{pmatrix}1 & a\\ 2-a & 1\end{pmatrix}$, $B=\dfrac{1}{2}\begin{pmatrix}-1 & -1+2b\\ b & -1\end{pmatrix}$ のとき, 次の関係式が成り立つような実数 a, b の値または関係式を求めよ.

(1) $A^2=A$ (2) $B^2=-B$ (3) $AB=BA$ (4) $AB=-BA$

(5) $(A+B)^2=O$ (6) $(A-B)^2=E_2$

3. $A=\begin{pmatrix}1/\sqrt{2} & -1/\sqrt{3} & a_1\\ 1/\sqrt{2} & 1/\sqrt{3} & a_2\\ 0 & 1/\sqrt{3} & a_3\end{pmatrix}$ とするとき, ${}^tAA=E_3$ の成り立つ a_1, a_2, a_3 を求めよ.

4. 行列 $A=\begin{pmatrix}a & -a+3\\ a+4 & a+1\end{pmatrix}$ が逆行列をもたないように a の値を定めよ.

5. 次の行列の逆行列を求めよ.

(1) $\begin{pmatrix}3 & 2\\ 4 & 3\end{pmatrix}$ (2) $\begin{pmatrix}1 & 2 & -2\\ 0 & 1 & 3\\ 0 & 0 & 1\end{pmatrix}$ (3) $\begin{pmatrix}\alpha & 1 & 0\\ 0 & \alpha & 1\\ 0 & 0 & \alpha\end{pmatrix}$ (4) $\begin{pmatrix}0 & 0 & 0 & 1\\ 0 & 0 & -1 & 0\\ 0 & -1 & 0 & 0\\ 1 & 0 & 0 & 0\end{pmatrix}$

6. 次の行列 A について, A^2, A^3, A^4 および A^{10} を計算せよ.

(1) $\begin{pmatrix}0 & a & 0\\ 0 & 0 & b\\ 0 & 0 & 0\end{pmatrix}$ (2) $\begin{pmatrix}0 & 0 & 1\\ 0 & 1 & 0\\ 1 & 0 & 0\end{pmatrix}$ (3) $\begin{pmatrix}a & 1-a\\ 1+a & -a\end{pmatrix}$

7. n 次正方行列 A, B に対して, E_n-AB が正則ならば E_n-BA も正則で

$$(E_n-BA)^{-1}=E_n+B(E_n-AB)^{-1}A$$

となることを証明せよ.

第2章 行列の基本変形と連立１次方程式

この章では行列の基本変形について学ぶ．これは行列の性質を特徴づける重要なものであり，この操作により行列の階数といわれる数が計算できる．正方行列が正則であるかどうかはこの階数を見ることで判定できる．行列の基本変形を用いた応用として，連立１次方程式の完全解を与える手法を学ぶ．

2.1 行列の基本変形

行列に対して行われる，次のような操作を **行基本変形** という．

[行 **1**] 第 i 行を c 倍する $(c \neq 0)$,

[行 **2**] 第 i 行と第 j 行を交換する $(i \neq j)$,

[行 **3**] 第 i 行に第 j 行の c 倍を加える $(i \neq j)$.

本書ではこれらをそれぞれ

$$i\,\text{行} \times c, \quad i\,\text{行} \leftrightarrow j\,\text{行}, \quad i\,\text{行} + j\,\text{行} \times c$$

と略記する．同様に，次のような列に関する操作を，**列基本変形** という．

[列 **1**] 第 i 列を c 倍する $(c \neq 0)$,

[列 **2**] 第 i 列と第 j 列を交換する $(i \neq j)$,

[列 **3**] 第 i 列に第 j 列の c 倍を加える $(i \neq j)$.

これらをそれぞれ

$$i\,\text{列} \times c, \quad i\,\text{列} \leftrightarrow j\,\text{列}, \quad i\,\text{列} + j\,\text{列} \times c$$

と略記する．

行基本変形と列基本変形を総称して，**基本変形** という．

例 **2.1.1.**

$$A = \begin{pmatrix} 1 & 3 & 5 \\ 2 & 4 & 6 \end{pmatrix}$$

のとき，

$$A \xrightarrow{2\text{ 行}\times 3} \begin{pmatrix} 1 & 3 & 5 \\ 6 & 12 & 18 \end{pmatrix}, \qquad A \xrightarrow{3\text{ 列}\times(-1)} \begin{pmatrix} 1 & 3 & -5 \\ 2 & 4 & -6 \end{pmatrix},$$

$$A \xrightarrow{1\text{ 行}\leftrightarrow 2\text{ 行}} \begin{pmatrix} 2 & 4 & 6 \\ 1 & 3 & 5 \end{pmatrix}, \qquad A \xrightarrow{1\text{ 列}\leftrightarrow 3\text{ 列}} \begin{pmatrix} 5 & 3 & 1 \\ 6 & 4 & 2 \end{pmatrix},$$

$$A \xrightarrow{1\text{ 行}+2\text{ 行}\times(-2)} \begin{pmatrix} -3 & -5 & -7 \\ 2 & 4 & 6 \end{pmatrix}, \quad A \xrightarrow{3\text{ 列}+2\text{ 列}\times 2} \begin{pmatrix} 1 & 3 & 11 \\ 2 & 4 & 14 \end{pmatrix}.$$

■

単位行列 E_n に基本変形を施して得られる行列を **基本行列** という. 次の 3 つのタイプがある.

$$F_n(i;c) = \begin{pmatrix} 1 & & & & & & \\ & \ddots & & & & \mathbf{0} & \\ & & 1 & & & & \\ & & & c & & & \\ & & & & 1 & & \\ & \mathbf{0} & & & & \ddots & \\ & & & & & & 1 \end{pmatrix} \begin{matrix} \\ \\ \\ \cdots (i) \\ \\ \\ \\ \end{matrix} \qquad (c \neq 0)$$

$$G_n(i,j) = \begin{pmatrix} 1 & & & & & & & & & \\ & \ddots & & & & & & & \mathbf{0} & \\ & & 1 & & & & & & & \\ & & & 0 & & \cdots & & 1 & & \\ & & & & 1 & & & & & \\ & & & \vdots & & \ddots & & \vdots & & \\ & & & & & & 1 & & & \\ & & & 1 & & \cdots & & 0 & & \\ & & & & & & & & 1 & \\ & \mathbf{0} & & & & & & & & \ddots \\ & & & & & & & & & & 1 \end{pmatrix} \begin{matrix} \\ \\ \\ \cdots (i) \\ \\ \\ \\ \cdots (j) \\ \\ \\ \\ \end{matrix}$$

$$H_n(i,j;c) = \begin{pmatrix} 1 & & & & & \\ & \ddots & & & \mathbf{0} & \\ & & 1 & \cdots & c & & \\ & & & \ddots & \vdots & & \\ & & & & 1 & & \\ & \mathbf{0} & & & & \ddots & \\ & & & & & & 1 \end{pmatrix} \begin{matrix} \\ \\ \cdots (i) \\ \\ \cdots (j) \\ \\ \\ \end{matrix}$$

基本変形との関係は次のとおりである.

$$E_n \xrightarrow{i\text{ 行}\times c} F_n(i;c),\ E_n \xrightarrow{i\text{ 列}\times c} F_n(i;c),$$

$$E_n \xrightarrow{i\text{ 行}\leftrightarrow j\text{ 行}} G_n(i,j),\ E_n \xrightarrow{i\text{ 列}\leftrightarrow j\text{ 列}} G_n(i,j),$$

$$E_n \xrightarrow{i\text{ 行}+j\text{ 行}\times c} H_n(i,j;c),\ E_n \xrightarrow{j\text{ 列}+i\text{ 列}\times c} H_n(i,j;c).$$

行列の積の定義を考えれば, 次の定理が成り立つことがわかる.

定理 2.1.1. A を (m,n) 行列とする.

1. A に行基本変形 [行 1], [行 2], [行 3] を施した行列はそれぞれ
$$F_m(i;c)A,\ G_m(i,j)A,\ H_m(i,j;c)A$$
である.
2. A に列基本変形 [列 1], [列 2], [列 3] を施した行列はそれぞれ
$$AF_n(i;c),\ AG_n(i,j),\ AH_n(j,i;c)$$
である.

例 2.1.2. $A = \begin{pmatrix} 1 & 3 & 5 \\ 2 & 4 & 6 \end{pmatrix}$ とする.

$$F_2(2;3)A = \begin{pmatrix} 1 & 0 \\ 0 & 3 \end{pmatrix}\begin{pmatrix} 1 & 3 & 5 \\ 2 & 4 & 6 \end{pmatrix} = \begin{pmatrix} 1 & 3 & 5 \\ 6 & 12 & 18 \end{pmatrix}$$

であり, これは A の 2 行目を 3 倍したものとなっており, したがって A に [行 1] を施した結果となっている. また,

$$G_2(1,2)A = \begin{pmatrix} 0 & 1 \\ 1 & 0 \end{pmatrix}\begin{pmatrix} 1 & 3 & 5 \\ 2 & 4 & 6 \end{pmatrix} = \begin{pmatrix} 2 & 4 & 6 \\ 1 & 3 & 5 \end{pmatrix}$$

であり, これは A の 1 行目と 2 行目を交換したものとなっており, したがって A に [行 2] を施した結果となっている. また,

$$H_2(1,2;-2)A = \begin{pmatrix} 1 & -2 \\ 0 & 1 \end{pmatrix}\begin{pmatrix} 1 & 3 & 5 \\ 2 & 4 & 6 \end{pmatrix} = \begin{pmatrix} -3 & -5 & -7 \\ 2 & 4 & 6 \end{pmatrix}$$

であり, これは A の 2 行目を -2 倍したものを 1 行目に加えた結果得られるものとなっており, したがって A に [行 3] を施した結果となっている.

同様にして, 以下の 3 つがそれぞれ [列 1], [列 2], [列 3] の基本変形に対応していることも確認できる.

$$AF_3(3;-1) = \begin{pmatrix} 1 & 3 & 5 \\ 2 & 4 & 6 \end{pmatrix}\begin{pmatrix} 1 & 0 & 0 \\ 0 & 1 & 0 \\ 0 & 0 & -1 \end{pmatrix} = \begin{pmatrix} 1 & 3 & -5 \\ 2 & 4 & -6 \end{pmatrix},$$

$$AG_3(1,3) = \begin{pmatrix} 1 & 3 & 5 \\ 2 & 4 & 6 \end{pmatrix}\begin{pmatrix} 0 & 0 & 1 \\ 0 & 1 & 0 \\ 1 & 0 & 0 \end{pmatrix} = \begin{pmatrix} 5 & 3 & 1 \\ 6 & 4 & 2 \end{pmatrix},$$

$$AH_3(2,3;2) = \begin{pmatrix} 1 & 3 & 5 \\ 2 & 4 & 6 \end{pmatrix} \begin{pmatrix} 1 & 0 & 0 \\ 0 & 1 & 2 \\ 0 & 0 & 1 \end{pmatrix} = \begin{pmatrix} 1 & 3 & 11 \\ 2 & 4 & 14 \end{pmatrix}.$$

■

定理 2.1.2. 次が成り立つ. 特に基本行列は正則行列であり, その逆行列もまた基本行列である.

1. $F_n(i;c)F_n(i;1/c) = F_n(i;1/c)F_n(i;c) = E_n$
2. $G_n(i,j)^2 = E_n$
3. $H_n(i,j;c)H_n(i,j;-c) = H_n(i,j;-c)H_n(i,j;c) = E_n$

証明. 全て左辺を直接計算することで示すことができるが, 定理 1.1.1 を用いるとわかりやすい. たとえば, $F_n(i;c)F_n(i;1/c)$ は $F_n(i;1/c)$ の第 i 行を c 倍した行列ゆえ, E_n に等しい. □

定理 2.1.3. (m,n) 行列 A に何回かの行基本変形 (列基本変形) を施して行列 B が得られるとき, ある m 次 (n 次) 正則行列 P があって,

$$B = PA \quad (B = AP)$$

が成り立つ.

証明. 行基本変形により, A が A_1 に, A_1 が A_2 に, $\cdots$, A_{k-2} が A_{k-1} に, A_{k-1} が B に変形されるとすると, m 次の基本行列 $M_1,\ M_2,\ \ldots,\ M_k$ があって,

$$B = M_k A_{k-1} = M_k M_{k-1} A_{k-2} = \cdots = M_k \cdots M_1 A.$$

$P = M_k \cdots M_1$ とすれば, P は m 次正則行列で, $B = PA$. 列基本変形についても同様. □

例 2.1.3. 行基本変形により,

$$A = \begin{pmatrix} 0 & 6 & -8 & 12 \\ 1 & 2 & -3 & 1 \\ 1 & 1 & -2 & 5 \end{pmatrix} \xrightarrow{1\text{ 行}\leftrightarrow 3\text{ 行}} \begin{pmatrix} 1 & 1 & -2 & 5 \\ 1 & 2 & -3 & 1 \\ 0 & 6 & -8 & 12 \end{pmatrix}$$

$$\xrightarrow{2\text{ 行}+1\text{ 行}\times(-1)} \begin{pmatrix} 1 & 1 & -2 & 5 \\ 0 & 1 & -1 & -4 \\ 0 & 6 & -8 & 12 \end{pmatrix} \xrightarrow{3\text{ 行}+2\text{ 行}\times(-6)} \begin{pmatrix} 1 & 1 & -2 & 5 \\ 0 & 1 & -1 & -4 \\ 0 & 0 & -2 & 36 \end{pmatrix} = B$$

したがって,

$$P = H_3(3,2;-6)H_3(2,1;-1)G_3(1,3)$$

とすると

$$B = PA$$

となり,

$$P = \begin{pmatrix} 1 & 0 & 0 \\ 0 & 1 & 0 \\ 0 & -6 & 1 \end{pmatrix} \begin{pmatrix} 1 & 0 & 0 \\ -1 & 1 & 0 \\ 0 & 0 & 1 \end{pmatrix} \begin{pmatrix} 0 & 0 & 1 \\ 0 & 1 & 0 \\ 1 & 0 & 0 \end{pmatrix} = \begin{pmatrix} 0 & 0 & 1 \\ 0 & 1 & -1 \\ 1 & -6 & 6 \end{pmatrix}.$$

■

2.2 階段行列への変形

(m,n) 行列 $A=(a_{ij})$ の (p,q) 成分 a_{pq} が 0 でないとき, $m-1$ 個の行基本変形

$$i\,行 + p\,行 \times \left(-\frac{a_{iq}}{a_{pq}}\right) \qquad (1 \leqq i \leqq m,\ i \neq p)$$

を行うことにより, A の第 q 列ベクトルを,

$$\begin{pmatrix} 0 \\ \vdots \\ 0 \\ a_{pq} \\ 0 \\ \vdots \\ 0 \end{pmatrix} \quad \cdots\ (p)$$

とすることができる. この操作を, (p,q) 成分による第 q 列の **掃き出し** という. 同様に $n-1$ 個の列基本変形

$$j\,列 + q\,列 \times \left(-\frac{a_{pj}}{a_{pq}}\right) \qquad (1 \leqq j \leqq n,\ j \neq q)$$

により, A の第 p 行ベクトルを

$$\begin{matrix} (0 \ \cdots\ 0 & a_{pq} & 0\ \cdots\ 0) \\ & \vdots & \\ & (q) & \end{matrix}$$

とすることができる (第 p 行の掃き出し).

例 2.2.1.

$$A = \begin{pmatrix} 0 & 2 & 1 & 4 \\ -2 & 4 & 1 & 3 \\ 3 & 1 & -2 & -1 \end{pmatrix}$$

の $(1,2)$ 成分で第 2 列を掃き出すと,

$$A \overset{2\,行+1\,行\times(-2),\ 3\,行+1\,行\times(-1/2)}{\longrightarrow} \begin{pmatrix} 0 & 2 & 1 & 4 \\ -2 & 0 & -1 & -5 \\ 3 & 0 & -5/2 & -3 \end{pmatrix}.$$

$(2,3)$ 成分で第 2 行を掃き出すと,

$$A \xrightarrow{1\text{ 列}+3\text{ 列}\times 2,\ 2\text{ 列}+3\text{ 列}\times(-4),\ 4\text{ 列}+3\text{ 列}\times(-3)} \begin{pmatrix} 2 & -2 & 1 & 1 \\ 0 & 0 & 1 & 0 \\ -1 & 9 & -2 & 5 \end{pmatrix}.$$

■

次の形の (m,n) 行列 A を, 階数 r の **階段行列** という.

$$A = \begin{pmatrix} 0 & \cdots & 0 & 1 & * & \cdots & * & 0 & * & \cdots & * & 0 & * & \cdots & * \\ & & & 0 & \cdots & \cdots & 0 & 1 & * & \cdots & * & 0 & * & \cdots & * \\ & & & & & & & & & & \vdots & \vdots & \vdots & & \vdots \\ & & & & & & & & & & 0 & 1 & * & \cdots & * \\ & & & \mathbf{0} & & & & & & & & 0 & \cdots & \cdots & 0 \\ & & & & & & & & & & & & & & \vdots \\ & & & & & & & & & & & & & & 0 \end{pmatrix} \cdots (r) \tag{2.1}$$

正確に述べれば次のようになる:

$$1 \leqq k_1 < k_2 < \cdots < k_r \leqq n$$

である整数 $k_1, k_2, \ldots, k_r$ があって,

$$(A\text{ の第 }i\text{ 行}) = \begin{cases} (0 \cdots 0\ 1\ * \cdots *) & (1 \leqq i \leqq r), \\ \qquad \vdots & \\ \qquad (k_i) & \\ (0 \cdots\cdots\cdots\cdots 0) & (r < i \leqq m). \end{cases}$$

さらに,

$$(A\text{ の第 }k_j\text{ 列}) = \begin{pmatrix} 0 \\ \vdots \\ 0 \\ 1 \\ 0 \\ \vdots \\ 0 \end{pmatrix} \cdots (j) \quad (1 \leqq j \leqq r).$$

例 2.2.2.

$$\begin{pmatrix} 0 & 1 & -2 & 0 \\ 0 & 0 & 0 & 1 \\ 0 & 0 & 0 & 0 \end{pmatrix}$$

は階数 2 の階段行列. また,

$$\begin{pmatrix} 1 & 0 & 2 & 0 \\ 0 & 1 & -3 & 0 \\ 0 & 0 & 0 & 1 \\ 0 & 0 & 0 & 0 \end{pmatrix}$$

は階数 3 の階段行列. ■

定理 2.2.1. (m,n) 行列 A は，何回かの行基本変形を施すことによって，階段行列に変形することができる．したがって，PA が階段行列になるような m 次正則行列 P が存在する．

証明. 次の $(i\text{-}1)$〜$(i\text{-}3)$ の操作を，$i=1,2,\ldots$ に対して順に行う．

$(i\text{-}1)$ 行列の第 i 行目以下のみを見て，左から最初の 0 ベクトルでない列を第 m_i 列とする．

$(i\text{-}2)$ 行基本変形により，(i,m_i) 成分を 1 にする．

$(i\text{-}3)$ 第 m_i 列を (i,m_i) 成分で掃き出す．

i 行目以下を見たときに，成分がすべて 0 になっているか，または $i=m$ となれば，階段行列への変形が完了している． □

例 2.2.3.

$$A=\begin{pmatrix}1&2&3&4\\5&6&7&8\\9&10&11&12\end{pmatrix}$$

を行基本変形により，階段行列 B に変形せよ．また $B=PA$ となる正則行列 P を求めよ．

解.

$$A\overset{2\,\text{行}+1\,\text{行}\times(-5),\ 3\,\text{行}+1\,\text{行}\times(-9)}{\longrightarrow}\begin{pmatrix}1&2&3&4\\0&-4&-8&-12\\0&-8&-16&-24\end{pmatrix}$$

$$\overset{2\,\text{行}\times(-1/4)}{\longrightarrow}\begin{pmatrix}1&2&3&4\\0&1&2&3\\0&-8&-16&-24\end{pmatrix}\overset{1\,\text{行}+2\,\text{行}\times(-2),\ 3\,\text{行}+2\,\text{行}\times 8}{\longrightarrow}\begin{pmatrix}1&0&-1&-2\\0&1&2&3\\0&0&0&0\end{pmatrix}=B$$

したがって，

$$P=H_3(1,2;-2)H_3(3,2;8)F_3(2;-1/4)H_3(2,1;-5)H_3(3,1;-9)=\begin{pmatrix}-3/2&1/2&0\\5/4&-1/4&0\\1&-2&1\end{pmatrix}$$

とするとき $B=PA$ となる． ■

行列 A に行基本変形を何度か繰り返すことで階段行列 B に変形できることを確認した．もしも別の手順で行基本変形を行って階段行列を作った場合，B とは異なる階段行列を得るのではないかと考えるかもしれないが，そうはならない．

定理 2.2.2. 与えられた行列に行基本変形を何度か繰り返して得られる階段行列は，行基本変形の仕方に依らない．

証明. (m,n) 行列 A が階段行列，P が m 次正則行列で PA も階段行列であるならば，$PA=A$ であることを示せばよい．A は (2.1) のような階数 r の階段行列であるとする．$P=(\boldsymbol{P}_1\,\boldsymbol{P}_2\cdots\boldsymbol{P}_m)$ とするとき，

$$\boldsymbol{P}_j=\boldsymbol{e}_j\quad(j=1,\ldots,r)$$

であることを示せばよい．いま仮に，ある $s \leqq r$ について，$\boldsymbol{P}_j = \boldsymbol{e}_j$ $(j=1,\ldots,s-1)$，$\boldsymbol{P}_s \neq \boldsymbol{e}_s$ であったとする．このとき $\boldsymbol{P}_s = {}^t(P_1, P_2, \ldots, P_m)$ とすると $s \leqq r$ なので

$$PA = \begin{pmatrix} 0 & \cdots & 0 & 1 & * & \cdots & * & 0 & * & \cdots & * & 0 & * & \cdots & * & P_1 & \\ & & & 0 & \cdots & \cdots & 0 & 1 & * & \cdots & * & 0 & * & \cdots & * & P_2 & \huge{*} \\ & & & & & & & & & & \vdots & \vdots & \vdots & & \vdots & \vdots & \\ & & & & & & & & & & 0 & 1 & * & \cdots & * & P_{s-1} & \huge{*} \\ & & & \huge{0} & & & & & & & & 0 & \cdots & \cdots & 0 & P_s & \\ & & & & & & & & & & & & & & & \vdots & \huge{*} \\ & & & & & & & & & & & & & & & P_m & \end{pmatrix} \tag{2.2}$$

となり，PA の適当な列に $\boldsymbol{P}_s$ があらわれる．いま，$(P_s, \ldots, P_m) = (0, \ldots, 0)$ と仮定する．$P = \begin{pmatrix} E_{s-1} & P_{12} \\ O & P_{22} \end{pmatrix}$ とあらわすと，P_{22} の第1列の成分は全て0となる．P は正則行列なので，$QP = E$ を満たす正方行列 Q が存在する．P と同様に $Q = \begin{pmatrix} Q_{11} & Q_{12} \\ Q_{21} & Q_{22} \end{pmatrix}$ とあらわす（Q_{11} が $s-1$ 次正方行列となるようにする）．このとき

$$E = QP = \begin{pmatrix} Q_{11} & Q_{11}P_{12} + Q_{12}P_{22} \\ Q_{21} & Q_{21}P_{12} + Q_{22}P_{22} \end{pmatrix}$$

であるから，$Q_{21} = O$ で，よって $Q_{22}P_{22} = E$ を得る．しかしこれは P_{22} の第1列の成分が全て0であることと矛盾する．したがって $(P_s, \ldots, P_m) \neq (0, \ldots, 0)$ である．(2.2) と PA が階段行列であることを踏まえるとこのことは $\boldsymbol{P}_s = e_s$ を意味するが，これは仮定に反する．ゆえに求める主張を得る． □

問 2.1 次の行列を階段行列に変形せよ．

(1) $\begin{pmatrix} -1 & 1 & -2 \\ 3 & -2 & 1 \\ -2 & 3 & -9 \end{pmatrix}$　　(2) $\begin{pmatrix} 1 & 2 & 5 \\ -1 & -3 & 7 \\ -4 & -11 & 16 \\ 5 & 12 & 1 \end{pmatrix}$

2.3　行列の階数, 標準形

この節の主な目的は, 行列の基本変形に慣れることである. 前節で見たように, 行列 A は何回かの行基本変形によって, 階段行列 B に変形される. こうして得られる階段行列 B は, 行基本変形の仕方によらず A のみに依って一意的に定まる. そこで, B が階数 r の階段行列であるときに, A の **階数** は r であるといい, $\mathrm{rank}\ A = r$ と書く.

例 2.3.1.

$$A = \begin{pmatrix} 0 & 1 & -3 & -2 \\ 1 & 1 & -1 & 1 \\ 7 & 4 & 2 & 13 \end{pmatrix}$$

のとき,

$$A \xrightarrow{1\text{ 行}\leftrightarrow 2\text{ 行}} \begin{pmatrix} 1 & 1 & -1 & 1 \\ 0 & 1 & -3 & -2 \\ 7 & 4 & 2 & 13 \end{pmatrix} \xrightarrow{3\text{ 行}+1\text{ 行}\times(-7)} \begin{pmatrix} 1 & 1 & -1 & 1 \\ 0 & 1 & -3 & -2 \\ 0 & -3 & 9 & 6 \end{pmatrix}$$

$$\xrightarrow{1\text{ 行}+2\text{ 行}\times(-1),\ 3\text{ 行}+2\text{ 行}\times 3} \begin{pmatrix} 1 & 0 & 2 & 3 \\ 0 & 1 & -3 & -2 \\ 0 & 0 & 0 & 0 \end{pmatrix}$$

ゆえに,

$$\mathrm{rank}\ A = 2.$$

■

問 2.2 次の行列の階数を求めよ.

$$(1)\ \begin{pmatrix} 1 & 2 & 1 \\ -2 & -1 & -2 \\ 2 & 1 & 1 \end{pmatrix} \qquad (2)\ \begin{pmatrix} 1 & 2 & 3 & 6 \\ 3 & 6 & -9 & 0 \\ 1 & 2 & -3 & 0 \\ 2 & 2 & -4 & 0 \end{pmatrix}$$

基本変形によって与えられた行列を階段行列以外の標準的な形に変形して考える場合もある.

定理 2.3.1. (m, n) 行列 A は, 何回かの行基本変形と列の交換によって, 次の形の行列に変形できる.

$$\begin{pmatrix} E_r & * \\ O & O \end{pmatrix} = \begin{pmatrix} \begin{matrix} 1 & & 0 \\ & \ddots & \\ 0 & & 1 \end{matrix} & \Huge{*} \\ \mathbf{0} & \mathbf{0} \end{pmatrix} \tag{2.3}$$

ここで, $r = \mathrm{rank}\ A$ である. したがって, PAQ がこの形の行列になるような, m 次正則行列 P と n 次正則行列 Q が存在する.

証明. A を行基本変形によって, (2.1) の形にしたのちに, 列基本変形

$$1\text{ 列} \leftrightarrow k_1\text{列},\ 2\text{ 列} \leftrightarrow k_2\text{列}, \ldots,\ r\text{ 列} \leftrightarrow k_r\text{列}$$

を施せばよい. 最後の主張は, 定理 2.1.3 による. □

例 2.3.2.

$$A = \begin{pmatrix} 1 & -1 & -1 \\ -2 & 2 & 3 \\ -4 & 4 & -2 \\ 2 & -2 & 0 \end{pmatrix}$$

のとき,

$$A \xrightarrow{2\text{ 行}+1\text{ 行}\times 2,\ 3\text{ 行}+1\text{ 行}\times 4,\ 4\text{ 行}+1\text{ 行}\times(-2)} \begin{pmatrix} 1 & -1 & -1 \\ 0 & 0 & 1 \\ 0 & 0 & -6 \\ 0 & 0 & 2 \end{pmatrix}$$

$$\xrightarrow{1\text{ 行}+2\text{ 行},\ 3\text{ 行}+2\text{ 行}\times 6,\ 4\text{ 行}+2\text{ 行}\times(-2)} \begin{pmatrix} 1 & -1 & 0 \\ 0 & 0 & 1 \\ 0 & 0 & 0 \\ 0 & 0 & 0 \end{pmatrix} \xrightarrow{2\text{ 列}\leftrightarrow 3\text{ 列}} \begin{pmatrix} 1 & 0 & -1 \\ 0 & 1 & 0 \\ 0 & 0 & 0 \\ 0 & 0 & 0 \end{pmatrix}$$

となる. ゆえに,

$$\begin{aligned} P &= H_4(4,2;-2)H_4(3,2;6)H_4(1,2;1)H_4(4,1;-2)H_4(3,1;4)H_4(2,1;2) \\ &= \begin{pmatrix} 3 & 1 & 0 & 0 \\ 2 & 1 & 0 & 0 \\ 16 & 6 & 1 & 0 \\ -6 & -2 & 0 & 1 \end{pmatrix}, \\ Q &= G_3(2,3) = \begin{pmatrix} 1 & 0 & 0 \\ 0 & 0 & 1 \\ 0 & 1 & 0 \end{pmatrix} \end{aligned}$$

とおけば, $PAQ = \begin{pmatrix} 1 & 0 & -1 \\ 0 & 1 & 0 \\ 0 & 0 & 0 \\ 0 & 0 & 0 \end{pmatrix}$ であることがわかる. ■

定理 2.3.2. (m,n) 行列 A は, 何回かの行および列の基本変形によって,

$$\begin{pmatrix} E_r & O \\ O & O \end{pmatrix} = \begin{pmatrix} \begin{matrix} 1 & & 0 \\ & \ddots & \\ 0 & & 1 \end{matrix} & \mathbf{0} \\ \mathbf{0} & \mathbf{0} \end{pmatrix} \tag{2.4}$$

の形の行列に変形できる. ここで, $r = \operatorname{rank} A$ である. したがって, PAQ が上の形になるような, m 次正則行列 P と n 次正則行列 Q が存在する.

証明. 行および列の基本変形によって A を (2.3) の形にした後に, さらに列基本変形によって, 第 1 行を $(1,1)$ 成分で, 第 2 行を $(2,2)$ 成分で,…, 第 r 行を (r,r) 成分で, それぞれ掃き出せばよい. □

例 2.3.3. 例 2.3.2 の A と P, Q について,

$$PAQ = \begin{pmatrix} 1 & 0 & -1 \\ 0 & 1 & 0 \\ 0 & 0 & 0 \\ 0 & 0 & 0 \end{pmatrix} \xrightarrow{3\text{ 列}+1\text{ 列}} \begin{pmatrix} 1 & 0 & 0 \\ 0 & 1 & 0 \\ 0 & 0 & 0 \\ 0 & 0 & 0 \end{pmatrix}$$

よって,

$$Q' = QH_3(3,1;1) = \begin{pmatrix} 1 & 0 & 1 \\ 0 & 0 & 1 \\ 0 & 1 & 0 \end{pmatrix}$$

とするとき,

$$PAQ' = \begin{pmatrix} 1 & 0 & 0 \\ 0 & 1 & 0 \\ 0 & 0 & 0 \\ 0 & 0 & 0 \end{pmatrix}.$$

■

2.4 連立 1 次方程式の解法

この節では, 連立 1 次方程式を解くことと適当な行列を行基本変形することが本質的に同じであるということを学ぶ. まずは具体例を見てみる. 連立 1 次方程式

$$\begin{cases} x - y - 2z = 5 \\ x + 2y - z = 1 \\ 3y - 4z = 6 \end{cases} \tag{2.5}$$

は以下の手順で解くことができる.

$$(2.5) \xrightarrow{2\text{ 行}+1\text{ 行}\times(-1)} \begin{cases} x - y - 2z = 5 \\ 3y + z = -4 \\ 3y - 4z = 6 \end{cases} \xrightarrow{2\text{ 行}\times 1/3} \begin{cases} x - y - 2z = 5 \\ y + 1/3z = -4/3 \\ 3y - 4z = 6 \end{cases}$$

$$\xrightarrow{1\text{ 行}+2\text{ 行},\ 3\text{ 行}+2\text{ 行}\times(-3)} \begin{cases} x - 5/3z = 11/3 \\ y + 1/3z = -4/3 \\ -5z = 10 \end{cases} \xrightarrow{3\text{ 行}\times(-1/5)} \begin{cases} x - 5/3z = 11/3 \\ y + 1/3z = -4/3 \\ z = -2 \end{cases}$$

$$\xrightarrow{1\text{ 行}+3\text{ 行}\times 5/3,\ 2\text{ 行}+3\text{ 行}\times(-1/3)} \begin{cases} x = 1/3 \\ y = -2/3 \\ z = -2 \end{cases}$$

この計算を, 係数と右辺の動きにのみ着目して見ていこう. 連立方程式 (2.5) の係数に注目して, 対応する行列

$$\tilde{A} = \begin{pmatrix} 1 & -1 & -2 & 5 \\ 1 & 2 & -1 & 1 \\ 0 & 3 & -4 & 6 \end{pmatrix}$$

を考えてみる. 上の計算に対応する行列の動きをみると,

$$\tilde{A} \overset{2\text{ 行}+1\text{ 行}\times(-1)}{\longrightarrow} \begin{pmatrix} 1 & -1 & -2 & 4 \\ 0 & 3 & 1 & -4 \\ 0 & 3 & -4 & 6 \end{pmatrix} \overset{2\text{ 行}\times 1/3}{\longrightarrow} \begin{pmatrix} 1 & -1 & -2 & 5 \\ 0 & 1 & 1/3 & -4/3 \\ 0 & 3 & -4 & 6 \end{pmatrix}$$

$$\overset{1\text{ 行}+2\text{ 行},\ 3\text{ 行}+2\text{ 行}\times(-3)}{\longrightarrow} \begin{pmatrix} 1 & 0 & -5/3 & 11/3 \\ 0 & 1 & 1/3 & -4/3 \\ 0 & 0 & -5 & 10 \end{pmatrix} \overset{3\text{ 行}\times(-1/5)}{\longrightarrow} \begin{pmatrix} 1 & 0 & -5/3 & 11/3 \\ 0 & 1 & 1/3 & -4/3 \\ 0 & 0 & 1 & -2 \end{pmatrix}$$

$$\overset{1\text{ 行}+3\text{ 行}\times 5/3,\ 2\text{ 行}+3\text{ 行}\times(-1/3)}{\longrightarrow} \begin{pmatrix} 1 & 0 & 0 & 1/3 \\ 0 & 1 & 0 & -2/3 \\ 0 & 0 & 1 & -2 \end{pmatrix}.$$

となり, これは $\tilde{A}$ を行基本変形し, その階段行列を得る計算となっていることが確認できる. このように, 連立 1 次方程式を解く 1 つの方法として, 連立方程式に対応する行列を書き下し, 幾度かの掃出しを行うことでその階段行列を計算し, 本来の連立方程式の解を得るという手法がある. これを **掃き出し法** による連立方程式の解法という.

以上に述べたことを, いくつかの用語を定義しつつ一般的な形でまとめておく. 連立 1 次方程式

$$\begin{cases} a_{11}x_1 & + & a_{12}x_2 & + & \cdots & + & a_{1n}x_1 & = & b_1 \\ a_{21}x_1 & + & a_{12}x_2 & + & \cdots & + & a_{2n}x_1 & = & b_2 \\ & & & & & & & \vdots & \\ a_{m1}x_1 & + & a_{m2}x_2 & + & \cdots & + & a_{mn}x_1 & = & b_m \end{cases} \tag{2.6}$$

について考える. (m, n) 行列

$$A = \begin{pmatrix} a_{11} & a_{12} & \cdots & a_{1n} \\ a_{21} & a_{22} & \cdots & a_{2n} \\ \vdots & \vdots & & \vdots \\ a_{m1} & a_{m2} & \cdots & a_{mn} \end{pmatrix}$$

を (2.6) の **係数行列** といい, $(m, n+1)$ 行列

$$\tilde{A} = \begin{pmatrix} a_{11} & a_{12} & \cdots & a_{1n} & b_1 \\ a_{21} & a_{22} & \cdots & a_{2n} & b_2 \\ \vdots & \vdots & & \vdots & \vdots \\ a_{m1} & a_{m2} & \cdots & a_{mn} & b_m \end{pmatrix}$$

を (2.6) の **拡大係数行列** という.

$$\boldsymbol{b} = \begin{pmatrix} b_1 \\ b_2 \\ \vdots \\ b_m \end{pmatrix}, \quad \boldsymbol{x} = \begin{pmatrix} x_1 \\ x_2 \\ \vdots \\ x_n \end{pmatrix}$$

とすれば $\tilde{A} = (A\ \boldsymbol{b})$ で, (2.6) は

$$A\boldsymbol{x} = \boldsymbol{b}$$

となる.

はじめに説明した通り, 連立 1 次方程式を解くには行基本変形によって拡大係数行列を簡単な行列 (たとえば階段行列) に変形して, それに対応する連立 1 次方程式を見ればよいということを保証しているのが次の定理である.

定理 2.4.1. 連立 1 次方程式 (2.6) の拡大係数行列を $\tilde{A}$ とする. 何回かの行基本変形で, $\tilde{A}$ が $\tilde{A}'$ に変形されるとき, (2.6) は $\tilde{A}'$ を拡大係数行列とする連立 1 次方程式と同じ解をもつ.

証明. $\tilde{A}'$ の第 1 列から第 n 列までを並べた行列を $A', \tilde{A}'$ の第 $n+1$ 列ベクトルを $\boldsymbol{b}'$ とすると, $\tilde{A}'$ に対応する連立 1 次方程式は

$$A'\boldsymbol{x} = \boldsymbol{b}'$$

である. いま, 定理 2.1.3 から, ある正則行列 P があって, $\tilde{A}' = P\tilde{A}$ となっており, よって,

$$A' = PA,\ \boldsymbol{b}' = P\boldsymbol{b}$$

である. したがって

$$A'\boldsymbol{x} = \boldsymbol{b}' \Leftrightarrow PA\boldsymbol{x} = P\boldsymbol{b} \Leftrightarrow A\boldsymbol{x} = \boldsymbol{b}$$

となる. □

本節のはじめに与えた連立方程式の問題では解がただ 1 つに定まっていたが, 以下の例にあるように, 一般には解をもたない場合や, 無数に多くの解をもつ場合もある.

例 2.4.1.

$$\begin{cases} 2x - y - z = 1 \\ -x + 2y - z = 1 \\ -x - y + 2z = -2 \end{cases}$$

を解け.

解. 拡大係数行列は次のように変形される:

$$\begin{pmatrix} 2 & -1 & -1 & 1 \\ -1 & 2 & -1 & 1 \\ -1 & -1 & 2 & -2 \end{pmatrix} \xrightarrow{1\text{ 行}\times 1/2} \begin{pmatrix} 1 & -1/2 & -1/2 & 1/2 \\ -1 & 2 & -1 & 1 \\ -1 & -1 & 2 & -2 \end{pmatrix}$$

$$\xrightarrow{2\text{ 行}+1\text{ 行},\ 3\text{ 行}+1\text{ 行}} \begin{pmatrix} 1 & -1/2 & -1/2 & 1/2 \\ 0 & 3/2 & -3/2 & 3/2 \\ 0 & -3/2 & 3/2 & -3/2 \end{pmatrix} \xrightarrow{2\text{ 行}\times 2/3} \begin{pmatrix} 1 & -1/2 & -1/2 & 1/2 \\ 0 & 1 & -1 & 1 \\ 0 & -3/2 & 3/2 & -3/2 \end{pmatrix}$$

$$\xrightarrow{1\text{ 行}+2\text{ 行}\times 1/2,\ 3\text{ 行}+2\text{ 行}\times 3/2} \begin{pmatrix} 1 & 0 & -1 & 1 \\ 0 & 1 & -1 & 1 \\ 0 & 0 & 0 & 0 \end{pmatrix}$$

最後の行列に対応する連立 1 次方程式は,

$$\begin{cases} x \quad\quad -z = 1 \\ \quad\quad y \ -z = 1. \end{cases}$$

$z = c$ (c は任意定数) とすれば, 求める解は,

$$\begin{pmatrix} x \\ y \\ z \end{pmatrix} = \begin{pmatrix} c+1 \\ c+1 \\ c \end{pmatrix}$$

となる. ■

例 2.4.2.

$$\begin{cases} 2x - y - z = 1 \\ -x + 2y - z = 1 \\ -x - y + 2z = 1 \end{cases}$$

を解け.

解. 係数行列は例 2.4.1 の場合と同じである. そこで例 2.4.1 と同様な行基本変形を行うと,

$$\begin{pmatrix} 2 & -1 & -1 & 1 \\ -1 & 2 & -1 & 1 \\ -1 & -1 & 2 & 1 \end{pmatrix} \longrightarrow \begin{pmatrix} 1 & 0 & -1 & 1 \\ 0 & 1 & -1 & 1 \\ 0 & 0 & 0 & 3 \end{pmatrix}$$

となる. 最後の行列に対応する連立 1 次方程式の第 3 式は,

$$0 \cdot x + 0 \cdot y + 0 \cdot z = 3$$

となるから, 連立 1 次方程式は解をもたない. ■

係数行列を A, 拡大係数行列を $\tilde{A}$ とすると, この節のはじめに与えた例では,

$$\text{rank } A = \text{rank } \tilde{A} = 3 = \text{文字 } x, y, z \text{ の個数}$$

であり, 例 2.4.1 では

$$\text{rank } A = \text{rank } \tilde{A} = 2 = (\text{文字 } x, y, z \text{ の個数}) - (\text{任意定数 } c \text{ の個数})$$

例 2.4.2 では,

$$\text{rank } A = 2 < \text{rank } \tilde{A} = 3$$

となっていることに注意しておこう.

問 2.3 次の連立 1 次方程式を解け.

(1) $\begin{cases} 2x - y - z = -5 \\ 4x - 5y - 2z = -1 \\ -2x + 3y + z = 3 \end{cases}$　　(2) $\begin{cases} x_1 + 2x_2 - x_4 = -4 \\ -2x_1 - x_2 + 6x_3 + 5x_4 = -1 \\ 3x_1 + 4x_2 + 2x_3 + 3x_4 = -10 \end{cases}$

(3) $\begin{cases} x + 2y - 2z = 0 \\ 2x - y + 3z = 2 \\ 3x + 2z = -1 \end{cases}$

2.5 連立 1 次方程式の解と係数行列の階数

ここでは, 連立 1 次方程式の解の個数に関しての性質が係数行列および拡大係数行列の階数を見ることで判定できることを見る.

前節と同じ連立 1 次方程式 (2.6) を用いる. (2.6) の係数行列を A, 拡大係数行列を $\tilde{A} = (A\ \boldsymbol{b})$ とする. rank $A = r$ とする. $\tilde{A}$ を行基本変形によって階段行列 $\tilde{A}' = (A'\ \boldsymbol{b}')$ に変形すると, A' は (2.1) の形の行列になるので,

$$\boldsymbol{b}' = \begin{pmatrix} b'_1 \\ \vdots \\ b'_r \\ 0 \\ \vdots \\ 0 \end{pmatrix} \quad \text{または} \quad \boldsymbol{b}' = \begin{pmatrix} 0 \\ \vdots \\ 0 \\ 1 \\ 0 \\ \vdots \\ 0 \end{pmatrix} \quad \cdots (r+1)$$

でなければならない. 後者のとき rank $\tilde{A} = r + 1$ で, $\tilde{A}'$ に対応する連立 1 次方程式の第 $r+1$ 番目の式は

$$0 \cdot x_1 + \cdots + 0 \cdot x_n = 1$$

となるので, 方程式は解をもたない. 前者のときは rank $\tilde{A} = r$ であって, $A' = (a'_{ij})$ とすれば $\tilde{A}'$ に対応する連立 1 次方程式は

$$\begin{cases} x_{k_1} + \cdots + a'_{1,k_2-1}x_{k_2-1} + \ 0 \ + a'_{1,k_2+1}x_{k_2+1} + \cdots + a'_{1,k_r-1}x_{k_r-1} + \ 0 \ + a'_{1,k_r+1}x_{k_r+1} + \cdots = b'_1 \\ \qquad x_{k_2} + a'_{2,k_2+1}x_{k_2+1} + \cdots + a'_{2,k_r-1}x_{k_r-1} + \ 0 \ + a'_{2,k_r+1}x_{k_r+1} + \cdots = b'_2 \\ \qquad\qquad \vdots \\ \qquad\qquad x_{k_r} + a'_{r,k_r+1}x_{k_r+1} + \cdots = b'_r \end{cases}$$

の形となり, これは解をもつ. 実際,

$$x_i = c_i \quad (1 \leqq i \leqq n, \quad i \neq k_1, \ldots, k_r)$$

とすれば, 連立 1 次方程式の解は

$$\begin{cases} x_{k_1} = b'_1 - a'_{1,k_1+1}c_{k_1+1} - \cdots \\ x_{k_2} = b'_2 - a'_{2,k_2+1}c_{k_2+1} - \cdots \\ \qquad \vdots \\ x_{k_r} = b'_r - a'_{r,k_r+1}c_{k_r+1} - \cdots \end{cases}$$

により与えられる. 以上により次のことがわかった.

定理 2.5.1. 連立 1 次方程式 (2.6) の係数行列を A, 拡大係数行列を $\tilde{A}$ とする.

1. (2.6) が解をもつための必要十分条件は, rank $A =$ rank $\tilde{A}$ である.
2. (2.6) が解をもつとき, $r =$ rank A とおけば解は $n-r$ 個の任意定数を含む. 特に, $n = r$ ならば, 解はただ 1 つである.

例 2.5.1. 連立1次方程式

$$\begin{cases} 2x + y + 3z = a_1 \\ 2x + 2z = a_2 \\ x + y + 2z = a_3 \end{cases}$$

が解をもつためには, 定数 a_1, a_2, a_3 の間にどのような関係があればよいか.

解. 拡大係数行列 $\tilde{A} = (A\ \boldsymbol{b})$ は行基本変形により次のように変形される.

$$\begin{pmatrix} 2 & 1 & 3 & a_1 \\ 2 & 0 & 2 & a_2 \\ 1 & 1 & 2 & a_3 \end{pmatrix} \xrightarrow{1\text{ 行}\leftrightarrow 3\text{ 行}} \begin{pmatrix} 1 & 1 & 2 & a_3 \\ 2 & 0 & 2 & a_2 \\ 2 & 1 & 3 & a_1 \end{pmatrix}$$

$$\xrightarrow{2\text{ 行}+1\text{ 行}\times(-2),\ 3\text{ 行}+1\text{ 行}\times(-2)} \begin{pmatrix} 1 & 1 & 2 & a_3 \\ 0 & -2 & -2 & a_2 - 2a_3 \\ 0 & -1 & -1 & a_1 - 2a_3 \end{pmatrix}$$

$$\xrightarrow{3\text{ 行}+2\text{ 行}\times(-1/2)} \begin{pmatrix} 1 & 1 & 2 & a_3 \\ 0 & -2 & -2 & a_2 - 2a_3 \\ 0 & 0 & 0 & a_1 - a_2/2 - a_3 \end{pmatrix}$$

ゆえに, $\operatorname{rank} A = 2$ で,

$$\operatorname{rank} \tilde{A} = \begin{cases} 2 & (a_1 - a_2/2 - a_3 = 0) \\ 3 & (a_1 - a_2/2 - a_3 \neq 0). \end{cases}$$

したがって与えられた連立1次方程式が解をもつための条件は,

$$a_1 - a_2/2 - a_3 = 0$$

である. ■

例 2.5.2.

$$\begin{cases} 2x + y - z + 3w = 1 \\ 4x + 2y - 4z + 5w = 3 \\ -2x - y + 3z - 2w = -2 \\ 2x + y + z + 4w = 0 \end{cases}$$

の解に含まれる任意定数の個数を求めよ.

解. 拡大係数行列 $\tilde{A} = (A\ \boldsymbol{b})$ は次のように変形される.

$$\begin{pmatrix} 2 & 1 & -1 & 3 & 1 \\ 4 & 2 & -4 & 5 & 3 \\ -2 & -1 & 3 & -2 & -2 \\ 2 & 1 & 1 & 4 & 0 \end{pmatrix} \xrightarrow{2\text{ 行}+1\text{ 行}\times(-2),\ 3\text{ 行}+1\text{ 行},\ 4\text{ 行}+1\text{ 行}\times(-1)} \begin{pmatrix} 2 & 1 & -1 & 3 & 1 \\ 0 & 0 & -2 & -1 & 1 \\ 0 & 0 & 2 & 1 & -1 \\ 0 & 0 & 2 & 1 & -1 \end{pmatrix}$$

$$\xrightarrow{3\text{ 行}+2\text{ 行},\ 4\text{ 行}+2\text{ 行}} \begin{pmatrix} 2 & 1 & -1 & 3 & 1 \\ 0 & 0 & -2 & -1 & 1 \\ 0 & 0 & 0 & 0 & 0 \\ 0 & 0 & 0 & 0 & 0 \end{pmatrix}$$

よって $\operatorname{rank} A = \operatorname{rank} \tilde{A} = 2$. いま, 変数の個数は 4 であるから, 連立1次方程式の解に含まれる任意定数の個数は $4 - 2 = 2$ である. ■

問 2.4 次の連立 1 次方程式が解をもつためには, a_1, a_2, a_3 の間にどのような関係式が成り立っていればよいか.

$$(1)\begin{cases} 2x + y - z = a_1 \\ x + y = a_2 \\ 3x + 2y - z = a_3 \end{cases} \qquad (2)\begin{cases} 2x + 3y + 4z = a_1 \\ 3x + 4y + 7z = a_2 \\ x + 3y - z = a_3 \end{cases}$$

2.6 逆行列

ここでは, まず正方行列が正則行列になるための条件と, 正則であるときのその逆行列の求め方について述べる. 次に, 正則な正方行列 A を係数行列としてもつ連立方程式の解き方について述べる.

はじめに, 正方行列が逆行列をもつための条件を整理しておく.

定理 2.6.1. n 次正方行列 A について, 次の条件はすべて同値である.

1. A は正則行列である,
2. $\mathrm{rank}\, A = n$,
3. A は行基本変形により, 単位行列 E_n に変形される,
4. A は基本行列の積として表される.

証明. (1) ⇒ (2) A を行基本変形により階段行列 B に変形したとする. 定理 2.1.3 から,

$$B = PA \tag{2.7}$$

となる正則行列 P がある. いま A は正則なので B も正則でなければならない. ゆえに B は正則な階段行列かつ n 次正方行列であるから, n 次単位行列となる. 特に, $\mathrm{rank}\, A = n$.

(2) ⇒ (3) $\mathrm{rank}\, A = n$ なら, A は行基本変形により階数 n の階段行列 B に変形される. ここで, n 次正方行列 B が階数 n の階段行列ならば, $B = E_n$ でなければならない. よって (3) が成り立つ.

(3) ⇒ (4) 定理 2.1.1 (1) による.

(4) ⇒ (1) 定理 2.1.2 による. □

例 2.6.1. 次の行列が正則かどうか判定せよ.

$$(1)\ A = \begin{pmatrix} 1 & -2 & -1 \\ 0 & 1 & 2 \\ -1 & 0 & -2 \end{pmatrix} \qquad (2)\ B = \begin{pmatrix} -2 & 0 & -4 \\ 1 & -2 & 3 \\ 1 & -4 & 4 \end{pmatrix}$$

解. (1) 行基本変形により,

$$A \overset{3\text{ 行}+1\text{ 行}}{\longrightarrow} \begin{pmatrix} 1 & -2 & -1 \\ 0 & 1 & 2 \\ 0 & -2 & -3 \end{pmatrix} \overset{1\text{ 行}+2\text{ 行}\times 2,3\text{ 行}+2\text{ 行}\times 2}{\longrightarrow} \begin{pmatrix} 1 & 0 & 3 \\ 0 & 1 & 2 \\ 0 & 0 & 1 \end{pmatrix}$$

$$\xrightarrow{1\text{ 行}+3\text{ 行}\times(-3),2\text{ 行}+3\text{ 行}\times(-2)} \begin{pmatrix} 1 & 0 & 0 \\ 0 & 1 & 0 \\ 0 & 0 & 1 \end{pmatrix}$$

よって rank $A = 3$ で, A は正則である.

(2) についても同様に行基本変形により rank $B = 2$ がわかるので B は正則でない. ■

定理 2.6.2. n 次正方行列 A が何回かの行基本変形によって単位行列 E_n に変形されるとするとする. このとき, 同じ行基本変形によって E_n は逆行列 A^{-1} に変形される.

証明. 行基本変形が k 回行われたとし, i 回目の行基本変形に定理 2.1.1 (1) によって対応する基本行列を M_i とする $(i = 1, \ldots, k)$. また, これらの行基本変形により E_n が B に変形されるとする. このとき,

$$E_n = M_k \cdots M_1 A,$$

$$B = M_k \cdots M_1 E_n = M_k \cdots M_1.$$

よって,

$$BA = E_n.$$

前定理により A は正則行列である. よって上の式の両辺に右から A^{-1} をかけて, $B = A^{-1}$ を得る. □

この定理から, n 次正方行列 A の逆行列を求めたいのであれば次のようにすればよいことがわかる: まず A と単位行列 E_n を並べた行列 $(A\ E_n)$ を考え, これに行基本変形を何度か施して,

$$(A\ E_n) \to \cdots \to (E_n\ *)$$

となったとする. このとき $*$ の部分に出てくる行列が A の逆行列である.

Point

n 次正方行列 A の逆行列を求めようとした際に

$$(A\ E_n) \to \cdots \to (F_n\ *), \qquad F_n \text{ は階数が } n \text{ 未満の正方行列}$$

となったならば, A は逆行列をもたない, すなわち A は正則行列ではない, ということになる. このことも定理から直ちに従う.

例 2.6.2.

$$A = \begin{pmatrix} 1 & 1 & 1 \\ 1 & 1 & 2 \\ 2 & 1 & 1 \end{pmatrix}$$

の逆行列を求めてみる.

$$(A\ E_3) = \begin{pmatrix} 1 & 1 & 1 & 1 & 0 & 0 \\ 1 & 1 & 2 & 0 & 1 & 0 \\ 2 & 1 & 1 & 0 & 0 & 1 \end{pmatrix} \xrightarrow{2\text{ 行}+1\text{ 行}\times(-1),3\text{ 行}+1\text{ 行}\times(-2)} \begin{pmatrix} 1 & 1 & 1 & 1 & 0 & 0 \\ 0 & 0 & 1 & -1 & 1 & 0 \\ 0 & -1 & -1 & -2 & 0 & 1 \end{pmatrix}$$

$$\xrightarrow{2\text{ 行}\leftrightarrow 3\text{ 行}} \begin{pmatrix} 1 & 1 & 1 & 1 & 0 & 0 \\ 0 & -1 & -1 & -2 & 0 & 1 \\ 0 & 0 & 1 & -1 & 1 & 0 \end{pmatrix} \xrightarrow{2\text{ 行}\times(-1)} \begin{pmatrix} 1 & 1 & 1 & 1 & 0 & 0 \\ 0 & 1 & 1 & 2 & 0 & -1 \\ 0 & 0 & 1 & -1 & 1 & 0 \end{pmatrix}$$

$$\xrightarrow{1\text{ 行}+2\text{ 行}\times(-1)} \begin{pmatrix} 1 & 0 & 0 & -1 & 0 & 1 \\ 0 & 1 & 1 & 2 & 0 & -1 \\ 0 & 0 & 1 & -1 & 1 & 0 \end{pmatrix} \xrightarrow{2\text{ 行}+3\text{ 行}\times(-1)} \begin{pmatrix} 1 & 0 & 0 & -1 & 0 & 1 \\ 0 & 1 & 0 & 3 & -1 & -1 \\ 0 & 0 & 1 & -1 & 1 & 0 \end{pmatrix}$$

これから,

$$A^{-1} = \begin{pmatrix} -1 & 0 & 1 \\ 3 & -1 & -1 \\ -1 & 1 & 0 \end{pmatrix}$$

■

例 2.6.3.

$$A = \begin{pmatrix} 1 & -1 & 0 \\ 1 & 1 & 2 \\ 2 & -1 & 1 \end{pmatrix}$$

とする.

$$(A\ E_3) = \begin{pmatrix} 1 & -1 & 0 & 1 & 0 & 0 \\ 1 & 1 & 2 & 0 & 1 & 0 \\ 2 & -1 & 1 & 0 & 0 & 1 \end{pmatrix} \xrightarrow{2\text{ 行}+1\text{ 行}\times(-1),3\text{ 行}+1\text{ 行}\times(-2)} \begin{pmatrix} 1 & -1 & 0 & 1 & 0 & 0 \\ 0 & 2 & 2 & -1 & 1 & 0 \\ 0 & 1 & 1 & -2 & 0 & 1 \end{pmatrix}$$

$$\xrightarrow{2\text{ 行}\leftrightarrow 3\text{ 行}} \begin{pmatrix} 1 & -1 & 0 & 1 & 0 & 0 \\ 0 & 1 & 1 & -2 & 0 & 1 \\ 0 & 2 & 2 & -1 & 1 & 0 \end{pmatrix} \xrightarrow{3\text{ 行}+2\text{ 行}\times(-2)} \begin{pmatrix} 1 & -1 & 0 & 1 & 0 & 0 \\ 0 & 1 & 1 & -2 & 0 & 1 \\ 0 & 0 & 0 & 3 & 1 & -2 \end{pmatrix}$$

ここで行列 $\begin{pmatrix} 1 & -1 & 0 \\ 0 & 1 & 1 \\ 0 & 0 & 0 \end{pmatrix}$ は階数 $2 < 3$ なので, A は正則ではないことがわかる. ■

問 2.5 次の逆行列を求めよ.

$$(1)\ \begin{pmatrix} 2 & 1 & 3 \\ 4 & 2 & 7 \\ -5 & -2 & -4 \end{pmatrix} \qquad (2)\ \begin{pmatrix} 1 & 1 & 0 & -2 \\ -2 & -2 & 1 & 3 \\ 1 & 2 & -1 & -2 \\ 0 & -3 & 1 & 3 \end{pmatrix}$$

最後に, 連立方程式

$$\begin{cases} a_{11}x_1 & + & \cdots & + & a_{1n}x_1 & = & b_1 \\ a_{21}x_1 & + & \cdots & + & a_{2n}x_1 & = & b_2 \\ & & & & & \vdots & \\ a_{n1}x_1 & + & \cdots & + & a_{nn}x_1 & = & b_n \end{cases} \tag{2.8}$$

の係数行列 $A = (a_{ij})$ が正則であるときの解法について述べる.

$$\boldsymbol{b} = \begin{pmatrix} b_1 \\ b_2 \\ \vdots \\ b_n \end{pmatrix}, \quad \boldsymbol{x} = \begin{pmatrix} x_1 \\ x_2 \\ \vdots \\ x_n \end{pmatrix}$$

とすれば連立方程式 (2.8) は

$$A\boldsymbol{x} = \boldsymbol{b}$$

となる. A は正則行列なので, この両辺に A^{-1} をかけることで

$$\boldsymbol{x} = A^{-1}\boldsymbol{b}$$

となり, 解を得ることができる.

例 2.6.4. 連立方程式

$$\begin{cases} x + y + z = 1 \\ x + y + 2z = 2 \\ 2x + y + z = 3 \end{cases} \tag{2.9}$$

を解く. この連立方程式は

$$\begin{pmatrix} 1 & 1 & 1 \\ 1 & 1 & 2 \\ 2 & 1 & 1 \end{pmatrix} \begin{pmatrix} x \\ y \\ z \end{pmatrix} = \begin{pmatrix} 1 \\ 2 \\ 3 \end{pmatrix}$$

と変形できる. 係数行列 $\begin{pmatrix} 1 & 1 & 1 \\ 1 & 1 & 2 \\ 2 & 1 & 1 \end{pmatrix}$ は正則行列であり, その逆行列は $\begin{pmatrix} -1 & 0 & 1 \\ 3 & -1 & -1 \\ -1 & 1 & 0 \end{pmatrix}$ であった (例 2.6.2). したがって,

$$\begin{pmatrix} x \\ y \\ z \end{pmatrix} = \begin{pmatrix} -1 & 0 & 1 \\ 3 & -1 & -1 \\ -1 & 1 & 0 \end{pmatrix} \begin{pmatrix} 1 \\ 2 \\ 3 \end{pmatrix} = \begin{pmatrix} 2 \\ -2 \\ 1 \end{pmatrix}.$$

■

第 2 章 練 習 問 題

1. 次の行列の階数を求めよ.

(1) $\begin{pmatrix} 1 & 0 & 2 \\ 2 & 2 & 4 \\ 5 & 3 & 7 \end{pmatrix}$ (2) $\begin{pmatrix} 0 & 2 & 1 & 6 \\ 2 & 4 & 1 & 8 \\ 3 & 7 & 2 & 15 \end{pmatrix}$ (3) $\begin{pmatrix} 1 & 0 & -2 & 1 \\ 0 & -1 & 1 & -1 \\ 1 & 4 & 0 & 2 \\ -1 & 3 & 1 & 1 \\ 2 & -1 & -1 & 0 \end{pmatrix}$

(4) $\begin{pmatrix} 2 & 4 & 1 & -1 & -4 \\ 3 & 3 & 2 & 1 & -1 \\ 5 & 1 & 4 & 3 & 5 \\ 11 & 1 & 9 & 6 & 13 \end{pmatrix}$ (5) $\begin{pmatrix} 1 & 2 & 3 & 4 & 5 \\ 2 & 3 & 4 & 5 & 6 \\ 3 & 4 & 5 & 6 & 7 \\ 4 & 5 & 6 & 7 & 8 \\ 5 & 6 & 7 & 8 & 9 \end{pmatrix}$ (6) $\begin{pmatrix} -1 & 2 & 1 & 1 & -3 \\ 1 & 1 & -6 & -2 & -4 \\ -2 & 1 & 7 & 3 & 1 \end{pmatrix}$

(7) $\begin{pmatrix} a & b & b \\ b & a & b \\ b & b & a \end{pmatrix}$ (8) $\begin{pmatrix} 1 & a & bc \\ 1 & b & ca \\ 1 & c & ab \end{pmatrix}$

2. 次の連立 1 次方程式を解け.

(1) $\begin{cases} -2x + 2y - z - w = 3 \\ 2x + y + 3z + w = 6 \\ x + 3y + z + 2w = 9 \\ -3x - y + 4z - 3w = -6 \end{cases}$ (2) $\begin{cases} x - y + z = 2 \\ -x + 2y - 3z = 1 \\ 2y + 4z = -2 \\ x + y + 2z = 0 \end{cases}$

(3) $\begin{cases} 3x - 6y + 9z = 6 \\ x - 2y + 3z = 2 \\ -2x + 4y - 6z = -4 \end{cases}$ (4) $\begin{cases} x + 2y + 2z + 2w - u = 0 \\ 3x + 6y + 3z + 9w - 6u = 0 \\ 2x + 4y + 7z + w + u = 0 \end{cases}$

3. 次の連立 1 次方程式が解をもつとき, a_1, a_2, a_3 の間に成り立つ関係式を求めよ.

$$\begin{cases} 2x + y + 3z = a_1 \\ 2x + 2z = a_2 \\ x + y + 2z = a_3 \end{cases}$$

4. 次の連立 1 次方程式が解をもつように a, b を定め, 解を求めよ.

$$\begin{cases} 2x - 3y - z + w = a \\ x - 9y - 8z + 5w = -4 \\ 4x - 11y - 7z + 5w = -1 \\ x + y + 2z - w = b \end{cases}$$

5. 次の行列の逆行列を求めよ.

(1) $\begin{pmatrix} -3 & 4 \\ 1 & 2 \end{pmatrix}$ (2) $\begin{pmatrix} 2 & 1 & 1 \\ 1 & 1 & 2 \\ 1 & 1 & 1 \end{pmatrix}$ (3) $\begin{pmatrix} 1 & 0 & 0 & 0 \\ 0 & 2 & 0 & 0 \\ 0 & 0 & 3 & 0 \\ 0 & 0 & 0 & 4 \end{pmatrix}$

(4) $\begin{pmatrix} 3 & 3 & -5 & -6 \\ 1 & 2 & -3 & -1 \\ 2 & 3 & -5 & -3 \\ -1 & 0 & 2 & 2 \end{pmatrix}$ (5) $\begin{pmatrix} 0 & 0 & 1 \\ 0 & 1 & b \\ 1 & a & 0 \end{pmatrix}$ (6) $\begin{pmatrix} 0 & 0 & c & 1 \\ 0 & b & 1 & 0 \\ a & 1 & 0 & 0 \\ 1 & 0 & 0 & 0 \end{pmatrix}$

第3章 行列式

この章では, 正方行列に対して定義される行列式といわれる数について論ずる. 行列式を用いることで, 与えられた正方行列に対して逆行列の存在判定を行うことができるようになる. また, 逆行列を直接に求める公式が示される.

3.1 置換

n 個の文字 $\{1, 2, \ldots, n\}$ を並べ替える操作のことを n 文字の **置換** という. また, 1 を k_1 に, 2 を k_2 に…, n を k_n に並べ替える置換, つまり

$$\{1, 2, \ldots, n\} \longrightarrow \{k_1, k_2, \ldots, k_n\}$$

という並び替えで与えられる置換のことを

$$\begin{pmatrix} 1 & 2 & \cdots & n \\ k_1 & k_2 & \cdots & k_n \end{pmatrix}$$

と書く. 行列のような書き方であるが, 全く別のものであることに注意せよ. この書き方について以下のルールを設ける.

ルール 1 上下の組み合わせが変わらない限り順序を並べ替えてもよいものとする. たとえば $\begin{pmatrix} 1 & 2 & 3 \\ 2 & 1 & 3 \end{pmatrix} = \begin{pmatrix} 2 & 3 & 1 \\ 1 & 3 & 2 \end{pmatrix} = \begin{pmatrix} 3 & 1 & 2 \\ 3 & 2 & 1 \end{pmatrix}$ である.

ルール 2 上下に同じ文字があらわれる場合, すなわち並び替えされない文字がある場合, その文字は省略して書いてもよい. これはたとえば $\begin{pmatrix} 1 & 2 & 3 \\ 2 & 1 & 3 \end{pmatrix} = \begin{pmatrix} 1 & 2 \\ 2 & 1 \end{pmatrix}$ のような書き方をしてもよいということを意味する.

n 文字の置換 σ に対して, $\sigma(i)$ で i を並べ替えたあとにあらわれる数を表すものとする. すなわち

$$\sigma = \begin{pmatrix} 1 & 2 & \cdots & n \\ k_1 & k_2 & \cdots & k_n \end{pmatrix} \quad のとき \quad \sigma(1) = k_1, \sigma(2) = k_2, \ldots, \sigma(n) = k_n$$

である.

注意. より正確ないい回しをすると, n 文字の置換とは集合 $\{1, 2, \ldots, n\}$ の間の全単射写像 $\sigma\colon \{1, 2, \ldots, n\} \to \{1, 2, \ldots, n\}$ のことを意味する.

例 3.1.1. 4 文字の置換

$$\sigma = \begin{pmatrix} 1 & 2 & 3 & 4 \\ 3 & 2 & 4 & 1 \end{pmatrix} = \begin{pmatrix} 1 & 3 & 4 \\ 3 & 4 & 1 \end{pmatrix}$$

において,

$$\sigma(1) = 3, \sigma(2) = 2, \sigma(3) = 4, \sigma(4) = 1$$

が成り立つ. ■

定義 3.1.1. (1) 2 つの n 文字の置換 σ, τ の **積** $\sigma\tau$ を

$$\sigma\tau(i) = \sigma(\tau(i)) \quad (i = 1, 2, \ldots, n)$$

で定義される n 文字の置換とする.

(2) 全ての文字を動かさない置換のことを **単位置換** といい, ε で表す. すなわち,

$$\varepsilon = \begin{pmatrix} 1 & 2 & \cdots & n \\ 1 & 2 & \cdots & n \end{pmatrix}.$$

(3) 置換 $\sigma = \begin{pmatrix} 1 & 2 & \cdots & n \\ k_1 & k_2 & \cdots & k_n \end{pmatrix}$ に対して, 置換

$$\begin{pmatrix} k_1 & k_2 & \cdots & k_n \\ 1 & 2 & \cdots & n \end{pmatrix}$$

のことを σ の **逆置換** といい, σ^{-1} と書く.

定義から

$$\sigma\sigma^{-1} = \sigma^{-1}\sigma = \varepsilon$$

が成り立つことに注意せよ.

$\sigma\tau$ という置換は, まず τ の並べ替えをし, その後に σ の並べ替えを行うという操作であることに気をつけよう.

例 3.1.2. 4 文字の置換

$$\sigma = \begin{pmatrix} 1 & 2 & 3 & 4 \\ 3 & 2 & 4 & 1 \end{pmatrix}, \tau = \begin{pmatrix} 1 & 2 & 3 & 4 \\ 4 & 3 & 1 & 2 \end{pmatrix}$$

において, $\sigma\tau(1) = \sigma(\tau(1)) = \sigma(4) = 1$ である. 同様に $\sigma\tau(2) = 4, \sigma\tau(3) = 3, \sigma\tau(4) = 2$ となるので,

$$\sigma\tau = \begin{pmatrix} 1 & 2 & 3 & 4 \\ 1 & 4 & 3 & 2 \end{pmatrix}$$

となる. また,

$$\tau\sigma = \begin{pmatrix} 1 & 2 & 3 & 4 \\ 1 & 3 & 2 & 4 \end{pmatrix}$$

となることも分かる. ■

注意. この例からも分かるように, $\sigma\tau$ と $\tau\sigma$ は一致するとは限らない.

定義 3.1.2. 2 つの文字 i と j を入れ替える置換

$$\sigma = \begin{pmatrix} 1 & \cdots & i & \cdots & j & \cdots & n \\ 1 & \cdots & j & \cdots & i & \cdots & n \end{pmatrix}$$

のことを **互換** といい, $(i\ j)$ と書く.

さて, いま目の前にいくつかのものが並んでいるとする:

○ □ △ ☆ ♂

これらを望んだ順番 (たとえば ♂ ○ ☆ △ □) に並べ替えたいとき, 両手を使って 2 つずつ場所を入れ替えていくことによってその順番に並び変えることができる. このことを互換の言葉でいい表したものが次の定理である.

定理 3.1.3. 任意の置換はいくつかの互換の積の形で表すことができる.

この定理は例により理解すれば十分であろう.

例 3.1.3. 4 文字の置換 $\sigma = \begin{pmatrix} 1 & 2 & 3 & 4 \\ 3 & 4 & 2 & 1 \end{pmatrix}$ を互換の積で表そう. $\{1,2,3,4\}$ を $\{3,4,2,1\}$ に並べ替えたいわけだが, 1 から順に入れ替える方針をとる. まず 1 と 3 を入れ替える互換を考える.

$$\begin{pmatrix} 1 & 2 & 3 & 4 \\ 1 & 2 & 3 & 4 \end{pmatrix} \overset{(1\ 3)}{\to} \begin{pmatrix} 1 & 2 & 3 & 4 \\ 3 & 2 & 1 & 4 \end{pmatrix}$$

次に 2 と 4 を入れ替える互換を考える.

$$\begin{pmatrix} 1 & 2 & 3 & 4 \\ 1 & 2 & 3 & 4 \end{pmatrix} \overset{(1\ 3)}{\to} \begin{pmatrix} 1 & 2 & 3 & 4 \\ 3 & 2 & 1 & 4 \end{pmatrix} \overset{(2\ 4)}{\to} \begin{pmatrix} 1 & 2 & 3 & 4 \\ 3 & 4 & 1 & 2 \end{pmatrix}$$

最後に 1 と 2 を入れ替える互換を考える.

$$\begin{pmatrix} 1 & 2 & 3 & 4 \\ 1 & 2 & 3 & 4 \end{pmatrix} \xrightarrow{(1\ 3)} \begin{pmatrix} 1 & 2 & 3 & 4 \\ 3 & 2 & 1 & 4 \end{pmatrix} \xrightarrow{(2\ 4)} \begin{pmatrix} 1 & 2 & 3 & 4 \\ 3 & 4 & 1 & 2 \end{pmatrix} \xrightarrow{(1\ 2)} \begin{pmatrix} 1 & 2 & 3 & 4 \\ 3 & 4 & 2 & 1 \end{pmatrix}$$

以上のことから,

$$\sigma = (1\ 2)(2\ 4)(1\ 3)$$

となることがわかる (この積の互換の順番に注意せよ. 並べ替えの操作は後ろから順に行うのであった). ■

与えられた置換をいくつかの互換の積として表すことを考えると, そのような表示の仕方は一通りに決まるわけではない. たとえば直前の例 3.1.3 にある σ であれば

$$\sigma = (1\ 2)(2\ 4)(1\ 3) = (1\ 2)(2\ 4)(2\ 3)(1\ 2)(2\ 3)$$

が成り立つことが簡単に確認できる．ところが，「いくつの互換を用いた積になっているのか」ということを考えた場合，その個数の偶奇は互換の積の表し方には依っていないことを示すことができる．

定理 3.1.4. 置換 σ をいくつかの互換の積として表したとき，そこにあらわれる互換の個数の偶奇は互換の積の表し方には依らず，σ に依ってのみ定まる．

証明. n 変数多項式 $\Delta(x_1,\ldots,x_n)=\prod_{i<j}(x_j-x_i)$ を考える (**差積**という)．具体的に書くと，

$$
\begin{aligned}
\Delta(x_1,\ldots,x_n) \;=\; & (x_n-x_{n-1})(x_n-x_{n-2})\cdots(x_n-x_2)(x_n-x_1)\\
& (x_{n-1}-x_{n-2})\cdots(x_{n-1}-x_2)(x_{n-1}-x_1)\\
& \cdots\\
& (x_3-x_2)(x_3-x_1)\\
& (x_2-x_1)
\end{aligned}
$$

となり，全部で $\dfrac{1}{2}n(n-1)$ 個の $(x_*-x_\sharp)$ たちの積となる．いま，n 文字の置換 σ に対して

$$\Delta^\sigma(x_1,\ldots,x_n):=\Delta(x_{\sigma(1)},\ldots,x_{\sigma(n)})$$

とおく．σ が互換 $(i\ j)$ $(i<j)$ であれば，Δ と Δ^σ を上のようにたくさんの $(x_*-x_\sharp)$ たちの積の形に書いて見比べたとき，それぞれの積の中に出てくる $(x_*-x_\sharp)$ たちの中で" プラスマイナスの符号が異なる" ものが $2j-2i-1$ 個あることが簡単に確認できるので，

$$\Delta^\sigma(x_1,\ldots,x_n)=-\Delta(x_1,\ldots,x_n)$$

が成り立っている (分かりにくければ $n=2,3,4$ あたりで実験してみるとよい)．このことに注意すると，置換 σ が $\sigma=\tau_1\cdots\tau_k=\rho_1\cdots\rho_l$ という二通りの互換による積の表示をもっているとするとき

$$\Delta^\sigma(x_1,\ldots x_n)=(-1)^k\Delta(x_1,\ldots x_n)=(-1)^l\Delta(x_1,\ldots x_n)$$

が成り立つことが分かる．これは k と l の偶奇が一致することを意味している． □

定義 3.1.5. (1) 置換 σ が偶数個の互換の積として表されるとき，σ を **偶置換** という．逆に奇数個の互換の積として表されるとき，σ を **奇置換** という．

(2) 置換 σ の **符号** $\mathrm{sgn}(\sigma)$ を次のように定義する．

$$\mathrm{sgn}(\sigma)=\begin{cases}1 & (\sigma\ \text{は偶置換})\\ -1 & (\sigma\ \text{は奇置換})\end{cases}$$

置換 σ が r 個の互換 $\sigma_1,\ldots,\sigma_r$ の積

$$\sigma=\sigma_1\cdots\sigma_r$$

として表されるならば，$\mathrm{sgn}(\sigma)=(-1)^r$ が成り立つことに注意する．

例 3.1.4. 4 文字の置換 $\sigma = \begin{pmatrix} 1 & 2 & 3 & 4 \\ 3 & 4 & 2 & 1 \end{pmatrix}$ は $\sigma = (1\ 2)(2\ 4)(1\ 3)$ であるから奇置換であり，$\mathrm{sgn}(\sigma) = -1$ である. ■

定理 3.1.6. $\mathrm{sgn}(\sigma\tau) = \mathrm{sgn}(\sigma) \cdot \mathrm{sgn}(\tau), \quad \mathrm{sgn}(\varepsilon) = 1, \quad \mathrm{sgn}(\sigma^{-1}) = \mathrm{sgn}(\sigma)$

証明. 置換 σ, τ がそれぞれ r, s 個の互換の積として表されているとき，$\sigma\tau$ は $r+s$ 個の互換の積として表されることから，$\mathrm{sgn}(\sigma) \cdot \mathrm{sgn}(\tau) = (-1)^r(-1)^s = (-1)^{r+s} = \mathrm{sgn}(\sigma\tau)$. $\mathrm{sgn}(\varepsilon) = 1$ は符号の定義から明らかである. また，$\sigma = \sigma_1 \cdots \sigma_r$ が置換 σ の r 個の互換 $\sigma_1, \ldots, \sigma_r$ による積であるとき，$\sigma^{-1} = \sigma_r \cdots \sigma_1$ であるから σ^{-1} も r 個の互換の積となる. よって $\mathrm{sgn}(\sigma) = (-1)^r = \mathrm{sgn}(\sigma^{-1})$. □

3.2 行列式の定義

ここでは行列を考察する上で欠かすことのできない重要な数である行列式を定義し，2 次，3 次の正方行列に対する行列式の計算を実際におこなってみる.

n 文字の置換全体からなる集合を S_n と書くことにする. 定義から，S_n は全部で $n!$ 個の元からなる集合となる. たとえば S_2, S_3 を具体的に書くと次のようになる.

- $S_2 = \{\varepsilon, (1\ 2)\}$
- $S_3 = \left\{\varepsilon, (1\ 2), (2\ 3), (1\ 3), \begin{pmatrix} 1 & 2 & 3 \\ 3 & 1 & 2 \end{pmatrix}, \begin{pmatrix} 1 & 2 & 3 \\ 2 & 3 & 1 \end{pmatrix}\right\}$

定義 3.2.1. n 次正方行列 $A = (a_{ij})$ に対して，A の **行列式** $|A|$ を

$$|A| = \sum_{\sigma \in S_n} \mathrm{sgn}(\sigma) a_{1\sigma(1)} a_{2\sigma(2)} \cdots a_{n\sigma(n)}$$

と定義する. A の行列式は

$$\begin{vmatrix} a_{11} & a_{12} & \ldots & a_{1n} \\ a_{21} & a_{22} & \ldots & a_{2n} \\ \vdots & \vdots & \ddots & \vdots \\ a_{n1} & a_{n2} & \ldots & a_{nn} \end{vmatrix}, \quad \det A, \quad \det \begin{pmatrix} a_{11} & a_{12} & \ldots & a_{1n} \\ a_{21} & a_{22} & \ldots & a_{2n} \\ \vdots & \vdots & \ddots & \vdots \\ a_{n1} & a_{n2} & \ldots & a_{nn} \end{pmatrix}$$

と書くこともある.

以下，この節では $n = 2, 3$ のときに定義にしたがって行列式 $|A|$ を具体的に考察してみよう.

1．A が 2 次正方行列のとき．

$A = \begin{pmatrix} a_{11} & a_{12} \\ a_{21} & a_{22} \end{pmatrix}$ の行列式を具体的に書き下してみる. $S_2 = \{\varepsilon, \sigma_1 = (1\ 2)\}$ であるから,

$$\begin{aligned} |A| = \sum_{\sigma \in S_2} \mathrm{sgn}(\sigma) a_{1\sigma(1)} a_{2\sigma(2)} &= \mathrm{sgn}(\varepsilon) a_{1\varepsilon(1)} a_{2\varepsilon(2)} + \mathrm{sgn}(\sigma_1) a_{1\sigma_1(1)} a_{2\sigma_1(2)} \\ &= a_{11}a_{22} - a_{12}a_{21} \end{aligned}$$

すなわち,

$$\begin{vmatrix} a_{11} & a_{12} \\ a_{21} & a_{22} \end{vmatrix} = a_{11}a_{22} - a_{12}a_{21}$$

である.

2．A が 3 次正方行列のとき．

続いて, 3 次正方行列 $A = \begin{pmatrix} a_{11} & a_{12} & a_{13} \\ a_{21} & a_{22} & a_{23} \\ a_{31} & a_{32} & a_{33} \end{pmatrix}$ の行列式を具体的に書き下してみる.

$S_3 = \left\{ \varepsilon, \sigma_1 = (1\ 2), \sigma_2 = (2\ 3), \sigma_3 = (1\ 3), \sigma_4 = \begin{pmatrix} 1 & 2 & 3 \\ 3 & 1 & 2 \end{pmatrix}, \sigma_5 = \begin{pmatrix} 1 & 2 & 3 \\ 2 & 3 & 1 \end{pmatrix} \right\}$ であるから,

$$\begin{aligned} |A| &= \sum_{\sigma \in S_3} \mathrm{sgn}(\sigma) a_{1\sigma(1)} a_{2\sigma(2)} a_{3\sigma(3)} \\ &= \mathrm{sgn}(\varepsilon) a_{1\varepsilon(1)} a_{2\varepsilon(2)} a_{3\varepsilon(3)} + \mathrm{sgn}(\sigma_1) a_{1\sigma_1(1)} a_{2\sigma_1(2)} a_{3\sigma_1(3)} + \mathrm{sgn}(\sigma_2) a_{1\sigma_2(1)} a_{2\sigma_2(2)} a_{3\sigma_2(3)} \\ &\quad + \mathrm{sgn}(\sigma_3) a_{1\sigma_3(1)} a_{2\sigma_3(2)} a_{3\sigma_3(3)} + \mathrm{sgn}(\sigma_4) a_{1\sigma_4(1)} a_{2\sigma_4(2)} a_{3\sigma_4(3)} + \mathrm{sgn}(\sigma_5) a_{1\sigma_5(1)} a_{2\sigma_5(2)} a_{3\sigma_5(3)} \\ &= a_{11}a_{22}a_{33} + a_{12}a_{23}a_{31} + a_{13}a_{21}a_{32} - a_{13}a_{22}a_{31} - a_{12}a_{21}a_{33} - a_{11}a_{32}a_{23}. \end{aligned}$$

すなわち,

$$\begin{vmatrix} a_{11} & a_{12} & a_{13} \\ a_{21} & a_{22} & a_{23} \\ a_{31} & a_{32} & a_{33} \end{vmatrix} = a_{11}a_{22}a_{33} + a_{12}a_{23}a_{31} + a_{13}a_{21}a_{32} - a_{13}a_{22}a_{31} - a_{12}a_{21}a_{33} - a_{11}a_{32}a_{23}$$

である. 右辺は, 下図において各矢印の上の成分の積をつくり, 表示されている符号をつけて加えたものと見ると憶えやすい (**サラスの方法**).

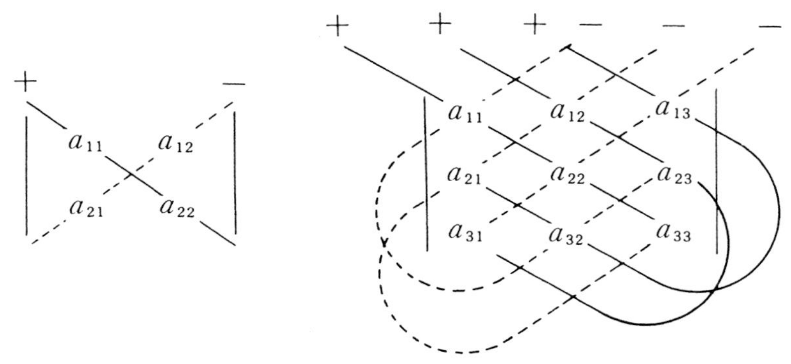

例 3.2.1. (1) $\begin{vmatrix} 3 & 1 \\ 4 & -2 \end{vmatrix} = 3 \cdot (-2) - 1 \cdot 4 = -10$

(2) $\begin{vmatrix} 2 & 1 & -2 \\ -1 & 5 & 0 \\ 3 & 7 & 1 \end{vmatrix} = 2 \cdot 5 \cdot 1 + (-1) \cdot 7 \cdot (-2) + 3 \cdot 0 \cdot 1 - (-2) \cdot 5 \cdot 3 - 1 \cdot (-1) \cdot 1 - 2 \cdot 7 \cdot 0 = 55$

■

4 次以上の正方行列の行列式についてはサラスの方法のような便利な計算方法はない. とはいえ, 定義にしたがって行列式の計算を行おうとすると大抵の場合面倒な作業が必要となるため, 基本的には, 次節以降で説明する行列式の性質を用いて計算する.

問 3.1 次の行列式を計算せよ.

(1) $\begin{vmatrix} 4 & 3 \\ 2 & -1 \end{vmatrix}$　(2) $\begin{vmatrix} 1 & 0 & 2 \\ 5 & 5 & 7 \\ 3 & 4 & 5 \end{vmatrix}$　(3) $\begin{vmatrix} -2 & 4 & 1 \\ 1 & 0 & -2 \\ -1 & -2 & 3 \end{vmatrix}$

3.3　行列式の基本性質

ここでは行列式の基本的な性質をいくつか述べる. この節と次節に述べる性質を用いることで, 多くの行列式が具体的に計算できるようになる. まずは次の定理から始めよう.

定理 3.3.1. $|A| = |{}^tA|$

証明. $A = (a_{ij}), {}^tA = (b_{ij})$ とすると $b_{ij} = a_{ji}$ となる. よって

$$|{}^tA| = \sum_{\sigma \in S_n} \mathrm{sgn}(\sigma) b_{1\sigma(1)} b_{2\sigma(2)} \cdots b_{n\sigma(n)} = \sum_{\sigma \in S_n} \mathrm{sgn}(\sigma) a_{\sigma(1)1} a_{\sigma(2)2} \cdots a_{\sigma(n)n}.$$

である. ここで $\sigma(i) = j \Longleftrightarrow i = \sigma^{-1}(j)$ であることから

$$a_{\sigma(1)1} a_{\sigma(2)2} \cdots a_{\sigma(n)n} = a_{1\sigma^{-1}(1)} a_{2\sigma^{-1}(2)} \cdots a_{n\sigma^{-1}(n)}$$

となることと (積の順番を並べ替えた), $\mathrm{sgn}(\sigma) = \mathrm{sgn}(\sigma^{-1})$ であることに注意すると

$$|{}^tA| = \sum_{\sigma \in S_n} \mathrm{sgn}(\sigma^{-1}) a_{1\sigma^{-1}(1)} a_{2\sigma^{-1}(2)} \cdots a_{n\sigma^{-1}(n)} = \sum_{\sigma \in S_n} \mathrm{sgn}(\sigma) a_{1\sigma(1)} a_{2\sigma(2)} \cdots a_{n\sigma(n)} = |A|$$

となり求める等式を得る. □

定理 3.3.2. (1) A の第 j 列ベクトルが2つの列ベクトルの和 $a_i' + a_i''$ であれば, $|A|$ は第 j 列ベクトルが a_j' である行列式と a_j'' である行列式の和になる. すなわち,

$$\begin{vmatrix} a_{11} & \cdots & a_{1j}'+a_{1j}'' & \cdots & a_{1n} \\ \vdots & & \vdots & & \vdots \\ a_{n1} & \cdots & a_{nj}'+a_{nj}'' & \cdots & a_{nn} \end{vmatrix} = \begin{vmatrix} a_{11} & \cdots & a_{1j}' & \cdots & a_{1n} \\ \vdots & & \vdots & & \vdots \\ a_{n1} & \cdots & a_{nj}' & \cdots & a_{nn} \end{vmatrix} + \begin{vmatrix} a_{11} & \cdots & a_{1j}'' & \cdots & a_{1n} \\ \vdots & & \vdots & & \vdots \\ a_{n1} & \cdots & a_{nj}'' & \cdots & a_{nn} \end{vmatrix}.$$

(2) A の 第 j 列を c 倍した行列の行列式は $c|A|$ に等しい. すなわち,

$$\begin{vmatrix} a_{11} & \cdots & ca_{1j} & \cdots & a_{1n} \\ \vdots & & \vdots & & \vdots \\ a_{n1} & \cdots & ca_{nj} & \cdots & a_{nn} \end{vmatrix} = c\begin{vmatrix} a_{11} & \cdots & a_{1j} & \cdots & a_{1n} \\ \vdots & & \vdots & & \vdots \\ a_{n1} & \cdots & a_{nj} & \cdots & a_{nn} \end{vmatrix}$$

(3) A の相異なる2つの列を入れ換えた行列の行列式は, $-|A|$ に等しい. すなわち,

$$\begin{vmatrix} a_{11} & \cdots & \overset{(i)}{a_{1j}} & \cdots & \overset{(j)}{a_{1i}} & \cdots & a_{1n} \\ \vdots & & \vdots & & \vdots & & \vdots \\ a_{n1} & \cdots & a_{nj} & \cdots & a_{ni} & \cdots & a_{nn} \end{vmatrix} = -\begin{vmatrix} a_{11} & \cdots & \overset{(i)}{a_{1i}} & \cdots & \overset{(j)}{a_{1j}} & \cdots & a_{1n} \\ \vdots & & \vdots & & \vdots & & \vdots \\ a_{n1} & \cdots & a_{ni} & \cdots & a_{nj} & \cdots & a_{nn} \end{vmatrix}.$$

(4) 同じ列があらわれる行列の行列式は 0 となる. すなわち,

$$\begin{vmatrix} a_{11} & \cdots & a & \cdots & a & \cdots & a_{1n} \\ \vdots & & \vdots & & \vdots & & \vdots \\ a_{n1} & \cdots & a & \cdots & a & \cdots & a_{nn} \end{vmatrix} = 0.$$

(5) ある列を何倍かしたものを他の列に足しても行列式は変わらない. すなわち,

$$\begin{vmatrix} a_{11} & \cdots & a_{1i} & \cdots & a_{1j} & \cdots & a_{1n} \\ \vdots & & \vdots & & \vdots & & \vdots \\ a_{n1} & \cdots & a_{ni} & \cdots & a_{nj} & \cdots & a_{nn} \end{vmatrix} = \begin{vmatrix} a_{11} & \cdots & a_{1i} & \cdots & ca_{1i}+a_{1j} & \cdots & a_{1n} \\ \vdots & & \vdots & & \vdots & & \vdots \\ a_{n1} & \cdots & a_{ni} & \cdots & ca_{ni}+a_{nj} & \cdots & a_{nn} \end{vmatrix}.$$

注意. 定理 3.3.1 より, 上の定理において「列」であるところを「行」に変えても主張が成立する. たとえば,

$$\begin{vmatrix} a_{11} & \cdots & a_{1n} \\ \vdots & & \vdots \\ ca_{j1} & \cdots & ca_{jn} \\ \vdots & & \vdots \\ a_{n1} & \cdots & a_{nn} \end{vmatrix} = c\begin{vmatrix} a_{11} & \cdots & a_{1n} \\ \vdots & & \vdots \\ a_{j1} & \cdots & a_{jn} \\ \vdots & & \vdots \\ a_{n1} & \cdots & a_{nn} \end{vmatrix}$$

が成り立つ.

証明. 先の注意より,「行」の主張の方を証明すればよい.
(1) 行列式の定義に基づいて計算する.

$$\begin{aligned}(\text{左辺}) &= \sum_{\sigma\in S_n}\mathrm{sgn}(\sigma)a_{1\sigma(1)}\cdots(a'_{j\sigma(j)}+a''_{j\sigma(j)})\cdots a_{n\sigma(n)}\\ &= \sum_{\sigma\in S_n}\mathrm{sgn}(\sigma)a_{1\sigma(1)}\cdots a'_{j\sigma(j)}\cdots a_{n\sigma(n)}+\sum_{\sigma\in S_n}\mathrm{sgn}(\sigma)a_{1\sigma(1)}\cdots a''_{j\sigma(j)}\cdots a_{n\sigma(n)}\\ &= (\text{右辺})\end{aligned}$$

(2) $\sum_{\sigma\in S_n}\mathrm{sgn}(\sigma)a_{1\sigma(1)}\cdots ca_{j\sigma(j)}\cdots a_{n\sigma(n)}=c\sum_{\sigma\in S_n}\mathrm{sgn}(\sigma)a_{1\sigma(1)}\cdots a_{j\sigma(j)}\cdots a_{n\sigma(n)}$ より従う.

(3) まずここでの左辺は i 行目が $(a_{j1}\cdots a_{jn})$, j 行目が $(a_{i1}\cdots a_{in})$ であることに注意すると,

$$(\text{左辺})=\sum_{\sigma\in S_n}\mathrm{sgn}(\sigma)a_{1\sigma(1)}\cdots a_{j\sigma(i)}\cdots a_{i\sigma(j)}\cdots a_{n\sigma(n)}$$

である. ここで $\tau=\sigma\cdot(i\ j)$ という置き換えをすれば $\tau(i)=\sigma(j),\tau(j)=\sigma(i),\tau(k)=\sigma(k)$ $(k\neq i,j)$, $\mathrm{sgn}(\tau)=-\mathrm{sgn}(\sigma)$ なので,

$$\begin{aligned}(\text{左辺}) &= -\sum_{\tau\in S_n}\mathrm{sgn}(\tau)a_{1\tau(1)}\cdots a_{j\tau(j)}\cdots a_{i\tau(i)}\cdots a_{n\tau(n)}\\ &= -\sum_{\tau\in S_n}\mathrm{sgn}(\tau)a_{1\tau(1)}\cdots a_{i\tau(i)}\cdots a_{j\tau(j)}\cdots a_{n\tau(n)}=(\text{右辺})\end{aligned}$$

となる.

最後に, (4) は (3) から直ちに従い, (5) は (1), (2), (4) を適用すればよい. □

例 3.3.1. 定理 3.3.1 を用いると

$$\begin{vmatrix}1&2&3\\6&5&4\\7&8&0\end{vmatrix}=\begin{vmatrix}1&2&3\\1+5&2+3&3+1\\7&8&0\end{vmatrix}=\begin{vmatrix}1&2&3\\1&2&3\\7&8&0\end{vmatrix}+\begin{vmatrix}1&2&3\\5&3&1\\7&8&0\end{vmatrix}=\begin{vmatrix}1&2&3\\5&3&1\\7&8&0\end{vmatrix}$$

が成り立つことが確認できる. これらの等式はサラスの方法で確かめることもできる. ■

3.4 行列式の乗法性

行列の積と行列式の関係について次が成り立つ.

定理 3.4.1. 2 つの n 次正方行列 A, B について,

$$|AB|=|A|\cdot|B|$$

が成り立つ.

この定理の証明のために, まずは次の補題を示す.

補題 3.4.2. $A = (\boldsymbol{a}_1\ \boldsymbol{a}_2\ \cdots\ \boldsymbol{a}_n)$ を n 次正方行列とし $\sigma \in S_n$ とする. このとき,

$$\det(\boldsymbol{a}_{\sigma(1)}\ \boldsymbol{a}_{\sigma(2)}\ \cdots\ \boldsymbol{a}_{\sigma(n)}) = \mathrm{sgn}(\sigma)\det(\boldsymbol{a}_1\ \boldsymbol{a}_2\ \cdots\ \boldsymbol{a}_n)$$

が成り立つ.

注意. 定理 3.3.1 より, 行ベクトルの並べかえについても同様の主張が成り立つ.

証明. $\sigma = \sigma_1 \cdots \sigma_k$ を k 個の互換による σ の積表示とすると $\mathrm{sgn}(\sigma) = (-1)^k$ である. 一方, 定理 3.3.2 (3) を k 回適用すると

$$\det(\boldsymbol{a}_{\sigma(1)}\ \boldsymbol{a}_{\sigma(2)}\ \cdots\ \boldsymbol{a}_{\sigma(n)}) = (-1)^k\det(\boldsymbol{a}_1\ \boldsymbol{a}_2\ \cdots\ \boldsymbol{a}_n)$$

となるので, 補題は示された. □

定理 3.4.1 の証明. $A = (a_{ij})$, $B = (b_{ij}) = \begin{pmatrix} \boldsymbol{b}_1 \\ \boldsymbol{b}_2 \\ \vdots \\ \boldsymbol{b}_n \end{pmatrix}$ とする. AB の第 i 行ベクトルは

$$\left(\sum_{k=1}^n a_{ik}b_{k1}\ \sum_{k=1}^n a_{ik}b_{k2}\ \cdots \sum_{k=1}^n a_{ik}b_{kn}\right) = \sum_{k=1}^n a_{ik}(b_{k1}\ b_{k2}\ \cdots b_{kn}) = \sum_{k=1}^n a_{ik}\boldsymbol{b}_k.$$

よって

$$AB = \begin{pmatrix} \sum_{k=1}^n a_{1k}\boldsymbol{b}_k \\ \sum_{k=1}^n a_{2k}\boldsymbol{b}_k \\ \vdots \\ \sum_{k=1}^n a_{nk}\boldsymbol{b}_k \end{pmatrix}$$

であり, 定理 3.3.2 (1), (2) から

$$|AB| = \sum_{p_1,\ldots,p_n=1}^n a_{1p_1}\cdots a_{np_n}\cdot\det\begin{pmatrix} \boldsymbol{b}_{p_1} \\ \boldsymbol{b}_{p_2} \\ \vdots \\ \boldsymbol{b}_{p_n} \end{pmatrix}$$

となる. ここで, $p_1, \ldots, p_n$ の中に同じものがあれば定理 3.3.2 (4) より $\det\begin{pmatrix} \boldsymbol{b}_{p_1} \\ \boldsymbol{b}_{p_2} \\ \vdots \\ \boldsymbol{b}_{p_n} \end{pmatrix} = 0$ であるか

ら, 和は $\sigma \in S_n$ についての和としてよい, すなわち,

$$|AB| = \sum_{\sigma \in S_n} a_{1\sigma(1)} \cdots a_{n\sigma(n)} \cdot \det \begin{pmatrix} \boldsymbol{b}_{\sigma(1)} \\ \boldsymbol{b}_{\sigma(2)} \\ \vdots \\ \boldsymbol{b}_{\sigma(n)} \end{pmatrix}.$$

ここで補題 3.4.2 より $\det \begin{pmatrix} \boldsymbol{b}_{\sigma(1)} \\ \boldsymbol{b}_{\sigma(2)} \\ \vdots \\ \boldsymbol{b}_{\sigma(n)} \end{pmatrix} = \mathrm{sgn}(\sigma)\det \begin{pmatrix} \boldsymbol{b}_1 \\ \boldsymbol{b}_2 \\ \vdots \\ \boldsymbol{b}_n \end{pmatrix} = \mathrm{sgn}(\sigma)|B|$ なので,

$$|AB| = \sum_{\sigma \in S_n} \mathrm{sgn}(\sigma) a_{1\sigma(1)} \cdots a_{n\sigma(n)} |B| = |A| \cdot |B|$$

となる. □

定理 3.4.3. A, D が正方行列であるとき

$$\begin{vmatrix} A & B \\ O & D \end{vmatrix} = \begin{vmatrix} A & O \\ C & D \end{vmatrix} = |A| \cdot |D|$$

が成り立つ.

証明. 定理 3.3.1 より, $\begin{vmatrix} A & O \\ C & D \end{vmatrix} = |A| \cdot |D|$ を示せば十分である. A が r 次, B が s 次の正方行列であるとすると, $X := (x_{ij}) = \begin{pmatrix} A & O \\ C & D \end{pmatrix}$ は $n := r + s$ 次の正方行列となる. 置換 $\sigma \in S_n$ をとる. もしある $1 \leqq i \leqq r$ に対して $\sigma(i) \geqq r + 1$ が成り立つとすると, $x_{i\sigma(i)} = 0$ であるから特に $x_{1\sigma(1)} x_{2\sigma(2)} \cdots x_{n\sigma(n)} = 0$ を得る. 一方で, 任意の $1 \leqq i \leqq r$ に対して $\sigma(i) \leqq r$ となるような σ は

$$\sigma = \tau\rho,\ \tau = \begin{pmatrix} 1 & \cdots & r \\ \sigma(1) & \cdots & \sigma(r) \end{pmatrix},\ \rho = \begin{pmatrix} r+1 & \cdots & n \\ \sigma(r+1) & \cdots & \sigma(n) \end{pmatrix} \tag{3.1}$$

として r 文字の置換 τ と $n - r$ 文字の置換 ρ の積として分解することができる. 逆に n 文字の置換 σ が (3.1) の形に r 文字の置換と $n - r$ 文字の置換の積として書けるならば, 任意の $1 \leqq i \leqq r$ に対して $\sigma(i) \leqq r$ となる. 以上のことに注意すると,

$$\begin{aligned} |X| &= \sum_{\sigma \in S_n} \mathrm{sgn}(\sigma) x_{1\sigma(1)} x_{2\sigma(2)} \cdots x_{n\sigma(n)} \\ &= \sum_{\tau \in S_r} \sum_{\rho \in S_{n-r}} \mathrm{sgn}(\tau\rho) x_{1\tau(1)} \cdots x_{r\tau(r)} x_{r+1\rho(r+1)} \cdots x_{n\rho(n)} \\ &= \left(\sum_{\tau \in S_r} \mathrm{sgn}(\tau) x_{1\tau(1)} \cdots x_{r\tau(r)} \right) \left(\sum_{\rho \in S_{n-r}} \mathrm{sgn}(\rho) x_{r+1\rho(r+1)} \cdots x_{n\rho(n)} \right) \\ &= |A| \cdot |D| \end{aligned}$$

となり, 求める等式を得る. □

Point $\begin{pmatrix} A & O \\ C & D \end{pmatrix} = \begin{pmatrix} A & O \\ O & E_s \end{pmatrix}\begin{pmatrix} E_r & O \\ C & E_s \end{pmatrix}\begin{pmatrix} E_r & O \\ O & D \end{pmatrix}$ と分解することでも分かる.

例 3.4.1. (1) $\begin{vmatrix} 6 & -2 & 3 & 4 \\ -4 & 3 & 1 & 0 \\ 0 & 0 & 5 & 4 \\ 0 & 0 & 3 & 5 \end{vmatrix} = \begin{vmatrix} 6 & -2 \\ -4 & 3 \end{vmatrix} \cdot \begin{vmatrix} 5 & 4 \\ 3 & 5 \end{vmatrix} = 10 \cdot 13 = 130$

(2) $\begin{vmatrix} 5 & 1 & 3 \\ 2 & -1 & 1 \\ 0 & 0 & 2 \end{vmatrix} = \begin{vmatrix} 5 & 1 \\ 2 & -1 \end{vmatrix} \cdot 2 = -7 \cdot 2 = -14$. ここで, 1次正方行列 $A = (a)$ の行列式は $|A| = a$ であることに注意せよ. ■

定理 3.4.3 より次のことが直ちに分かる.

系 3.4.4. 上三角行列, 下三角行列の行列式は対角成分全ての積に等しい, すなわち,

$$\begin{vmatrix} a_{11} & a_{12} & \cdots & a_{1n} \\ & a_{22} & \cdots & a_{2n} \\ \text{\huge 0} & & \ddots & \vdots \\ & & & a_{nn} \end{vmatrix} = \begin{vmatrix} a_{11} & & & \text{\huge 0} \\ a_{21} & a_{22} & & \\ \vdots & \vdots & \ddots & \\ a_{n1} & a_{n2} & \cdots & a_{nn} \end{vmatrix} = a_{11}a_{22}\cdots a_{nn}.$$

正方行列は行基本変形により上三角行列に変形することができる (正方行列の場合, 階段行列も上三角行列の一種であるから). 行列の行基本変形が行列式に与える影響は定理 3.3.2 により分かっているので, 行列式は「行基本変形により行列を上三角行列に変形する」という方針で計算することができる.

例 3.4.2.

$$\begin{vmatrix} 1 & 2 & 3 & 0 \\ 0 & 1 & 0 & -3 \\ 0 & 1 & -1 & -2 \\ 3 & -3 & -2 & -1 \end{vmatrix} = \begin{vmatrix} 1 & 2 & 3 & 0 \\ 0 & 1 & 0 & -3 \\ 0 & 1 & -1 & -2 \\ 0 & -9 & -11 & -1 \end{vmatrix} = \begin{vmatrix} 1 & 2 & 3 & 0 \\ 0 & 1 & 0 & -3 \\ 0 & 0 & -1 & 1 \\ 0 & 0 & -11 & -28 \end{vmatrix}$$

$$= \begin{vmatrix} 1 & 2 & 3 & 0 \\ 0 & 1 & 0 & -3 \\ 0 & 0 & -1 & 1 \\ 0 & 0 & 0 & -39 \end{vmatrix} = 39$$

■

最初の等号： 4 行 + 1 行 $\times(-3)$, 2 番目の等号： 3 行 + 2 行 $\times(-1)$, 4 行 + 2 行 $\times(-3)$,
3 番目の等号：4 行 + 3 行 $\times(-11)$, 4 番目の等号：系 3.4.4.

例 3.4.3.

$$\begin{vmatrix} 1 & a & a^2 \\ 1 & b & b^2 \\ 1 & c & c^2 \end{vmatrix} = \begin{vmatrix} 1 & a & a^2 \\ 0 & b-a & b^2-a^2 \\ 0 & c-a & c^2-a^2 \end{vmatrix} = (b-a)(c-a)\begin{vmatrix} 1 & a & a^2 \\ 0 & 1 & b+a \\ 0 & 1 & c+a \end{vmatrix}$$

$$= (b-a)(c-a)\begin{vmatrix} 1 & a & a^2 \\ 0 & 1 & b+a \\ 0 & 0 & c-b \end{vmatrix} = (b-a)(c-a)(c-b)$$

■

問 3.2 次の行列式を計算せよ．

(1) $\begin{vmatrix} 1 & 3 & 0 & 2 \\ 1 & 2 & 1 & -1 \\ 0 & 0 & 3 & -2 \\ 0 & 0 & 0 & 4 \end{vmatrix}$ (2) $\begin{vmatrix} 1 & 1 & 2 & 3 \\ 2 & 4 & 3 & 6 \\ 2 & 4 & 2 & 8 \\ 1 & 2 & 4 & 3 \end{vmatrix}$ (3) $\begin{vmatrix} 0 & 1 & 1 & 1 \\ 1 & 0 & 1 & 1 \\ 1 & 1 & 0 & 1 \\ 1 & 1 & 1 & 0 \end{vmatrix}$ (4) $\begin{vmatrix} 1 & 2 & 3 & 4 \\ 5 & 6 & 7 & 8 \\ 9 & 10 & 11 & 12 \\ 13 & 14 & 15 & 16 \end{vmatrix}$

3.5 余因子展開

ここでは行列式を計算する際に基本的な役割を果たす余因子展開について学ぶ．

n 次の正方行列 $A = (a_{ij})$ において，第 i 行と第 j 列を除いて得られる $(n-1)$ 次正方行列

$$A_{ij} = i\begin{pmatrix} a_{11} & \cdots & a_{1j} & \cdots & a_{1n} \\ \vdots & & & & \vdots \\ a_{i1} & \cdots & a_{ij} & \cdots & a_{in} \\ \vdots & & & & \vdots \\ a_{n1} & \cdots & a_{nj} & \cdots & a_{nn} \end{pmatrix}$$

A_{ij} の行列式 $\det A_{ij}$ を A の (i,j) **小行列式**という．さらに

$$\tilde{a}_{ij} = (-1)^{i+j} \det A_{ij}$$

を行列 A の (i,j)-**余因子** という．

定理 3.5.1. (余因子展開) $A = (a_{ij})$ を n 次正方行列とする．

(1) $i = 1, ..., n$ について

$$\det A = a_{i1}\tilde{a}_{i1} + a_{i2}\tilde{a}_{i2} + \cdots + a_{in}\tilde{a}_{in}$$

(2) $j = 1, ..., n$ について

$$\det A = a_{1j}\tilde{a}_{1j} + a_{2j}\tilde{a}_{2j} + \cdots + a_{nj}\tilde{a}_{nj}$$

証明. (1) と (2) の証明はほぼ同様なので, ここでは (2) のみを証明する. $j=1$ とする. 定理 3.2 (1) を反復利用して

$$|A| = \begin{vmatrix} a_{11} & \cdots & a_{1j} & \cdots & a_{1n} \\ a_{21} & \cdots & 0 & \cdots & a_{2n} \\ \vdots & & \vdots & & \vdots \\ a_{n1} & \cdots & 0 & \cdots & a_{nn} \end{vmatrix} + \cdots + \begin{vmatrix} a_{11} & \cdots & 0 & \cdots & a_{1n} \\ a_{21} & \cdots & a_{2j} & \cdots & a_{2n} \\ \vdots & & \vdots & & \vdots \\ a_{n1} & \cdots & 0 & \cdots & a_{nn} \end{vmatrix} + \cdots$$

$$\cdots + \begin{vmatrix} a_{11} & \cdots & 0 & \cdots & a_{1n} \\ a_{21} & \cdots & 0 & \cdots & a_{2n} \\ \vdots & & \vdots & & \vdots \\ a_{n1} & \cdots & a_{nj} & \cdots & a_{nn} \end{vmatrix}$$

この右辺の和の第 i 項目の行列式を x_i としたときに $x_i = a_{ij}\tilde{a}_{ij}$ となることを示せばよい.

x_i の第 i 行目に注目し, それを 1 つ上の行と交換するという操作を繰り替えして一番上までもっていく. その後第 j 行目に注目し, 1 つ左の行と交換するという操作を繰り返して一番左までもっていくという操作をおこなうことで, 次の等式を得る.

$$x_i = (-1)^{i-1} \begin{vmatrix} a_{i1} & \cdots & a_{ij} & \cdots & a_{in} \\ a_{11} & \cdots & 0 & \cdots & a_{1n} \\ \vdots & & \vdots & & \vdots \\ a_{i-11} & \cdots & 0 & \cdots & a_{i-1n} \\ a_{i+11} & \cdots & 0 & \cdots & a_{i+1n} \\ \vdots & & \vdots & & \vdots \\ a_{n1} & \cdots & 0 & \cdots & a_{nn} \end{vmatrix} = (-1)^{i-1}(-1)^{j-1} \begin{vmatrix} a_{ij} & * & \cdots & * \\ 0 & & & \\ \vdots & & A_{ij} & \\ 0 & & & \end{vmatrix}$$

したがって, 定理 3.4.3 より $x_i = (-1)^{i-1}(-1)^{j-1}a_{ij}|A_{ij}| = a_{ij}\tilde{a}_{ij}$. □

例 3.5.1. $A = \begin{pmatrix} 3 & 2 & 1 & 0 \\ 0 & 1 & 0 & -3 \\ -2 & 1 & 0 & -2 \\ -2 & -3 & 3 & -1 \end{pmatrix}$ の行列式を第 1 行について余因子展開すると

$$|A| = 3 \cdot \begin{vmatrix} 1 & 0 & -3 \\ 1 & 0 & -2 \\ -3 & 3 & -1 \end{vmatrix} - 2 \cdot \begin{vmatrix} 0 & 0 & -3 \\ -2 & 0 & -2 \\ -2 & 3 & -1 \end{vmatrix} + \begin{vmatrix} 0 & 1 & -3 \\ -2 & 1 & -2 \\ -2 & -3 & -1 \end{vmatrix}$$

となる. サラスの方法により右辺を計算して

$$|A| = 3 \cdot (-3) - 2 \cdot 18 + (-22) = -67$$

■

問 3.3 次の行列式を計算せよ．

(1) $\begin{vmatrix} 1 & 4 & 1 & 4 \\ 2 & 1 & 3 & 5 \\ 6 & 2 & 3 & 7 \\ 3 & 0 & 9 & 5 \end{vmatrix}$ (2) $\begin{vmatrix} 1 & 1 & 8 & 4 \\ 1 & 1 & 4 & -2 \\ -10 & -8 & 0 & -2 \\ 4 & 2 & -6 & 7 \end{vmatrix}$

3.6 余因子の応用

n 次正方行列 $A = (a_{ij})$ に対して，その (j, i) 余因子 $\tilde{a}_{ji}$ を (i, j) 成分とする $\tilde{A} = (\tilde{a}_{ji})$ を，A の **余因子行列** という．

$$\tilde{A} = \begin{pmatrix} \tilde{a}_{11} & \tilde{a}_{21} & \cdots & \tilde{a}_{n1} \\ \tilde{a}_{12} & \tilde{a}_{22} & \cdots & \tilde{a}_{n2} \\ \vdots & \vdots & & \vdots \\ \tilde{a}_{1n} & \tilde{a}_{2n} & \cdots & \tilde{a}_{nn} \end{pmatrix}$$

である．

例 3.6.1. $A = \begin{pmatrix} 2 & 1 & 1 \\ 1 & 1 & 2 \\ 1 & 1 & 1 \end{pmatrix}$ ならば

$$\tilde{a}_{11} = \begin{vmatrix} 1 & 2 \\ 1 & 1 \end{vmatrix} = -1, \quad \tilde{a}_{12} = -\begin{vmatrix} 1 & 2 \\ 1 & 1 \end{vmatrix} = 1, \quad \tilde{a}_{13} = \begin{vmatrix} 1 & 1 \\ 1 & 1 \end{vmatrix} = 0,$$

$$\tilde{a}_{21} = -\begin{vmatrix} 1 & 1 \\ 1 & 1 \end{vmatrix} = 0, \quad \tilde{a}_{22} = \begin{vmatrix} 2 & 1 \\ 1 & 1 \end{vmatrix} = 1, \quad \tilde{a}_{23} = -\begin{vmatrix} 2 & 1 \\ 1 & 1 \end{vmatrix} = -1,$$

$$\tilde{a}_{31} = \begin{vmatrix} 1 & 1 \\ 1 & 2 \end{vmatrix} = 1, \quad \tilde{a}_{32} = -\begin{vmatrix} 2 & 1 \\ 1 & 2 \end{vmatrix} = -3, \quad \tilde{a}_{33} = \begin{vmatrix} 2 & 1 \\ 1 & 1 \end{vmatrix} = 1.$$

よって，

$$\tilde{A} = \begin{pmatrix} -1 & 0 & 1 \\ 1 & 1 & -3 \\ 0 & -1 & 1 \end{pmatrix}.$$

■

注意． 余因子行列 $\tilde{A}$ を作るとき，添え字に注意すること．

定理 3.6.1. n 次正方行列 A の余因子行列を $\tilde{A}$ とする．

(1) $A\tilde{A} = \tilde{A}A = (\det A) \cdot E_n$

(2) A が正則 $\Longleftrightarrow \det A \neq 0$

(3) $\det A \neq 0$ のとき $A^{-1} = \dfrac{1}{\det A} \cdot \tilde{A}$.

証明. $A\tilde{A}$ の (k,ℓ) 成分は

$$a_{k1}\tilde{a}_{\ell 1} + a_{k2}\tilde{a}_{\ell 2} + \cdots + a_{kn}\tilde{a}_{\ell n}$$

で, これは $\delta_{k\ell} \cdot \det A$ に等しい. ゆえに, $A\tilde{A} = (\det A) \cdot E_n$. $\tilde{A}A = (\det A) \cdot E_n$ も同様に示される. (2) と (3) は (1) から直ちに従う. □

系 3.6.2. 正方行列 A, B について, 以下は同値である.

(1) B は A の逆行列である. すなわち $AB = BA = E$.

(2) $AB = E$

(3) $BA = E$

証明. (1) ⇒ (2), (3) は明らかである. (2) ⇒ (1) のみ示す ((3) ⇒ (1) も同様である). $AB = E$ より $\det A \det B = 1$ なので $\det A \neq 0$. 定理 3.6.1 により A は正則であり, 逆行列 A^{-1} が存在し, $B = EB = (A^{-1}A)B = A^{-1}(AB) = A^{-1}E = A^{-1}$ となるから, B は A の逆行列であることが分かる. □

例 3.6.2. 例 3.6.1 の A について, $|A| = -1$. よって,

$$A^{-1} = \frac{1}{-1}\tilde{A} = \begin{pmatrix} 1 & 0 & -1 \\ -1 & -1 & 3 \\ 0 & 1 & -1 \end{pmatrix}.$$

■

Point 定理 3.6.1 で示された等式 $A^{-1} = \dfrac{1}{\det A}\tilde{A}$ は正則行列の逆行列の公式を与えているが, 余因子行列 $\tilde{A}$ の計算自体が面倒なことが多いため, この公式は逆行列を具体的に計算するのにはあまり向いていない. 第2章の6節で説明したように「$(A\ E)$ を行変形することで $(E\ A^{-1})$ となる」という事実を用いたほうが A^{-1} を簡単に計算できることが多い.

方程式の数と未知数の個数が等しい連立1次方程式

$$\begin{cases} a_{11}x_1 + a_{12}x_2 + \cdots + a_{1n}x_n = b_1 \\ a_{21}x_1 + a_{22}x_2 + \cdots + a_{2n}x_n = b_2 \\ \qquad\qquad\qquad\vdots \\ a_{n1}x_1 + a_{n2}x_2 + \cdots + a_{nn}x_n = b_n \end{cases} \tag{1}$$

を考える.

定理 3.6.3. (クラーメルの公式) 連立 1 次方程式 (1) の係数行列 $A=(a_{ij})$ について, $|A|\neq 0$ ならば, (1) の解は, 各 $j=1,...,n$ に対して次式で与えられる.

$$x_j=\frac{1}{|A|}\begin{vmatrix} a_{11} & \cdots & \overset{(j)}{b_1} & \cdots & a_{1n} \\ a_{21} & \cdots & b_2 & \cdots & a_{2n} \\ \vdots & & \vdots & & \vdots \\ a_{n1} & \cdots & b_n & \cdots & a_{nn} \end{vmatrix} \qquad (j=1,2,\ldots,n) \qquad (2)$$

ここで, 右辺の分子の行列式は, A の第 j 列を $\begin{pmatrix} b_1 \\ \vdots \\ b_n \end{pmatrix}$ でおきかえたものである.

証明. (1) は

$$A\begin{pmatrix} x_1 \\ \vdots \\ x_n \end{pmatrix}=\begin{pmatrix} b_1 \\ \vdots \\ b_n \end{pmatrix}$$

と書ける. $A^{-1}=\dfrac{1}{|A|}\tilde{A}$ であるから,

$$\begin{pmatrix} x_1 \\ \vdots \\ x_n \end{pmatrix}=\frac{1}{|A|}\tilde{A}\begin{pmatrix} b_1 \\ \vdots \\ b_n \end{pmatrix}=\frac{1}{|A|}\begin{pmatrix} \tilde{a}_{11} & \tilde{a}_{21} & \cdots & \tilde{a}_{n1} \\ \tilde{a}_{12} & \tilde{a}_{22} & \cdots & \tilde{a}_{n2} \\ \vdots & \vdots & & \vdots \\ \tilde{a}_{1n} & \tilde{a}_{2n} & \cdots & \tilde{a}_{nn} \end{pmatrix}\begin{pmatrix} b_1 \\ b_2 \\ \vdots \\ b_n \end{pmatrix}.$$

ゆえに,

$$x_j=\frac{1}{|A|}(\tilde{a}_{1j}b_1+\tilde{a}_{2j}b_2+\cdots+\tilde{a}_{nj}b_n).$$

右辺の分子は (2) の右辺の分子の行列式を第 j 列について展開したものである. よって, (2) が成り立つ. □

j 番目の未知数 x_j を求めたいときは, 第 j 列を取り替えればよい.

例 3.6.3. 連立 1 次方程式 $\begin{cases} x+2y-2z=0 \\ 2x-y+3z=2 \\ 3x+2z=-1 \end{cases}$ の係数行列は, $A=\begin{pmatrix} 1 & 2 & -2 \\ 2 & -1 & 3 \\ 3 & 0 & 2 \end{pmatrix}$ で,

$|A|=2$. ゆえに方程式の解は,

$$x = \frac{1}{|A|}\begin{vmatrix} 0 & 2 & -2 \\ 2 & -1 & 3 \\ -1 & 0 & 2 \end{vmatrix} = \frac{-12}{2} = -6, \quad y = \frac{1}{|A|}\begin{vmatrix} 1 & 0 & -2 \\ 2 & 2 & 3 \\ 3 & -1 & 2 \end{vmatrix} = \frac{23}{2},$$

$$z = \frac{1}{|A|}\begin{vmatrix} 1 & 2 & 0 \\ 2 & -1 & 2 \\ 3 & 0 & -1 \end{vmatrix} = \frac{17}{2}.$$

■

問 3.4 次の連立1次方程式をみたす z をクラーメルの公式を用いて求めよ.

$$\begin{cases} x + 4y + z + 4w = 0 \\ 2x + y + 3z + 5w = 0 \\ 6x + 2y + 3z + 7w = 3 \\ 3x + 9z + 5w = 1 \end{cases}$$

3.7　小行列式と行列の階数

行列の階数を行列式によって解釈することもできる. (m,n)-行列 A に対して, A の r 個の行と r 個の列を取り出して作った A の r 次正方行列の行列式を, r **次小行列式**という. A の r 次小行列式は全部で ${}_mC_r \cdot {}_nC_r$ 個ある.

例 3.7.1. $A = \begin{pmatrix} -3 & 2 & 0 & 1 \\ -1 & 12 & -2 & -7 \\ 4 & 3 & -1 & -5 \end{pmatrix}$ の3次の小行列式は,

$$\begin{vmatrix} -3 & 2 & 0 \\ -1 & 12 & -2 \\ 4 & 3 & -1 \end{vmatrix}, \quad \begin{vmatrix} -3 & 2 & 1 \\ -1 & 12 & -7 \\ 4 & 3 & -5 \end{vmatrix}, \quad \begin{vmatrix} -3 & 0 & 1 \\ -1 & -2 & -7 \\ 4 & -1 & -5 \end{vmatrix}, \quad \begin{vmatrix} 2 & 0 & 1 \\ 12 & -2 & -7 \\ 3 & -1 & -5 \end{vmatrix}.$$

すべて0である. 2次の小行列式は,

$$\begin{vmatrix} -3 & 2 \\ -1 & 12 \end{vmatrix} \quad (= -34 \neq 0)$$

などで, 全部で ${}_3C_2 \cdot {}_4C_2 = 18$ だけある. ■

(m,n) 行列 A について, A の0でない小行列式の次数のうちで最大のものを $s(A)$ で表す. 例6.1の A については $s(A) = 2$ である.

補題 3.7.1. A が階数 r の階段行列であるとき, $s(A) = r$.

証明. A が (2.1) の形の階段行列とする. A の第 1 行から第 r 行と第 k_1 列, 第 k_2 列,$\cdots$, 第 k_r 列を取り出して作った行列は r 次単位行列で, その行列式は 1 であるから, $s(A) \geqq r$. また, A から r 個より多い行ベクトルを取り出せば, 行ベクトルのうち少なくとも 1 つは零ベクトルになるから, A の r 次より大きい次数の小行列式は 0 である. よって $s(A) \leqq r$ となる. □

補題 3.7.2. 行列 A に基本変形を施して行列 B が得られたとするとき, $s(A) = s(B)$ である.

証明. 基本変形が [行 1],[行 2],[列 1],[列 2] のどれかであるとき, B の d 次小行列式は, A の d 次小行列式の定数倍である. 基本変形が [行 3] または [列 3] のときには, B の d 次小行列式は

$$c_1\Delta_1 + c_2\Delta_2$$

(c_1, c_2 は定数, Δ_1, Δ_2 は A の d 次小行列式) の形である. $d > s(A)$ のとき, A の d 次小行列式はすべて 0 であるから, 上のことから B の d 次小行列式もすべて 0 となる. よって $s(B) \leqq s(A)$ となる. 一方, 基本変形によって B を A に変形することもできるから $s(A) \leqq s(B)$ も分かる. ゆえに, $s(A) = s(B)$. □

定理 3.7.3. (m, n) 行列 A について, $\mathrm{rank}\ A = s(A)$. すなわち, A の階数は, A の 0 でない小行列式の最大次数に等しい.

証明. 何回かの行基本変形により A が階段行列 B に変形されたとし, B の階数を r とすると階数の定義から $\mathrm{rank}\ A = r$. また, 補題 3.7.1 から, $s(B) = r$ であり, さらに補題 3.7.2 から $s(A) = s(B)$ でもある. ゆえに, $\mathrm{rank}\ A = s(A)$. □

例 3.7.2. $A = \begin{pmatrix} 0 & 2 & 4 & 1 \\ 1 & -1 & 0 & 2 \\ 3 & 9 & 6 & -5 \\ 3 & 4 & 5 & 1 \end{pmatrix}$ について, $|A| = 0$ である. また, A の 1 つの 3 次小行列式

$$\begin{vmatrix} 0 & 2 & 4 \\ 1 & -1 & 0 \\ 3 & 9 & 6 \end{vmatrix} = 36$$

は 0 ではない. よって, $\mathrm{rank}\ A = 3$. ■

第 3 章練習問題

1. 次の置換の符号を求めよ．

(1) $\begin{pmatrix} 1 & 2 & 3 & 4 \\ 1 & 3 & 4 & 2 \end{pmatrix}$　(2) $\begin{pmatrix} 1 & 2 & 3 & 4 & 5 \\ 5 & 3 & 1 & 4 & 2 \end{pmatrix}$　(3) $\begin{pmatrix} 1 & 2 & \cdots & n \\ n & n-1 & \cdots & 1 \end{pmatrix}$

2. 次の行列の行列式を計算せよ．

(1) $\begin{pmatrix} 3 & 1 & 4 & 1 \\ 5 & 9 & 2 & 6 \\ 5 & 3 & 5 & 8 \\ 9 & 7 & 9 & 3 \end{pmatrix}$　(2) $\begin{pmatrix} 1 & 1 & 1 & 1 & 1 \\ 1 & 2 & 2 & 2 & 2 \\ 1 & 2 & 3 & 3 & 3 \\ 1 & 2 & 3 & 4 & 4 \\ 1 & 2 & 3 & 4 & 5 \end{pmatrix}$　(3) $\begin{pmatrix} & \text{\Large 0} & & & 1 \\ & & & 2 & \\ & & 3 & & \\ & n-1 & & \text{\Large 0} & \\ n & & & & \end{pmatrix}$

3. 次の行列の行列式を計算せよ．

(1) $\begin{pmatrix} \alpha & \beta & \gamma & \delta \\ \beta & \alpha & \delta & \gamma \\ \gamma & \delta & \alpha & \beta \\ \delta & \gamma & \beta & \alpha \end{pmatrix}$　(2) $\begin{pmatrix} a & bc & b+c \\ b & ca & c+a \\ c & ab & a+b \end{pmatrix}$　(3) $\begin{pmatrix} a & a & a & x \\ a & a & x & a \\ a & x & a & a \\ x & a & a & a \end{pmatrix}$

4. 次の等式を証明せよ．

(1) $\begin{vmatrix} 1 & x_1 & x_1^2 & \cdots & x_1^{n-1} \\ 1 & x_2 & x_2^2 & \cdots & x_2^{n-1} \\ \vdots & \vdots & \vdots & \ddots & \vdots \\ 1 & x_n & x_n^2 & \cdots & x_n^{n-1} \end{vmatrix} = \prod_{i>j}(x_i - x_j)$　(これをヴァンデルモンドの行列式という)．

(2) $\begin{vmatrix} a_0 & 1 & 0 & \cdots & 0 & 0 \\ a_1 & x & 1 & \cdots & 0 & 0 \\ a_2 & 0 & x & \ddots & 0 & 0 \\ \vdots & \vdots & \vdots & \ddots & \ddots & \vdots \\ a_{n-1} & 0 & 0 & \cdots & x & 1 \\ a_n & 0 & 0 & \cdots & 0 & x \end{vmatrix} = a_0x^n - a_1x^{n-1} + \cdots + (-1)^n a_n$

5. クラーメルの公式を用いて次の連立 1 次方程式を解け．

(1) $\begin{cases} x + 2y + 5z = 9 \\ 4x \quad\ + 3z = -5 \\ 2x - 3y \quad\ = -13 \end{cases}$　(2) $\begin{cases} x + 3y + 2z = 2 \\ 3x + 6y + 4z = 7 \\ 2x + 7y + 2z = 9 \end{cases}$　(3) $\begin{cases} 3x + 6y + z = 4 \\ 4x + 9y + 2z = 3 \\ 2x + 3y + 4z = 9 \end{cases}$

(4) $\begin{cases} 2x + y + 4z = -1 \\ 3x + 2y + z = 7 \\ 4x + 3y + 2z = 7 \end{cases}$　(5) $\begin{cases} x + y + 2z = 3 \\ x + 2y + 3z = 4 \\ x + 3y + 5z = 3 \end{cases}$　(6) $\begin{cases} x + 2y + 3z = 20 \\ 2x + 7y - 3z = 13 \\ 3x + 8y + 2z = 38 \end{cases}$

第4章 固有値と固有ベクトル

この章では，自然科学の広い分野で用いられている固有値問題を取り上げる．正方行列の固有値と固有ベクトルについて学び，それらを用いて行列の対角化といわれる概念を理解することが目標である．全ての行列が対角化できるわけではないが，もし与えられた行列が対角化できるならば，その行列の本質的な性質を簡単に捉えることが可能となる．

本題に入る前に記号を用意しておく．$\mathbb{R}$ を実数全体からなる集合，$\mathbb{C}$ を複素数全体からなる集合とする．定義から $\mathbb{R} \subset \mathbb{C}$ であることに注意する．集合 K を $\mathbb{R}$ または $\mathbb{C}$ のいずれか一方とする．$\mathbb{R}$ でも $\mathbb{C}$ でも同様に議論が進むことが多々あるため，その都度同じ議論を二度書くことがないようにするためにこのような K という記号を用いる．

4.1 1次独立と1次従属

いくつかのベクトルの組の関係性を見る基本的な指標として，1次独立，1次従属といった概念がある．これらについて学ぶ．

定義 4.1.1. $\boldsymbol{a}_1, \boldsymbol{a}_2, \ldots, \boldsymbol{a}_k \in K^n$ をベクトルとし，$\lambda_1, \lambda_2, \ldots, \lambda_k \in K$ とする．

1. ベクトル $\lambda_1\boldsymbol{a}_1 + \lambda_2\boldsymbol{a}_2 + \cdots + \lambda_k\boldsymbol{a}_k$ を $\boldsymbol{a}_1, \boldsymbol{a}_2, \ldots, \boldsymbol{a}_k$ の **1次結合**または**線形結合**という．
2. "$\lambda_1\boldsymbol{a}_1 + \lambda_2\boldsymbol{a}_2 + \cdots + \lambda_k\boldsymbol{a}_k = \boldsymbol{0}$ ならば $\lambda_1 = \lambda_2 = \cdots = \lambda_k = 0$"
   が成り立つとき，$\boldsymbol{a}_1, \boldsymbol{a}_2, \ldots, \boldsymbol{a}_k$ は **1次独立**または**線形独立**であるという．
3. $\boldsymbol{a}_1, \boldsymbol{a}_2, \ldots, \boldsymbol{a}_k$ が1次独立にならないとき，$\boldsymbol{a}_1, \boldsymbol{a}_2, \ldots, \boldsymbol{a}_k$ は **1次従属**または**線形従属**であるという．すなわち，少なくとも1つは0でない $\lambda_1, \lambda_2, \ldots, \lambda_k$ に対して
   $$\lambda_1\boldsymbol{a}_1 + \lambda_2\boldsymbol{a}_2 + \cdots + \lambda_k\boldsymbol{a}_k = \boldsymbol{0}$$
   が成り立つとき，$\boldsymbol{a}_1, \boldsymbol{a}_2, \ldots, \boldsymbol{a}_k$ は1次従属である．

例 4.1.1. (1) ベクトル $\boldsymbol{a}$ が1次独立 $\Leftrightarrow \boldsymbol{a} \neq \boldsymbol{0}$．$\boldsymbol{a}$ が1次従属 $\Leftrightarrow \boldsymbol{a} = \boldsymbol{0}$．
(2) $\boldsymbol{a}_1, \boldsymbol{a}_2$ が1次従属 $\Leftrightarrow \boldsymbol{a}_1, \boldsymbol{a}_2$ の一方が他方のスカラー倍に等しい．

実際 $\boldsymbol{a}_1, \boldsymbol{a}_2$ が1次従属とすれば，ともには0にならない $\lambda_1, \lambda_2 \in \mathbb{R}$ があって，

$$\lambda_1\boldsymbol{a}_1 + \lambda_2\boldsymbol{a}_2 = \boldsymbol{0}.$$

ここで $\lambda_1 \neq 0$ ならば，$\boldsymbol{a}_1 = -\dfrac{\lambda_2}{\lambda_1}\boldsymbol{a}_2$, $\lambda_2 \neq 0$ ならば，$\boldsymbol{a}_2 = -\dfrac{\lambda_1}{\lambda_2}\boldsymbol{a}_1$ となる．逆に $\boldsymbol{a}_1$ が $\boldsymbol{a}_2$ のスカラー倍とすれば，$\boldsymbol{a}_1 = \lambda\boldsymbol{a}_2$ なので $1 \cdot \boldsymbol{a}_1 - \lambda\boldsymbol{a}_2 = \boldsymbol{0}$ となる．よって $\boldsymbol{a}_1, \boldsymbol{a}_2$ は1次従属となる．$\boldsymbol{a}_2$ が $\boldsymbol{a}_1$ のスカラー倍となるときも同様である． ■

例 4.1.2. $\mathbb{R}^3$ のベクトル $\boldsymbol{a}_1 = \begin{pmatrix} -1 \\ 0 \\ 2 \end{pmatrix}, \boldsymbol{a}_2 = \begin{pmatrix} 1 \\ 2 \\ 0 \end{pmatrix}, \boldsymbol{a}_3 = \begin{pmatrix} -2 \\ 1 \\ 1 \end{pmatrix}$ は 1 次独立となるかどうか判定してみる．これを解くために, $\lambda_1, \lambda_2, \lambda_3 \in \mathbb{R}$ に対して

$$\lambda_1 \boldsymbol{a}_1 + \lambda_2 \boldsymbol{a}_2 + \lambda_3 \boldsymbol{a}_3 = \boldsymbol{0} \tag{4.1}$$

とする．これより次の連立方程式が得られる．

$$\begin{cases} -\lambda_1 & + & \lambda_2 & - & 2\lambda_3 & = & 0 \\ & & 2\lambda_2 & + & \lambda_3 & = & 0 \\ 2\lambda_1 & & & + & \lambda_3 & = & 0 \end{cases}$$

これを解けば, $\lambda_1 = \lambda_2 = \lambda_3 = 0$. すなわち, (4.1) は $\lambda_1 = \lambda_2 = \lambda_3 = 0$ のときのみ成り立つ．これは $\boldsymbol{a}_1$, $\boldsymbol{a}_2$, $\boldsymbol{a}_3$ が 1 次独立であることを示している． ■

例 4.1.3. $\mathbb{R}^4$ の 2 つのベクトルを $\boldsymbol{b}_1 = \begin{pmatrix} 2 \\ -1 \\ 1 \\ -3 \end{pmatrix}, \boldsymbol{b}_2 = \begin{pmatrix} -1 \\ \frac{1}{2} \\ r \\ \frac{3}{2} \end{pmatrix}$ とする．$r = -\dfrac{1}{2}$ の場合に限り, $\boldsymbol{b}_1$, $\boldsymbol{b}_2$ の一方が他方のスカラー倍となる．これから, $\boldsymbol{b}_1$, $\boldsymbol{b}_2$ は $r = -\dfrac{1}{2}$ のとき 1 次従属であり, $r \neq -\dfrac{1}{2}$ ならば 1 次独立となる． ■

定理 4.1.2. $\boldsymbol{a}_1, \boldsymbol{a}_2, \ldots, \boldsymbol{a}_k \in K^n$ をベクトルとする．

(1) $\boldsymbol{a}_1, \boldsymbol{a}_2, \ldots, \boldsymbol{a}_k$ の中の少なくとも 1 個が $\boldsymbol{0}$ ならば $\boldsymbol{a}_1, \boldsymbol{a}_2, \ldots, \boldsymbol{a}_k$ は 1 次従属である．

(2) $\boldsymbol{a}_1, \boldsymbol{a}_2, \ldots, \boldsymbol{a}_k$ が 1 次独立ならば, これらの一部分も 1 次独立である．

(3) $\boldsymbol{a}_1, \boldsymbol{a}_2, \ldots, \boldsymbol{a}_k$ が 1 次従属ならば, これに任意の r 個のベクトルを加えた $\boldsymbol{a}_1, \boldsymbol{a}_2, \ldots, \boldsymbol{a}_k, \boldsymbol{a}_{k+1}, \ldots, \boldsymbol{a}_{k+r}$ も 1 次従属である．

証明. (1) $\boldsymbol{a}_i = \boldsymbol{0}$ とすれば, $\lambda_i \neq 0$ にとって

$$0\boldsymbol{a}_1 + \cdots + \lambda_i \boldsymbol{a}_i + \cdots + 0\boldsymbol{a}_k = \boldsymbol{0}$$

が成り立つから, $\boldsymbol{a}_1, \boldsymbol{a}_2, \ldots, \boldsymbol{a}_k$ は 1 次従属となる．
(2) これは定義から明らかである．
(3) $\lambda_1 \boldsymbol{a}_1 + \cdots + \lambda_k \boldsymbol{a}_k = \boldsymbol{0}$ をみたす $(\lambda_1, \ldots, \lambda_k) \neq (0, \ldots, 0)$ が存在するとする．等式 $\lambda_1 \boldsymbol{a}_1 + \cdots + \lambda_k \boldsymbol{a}_k + 0\boldsymbol{a}_{k+1} + \cdots + 0\boldsymbol{a}_{k+r} = \boldsymbol{0}$ が成り立つので, $\boldsymbol{a}_1, \ldots, \boldsymbol{a}_{k+r}$ は 1 次従属となる． □

定理 4.1.3. ベクトル $\boldsymbol{a}_1, \boldsymbol{a}_2, \ldots, \boldsymbol{a}_k \in K^n$ について

$$\lambda_1 \boldsymbol{a}_1 + \lambda_2 \boldsymbol{a}_2 + \cdots + \lambda_k \boldsymbol{a}_k = \boldsymbol{0}, \quad \lambda_1 \neq 0$$

が成り立つ必要十分条件は, $\boldsymbol{a}_1$ が $\boldsymbol{a}_2, \ldots, \boldsymbol{a}_k$ の 1 次結合となることである．

証明. $\lambda_1 \neq 0$ より, $\boldsymbol{a}_1 = -\dfrac{\lambda_2}{\lambda_1}\boldsymbol{a}_2 - \cdots - \dfrac{\lambda_k}{\lambda_1}\boldsymbol{a}_k$, すなわち $\boldsymbol{a}_1$ は $\boldsymbol{a}_2, \ldots, \boldsymbol{a}_k$ の 1 次結合である. 逆に, $\boldsymbol{a}_1$ が $\boldsymbol{a}_2, \ldots, \boldsymbol{a}_k$ の 1 次結合ならば, $\boldsymbol{a}_1 = \lambda_2\boldsymbol{a}_2 + \cdots + \lambda_k\boldsymbol{a}_k$ となるから, 書き変えて

$$\lambda_1\boldsymbol{a}_1 + \lambda_2\boldsymbol{a}_2 + \cdots + \lambda_k\boldsymbol{a}_k = \boldsymbol{0}, \quad \lambda_1 = -1 \neq 0$$

が得られる. □

系 4.1.4. ベクトル $\boldsymbol{a}_1, \boldsymbol{a}_2, \ldots, \boldsymbol{a}_k \in K^n$ について

(1) $\boldsymbol{a}_1, \boldsymbol{a}_2, \ldots, \boldsymbol{a}_k$ が 1 次独立となる必要十分条件は, この中のどのベクトルも残りのベクトルの 1 次結合とならないことである.

(2) $\boldsymbol{a}_1, \boldsymbol{a}_2, \ldots, \boldsymbol{a}_k$ が 1 次従属となる必要十分条件は, この中の少なくとも 1 つが残りのベクトルの 1 次結合で表されることである.

定理 4.1.5. $\boldsymbol{a}_1, \boldsymbol{a}_2, \ldots, \boldsymbol{a}_k$ を 1 次独立とする. これに 1 つのベクトル $\boldsymbol{a}$ を加えた $\boldsymbol{a}_1, \boldsymbol{a}_2, \ldots, \boldsymbol{a}_k, \boldsymbol{a}$ が 1 次従属ならば, $\boldsymbol{a}$ は $\boldsymbol{a}_1, \boldsymbol{a}_2, \ldots, \boldsymbol{a}_k$ の 1 次結合となる.

証明. $\boldsymbol{a}_1, \boldsymbol{a}_2, \ldots, \boldsymbol{a}_k, \boldsymbol{a}$ は 1 次従属なので, $\lambda_1, \ldots, \lambda_k, \lambda \in K$ で

$$\lambda_1\boldsymbol{a}_1 + \lambda_2\boldsymbol{a}_2 + \cdots + \lambda_k\boldsymbol{a}_k + \lambda\boldsymbol{a} = \boldsymbol{0}$$

をみたし, かつ $\lambda_1, \lambda_2, \ldots, \lambda_k, \lambda \in K$ のうち少なくとも 1 つは 0 ではないものが取れる. もし $\lambda = 0$ ならば, $\lambda_1\boldsymbol{a}_1 + \lambda_2\boldsymbol{a}_2 + \cdots + \lambda_k\boldsymbol{a}_k = \boldsymbol{0}$ となり, $\boldsymbol{a}_1, \boldsymbol{a}_2, \ldots, \boldsymbol{a}_k$ は 1 次独立であるから, $\lambda_1 = \lambda_2 = \cdots = \lambda_k = 0$, すなわち, λ_i, λ のすべては 0 となり仮定に反する. これから $\lambda \neq 0$ であり, よって $\boldsymbol{a} = (-\lambda_1/\lambda)\boldsymbol{a}_1 + \cdots + (-\lambda_k/\lambda)\boldsymbol{a}_k$ を得る. すなわち, $\boldsymbol{a}$ は $\boldsymbol{a}_1, \boldsymbol{a}_2, \ldots, \boldsymbol{a}_k$ の 1 次結合となる. □

例 4.1.4. $\mathbb{R}^3$ において, $\boldsymbol{a}_1 = \begin{pmatrix} 1 \\ 0 \\ -3 \end{pmatrix}$, $\boldsymbol{a}_2 = \begin{pmatrix} \frac{1}{2} \\ -2 \\ \frac{3}{2} \end{pmatrix}$, $\boldsymbol{a}_3 = \begin{pmatrix} 3 \\ -6 \\ 0 \end{pmatrix}$ の 3 つのベクトルは, $\boldsymbol{a}_2 = -\dfrac{1}{2}\boldsymbol{a}_1 + \dfrac{1}{3}\boldsymbol{a}_3$ となるから, 1 次従属となる. ■

問 4.1 次のベクトルは 1 次独立であるか 1 次従属であるかを判定せよ.

(1) $\boldsymbol{a} = \begin{pmatrix} 0 \\ 1 \\ -2 \end{pmatrix}, \boldsymbol{b} = \begin{pmatrix} 1 \\ 1 \\ 1 \end{pmatrix}, \boldsymbol{c} = \begin{pmatrix} 1 \\ 2 \\ -1 \end{pmatrix}$　(2) $\boldsymbol{a} = \begin{pmatrix} 1 \\ -1 \\ 2 \\ 0 \\ 5 \end{pmatrix}, \boldsymbol{b} = \begin{pmatrix} -2 \\ 0 \\ 1 \\ 1 \\ -1 \end{pmatrix}, \boldsymbol{c} = \begin{pmatrix} 4 \\ 1 \\ 1 \\ -3 \\ -7 \end{pmatrix}$

4.2 階　数

与えられたベクトルたちがどの程度 1 次独立であるかということを示す指標として, ベクトルの組に対する階数の概念が定義される. この節ではまずその定義を与え, 基本性質を証明する. 次節で 2 章で定義された階数と本質的に同じであることを見ることになる.

定義 4.2.1. $\boldsymbol{a}_1, \boldsymbol{a}_2, \ldots, \boldsymbol{a}_k \in K^n$ をベクトルの集合とする. $\boldsymbol{a}_1, \boldsymbol{a}_2, \ldots, \boldsymbol{a}_k$ の中の 1 次独立なベクトルの最大の個数 r を $\{\boldsymbol{a}_1, \boldsymbol{a}_2, \ldots, \boldsymbol{a}_k\}$ の **階数** といい,

$$r = \mathrm{rank}\,\{\boldsymbol{a}_1, \boldsymbol{a}_2, \ldots, \boldsymbol{a}_k\}$$

と表す. すなわち, $\boldsymbol{a}_1, \boldsymbol{a}_2, \ldots, \boldsymbol{a}_k$ の中に 1 次独立な r 個のベクトルの組は存在するが, 任意の $r+1$ 個以上のベクトルの組は 1 次従属になるということである.

定義より $\mathrm{rank}\,\{\boldsymbol{a}_1, \boldsymbol{a}_2, \ldots, \boldsymbol{a}_k\} \leqq k$ となる. また,

$$\boldsymbol{a}_1, \boldsymbol{a}_2, \ldots, \boldsymbol{a}_k \text{ が 1 次独立} \iff \mathrm{rank}\,\{\boldsymbol{a}_1, \boldsymbol{a}_2, \ldots, \boldsymbol{a}_k\} = k$$

であることに注意する.

例 4.2.1. $\mathbb{R}^2$ のベクトルの集合 $M = \left\{\boldsymbol{0}, \begin{pmatrix} -1 \\ 2 \end{pmatrix}, \begin{pmatrix} \frac{1}{2} \\ -1 \end{pmatrix}\right\}$ を考える. M の中の任意の 2 つのベクトルは 1 次従属である. たとえば $\begin{pmatrix} -1 \\ 2 \end{pmatrix} = -2\begin{pmatrix} \frac{1}{2} \\ -1 \end{pmatrix}$ である. ゆえに, $\mathrm{rank}\ M < 2$. また M は $\boldsymbol{0}$ でないベクトル $\begin{pmatrix} -1 \\ 2 \end{pmatrix}$ を含むから, $\mathrm{rank}\ M \geqq 1$. よって, $\mathrm{rank}\ M = 1$ となる. ■

例 4.2.2. $\mathbb{R}^3$ において, $\boldsymbol{a}_1 = \begin{pmatrix} -1 \\ 0 \\ 2 \end{pmatrix}, \boldsymbol{a}_2 = \begin{pmatrix} 1 \\ 2 \\ 0 \end{pmatrix}, \boldsymbol{a}_3 = \begin{pmatrix} -2 \\ 1 \\ 1 \end{pmatrix}, \boldsymbol{a}_4 = \begin{pmatrix} 2 \\ 1 \\ 1 \end{pmatrix}$ とする.

$\boldsymbol{a}_4 = \boldsymbol{a}_1 + \boldsymbol{a}_2 - \boldsymbol{a}_3$ となるから, $\boldsymbol{a}_1, \boldsymbol{a}_2, \boldsymbol{a}_3, \boldsymbol{a}_4$ は 1 次従属. また, $\boldsymbol{a}_1, \boldsymbol{a}_2, \boldsymbol{a}_3$ は 例 4.1.2 より 1 次独立となる. ゆえに, $\mathrm{rank}\,\{\boldsymbol{a}_1, \boldsymbol{a}_2, \boldsymbol{a}_3, \boldsymbol{a}_4\} = 3$ である. ■

定理 4.2.2. (階数定理) $\boldsymbol{a}_1, \boldsymbol{a}_2, \ldots, \boldsymbol{a}_m, \boldsymbol{b}_1, \boldsymbol{b}_2, \ldots, \boldsymbol{b}_k \in K^n$ をベクトルとする. 各 $j = 1, 2, \ldots, k$ に対して $\boldsymbol{b}_j$ が $\boldsymbol{a}_1, \boldsymbol{a}_2, \ldots, \boldsymbol{a}_m$ の 1 次結合となるならば,

$$\mathrm{rank}\,\{\boldsymbol{a}_1, \boldsymbol{a}_2, \ldots, \boldsymbol{a}_m\} \geqq \mathrm{rank}\,\{\boldsymbol{b}_1, \boldsymbol{b}_2, \ldots, \boldsymbol{b}_k\}$$

が成り立つ.

証明. $\mathrm{rank}\,\{\boldsymbol{a}_1, \boldsymbol{a}_2, \ldots, \boldsymbol{a}_m\} = s$ とする. $\boldsymbol{b}_1, \boldsymbol{b}_2, \ldots, \boldsymbol{b}_k$ の中の任意の $s+1$ 個のベクトルが 1 次従属であることを示せばよい. $\boldsymbol{b}_1, \boldsymbol{b}_2, \ldots, \boldsymbol{b}_t$ $(t = s+1)$ が 1 次従属であることを示せば十分である.

(適当に順番を並べ替えることで) $\boldsymbol{a}_1, \boldsymbol{a}_2, \ldots, \boldsymbol{a}_s$ が 1 次独立であると仮定してよい. このとき定理 4.1.5 により, $s < k$ について $\boldsymbol{a}_k$ は $\boldsymbol{a}_1, \boldsymbol{a}_2, \ldots, \boldsymbol{a}_s$ の 1 次結合として表せる. これから, 各 $\boldsymbol{b}_j$ は $\boldsymbol{a}_1, \boldsymbol{a}_2, \ldots, \boldsymbol{a}_s$ の 1 次結合となる. そこで,

$$\begin{aligned} \boldsymbol{b}_1 &= r_{11}\boldsymbol{a}_1 + r_{21}\boldsymbol{a}_2 + \cdots + r_{s1}\boldsymbol{a}_s, \\ \boldsymbol{b}_2 &= r_{12}\boldsymbol{a}_1 + r_{22}\boldsymbol{a}_2 + \cdots + r_{s2}\boldsymbol{a}_s, \\ &\vdots \\ \boldsymbol{b}_t &= r_{1t}\boldsymbol{a}_1 + r_{2t}\boldsymbol{a}_2 + \cdots + r_{st}\boldsymbol{a}_s. \end{aligned}$$

とする. いま (s,t) 行列 A を $A=(r_{ij})$ と定義すれば, 上の連立方程式は,

$$(\boldsymbol{b}_1\ \boldsymbol{b}_2\ \cdots\ \boldsymbol{b}_t) = (\boldsymbol{a}_1\ \boldsymbol{a}_2\ \cdots\ \boldsymbol{a}_s)A$$

と表される. ここで, $t - \mathrm{rank}\ A \geqq t - s = 1 > 0$ であるから, 定理 2.5.1 より, $A\boldsymbol{x} = \boldsymbol{0}$ をみたす $\boldsymbol{0}$ でないベクトル $\boldsymbol{x} = \begin{pmatrix} \lambda_1 \\ \lambda_2 \\ \vdots \\ \lambda_t \end{pmatrix} \in K^t$ が存在する. このとき,

$$(\boldsymbol{b}_1\ \boldsymbol{b}_2\ \cdots\ \boldsymbol{b}_t)\begin{pmatrix} \lambda_1 \\ \lambda_2 \\ \vdots \\ \lambda_t \end{pmatrix} = (\boldsymbol{b}_1\ \boldsymbol{b}_2\ \cdots\ \boldsymbol{b}_t)\boldsymbol{x} = (\boldsymbol{a}_1\ \boldsymbol{a}_2\ \cdots\ \boldsymbol{a}_s)A\boldsymbol{x} = \boldsymbol{0}$$

となる. すなわち $\lambda_1\boldsymbol{b}_1 + \lambda_2\boldsymbol{b}_2 + \cdots + \lambda_t\boldsymbol{b}_t = \boldsymbol{0}$ であるから, $\boldsymbol{b}_1, \boldsymbol{b}_2, \ldots, \boldsymbol{b}_t$ が 1 次従属であることが示された. □

さて, K^n のベクトル

$$\boldsymbol{e}_1 = \begin{pmatrix} 1 \\ 0 \\ 0 \\ \vdots \\ 0 \end{pmatrix}, \boldsymbol{e}_2 = \begin{pmatrix} 0 \\ 1 \\ 0 \\ \vdots \\ 0 \end{pmatrix}, \ldots, \boldsymbol{e}_n = \begin{pmatrix} 0 \\ 0 \\ 0 \\ \vdots \\ 1 \end{pmatrix}$$

を **基本ベクトル** という. これらは明らかに 1 次独立であり, したがって $\mathrm{rank}\{\boldsymbol{e}_1, \boldsymbol{e}_2, \ldots, \boldsymbol{e}_n\} = n$ である.

系 4.2.3. K^n における任意のベクトルの有限集合の階数は n 以下である.

証明. $M = \{\boldsymbol{a}_1, \boldsymbol{a}_2, \ldots, \boldsymbol{a}_m\}$ を K^n のベクトルの集合とする. 各 $\boldsymbol{a}_i$ $(i = 1, 2, \ldots, m)$ は基本ベクトル $\boldsymbol{e}_1, \boldsymbol{e}_2, \ldots, \boldsymbol{e}_n$ の 1 次結合であるから, 階数定理より

$$\mathrm{rank}\ M \leqq \mathrm{rank}\{\boldsymbol{e}_1, \boldsymbol{e}_2, \ldots, \boldsymbol{e}_n\} = n$$

となる. □

問 4.2 ベクトルの集合 $\left\{\begin{pmatrix} 1 \\ 1 \\ -1 \end{pmatrix}, \begin{pmatrix} 2 \\ 2 \\ -1 \end{pmatrix}, \begin{pmatrix} -3 \\ -3 \\ 3 \end{pmatrix}, \begin{pmatrix} -\sqrt{2} \\ -\sqrt{2} \\ \sqrt{2} \end{pmatrix}\right\}$ の階数を求めよ.

4.3 行列の階数, 正則性との関係

この節では第2章3節で学習した行列の階数が, 1次独立なベクトルの数で表されることを説明しよう.

定義 4.3.1. A を (m,n) 行列とする.

(1) A の行ベクトルの集合 $\{\boldsymbol{a}_1, \boldsymbol{a}_2, \ldots, \boldsymbol{a}_m\}$ において, 1次独立であるベクトルの最大個数を A の **行階数** といい, r-rank A と書く.

(2) A の列ベクトルの集合 $\{\boldsymbol{a}'_1, \boldsymbol{a}'_2, \ldots, \boldsymbol{a}'_n\}$ において, 1次独立であるベクトルの最大個数を A の **列階数** といい, c-rank A と書く.

第2章3節では, 行列の階数を階段行列を用いて定義した. 階段行列における定義と上で述べた定義との関係は以下で述べるようになっている.

定理 4.3.2. A を (m,n) 行列とする. B を n 次正則行列, C を m 次正則行列としたとき, 次が成り立つ.

(1) r-rank $A =$ r-rank $AB =$ r-rank CA

(2) c-rank $A =$ c-rank $AB =$ c-rank CA

証明. c-rank $A =$ r-rank ${}^tA$ より, (1) だけを示せばよい.

$$A = (a_{ij}) = \begin{pmatrix} \boldsymbol{a}_1 \\ \boldsymbol{a}_2 \\ \vdots \\ \boldsymbol{a}_m \end{pmatrix}, \quad \text{r-rank } A = r$$

とする.

(a) r-rank $A =$ r-rank AB を示す. AB の第 i 行ベクトルは,

$$(a_{i1}\ a_{i2}\ \cdots\ a_{in})B = \boldsymbol{a}_i B.$$

ここで r-rank $A = r$ より (適当に添え字の番号を並べ替えることで) $\{\boldsymbol{a}_1, \boldsymbol{a}_2, \ldots, \boldsymbol{a}_r\}$ が1次独立であると仮定してよい. このとき $\{\boldsymbol{a}_1 B, \boldsymbol{a}_2 B, \ldots, \boldsymbol{a}_r B\}$ は1次独立である. 実際

$$\lambda_1 \boldsymbol{a}_1 B + \lambda_2 \boldsymbol{a}_2 B + \cdots + \lambda_r \boldsymbol{a}_r B = \boldsymbol{0}$$

とすれば, B の正則性より

$$\lambda_1 \boldsymbol{a}_1 + \lambda_2 \boldsymbol{a}_2 + \cdots + \lambda_r \boldsymbol{a}_r = (\lambda_1 \boldsymbol{a}_1 B + \lambda_2 \boldsymbol{a}_2 B + \cdots + \lambda_r \boldsymbol{a}_r B)B^{-1} = \boldsymbol{0}$$

となり, したがって仮定より $\lambda_1 = \lambda_2 = \cdots = \lambda_r = 0$ を得る. このことから r-rank $A \leqq$ r-rank AB となることが分かる. 同じ議論を A を AB, B を B^{-1} に置き換えて適用すれば r-rank $AB \leqq$ r-rank $(AB)B^{-1}$ を得る. よって, 任意の n 次正則行列 B に対して

$$\text{r-rank } A \leqq \text{r-rank } AB \leqq \text{r-rank } (AB)B^{-1} = \text{r-rank } A \tag{4.2}$$

となり, r-rank $A =$ r-rank AB が示された.

(b) r-rank $A =$ r-rank CA を示す. $C = (c_{ij})$ とする. CA の第 i 行ベクトルは

$$\sum_{j=1}^{m} c_{ij}\boldsymbol{a}_j$$

となる. よって CA の各行ベクトルが $\{\boldsymbol{a}_1, \boldsymbol{a}_2, \ldots, \boldsymbol{a}_m\}$ の 1 次結合で表されているので, 階数定理より,

$$\text{r-rank } A \geqq \text{r-rank } CA.$$

よって, C は正則であるので (4.2) と同様の計算により r-rank $A =$ r-rank CA を得る. □

定理 4.3.3. 任意の行列 A に対して

$$\text{r-rank } A = \text{c-rank } A = \text{rank } A$$

が成り立つ.

証明. 定理 2.3.2 より, ある正則行列 P, Q を用いて

$$PAQ = \left(\begin{array}{ccc|c} 1 & & 0 & \\ & \ddots & & 0 \\ 0 & & 1 & \\ \hline & 0 & & 0 \end{array}\right)$$

とできる. ここで, 対角成分の 1 は rank A 個並んでいる. よって定理 4.3.2 より,

$$\text{rank } A = \text{r-rank } PAQ = \text{r-rank } A$$
$$\text{rank } A = \text{c-rank } PAQ = \text{c-rank } A.$$

となり証明が終わる. □

定理 4.3.3 と定理 2.6.1 から, 以下のように行列の正則性と 1 次独立との関連を知ることができる. 証明は明らかであろう.

系 4.3.4. A を n 次正方行列とし, $A = (\boldsymbol{a}_1\ \boldsymbol{a}_2\ \cdots\ \boldsymbol{a}_n)$ とする. このとき, 次は同値である.

(1) $\boldsymbol{a}_1, \boldsymbol{a}_2, \ldots, \boldsymbol{a}_n$ は 1 次独立.

(2) rank $A = n$

(3) A は正則.

定理 4.3.3 によって, ベクトルの 1 次独立性を簡単に判別することができる.

例 4.3.1.

$$\boldsymbol{a} = \begin{pmatrix} 0 \\ 1 \\ -1 \\ 2 \end{pmatrix}, \quad \boldsymbol{b} = \begin{pmatrix} 1 \\ 2 \\ -1 \\ 0 \end{pmatrix}, \quad \boldsymbol{c} = \begin{pmatrix} 2 \\ 5 \\ -3 \\ 2 \end{pmatrix}$$

が 1 次独立かどうか調べてみよう.

$$A = (\boldsymbol{a}\ \boldsymbol{b}\ \boldsymbol{c}) = \begin{pmatrix} 0 & 1 & 2 \\ 1 & 2 & 5 \\ -1 & -1 & -3 \\ 2 & 0 & 2 \end{pmatrix}$$

とおいて rank A を求める.

$$\begin{pmatrix} 0 & 1 & 2 \\ 1 & 2 & 5 \\ -1 & -1 & -3 \\ 2 & 0 & 2 \end{pmatrix} \xrightarrow[\substack{3\text{ 行}+2\text{ 行} \\ 4\text{ 行}+2\text{ 行}\times(-2)}]{} \begin{pmatrix} 0 & 1 & 2 \\ 1 & 2 & 5 \\ 0 & 1 & 2 \\ 0 & -4 & -8 \end{pmatrix}$$

$$\xrightarrow{1\text{ 行}\leftrightarrow 2\text{ 行}} \begin{pmatrix} 1 & 2 & 5 \\ 0 & 1 & 2 \\ 0 & 1 & 2 \\ 0 & -4 & -8 \end{pmatrix} \xrightarrow[\substack{3\text{ 行}+2\text{ 行}\times(-1) \\ 4\text{ 行}+2\text{ 行}\times 4}]{} \begin{pmatrix} 1 & 2 & 5 \\ 0 & 1 & 2 \\ 0 & 0 & 0 \\ 0 & 0 & 0 \end{pmatrix}$$

よって, 定理 4.3.3 から $\operatorname{rank}\{\boldsymbol{a}, \boldsymbol{b}, \boldsymbol{c}\} = \operatorname{rank} A = 2$ となり, $\boldsymbol{a}, \boldsymbol{b}, \boldsymbol{c}$ は 1 次独立ではないことが分かる. ■

4.4　固有値と固有ベクトル (1)

この節では, 行列の固有値と固有ベクトルの定義を学び, それらの求め方を紹介する.

定義 4.4.1. **(固有値, 固有ベクトル)** A を n 次正方行列とする. 数 $\alpha \in K$ と n 次元数ベクトル $\boldsymbol{x}\ (\neq \boldsymbol{0}) \in K^n$ が

$$A\boldsymbol{x} = \alpha\boldsymbol{x}$$

をみたしているとき, α を A の **固有値** といい, $\boldsymbol{x}$ を α に対する A の **固有ベクトル** という.

例 4.4.1. $A = \begin{pmatrix} 2 & 1 \\ 1 & 2 \end{pmatrix}$ とする. このとき,

$$A\begin{pmatrix} 1 \\ 1 \end{pmatrix} = 3\begin{pmatrix} 1 \\ 1 \end{pmatrix}.$$

よって, 3 は A の固有値, $\begin{pmatrix} 1 \\ 1 \end{pmatrix}$ は 3 に対する A の固有ベクトル. また,

$$A\begin{pmatrix}1\\-1\end{pmatrix}=\begin{pmatrix}1\\-1\end{pmatrix}.$$

よって, 1 は A の固有値, $\begin{pmatrix}1\\-1\end{pmatrix}$ は 1 に対する A の固有ベクトルである. ■

定理 4.4.2. A を n 次正方行列とする. α を A の固有値とし, $\boldsymbol{x}, \boldsymbol{y}$ を α に対する A の固有ベクトルとする. このとき, 任意の数 a, b に対して, $a\boldsymbol{x}+b\boldsymbol{y}$ も ($\boldsymbol{0}$ でなければ) α に対する A の固有ベクトルとなる.

証明. $A(a\boldsymbol{x}+b\boldsymbol{y})=\alpha(a\boldsymbol{x}+b\boldsymbol{y})$ を示せばよいが, これは

$$A(a\boldsymbol{x}+b\boldsymbol{y})=aA\boldsymbol{x}+bA\boldsymbol{y}=a\cdot\alpha\boldsymbol{x}+b\cdot\alpha\boldsymbol{y}=\alpha(a\boldsymbol{x}+b\boldsymbol{y})$$

より直ちに従う. □

次に, 行列 A の固有値とその固有ベクトルを具体的に求める方法を紹介しよう.

定義 4.4.3. n 次正方行列 A に対して,

$$f_A(x)=|xE-A|$$

を A の **固有多項式**, $f_A(x)=0$ を A の**固有方程式** という.

注意. $f_A(x)=|xE-A|$ であり, $f_A(x)=|A-xE|$ ではないので注意しましょう！何が違ってくるのか考えてください.

定理 4.4.4. n 次正方行列 A に対して, $\alpha\in K$ が A の固有値であるための必要十分条件は α が方程式

$$f_A(x)=0$$

の解となることである.

証明. $f_A(x)=0$ の 1 つの解を α とすると,

$$f_A(\alpha)=|\alpha E-A|=0.$$

よって, 定理 3.6.1 より $\alpha E-A$ は正則でないので, $(\alpha E-A)\boldsymbol{x}=\boldsymbol{0}$ となる数ベクトル $\boldsymbol{x}\ (\neq\boldsymbol{0})$ が存在する. つまり

$$A\boldsymbol{x}=\alpha\boldsymbol{x}$$

となり, α は A の固有値である. 逆に α が A の固有値であるとき, 上の議論を逆にたどっていけば $f_A(\alpha)=0$ が示される. □

例 4.4.2. $A = \begin{pmatrix} 1 & 1 & 0 \\ 1 & 0 & 1 \\ 0 & 1 & 1 \end{pmatrix}$ の固有値と固有ベクトルを求めよう. まず A の固有多項式 $f_A(x)$ は

$$f_A(x) = |xE - A| = \begin{vmatrix} x-1 & -1 & 0 \\ -1 & x & -1 \\ 0 & -1 & x-1 \end{vmatrix} = x(x-1)^2 - 2(x-1) = (x-2)(x-1)(x+1).$$

定理 4.4.4 より A の固有値は $f_A(x) = 0$ の解である $1, -1, 2$ となる. 以下, それぞれの固有値に対する固有ベクトルを求めよう.

(1) 固有値 1 に対する固有ベクトルを $\boldsymbol{x}_1 = \begin{pmatrix} x_1 \\ y_1 \\ z_1 \end{pmatrix}$ とすると, 定義より

$$A\boldsymbol{x}_1 = \boldsymbol{x}_1.$$

よって,

$$\mathbf{0} = (A - E)\boldsymbol{x}_1 = \begin{pmatrix} 0 & 1 & 0 \\ 1 & -1 & 1 \\ 0 & 1 & 0 \end{pmatrix} \begin{pmatrix} x_1 \\ y_1 \\ z_1 \end{pmatrix} = \begin{pmatrix} y_1 \\ x_1 - y_1 + z_1 \\ y_1 \end{pmatrix}$$

より, $y_1 = 0$, $x_1 + z_1 = 0$. ここで, $z_1 = c$ とおくと, $x_1 = -c$ となり固有値 1 に対する固有ベクトル $\boldsymbol{x}_1$ は,

$$\boldsymbol{x}_1 = c \begin{pmatrix} -1 \\ 0 \\ 1 \end{pmatrix} \qquad (c \neq 0).$$

(2) 固有値 -1 に対する固有ベクトルを $\boldsymbol{x}_2 = \begin{pmatrix} x_2 \\ y_2 \\ z_2 \end{pmatrix}$ とすると, 定義より

$$A\boldsymbol{x}_2 = -\boldsymbol{x}_2.$$

よって,

$$\mathbf{0} = (A + E)\boldsymbol{x}_2 = \begin{pmatrix} 2 & 1 & 0 \\ 1 & 1 & 1 \\ 0 & 1 & 2 \end{pmatrix} \begin{pmatrix} x_2 \\ y_2 \\ z_2 \end{pmatrix} = \begin{pmatrix} 2x_2 + y_2 \\ x_2 + y_2 + z_2 \\ y_2 + 2z_2 \end{pmatrix}.$$

よって,

$$\begin{cases} 2x_2 + y_2 = 0 \\ x_2 + y_2 + z_2 = 0 \\ y_2 + 2z_2 = 0 \end{cases}.$$

ここで, $z_2 = c$ とおくと, 固有値 1 に対する固有ベクトル $\boldsymbol{x}_2$ は

$$\boldsymbol{x}_2 = c \begin{pmatrix} 1 \\ -2 \\ 1 \end{pmatrix} \qquad (c \neq 0).$$

(3) 固有値 2 に対する固有ベクトルを $\boldsymbol{x}_3 = \begin{pmatrix} x_3 \\ y_3 \\ z_3 \end{pmatrix}$ とすると, 定義より

$$A\boldsymbol{x}_3 = 2\boldsymbol{x}_3.$$

よって,

$$\mathbf{0} = (A-2E)\boldsymbol{x}_3 = \begin{pmatrix} -1 & 1 & 0 \\ 1 & -2 & 1 \\ 0 & 1 & -1 \end{pmatrix} \begin{pmatrix} x_3 \\ y_3 \\ z_3 \end{pmatrix} = \begin{pmatrix} -x_3 + y_3 \\ x_3 - 2y_3 + z_3 \\ y_3 - z_3 \end{pmatrix}$$

よって,

$$\begin{cases} -x_3 + y_3 = 0 \\ x_3 - 2y_3 + z_3 = 0 \\ y_3 - z_3 = 0 \end{cases}.$$

ここで, $z_3 = c$ とおくと, 固有値 2 に対する固有ベクトル $\boldsymbol{x}_3$ は

$$\boldsymbol{x}_3 = c \begin{pmatrix} 1 \\ 1 \\ 1 \end{pmatrix} \qquad (c \neq 0).$$

■

問 4.3 行列 $\begin{pmatrix} 2 & 1 & 1 \\ 1 & 2 & 1 \\ 0 & 0 & 1 \end{pmatrix}$ の固有値と固有ベクトルを求めよ.

4.5　固有値と固有ベクトル (2)

この節では, 行列の固有値と固有多項式の性質を紹介しよう.

定義 4.5.1. n 次正方行列 $A = (a_{ij})$ の対角成分の和

$$a_{11} + a_{22} + \cdots + a_{nn}$$

を A の **トレース** といい, $\mathrm{tr}(A)$ で表す.

例 4.5.1. $A = \begin{pmatrix} 1 & -3 \\ 2 & 10 \end{pmatrix}$ ならば $\mathrm{tr}(A) = 1 + 10 = 11$. ■

定理 4.5.2. n 次正方行列 A の固有多項式 $f_A(x)$ は x^{n-1} の係数が $-\mathrm{tr}(A)$, 定数項が $(-1)^n|A|$ となる.

証明. まず $f_A(x) = |xE - A|$ より, $f_A(0) = |-A| = (-1)^n|A|$. よって定数項は $(-1)^n|A|$. 次に x^{n-1} の係数を考える. $A = (a_{ij})$ とすると,

$$
\begin{aligned}
f_A(x) &= \begin{vmatrix} x-a_{11} & -a_{12} & \cdots & -a_{1n} \\ -a_{21} & x-a_{22} & \cdots & -a_{2n} \\ \vdots & \vdots & \ddots & \vdots \\ -a_{n1} & -a_{n2} & \cdots & x-a_{nn} \end{vmatrix} \\
&= (x-a_{11})(x-a_{22})\cdots(x-a_{nn}) + (n-2\text{ 次以下の多項式}) \\
&= x^n - (a_{11}+a_{22}+\cdots+a_{nn})x^{n-1} + (n-2\text{ 次以下の多項式}) \\
&= x^n - \mathrm{tr}(A)x^{n-1} + (n-2\text{ 次以下の多項式})
\end{aligned}
$$

となる. □

定義 4.5.3. 2つの n 次正方行列 A, B に対して, ある正則行列 P が存在して

$$B = P^{-1}AP$$

となるとき, A と B は **相似** または **共役** であるといい, $A \sim B$ で表す.

例 4.5.2.

$$\begin{pmatrix} 1 & 1 \\ 0 & 1 \end{pmatrix}^{-1} \begin{pmatrix} 2 & 1 \\ 4 & 5 \end{pmatrix} \begin{pmatrix} 1 & 1 \\ 0 & 1 \end{pmatrix} = \begin{pmatrix} -2 & -6 \\ 4 & 9 \end{pmatrix}$$

より, $\begin{pmatrix} 2 & 1 \\ 4 & 5 \end{pmatrix} \sim \begin{pmatrix} -2 & -6 \\ 4 & 9 \end{pmatrix}$. ■

相似な行列は本質的に同じ性質をもっている. たとえば次の定理が示すように, 相似な2つの行列は固有多項式が一致しており, したがってそれらの固有値, トレース, 行列式はすべて一致している.

定理 4.5.4. 2つの n 次正方行列 A, B に対して, $A \sim B$ ならば $f_A(x) = f_B(x)$ が成り立つ. 特に A と B は同じ固有値をもち, さらに $\mathrm{tr}(A) = \mathrm{tr}(B)$, $|A| = |B|$ が成り立つ.

証明. $A \sim B$ より, ある正則行列 P が存在して

$$B = P^{-1}AP$$

となる. よって,

$$f_B(x) = |xE - B| = |xE - P^{-1}AP| = |P^{-1}(xE - A)P| = |P^{-1}| \cdot |xE - A| \cdot |P| = f_A(x)$$

となる. □

例 4.5.3. $A = \begin{pmatrix} 2 & 1 \\ 4 & 5 \end{pmatrix}$, $B = \begin{pmatrix} -2 & -6 \\ 4 & 9 \end{pmatrix}$ とすれば, 例 4.5.2 より $A \sim B$ である. よって定理 4.5.4 によると $f_A(x) = f_B(x)$ が成り立っていなければならない. このことを実際に計算して確かめてみると,

$$\begin{aligned} f_A(x) = |xE - A| &= \begin{vmatrix} x-2 & -1 \\ -4 & x-5 \end{vmatrix} = (x-2)(x-5) - 4 = x^2 - 7x + 6. \\ f_B(x) = |xE - B| &= \begin{vmatrix} x+2 & 6 \\ -4 & x-9 \end{vmatrix} = (x+2)(x-9) - 24 = x^2 - 7x + 6. \end{aligned}$$

■

n 次正方行列 A の固有値全体の集合を $\sigma(A)$ と書くことにする. たとえば 例 4.4.2 の行列 $A = \begin{pmatrix} 1 & 1 & 0 \\ 1 & 0 & 1 \\ 0 & 1 & 1 \end{pmatrix}$ の固有値は $-1, 1, 2$ であったので, $\sigma(A) = \{-1, 1, 2\}$ となる. $\alpha \in \sigma(A)$ とは行列 $A - \alpha \cdot E$ の行列式が 0 と同値である. 次に多項式に行列を代入することの定義を与えておこう. x の多項式 $f(x) = a_m x^m + a_{m-1} x^{m-1} + \cdots + a_0$ と n 次正方行列 A に対して,

$$f(A) = a_m A^m + a_{m-1} A^{m-1} + \cdots + a_0 E_n$$

と定義する. たとえば $f(x) = 3x^2 - 2x - 5$, $A = \begin{pmatrix} 0 & 1 \\ 1 & 2 \end{pmatrix}$ であれば, 行列 $f(A)$ とは

$$f(A) = 3A^2 - 2A - 5E = \begin{pmatrix} 3 & 6 \\ 6 & 15 \end{pmatrix} - \begin{pmatrix} 0 & 2 \\ 2 & 4 \end{pmatrix} - \begin{pmatrix} 5 & 0 \\ 0 & 5 \end{pmatrix} = \begin{pmatrix} -2 & 4 \\ 4 & 6 \end{pmatrix}$$

である. このとき, 次の定理が成り立つ.

定理 4.5.5. (スペクトル写像定理 (Frobenius の定理)) $f(x)$ を n 次多項式とする. 正方行列 A に対して $\sigma(f(A)) = f(\sigma(A))$ が成り立つ.

証明. $\alpha \in \sigma(A)$ とする. $f(x) - f(\alpha) = (x - \alpha) \cdot g(x)$ と因数分解すれば, $f(A) - f(\alpha) \cdot E = (A - \alpha \cdot E) \cdot g(A)$ より $|A - \alpha \cdot E| = 0$ であるので $|f(A) - f(\alpha) \cdot E| = 0$ となり $f(\alpha) \in \sigma(f(A))$ である.

逆に $\alpha_0 \in \sigma(f(A))$ とする. $f(x) - \alpha_0 = a(x - \alpha_1) \cdots (x - \alpha_n)$ $(a \neq 0)$ とすれば $f(A) - \alpha_0 \cdot E = a(A - \alpha_1 \cdot E) \cdots (A - \alpha_n \cdot E)$ となる. ここですべての $\alpha_1, ..., \alpha_n$ が A の固有値でないとすれば, $A - \alpha_1 \cdot E, ..., A - \alpha_n \cdot E$ すべてが正則行列であるので, すべての行列の行列式は 0 でない. よって $f(A) - \alpha_0 \cdot E$ の行列式も 0 とならないので $\alpha_0 \in \sigma(f(A))$ に矛盾する. したがって $\alpha_1, ..., \alpha_n$ のどれかは $\sigma(A)$ の要素である. それを α_j とおけば $f(\alpha_j) - \alpha_0 = 0$ となるので, $\alpha_0 \in f(\sigma(A))$. □

Point (1) 行列 A の固有値が分かっていれば, A^n の固有値は直ぐに答えられる. 行列 A の n 乗を計算する必要はない. 先ほどの 例 4.4.2 の行列 $A = \begin{pmatrix} 1 & 1 & 0 \\ 1 & 0 & 1 \\ 0 & 1 & 1 \end{pmatrix}$ の固有値は $-1, 1, 2$ であったので, $\sigma(A^4) = \{(-1)^4, 1^4, 2^4\} = \{1, 16\}$ となる.

(2) 前の例で $A = \begin{pmatrix} 0 & 1 \\ 1 & 2 \end{pmatrix}$, $f(x) = 3x^2 - 2x - 5$ のとき, $f(A) = 3A^2 - 2A - 5E = \begin{pmatrix} -2 & 4 \\ 4 & 6 \end{pmatrix}$ であったので固有値を求めると $\sigma(A) = \{1 \pm \sqrt{2}\}$, $\sigma(f(A)) = \{2 \pm 4\sqrt{2}\}$ であるので $f(1 \pm \sqrt{2}) = 2 \pm 4\sqrt{2}$ となり, 定理が成り立つことを確認できる.

4.6 行列の対角化

前節で述べたように, 行列の固有多項式は相似な行列同士では一致することが分かった. この節では, 行列が対角行列と相似となるような条件を紹介する.

定義 4.6.1. n 次正方行列 A は, 対角行列に相似となるとき, すなわち n 次正則行列 P を適当にとり

$$P^{-1}AP = \begin{pmatrix} \alpha_1 & & & 0 \\ & \alpha_2 & & \\ & & \ddots & \\ 0 & & & \alpha_n \end{pmatrix} \tag{4.3}$$

とできるとき, **対角化可能** であるという. また, A は P によって **対角化される** という.

全ての行列が対角化できるというわけではない. 対角化可能となる条件を調べてみよう.

定理 4.6.2. A を n 次正方行列, $\alpha_1, \alpha_2, \ldots, \alpha_r$ を A の相異なる固有値, $\boldsymbol{x}_i$ を α_i に対する固有ベクトルとする. このとき, $\boldsymbol{x}_1, \boldsymbol{x}_2, \ldots, \boldsymbol{x}_r$ は 1 次独立となる.

証明. $\boldsymbol{x}_1, \boldsymbol{x}_2, \ldots, \boldsymbol{x}_{k-1}$ が 1 次独立であると仮定したとき, $\boldsymbol{x}_1, \boldsymbol{x}_2, \ldots, \boldsymbol{x}_{k-1}, \boldsymbol{x}_k$ も 1 次独立となることを示せば良い.

$$\lambda_1 \boldsymbol{x}_1 + \lambda_2 \boldsymbol{x}_2 + \cdots + \lambda_{k-1} \boldsymbol{x}_{k-1} + \lambda_k \boldsymbol{x}_k = \boldsymbol{0} \tag{4.4}$$

とする. ここで, (4.4) の両辺の左側から A をかける. $A\boldsymbol{x}_i = \alpha_i \boldsymbol{x}_i$ であることに注意すると,

$$\lambda_1 \alpha_1 \boldsymbol{x}_1 + \lambda_2 \alpha_2 \boldsymbol{x}_2 + \cdots + \lambda_{k-1} \alpha_{k-1} \boldsymbol{x}_{k-1} + \lambda_k \alpha_k \boldsymbol{x}_k = \boldsymbol{0} \tag{4.5}$$

を得る. 一方, (4.4) の両辺に α_k をかければ,

$$\lambda_1 \alpha_k \boldsymbol{x}_1 + \lambda_2 \alpha_k \boldsymbol{x}_2 + \cdots + \lambda_{k-1} \alpha_k \boldsymbol{x}_{k-1} + \lambda_k \alpha_k \boldsymbol{x}_k = \boldsymbol{0} \tag{4.6}$$

よって, (4.5)–(4.6) より,

$$\lambda_1(\alpha_1 - \alpha_k)\boldsymbol{x}_1 + \lambda_2(\alpha_2 - \alpha_k)\boldsymbol{x}_2 + \cdots + \lambda_{k-1}(\alpha_{k-1} - \alpha_k)\boldsymbol{x}_{k-1} = \boldsymbol{0} \tag{4.7}$$

となって, $\boldsymbol{x}_1, \boldsymbol{x}_2, \ldots, \boldsymbol{x}_{k-1}$ が 1 次独立であることと α_i が全て異なることより, $\lambda_1 = \lambda_2 = \cdots = \lambda_{k-1} = 0$ となる. これを (4.4) に代入すれば $\lambda_k \boldsymbol{x}_k = \boldsymbol{0}$ となって, $\lambda_k = 0$ を得る. したがって, $\boldsymbol{x}_1, \boldsymbol{x}_2, \ldots, \boldsymbol{x}_k$ は 1 次独立である. □

定理 4.6.3. A を n 次正方行列とする. このとき, 次は同値である.

(1) A は n 個の 1 次独立な固有ベクトルをもつ.

(2) A は対角化可能である. すなわち, $P^{-1}AP$ が対角行列となるような正則行列 P が存在する.

証明. (1) $\Longrightarrow$ (2) の証明. (1) より A の 1 次独立な固有ベクトル $\boldsymbol{x}_1, \ldots, \boldsymbol{x}_n$ をとることができる. 各 $\boldsymbol{x}_i$ に対応する固有値を α_i とする. $P = (\boldsymbol{x}_1\ \boldsymbol{x}_2\ \cdots\ \boldsymbol{x}_n)$ とおくと,

$$\begin{aligned} AP &= A(\boldsymbol{x}_1\ \boldsymbol{x}_2\ \cdots\ \boldsymbol{x}_n) = (A\boldsymbol{x}_1\ A\boldsymbol{x}_2\ \cdots\ A\boldsymbol{x}_n) = (\alpha_1\boldsymbol{x}_1\ \alpha_2\boldsymbol{x}_2\ \cdots\ \alpha_n\boldsymbol{x}_n) \\ &= (\boldsymbol{x}_1\ \boldsymbol{x}_2\ \cdots\ \boldsymbol{x}_n)\begin{pmatrix} \alpha_1 & & 0 \\ & \ddots & \\ 0 & & \alpha_n \end{pmatrix} = P\begin{pmatrix} \alpha_1 & & 0 \\ & \ddots & \\ 0 & & \alpha_n \end{pmatrix}. \end{aligned}$$

いま $\boldsymbol{x}_1, \boldsymbol{x}_2, \ldots, \boldsymbol{x}_n$ は 1 次独立であることから系 4.3.4 により P は正則であることが分かり,

$$P^{-1}AP = \begin{pmatrix} \alpha_1 & & 0 \\ & \ddots & \\ 0 & & \alpha_n \end{pmatrix}.$$

(2) $\Longrightarrow$ (1) の証明. 条件より,

$$P^{-1}AP = \begin{pmatrix} \alpha_1 & & 0 \\ & \ddots & \\ 0 & & \alpha_n \end{pmatrix}$$

となる. これにより,

$$AP = P\begin{pmatrix} \alpha_1 & & 0 \\ & \ddots & \\ 0 & & \alpha_n \end{pmatrix} \tag{4.8}$$

となる. ここで, $P = (\boldsymbol{x}_1\ \boldsymbol{x}_2\ \cdots\ \boldsymbol{x}_n)$ とおけば, P は正則なので系 4.3.4 より $\boldsymbol{x}_1, \boldsymbol{x}_2, \ldots, \boldsymbol{x}_n$ は 1 次独立となる. また, (4.8) より $A\boldsymbol{x}_i = \alpha_i \boldsymbol{x}_i$ が成り立つので, $\boldsymbol{x}_1, \boldsymbol{x}_2, \ldots, \boldsymbol{x}_n$ は A の固有ベクトルとなる. □

証明を見ると, 具体的に正方行列 A の対角化を行う際には次のようにすればよいことが分かる: まず A の固有値を計算し, A の1次独立な n 個の固有ベクトル $\boldsymbol{x}_1, \ldots, \boldsymbol{x}_n$ をとる (もしこの時点で n 個取れなければ, 対角化できないということになる). $\boldsymbol{x}_i$ に対応する A の固有値を α_i とし, $P = (\boldsymbol{x}_1\ \boldsymbol{x}_2\ \cdots\ \boldsymbol{x}_n)$ とおけば

$$P^{-1}AP = \begin{pmatrix} \alpha_1 & & 0 \\ & \ddots & \\ 0 & & \alpha_n \end{pmatrix}$$

となる. 固有ベクトルを並べた順番に固有値も並んでくる.

定理 4.6.2 と定理 4.6.3 を合わせれば, 次のことが直ちに従う.

系 4.6.4. n 次正方行列 A が n 個の相異なる固有値をもつならば, A は対角化可能である.

例 4.6.1. 行列 $A = \begin{pmatrix} 2 & -3 \\ -2 & 1 \end{pmatrix}$ の場合は, 異なる2個の固有値 -1 と 4 をもつから, 対角化可能である. 具体的には, 属する固有ベクトル $\begin{pmatrix} 1 \\ 1 \end{pmatrix}, \begin{pmatrix} 3 \\ -2 \end{pmatrix}$ をとり, $P = \begin{pmatrix} 1 & 3 \\ 1 & -2 \end{pmatrix}$ とおけば, $P^{-1}AP = \begin{pmatrix} -1 & 0 \\ 0 & 4 \end{pmatrix}$ となる. ■

例 4.6.2. $A = \begin{pmatrix} 2 & -1 & 1 \\ -2 & 3 & -2 \\ 1 & -1 & 2 \end{pmatrix}, B = \begin{pmatrix} 1 & 0 & -1 \\ 2 & 2 & 2 \\ 2 & 1 & 2 \end{pmatrix}$ の対角化を求める.

(A) まず A を考える. A の固有値は 1 (重解) と 5 である.

(1) 1 の固有ベクトルとしてたとえば $\begin{pmatrix} 1 \\ 0 \\ -1 \end{pmatrix}$ と $\begin{pmatrix} 0 \\ 1 \\ 1 \end{pmatrix}$ がとれる.

(2) 5 の固有ベクトルとしてたとえば $\begin{pmatrix} 1 \\ -2 \\ 1 \end{pmatrix}$ がとれる.

ここで

$$\boldsymbol{p}_1 = \begin{pmatrix} 1 \\ 0 \\ -1 \end{pmatrix},\ \boldsymbol{p}_2 = \begin{pmatrix} 0 \\ 1 \\ 1 \end{pmatrix},\ \boldsymbol{p}_3 = \begin{pmatrix} 1 \\ -2 \\ 1 \end{pmatrix}$$

とおくとこれらは1次独立となる. これは $P = (\boldsymbol{p}_1\ \boldsymbol{p}_2\ \boldsymbol{p}_3) = \begin{pmatrix} 1 & 0 & 1 \\ 0 & 1 & -2 \\ -1 & 1 & 1 \end{pmatrix}$ としたとき, $|P| = 4 \neq 0$ となるからである. よって, 定理 4.6.3 により A は対角化可能となる. 実際, $P^{-1} = \frac{1}{4}\begin{pmatrix} 3 & 1 & -1 \\ 2 & 2 & 2 \\ 1 & -1 & 1 \end{pmatrix} = \begin{pmatrix} \frac{3}{4} & \frac{1}{4} & \frac{-1}{4} \\ \frac{1}{2} & \frac{1}{2} & \frac{1}{2} \\ \frac{1}{4} & \frac{-1}{4} & \frac{1}{4} \end{pmatrix}$ に注意して計算してみると,

$$P^{-1}AP = \begin{pmatrix} 1 & 0 & 0 \\ 0 & 1 & 0 \\ 0 & 0 & 5 \end{pmatrix}$$

となることが分かる.

注意. 対角化をするだけであれば P^{-1} を具体的に計算する必要はない. 実際

$$AP = (A\boldsymbol{p}_1\ A\boldsymbol{p}_2\ A\boldsymbol{p}_3) = (\boldsymbol{p}_1\ \boldsymbol{p}_2\ 5\boldsymbol{p}_3) = (\boldsymbol{p}_1\ \boldsymbol{p}_2\ \boldsymbol{p}_3)\begin{pmatrix} 1 & 0 & 0 \\ 0 & 1 & 0 \\ 0 & 0 & 5 \end{pmatrix} = P\begin{pmatrix} 1 & 0 & 0 \\ 0 & 1 & 0 \\ 0 & 0 & 5 \end{pmatrix}$$

であることから $P^{-1}AP = \begin{pmatrix} 1 & 0 & 0 \\ 0 & 1 & 0 \\ 0 & 0 & 5 \end{pmatrix}$ となることが分かり, これで話は終わる. ただし, 以下の例 4.6.3 にあるように「A^n を計算せよ」等と問われた際には, P^{-1} をきちんと計算する必要が出てくる.

(B) 次に B を考えよう. B は固有値 $1, 2$ (重解) をもち, それぞれの固有ベクトルは,

$$\boldsymbol{u} = c\begin{pmatrix} 1 \\ -2 \\ 0 \end{pmatrix}, \quad \boldsymbol{v} = c'\begin{pmatrix} 1 \\ -2 \\ -1 \end{pmatrix} \quad (c, c' \neq 0)$$

である. c と c' の任意の値について, $\boldsymbol{u}$ と $\boldsymbol{v}$ の形のベクトルをどのように 3 つとってきても 1 次独立とはならないから, B は対角化できないことが分かる. ■

問 4.4 行列 $A = \begin{pmatrix} 1 & 0 & -2 \\ -2 & -6 & 7 \\ -7 & -16 & 22 \end{pmatrix}$ に対して, 適当な正則行列 P を用いて $P^{-1}AP$ が対角行列となるようにせよ.

例 4.6.3. 例 4.6.2 の行列 $A = \begin{pmatrix} 2 & -1 & 1 \\ -2 & 3 & -2 \\ 1 & -1 & 2 \end{pmatrix}$ に対して, A^n を求めてみよう. 例 4.6.2 より正則行列 P を

$$P = \begin{pmatrix} 1 & 0 & 1 \\ 0 & 1 & 0 \\ -1 & 1 & 1 \end{pmatrix}$$

とすれば,

$$P^{-1} = \frac{1}{4}\begin{pmatrix} 3 & 1 & -1 \\ 2 & 2 & 2 \\ 1 & -1 & 1 \end{pmatrix} \quad \text{であり,} \quad P^{-1}AP = \begin{pmatrix} 1 & 0 & 0 \\ 0 & 1 & 0 \\ 0 & 0 & 5 \end{pmatrix}$$

となる. したがって,

$$\begin{pmatrix} 1 & 0 & 0 \\ 0 & 1 & 0 \\ 0 & 0 & 5^n \end{pmatrix} = (P^{-1}AP)^n = P^{-1}AP \cdot P^{-1}AP \cdot P^{-1}AP \cdots P^{-1}AP = P^{-1}A^nP.$$

よって,

$$A^n = P\begin{pmatrix}1 & 0 & 0\\ 0 & 1 & 0\\ 0 & 0 & 5^n\end{pmatrix}P^{-1} = \frac{1}{4}\begin{pmatrix}3+5^n & 1-5^n & -1+5^n\\ 2 & 2 & 2\\ -1+5^n & 1-5^n & 3+5^n\end{pmatrix}.$$

■

第 4 章 練 習 問 題

1. ベクトルの組 $\begin{pmatrix}1\\0\\2\end{pmatrix}$, $\begin{pmatrix}2\\1\\3\end{pmatrix}$, $\begin{pmatrix}3\\1\\5\end{pmatrix}$ が1次独立であるか調べよ.

2. ベクトルの組 $\begin{pmatrix}1\\2\\3\end{pmatrix}$, $\begin{pmatrix}2\\3\\1\end{pmatrix}$, $\begin{pmatrix}m\\1\\2\end{pmatrix}$ が1次従属になるように m の値を求めよ.

3. ベクトル $\boldsymbol{a}, \boldsymbol{b}, \boldsymbol{c}, \boldsymbol{d}$ が1次独立のとき, 次のベクトルの組は1次独立か.

(1) $\boldsymbol{a}+\boldsymbol{b}, \boldsymbol{b}+\boldsymbol{c}, \boldsymbol{c}+\boldsymbol{d}, \boldsymbol{d}+\boldsymbol{a}$

(2) $\boldsymbol{a}+\boldsymbol{b}+\boldsymbol{c}, \boldsymbol{b}+\boldsymbol{c}+\boldsymbol{d}, \boldsymbol{c}+\boldsymbol{d}+\boldsymbol{a}, \boldsymbol{d}+\boldsymbol{a}+\boldsymbol{b}$

4. ベクトルの集合 $\left\{\begin{pmatrix}-1\\2\\-1\end{pmatrix}, \begin{pmatrix}2\\-4\\\alpha\end{pmatrix}, \begin{pmatrix}\beta\\-2\\1\end{pmatrix}\right\}$ の階数が1のとき, α と β を求めよ.

5. 次の行列の固有値と固有ベクトルを求めよ.

(1) $\begin{pmatrix}1 & 3 & 4\\ 2 & 1 & 3\\ 0 & 2 & 1\end{pmatrix}$　(2) $\begin{pmatrix}2 & a\\ a & 1\end{pmatrix}$　$(a \neq 0)$

6. 正方行列 A が $A^2 = A$ をみたすとき, A の固有値は 0 か 1 に限られることを示せ.

7. 次の行列 A は正則行列 P を用いて対角化可能か判定し, もし可能ならば, $P^{-1}AP$ と P を求めよ.

(1) $\begin{pmatrix}2 & -1 & 1\\ 0 & 1 & 1\\ -1 & 1 & 1\end{pmatrix}$　(2) $\begin{pmatrix}1 & 2 & 1\\ -1 & 4 & 1\\ 2 & -4 & 0\end{pmatrix}$

第5章 ベクトル空間と線形写像

この章では, 線形代数の本質であるベクトル空間を導入する. はじめにベクトル空間の定義を述べた後は, ベクトル空間の大きさを示す次元を定義し, 次元定理といわれる重要な定理を証明する. 有限次元のベクトル空間に関する話はこれまでに学習してきた行列を用いて理解することができるので, それについても述べる. 後半ではベクトル空間に内積という付加構造を加えた内積空間を学ぶ. これも高校の時に学んだベクトルや内積といった概念の自然な拡張となっている. 最後に, 対称行列やエルミート行列が対角化できることを示した後に 2 次形式を導入する.

前章と同様に, K は実数全体の成す集合 $\mathbb{R}$ または複素数全体の成す集合 $\mathbb{C}$ を表すものとする.

5.1 ベクトル空間

第 4 章で数ベクトル空間 K^n について考察した. ここではその考え方を抽象化したベクトル空間の概念を導入する.

定義 5.1.1. 空でない集合 V が次の条件をみたすとき, V を K 上の **ベクトル空間** (または K 上の**線形空間**) あるいは単に **ベクトル空間** という.

(I) **加法:** V の任意の元 $\boldsymbol{x}, \boldsymbol{y}$ に対して, **和** とよばれる V の元 $\boldsymbol{x}+\boldsymbol{y}$ がきまり, 次の条件をみたす.

V1 (交換法則) $\boldsymbol{x}+\boldsymbol{y}=\boldsymbol{y}+\boldsymbol{x} \quad (\boldsymbol{x}, \boldsymbol{y} \in V)$

V2 (結合法則) $(\boldsymbol{x}+\boldsymbol{y})+\boldsymbol{z}=\boldsymbol{x}+(\boldsymbol{y}+\boldsymbol{z}) \quad (\boldsymbol{x}, \boldsymbol{y}, \boldsymbol{z} \in V)$

V3 (零元の存在) V に一定の元 $\mathbf{0}$ が存在し, 任意の元 $\boldsymbol{x} \in V$ に対して,

$$\boldsymbol{x}+\mathbf{0}=\boldsymbol{x}$$

が成り立つ. この元 $\mathbf{0}$ を **零ベクトル** という.

V4 (逆元の存在) 任意の元 $\boldsymbol{x} \in V$ に対し, ある元 $\boldsymbol{x}' \in V$ が存在して,

$$\boldsymbol{x}+\boldsymbol{x}'=\mathbf{0}$$

が成り立つ. この元 $\boldsymbol{x}'$ を $\boldsymbol{x}$ の **逆元** または **逆ベクトル** といい, $-\boldsymbol{x}$ と書く.

定義 5.1.1. つづき

(II) **スカラー倍:** 任意の $\lambda \in K$ と任意の元 $\boldsymbol{x} \in V$ に対し, $\boldsymbol{x}$ の **スカラー倍** とよばれる V の元 $\lambda\boldsymbol{x}$ がきまり, 次の条件をみたす.

V5 $\lambda(\boldsymbol{x}+\boldsymbol{y}) = \lambda\boldsymbol{x}+\lambda\boldsymbol{y} \quad (\lambda \in K, \boldsymbol{x}, \boldsymbol{y} \in V)$

V6 $(\lambda+\mu)\boldsymbol{x} = \lambda\boldsymbol{x}+\mu\boldsymbol{x} \quad (\lambda, \mu \in K, \boldsymbol{x} \in V)$

V7 $(\lambda\mu)\boldsymbol{x} = \lambda(\mu\boldsymbol{x}) \quad (\lambda, \mu \in K, \boldsymbol{x} \in V)$

V8 $1\boldsymbol{x} = \boldsymbol{x} \quad (\boldsymbol{x} \in V)$

V の元を **ベクトル** という. $\mathbb{R}$ 上のベクトル空間を **実ベクトル空間**, $\mathbb{C}$ 上のベクトル空間を **複素ベクトル空間** ということもある.

大雑把にいえばベクトル空間とは「集合で, その中で加法とスカラー倍が与えられているもの」ということであり, この認識でこの先そうそう困ることもないだろう. ベクトル空間の定義は条件が8つもあるため大変に思うかもしれないが, 8つの条件はどれも「加法やスカラー倍というべきものに対して成り立って然るべき」ものばかりであるため, あまり神経質にならない方がよい.

定理 5.1.2. V をベクトル空間とする.

(1) V の零ベクトルはただ一つ存在する.

(2) V の各ベクトル $\boldsymbol{x}$ に対してその逆ベクトルはただ一つ存在する.

(3) V の任意のベクトル $\boldsymbol{x}$ に対して $0\boldsymbol{x} = \mathbf{0}$.

(4) 任意の $\lambda \in K$ に対して $\lambda\mathbf{0} = \mathbf{0}$.

(5) V の任意のベクトル $\boldsymbol{x}$ に対して $(-1)\boldsymbol{x} = -\boldsymbol{x}$.

証明. (1) $\mathbf{0}$ と $\mathbf{0}'$ がいずれも V の零ベクトルとする. $\mathbf{0}$ が零ベクトルであることからその定義より $\mathbf{0}'+\mathbf{0} = \mathbf{0}'$ である. $\mathbf{0}'$ が零ベクトルであることからその定義より $\mathbf{0}+\mathbf{0}' = \mathbf{0}$ でもある. これらと $\mathbf{0}'+\mathbf{0} = \mathbf{0}+\mathbf{0}'$ を合わせれば $\mathbf{0} = \mathbf{0}'$ を得る.
(2) $\boldsymbol{x}'$ と $\boldsymbol{x}''$ がともに $\boldsymbol{x}$ の逆ベクトルであるとすると, $\boldsymbol{x}' = \boldsymbol{x}'+\mathbf{0} = \boldsymbol{x}'+(\boldsymbol{x}+\boldsymbol{x}'') = (\boldsymbol{x}'+\boldsymbol{x})+\boldsymbol{x}'' = (\boldsymbol{x}+\boldsymbol{x}')+\boldsymbol{x}'' = \mathbf{0}+\boldsymbol{x}'' = \boldsymbol{x}''+\mathbf{0} = \boldsymbol{x}''$.
(3) $0\boldsymbol{x} = (0+0)\boldsymbol{x} = 0\boldsymbol{x}+0\boldsymbol{x}$. 両辺に $0\boldsymbol{x}$ の逆ベクトル $-0\boldsymbol{x}$ を加えれば, $\mathbf{0} = 0\boldsymbol{x}$.
(4) $\lambda\boldsymbol{x} = \lambda(\boldsymbol{x}+\mathbf{0}) = \lambda\boldsymbol{x}+\lambda\mathbf{0}$. 両辺に $\lambda\boldsymbol{x}$ の逆ベクトル $-\lambda\boldsymbol{x}$ を加えれば, $\mathbf{0} = \lambda\mathbf{0}$.
(5) $\mathbf{0} = 0\boldsymbol{x} = (1+(-1))\boldsymbol{x} = 1\boldsymbol{x}+(-1)\boldsymbol{x} = \boldsymbol{x}+(-1)\boldsymbol{x}$. これは $(-1)\boldsymbol{x}$ が $\boldsymbol{x}$ の逆ベクトルであることを意味する. □

ベクトル空間の具体的な例をいくつか与えておこう. 例を見ることで, ベクトル空間が加法とスカラー倍が定義された空間であるという感覚をもってほしい.

例 5.1.1. 数ベクトル空間 K^n は第 1 節で定義された和とスカラー倍によって K 上のベクトル空間となる. 特に, 平面のベクトル全体である $\mathbb{R}^2$ や空間のベクトル全体である $\mathbb{R}^3$ は実ベクトル空間である. ■

例 5.1.2. $\mathbb{C}$ は複素数全体の集合であった. すなわち, $\mathbb{C} = \{z = \alpha + \beta i \mid \alpha, \beta \in \mathbb{R}\}$. $z = \alpha + \beta i$, $z' = \alpha' + \beta' i$ ならば, $z + z' = (\alpha + \alpha') + (\beta + \beta')i$. また, $\lambda \in \mathbb{R}$ について $\lambda z = \lambda\alpha + \lambda\beta i$ となるので通常の和と実数との積で, $\mathbb{C}$ は $\mathbb{R}$ 上のベクトル空間となる. ■

例 5.1.3. x を変数とする高々 n 次の多項式全体からなる集合 $P_n(x)$ は, 自然な和とスカラー倍により実ベクトル空間となる. ここでのベクトルは n 次またはそれ以下の次数の多項式である. ■

例 5.1.4. 閉区間 $[-1, 1] = \{x \in \mathbb{R} \mid -1 \leqq x \leqq 1\}$ で定義された連続な実数値関数全体を $\mathcal{C}[-1, 1]$ で表す. 任意の $f, g \in \mathcal{C}[-1, 1]$ および $x \in [-1, 1]$ に対して

$$\begin{array}{cccccc} \text{和} & f + g & : & (f + g)(x) & = & f(x) + g(x) \\ \text{スカラー倍} & \lambda f & : & (\lambda f)(x) & = & \lambda(f(x)) \end{array}$$

と定義すれば, $\mathcal{C}[-1, 1]$ は実ベクトル空間となる. この場合, つねに 0 の値をとる定値関数が零ベクトルである. このベクトル空間 $\mathcal{C}[-1, 1]$ においては, 関数がベクトルとなる. ■

定義 5.1.3. ベクトル空間 V の空でない部分集合 W が

S1 $\boldsymbol{x}, \boldsymbol{y} \in W$ ならば, $\boldsymbol{x} + \boldsymbol{y} \in W$

S2 任意の $\boldsymbol{x} \in W$ と $\lambda \in K$ に対して $\lambda\boldsymbol{x} \in W$

をみたすとき, W を V の **部分空間** とよぶ

条件 **S1**, **S2** は, W が V におけるベクトルの演算である和とスカラー倍について閉じていること, すなわち W はそれ自身がベクトル空間となることを示している. W が V の部分空間であれば $\boldsymbol{0} \in W$ であることに注意する. 実際, W は空でないので $\boldsymbol{x} \in W$ を 1 つとることができ, すると $\boldsymbol{0} = 0 \cdot \boldsymbol{x}$ は **S2** から W に属していることが分かる.

あきらかに, V 自身は V の部分空間であり, また V の零ベクトル $\boldsymbol{0}$ のみからなる集合 $\{\boldsymbol{0}\}$ も V の部分空間である. $\{\boldsymbol{0}\}$ は **零空間** といわれる.

上の条件 **S1**, **S2** は 1 つの条件 **S3** と同値である. 証明は難しくないので, 確認してみるとよい:

S3 任意の $\boldsymbol{x}, \boldsymbol{y} \in W$ と $\lambda, \mu \in K$ に対して $\lambda\boldsymbol{x} + \mu\boldsymbol{y} \in W$.

ベクトル空間 V のベクトル $\boldsymbol{a}_1, \boldsymbol{a}_2, \ldots, \boldsymbol{a}_n$ に対し,

$$L(\boldsymbol{a}_1, \boldsymbol{a}_2, \ldots, \boldsymbol{a}_n) = \{\lambda_1\boldsymbol{a}_1 + \lambda_2\boldsymbol{a}_2 + \cdots + \lambda_n\boldsymbol{a}_n \mid \lambda_1, \lambda_2, \ldots, \lambda_n \in K\}$$

を $\boldsymbol{a}_1, \boldsymbol{a}_2, \ldots, \boldsymbol{a}_n$ **が生成する空間** という. 定義から, これは V の部分空間となっていることが容易に確認できる. また, $L(\boldsymbol{a}_1, \boldsymbol{a}_2, \ldots, \boldsymbol{a}_n)$ は $\boldsymbol{a}_1, \boldsymbol{a}_2, \ldots, \boldsymbol{a}_n$ を含むような V の部分空間のうちで最小のものとなっていることに注意せよ.

例 5.1.5. 実ベクトル空間 $\mathbb{R}^3$ の $\mathbf{0}$ でないベクトル $\boldsymbol{a}, \boldsymbol{b}$ を考える.

$$L(\boldsymbol{a}) = \{\lambda \boldsymbol{a} \mid \lambda \in \mathbb{R}\}$$

は原点を通る直線で $\boldsymbol{a}$ が" 乗っている" ものを表している. また

$$L(\boldsymbol{a}, \boldsymbol{b}) = \{\lambda \boldsymbol{a} + \mu \boldsymbol{b} \mid \lambda, \mu \in \mathbb{R}\}$$

は原点を通る平面で, $\boldsymbol{a}$ と $\boldsymbol{b}$ が" 乗っている" ものを表している. ■

例 5.1.6. 例 5.1.3 における n 次以下の実数係数多項式からなる実ベクトル空間 $P_n(x)$ を考える. 任意の整数 k $(0 \leqq k \leqq n)$ について, $P_k(x)$ は $P_n(x)$ の部分空間である. $k = 0$ の場合 $P_0(x)$ は定数のみの多項式として $\mathbb{R}$ に等しい. ■

5.2 ベクトル空間の基底と次元

ここではベクトル空間の大きさを測る指標となる次元について説明する. まず, 第 4 章と同様にしてベクトル空間に対する 1 次結合, 1 次独立, 1 次従属, 階数を定義する. ほぼ繰り返しの表記となってしまうが, 一般的なベクトル空間に対するこれらの概念を定義を述べておく.

定義 5.2.1. V を K 上のベクトル空間とする. $\boldsymbol{a}_1, \boldsymbol{a}_2, \ldots, \boldsymbol{a}_k \in V$ をベクトルとし, $\lambda_1, \lambda_2, \ldots, \lambda_k \in K$ とする.

(1) ベクトル $\lambda_1 \boldsymbol{a}_1 + \lambda_2 \boldsymbol{a}_2 + \cdots + \lambda_k \boldsymbol{a}_k$ を $\boldsymbol{a}_1, \boldsymbol{a}_2, \ldots, \boldsymbol{a}_k$ の **1 次結合**または **線形結合** という.

(2) "$\lambda_1 \boldsymbol{a}_1 + \lambda_2 \boldsymbol{a}_2 + \cdots + \lambda_k \boldsymbol{a}_k = \mathbf{0}$ ならば $\lambda_1 = \lambda_2 = \cdots = \lambda_k = 0$"
が成り立つとき, $\boldsymbol{a}_1, \boldsymbol{a}_2, \ldots, \boldsymbol{a}_k$ は **1 次独立**または **線形独立** であるという.

(3) $\boldsymbol{a}_1, \boldsymbol{a}_2, \ldots, \boldsymbol{a}_k$ が 1 次独立にならないとき, $\boldsymbol{a}_1, \boldsymbol{a}_2, \ldots, \boldsymbol{a}_k$ は **1 次従属** または**線形従属**であるという. すなわち, 少なくとも 1 つは 0 でない $\lambda_1, \lambda_2, \ldots, \lambda_k$ に対して

$$\lambda_1 \boldsymbol{a}_1 + \lambda_2 \boldsymbol{a}_2 + \cdots + \lambda_k \boldsymbol{a}_k = \mathbf{0}$$

が成り立つとき, $\boldsymbol{a}_1, \boldsymbol{a}_2, \ldots, \boldsymbol{a}_k$ は 1 次従属である.

(4) $\boldsymbol{a}_1, \boldsymbol{a}_2, \ldots, \boldsymbol{a}_k$ の中の 1 次独立なベクトルの最大の個数 r を $\{\boldsymbol{a}_1, \boldsymbol{a}_2, \ldots, \boldsymbol{a}_k\}$ の **階数** といい,

$$r = \operatorname{rank}\{\boldsymbol{a}_1, \boldsymbol{a}_2, \ldots, \boldsymbol{a}_k\}$$

と表す.

注意. 一般のベクトル空間に対しても第 4 章の 1 節と 2 節で示した全ての定理および系が成り立つことに注意しておく. 証明は全く同様であるため, 繰り返し書くことはしない.

定義 5.2.2. ベクトル空間 V において, 次の 2 条件をみたす順序を考えた組 $\{\boldsymbol{a}_1, \boldsymbol{a}_2, \ldots, \boldsymbol{a}_n\}$ を V の **基底** という.

B1 $\boldsymbol{a}_1, \boldsymbol{a}_2, \ldots, \boldsymbol{a}_n$ は 1 次独立である.

B2 $\boldsymbol{a}_1, \boldsymbol{a}_2, \ldots, \boldsymbol{a}_n$ は V を 生成する. すなわち

$$V = L(\boldsymbol{a}_1, \boldsymbol{a}_2, \ldots, \boldsymbol{a}_n) = \{\lambda_1 \boldsymbol{a}_1 + \lambda_2 \boldsymbol{a}_2 + \cdots + \lambda_n \boldsymbol{a}_n \mid \lambda_1, \lambda_2, \ldots, \lambda_n \in K\}.$$

注意. 基底はただのベクトルの集合ではなく, **順序付き集合** である点に注意する. たとえば, $\{\boldsymbol{a}_1, \boldsymbol{a}_2, \ldots, \boldsymbol{a}_n\}$ が V の基底であるとき, $\{\boldsymbol{a}_n, \ldots, \boldsymbol{a}_2, \boldsymbol{a}_1\}$ も V の基底となるが, これらは別々の基底として考えなければならない.

条件 **B2** は, V の任意のベクトルが $\boldsymbol{a}_1, \boldsymbol{a}_2, \ldots, \boldsymbol{a}_n$ の 1 次結合で表されることを意味する. **B2** をみたすとき, $\boldsymbol{a}_1, \boldsymbol{a}_2, \ldots, \boldsymbol{a}_n$ は V の **生成系** であるという. V の基底とは, 1 次独立な V の生成系のことである. **B1**, **B2** がともに成り立つことは次の条件 **B3** が成り立つことと同値である.

B3 V の任意のベクトル $\boldsymbol{x}$ は $\boldsymbol{a}_1, \boldsymbol{a}_2, \ldots, \boldsymbol{a}_n$ の 1 次結合

$$\boldsymbol{x} = \lambda_1 \boldsymbol{a}_1 + \lambda_2 \boldsymbol{a}_2 + \cdots + \lambda_n \boldsymbol{a}_n$$

として一意的に表される.

ここでいう一意的とは, $\boldsymbol{x}$ がもう 1 つの形 $\mu_1 \boldsymbol{a}_1 + \mu_2 \boldsymbol{a}_2 + \cdots + \mu_n \boldsymbol{a}_n$ と表された場合, $\lambda_1 = \mu_1, \lambda_2 = \mu_2, \ldots, \lambda_n = \mu_n$ が成り立つということである.

B1 + **B2** と **B3** の同値性を確認しよう. **B1** , **B2** の仮定の下に $\lambda_1 \boldsymbol{a}_1 + \cdots + \lambda_n \boldsymbol{a}_n = \mu_1 \boldsymbol{a}_1 + \cdots + \mu_n \boldsymbol{a}_n$ とすれば, $(\lambda_1 - \mu_1)\boldsymbol{a}_1 + \cdots + (\lambda_n - \mu_n)\boldsymbol{a}_n = \boldsymbol{0}$ が得られる. **B1** より $\lambda_1 - \mu_1 = \cdots = \lambda_n - \mu_n = 0$, すなわち $\lambda_1 = \mu_1, \ldots, \lambda_n = \mu_n$ となる. 逆に, **B3** を仮定すると, **B2** は明らかであるから **B1** を示せばよい. $\lambda_1 \boldsymbol{a}_1 + \cdots + \lambda_n \boldsymbol{a}_n = \boldsymbol{0}$ とする. $\boldsymbol{0}$ の表し方として $\boldsymbol{0} = 0\boldsymbol{a}_1 + \cdots + 0\boldsymbol{a}_n$ を考えれば, **B3** より $\lambda_1 = \cdots = \lambda_n = 0$ が示される.

例 5.2.1. K^n 上において n 個の基本ベクトル

$$\boldsymbol{e}_1 = \begin{pmatrix} 1 \\ 0 \\ \vdots \\ 0 \end{pmatrix}, \ \boldsymbol{e}_2 = \begin{pmatrix} 0 \\ 1 \\ \vdots \\ 0 \end{pmatrix}, \ \ldots, \ \boldsymbol{e}_n = \begin{pmatrix} 0 \\ 0 \\ \vdots \\ 1 \end{pmatrix}$$

を考える. 任意のベクトル $\boldsymbol{a} = \begin{pmatrix} a_1 \\ a_2 \\ \vdots \\ a_n \end{pmatrix}$ は

$$\boldsymbol{a} = a_1 \boldsymbol{e}_1 + a_2 \boldsymbol{e}_2 + \cdots + a_n \boldsymbol{e}_n$$

と表される. この表し方は一意的であるから, $\{\boldsymbol{e}_1, \boldsymbol{e}_2, \ldots, \boldsymbol{e}_n\}$ は K^n の基底となる. これを K^n の **標準基底** という. ■

例 5.2.2. $\mathbb{R}^2$ において, $\boldsymbol{a}_1 = \begin{pmatrix} 1 \\ -1 \end{pmatrix}$, $\boldsymbol{a}_2 = \begin{pmatrix} 2 \\ -1 \end{pmatrix}$ とする. 基本ベクトル $\boldsymbol{e}_1, \boldsymbol{e}_2$ はこれらを用いて $\boldsymbol{e}_1 = \boldsymbol{a}_2 - \boldsymbol{a}_1, \boldsymbol{e}_2 = \boldsymbol{a}_2 - 2\boldsymbol{a}_1$ として計算できることに注意すれば, $\boldsymbol{a}_1, \boldsymbol{a}_2$ は $\mathbb{R}^2$ の生成系となることが分かる. また, $\boldsymbol{a}_1, \boldsymbol{a}_2$ は1次独立であるから, $\{\boldsymbol{a}_1, \boldsymbol{a}_2\}$ は $\{\boldsymbol{e}_1, \boldsymbol{e}_2\}$ とは異なる $\mathbb{R}^2$ の基底である. ■

例 5.2.1 を見てみると分かりやすいかと思われるが, 基底は「ベクトル空間の最小の構成要素」とでもいうべきものになっている. 零ベクトル空間でない限り, (有限個のベクトルで生成される) ベクトル空間には基底が必ず存在する. このことを示しておこう.

定理 5.2.3. 有限個のベクトルで生成される $\{\boldsymbol{0}\}$ でないベクトル空間には基底が存在する.

証明. $V \neq \{\boldsymbol{0}\}$ をベクトル空間とし, V が $\boldsymbol{a}_1, \ldots, \boldsymbol{a}_k$ で生成されている, すなわち $V = L(\boldsymbol{a}_1, \ldots \boldsymbol{a}_k)$ としたときに, V には基底が存在することを示せばよい. $r = \mathrm{rank}\{\boldsymbol{a}_1, \ldots \boldsymbol{a}_k\}$ とする. 番号を並べ替えることで $\boldsymbol{a}_1, \ldots, \boldsymbol{a}_r$ が1次独立であるとしてよい. 定理 4.1.5 より, $\boldsymbol{a}_i$ $(r+1 \leqq i \leqq k)$ は $\boldsymbol{a}_1, \ldots, \boldsymbol{a}_r$ の1次結合として表すことができるので,

$$V = L(\boldsymbol{a}_1, \ldots, \boldsymbol{a}_k) = L(\boldsymbol{a}_1, \ldots, \boldsymbol{a}_r)$$

となることが分かる. すなわち, $\boldsymbol{a}_1, \ldots, \boldsymbol{a}_r$ は V を生成する. これらは1次独立でもあるから, したがって V の基底を成している. □

この定理から, ベクトル空間に対して基底の存在が保証された. ただし, $\{\boldsymbol{a}_1, \boldsymbol{a}_2, \ldots, \boldsymbol{a}_n\}$ がベクトル空間の基底であれば $\{\lambda\boldsymbol{a}_1, \lambda\boldsymbol{a}_2, \ldots, \lambda\boldsymbol{a}_n\}$ $(\lambda \neq 0)$ も基底であることからも分かるように, 基底の選び方は無数にある. また, 先の例 5.2.2 において $\{\boldsymbol{a}_1, \boldsymbol{a}_2\}$ も $\{\boldsymbol{e}_1, \boldsymbol{e}_2\}$ がいずれも $\mathbb{R}^2$ の基底であることを確認したように, まったく見た目の違う基底を複数選ぶこともできる.

しかし, 実は基底をどのように選んだとしてもその中に含まれているベクトルの個数は一定となっていることを保証するのが次の定理である.

定理 5.2.4. $\{\boldsymbol{a}_1, \boldsymbol{a}_2, \ldots, \boldsymbol{a}_n\}$ と $\{\boldsymbol{b}_1, \boldsymbol{b}_2, \ldots, \boldsymbol{b}_m\}$ がともに V の基底ならば, 構成するベクトルの数は等しい. すなわち, $n = m$.

証明. **B1** より, $\boldsymbol{a}_1, \boldsymbol{a}_2, \ldots, \boldsymbol{a}_n$ と $\boldsymbol{b}_1, \boldsymbol{b}_2, \ldots, \boldsymbol{b}_m$ はともに1次独立であるから,

$$\mathrm{rank}\{\boldsymbol{a}_1, \ldots, \boldsymbol{a}_n\} = n, \ \mathrm{rank}\{\boldsymbol{b}_1, \ldots, \boldsymbol{b}_m\} = m$$

となる. **B2** より, 各 $\boldsymbol{b}_j$ は $\boldsymbol{a}_1, \ldots, \boldsymbol{a}_n$ の1次結合であるから階数定理 (定理 4.2.2) より $m \leqq n$. また各 $\boldsymbol{a}_i$ は $\boldsymbol{b}_1, \ldots, \boldsymbol{b}_m$ の1次結合であるから, 再び階数定理より $n \leqq m$ となる. すなわち $n = m$ である. □

定理 5.2.3 と定理 5.2.4 から, 有限個のベクトルで生成されるベクトル空間 V には基底が存在し, V の基底に属するベクトルの数 n は, 基底の選び方とは無関係に V により一意的に定まる. この数 n を V の **次元** とよび, $\dim_K V$ または単に $\dim V$ と書く. $\boldsymbol{0}$ ベクトルだけの空間 $\{\boldsymbol{0}\}$ の次元は 0 と定める. $V \neq \{0\}$ ならば $\dim V > 0$ である.

このように, 有限個のベクトルからなる基底をもつとき, **有限次元** ベクトル空間という. これに対して, 多項式全体からなるベクトル空間の中には $\{1, x, x^2, x^3, \ldots, x^n, \ldots\}$ という無限に多

くの 1 次独立なベクトルの組が存在する．このように無限に多くの 1 次独立なベクトルをもつベクトル空間の次元は **無限** であるといい，**無限次元** ベクトル空間という．

以下，本書では**単にベクトル空間といえば有限次元ベクトル空間を意味する**ものとする．

例 5.2.3. $\mathbb{C}$ を例 5.1.2 における複素数全体からなる実ベクトル空間とする．任意の複素数は $\alpha+\beta i(\alpha,\beta\in\mathbb{R})$ と表され，1, i は 1 次独立であるから，$\{1,\ i\}$ は $\mathbb{C}$ の基底となる．これから，$\dim_{\mathbb{R}}\mathbb{C}=2$ となる． ■

例 5.2.4. 数ベクトル空間 K^n については，$\dim_K K^n=n$ となる． ■

例 5.2.5. n 次以下の実数係数多項式からなる実ベクトル空間 $P_n(x)$ においては，$\{x^0\ (=1),x,x^2,\dots,x^n\}$ が基底をなす．これから $\dim_{\mathbb{R}}P_n(x)=n+1$ である． ■

この節の残りでは，基底の構成と次元に関する基本的な性質をいくつかまとめておく．まず，次に述べる定理は定理 5.2.3 の証明の中ですでに証明が終わっているが，しかし改めて文章にしてまとめておいた方が読者にとって都合がよいだろう．

定理 5.2.5. V をベクトル空間とし，V が $\boldsymbol{a}_1,\dots,\boldsymbol{a}_k$ で生成されているとする．このとき，

$$\dim V=\operatorname{rank}\{\boldsymbol{a}_1,\dots,\boldsymbol{a}_k\}$$

が成り立つ．

定理 5.2.6. 有限次元ベクトル空間の部分空間は有限次元である．

証明. V を n 次元ベクトル空間とし，$\{\boldsymbol{a}_1,\boldsymbol{a}_2,\dots,\boldsymbol{a}_n\}$ を V の基底とする．$W\neq\{\boldsymbol{0}\}$ を V の部分空間とする．いま W のベクトルからなる任意の有限集合 $\{\boldsymbol{b}_1,\boldsymbol{b}_2,\dots,\boldsymbol{b}_t\}$ を考えると，階数定理から $\operatorname{rank}\{\boldsymbol{b}_1,\boldsymbol{b}_2,\dots,\boldsymbol{b}_t\}\leqq\operatorname{rank}\{\boldsymbol{a}_1,\boldsymbol{a}_2,\dots,\boldsymbol{a}_t\}=n$ である．したがって，W の有限部分集合 $\{\boldsymbol{b}_1,\boldsymbol{b}_2,\dots,\boldsymbol{b}_t\}$ でその階数が最大になるようなものを選ぶことが出来るのでそのようにとっておき，その最大の階数を m とする．$m=\operatorname{rank}\{\boldsymbol{b}_1,\boldsymbol{b}_2,\dots,\boldsymbol{b}_t\}$ であり，$m\leqq n$ である．(添え字の順番を並び替えることで) $\boldsymbol{b}_1,\boldsymbol{b}_2,\dots,\boldsymbol{b}_m$ が 1 次独立としてよい．このとき $\{\boldsymbol{b}_1,\boldsymbol{b}_2,\dots,\boldsymbol{b}_m\}$ が W の基底をなすことを示せば証明が終わる．それには $W=L(\boldsymbol{b}_1,\boldsymbol{b}_2,\dots,\boldsymbol{b}_m)$ を示せばよい．

いま W のベクトル $\boldsymbol{b}$ を任意にとると，m の定義から $\boldsymbol{b}_1,\boldsymbol{b}_2,\dots,\boldsymbol{b}_m,\boldsymbol{b}$ は 1 次従属となる．したがって定理 4.1.5 より $\boldsymbol{b}$ は $\boldsymbol{b}_1,\boldsymbol{b}_2,\dots,\boldsymbol{b}_m$ の 1 次結合となる．したがって $W=L(\boldsymbol{b}_1,\boldsymbol{b}_2,\dots,\boldsymbol{b}_m)$ が示された． □

部分空間の次元について次は基本的である.

定理 5.2.7. W_1, W_2 がベクトル空間 V の部分空間とする.

(1) $W_1 \subset W_2$ ならば $\dim W_1 \leqq \dim W_2$.

(2) $W_1 \subset W_2$ かつ $\dim W_1 = \dim W_2$ ならば $W_1 = W_2$.

(3) V の任意のベクトルの集合 $\{\boldsymbol{b}_1, \boldsymbol{b}_2, \ldots, \boldsymbol{b}_p\}$ に対して $\operatorname{rank}\{\boldsymbol{b}_1, \boldsymbol{b}_2, \ldots, \boldsymbol{b}_p\} \leqq \dim V$.

証明. $\{\boldsymbol{a}_1, \ldots, \boldsymbol{a}_m\}$ と $\{\boldsymbol{b}_1, \ldots, \boldsymbol{b}_n\}$ をそれぞれ W_1 と W_2 の基底とする.
(1) $W_1 \subset W_2$ より, 各 $\boldsymbol{a}_j$ は $\boldsymbol{b}_1, \ldots, \boldsymbol{b}_n$ の1次結合となるから, 階数定理より

$$\dim W_1 = \operatorname{rank}\{\boldsymbol{a}_1, \boldsymbol{a}_2, \ldots, \boldsymbol{a}_m\} \leqq \operatorname{rank}\{\boldsymbol{b}_1, \boldsymbol{b}_2, \ldots, \boldsymbol{b}_n\} = \dim W_2$$

となる.
(2) $W_2 \not\subset W_1$ と仮定して矛盾を導く. 仮定より, W_2 のベクトル $\boldsymbol{x}$ で W_1 に属さないものが存在する. このとき $\{\boldsymbol{a}_1, \ldots, \boldsymbol{a}_m, \boldsymbol{x}\}$ は1次独立となることが簡単にわかる. 一方, ベクトル $\boldsymbol{a}_1, \ldots, \boldsymbol{a}_m, \boldsymbol{x}$ たちはいずれも $\boldsymbol{b}_1, \ldots, \boldsymbol{b}_n$ の1次結合として表せるから, はじめの仮定と階数定理より

$$\dim W_1 + 1 = \operatorname{rank}\{\boldsymbol{a}_1, \ldots, \boldsymbol{a}_m, \boldsymbol{x}\} \leqq \operatorname{rank}\{\boldsymbol{b}_1, \boldsymbol{b}_2, \ldots, \boldsymbol{b}_n\} = \dim W_2 = \dim W_1$$

となり, これは矛盾する.
(3) 定理 5.2.5 と (1) より直ちに従う. □

定理 5.2.8. $\dim V = n$ ならば, 任意の V の n 個の1次独立なベクトルの集合 $\{\boldsymbol{a}_1, \boldsymbol{a}_2, \ldots, \boldsymbol{a}_n\}$ は V の基底をつくる.

証明. $\boldsymbol{x}$ を V の任意のベクトルとすれば, 定理 5.2.7 (3) より $\operatorname{rank}\{\boldsymbol{a}_1, \boldsymbol{a}_2, \ldots, \boldsymbol{a}_n, \boldsymbol{x}\} \leqq n$, すなわち, $\boldsymbol{a}_1, \ldots, \boldsymbol{a}_n, \boldsymbol{x}$ は1次従属となる. 定理 4.1.5 により $\boldsymbol{x}$ は $\boldsymbol{a}_1, \ldots, \boldsymbol{a}_n$ の1次結合として表される. $\{\boldsymbol{a}_1, \ldots, \boldsymbol{a}_n\}$ は条件 **B1**, **B2** をみたすから基底をなす. □

1次独立なベクトルの集合があれば, それを拡大して基底を作ることができる. すなわち, 次が成り立つ.

定理 5.2.9. $0 \leqq m < n = \dim V$ とする. m 個のベクトル $\boldsymbol{a}_1, \ldots, \boldsymbol{a}_m$ が1次独立ならば, $(n-m)$ 個のベクトル $\boldsymbol{a}_{m+1}, \ldots, \boldsymbol{a}_n$ をこれに加えて $\{\boldsymbol{a}_1, \ldots, \boldsymbol{a}_m, \boldsymbol{a}_{m+1}, \ldots, \boldsymbol{a}_n\}$ が V の基底をつくるようにできる.

証明. $\operatorname{rank}\{\boldsymbol{a}_1, \ldots, \boldsymbol{a}_m\} = m < n$ なので, $\boldsymbol{a}_1, \ldots, \boldsymbol{a}_m$ の1次結合とならない V のベクトル $\boldsymbol{a}_{m+1}$ が存在する. $\{\boldsymbol{a}_1, \ldots, \boldsymbol{a}_m, \boldsymbol{a}_{m+1}\}$ は1次独立となる. $m+1 < n$ ならば, 上と同じように $\boldsymbol{a}_{m+2}$ を選んで $\{\boldsymbol{a}_1, \ldots, \boldsymbol{a}_m, \boldsymbol{a}_{m+1}, \boldsymbol{a}_{m+2}\}$ が1次独立になるようにできる. これを繰返せば定理が示される. □

この定理から次が直ちに従う.

系 5.2.10. W を V の部分空間とする. W の任意の基底 $\{\boldsymbol{a}_1, \ldots, \boldsymbol{a}_m\}$ に対して, これを拡大して V の基底 $\{\boldsymbol{a}_1, \ldots, \boldsymbol{a}_m, \boldsymbol{a}_{m+1}, \ldots, \boldsymbol{a}_n\}$ を作ることができる.

問 5.1 $\mathbb{R}^3$ において, ベクトル $\boldsymbol{a} = \begin{pmatrix} 1 \\ 1 \\ 1 \end{pmatrix}$ を含む基底を選べ.

問 5.2 $\mathbb{R}^3$ の次のベクトルを考える.

$$\boldsymbol{a}_1 = \begin{pmatrix} 0 \\ 0 \\ 0 \end{pmatrix}, \boldsymbol{a}_2 = \begin{pmatrix} 1 \\ -1 \\ 1 \end{pmatrix}, \boldsymbol{a}_3 = \begin{pmatrix} -2 \\ 2 \\ -2 \end{pmatrix}, \boldsymbol{a}_4 = \begin{pmatrix} 0 \\ 1 \\ -1 \end{pmatrix}$$

(1) $1 \leqq i \leqq 4$ に対して, L_i を i 個のベクトル $\boldsymbol{a}_1, \cdots, \boldsymbol{a}_i$ により生成された $\mathbb{R}^3$ の部分空間とする. $\dim L_i$ を求めよ.

(2) $\boldsymbol{a}_1, \boldsymbol{a}_2, \boldsymbol{a}_3, \boldsymbol{a}_4$ の中から L_4 の基底を選べ.

5.3 和空間と直和

ここではベクトル空間の部分空間の「和」と共通部分について考察する.

定義 5.3.1. $W_1, W_2, \ldots, W_k$ がベクトル空間 V の部分空間とする. このとき

$$W_1 + W_2 + \cdots + W_k = \{\boldsymbol{x}_1 + \boldsymbol{x}_2 + \cdots + \boldsymbol{x}_k \mid \boldsymbol{x}_i \in W_i \ (i = 1, \ldots, k)\}$$

を $W_1, W_2, \ldots, W_k$ の **和空間** という.

和集合と和空間は異なるものであることに注意しておく. ひとつ例を見てみよう.

例 5.3.1. 数ベクトル空間 $\mathbb{R}^3$ の部分空間

$$W_1 = \left\{ \begin{pmatrix} x \\ y \\ z \end{pmatrix} \in \mathbb{R}^3 \mid x + y + z = 0 \right\}, \quad W_2 = \left\{ \begin{pmatrix} x \\ y \\ z \end{pmatrix} \in \mathbb{R}^3 \mid x - y + z = 0 \right\}$$

を見てみる. W_1 は (第 2 章で学んだ要領で方程式 $x + y + z = 0$ を解けば),

$$c_1 \begin{pmatrix} -1 \\ 1 \\ 0 \end{pmatrix} + c_2 \begin{pmatrix} -1 \\ 0 \\ 1 \end{pmatrix} \quad (c_1, c_2 \in \mathbb{R})$$

の形で表すことができるベクトル全体である. すなわち, $\boldsymbol{a}_1 = \begin{pmatrix} -1 \\ 1 \\ 0 \end{pmatrix}$, $\boldsymbol{a}_2 = \begin{pmatrix} -1 \\ 0 \\ 1 \end{pmatrix}$ とおけば $W_1 = L(\boldsymbol{a}_1, \boldsymbol{a}_2)$ であり, これは空間の中でベクトル $\boldsymbol{a}_1$ と $\boldsymbol{a}_2$ が乗っている平面である. 同様に, W_2 は

$$d_1 \begin{pmatrix} 1 \\ 1 \\ 0 \end{pmatrix} + d_2 \begin{pmatrix} -1 \\ 0 \\ 1 \end{pmatrix} \quad (d_1, d_2 \in \mathbb{R})$$

の形で表すことができるベクトル全体である. つまり $\boldsymbol{a}_3 = \begin{pmatrix} 1 \\ 1 \\ 0 \end{pmatrix}$ とおけば, $W_2 = L(\boldsymbol{a}_2, \boldsymbol{a}_3)$ であり, これは空間の中で 2 つのベクトル $\boldsymbol{a}_2$ と $\boldsymbol{a}_3$ が乗っている平面となる. $W_1 + W_2$ は, W_1 のベクトルと W_2 のベクトルの和として書けるもの全体なので

$$\lambda_1 \boldsymbol{a}_1 + \lambda_2 \boldsymbol{a}_2 + \lambda_3 \boldsymbol{a}_3 \quad (\lambda_1, \lambda_2, \lambda_3 \in \mathbb{R})$$

と書けるベクトルの集合である．ところが，$\mathbb{R}^3$ のベクトルは必ずこの形で書くことができる．実際，

$$\begin{pmatrix} a \\ b \\ c \end{pmatrix} = \frac{-a+b-c}{2}\boldsymbol{a}_1 + c\boldsymbol{a}_2 + \frac{a+b+c}{2}\boldsymbol{a}_3$$

となるからである．したがって，

$$W_1 + W_2 = \mathbb{R}^3$$

となり，$W_1 + W_2$ は数ベクトル空間 $\mathbb{R}^3$ に一致する．これは明らかに $W_1 \cup W_2$ よりも大きい空間であることに注意せよ．■

定理 5.3.2. $W_1, W_2, \ldots, W_k$ がベクトル空間 V の部分空間とする．

(1) 和空間 $W_1 + W_2 + \cdots + W_k$ は V の部分空間である．

(2) 共通部分 $W_1 \cap W_2 \cap \cdots \cap W_k$ は V の部分空間である．

証明. 第 2 節の **S3** を確認すればよい．

(1) $\boldsymbol{x}, \boldsymbol{y} \in W_1 + W_2 + \cdots + W_k$, $\lambda, \mu \in K$ とする．和空間の定義から $\boldsymbol{x} = \boldsymbol{x}_1 + \boldsymbol{x}_2 + \cdots + \boldsymbol{x}_k$, $\boldsymbol{y} = \boldsymbol{y}_1 + \cdots + \boldsymbol{y}_k$ $(\boldsymbol{x}_i, \boldsymbol{y}_i \in W_i,\ i = 1, \ldots, k)$ と表すことができる．W_i は V の部分空間なので $\lambda\boldsymbol{x}_i + \mu\boldsymbol{y}_i \in W_i$ であることに注意すれば，

$$\lambda\boldsymbol{x} + \mu\boldsymbol{y} = (\lambda\boldsymbol{x}_1 + \mu\boldsymbol{y}_1) + \cdots + (\lambda\boldsymbol{x}_k + \mu\boldsymbol{y}_k) \in W_1 + W_2 + \cdots + W_k$$

となる．

(2) $\boldsymbol{x}, \boldsymbol{y} \in W_1 \cap W_2 \cap \cdots \cap W_k$, $\lambda, \mu \in K$ とする．各 i に対して $\boldsymbol{x}, \boldsymbol{y} \in W_i$ であり，W_i は V の部分空間であることから $\lambda\boldsymbol{x} + \mu\boldsymbol{y} \in W_i$. これが全ての $i = 1, \ldots k$ で成り立っているので $\lambda\boldsymbol{x} + \mu\boldsymbol{y} \in W_1 \cap W_2 \cap \cdots \cap W_k$ となる．□

定理 5.3.3. W_1, W_2 をベクトル空間 V の部分空間とする．このとき

$$\dim(W_1 + W_2) = \dim W_1 + \dim W_2 - \dim(W_1 \cap W_2)$$

が成り立つ．

証明. $\{\boldsymbol{a}_1, \ldots \boldsymbol{a}_r\}$ を $W_1 \cap W_2$ の基底とする．定理 5.2.9 より，これを拡大して W_1 の基底 $\{\boldsymbol{a}_1, \ldots \boldsymbol{a}_r, \boldsymbol{b}_1, \ldots \boldsymbol{b}_s\}$ と W_2 の基底 $\{\boldsymbol{a}_1, \ldots \boldsymbol{a}_r, \boldsymbol{c}_1, \ldots \boldsymbol{c}_t\}$ をとることができる．このとき $\{\boldsymbol{a}_1, \ldots, \boldsymbol{a}_r, \boldsymbol{b}_1 \ldots, \boldsymbol{b}_s, \boldsymbol{c}_1, \ldots, \boldsymbol{c}_t\}$ が $W_1 + W_2$ の基底となることを示せばよい．

$\boldsymbol{a}_1, \ldots, \boldsymbol{a}_r, \boldsymbol{b}_1 \ldots, \boldsymbol{b}_s, \boldsymbol{c}_1, \ldots, \boldsymbol{c}_t$ が $W_1 + W_2$ を生成することは簡単にわかるので省略する．これらが 1 次独立である，すなわち $a_1\boldsymbol{a}_1 + \cdots + a_r\boldsymbol{a}_r + b_1\boldsymbol{b}_1 + \cdots + b_s\boldsymbol{b}_s + c_1\boldsymbol{c}_1 + \cdots + c_t\boldsymbol{c}_t = \boldsymbol{0}$ $(a_1, \ldots, c_t \in K)$ としたときに $a_1 = \cdots = c_t = 0$ であることを示したい．まず上の式を変形した式

$$b_1\boldsymbol{b}_1 + \cdots + b_s\boldsymbol{b}_s = -(a_1\boldsymbol{a}_1 + \cdots + a_r\boldsymbol{a}_r) - (c_1\boldsymbol{c}_1 + \cdots + c_t\boldsymbol{c}_t)$$

を見ると, 左辺は W_1 の元, 右辺は W_2 の元なので, 両辺は $W_1 \cap W_2$ の元. よって $b_1\boldsymbol{b}_1 + \cdots + b_s\boldsymbol{b}_s = a'_1\boldsymbol{a}_1 + \cdots + a'_r\boldsymbol{a}_r$ と書ける. $\boldsymbol{a}_1, \ldots, \boldsymbol{a}_r, \boldsymbol{b}_1, \ldots, \boldsymbol{b}_s$ は 1 次独立なので $b_1 = \cdots b_s = a'_1 = \cdots = a'_r = 0$. 同様にして $a_1 = \cdots = a_r = 0$ も得る. するとはじめの等式 $a_1\boldsymbol{a}_1 + \cdots + a_r\boldsymbol{a}_r + b_1\boldsymbol{b}_1 + \cdots + b_s\boldsymbol{b}_s + c_1\boldsymbol{c}_1 + \cdots + c_t\boldsymbol{c}_t = \boldsymbol{0}$ より $c_1\boldsymbol{c}_1 + \cdots + c_t\boldsymbol{c}_t = \boldsymbol{0}$ を得るが, $\boldsymbol{c}_1, \ldots, \boldsymbol{c}_t$ が 1 次独立なので $c_1 = \cdots = c_t = 0$ を得る. □

例 5.3.2. 例 5.3.1 の W_1, W_2 を考える. $W_1 + W_2 = \mathbb{R}^3$ だったので $\dim(W_1 + W_2) = 3$. 一方, 簡単にわかるように

$$W_1 \cap W_2 = \left\{ \begin{pmatrix} x \\ y \\ z \end{pmatrix} \in \mathbb{R}^3 \mid x + z = 0, y = 0 \right\} = L\left(\begin{pmatrix} 1 \\ 0 \\ -1 \end{pmatrix} \right)$$

である (連立方程式 $x + y + z = 0, x - y + z = 0$ を解いてみよ). ゆえに $\dim(W_1 \cap W_2) = 1$ となる. したがって $\dim W_1 + \dim W_2 - \dim(W_1 \cap W_2) = 2 + 2 - 1 = 3$ となり, たしかにこれは $\dim(W_1 + W_2)$ に一致している. ■

定義 5.3.4. (直和) $W_1, W_2, \ldots, W_k$ をベクトル空間 V の部分空間とし, $W = W_1 + W_2 + \cdots + W_k$ とおく. もしすべての i $(i = 1, 2, \ldots, k)$ に対して

$$W_i \cap (W_1 + \cdots + W_{i-1} + W_{i+1} + \cdots + W_k) = \{\boldsymbol{0}\}$$

が成り立つならば, 部分空間 W は $W_1 + W_2 + \cdots + W_k$ の **直和** であるといい,

$$W = W_1 \oplus W_2 \oplus \cdots \oplus W_k$$

と表す.

例 5.3.3. 例 5.3.1, 5.3.2 で扱った W_1 と W_2 の和空間 $W_1 + W_2$ は直和ではない. 実際, $W_1 \cap W_2 = L\left(\begin{pmatrix} 1 \\ 0 \\ -1 \end{pmatrix} \right) \neq \{\boldsymbol{0}\}$ となるからである.

一方, たとえば $W_3 = \left\{ \begin{pmatrix} x \\ y \\ z \end{pmatrix} \in \mathbb{R}^3 \mid x = y = z \right\} = L\left(\begin{pmatrix} 1 \\ 1 \\ 1 \end{pmatrix} \right)$ とすれば,

$$\mathbb{R}^3 = W_1 \oplus W_3 = W_2 \oplus W_3$$

となることは簡単にわかる. ■

Point

例 5.3.3 のように, $\mathbb{R}^3$ の異なる 2 つの部分空間 W_1, W_2 が平面の形をしているならば, それらの和空間 $W_1 + W_2$ が直和となることは**絶対にない**. 図を思い描けば分かるように, W_1 と W_2 の共通部分は直線となるからである. 一方, $\mathbb{R}^3$ の 2 つの部分空間 W_1 と W_2 に対して W_1 が平面の形, W_2 が直線の形をしており直線 W_2 が平面 W_1 に乗っていなければ, $\mathbb{R}^3 = W_1 \oplus W_2$ となる. 意欲ある読者は証明してみるとよい.

定理 5.3.5. $W_1, W_2, \ldots, W_k$ をベクトル空間 V の部分空間とする.

(1) $W = W_1 + W_2 + \cdots + W_k$ とおく. 以下は同値である.

(a) $W = W_1 \oplus W_2 \oplus \cdots \oplus W_k$

(b) W のベクトルを $W_1, W_2, \ldots, W_k$ のベクトルの和として表す方法はただ一通りである. つまり, $\boldsymbol{x}_i \in W_i$, $\boldsymbol{y}_i \in W_i$ $(i = 1, 2, \ldots, k)$ において, $\boldsymbol{x}_1 + \cdots + \boldsymbol{x}_k = \boldsymbol{y}_1 + \cdots + \boldsymbol{y}_k$ ならば, $\boldsymbol{x}_i = \boldsymbol{y}_i$ $(i = 1, 2, \ldots, k)$ となる.

(2) $\dim(W_1 \oplus W_2 \oplus \cdots \oplus W_k) = \dim W_1 + \dim W_2 + \cdots + \dim W_k$

証明. (1) (a) $\Rightarrow$ (b) を示す. V の部分空間として, $U_i = W_1 + \cdots + W_{i-1} + W_{i+1} + \cdots + W_k$ とする. もちろん, (1) より $V = W_i \oplus U_i$ である. 一方, $\boldsymbol{x}_i, \boldsymbol{y}_i \in W_i$ $(i = 1, 2, \ldots, k)$ として, $\boldsymbol{x}_1 + \cdots + \boldsymbol{x}_k = \boldsymbol{y}_1 + \cdots + \boldsymbol{y}_k$ が成り立つと仮定する. すると $\boldsymbol{x}_i - \boldsymbol{y}_i = \sum_{j \neq i}(\boldsymbol{y}_j - \boldsymbol{x}_j)$ が成り立ち, この左辺は W_i に属し, 右辺は U_i に属している. したがって $\boldsymbol{x}_i - \boldsymbol{y}_i \in W_i \cap U_i = \boldsymbol{0}$ となり $\boldsymbol{x}_i = \boldsymbol{y}_i$ を得る.
(1) (b) $\Rightarrow$ (a) を示そう. $\boldsymbol{x}_i \in W_i \cap U_i$ とすると, U_i の定義より $\boldsymbol{x}_i = \boldsymbol{x}_1 + \cdots + \boldsymbol{x}_{i-1} + \boldsymbol{x}_{i+1} + \cdots + \boldsymbol{x}_k$ $(\boldsymbol{x}_j \in W_j)$ と表すことができる. すると, $\boldsymbol{x}_1 + \cdots + \boldsymbol{x}_{i-1} - \boldsymbol{x}_i + \boldsymbol{x}_{i+1} + \cdots + \boldsymbol{x}_k = \boldsymbol{0} + \cdots + \boldsymbol{0} + \boldsymbol{0} + \boldsymbol{0} + \cdots + \boldsymbol{0}$ を得る. (b) より, すべての $i = 1, 2, \ldots, k$ に対して $\boldsymbol{x}_i = \boldsymbol{0}$ がわかり, (a) が示せた.
(2) 各 $i = 1, 2, \ldots, k$ に対して $\dim W_i = m(i)$ とし, $\{\boldsymbol{a}_1^{(i)}, \boldsymbol{a}_2^{(i)} \ldots, \boldsymbol{a}_{m(i)}^{(i)}\}$ を W_i の基底とする. このとき

$$\{\boldsymbol{a}_1^{(1)}, \boldsymbol{a}_2^{(1)}, \ldots, \boldsymbol{a}_{m(1)}^{(1)}, \boldsymbol{a}_1^{(2)}, \boldsymbol{a}_2^{(2)}, \ldots, \boldsymbol{a}_{m(2)}^{(2)}, \ldots, \boldsymbol{a}_1^{(k)}, \boldsymbol{a}_2^{(k)}, \ldots, \boldsymbol{a}_{m(k)}^{(k)}\}$$

が $W_1 \oplus W_2 \oplus \cdots \oplus W_k$ の基底となることを確認すればよい. 実際, この集合が $W_1 \oplus W_2 \oplus \cdots \oplus W_k$ を生成することは和空間の定義から明らかであり, さらに (1) の (b) に注意すれば1次独立性も従うため, よって基底を成していることが分かる. □

5.4 線形写像と線形変換

ここでは, 2つのベクトル空間をつなぐものである線形写像について学ぶ. 線形写像を用いることの利点として, たとえば難しいベクトル空間と簡単なベクトル空間 (数ベクトル空間等) との対応を得ることができるようになり, 様々な問題に対処できるようになる. また, 考えているベクトル空間の構造を考察するためにも必要不可欠であり, 極めて重要な概念であるといえる. 線形写像の定義に入る前に, まずは写像に関する基本的な用語について確認することから始めよう.

M と N を集合とするとき, M の任意の元 $\boldsymbol{x}$ に対して, N の元 $f(\boldsymbol{x})$ がただ1通り定まるような M から N への対応を M から N への **写像** といい, $f\colon M \to N$ で表す. $f(\boldsymbol{x})$ を $\boldsymbol{x}$ の **像**, $\boldsymbol{x}$ を $f(\boldsymbol{x})$ の **原像** という. N の部分集合,

$$\mathrm{R}(f) = \{f(\boldsymbol{x}) \mid \boldsymbol{x} \in M\}$$

を f の **像** という. $\mathrm{R}(f)$ を $\mathrm{Im}(f)$ や $f(M)$ で表すこともある. また, A が M の部分集合であるとき $f(A) = \{f(\boldsymbol{x}) \mid \boldsymbol{x} \in A\}$ を A の **像** という. $\mathrm{R}(f) = N$ となるとき, f を M から N の **上への写像** または **全射** という. M の任意の相異なる元 $\boldsymbol{x}, \boldsymbol{x}'$ に対して, $f(\boldsymbol{x}) \neq f(\boldsymbol{x}')$ が成り立

つとき, f を M から N への **1 対 1 写像** または **単射** という. f が全射かつ単射のとき, f を **全単射** または **上への 1 対 1 写像** という. $f\colon M \to N$ が全単射のとき, N の元 $\boldsymbol{y}$ に $f(\boldsymbol{x}) = \boldsymbol{y}$ となる M の元 $\boldsymbol{x}$ を対応させれば, N から M への写像が定まる. これを f の **逆写像** といい, f^{-1} で表す.

M, N, L を集合とし, $f\colon M \to N$, $g\colon N \to L$ を写像とする. このとき, f と g の合成写像 $g \circ f\colon M \to L$ は

$$g \circ f(\boldsymbol{x}) = g(f(\boldsymbol{x})) \quad (\boldsymbol{x} \in M)$$

によって定義される.

例 5.4.1. $f(x) = x^2$ $(x \in \mathbb{R})$ によって $f\colon \mathbb{R} \to \mathbb{R}$ を定義する. $\mathrm{R}(f) = \{x \in \mathbb{R} \mid \boldsymbol{x} \geqq 0\}$ であるから, f は全射ではない. また, $x > 0$ ならば $f(\sqrt{x}) = f(-\sqrt{x}) = x$ となるから f は単射ではない. ■

例 5.4.2. $g\colon \mathbb{R} \to \mathbb{R}$ を $g(x) = e^x$ $(x \in \mathbb{R})$ と定義すれば, $\mathrm{R}(g) = \{x \in \mathbb{R} \mid x > 0\}$ となり g は全射ではないが単射となる. ■

例 5.4.3. $h\colon \mathbb{R} \to \mathbb{R}$ を $h(x) = ax + b$ $(a, b$ は定数$)$ と定義する. $a \neq 0$ ならば h は全単射となり, 逆写像は $h^{-1}(x) = \dfrac{1}{a}(x - b)$ で定義される. ■

定義 5.4.1. V, W をベクトル空間とする. V から W への写像 $f\colon V \to W$ が次の条件をみたすとき, f を **線形写像**または **1 次写像** という.

L1 任意のベクトル $\boldsymbol{x}, \boldsymbol{y} \in V$ に対して $f(\boldsymbol{x} + \boldsymbol{y}) = f(\boldsymbol{x}) + f(\boldsymbol{y})$.

L2 任意のベクトル $\boldsymbol{x}$ とスカラー $\lambda \in K$ に対して $f(\lambda\boldsymbol{x}) = \lambda f(\boldsymbol{x})$.

特に $V = W$ の場合, f を V の **線形変換**または **1 次変換** という.

条件 **L1**, **L2** は次の 1 つの条件と同値である.

L3 任意のベクトル $\boldsymbol{x}, \boldsymbol{y} \in V$ とスカラー $\lambda, \mu \in K$ に対して $f(\lambda\boldsymbol{x} + \mu\boldsymbol{y}) = \lambda f(\boldsymbol{x}) + \mu f(\boldsymbol{y})$.

問 5.3 **L1**, **L2** と **L3** の同値を証明せよ.

$f\colon V \to W$ を線形写像とする. V と W の零ベクトルをそれぞれ $\mathbf{0}_V, \mathbf{0}_W$ と書いたとき,

$$f(\mathbf{0}_V) = \mathbf{0}_W$$

が成り立つ. つまり, 線形写像は零ベクトルを零ベクトルに移す. 実際, $f(\mathbf{0}_V) = f(\mathbf{0}_V + \mathbf{0}_V) = f(\mathbf{0}_V) + f(\mathbf{0}_V)$ であるから, この式から $f(\mathbf{0}_V)$ を引くことで $f(\mathbf{0}_V) = \mathbf{0}_W$ が示される.

例 5.4.4. 写像

$$f\colon K^2 \to K, \quad f\left(\begin{pmatrix} x \\ y \end{pmatrix}\right) = 2x - y$$

を考えると, これは線形写像となる. 実際, $\boldsymbol{x} = \begin{pmatrix} a \\ b \end{pmatrix}, \boldsymbol{y} = \begin{pmatrix} c \\ d \end{pmatrix}$ とすると $\boldsymbol{x}+\boldsymbol{y} = \begin{pmatrix} a+c \\ b+d \end{pmatrix}$, $\lambda\boldsymbol{x} = \begin{pmatrix} \lambda a \\ \lambda b \end{pmatrix}$ となるから,

$$\begin{aligned} f(\boldsymbol{x}+\boldsymbol{y}) &= 2(a+c)-(b+d) = (2a-b)+(2c-d) = f(\boldsymbol{x})+f(\boldsymbol{y}) \\ f(\lambda\boldsymbol{x}) &= 2(\lambda a)-\lambda b = \lambda(2a-b) = \lambda f(\boldsymbol{x}) \end{aligned}$$

を得る. $f\left(\begin{pmatrix} x \\ y \end{pmatrix}\right) = (2\ \ -1)\begin{pmatrix} x \\ y \end{pmatrix}$ であることに注意しておこう. ■

例 5.4.5. 例 5.4.4 をより一般の状況でみてみる. A が (m,n) 行列であるとき, $\boldsymbol{x} \in K^n$ に対して $A\boldsymbol{x} \in K^m$ を対応させる写像

$$K^n \to K^m, \quad \boldsymbol{x} \mapsto A\boldsymbol{x}$$

を考えると, これは線形写像となる. 実際, この写像を $f\colon K^n \to K^m$ と書いたとき,

$$f(\boldsymbol{x}+\boldsymbol{y}) = A(\boldsymbol{x}+\boldsymbol{y}) = A\boldsymbol{x}+A\boldsymbol{y} = f(\boldsymbol{x})+f(\boldsymbol{y}),\ f(\lambda\boldsymbol{x}) = A(\lambda\boldsymbol{x}) = \lambda A\boldsymbol{x} = \lambda f(\boldsymbol{x})$$

となる. したがって, A は線形写像 $A\colon K^n \to K^m$ とみなすことができる. ■

例 5.4.6. ベクトル空間 V に対して, 写像 $I_V\colon V \to V$ を $I(\boldsymbol{x}) = \boldsymbol{x}$ と定義すると, これは V 上の線形変換となる. I_V を **恒等変換** という. I_V のことを単に I と書くこともある. ■

例 5.4.7. x を変数とする高々 n 次の多項式全体からなる実ベクトル空間 $P_n(x)$ 上定義された写像 $D\colon P_n(x) \to P_n(x)$ を $D(f(x)) := \dfrac{d}{dx}f(x)$ と定義すると, D は $P_n(x)$ 上の線形変換になる. ■

例 5.4.8. 2 つの線形写像 $f, g\colon V \to W$ と $a, b \in K$ に対して,

$$af+bg\colon V \to W$$

を $(af+bg)(\boldsymbol{x}) := af(\boldsymbol{x})+bg(\boldsymbol{x})$ で定義すると, これは線形写像となる. この方法で V から W への線形写像全体からなる集合 $\mathrm{Hom}_K(V,W)$ に和とスカラーを定義することで, $\mathrm{Hom}_K(V,W)$ は K 上のベクトル空間となる. このベクトル空間における零ベクトルは,

$$V \to W,\ \boldsymbol{x} \mapsto \boldsymbol{0}$$

であり, これを **零写像** という. ■

$f\colon V \to W$ を線形写像とする. W の部分集合 B に対して, $f^{-1}(B) = \{\boldsymbol{x} \in V \mid f(\boldsymbol{x}) \in B\}$ を B の **原像** とよぶ. 特に, B が零ベクトル $\boldsymbol{0}$ のみからなるとき, $f^{-1}(\boldsymbol{0}) = \{\boldsymbol{x} \in V \mid f(\boldsymbol{x}) = \boldsymbol{0}\}$ を f の **核** とよび, $\mathrm{Ker}(f)$ で表す.

定理 5.4.2. $f\colon V \to W$ を線形写像とする.

(1) A が V の部分空間ならば, A の像 $f(A)$ は W の部分空間となる.

(2) B が W の部分空間ならば, B の原像 $f^{-1}(B)$ は V の部分空間となる. 特に f の核 $\mathrm{Ker}(f)$ は V の部分空間となる.

証明. V と W の零ベクトルをそれぞれ $\mathbf{0}_V, \mathbf{0}_W$ と書くことにする. A と B はそれぞれ V と W の部分空間なので, $\mathbf{0}_V \in A$, $\mathbf{0}_W \in B$ が成り立っていることに注意する.
(1) まず, $\mathbf{0}_W = f(\mathbf{0}_V) \in f(A)$ より, $f(A)$ は空ではないことが分かる. 次に $f(A)$ が **S3** をみたすことを示す. $\boldsymbol{x}', \boldsymbol{y}' \in f(A)$, $\lambda, \mu \in \mathbb{R}$ とする. $\boldsymbol{x}' = f(\boldsymbol{x}), \boldsymbol{y}' = f(\boldsymbol{y})$ となる $\boldsymbol{x}, \boldsymbol{y} \in A$ をとれば, A が部分空間であることから, $\lambda\boldsymbol{x} + \mu\boldsymbol{y} \in A$ となる. これから, $\lambda\boldsymbol{x}' + \mu\boldsymbol{y}' = \lambda f(\boldsymbol{x}) + \mu f(\boldsymbol{y}) = f(\lambda\boldsymbol{x} + \mu\boldsymbol{y}) \in f(A)$ となる.
(2) $f(\mathbf{0}_V) = \mathbf{0}_W \in B$ なので $\mathbf{0}_V \in f^{-1}(B)$ となるから, $f^{-1}(B)$ は空でないことが分かる. 次に $f^{-1}(B)$ が **S3** をみたすことを示す. $\boldsymbol{x}, \boldsymbol{y} \in f^{-1}(B)$, $\lambda, \mu \in \mathbb{R}$ とする. B は部分空間で $f(\boldsymbol{x}), f(\boldsymbol{y}) \in B$ なので, $f(\lambda\boldsymbol{x} + \mu\boldsymbol{y}) = \lambda f(\boldsymbol{x}) + \mu f(\boldsymbol{y}) \in B$, すなわち $\lambda\boldsymbol{x} + \mu\boldsymbol{y} \in f^{-1}(B)$ となる. □

定理 5.4.3. (次元定理) $f\colon V \to W$ が線形写像であるとき,

$$\dim V = \dim \mathrm{Ker}(f) + \dim \mathrm{R}(f)$$

が成り立つ.

証明. $\dim \mathrm{Ker}(f) = m$, $\dim \mathrm{R}(f) = n$ とする. V が $m+n$ 個のベクトルからなる基底をもつことを示せばよい. $\mathrm{R}(f)$ の基底 $\{\boldsymbol{b}_1, \boldsymbol{b}_2, \ldots, \boldsymbol{b}_n\}$ と $\mathrm{Ker}(f)$ の基底 $\{\boldsymbol{a}_{n+1}, \boldsymbol{a}_{n+2}, \ldots, \boldsymbol{a}_{n+m}\}$ を選ぶ. 各 $i = 1, 2, \ldots, n$ に対して $\boldsymbol{b}_i$ の原像 $\boldsymbol{a}_i \in f^{-1}(\boldsymbol{b}_i)$ を任意にとる. このとき $n+m$ 個のベクトル $\{\boldsymbol{a}_1, \ldots, \boldsymbol{a}_n, \boldsymbol{a}_{n+1}, \ldots, \boldsymbol{a}_{n+m}\}$ は V の基底をなすことを示せばよい. これを示すために, $\{\boldsymbol{a}_i\}$ が **B1** と **B2** をみたすことをいう. まず **B1** を示そう.

$$\lambda_1\boldsymbol{a}_1 + \lambda_2\boldsymbol{a}_2 + \cdots + \lambda_n\boldsymbol{a}_n + \lambda_{n+1}\boldsymbol{a}_{n+1} + \cdots + \lambda_{n+m}\boldsymbol{a}_{n+m} = \mathbf{0} \tag{5.1}$$

が成り立っているとする. 両辺を f で写せば, $f(\boldsymbol{a}_i) = \boldsymbol{b}_i$ $(i = 1, 2 \ldots, n)$, $f(\boldsymbol{a}_j) = \mathbf{0}$ $(j = n+1, \ldots, n+m)$ となり, したがって

$$\mathbf{0} = f(\mathbf{0}) = f\left(\sum_{i=1}^{n+m} \lambda_i\boldsymbol{a}_i\right) = \lambda_1\boldsymbol{b}_1 + \lambda_2\boldsymbol{b}_2 + \cdots + \lambda_n\boldsymbol{b}_n$$

を得る. $\boldsymbol{b}_1, \ldots, \boldsymbol{b}_n$ は 1 次独立であるから, $\lambda_1 = \cdots = \lambda_n = 0$. これを (5.1) に代入すると $\lambda_{n+1}\boldsymbol{a}_{n+1} + \cdots + \lambda_{n+m}\boldsymbol{a}_{n+m} = \mathbf{0}$ となる. $\boldsymbol{a}_{n+1}, \ldots, \boldsymbol{a}_{n+m}$ は 1 次独立であるから. $\lambda_{n+1} = \cdots = \lambda_{n+m} = 0$ となり, **B1** が成り立つ. 次に **B2** を示すために, V の任意のベクトル $\boldsymbol{x}$ をとる. W のベクトル $f(\boldsymbol{x})$ をその基底 $\{\boldsymbol{b}_1, \ldots, \boldsymbol{b}_n\}$ で表して, $f(\boldsymbol{x}) = \mu_1\boldsymbol{b}_1 + \mu_2\boldsymbol{b}_2 + \cdots + \mu_n\boldsymbol{b}_n$ とする. このとき,

$$f\left(\boldsymbol{x} - \sum_{i=1}^{n} \mu_i\boldsymbol{a}_i\right) = f(\boldsymbol{x}) - \sum_{i=1}^{n} \mu_i f(\boldsymbol{a}_i) = f(\boldsymbol{x}) - \sum_{i=1}^{n} \mu_i\boldsymbol{b}_i = \mathbf{0}$$

となるから, $\boldsymbol{x} - \sum_{i=1}^{n} \mu_i \boldsymbol{a}_i \in \mathrm{Ker}(f)$ となる. $\{\boldsymbol{a}_{n+1}, \ldots, \boldsymbol{a}_{n+m}\}$ は $\mathrm{Ker}(f)$ の基底であるから,

$$\boldsymbol{x} - \sum_{i=1}^{n} \mu_i \boldsymbol{a}_i = \mu_{n+1}\boldsymbol{a}_{n+1} + \cdots + \mu_{n+m}\boldsymbol{a}_{n+m}$$

と表せる. すなわち $\boldsymbol{x} = \sum_{i=1}^{n+m} \mu_i \boldsymbol{a}_i$ となる. これで **B2** は示された. □

問 5.4 次の線形写像について答えよ.

(1) $f\colon \mathbb{R}^2 \to \mathbb{R}^2;\ \begin{pmatrix} x \\ y \end{pmatrix} \mapsto \begin{pmatrix} x+y \\ -x-y \end{pmatrix}$ について $\mathrm{R}(f)$ と $\mathrm{Ker}(f)$ を明示し, その次元を求めよ.

(2) $g\colon \mathbb{R}^3 \to \mathbb{R}^3;\ \begin{pmatrix} x \\ y \\ z \end{pmatrix} \mapsto \begin{pmatrix} -x+y \\ x-z \\ 2x-y-z \end{pmatrix}$ について $\mathrm{R}(g)$ と $\mathrm{Ker}(g)$ の次元を求めよ.

5.5　線形写像の表現行列

ここでは線形写像は本質的に行列を用いて表示することができることを説明する.

V, W をそれぞれ n 次元, m 次元のベクトル空間, $f\colon V \to W$ を線形写像とし, V と W の基底をそれぞれ $\{\boldsymbol{a}_1, \ldots, \boldsymbol{a}_n\}$ と $\{\boldsymbol{b}_1, \ldots, \boldsymbol{b}_m\}$ とする. $f(\boldsymbol{a}_j) \in W$ は $\boldsymbol{b}_1, \ldots, \boldsymbol{b}_m$ の1次結合となるから

$$f(\boldsymbol{a}_j) = a_{1j}\boldsymbol{b}_1 + a_{2j}\boldsymbol{b}_2 + \cdots + a_{mj}\boldsymbol{b}_m \quad (j = 1, 2, \ldots, n) \tag{5.2}$$

と表すことができる. これから

$$(f(\boldsymbol{a}_1) \cdots f(\boldsymbol{a}_n)) = (\boldsymbol{b}_1 \cdots \boldsymbol{b}_m) \begin{pmatrix} a_{11} & a_{12} & \cdots & a_{1n} \\ a_{21} & a_{22} & \cdots & a_{2n} \\ \vdots & \vdots & \ddots & \vdots \\ a_{m1} & a_{m2} & \cdots & a_{mn} \end{pmatrix} \tag{5.3}$$

を得る. ここで右辺に現れた (m, n) 行列 (a_{ij}) を基底 $\{\boldsymbol{a}_j\}, \{\boldsymbol{b}_i\}$ に関する線形写像 f の **表現行列** とよび, A_f と書く.

注意. 表現行列は基底 $\{\boldsymbol{a}_1, \ldots, \boldsymbol{a}_n\}$ と $\{\boldsymbol{b}_1, \ldots, \boldsymbol{b}_m\}$ の選び方に依存していることに注意する. もしも違う基底を選んで表現行列を計算すると, 別の行列が現れる. このことに関しては後程改めて議論する.

逆に (m, n) 行列 $A = (a_{ij})$ を与えたときに線形写像 $f: V \to W$ を次のように定義する. まず (5.2) と同じ式により $f(\boldsymbol{a}_1), \ldots f(\boldsymbol{a}_n)$ を定義する. すなわち,

$$f(\boldsymbol{a}_j) = a_{1j}\boldsymbol{b}_1 + a_{2j}\boldsymbol{b}_2 + \cdots + a_{mj}\boldsymbol{b}_m, \quad (j = 1, 2, \ldots, n).$$

一般に, V の任意のベクトル $\boldsymbol{x}$ に対する $f(\boldsymbol{x})$ は,

$$\boldsymbol{x} = x_1\boldsymbol{a}_1 + \cdots + x_n\boldsymbol{a}_n \tag{5.4}$$

という一意的な表記を用いて,

$$f(\boldsymbol{x}) = x_1 f(\boldsymbol{a}_1) + \cdots + x_n f(\boldsymbol{a}_n)$$

と定義する．まとめると，$\boldsymbol{x} = x_1\boldsymbol{a}_1 + \cdots + x_n\boldsymbol{a}_n = (\boldsymbol{a}_1 \cdots \boldsymbol{a}_n)\begin{pmatrix} x_1 \\ \vdots \\ x_n \end{pmatrix} \in V$ に対して，

$$f(\boldsymbol{x}) = (\boldsymbol{b}_1 \cdots \boldsymbol{b}_n)\, A \begin{pmatrix} x_1 \\ \vdots \\ x_n \end{pmatrix} \in W$$

と定義するということになる．こうして定義した線形写像 f の基底 $\{\boldsymbol{a}_j\}, \{\boldsymbol{b}_i\}$ に関する表現行列は明らかに A に一致する．すなわち $A_f = A$ である．

構成法から，次の定理が成り立つことが直ちにわかる．

定理 5.5.1. V, W をそれぞれ n 次元，m 次元のベクトル空間とし，V から W への線形写像全体の集合を $\mathrm{Hom}_K(V, W)$ とする．$M(m, n)$ を (m, n) 行列全体の集合とする．V と W の基底 $\{\boldsymbol{a}_j\}$ と $\{\boldsymbol{b}_i\}$ を選び，対応 $\Theta\colon \mathrm{Hom}_K(V, W) \to M(m, n)$ を

$$\Theta(f) = A_f, \quad f \in L(V, W)$$

によって定義すれば，Θ は全単射となる．

この定理は，ベクトル空間の基底を固定したときに

- 線形写像を与えること
- 表現行列を与えること

が本質的に同じことであるということを主張している．

例 5.5.1. 線形写像 $f\colon \mathbb{R}^2 \to \mathbb{R}^3$，$\begin{pmatrix} x_1 \\ x_2 \end{pmatrix} \mapsto \begin{pmatrix} x_1 - x_2 \\ -2x_1 + 2x_2 \\ 3x_1 - 3x_2 \end{pmatrix}$ を考える．$\mathbb{R}^2$，$\mathbb{R}^3$ の標準基底に関する f の表現行列 A_f を計算する．$\mathbb{R}^2$，$\mathbb{R}^3$ の標準基底をそれぞれ $\{\boldsymbol{e}_1, \boldsymbol{e}_2\}, \{\boldsymbol{e}'_1, \boldsymbol{e}'_2, \boldsymbol{e}'_3\}$ と書くと，$f(\boldsymbol{e}_1) = \begin{pmatrix} 1 \\ -2 \\ 3 \end{pmatrix} = \boldsymbol{e}'_1 - 2\boldsymbol{e}'_2 + 3\boldsymbol{e}'_3$，$f(\boldsymbol{e}_2) = \begin{pmatrix} -1 \\ 2 \\ -3 \end{pmatrix} = -\boldsymbol{e}'_1 + \boldsymbol{e}'_2 - 3\boldsymbol{e}'_3$ なので，

$$\begin{pmatrix} f(\boldsymbol{e}_1) & f(\boldsymbol{e}_2) \end{pmatrix} = \begin{pmatrix} \boldsymbol{e}'_1 - 2\boldsymbol{e}'_2 + 3\boldsymbol{e}'_3 & \boldsymbol{e}'_1 + \boldsymbol{e}'_2 - 3\boldsymbol{e}'_3 \end{pmatrix} = \begin{pmatrix} \boldsymbol{e}'_1 & \boldsymbol{e}'_2 & \boldsymbol{e}'_3 \end{pmatrix} \begin{pmatrix} 1 & -1 \\ -2 & 2 \\ 3 & -3 \end{pmatrix}.$$

したがって，$A_f = \begin{pmatrix} 1 & -1 \\ -2 & 2 \\ 3 & -3 \end{pmatrix}$ となる． ■

例 5.5.2. $g\colon \mathbb{R}^3 \to \mathbb{R}^2$, $\begin{pmatrix} x \\ y \\ z \end{pmatrix} \mapsto \begin{pmatrix} x-2y+z \\ -2x+y-3z \end{pmatrix}$ とする. $\mathbb{R}^3, \mathbb{R}^2$ の基底として標準基底 $\{\boldsymbol{e}_1, \boldsymbol{e}_2, \boldsymbol{e}_3\}$ および $\left\{\boldsymbol{a}_1 = \begin{pmatrix} 1 \\ 1 \end{pmatrix}, \boldsymbol{a}_2 = \begin{pmatrix} -1 \\ 2 \end{pmatrix}\right\}$ を選ぶ. この 2 つの基底に関する g の表現行列を求めるために, $g(\boldsymbol{e}_i)$ $(i=1,2,3)$ を計算する. たとえば,

$$g(\boldsymbol{e}_3) = g\left(\begin{pmatrix} 0 \\ 0 \\ 1 \end{pmatrix}\right) = \begin{pmatrix} 1 \\ -3 \end{pmatrix}$$

なので, $\begin{pmatrix} 1 \\ -3 \end{pmatrix} = \lambda \boldsymbol{a}_1 + \mu \boldsymbol{a}_2$ とおけば, $\begin{pmatrix} 1 \\ -3 \end{pmatrix} = \begin{pmatrix} \lambda - \mu \\ \lambda + 2\mu \end{pmatrix}$. これから, $\lambda = -\dfrac{1}{3}, \mu = -\dfrac{4}{3}$. すなわち, $g(\boldsymbol{e}_3) = -\dfrac{1}{3}\boldsymbol{a}_1 - \dfrac{4}{3}\boldsymbol{a}_2$. 同様にして, $g(\boldsymbol{e}_1) = -\boldsymbol{a}_2, g(\boldsymbol{e}_2) = -\boldsymbol{a}_1 + \boldsymbol{a}_2$. ゆえに,

$$\begin{aligned}
\begin{pmatrix} f(\boldsymbol{e}_1) & f(\boldsymbol{e}_2) & f(\boldsymbol{e}_3) \end{pmatrix} &= \begin{pmatrix} -\boldsymbol{a}_2 & -\boldsymbol{a}_1 + \boldsymbol{a}_2 & -\frac{1}{3}\boldsymbol{a}_1 - \frac{4}{3}\boldsymbol{a}_2 \end{pmatrix} \\
&= \begin{pmatrix} \boldsymbol{a}_1 & \boldsymbol{a}_2 \end{pmatrix} \begin{pmatrix} 0 & -1 & -\frac{1}{3} \\ -1 & 1 & -\frac{4}{3} \end{pmatrix}
\end{aligned}$$

よって, $A_g = \begin{pmatrix} 0 & -1 & -\frac{1}{3} \\ -1 & 1 & -\frac{4}{3} \end{pmatrix}$ となる. ■

次に, 線形写像を合成したときに表現行列はどのようになるのかを考察しよう.

線形写像 $f\colon V \to W$ や V, W の基底 $\{\boldsymbol{a}_1, \ldots, \boldsymbol{a}_n\}$ と $\{\boldsymbol{b}_1, \ldots, \boldsymbol{b}_m\}$ はこの節の出だしと同じものとし, 新たに U を l 次元ベクトル空間, その基底を $\{\boldsymbol{c}_1, \boldsymbol{c}_2, \ldots, \boldsymbol{c}_l\}$ とする. 線形写像 $g\colon W \to U$ に対して, 基底 $\{\boldsymbol{b}_i\}, \{\boldsymbol{c}_k\}$ に関する g の表現行列を $A_g = (b_{st})$ とする. このとき, (5.3) の両辺 (の各成分) を g でうつすと, g は線形写像であるから

$$\begin{aligned}
(g \circ f(\boldsymbol{a}_1) \cdots g \circ f(\boldsymbol{a}_n)) &= (g(\boldsymbol{b}_1) \cdots g(\boldsymbol{b}_m)) \begin{pmatrix} a_{11} & a_{12} & \cdots & a_{1n} \\ a_{21} & a_{22} & \cdots & a_{2n} \\ \vdots & \vdots & \ddots & \vdots \\ a_{m1} & a_{m2} & \cdots & a_{mn} \end{pmatrix} \\
&= (\boldsymbol{c}_1 \cdots \boldsymbol{c}_l) \begin{pmatrix} b_{11} & b_{12} & \cdots & b_{1m} \\ b_{21} & b_{22} & \cdots & b_{2m} \\ \vdots & \vdots & \ddots & \vdots \\ b_{l1} & b_{l2} & \cdots & b_{lm} \end{pmatrix} \begin{pmatrix} a_{11} & a_{12} & \cdots & a_{1n} \\ a_{21} & a_{22} & \cdots & a_{2n} \\ \vdots & \vdots & \ddots & \vdots \\ a_{m1} & a_{m2} & \cdots & a_{mn} \end{pmatrix} \\
&= (\boldsymbol{c}_1 \cdots \boldsymbol{c}_l) A_g A_f.
\end{aligned}$$

これは, 合成写像 $g\circ f\colon V\to U$ の基底 $\{\boldsymbol{a}_j\},\{\boldsymbol{c}_k\}$ に関する表現行列 $A_{g\circ f}$ が行列の積 A_gA_f となることを示している. まとめると, 次の定理が得られた.

定理 5.5.2. V,W,U をそれぞれ n 次元, m 次元, l 次元のベクトル空間とし, その基底を $\{\boldsymbol{a}_j\}$, $\{\boldsymbol{b}_i\}$, $\{\boldsymbol{c}_k\}$ とする. $f\colon V\to W, g\colon W\to U$ を線形写像とし, A_f と A_g をそれぞれ $\{\boldsymbol{a}_j\},\{\boldsymbol{b}_i\}$ と $\{\boldsymbol{b}_i\},\{\boldsymbol{c}_k\}$ に関する f と g の表現行列とする. このとき, 合成写像 $g\circ f\colon V\to U$ の基底 $\{\boldsymbol{a}_j\},\{\boldsymbol{c}_k\}$ に関する表現行列を $A_{g\circ f}$ とすると

$$A_{g\circ f}=A_gA_f$$

が成り立つ. すなわち, 合成写像は表現行列の積に対応する.

例 5.5.3. 2つの線形変換 $f\colon\mathbb{C}^3\to\mathbb{C}^3$, $\begin{pmatrix}x_1\\x_2\\x_3\end{pmatrix}\mapsto\begin{pmatrix}-ix_2+x_3\\2x_1-x_3\\x_2+ix_3\end{pmatrix}$ および $g\colon\mathbb{C}^3\to\mathbb{C}^3$, $\begin{pmatrix}y_1\\y_2\\y_3\end{pmatrix}$ $\mapsto\begin{pmatrix}y_1+y_2+y_3\\y_3\\2y_2-y_3\end{pmatrix}$ を考える. $\mathbb{C}^3$ の基底をすべて標準基底とすれば, f と g の表現行列は $A_f=\begin{pmatrix}0&-i&1\\2&0&-1\\0&1&i\end{pmatrix}$, $A_g=\begin{pmatrix}1&1&1\\0&0&1\\0&2&-1\end{pmatrix}$ となる. 合成写像 $g\circ f$ は

$$g\circ f\left(\begin{pmatrix}x\\y\\z\end{pmatrix}\right)=g\left(\begin{pmatrix}-iy+z\\2x-z\\y+iz\end{pmatrix}\right)=\begin{pmatrix}2x+(1-i)y+iz\\y+iz\\4x-y-(2+i)z\end{pmatrix}$$

となるから, その表現行列は, $A_{g\circ f}=\begin{pmatrix}2&1-i&i\\0&1&i\\4&-1&-2-i\end{pmatrix}$ となることが分かる, したがって, $A_{g\circ f}=A_gA_f$ が成り立つことが具体計算により確認できる. ■

異なる基底を選ぶと表現行列も異なるものとなる. それらの表現行列の間の関係式を導こう. いま n 次元ベクトル空間 V の2つの基底 $\{\boldsymbol{a}_1,\dots,\boldsymbol{a}_n\},\{\boldsymbol{b}_1,\dots,\boldsymbol{b}_n\}$ を考える. 各 $\boldsymbol{b}_i$ を $\boldsymbol{a}_1,\dots,\boldsymbol{a}_n$ の1次結合で表して

$$\begin{cases}\boldsymbol{b}_1=p_{11}\boldsymbol{a}_1+p_{21}\boldsymbol{a}_2+\cdots+p_{n1}\boldsymbol{a}_n\\\boldsymbol{b}_2=p_{12}\boldsymbol{a}_1+p_{22}\boldsymbol{a}_2+\cdots+p_{n2}\boldsymbol{a}_n\\\qquad\vdots\\\boldsymbol{b}_n=p_{1n}\boldsymbol{a}_1+p_{2n}\boldsymbol{a}_2+\cdots+p_{nn}\boldsymbol{a}_n\end{cases}$$

とする. 行列で表せば,

$$(\boldsymbol{b}_1\ \boldsymbol{b}_2\ \cdots\ \boldsymbol{b}_n)=(\boldsymbol{a}_1\ \boldsymbol{a}_2\ \cdots\ \boldsymbol{a}_n)P,\quad P=\begin{pmatrix}p_{11}&p_{12}&\cdots&p_{1n}\\p_{21}&p_{22}&\cdots&p_{2n}\\\vdots&\vdots&\ddots&\vdots\\p_{n1}&p_{n2}&\cdots&p_{nn}\end{pmatrix}\tag{5.5}$$

となる. この P を $\{\boldsymbol{a}_i\}$ から $\{\boldsymbol{b}_j\}$ への **基底変換の行列** という. 基底変換の行列は正則となる. なぜなら, $\{\boldsymbol{b}_j\}$ から $\{\boldsymbol{a}_i\}$ への基底変換の行列を Q とすれば, $(\boldsymbol{a}_1\ \boldsymbol{a}_2\ \cdots\ \boldsymbol{a}_n) = (\boldsymbol{b}_1\ \boldsymbol{b}_2\ \cdots\ \boldsymbol{b}_n)Q$ となり, (5.5) から,

$$(\boldsymbol{b}_1\ \boldsymbol{b}_2\ \cdots\ \boldsymbol{b}_n) = (\boldsymbol{b}_1\ \boldsymbol{b}_2\ \cdots\ \boldsymbol{b}_n)QP,$$
$$(\boldsymbol{a}_1\ \boldsymbol{a}_2\ \cdots\ \boldsymbol{a}_n) = (\boldsymbol{a}_1\ \boldsymbol{a}_2\ \cdots\ \boldsymbol{a}_n)PQ.$$

$\boldsymbol{a}_1, \ldots, \boldsymbol{a}_n$ と $\boldsymbol{b}_1, \ldots, \boldsymbol{b}_n$ はともに 1 次独立であるから, $QP = PQ = E$. したがって Q は P の逆行列となり, 特に P は正則となることが分かる.

線形変換と基底変換の行列の関係は次の定理により与えられる.

定理 5.5.3. V, W を n 次元, m 次元ベクトル空間とし, $f\colon V \to W$ を線形写像とする. $\{\boldsymbol{a}_1, \ldots, \boldsymbol{a}_n\}$, $\{\boldsymbol{b}_1, \ldots, \boldsymbol{b}_n\}$ を V の基底, $\{\boldsymbol{a}'_1, \ldots, \boldsymbol{a}'_m\}$, $\{\boldsymbol{b}'_1, \ldots, \boldsymbol{b}'_m\}$ を W の基底として, $\{\boldsymbol{a}_i\}$ から $\{\boldsymbol{b}_i\}$ への基底変換の行列を P, $\{\boldsymbol{a}'_j\}$ から $\{\boldsymbol{b}'_j\}$ への基底変換の行列を Q とする. このとき, f の $\{\boldsymbol{a}_i\}, \{\boldsymbol{a}'_j\}$ に関する表現行列を A, $\{\boldsymbol{b}_i\}, \{\boldsymbol{b}'_j\}$ に関する表現行列を B とすれば,

$$B = Q^{-1}AP$$

が成り立つ.

$$\begin{array}{ccc} \{\boldsymbol{a}_i\} & \xrightarrow{\ A\ } & \{\boldsymbol{a}'_j\} \\ P \updownarrow & & \updownarrow Q \\ \{\boldsymbol{b}_i\} & \xrightarrow[\ B\ ]{} & \{\boldsymbol{b}'_j\} \end{array}$$

証明. (5.5) より $(\boldsymbol{b}_1\ \boldsymbol{b}_2\ \cdots\ \boldsymbol{b}_n) = (\boldsymbol{a}_1\ \boldsymbol{a}_2\ \cdots\ \boldsymbol{a}_n)P$. f が線形写像であるから,

$$(f(\boldsymbol{b}_1) \cdots f(\boldsymbol{b}_n)) = (f(\boldsymbol{a}_1) \cdots f(\boldsymbol{a}_n))\,P$$

が得られる. (5.3) より $(f(\boldsymbol{a}_1) \cdots f(\boldsymbol{a}_n)) = (\boldsymbol{a}'_1 \cdots \boldsymbol{a}'_m)A$. これを上式に代入して,

$$(f(\boldsymbol{b}_1) \cdots f(\boldsymbol{b}_n)) = (\boldsymbol{a}'_1 \cdots \boldsymbol{a}'_m)AP. \tag{5.6}$$

また, $\{\boldsymbol{b}_i\}, \{\boldsymbol{b}'_i\}, \{\boldsymbol{a}'_j\}$ に同様の計算を行えば, $(\boldsymbol{b}'_1 \cdots \boldsymbol{b}'_m) = (\boldsymbol{a}'_1 \cdots \boldsymbol{a}'_m)Q$ となり,

$$(f(\boldsymbol{b}_1) \cdots f(\boldsymbol{b}_n)) = (\boldsymbol{b}'_1 \cdots \boldsymbol{b}'_m)B = (\boldsymbol{a}'_1 \cdots \boldsymbol{a}'_m)QB. \tag{5.7}$$

(5.6) と (5.7) の右辺を比較すれば, $\boldsymbol{a}'_1, \ldots, \boldsymbol{a}'_m$ が 1 次独立であることから, $AP = QB$ となる. これから, $B = Q^{-1}AP$ が成り立つ. □

例 5.5.4. $f\colon \mathbb{R}^3 \to \mathbb{R}^2$, $\begin{pmatrix} x_1 \\ x_2 \\ x_3 \end{pmatrix} \mapsto \begin{pmatrix} x_1 + x_2 \\ -x_2 + x_3 \end{pmatrix}$ とし, $\boldsymbol{b}_1 = \begin{pmatrix} 1 \\ 0 \\ 1 \end{pmatrix}$, $\boldsymbol{b}_2 = \begin{pmatrix} -1 \\ 1 \\ 0 \end{pmatrix}$, $\boldsymbol{b}_3 = \begin{pmatrix} 1 \\ 1 \\ 1 \end{pmatrix}$, $\boldsymbol{b}'_1 = \begin{pmatrix} 1 \\ 1 \end{pmatrix}$, $\boldsymbol{b}'_2 = \begin{pmatrix} 0 \\ -1 \end{pmatrix}$ とする.

(1) $\mathbb{R}^3$ の 標準基底 $\{\boldsymbol{e}_1, \boldsymbol{e}_2, \boldsymbol{e}_3\}$ から $\{\boldsymbol{b}_1, \boldsymbol{b}_2, \boldsymbol{b}_3\}$ への基底変換の行列 P と $\mathbb{R}^2$ の標準基底 $\{\boldsymbol{e}'_1, \boldsymbol{e}'_2\}$ から $\{\boldsymbol{b}'_1, \boldsymbol{b}'_2\}$ への基底変換の行列 Q を求めよ.

(2) f の $\{\boldsymbol{e}_i\}, \{\boldsymbol{e}'_j\}$ に関する表現行列 A と $\{\boldsymbol{b}_i\}, \{\boldsymbol{b}'_j\}$ に関する表現行列 B を求めよ.

解. (1) $(\boldsymbol{b}_1\ \boldsymbol{b}_2\ \boldsymbol{b}_3) = (\boldsymbol{e}_1\ \boldsymbol{e}_2\ \boldsymbol{e}_3)\begin{pmatrix} 1 & -1 & 1 \\ 0 & 1 & 1 \\ 1 & 0 & 1 \end{pmatrix}, (\boldsymbol{b}'_1\ \boldsymbol{b}'_2) = (\boldsymbol{e}_1\ \boldsymbol{e}_2)\begin{pmatrix} 1 & 0 \\ 1 & -1 \end{pmatrix}$ より,

$$P = \begin{pmatrix} 1 & -1 & 1 \\ 0 & 1 & 1 \\ 1 & 0 & 1 \end{pmatrix}, \quad Q = \begin{pmatrix} 1 & 0 \\ 1 & -1 \end{pmatrix}.$$

(2) $f(\boldsymbol{e}_1) = \begin{pmatrix} 1 \\ 0 \end{pmatrix}, f(\boldsymbol{e}_2) = \begin{pmatrix} 1 \\ -1 \end{pmatrix}, f(\boldsymbol{e}_3) = \begin{pmatrix} 0 \\ 1 \end{pmatrix}$ より,

$$(f(\boldsymbol{e}_1)\ f(\boldsymbol{e}_2)\ f(\boldsymbol{e}_3)) = (\boldsymbol{e}_1\ \boldsymbol{e}_2)\begin{pmatrix} 1 & 1 & 0 \\ 0 & -1 & 1 \end{pmatrix}$$

となり, よって

$$A = \begin{pmatrix} 1 & 1 & 0 \\ 0 & -1 & 1 \end{pmatrix}.$$

また $f(\boldsymbol{b}_1) = \begin{pmatrix} 1 \\ 1 \end{pmatrix}$, $f(\boldsymbol{b}_2) = \begin{pmatrix} 0 \\ -1 \end{pmatrix}$, $f(\boldsymbol{b}_3) = \begin{pmatrix} 2 \\ 0 \end{pmatrix}$ より $f(\boldsymbol{b}_1) = \boldsymbol{b}'_1$, $f(\boldsymbol{b}_2) = \boldsymbol{b}'_2$, $f(\boldsymbol{b}_3) = 2\boldsymbol{b}'_1 + 2\boldsymbol{b}'_2$ となるから,

$$(f(\boldsymbol{b}_1)\ f(\boldsymbol{b}_2)\ f(\boldsymbol{b}_3)) = (\boldsymbol{b}'_1\ \boldsymbol{b}'_2)\begin{pmatrix} 1 & 0 & 2 \\ 0 & 1 & 2 \end{pmatrix}$$

であることが分かる. したがって,

$$B = \begin{pmatrix} 1 & 0 & 2 \\ 0 & 1 & 2 \end{pmatrix}$$

となる. 問題自体はここで解けたわけだが, この例において定理 5.5.3 が成り立っていることを確認しておく. 実際,

$$Q^{-1} = -\begin{pmatrix} -1 & 0 \\ -1 & 1 \end{pmatrix} = \begin{pmatrix} 1 & 0 \\ 1 & -1 \end{pmatrix}$$

なので, $Q^{-1}AP$ を計算してみると,

$$Q^{-1}AP = \begin{pmatrix} 1 & 0 \\ 1 & -1 \end{pmatrix}\begin{pmatrix} 1 & 1 & 0 \\ 0 & -1 & 1 \end{pmatrix}\begin{pmatrix} 1 & -1 & 1 \\ 0 & 1 & 1 \\ 1 & 0 & 1 \end{pmatrix} = \begin{pmatrix} 1 & 0 & 2 \\ 0 & 1 & 2 \end{pmatrix} = B$$

となり, 確かに定理 5.5.3 の主張の通りである. ■

最後に, ここまで表現行列を定義にしたがって具体的に計算してきたが, 標準基底に関する表現行列は直ちに分かることを述べておく.

定理 5.5.4. A を (m,n) 行列とする. このとき線形写像 $A\colon K^n \to K^m, \boldsymbol{x} \mapsto A\boldsymbol{x}$ の標準基底に関する表現行列は A である.

証明. K^n, K^m の標準基底をそれぞれ $\{\boldsymbol{e}_1, \ldots, \boldsymbol{e}_n\}$, $\{\boldsymbol{e}'_1, \ldots, \boldsymbol{e}'_m\}$ とすると,

$$A(\boldsymbol{e}_1 \ \ldots \ \boldsymbol{e}_n) = AE_n = A = E_m A = (\boldsymbol{e}'_1 \ \ldots \ \boldsymbol{e}'_m)A$$

であることより分かる. □

たとえば, 例 5.5.1 で考えた線形写像 $f\colon \mathbb{R}^2 \to \mathbb{R}^3$ を考えると,

$f\left(\begin{pmatrix} x_1 \\ x_2 \end{pmatrix}\right) = \begin{pmatrix} x_1 - x_2 \\ -2x_1 + 2x_2 \\ 3x_1 - 3x_2 \end{pmatrix} = \begin{pmatrix} 1 & -1 \\ -2 & 2 \\ 3 & -3 \end{pmatrix}\begin{pmatrix} x_1 \\ x_2 \end{pmatrix}$ であるから, 定理 5.5.4 より f の標準基底に関する表現行列は $\begin{pmatrix} 1 & -1 \\ -2 & 2 \\ 3 & -3 \end{pmatrix}$ であることが直ちに分かる.

問 5.5 $\mathbb{R}^3$ の基底 $\left\{\begin{pmatrix} 1 \\ 1 \\ 0 \end{pmatrix}, \begin{pmatrix} 0 \\ 1 \\ 1 \end{pmatrix}, \begin{pmatrix} 1 \\ 0 \\ 1 \end{pmatrix}\right\}$ と $\mathbb{R}^2$ の基底 $\left\{\begin{pmatrix} 1 \\ 1 \end{pmatrix}, \begin{pmatrix} 1 \\ -1 \end{pmatrix}\right\}$ に関して, 線形写像 $f\colon \mathbb{R}^3 \to \mathbb{R}^2$; $\begin{pmatrix} x \\ y \\ z \end{pmatrix} \mapsto \begin{pmatrix} 4x + y + z \\ -x + y + 2z \end{pmatrix}$ の表現行列を求めよ.

5.6　固有空間と対角化

ここでは線形変換の固有値と固有空間, および対角化可能性について説明し, 第4章で学んだ行列の対角化等との関連を述べる. 以下この節では, $f\colon V \to V$ を K 上のベクトル空間 V の間の線型変換とする.

定義 5.6.1. $\alpha \in K$ と $\mathbf{0}$ ではないベクトル $\boldsymbol{x} \in V$ が

$$f(\boldsymbol{x}) = \alpha \boldsymbol{x}$$

をみたすとき, α を f の **固有値** といい, $\boldsymbol{x}$ を f に対する α の **固有ベクトル** という. また,

$$W(\alpha) = \{\boldsymbol{x} \in V \mid f(\boldsymbol{x}) = \alpha \boldsymbol{x}\}$$

を α の **固有空間** という. これは α の固有ベクトル全体と零ベクトル $\mathbf{0}$ を合わせた集合である.

定義から $W(\alpha) = \mathrm{Ker}(f - \alpha I_V)$ となるから, 定理 5.4.2 より $W(\alpha)$ は V の部分空間である.

A が (m, n) 行列であるとき, $\boldsymbol{x} \in K^n$ に対して $A\boldsymbol{x} \in K^m$ を対応させる写像 $K^n \to K^n$, $\boldsymbol{x} \mapsto A\boldsymbol{x}$ を考えると, これは線形写像となり, したがって, 行列 A は線形写像 $A\colon K^n \to K^m$ とみなすことができる (例 5.4.5). この線形写像に対する固有値と第4章で学んだ行列 A の固有値は明らかに同じものであることに注意する.

定理 5.6.2. A を n 次正方行列とし, $\alpha \in K$ をその固有値, m を α の重複度とする. 線形写像 $A\colon K^n \to K^n$ に対する α の固有空間 $W(\alpha)$ に対して, $\dim W(\alpha) \leqq m$ が成り立つ.

証明. $d = \dim W(\alpha)$ とする. $W(\alpha)$ の基底 $\boldsymbol{x}_1, \ldots, \boldsymbol{x}_d$ をとり, この基底を拡大した K^n の基底 $\boldsymbol{x}_1, \ldots, \boldsymbol{x}_d, \boldsymbol{x}_{d+1}, \ldots, \boldsymbol{x}_n$ をとる. これらを並べて得られる n 次正方行列 $P = (\boldsymbol{x}_1 \boldsymbol{x}_2 \cdots \boldsymbol{x}_n)$ は正則となる. いま $1 \leqq i \leqq d$ のとき $A\boldsymbol{x}_i = \alpha \boldsymbol{x}_i$ であることに注意すると,

$$AP = P \begin{pmatrix} \alpha E_d & B \\ O & D \end{pmatrix}$$

の形となることが分かる. このことから $f_A(x) = f_{P^{-1}AP}(x)$ は $(x-\alpha)^d$ で割り切れることが分かり, したがって $d \leqq m$ が従う. □

定理 5.6.3. f のすべての相異なる固有値を $\alpha_1, \ldots, \alpha_k$ とする. このとき, 和空間 $W = W(\alpha_1) + W(\alpha_2) + \cdots + W(\alpha_k)$ は直和である. すなわち $W = W(\alpha_1) \oplus W(\alpha_2) \oplus \cdots \oplus W(\alpha_k)$.

証明. 定理 4.6.2 とまったく同様の証明により, 異なる f の固有値に対する固有ベクトルたちは 1 次独立であることを示すことができる. このことに注意すれば $\boldsymbol{x}_1 \in W(\alpha_1), \ldots, \boldsymbol{x}_k \in W(\alpha_k)$ が $\boldsymbol{x}_1 + \cdots + \boldsymbol{x}_k = \mathbf{0}$ をみたしているときに $\boldsymbol{x}_1 = \cdots = \boldsymbol{x}_k = \mathbf{0}$ となることが直ちに確認され, したがって定理 5.3.5 より主張は示された. □

一般に $W(\alpha_1) \oplus W(\alpha_2) \oplus \cdots \oplus W(\alpha_k)$ は V の部分空間ではあるが, V に一致するとは限らない. このことに関して次が成り立つ.

定理 5.6.4. f のすべての相異なる固有値を $\alpha_1, \ldots, \alpha_k$ とする. V の適当な基底に関する f の表現行列が対角行列であるための必要十分条件は

$$V = W(\alpha_1) \oplus W(\alpha_2) \oplus \cdots \oplus W(\alpha_k)$$

が成り立つことである. 言い換えると, f の固有ベクトルからなる V の基底が存在することである.

証明. $V = W(\alpha_1) \oplus W(\alpha_2) \oplus \cdots \oplus W(\alpha_k)$ が成り立っていると仮定する. 各 $W(\alpha_i)$ $(1 \leqq i \leqq k)$ の基底 $\{\boldsymbol{e}^i_1, \ldots, \boldsymbol{e}^i_{m_i}\}$ を 1 つとると, 仮定により

$$\{\boldsymbol{e}^1_1, \ldots, \boldsymbol{e}^1_{m_1}, \boldsymbol{e}^2_1, \ldots, \boldsymbol{e}^2_{m_2}, \ldots, \boldsymbol{e}^k_1, \ldots, \boldsymbol{e}^k_{m_k}\}$$

は V の基底となる. この基底に関する f の表現行列が対角行列となることはすぐにわかる.

逆に V の基底 $\{\boldsymbol{e}_1, \ldots, \boldsymbol{e}_n\}$ に関する f の表現行列が対角行列であるとする. すると各 $\boldsymbol{e}_j$ は f のある固有値の固有ベクトルとなる. そこで, $\boldsymbol{e}_1, \ldots, \boldsymbol{e}_n$ を

$$\boldsymbol{e}^1_1, \ldots, \boldsymbol{e}^1_{m_1}, \boldsymbol{e}^2_1, \ldots, \boldsymbol{e}^2_{m_2}, \ldots, \boldsymbol{e}^k_1, \ldots, \boldsymbol{e}^k_{m_k} \quad (\text{ただし } \boldsymbol{e}^i_j \text{ は } \alpha_i \text{ の固有ベクトル})$$

となるように並べ替える. $L_i = L(\boldsymbol{e}^i_1, \ldots, \boldsymbol{e}^i_{m_i})$ とおくと $L_i \subset W(\alpha_i)$ であり, したがって

$$L_1 \oplus L_2 \oplus \cdots \oplus L_k \subset W(\alpha_1) \oplus W(\alpha_2) \oplus \cdots \oplus W(\alpha_k) \subset V$$

という包含関係を得る. ところが $\dim(L_1 \oplus L_2 \oplus \cdots \oplus L_k) = m_1 + m_2 + \cdots + m_k = n = \dim V$ なので, 定理 5.2.8 (2) から上の 2 つの包含記号 $\subset$ は等号 $=$ となり, 特に $V = W(\alpha_1) \oplus W(\alpha_2) \oplus \cdots \oplus W(\alpha_k)$ を得る. □

5.7　内積と正規直交基底

ここではベクトル空間に対して内積の概念を導入する.

定義 5.7.1. V を K 上のベクトル空間とする. V の任意のベクトル $\boldsymbol{a}, \boldsymbol{b}$ に対し, $\boldsymbol{a}$ と $\boldsymbol{b}$ の **内積**とよばれる K の数 $(\boldsymbol{a}, \boldsymbol{b})$ がきまり, 次の条件をみたすとき, V を K 上の **内積空間** または単に **内積空間** という.

I1 $(\boldsymbol{a}, \boldsymbol{b}) = \overline{(\boldsymbol{b}, \boldsymbol{a})}$

I2 $(\lambda \boldsymbol{a}, \boldsymbol{b}) = \lambda(\boldsymbol{a}, \boldsymbol{b})$.　$(\lambda \in K)$

I3 $(\boldsymbol{a}, \boldsymbol{b} + \boldsymbol{c}) = (\boldsymbol{a}, \boldsymbol{b}) + (\boldsymbol{a}, \boldsymbol{c})$　(分配法則)

I4 $(\boldsymbol{a}, \boldsymbol{a})$ は 0 以上の実数であり, $(\boldsymbol{a}, \boldsymbol{a}) = 0 \Leftrightarrow \boldsymbol{a} = \boldsymbol{0}$.

($K = \mathbb{R}$ であれば, 複素共役の記号は不要であることに注意せよ)

内積空間 V のベクトル $\boldsymbol{a}$ に対して $\sqrt{(\boldsymbol{a}, \boldsymbol{a})}$ を $\boldsymbol{a}$ の **長さ** または **ノルム** といい, $\|\boldsymbol{a}\|$ で表す. ノルムが 1 のベクトルを **単位ベクトル** という.

内積空間 V において,

$$(\boldsymbol{a}, \lambda \boldsymbol{b}) = \overline{\lambda}(\boldsymbol{a}, \boldsymbol{b}) \quad (\lambda \in K)$$

が成り立っていることには注意しておこう. 実際, **I1** と **I2** を用いれば $(\boldsymbol{a}, \lambda \boldsymbol{b}) = \overline{(\lambda \boldsymbol{b}, \boldsymbol{a})} = \overline{\lambda(\boldsymbol{b}, \boldsymbol{a})} = \overline{\lambda} \cdot \overline{(\boldsymbol{b}, \boldsymbol{a})} = \overline{\lambda}(\boldsymbol{a}, \boldsymbol{b})$ となる.

$\mathbb{R}^n$ には標準的な内積空間としての構造が入る. 具体的にはベクトル

$\boldsymbol{a} = \begin{pmatrix} a_1 \\ a_2 \\ \vdots \\ a_n \end{pmatrix}$, $\boldsymbol{b} = \begin{pmatrix} b_1 \\ b_2 \\ \vdots \\ b_n \end{pmatrix} \in \mathbb{R}^n$ に対し,

$$(\boldsymbol{a}, \boldsymbol{b}) = {}^t\boldsymbol{a}\boldsymbol{b} = a_1 b_1 + a_2 b_2 + \cdots + a_n b_n \tag{5.8}$$

として定義する. この内積を $\mathbb{R}^n$ の **標準内積** という. 内積が定義されたベクトル空間はこれ以外にも様々なものがある. 簡単な例をいくつか紹介する.

例 5.7.1. ベクトル $\boldsymbol{a} = \begin{pmatrix} a_1 \\ a_2 \\ \vdots \\ a_n \end{pmatrix}$, $\boldsymbol{b} = \begin{pmatrix} b_1 \\ b_2 \\ \vdots \\ b_n \end{pmatrix} \in \mathbb{C}^n$ に対して内積を

$$(\boldsymbol{a}, \boldsymbol{b}) = {}^t\boldsymbol{a}\overline{\boldsymbol{b}} = a_1 \overline{b_1} + a_2 \overline{b_2} + \cdots + a_n \overline{b_n}$$

と定義すれば, $\mathbb{C}^n$ は内積空間となる. (${}^t\boldsymbol{a}\boldsymbol{b}$ ではなく ${}^t\boldsymbol{a}\overline{\boldsymbol{b}}$ であることに注意せよ.) この内積を $\mathbb{C}^n$ の **標準内積** という. ■

例 5.7.2. 例 5.1.4 で論じた, 閉区間 $[-1,1]$ 上の連続な実数値関数全体からなる実ベクトル空間 $\mathcal{C}[-1,1]$ を考える. $f,g \in \mathcal{C}[-1,1]$ に対して, f と g の内積を

$$(f,g) = \int_{-1}^{1} f(x)g(x)dx$$

と定義する. **I1**～**I4** をみたすことが確認できるので (**I4** の証明で関数の連続性を用いる), $\mathcal{C}[-1,1]$ は $\mathbb{R}$ 上の内積空間となる. ■

定理 5.7.2. 内積空間 V において, ノルムは次の性質をもつ.

(1) $\|\boldsymbol{a}\| \geqq 0$; $\|\boldsymbol{a}\| = 0 \Leftrightarrow \boldsymbol{a} = \boldsymbol{0}$

(2) $\|\lambda\boldsymbol{a}\| = |\lambda|\|\boldsymbol{a}\|$　($\lambda \in K$, $|\lambda|$ は λ の絶対値)

(3) $|(\boldsymbol{a},\boldsymbol{b})| \leqq \|\boldsymbol{a}\|\|\boldsymbol{b}\|$　(Schwarz(シュワルツ) の不等式)

(4) $\|\boldsymbol{a}+\boldsymbol{b}\| \leqq \|\boldsymbol{a}\| + \|\boldsymbol{b}\|$　(三角不等式)

証明. (1) はノルムの定義と **I4** より得られる. (2) は **I1**, **I2** とノルムの定義より簡単に分かる. (3) を示すために, $\alpha \in K$ とする. **I1**～**I4** より

$$0 \leqq (\alpha\boldsymbol{a}+\boldsymbol{b}, \alpha\boldsymbol{a}+\boldsymbol{b}) = |\alpha|^2(\boldsymbol{a},\boldsymbol{a}) + 2\mathrm{Re}(\alpha(\boldsymbol{a},\boldsymbol{b})) + (\boldsymbol{b},\boldsymbol{b}).$$

ただし, $\mathrm{Re}\, x$ は $x \in K$ の実部を表すものとする. いま $(\boldsymbol{a},\boldsymbol{b}) = 0$ ならば不等式は明らかに成り立つので, $(\boldsymbol{a},\boldsymbol{b}) \neq 0$ とする. $\alpha = t\overline{(\boldsymbol{a},\boldsymbol{b})}$ (t は実数) とおくと, 上の式は

$$t^2|(\boldsymbol{a},\boldsymbol{b})|^2\|\boldsymbol{a}\|^2 + 2t|(\boldsymbol{a},\boldsymbol{b})|^2 + \|b\|^2 \geqq 0$$

がすべての実数 t に対して成り立つことを意味するので, 左辺の判別式を考えれば,

$$|(\boldsymbol{a},\boldsymbol{b})|^2 - \|\boldsymbol{a}\|^2\|\boldsymbol{b}\|^2 \leqq 0$$

となり, (3) が成り立つ. 最後に,

$$\begin{aligned}\|\boldsymbol{a}+\boldsymbol{b}\|^2 = (\boldsymbol{a}+\boldsymbol{b}, \boldsymbol{a}+\boldsymbol{b}) &= (\boldsymbol{a},\boldsymbol{a}) + 2\mathrm{Re}(\boldsymbol{a},\boldsymbol{b}) + (\boldsymbol{b},\boldsymbol{b}) \\ &\leqq (\boldsymbol{a},\boldsymbol{a}) + 2|(\boldsymbol{a},\boldsymbol{b})| + (\boldsymbol{b},\boldsymbol{b}) = \|\boldsymbol{a}\|^2 + 2|(\boldsymbol{a},\boldsymbol{b})| + \|\boldsymbol{b}\|^2\end{aligned}$$

という不等式の最後の式に (3) を用いることで

$$\|\boldsymbol{a}+\boldsymbol{b}\|^2 \leqq \|\boldsymbol{a}\|^2 + 2\|\boldsymbol{a}\|\|\boldsymbol{b}\| + \|\boldsymbol{b}\|^2 = (\|\boldsymbol{a}\| + \|\boldsymbol{b}\|)^2$$

となる. これで (4) は証明された. □

定義 5.7.3. 内積空間 V のベクトル $\boldsymbol{a}$ と $\boldsymbol{b}$ がともに $\boldsymbol{0}$ でなく, $(\boldsymbol{a},\boldsymbol{b}) = 0$ のとき, $\boldsymbol{a}$ と $\boldsymbol{b}$ は**直交する**といい $\boldsymbol{a} \perp \boldsymbol{b}$ と書く.

例 5.7.3. 例 5.1.4 で論じた内積空間 $\mathcal{C}[-1,1]$ において, 任意の整数 m, n に対して $f(x) = \cos m\pi x$, $g(x) = \sin n\pi x$ とおけば,

$$(f,g) = \int_{-1}^{1} \cos m\pi x \cdot \sin n\pi x dx = \frac{1}{2}\left(\int_{-1}^{1} \sin(m+n)\pi x dx - \int_{-1}^{1} \sin(m-n)\pi x dx\right).$$

右辺の積分はともに 0 となり, $(f,g) = 0$. すなわち, f と g は直交する. ■

定理 5.7.4. 内積空間 V において, $\mathbf{0}$ でないベクトル $\boldsymbol{a}_1, \boldsymbol{a}_2, \ldots, \boldsymbol{a}_k$ の任意の 2 つが直交するならば, $\boldsymbol{a}_1, \boldsymbol{a}_2, \ldots, \boldsymbol{a}_k$ は 1 次独立である.

証明. $\lambda_1 \boldsymbol{a}_1 + \lambda_2 \boldsymbol{a}_2 + \cdots + \lambda_k \boldsymbol{a}_k = \mathbf{0}$ とする. $\boldsymbol{a}_i$ との内積をつくれば, $i \neq j$ のとき $(\boldsymbol{a}_i, \boldsymbol{a}_j) = 0$ なので,

$$0 = \left(\sum_{j=1}^{k} \lambda_j \boldsymbol{a}_j, \boldsymbol{a}_i\right) = \sum_{j=1}^{k} \lambda_j (\boldsymbol{a}_j, \boldsymbol{a}_i) = \lambda_i \|\boldsymbol{a}_i\|^2 \ (i = 1, 2, \ldots, k).$$

これから, $\lambda_1 = \lambda_2 = \cdots = \lambda_k = 0$ となる. □

V の単位ベクトルの集合 $\{\boldsymbol{a}_1, \ldots, \boldsymbol{a}_k\}$ は, 任意の 2 つが直交しているとき, すなわち,

$$(\boldsymbol{a}_i, \boldsymbol{a}_j) = \delta_{ij} = \begin{cases} 1 & (i = j) \\ 0 & (i \neq j) \end{cases} \quad (i, j = 1, \ldots, k)$$

となるとき, **正規直交系** といわれる. また正規直交系をなす基底を **正規直交基底** という.

例 5.7.4. $\mathbb{R}^2$ において, 任意の θ $(0 \leqq \theta \leqq 2\pi)$ に対してベクトル $\boldsymbol{a}_\theta = \begin{pmatrix} \cos\theta \\ -\sin\theta \end{pmatrix}$, $\boldsymbol{b}_\theta = \begin{pmatrix} \sin\theta \\ \cos\theta \end{pmatrix}$ を考える. $\|\boldsymbol{a}_\theta\| = \|\boldsymbol{b}_\theta\| = 1$, $(\boldsymbol{a}_\theta, \boldsymbol{b}_\theta) = 0$ であるから, $\{\boldsymbol{a}_\theta, \boldsymbol{b}_\theta\}$ は $\mathbb{R}^2$ の正規直交基底となる. ■

例 5.7.5. K^n の標準基底 $\{\boldsymbol{e}_1, \boldsymbol{e}_2, \ldots, \boldsymbol{e}_n\}$ は正規直交基底である. ■

1 次独立なベクトルの集まりから正規直交系をつくる **Gram-Schmidt (グラム・シュミット) の直交化法** という便利な方法があるので, これを説明する.

$\boldsymbol{a}_1, \boldsymbol{a}_2, \ldots, \boldsymbol{a}_n$ を V の 1 次独立なベクトルとする. このときベクトル $\boldsymbol{b}_1, \boldsymbol{b}_2, \ldots, \boldsymbol{b}_n$ を $\boldsymbol{b}_1$ からはじめて順に次のように定義する.

- $\boldsymbol{b}'_1 = \boldsymbol{a}_1, \quad \boldsymbol{b}_1 = \frac{\boldsymbol{b}'_1}{\|\boldsymbol{b}'_1\|}$
- $\boldsymbol{b}'_2 = \boldsymbol{a}_2 - (\boldsymbol{a}_2, \boldsymbol{b}_1)\boldsymbol{b}_1, \quad \boldsymbol{b}_2 = \frac{\boldsymbol{b}'_2}{\|\boldsymbol{b}'_2\|}$

$\vdots$

- $\boldsymbol{b}'_{k+1} = \boldsymbol{a}_{k+1} - \sum_{i=1}^{k} (\boldsymbol{a}_{k+1}, \boldsymbol{b}_i)\boldsymbol{b}_i, \quad \boldsymbol{b}_{k+1} = \frac{\boldsymbol{b}'_{k+1}}{\|\boldsymbol{b}'_{k+1}\|} \quad (k \geqq 2)$

このとき, 作り方から次が成り立っていることが確認できる.

(1) $(\boldsymbol{b}_i, \boldsymbol{b}_j) = \delta_{ij} = \begin{cases} 1 & (i = j) \\ 0 & (i \neq j) \end{cases} \quad (i, j = 1, \ldots, k)$

(2) $L(\boldsymbol{a}_1, \ldots, \boldsymbol{a}_k) = L(\boldsymbol{b}_1, \ldots, \boldsymbol{b}_k) \quad (k = 1, \ldots, n)$

特に, $\boldsymbol{a}_1, \boldsymbol{a}_2, \ldots, \boldsymbol{a}_n$ が V の基底であれば $\boldsymbol{b}_1, \boldsymbol{b}_2, \ldots, \boldsymbol{b}_n$ は V の正規直交基底となる. このようにして, 与えられた1次独立なベクトルたちから正規直交系を構成する方法を Gram-Schmidt の直交化法という.

定理 5.7.5. $0 \leqq k \leqq n$ とする. V を n 次元内積空間とし, $\{\boldsymbol{a}_1, \ldots, \boldsymbol{a}_k\}$ を V の正規直交系とする. このとき, ベクトル $\boldsymbol{a}_{k+1}, \ldots, \boldsymbol{a}_n$ を選んで $\{\boldsymbol{a}_1, \ldots, \boldsymbol{a}_k, \boldsymbol{a}_{k+1}, \ldots, \boldsymbol{a}_n\}$ が V の正規直交基底をなすようにできる.

証明. 定理 5.2.9 により, 適当に $\boldsymbol{b}_{k+1}, \ldots, \boldsymbol{b}_n$ を選ぶことで $\{\boldsymbol{a}_1, \ldots, \boldsymbol{a}_k, \boldsymbol{b}_{k+1}, \ldots, \boldsymbol{b}_n\}$ が V の基底となるようにできる. この基底に対し Gram-Schmidt の直交化法を用いればよい. □

例 5.7.6. $\mathbb{R}^3$ の1次独立なベクトルの集合 $\left\{ \boldsymbol{a}_1 = \begin{pmatrix} 1 \\ 1 \\ 1 \end{pmatrix}, \boldsymbol{a}_2 = \begin{pmatrix} -1 \\ 1 \\ 1 \end{pmatrix}, \boldsymbol{a}_3 = \begin{pmatrix} 2 \\ -1 \\ 1 \end{pmatrix} \right\}$ より正規直交基底をつくる.

$$\boldsymbol{b}_1 = \frac{\boldsymbol{a}_1}{\|\boldsymbol{a}_1\|} = \begin{pmatrix} \frac{1}{\sqrt{3}} \\ \frac{1}{\sqrt{3}} \\ \frac{1}{\sqrt{3}} \end{pmatrix}; \quad \boldsymbol{b}_2' = \boldsymbol{a}_2 - (\boldsymbol{a}_2, \boldsymbol{b}_1)\boldsymbol{b}_1 = \begin{pmatrix} -1 \\ 1 \\ 1 \end{pmatrix} - \frac{1}{\sqrt{3}} \begin{pmatrix} \frac{1}{\sqrt{3}} \\ \frac{1}{\sqrt{3}} \\ \frac{1}{\sqrt{3}} \end{pmatrix} = \begin{pmatrix} -\frac{4}{3} \\ \frac{2}{3} \\ \frac{2}{3} \end{pmatrix},$$

$$\boldsymbol{b}_2 = \frac{\boldsymbol{b}_2'}{\|\boldsymbol{b}_2'\|} = \begin{pmatrix} -\frac{\sqrt{6}}{3} \\ \frac{\sqrt{6}}{6} \\ \frac{\sqrt{6}}{6} \end{pmatrix}; \quad \boldsymbol{b}_3' = \boldsymbol{a}_3 - (\boldsymbol{a}_3, \boldsymbol{b}_1)\boldsymbol{b}_1 - (\boldsymbol{a}_3, \boldsymbol{b}_2)\boldsymbol{b}_2 = \begin{pmatrix} 0 \\ -1 \\ 1 \end{pmatrix}; \quad \boldsymbol{b}_3 = \begin{pmatrix} 0 \\ -\frac{\sqrt{2}}{2} \\ \frac{\sqrt{2}}{2} \end{pmatrix}$$

$\{\boldsymbol{b}_1, \boldsymbol{b}_2, \boldsymbol{b}_3\}$ が求める正規直交基底である. ■

問 5.6 $\mathbb{R}^3$ の基底 $\left\{ \boldsymbol{a}_1 = \begin{pmatrix} 4 \\ 0 \\ 3 \end{pmatrix}, \boldsymbol{a}_2 = \begin{pmatrix} 7 \\ 0 \\ -1 \end{pmatrix}, \boldsymbol{a}_3 = \begin{pmatrix} 11 \\ 9 \\ 2 \end{pmatrix} \right\}$ から, Gram-Schmidt の直交化法を用いて正規直交基底をつくれ.

最後に, 内積空間を考察する上で欠かすことのできない部分空間を導入する.

定義 5.7.6. (直交補空間) 内積空間 V の部分空間 W に対して,

$$W^{\perp} = \{\boldsymbol{x} \in V;\ \text{すべての } \boldsymbol{y} \in W \text{ に対して}, (\boldsymbol{x}, \boldsymbol{y}) = \boldsymbol{0}\}$$

を, 部分空間 W の **直交補空間** という.

定義から, W の直交補空間 $W^{\perp}$ とは, W の全てのベクトルと直交しているベクトルを集めた集合 (に $\mathbf{0}$ を加えたもの) のことであることに注意する. 直交補空間に関する基本的な性質を以下にまとめておく.

定理 5.7.7. W を内積空間 V の部分空間とする.

(1) $W^{\perp}$ は V の部分空間である.

(2) W_1, W_2 を V の部分空間とし, $W_1 \subset W_2$ ならば, $W_1^{\perp} \supset W_2^{\perp}$.

(3) $V = W \oplus W^{\perp}$

(4) $(W^{\perp})^{\perp} = W$

証明. (1) $\boldsymbol{x}, \boldsymbol{y} \in W^{\perp}$, $\lambda, \mu \in K$ とすると, 任意の $\boldsymbol{z} \in W$ に対して,

$$(\lambda \boldsymbol{x} + \mu \boldsymbol{y}, \boldsymbol{z}) = \lambda(\boldsymbol{x}, \boldsymbol{z}) + \overline{\mu}(\boldsymbol{y}, \boldsymbol{z}) = 0.$$

これは $\lambda \boldsymbol{x} + \mu \boldsymbol{y} \in W^{\perp}$ を意味する.
(2) $\boldsymbol{x} \in W_2^{\perp}$ とする. 任意の $\boldsymbol{y} \in W_1$ に対して $(\boldsymbol{x}, \boldsymbol{y}) = 0$ となることを示せばよい. いま $W_1 \subset W_2$ より $\boldsymbol{y} \in W_2$ となることに注意すれば, $\boldsymbol{x} \in W_2^{\perp}$ であることから $(\boldsymbol{x}, \boldsymbol{y}) = 0$ となる.
(3) $\dim W = k$ として, W の正規直交基底を $\boldsymbol{e}_1, \ldots, \boldsymbol{e}_k$ とする. まず $V = W + W^{\perp}$ を示そう. 任意のベクトル $\boldsymbol{a} \in V$ をとる.

$$\boldsymbol{b} = (\boldsymbol{a}, \boldsymbol{e}_1)\boldsymbol{e}_1 + \cdots + (\boldsymbol{a}, \boldsymbol{e}_k)\boldsymbol{e}_k$$

とおき, さらに $\boldsymbol{c} = \boldsymbol{a} - \boldsymbol{b}$ とおく. $\boldsymbol{c} \in W^{\perp}$ となることを示す. 任意の $\boldsymbol{x} \in W$ をとり, $\boldsymbol{x} = \lambda_1 \boldsymbol{e}_1 + \cdots + \lambda_k \boldsymbol{e}_k$ と書く. すると $(\boldsymbol{e}_i, \boldsymbol{e}_j) = \delta_{ij}$ に注意すれば,

$$(\boldsymbol{a}, \boldsymbol{x}) = (\boldsymbol{a}, \sum_{i=1}^{k} \lambda_i \boldsymbol{e}_i) = \sum_{j=1}^{k} \overline{\lambda}_j (\boldsymbol{a}, \boldsymbol{e}_j)$$

かつ,

$$(\boldsymbol{b}, \boldsymbol{x}) = (\sum_{i=1}^{k} (\boldsymbol{a}, \boldsymbol{e}_i)\boldsymbol{e}_i, \sum_{j=1}^{k} \lambda_j \boldsymbol{e}_j) = \sum_{i,j=1}^{k} \overline{\lambda_j} (\boldsymbol{a}, \boldsymbol{e}_i)(\boldsymbol{e}_j, \boldsymbol{e}_i) = \sum_{j=1}^{k} \overline{\lambda}_j (\boldsymbol{a}, \boldsymbol{e}_j)$$

となるから, $(\boldsymbol{c}, \boldsymbol{x}) = 0$, すなわち $\boldsymbol{c} \in W^{\perp}$ となる. このことと $\boldsymbol{a} = \boldsymbol{b} + \boldsymbol{c}$ と $\boldsymbol{b} \in W$ に注意すれば $\boldsymbol{a} \in W + W^{\perp}$ となるから, したがって $V = W + W^{\perp}$ であることが示せた. 一方, $\boldsymbol{x} \in W \cap W^{\perp}$ とすれば直交補空間の定義から $(\boldsymbol{x}, \boldsymbol{x}) = 0$ でなければならず, 内積の定義 **I4** から $\boldsymbol{x} = \mathbf{0}$ となる. このことから $V = W + W^{\perp}$ は直和であることが分かる.
(4) $W \subset (W^{\perp})^{\perp}$ となることは簡単にわかる. 一方 $n = \dim V$, $k = \dim W$ とすると, (3) から $\dim W^{\perp} = n - k$ となる. 再び (3) より (W を $W^{\perp}$ に置き換えて用いれば) $V = W^{\perp} \oplus (W^{\perp})^{\perp}$ なので $\dim (W^{\perp})^{\perp} = n - \dim W^{\perp} = n - (n - k) = k$. 以上から, 定理 5.2.7 (2) を用いると $(W^{\perp})^{\perp} = W$ を得る. □

5.8 直交変換と直交行列

ここでは内積構造を保つ線形写像について考察する. 以下, $\mathbb{R}^n$ と $\mathbb{C}^n$ には標準内積が入っているものとする.

$\mathbb{C}$ 上の内積空間 V の線形変換 f が内積を変えないとき, すなわち V の任意のベクトル $\boldsymbol{x}, \boldsymbol{y}$ に対して

$$(f(\boldsymbol{x}), f(\boldsymbol{y})) = (\boldsymbol{x}, \boldsymbol{y}) \tag{5.9}$$

をみたすとき, f を **ユニタリ変換** という. 同様に, $\mathbb{R}$ 上の内積空間 V の線形変換 f が (5.9) をみたすとき, f を **直交変換** という.

注意. $\mathbb{C}$ 上の内積空間を考えているのか $\mathbb{R}$ 上の内積空間を考えているのかで, ユニタリと直交という言葉を区別して用いている.

定理 5.8.1. 線形変換 $f\colon V \to V$ がユニタリ変換 (直交変換) であるための必要十分条件は, 任意のベクトル $\boldsymbol{x}$ に対して,

$$\|f(\boldsymbol{x})\| = \|\boldsymbol{x}\| \tag{5.10}$$

が成り立つこと, すなわち f がベクトルの長さを変えないことである.

証明. $K = \mathbb{C}$ のとき, すなわちユニタリ変換のときに示せば十分である. Re α を α の実部, Im α は α の虚部とする. f をユニタリ変換とする. (5.9) で $\boldsymbol{x} = \boldsymbol{y}$ とおけば, $\|f(\boldsymbol{x})\|^2 = \|\boldsymbol{x}\|^2$, すなわち $\|f(\boldsymbol{x})\| = \|\boldsymbol{x}\|$ が得られる. 逆に, f が (5.10) をみたすとする. ベクトル $\boldsymbol{x}, \boldsymbol{y}$ に対して $\|f(\boldsymbol{x}+\boldsymbol{y})\| = \|\boldsymbol{x}+\boldsymbol{y}\|$ となるから,

$$\begin{aligned}\|f(\boldsymbol{x}+\boldsymbol{y})\|^2 &= (f(\boldsymbol{x}+\boldsymbol{y}), f(\boldsymbol{x}+\boldsymbol{y})) = (f(\boldsymbol{x})+f(\boldsymbol{y}), f(\boldsymbol{x})+f(\boldsymbol{y})) \\ &= \|f(\boldsymbol{x})\|^2 + 2\mathrm{Re}(f(\boldsymbol{x}), f(\boldsymbol{y})) + \|f(\boldsymbol{y})\|^2.\end{aligned}$$

また

$$\|\boldsymbol{x}+\boldsymbol{y}\|^2 = \|\boldsymbol{x}\|^2 + 2\mathrm{Re}(\boldsymbol{x}, \boldsymbol{y}) + \|\boldsymbol{y}\|^2$$

であるから右辺を比較して, $\mathrm{Re}(f(\boldsymbol{x}), f(\boldsymbol{y})) = \mathrm{Re}(\boldsymbol{x}, \boldsymbol{y})$. 次に, $\boldsymbol{x}+\boldsymbol{y}$ の代わりに $i\boldsymbol{x}+\boldsymbol{y}$ を代入すれば, 同じように $\mathrm{Re}(f(i\boldsymbol{x}), f(\boldsymbol{y})) = \mathrm{Re}(i\boldsymbol{x}, \boldsymbol{y})$ となるので $\mathrm{Im}(f(\boldsymbol{x}), f(\boldsymbol{y})) = \mathrm{Im}(\boldsymbol{x}, \boldsymbol{y})$ を得る. □

例 5.8.1. 線形変換 $\mathbb{R}^2 \to \mathbb{R}^2$, $\begin{pmatrix} x_1 \\ x_2 \end{pmatrix} \mapsto \begin{pmatrix} \alpha x_1 + \beta x_2 \\ \alpha' x_1 + \beta' x_2 \end{pmatrix}$ が直交変換となる条件を考える. いまこの線形変換が直交変換であるとすると, 定理 5.8.1 より

$$(\alpha x_1 + \beta x_2)^2 + (\alpha' x_1 + \beta' x_2)^2 = x_1^2 + x_2^2,$$

すなわち,

$$(\alpha^2 + \alpha'^2)x_1^2 + 2(\alpha\beta + \alpha'\beta')x_1x_2 + (\beta^2 + \beta'^2)x_2^2 = x_1^2 + x_2^2$$

が任意の x_1, x_2 について成り立つ. これから,

$$\alpha^2 + \alpha'^2 = \beta^2 + \beta'^2 = 1,\ \alpha\beta + \alpha'\beta' = 0. \tag{5.11}$$

(5.11) は $\mathbb{R}^2$ の点 $\mathrm{A} = (\alpha, \alpha')$ と $\mathrm{B} = (\beta, \beta')$ が単位円周上にあり, 半径 OA と OB が直交することを意味するから, θ, θ' が定まって $(-\pi \leqq \theta, \theta' \leqq \pi)$,

$$\alpha = \cos\theta,\ \alpha' = \sin\theta,\ \beta = \cos\theta',\ \beta' = \sin\theta', \theta' = \theta \pm \frac{\pi}{2}.$$

これから, $\begin{cases} \alpha = \cos\theta, & \beta = -\sin\theta \\ \alpha' = \sin\theta, & \beta' = \cos\theta \end{cases}$ または $\begin{cases} \alpha = \cos\theta, & \beta = \sin\theta \\ \alpha' = \sin\theta, & \beta' = -\cos\theta \end{cases}$ となる. すなわち, $\mathbb{R}^2$ の直交変換は

$$\begin{pmatrix} x_1 \\ x_2 \end{pmatrix} \mapsto \begin{pmatrix} x_1\cos\theta - x_2\sin\theta \\ x_1\sin\theta + x_2\cos\theta \end{pmatrix} \quad \text{または} \quad \begin{pmatrix} x_1 \\ x_2 \end{pmatrix} \mapsto \begin{pmatrix} x_1\cos\theta + x_2\sin\theta \\ x_1\sin\theta - x_2\cos\theta \end{pmatrix}$$

の形をもつ. 逆にこの形の $\mathbb{R}^2$ の線形変換が直交変換であることは簡単に確認できる. ■

与えられた線形変換がいつユニタリ変換や直交変換になるのかということを, 正規直交基底の言葉を用いて特徴付けしよう. V を $\mathbb{C}$ 上の内積空間とし, f を V のユニタリ変換, $\{\boldsymbol{a}_1, \ldots, \boldsymbol{a}_n\}$ を V の正規直交基底とする.

$$(f(\boldsymbol{a}_i), f(\boldsymbol{a}_j)) = (\boldsymbol{a}_i, \boldsymbol{a}_j) = \delta_{ij} = \begin{cases} 1 & (i = j) \\ 0 & (i \neq j) \end{cases} \quad (i, j = 1, \ldots, n)$$

となるから, $\{f(\boldsymbol{a}_1), \ldots, f(\boldsymbol{a}_n)\}$ は V の正規直交基底となる. 逆に, 線形変換 $f\colon V \to V$ が正規直交基底を正規直交基底に移すとすれば, f はユニタリ変換となる. これを示すために, $\{\boldsymbol{a}_1, \ldots, \boldsymbol{a}_n\}$ を V の正規直交基底として, 任意のベクトル $\boldsymbol{x}$ に対して, $\boldsymbol{x} = \lambda_1\boldsymbol{a}_1 + \cdots + \lambda_n\boldsymbol{a}_n$ とする. $f(\boldsymbol{x}) = \lambda_1 f(\boldsymbol{a}_1) + \cdots + \lambda_n f(\boldsymbol{a}_n)$ で $\{f(\boldsymbol{a}_1), \ldots, f(\boldsymbol{a}_n)\}$ は正規直交基底であるから,

$$\begin{aligned} (f(\boldsymbol{x}), f(\boldsymbol{x})) &= \sum_{i=1}^{n}\sum_{j=1}^{n} \lambda_i\overline{\lambda_j}\,(f(\boldsymbol{a}_i), f(\boldsymbol{a}_j)) \\ &= \sum_{i=1}^{n}\sum_{j=1}^{n} \lambda_i\overline{\lambda_j}\delta_{ij} = \sum_{i=1}^{n} |\lambda_i|^2 = (\boldsymbol{x}, \boldsymbol{x}). \end{aligned}$$

これから, $\|f(\boldsymbol{x})\| = \|\boldsymbol{x}\|$ となる. ここでの議論は $\mathbb{R}$ 上の内積空間の直交変換に対しても同様に成立するので, 以上のことをまとめると次の定理が得られる

定理 5.8.2. 内積空間の線形変換 f がユニタリ変換 (直交変換) となる必要十分条件は, f が正規直交基底を正規直交基底に移すことである.

例 5.8.2. 例 5.8.1 より任意の θ に対して, 写像 $f\left(\begin{pmatrix} x_1 \\ x_2 \end{pmatrix}\right) = \begin{pmatrix} x_1\cos\theta - x_2\sin\theta \\ x_1\sin\theta + x_2\cos\theta \end{pmatrix}$ は $\mathbb{R}^2$ の直交変換である. $\mathbb{R}^2$ の標準基底 $\{\boldsymbol{e}_1, \boldsymbol{e}_2\}$ は $f(\boldsymbol{e}_1) = \begin{pmatrix} \cos\theta \\ \sin\theta \end{pmatrix}, f(\boldsymbol{e}_2) = \begin{pmatrix} -\sin\theta \\ \cos\theta \end{pmatrix}$ より, $\left\{\begin{pmatrix} \cos\theta \\ \sin\theta \end{pmatrix}, \begin{pmatrix} -\sin\theta \\ \cos\theta \end{pmatrix}\right\}$ に移る. この集合 $\left\{\begin{pmatrix} \cos\theta \\ \sin\theta \end{pmatrix}, \begin{pmatrix} -\sin\theta \\ \cos\theta \end{pmatrix}\right\}$ が正規直交基底となることはたやすく確認できる. ■

ユニタリ変換や直交行列に対応する表現行列がどのようになっているのかを調べる. そのため

にいくつかの用語を定義する.

定義 5.8.3. A を正方行列とする.

(1) A の **共役行列** A^* を $A^* = {}^t\bar{A}$ と定義する. すなわち, $A = \begin{pmatrix} a_{11} & \cdots & a_{1n} \\ \vdots & \ddots & \vdots \\ a_{n1} & \cdots & a_{nn} \end{pmatrix}$ と書いたとき,

$$A^* = \begin{pmatrix} \overline{a_{11}} & \cdots & \overline{a_{n1}} \\ \vdots & \ddots & \vdots \\ \overline{a_{1n}} & \cdots & \overline{a_{nn}} \end{pmatrix}$$

である.

(2) $A^*A = AA^* = E$ をみたすとき, A を **ユニタリ行列** という.

(3) 実ユニタリ行列を **直交行列** という. すなわち, A が直交行列であるとは A の成分が全て実数であり, かつ ${}^tAA = A{}^tA = E$ が成り立つときをいう.

転置の性質から $(AB)^* = B^*A^*$ がわかることに注意する. また, A がユニタリ行列であるならば $A^{-1} = A^*$ が成り立つ. もし $A^*A = E$ が成り立てば $AA^* = E$ も成り立ち, 逆もまた同様であることに注意しておこう. つまり A がユニタリ行列であることと $A^*A = E$ または $AA^* = E$ の少なくとも一方が成り立つことは同値である.

例 5.8.3. $A = \begin{pmatrix} 1/\sqrt{2} & -1/\sqrt{2} \\ i/\sqrt{2} & i/\sqrt{2} \end{pmatrix}$ ならば $A^* = \begin{pmatrix} 1/\sqrt{2} & -i/\sqrt{2} \\ -1/\sqrt{2} & -i/\sqrt{2} \end{pmatrix}$ であり, $A^*A = AA^* = E$ であるから, A はユニタリ行列である. ■

問 5.7

$$\begin{pmatrix} \sin\theta\cos\psi & \cos\theta\cos\psi & -\sin\psi \\ \sin\theta\sin\psi & \cos\theta\sin\psi & \cos\psi \\ \cos\theta & -\sin\theta & 0 \end{pmatrix}$$

は直交行列であることを示せ.

定理 5.8.4. A を正方行列とする.

(1) 単位行列 E は直交行列であり, よってユニタリ行列である.

(2) A がユニタリ行列ならば, $\det A$ の絶対値は 1 となる. 特に A が直交行列ならば, $\det A$ は 1 か -1 となる.

(3) A, B がユニタリ行列 (直交行列) ならば, その積 AB もユニタリ行列 (直交行列) である.

(4) n 次正方行列 $A = (a_{ij})$ の列ベクトルを $\boldsymbol{a}_1, \ldots, \boldsymbol{a}_n$ とする. A がユニタリ行列 (直交行列) となる必要十分条件は, $\{\boldsymbol{a}_1, \ldots, \boldsymbol{a}_n\}$ が $\mathbb{C}^n$ の ($\mathbb{R}^n$ の) 正規直交基底をなすことである.

証明. (1) は明らかである.
(2) $A^*A = E$ が成り立つとする. $\det A^* = \overline{\det {}^tA} = \overline{\det A}$ に注意すると, $|\det A|^2 = \det A \cdot \overline{\det A} = \det A \cdot \det A^* = \det (AA^*) = \det E = 1$ となるから, $|\det A| = \pm 1$. もし A が直交行列であれば $\det A$ は絶対値が 1 の実数なので, すなわち 1 か -1 となる.
(3) A, B がユニタリ行列ならば, $(AB)^*AB = B^*A^*AB = E$, $AB(AB)^* = ABB^*A^* = E$ より得られる.
(4) $A = (\boldsymbol{a}_1 \ \cdots \ \boldsymbol{a}_n)$ のとき, A^* の第 i 列は $\overline{{}^t\boldsymbol{a}_i}$ であるから,

$$A^*A \text{ の } (i,j) \text{ 成分} = \overline{{}^t\boldsymbol{a}_i}\boldsymbol{a}_j = \overline{(\boldsymbol{a}_i, \boldsymbol{a}_j)},$$

となることに注意すれば, $\{\boldsymbol{a}_1, \ldots, \boldsymbol{a}_n\}$ が $\mathbb{C}^n$ の ($\mathbb{R}^n$ の) 正規直交基底をなすことが $A^*A = E$ と同値になることが確認できる. □

定理 5.8.5. 次が成り立つ.

(1) 線形変換 $f\colon \mathbb{C}^n \to \mathbb{C}^n$ がユニタリ変換となる必要十分条件は, $\mathbb{C}^n$ の正規直交基底に関する f の表現行列がユニタリ行列となることである.

(2) 線形変換 $f\colon \mathbb{R}^n \to \mathbb{R}^n$ が直交変換となる必要十分条件は, $\mathbb{R}^n$ の正規直交基底に関する f の表現行列が直交行列となることである.

証明. (1) も (2) も証明は同様であるので, (1) のみ示す. $\{\boldsymbol{a}_1, \ldots, \boldsymbol{a}_n\}$ を $\mathbb{C}^n$ の正規直交基底, A をこの基底に関する f の表現行列としたとき, f がユニタリ変換であることと A がユニタリ行列であることが同値となることを示せばよい.

証明の前にまず記号の準備をする. $\{\boldsymbol{e}_1, \ldots, \boldsymbol{e}_n\}$ を $\mathbb{C}^n$ の標準基底とし, $f(\boldsymbol{e}_i) = \boldsymbol{b}_i$ $(i = 1, 2, \ldots, n)$ とすると, f の標準基底に関する表現行列は $B = (\boldsymbol{b}_1 \ \cdots \ \boldsymbol{b}_n)$ である. $\{\boldsymbol{e}_1, \ldots \boldsymbol{e}_n\}$ から $\{\boldsymbol{a}_1, \ldots \boldsymbol{a}_n\}$ への基底変換の行列を P とすると $P = (\boldsymbol{a}_1 \ \cdots \ \boldsymbol{a}_n)$ であり, 定理 5.8.4 (4) より P はユニタリ行列である. そして $A = P^{-1}BP$ が成り立つ.

ここから証明に入る. まず, f がユニタリ変換であると仮定する. このとき定理 5.8.2 より $\boldsymbol{b}_1, \ldots, \boldsymbol{b}_n$ は $\mathbb{C}^n$ の正規直交基底となるから, 定理 5.8.4 (4) より B はユニタリ行列となる. したがって $A = P^{-1}BP$ は (ユニタリ行列の積であることと定理 5.8.4 (3) より) ユニタリ行列である.

逆に A がユニタリ行列であると仮定する. このとき $B = PAP^{-1}$ はユニタリ行列となる. 定理 5.8.4 (4) よりこれは $\boldsymbol{b}_1, \ldots, \boldsymbol{b}_n$ が $\mathbb{C}^n$ の正規直交基底となることを意味し, ゆえに定理 5.8.2 より f はユニタリ変換となる. □

最後に $\mathbb{R}^n$ の線形変換 f について考察する. 線形変換 f が任意のベクトル $\boldsymbol{x}, \boldsymbol{y}$ に対して

$$(f(\boldsymbol{x}), \boldsymbol{y}) = (\boldsymbol{x}, f(\boldsymbol{y}))$$

をみたすとき, f を **対称変換** という. $\mathbb{R}^n$ の任意の正規直交基底 $\{\boldsymbol{a}_1, \ldots, \boldsymbol{a}_n\}$ を選ぶ. f を V の線形変換とする.

$$f(\boldsymbol{a}_i) = s_{1i}\boldsymbol{a}_1 + s_{2i}\boldsymbol{a}_2 + \cdots + s_{ni}\boldsymbol{a}_n = \sum_{k=1}^{n} s_{ki}\boldsymbol{a}_k \ (i = 1, \ldots, n)$$

とすれば, f の $\{\boldsymbol{a}_i\}$ に関する表現行列は $A = (s_{ij})$ となる. f が対称変換ならば,

$$(f(\boldsymbol{a}_i), \boldsymbol{a}_j) = \left(\sum_{k=1}^{n} s_{ki}\boldsymbol{a}_k, \boldsymbol{a}_j\right) = s_{ji},\ (\boldsymbol{a}_i, f(\boldsymbol{a}_j)) = \left(\boldsymbol{a}_i, \sum_{k=1}^{n} s_{kj}\boldsymbol{a}_k\right) = s_{ij}$$

なので, $s_{ji} = s_{ij}$ $(i, j = 1, \ldots, n)$ となる. 逆に, $s_{ji} = s_{ij}$ $(i, j = 1, \ldots, n)$ ならば, $(f(\boldsymbol{a}_i), \boldsymbol{a}_j) = (\boldsymbol{a}_i, f(\boldsymbol{a}_j))$ が成り立つことから, 任意のベクトル $\boldsymbol{x} = x_1\boldsymbol{a}_1 + \cdots + x_n\boldsymbol{a}_n$, $\boldsymbol{y} = y_1\boldsymbol{a}_1 + \cdots + y_n\boldsymbol{a}_n$ に対して

$$\begin{aligned}(f(\boldsymbol{x}), \boldsymbol{y}) &= \sum_{i=1}^{n}\sum_{j=1}^{n} x_i y_j\,(f(\boldsymbol{a}_i), \boldsymbol{a}_j) \\ &= \sum_{i=1}^{n}\sum_{j=1}^{n} x_i y_j\,(\boldsymbol{a}_i, f(\boldsymbol{a}_j)) = (\boldsymbol{x}, f(\boldsymbol{y}))\end{aligned}$$

となるので, f は対称変換である.

正方行列 $A = (a_{ij})$ が $a_{ij} = a_{ji}$ $(i, j = 1, \ldots, n)$, すなわち, $A = {}^t\!A$ となるとき, **対称行列** とよばれる. さらに A の成分が全て実数であるときは **実対称行列** とよばれる. 上のことから, 次の定理が証明された.

定理 5.8.6. f を $\mathbb{R}^n$ の線形変換とし, $\{\boldsymbol{a}_1, \ldots, \boldsymbol{a}_n\}$ を $\mathbb{R}^n$ の任意の正規直交基底とする. f が対称変換となる必要十分条件は, $\{\boldsymbol{a}_i\}$ に関する f の表現行列が実対称行列となることである.

5.9 実対称行列と 2 次形式

ここでは 2 次形式を導入する. 2 次形式は対称行列を用いて理解できるので, 前半部分では実対称行列の考察から始める. そこでの目標は, 実対称行列が直交行列を用いて対角化できることを証明することである. 前節と同様に, この節では $\mathbb{R}^n$ には標準内積が入っているものとする. 初めに次の固有値の性質からみる.

定理 5.9.1. 実対称行列 A の固有値は実数である.

証明. α を実対称行列 A の固有値とし, その固有ベクトルを $\boldsymbol{x}$ とする.

$$\alpha\|\boldsymbol{x}\|^2 = \alpha(\boldsymbol{x}, \boldsymbol{x}) = (A\boldsymbol{x}, \boldsymbol{x}) = (\boldsymbol{x}, {}^t\!A\boldsymbol{x}) = (\boldsymbol{x}, A\boldsymbol{x}) = (\boldsymbol{x}, \alpha\boldsymbol{x}) = \overline{\alpha}(\boldsymbol{x}, \boldsymbol{x}) = \overline{\alpha}\|\boldsymbol{x}\|^2$$

が成り立ち, $\|\boldsymbol{x}\| \neq 0$ より証明された. □

定理 5.9.2. 実対称行列の異なる固有値に属する固有ベクトルは直交する.

証明. A を実対称行列, α, β を A の異なる固有値とし, それぞれに属する固有ベクトルを $\boldsymbol{x}, \boldsymbol{y}$ とする.

$$\alpha(\boldsymbol{x}, \boldsymbol{y}) = (A\boldsymbol{x}, \boldsymbol{y}) = (\boldsymbol{x}, {}^t\!A\boldsymbol{y}) = (\boldsymbol{x}, A\boldsymbol{y}) = (\boldsymbol{x}, \beta\boldsymbol{y}) = \beta(\boldsymbol{x}, \boldsymbol{y})$$

$\alpha \neq \beta$ なので $(\boldsymbol{x}, \boldsymbol{y}) = 0$, すなわち, $\boldsymbol{x}$ と $\boldsymbol{y}$ は直交する. □

問 5.8 行列 $\begin{pmatrix} 2 & 1 \\ 0 & 2 \end{pmatrix}$ では直交する 2 本の固有ベクトルを取れないことを確かめよ.

実対称行列についてはその固有値が実数となることが定理 5.9.1 で示された. さらに, 直交行列によって対角化可能となることが示される.

定理 5.9.3. n 次の実対称行列 A は適当な直交行列 P によって次の形に対角化される.

$$
{}^tPAP = \begin{pmatrix} \alpha_1 & & & 0 \\ & \alpha_2 & & \\ & & \ddots & \\ 0 & & & \alpha_n \end{pmatrix}
$$

ここで, $\alpha_1, \alpha_2, \ldots, \alpha_n$ は A の固有値である. 逆に, n 次の正方行列 A が直交行列によって対角化されるならば, A は実対称行列である.

証明. 前半を帰納法により証明する. $n = 1$ ならば, $P = E$ とすればよい. いま $n - 1$ 次実対称行列について定理が証明されたと仮定する. A を n 次実対称行列とし, α_1 を固有値の 1 つとする. α_1 に属する長さ 1 の固有ベクトルを $\boldsymbol{p}_1$ として, $\mathbb{C}^n$ の正規直交基底 $\{\boldsymbol{p}_1, \boldsymbol{b}_2, \ldots, \boldsymbol{b}_n\}$ を選ぶ. $Q = (\boldsymbol{p}_1\, \boldsymbol{b}_2 \,\ldots\, \boldsymbol{b}_n)$ とおけば Q は直交行列となる. $A\boldsymbol{p}_1 = \alpha_1 \boldsymbol{p}_1, (\boldsymbol{p}_1, \boldsymbol{b}_j) = 0\ (j = 2, \ldots, n)$ より,

$$
\begin{aligned}
{}^tQAQ &= {}^tQ\,A(\boldsymbol{p}_1\, \boldsymbol{b}_2 \,\ldots\, \boldsymbol{b}_n) = {}^tQ(A\boldsymbol{p}_1\, A\boldsymbol{b}_2 \cdots A\boldsymbol{b}_n) \\
&= \begin{pmatrix} (\boldsymbol{p}_1, \alpha_1\boldsymbol{p}_1) & (\boldsymbol{p}_1, A\boldsymbol{b}_2) & \ldots & (\boldsymbol{p}_1, A\boldsymbol{b}_n) \\ (\boldsymbol{b}_2, \alpha_1\boldsymbol{p}_1) & (\boldsymbol{b}_2, A\boldsymbol{b}_2) & \ldots & (\boldsymbol{b}_2, A\boldsymbol{b}_n) \\ \vdots & \vdots & \ddots & \vdots \\ (\boldsymbol{b}_n, \alpha_1\boldsymbol{p}_1) & (\boldsymbol{b}_n, A\boldsymbol{b}_2) & \ldots & (\boldsymbol{b}_n, A\boldsymbol{b}_n) \end{pmatrix} = \left(\begin{array}{c|c} \alpha_1 & \mathbf{c} \\ \hline \mathbf{0} & B \end{array}\right)
\end{aligned}
$$

の形となる. また, A が実対称行列であることにより ${}^t({}^tQ{}^tAQ) = {}^t({}^tQAQ) = {}^tQ{}^tAQ = {}^tQAQ$ となり, 上の行列は対称行列であることがわかる. したがって,

$$
\left(\begin{array}{c|c} \alpha_1 & \mathbf{c} \\ \hline \mathbf{0} & B \end{array}\right) = {}^t\left(\begin{array}{c|c} \alpha_1 & \mathbf{c} \\ \hline \mathbf{0} & B \end{array}\right) = \left(\begin{array}{c|c} \alpha_1 & \mathbf{0} \\ \hline {}^t\boldsymbol{c} & {}^tB \end{array}\right)
$$

となるから, $\mathbf{c} = \mathbf{0}$ かつ $B = {}^tB$. これから, $Q^{-1}AQ = \left(\begin{array}{c|c} \alpha_1 & \mathbf{0} \\ \hline \mathbf{0} & B \end{array}\right)$ となり, B は $n - 1$ 次の対称行列となる. ${}^tQAQ$ と A の固有値は等しいから, B の固有値は $\alpha_2, \ldots, \alpha_n$ である. 帰納法の仮定より, 適当な $n - 1$ 次の直交行列 R があって,

$$
{}^tRBR = \begin{pmatrix} \alpha_2 & & 0 \\ & \ddots & \\ 0 & & \alpha_n \end{pmatrix}.
$$

ここで $S=\left(\begin{array}{c|c} 1 & \mathbf{0} \\ \hline \mathbf{0} & R \end{array}\right)$ とおけば, ${}^tS=\left(\begin{array}{c|c} 1 & \mathbf{0} \\ \hline \mathbf{0} & {}^tR \end{array}\right)=\left(\begin{array}{c|c} 1 & \mathbf{0} \\ \hline \mathbf{0} & R^{-1} \end{array}\right)=S^{-1}$ となるから, S は直交行列である. $P=QS$ と定義すれば, P は直交行列で

$$\begin{aligned} {}^tPAP &= {}^tS\,{}^tQAQS = {}^tS({}^tQAQ)S \\ &= {}^tS\left(\begin{array}{c|c} \alpha_1 & \mathbf{0} \\ \hline \mathbf{0} & B \end{array}\right)S = \left(\begin{array}{c|c} \alpha_1 & \mathbf{0} \\ \hline \mathbf{0} & {}^tRBR \end{array}\right) \\ &= \begin{pmatrix} \alpha_1 & & 0 \\ & \ddots & \\ 0 & & \alpha_n \end{pmatrix}. \end{aligned}$$

逆に, A が直交行列 P によって対角化されたとする. このとき, ${}^tPAP$ は対角行列であるから, もちろん対称行列である. ゆえに

$$ {}^tP\,{}^tAP = {}^t({}^tPAP) = {}^tPAP $$

となる. このことと, P が正則であることから ${}^tA=A$ が得られる. □

例 5.9.1. 次の対称行列を直交行列により対角化せよ.

$$(1)\ A=\begin{pmatrix} 3 & 0 & -1 \\ 0 & 1 & 0 \\ -1 & 0 & 3 \end{pmatrix} \qquad (2)\ B=\begin{pmatrix} 2 & -1 & -1 \\ -1 & 2 & -1 \\ -1 & -1 & 2 \end{pmatrix}$$

解. (1) $f_A(x)=|xE-A|=\begin{vmatrix} x-3 & 0 & 1 \\ 0 & x-1 & 0 \\ 1 & 0 & x-3 \end{vmatrix}=(x-1)(x-2)(x-4)$. 固有値 1, 2, 4 に属する固有ベクトルは, それぞれ

$$\boldsymbol{p}_1=c\begin{pmatrix}0\\1\\0\end{pmatrix}, \boldsymbol{p}_2=c\begin{pmatrix}1\\0\\1\end{pmatrix}, \boldsymbol{p}_3=c\begin{pmatrix}1\\0\\-1\end{pmatrix} \quad (c\neq 0).$$

$\boldsymbol{p}_1,\boldsymbol{p}_2,\boldsymbol{p}_3$ は互いに直交しているので, 対角化するための直交行列は, $\boldsymbol{p}_1,\boldsymbol{p}_2,\boldsymbol{p}_3$ を正規化して $P=\begin{pmatrix} 0 & 1/\sqrt{2} & 1/\sqrt{2} \\ 1 & 0 & 0 \\ 0 & 1/\sqrt{2} & -1/\sqrt{2} \end{pmatrix}$ とする. このとき, ${}^tPAP=\begin{pmatrix} 1 & 0 & 0 \\ 0 & 2 & 0 \\ 0 & 0 & 4 \end{pmatrix}$ となる.

(2) $f_B(x) = |xE - B| = \begin{vmatrix} x-2 & 1 & 1 \\ 1 & x-2 & 1 \\ 1 & 1 & x-2 \end{vmatrix} = x(x-3)^2$ から, 固有値は 0, 3（重解）となる．0 に属する固有ベクトルは $c\begin{pmatrix} 1 \\ 1 \\ 1 \end{pmatrix}$, 3 に属する固有ベクトルは $c_1\begin{pmatrix} 1 \\ 0 \\ -1 \end{pmatrix} + c_2\begin{pmatrix} 0 \\ 1 \\ -1 \end{pmatrix}$ の形をもつ．$\boldsymbol{a}_1 = \begin{pmatrix} 1 \\ 1 \\ 1 \end{pmatrix}, \boldsymbol{a}_2 = \begin{pmatrix} 1 \\ 0 \\ -1 \end{pmatrix}, \boldsymbol{a}_3 = \begin{pmatrix} 0 \\ 1 \\ -1 \end{pmatrix}$ とおき, Gram-Schmidt の直交化法を用いる．$(\boldsymbol{a}_1, \boldsymbol{a}_2) = 0$ より, この 2 つを正規化して

$$\boldsymbol{p}_1 = \frac{1}{\sqrt{3}}\begin{pmatrix} 1 \\ 1 \\ 1 \end{pmatrix}, \boldsymbol{p}_2 = \frac{1}{\sqrt{2}}\begin{pmatrix} 1 \\ 0 \\ -1 \end{pmatrix}.$$

つぎに,

$$\begin{aligned} \boldsymbol{p}_3' &= \boldsymbol{a}_3 - (\boldsymbol{a}_3, \boldsymbol{p}_1)\boldsymbol{p}_1 - (\boldsymbol{a}_3, \boldsymbol{p}_2)\boldsymbol{p}_2 \\ &= \begin{pmatrix} 0 \\ 1 \\ -1 \end{pmatrix} + \frac{1}{2}\begin{pmatrix} 1 \\ 0 \\ -1 \end{pmatrix} = \frac{1}{2}\begin{pmatrix} 1 \\ 2 \\ -3 \end{pmatrix}. \end{aligned}$$

これを正規化して, $\boldsymbol{p}_3 = \frac{1}{\sqrt{14}}\begin{pmatrix} 1 \\ 2 \\ -3 \end{pmatrix}$ を得る．ここで, $\boldsymbol{a}_1$ が $\boldsymbol{a}_2, \boldsymbol{a}_3$ と直交していることから, $\boldsymbol{p}_3$ は $\boldsymbol{a}_2, \boldsymbol{a}_3$ のみの 1 次結合となり, 直交化法の変形を行っても依然固有値 3 に属する固有ベクトルとなっている．これから, $P = (\boldsymbol{p}_1, \boldsymbol{p}_2, \boldsymbol{p}_3) = \begin{pmatrix} 1/\sqrt{3} & 1/\sqrt{2} & 1/\sqrt{14} \\ 1/\sqrt{3} & 0 & 2/\sqrt{14} \\ 1/\sqrt{3} & -1/\sqrt{2} & -3/\sqrt{14} \end{pmatrix}$ が求める直交行列であり, ${}^tPBP = \begin{pmatrix} 0 & 0 & 0 \\ 0 & 3 & 0 \\ 0 & 0 & 3 \end{pmatrix}$ となる．■

例 5.9.1 の (2) の固有値 3 に対する 2 つの固有ベクトルを初めから直交するように選んでくれば, わざわざ Gram-Schmidt の直交化法を使う必要がない．たとえば $\boldsymbol{a}_2 = \begin{pmatrix} 0 \\ 1 \\ -1 \end{pmatrix}, \boldsymbol{a}_3 = \begin{pmatrix} 2 \\ -1 \\ -1 \end{pmatrix}$ と選べば, あとはベクトル $\boldsymbol{a}_1, \boldsymbol{a}_2, \boldsymbol{a}_3$ をそれぞれ長さを 1 にして, 順序よく並べたものを P とすればよい．

問 5.9 実対称行列 $\begin{pmatrix} 1 & 1 & -1 \\ 1 & 1 & 1 \\ -1 & 1 & 1 \end{pmatrix}$ を直交行列を用いて対角化せよ．

n 個の変数 $x_1, \ldots, x_n$ に関する実数係数の 2 次同次式

$$Q = Q(x_1, \ldots, x_n) = \sum_{i,j=1}^{n} a_{ij} x_i x_j \tag{5.12}$$

を **実 2 次形式** または単に **2 次形式** という. $a_{ij}x_ix_j + a_{ji}x_jx_i = (a_{ij} + a_{ji})x_ix_j$ なので, $a_{ij} + a_{ji} = 2a'_{ij}$ とおけば $a'_{ij} = a'_{ji}$ となり,

$$Q(x_1, \ldots, x_n) = \sum_{i,j=1}^{n} a'_{ij} x_i x_j$$

と表せる. これから, a'_{ij} を改めて a_{ij} と書いて, 実 2 次形式 (5.12) は $a_{ij} = a_{ji}$ $(i, j = 1, 2, \cdots, n)$ となっているとする. (5.12) の係数行列より

$$A = \begin{pmatrix} a_{11} & a_{12} & \ldots & a_{1n} \\ a_{21} & a_{22} & \ldots & a_{2n} \\ \vdots & \vdots & \ddots & \vdots \\ a_{n1} & a_{n2} & \ldots & a_{nn} \end{pmatrix}$$

は実対称行列となる. $\boldsymbol{x} = \begin{pmatrix} x_1 \\ x_2 \\ \vdots \\ x_n \end{pmatrix}$ とおけば (5.12) は,

$$Q = {}^t\boldsymbol{x} A \boldsymbol{x} \tag{5.13}$$

の形をとる.

例 5.9.2. (1) 2 次形式 $Q = 2x^2 + 6xy - y^2$ は,

$$Q = \begin{pmatrix} x & y \end{pmatrix} \begin{pmatrix} 2 & 3 \\ 3 & -1 \end{pmatrix} \begin{pmatrix} x \\ y \end{pmatrix}$$

と書くことができる.
(2) 2 次形式 $Q = 3x^2 + 4y^2 - z^2 + 2xy - 6yz$ は,

$$Q = \begin{pmatrix} x & y & z \end{pmatrix} \begin{pmatrix} 3 & 1 & 0 \\ 1 & 4 & -3 \\ 0 & -3 & -1 \end{pmatrix} \begin{pmatrix} x \\ y \\ z \end{pmatrix}$$

と書くことができる. ■

定理 5.9.4. A を n 次実対称行列とする. 実2次形式 $Q = {}^t\boldsymbol{x}A\boldsymbol{x}$ は適当な直交変換 $\boldsymbol{x} = P\boldsymbol{y}$ によって次のような形に変換される.

$$Q = \alpha_1 y_1^2 + \alpha_2 y_2^2 + \cdots + \alpha_r y_r^2 \quad (r \leqq n) \tag{5.14}$$

ここで, $\boldsymbol{y} = {}^t(y_1 \ \cdots \ y_n)$ であり, $\alpha_1, \alpha_2, \ldots, \alpha_r$ は A の 0 でない固有値である.

証明. A は重複も含めて n 個の固有値をもつから, それを $\alpha_1, \ldots, \alpha_r$ と 0 ($n-r$ 重解) とすれば, 適当な直交行列 P を用いて

$$P^{-1}AP = \left(\begin{array}{ccc|c} \alpha_1 & & 0 & \\ & \ddots & & 0 \\ 0 & & \alpha_r & \\ \hline & 0 & & 0 \end{array}\right)$$

となる. 変換 $\boldsymbol{x} = P\boldsymbol{y}$ により $\boldsymbol{y} = {}^t(y_1 \ \cdots \ y_n)$ を定義すると,

$$\begin{aligned} Q &= {}^t\boldsymbol{x}A\boldsymbol{x} = {}^t(P\boldsymbol{y})A(P\boldsymbol{y}) = {}^t\boldsymbol{y}P^{-1}AP\boldsymbol{y} \\ &= (y_1, y_2, \cdots, y_n)\left(\begin{array}{ccc|c} \alpha_1 & & 0 & \\ & \ddots & & 0 \\ 0 & & \alpha_r & \\ \hline & 0 & & 0 \end{array}\right)\begin{pmatrix} y_1 \\ y_2 \\ \vdots \\ y_n \end{pmatrix} \\ &= \alpha_1 y_1^2 + \alpha_2 y_2^2 + \cdots + \alpha_r y_r^2 \end{aligned}$$

となる. □

上の定理の形 (5.14) を2次形式の **標準形** といい, 2次形式を標準形に直す直交変換を **主軸変換**, 標準形に対する基底を **主軸** という.

例 5.9.3. 次の2次形式を主軸変換により標準形に直せ.

(1) $Q_1 = 2x^2 - 2xy + 2y^2$

(2) $Q_2 = 2x^2 + 2y^2 + z^2 + w^2 - 2xy$

解. (1) 係数行列は $A = \begin{pmatrix} 2 & -1 \\ -1 & 2 \end{pmatrix}$. よって $f_A(x)$ は $f_A(x) = |xE - A| = (x-2)^2 - 1 = (x-1)(x-3)$. これから, 標準形は $Q_1 = u^2 + 3v^2$ となる. 固有値 1, 3 に属する固有ベクトルはそれぞれ $\boldsymbol{p}_1 = c_1\begin{pmatrix} 1 \\ 1 \end{pmatrix}, \boldsymbol{p}_2 = c_2\begin{pmatrix} 1 \\ -1 \end{pmatrix}$ となるから, 主軸変換の直交行列は $P = \begin{pmatrix} 1/\sqrt{2} & 1/\sqrt{2} \\ 1/\sqrt{2} & -1/\sqrt{2} \end{pmatrix}$ となり, 主軸は

$$\begin{pmatrix} u \\ v \end{pmatrix} = {}^tP\begin{pmatrix} x \\ y \end{pmatrix} = \begin{pmatrix} 1/\sqrt{2} & 1/\sqrt{2} \\ 1/\sqrt{2} & -1/\sqrt{2} \end{pmatrix}\begin{pmatrix} x \\ y \end{pmatrix} = \begin{pmatrix} x/\sqrt{2} + y/\sqrt{2} \\ x/\sqrt{2} - y/\sqrt{2} \end{pmatrix}$$

となる.

(2) 係数行列は $B = \begin{pmatrix} 2 & -1 & 0 & 0 \\ -1 & 2 & 0 & 0 \\ 0 & 0 & 1 & 0 \\ 0 & 0 & 0 & 1 \end{pmatrix}$. よって $f_B(x)$ は,

$$f_B(x) = |xE - B| = \begin{vmatrix} x-2 & 1 & 0 & 0 \\ 1 & x-2 & 0 & 0 \\ 0 & 0 & x-1 & 0 \\ 0 & 0 & 0 & x-1 \end{vmatrix} = (x-3)(x-1)^3$$

となり, 固有値は 3, 1（3 重解）である. これから, 標準形は $Q_2 = 3u^2 + v^2 + s^2 + t^2$ となる. 3 に属する固有ベクトルは $\begin{cases} x + y = 0 \\ z \quad = 0 \\ w \quad = 0 \end{cases}$ の非自明解なので $c\begin{pmatrix} 1 \\ -1 \\ 0 \\ 0 \end{pmatrix}$ $(c \neq 0)$ となる. 1 に属する固有ベクトルは $\begin{cases} x - y = 0 \\ z, w;\ \text{任意} \end{cases}$ となるので, $c_1\begin{pmatrix} 1 \\ 1 \\ 0 \\ 0 \end{pmatrix} + c_2\begin{pmatrix} 0 \\ 0 \\ 1 \\ 0 \end{pmatrix} + c_3\begin{pmatrix} 0 \\ 0 \\ 0 \\ 1 \end{pmatrix}$ の形をも. この 4 個のベクトルは互いに直交しているから, 前の 2 個を正規化すれば, 主軸変換の行列は

$$P = \begin{pmatrix} 1/\sqrt{2} & 1/\sqrt{2} & 0 & 0 \\ -1/\sqrt{2} & 1/\sqrt{2} & 0 & 0 \\ 0 & 0 & 1 & 0 \\ 0 & 0 & 0 & 1 \end{pmatrix}$$

となり, 主軸は

$$\begin{pmatrix} u \\ v \\ s \\ t \end{pmatrix} = {}^tP\begin{pmatrix} x \\ y \\ z \\ w \end{pmatrix} = \begin{pmatrix} x/\sqrt{2} - y/\sqrt{2} \\ x/\sqrt{2} + y/\sqrt{2} \\ z \\ w \end{pmatrix}.$$

■

問 5.10 2 次形式 $x^2 + y^2 + z^2 + 2xy + 2yz - 2zx$ を標準形に直せ.

第 5 章 練 習 問 題

1. 成分が実数である2行2列行列の集合 $M_2(\mathbb{R})$ はベクトル空間になる．このときの基底を求めよ．

2. 例 5.1.3 で紹介したベクトル空間 $P_n(x)$ において，次の写像が $P_n(x)$ 上の線形変換であることを示せ．

(1) $f(x) \mapsto f'(x)$　(2) $f(x) \mapsto \displaystyle\int_0^1 f(t)dt$

3. 次のように定義される $\mathbb{R}^3$ の写像は線形変換か?

(1) $\begin{pmatrix} x \\ y \\ z \end{pmatrix} \mapsto \begin{pmatrix} x-y \\ x+y+z \\ -x \end{pmatrix}$　(2) $\begin{pmatrix} x \\ y \\ z \end{pmatrix} \mapsto \begin{pmatrix} x^2-y^2 \\ y \\ z \end{pmatrix}$　(3) $\begin{pmatrix} x \\ y \\ z \end{pmatrix} \mapsto \begin{pmatrix} y \\ x \\ -z+1 \end{pmatrix}$

4. $\mathbb{R}^3$ の線型変換 $\begin{pmatrix} x \\ y \\ z \end{pmatrix} \mapsto \begin{pmatrix} x-y+z \\ -y \\ x-z \end{pmatrix}$ の標準基底に関する表現行列を求めよ．

5. $\mathbb{R}^2$ において，基底 $\left\{\boldsymbol{a}_1 = \begin{pmatrix} 2 \\ 0 \end{pmatrix}, \boldsymbol{a}_2 = \begin{pmatrix} -1 \\ 3 \end{pmatrix}\right\}$ から $\left\{\boldsymbol{b}_1 = \begin{pmatrix} 1 \\ 1 \end{pmatrix}, \boldsymbol{b}_2 = \begin{pmatrix} -2 \\ -3 \end{pmatrix}\right\}$ への基底変換の行列を求めよ．

6. $\mathbb{R}^2$ の基底 $B_1 = \left\{\begin{pmatrix} 1 \\ 1 \end{pmatrix}, \begin{pmatrix} -1 \\ 1 \end{pmatrix}\right\}$ と $\mathbb{R}^3$ の基底 $B_2 = \left\{\begin{pmatrix} 1 \\ 1 \\ 1 \end{pmatrix}, \begin{pmatrix} 1 \\ 0 \\ 1 \end{pmatrix}, \begin{pmatrix} 0 \\ -1 \\ 1 \end{pmatrix}\right\}$ を選んだとき，線形写像 $\mathbb{R}^2 \to \mathbb{R}^3$: $\begin{pmatrix} x_1 \\ x_2 \end{pmatrix} \mapsto \begin{pmatrix} x_1+x_2 \\ -x_1 \\ -2x_1+3x_2 \end{pmatrix}$ の B_1, B_2 に関する表現行列を求めよ．

7. 行列 $\begin{pmatrix} \frac{1}{\sqrt{6}} & b & -\frac{1}{\sqrt{2}} \\ \frac{1}{\sqrt{6}} & \frac{1}{\sqrt{3}} & c \\ a & \frac{1}{\sqrt{3}} & 0 \end{pmatrix}$ が直交行列となるように a, b, c を定めよ．

8. 次の $\mathbb{R}^4$ の基底から Gram-Schmidt の直交化法を用いて正規直交基底をつくれ．

$$\left\{\begin{pmatrix} 1 \\ 1 \\ 0 \\ 0 \end{pmatrix}, \begin{pmatrix} 1 \\ -1 \\ 2 \\ 0 \end{pmatrix}, \begin{pmatrix} 1 \\ 0 \\ -1 \\ 0 \end{pmatrix}, \begin{pmatrix} 0 \\ 0 \\ 2 \\ 1 \end{pmatrix}\right\}$$

9. $\mathbb{R}^3$ の部分空間

$$W = \left\{\boldsymbol{x} = \begin{pmatrix} x_1 \\ x_2 \\ x_3 \end{pmatrix} \ : \ -x_1+2x_2-x_3=0\right\}$$

の正規直交基底を求めよ．

10. $a \neq 0$ を実数とする．行列 $\begin{pmatrix} 1 & a & 0 & a \\ a & 1 & a & 0 \\ 0 & a & 1 & a \\ a & 0 & a & 1 \end{pmatrix}$ の固有値とその固有値に対する固有空間の1つの基底を求めよ．

11. 次の各2次形式について，(a) から (d) について答えよ．

(1) x^2+y^2-2xy　(2) $5x^2-3y^2+6xy$
(3) $3x^2+y^2-2xy$　(4) $2x^2+18y^2-12xy$ $(\mathbb{R}^3)$
(5) $2x^2+y^2+2zx$　(6) $x^2+y^2+2yz+2zx$
(7) $x^2+y^2+z^2+2xy$　(8) $y^2-z^2+4xy+4zx$
(9) $2x^2+2y^2-4z^2+2xy$　(10) $-x^2+y^2-z^2+2xy+2yz$
(11) $2x^2+2y^2+z^2-2xy+2yz+2zx$　(12) $x^2+y^2+z^2+2xy-2yz-2zx$.

(a) ${}^t\boldsymbol{x}A\boldsymbol{x}$ の形に表せ．　(b) A の固有値と固有ベクトルを求めよ．
(c) A を対角化する直行行列 P を求め，${}^tPAP$ を求めよ．
(d) 標準形を求めよ．

第6章 正規行列と Jordan の標準形

対称行列や相異なる n 個の固有値をもつ n 次正方行列が対角化できることはすでに確認したが, 対称行列よりも一般的な正規行列というものがある. これがユニタリ行列で対角化することができることから始める. すべての行列が対角化できるというわけではないが, しかし Jordan の標準形といわれる対角行列に近い形に変形することができる. この Jordan の標準形について学ぶことが本章の最大の目的である. 最後に, 一歩先を行くトピックスとして, 行列に関する様々な不等式や確率行列について述べる.

この章では複素ベクトル空間について論じることになる. したがって, この章ではずっと $K=\mathbb{C}$ である.

6.1 正規行列

ここでは正規行列を導入する. 正規行列は対角化と非常に相性が良く, 幅広い応用をもつ重要な行列であり, 本章のいたる所に登場する.

まずは状況の設定と簡単な復習から始める. この章全体を通して, ベクトル空間 $\mathbb{C}^n$ には標準内積をいれて考えるものとする. つまり, $\mathbb{C}^n$ の 2 つのベクトル $\boldsymbol{a}=\begin{pmatrix} a_1 \\ \vdots \\ a_n \end{pmatrix}$ と $\boldsymbol{b}=\begin{pmatrix} b_1 \\ \vdots \\ b_n \end{pmatrix}$ に対する内積 $(\boldsymbol{a},\boldsymbol{b})$ は,

$$(\boldsymbol{a},\boldsymbol{b}) = {}^t\boldsymbol{a}\overline{\boldsymbol{b}} = a_1\overline{b_1}+\cdots+a_n\overline{b_n}$$

として定義する. 特に $\|\boldsymbol{a}\|=\sqrt{|a_1|^2+\cdots+|a_n|^2}$ である.

A を n 次正方行列とする. A の共役行列 A^* とは $A^*={}^t\overline{A}$ であった. このとき, ベクトル $\boldsymbol{x},\boldsymbol{y}\in\mathbb{C}^n$ に対して

$$(A\boldsymbol{x},\boldsymbol{y}) = (\boldsymbol{x},A^*\boldsymbol{y}) \tag{6.1}$$

が成り立つことに注意しておこう. 実際, $(A\boldsymbol{x},\boldsymbol{y})={}^t(A\boldsymbol{x})\overline{\boldsymbol{y}}={}^t\boldsymbol{x}{}^tA\overline{\boldsymbol{y}}={}^t\boldsymbol{x}\overline{A^*\boldsymbol{y}}=(\boldsymbol{x},A^*\boldsymbol{y})$ である.

$A^*A=AA^*=E$ をみたす正方行列 A をユニタリ行列というのであった. もう少し用語を定義しておく.

定義 6.1.1. A を正方行列とする.

(1) $A^*A=AA^*$ をみたすとき A を **正規行列** という.

(2) $A^*=A$ をみたすとき A を **エルミート行列** という.

明らかにユニタリ行列やエルミート行列は正規行列である. また, A が正規行列であれば,

$$\|A\boldsymbol{x}\| = \|A^*\boldsymbol{x}\| \quad (\boldsymbol{x}\in\mathbb{C}^n) \tag{6.2}$$

が成り立つことに注意しておく. このことは, (6.1) より $\|A\boldsymbol{x}\|^2 = (A\boldsymbol{x}, A\boldsymbol{x}) = (A^*A\boldsymbol{x}, \boldsymbol{x}) = (AA^*\boldsymbol{x}, \boldsymbol{x}) = (A^*\boldsymbol{x}, A^*\boldsymbol{x}) = \|A^*\boldsymbol{x}\|^2$ となることから確かめられる.

問 6.1 行列 A を正規行列とするとき, 次の問に答えよ.

(1) α を複素数とするとき, 行列 $A + \alpha E$ もまた正規行列になることを示せ.

(2) $A\boldsymbol{x} = \alpha\boldsymbol{x}$ ならば $A^*\boldsymbol{x} = \bar{\alpha}\boldsymbol{x}$ を示せ (このことからエルミート行列の固有値は実数であることがわかる).

(3) α, β を A の相異なる固有値とし $\boldsymbol{x}$, $\boldsymbol{y}$ を α, β に対する固有ベクトルとするとき, $\boldsymbol{x} \perp \boldsymbol{y}$ であることを示せ.

(4) A がユニタリ行列であれば, その固有値 α は $|\alpha| = 1$ をみたすことを示せ.

α を正規行列 A の固有値として, α の固有空間を

$$W(\alpha) = \{\boldsymbol{x} \in \boldsymbol{C}^n \mid (A - \alpha)\boldsymbol{x} = \boldsymbol{0}\}$$

とする. すると上記の問から, $W(\alpha)^\perp$ は A 倍で保たれることが分かる, すなわち, $\boldsymbol{y} \in W(\alpha)^\perp \Longrightarrow A\boldsymbol{y} \in W(\alpha)^\perp$ である. 実際, もし $\boldsymbol{y} \in W(\alpha)^\perp$ とするならば, 任意の $\boldsymbol{x} \in W(\alpha)$ に対して,

$$(A\boldsymbol{y}, \boldsymbol{x}) = (\boldsymbol{y}, A^*\boldsymbol{x}) = (\boldsymbol{y}, \bar{\alpha}\boldsymbol{x}) = \alpha(\boldsymbol{y}, \boldsymbol{x}) = 0$$

となるからである.

この節の残りでは, 以下の重要な性質を証明する.

定理 6.1.2. 正方行列 A に対して, 次は同値である.

(1) A は正規行列である.

(2) A はユニタリ行列で対角化できる. すなわち, 適当なユニタリ行列 U を用いて $U^{-1}AU$ が対角行列となるようにできる.

証明. (2) $\Rightarrow$ (1) は明らかなので (1) $\Rightarrow$ (2) を示す. A を n 次正規行列とし, n に関する帰納法で示す. $n = 1$ の時は主張は明らかに成り立つ (複素数 a は 1 次対角行列であることに注意せよ). n 次より小さい次数の正規行列はユニタリ行列で対角化できると仮定する. α を A の固有値とし, その固有空間 $W(\alpha)$ の次元を k とする. $k = n$ のときは $A = \alpha E$ となるので主張は明らか. 以下, $k < n$ とする. $W(\alpha)$ の正規直交基底を $\boldsymbol{a}_1, \ldots, \boldsymbol{a}_k$ とする. このとき定理 5.7.7 (3) により直交補空間 $W(\alpha)^\perp$ は $n - k$ 次元であるので $W(\alpha)^\perp$ から $n - k$ 個の正規直交基底 $\boldsymbol{b}_1, \ldots, \boldsymbol{b}_{n-k}$ をとり, 行列 $W = (\boldsymbol{a}_1, \ldots, \boldsymbol{a}_k, \boldsymbol{b}_1, \ldots, \boldsymbol{b}_{n-k})$ をつくる. $\boldsymbol{a}_1, \ldots, \boldsymbol{a}_k, \boldsymbol{b}_1, \ldots, \boldsymbol{b}_{n-k}$ は $\mathbb{C}^n$ の正規直交基底であるので, $W(\alpha)^\perp$ は A 倍で保たれることに注意すれば

$$AW = WC, \quad C = \left(\begin{array}{cccc|c} \alpha & 0 & \cdots & 0 & \\ 0 & \alpha & \cdots & 0 & \\ \vdots & \vdots & \ddots & \vdots & 0 \\ 0 & 0 & \cdots & \alpha & \\ \hline & & 0 & & B \end{array}\right)$$

となる. A は正規行列, W はユニタリ行列であることから C は正規行列になり, よって B も正規行列となることが分かる. B は $n - k$ 次の正規行列なので, 帰納法の仮定よりユニタリ行列 V で対角化できる. そこで

$$U = W \begin{pmatrix} E_k & 0 \\ 0 & V \end{pmatrix}$$

とすると U はユニタリ行列で, この U で A が対角化されることは容易に確認できる. □

実際に, 正規行列 A をユニタリ行列で対角化する方法は以下のとおりである.

Step 1. A の各固有値に対してその固有空間の基底をとる.

Step 2. 基底を正規直交化する.

Step 3. Step 2 で得られた固有ベクトルを全て並べて得られる行列を U とすれば, これはユニタリ行列であり $U^{-1}AU$ は対角行列となる.

具体例を通してこのことを確認する.

例 6.1.1. 正規行列 $A = \begin{pmatrix} 2+4i & 0 & 2-4i \\ 0 & 4 & 0 \\ 2-4i & 0 & 2+4i \end{pmatrix}$ をユニタリ行列で対角化せよ.

解. A の固有多項式 $f_A(x)$ は $f_A(x) = (x-4)^2(x-8i)$ なので A の固有値は 4 と $8i$ の 2 つ.

- 4 の固有空間の基底として $\left\{ \begin{pmatrix} 0 \\ 1 \\ 0 \end{pmatrix}, \begin{pmatrix} 1 \\ 0 \\ 1 \end{pmatrix} \right\}$ がとれる. これを正規直交化すると $\left\{ \begin{pmatrix} 0 \\ 1 \\ 0 \end{pmatrix}, \frac{1}{\sqrt{2}} \begin{pmatrix} 1 \\ 0 \\ 1 \end{pmatrix} \right\}$ を得る.
- $8i$ の固有空間の基底として $\left\{ \begin{pmatrix} 1 \\ 0 \\ -1 \end{pmatrix} \right\}$ がとれる. これを正規直交化すると $\left\{ \frac{1}{\sqrt{2}} \begin{pmatrix} 1 \\ 0 \\ -1 \end{pmatrix} \right\}$ を得る.

そこで $U = \begin{pmatrix} 0 & \frac{1}{\sqrt{2}} & \frac{1}{\sqrt{2}} \\ 1 & 0 & 0 \\ 0 & \frac{1}{\sqrt{2}} & -\frac{1}{\sqrt{2}} \end{pmatrix}$ とおけばこれはユニタリ行列で

$$U^{-1}AU = \begin{pmatrix} 4 & 0 & 0 \\ 0 & 4 & 0 \\ 0 & 0 & 8i \end{pmatrix}$$

となる. ■

6.2 巾零行列

ある自然数 k に対して $A^k = O$ となる正方行列 A を **巾零行列** という. たとえば,

$$\begin{pmatrix} 0 & a \\ 0 & 0 \end{pmatrix}, \quad \begin{pmatrix} 0 & a & b \\ 0 & 0 & c \\ 0 & 0 & 0 \end{pmatrix}, \quad \begin{pmatrix} 0 & 0 & 0 \\ a & 0 & 0 \\ b & c & 0 \end{pmatrix}$$

のように上三角行列や下三角行列で対角成分がすべて 0 であるものは巾零行列である (確かめてみよ). このような形をしていないものもある. たとえば

$$\begin{pmatrix} 1 & 1 \\ -1 & -1 \end{pmatrix}$$

は 2 乗すると O になるので巾零行列である.

ここでは巾零行列の標準形について述べる. これは次節で取り扱うジョルダンの標準形の特別な場合となっている. まず次の性質をもつことが分かる.

定理 6.2.1. 巾零行列の固有値は 0 のみである. したがって, n 次巾零行列 A の固有多項式は $f_A(x) = x^n$.

証明. α を巾零行列 A の固有値, $\boldsymbol{x} \neq \boldsymbol{0}$ をその固有ベクトルとすると, $A\boldsymbol{x} = \alpha\boldsymbol{x}$ が成り立つ. $A^k = O$ とすれば $\boldsymbol{0} = A^k\boldsymbol{x} = A^{k-1}(A\boldsymbol{x}) = \alpha A^{k-1}\boldsymbol{x} = \cdots = \alpha^k\boldsymbol{x}$ であるので $\alpha = 0$ を得る. よって固有値は 0 のみなので $f_A(x) = x^n$ である. □

以下の形をした行列を複素数 α に対する **Jordan 細胞** という.

$$\begin{pmatrix} \alpha & 1 & & 0 \\ & \alpha & \ddots & \\ & & \ddots & 1 \\ 0 & & & \alpha \end{pmatrix}$$

この行列が n 次正方行列であるときは $J_n(\alpha)$ と書くことにする. たとえば,

$$J_2(\alpha) = \begin{pmatrix} \alpha & 1 \\ 0 & \alpha \end{pmatrix}, \quad J_3(\alpha) = \begin{pmatrix} \alpha & 1 & 0 \\ 0 & \alpha & 1 \\ 0 & 0 & \alpha \end{pmatrix}, \quad J_4(\alpha) = \begin{pmatrix} \alpha & 1 & 0 & 0 \\ 0 & \alpha & 1 & 0 \\ 0 & 0 & \alpha & 1 \\ 0 & 0 & 0 & \alpha \end{pmatrix}$$

である. $J_1(0) = 0$ であることと, 行列 $J_n(\alpha) - \alpha E_n$ は巾零行列であることに注意しておこう.

定理 6.2.2. A を巾零行列とすれば, ある正則行列 P を用いて

$$P^{-1}AP = \begin{pmatrix} J_1 & & & 0 \\ & J_2 & & \\ & & \ddots & \\ 0 & & & J_k \end{pmatrix}$$

とできる. ただし各 J_i は 0 に対する Jordan 細胞である. 右辺の行列を, 巾零行列 A の **標準形** という. 標準形は Jordan 細胞 $J_1, \ldots, J_k$ の順序を除き一意的に定まる.

証明. 標準形が存在することと一意的であることを順に示す.

(A) 標準形の存在: A を O でない n 次の冪零行列とし, $A^{k+1}=O$ となる最小の $k \geqq 0$ をとる. 各 $i \geqq 0$ に対して A^i で定義される線型変換 $A^i\colon \mathbb{C}^n \to \mathbb{C}^n$ の像を V_i と書くことにする. このとき, k の取り方から $V_{k+1}=\{\mathbf{0}\}$, $V_k \neq \{\mathbf{0}\}$ であり, また $A^i\boldsymbol{x}=A^{i-1}(A\boldsymbol{x})$ であることから $V_i \subset V_{i-1}$ が分かる (実際には $V_i=A(V_{i-1})$ であることに注意する).

$$\{\mathbf{0}\}=V_{k+1}\subset V_k \subset V_{k-1}\subset\cdots\subset V_0=\mathbb{C}^n, \quad V_k\neq\{\mathbf{0}\}$$

いま $\dim V_i=n_i$ とおく. 明らかに $0=n_{k+1}<n_k\leqq n_{k-1}\leqq\cdots\leqq n_0=n$ である. 目的のために, 次のようにして $V_k,V_{k-1},\ldots,V_0$ の基底を順に「うまく」構成していく. まず

$$A^k\boldsymbol{a}_1^{(k)},\ldots,A^k\boldsymbol{a}_{n_k}^{(k)}$$

が V_k の基底を成すようなベクトルの組を任意にとる. すると, 上のベクトルの組に

$$A^{k-1}\boldsymbol{a}_1^{(k)},\ldots,A^{k-1}\boldsymbol{a}_{n_k}^{(k)}$$

を加えたものはベクトル空間 V_{k-1} の1次独立なベクトルの系である. これを確認しよう. まず任意の $\boldsymbol{x}\in\mathbb{C}^n$ に対して $A^k\boldsymbol{x}=A^{k-1}(A\boldsymbol{x})\in V_{k-1}$ であることに注意しておく. そして

$$a_1A^{k-1}\boldsymbol{a}_1^{(k)}+\cdots+a_{n_k}A^{k-1}\boldsymbol{a}_{n_k}^{(k)}+b_1A^k\boldsymbol{a}_1^{(k)}+\cdots+b_{n_k}A^k\boldsymbol{a}_{n_k}^{(k)}=\mathbf{0} \tag{6.3}$$

と仮定する. これに左から A をかけると $A^{k+1}=O$ であるので

$$a_1A^k\boldsymbol{a}_1^{(k)}+\cdots+a_{n_k}A^k\boldsymbol{a}_{n_k}^{(k)}=\mathbf{0}$$

を得る. $A^k\boldsymbol{a}_1^{(k)},\ldots,A^k\boldsymbol{a}_{n_k}^{(k)}$ は V_k の基底であったので1次独立, したがって $a_1=\cdots=a_{n_k}=0$. そして, (6.3) に戻ると

$$b_1A^k\boldsymbol{a}_1^{(k)}+\cdots+b_{n_k}A^k\boldsymbol{a}_{n_k}^{(k)}=\mathbf{0}$$

となり, 再び $A^j\boldsymbol{a}_1^{(k)},\ldots,A^k\boldsymbol{a}_{n_k}^{(k)}$ が1次独立であることから $b_1=\cdots=b_{n_j}=0$ を得る. これで

$$A^{k-1}\boldsymbol{a}_1^{(k)},\ldots,A^{k-1}\boldsymbol{a}_{n_k}^{(k)},A^k\boldsymbol{a}_1^{(k)},\ldots,A^k\boldsymbol{a}_{n_k}^{(k)} \tag{6.4}$$

はベクトル空間 V_{k-1} の1次独立なベクトルの系であることが分かった (同時に $n_{k-1}\geqq 2n_k$ であることも分かった). そこで上記のベクトルの組を拡大して, ベクトル空間 V_{k-1} の基底

$$\begin{array}{llll} A^k\boldsymbol{a}_1^{(k)},\ldots, & A^k\boldsymbol{a}_{n_k}^{(k)}, & & \\ A^{k-1}\boldsymbol{a}_1^{(k)},\ldots, & A^{k-1}\boldsymbol{a}_{n_k}^{(k)}, & A^{k-1}\boldsymbol{a}_1^{(k-1)},\ldots, & A^{k-1}\boldsymbol{a}_{m_{k-1}}^{(k-1)} \end{array}$$

を取る. ここで新たにあらわれた m_{k-1} 個のベクトル $A^{k-1}\boldsymbol{a}_1^{(k-1)},\ldots,A^{k-1}\boldsymbol{a}_{m_{k-1}}^{(k-1)}$ には追加条件として $A^k\boldsymbol{a}_i^{(k-1)}=\mathbf{0}$ をみたすようにとっておく. このような条件をみたすように基底をとることは可能である. 実際, まず $A^{k-1}\boldsymbol{b}_1^{(k-1)},\ldots,A^{k-1}\boldsymbol{b}_{m_{k-1}}^{(k-1)}$ を (6.4) とこれらの組を合わせたものが V_{k-1} の基底となるように任意にとる. すると $A^k\boldsymbol{b}_i^{(k-1)}\in V_k$ なので, $A^k\boldsymbol{b}_i^{(k-1)}=a_{1,i}A^k\boldsymbol{a}_1^{(k)}+\cdots+a_{n_k,i}A^k\boldsymbol{a}_{n_k}^{(k)}$ と書ける. そこで

$$\boldsymbol{a}_i^{(k-1)}=\boldsymbol{b}_i^{(k-1)}-a_{1,i}\boldsymbol{a}_1^{(k)}-\cdots-a_{n_k,i}\boldsymbol{a}_{n_k}^{(k)}$$

とすれば, 求める条件がみたされることが容易に確認できる.

このように次々に遡って $V_{k-1}, V_{k-2}, \ldots$ の基底を取り, 最後に $\mathbb{C}^n = V_0$ の基底を取る. こうして得られた $\mathbb{C}^n$ の基底は (以下では統一感を出すために $m_k = n_k$ とおいている)

$$\begin{array}{llllllllll}
A^k\boldsymbol{a}_1^{(k)}, \ldots, & A^k\boldsymbol{a}_{m_k}^{(k)}, & & & & & & & & \\
A^{k-1}\boldsymbol{a}_1^{(k)}, \ldots, & A^{k-1}\boldsymbol{a}_{m_k}^{(k)}, & A^{k-1}\boldsymbol{a}_1^{(k-1)}, \ldots, & A^{k-1}\boldsymbol{a}_{m_{k-1}}^{(k-1)} & & & & & & \\
\vdots & & \vdots & & & & & & & \\
A\boldsymbol{a}_1^{(k)}, \ldots, & A\boldsymbol{a}_{m_k}^{(k)}, & A\boldsymbol{a}_1^{(k-1)}, \ldots, & A\boldsymbol{a}_{m_{k-1}}^{(k-1)}, & \ldots, & A\boldsymbol{a}_1^{(1)}, \ldots, & A\boldsymbol{a}_{m_1}^{(1)}, & & \\
\boldsymbol{a}_1^{(k)}, \ldots, & \boldsymbol{a}_{m_k}^{(k)}, & \boldsymbol{a}_1^{(k-1)}, \ldots, & \boldsymbol{a}_{m_{k-1}}^{(k-1)}, & \ldots, & \boldsymbol{a}_1^{(1)}, \ldots, & \boldsymbol{a}_{m_1}^{(1)}, & \boldsymbol{a}_1^{(0)}, \ldots, & \boldsymbol{a}_{m_0}^{(0)}
\end{array}$$

(ただし $A^{i+1}\boldsymbol{a}_j^{(i)} = \boldsymbol{0}$ をみたす) の形をしたものとなる. そこで正則行列 P を

$$P = (A^k\boldsymbol{a}_1^{(k)}\ A^{k-1}\boldsymbol{a}_1^{(k)}\ \cdots\ \boldsymbol{a}_1^{(k)}\ A^k\boldsymbol{a}_2^{(k)}\ \cdots\ \boldsymbol{a}_1^{(0)}\ \cdots\ \boldsymbol{a}_{m_0}^{(0)})$$

とする. このとき,

$$\begin{aligned}
AP &= A(A^k\boldsymbol{a}_1^{(k)}\ A^{k-1}\boldsymbol{a}_1^{(k)}\ \cdots\ \boldsymbol{a}_1^{(k)}\ A^k\boldsymbol{a}_2^{(k)}\ \cdots\ \boldsymbol{a}_1^{(0)}\ \cdots\ \boldsymbol{a}_{m_0}^{(0)}) \\
&= (\boldsymbol{0}\ A^k\boldsymbol{a}_1^{(k)}\ \cdots\ A\boldsymbol{a}_1^{(k)}\ \boldsymbol{0}\ A^k\boldsymbol{a}_2^{(k)} \cdots\ \boldsymbol{0}\ \cdots\ \boldsymbol{0}) \\
&= P\begin{pmatrix} J_1 & & & 0 \\ & J_2 & & \\ & & \ddots & \\ 0 & & & J_u \end{pmatrix}
\end{aligned}$$

となることが分かる. ただし各 J_i は 0 に対する Jordan 細胞である. ($\{J_i\}_i$ の中には $J_{s+1}(0)$ が m_s 回あらわれる.)

(B) 標準形の一意性: 先の証明の記号をそのまま引き続き使用する. 先の証明で得られた標準形を B とし, それとは別に A のもう 1 つの標準形として $C = \begin{pmatrix} J'_1 & & & 0 \\ & J'_2 & & \\ & & \ddots & \\ 0 & & & J'_v \end{pmatrix}$ が得られたとする. $\{J'_i\}_i$ の中に $J_{s+1}(0)$ が m'_s 回あらわれるとしたときに $m_s = m'_s$ であることを示せばよい (ただし $m_{k+1} = m_{k+2} = \cdots = 0$ と定義しておく). B と C は共役であることに注意しておく. $B^i\colon \mathbb{C}^n \to \mathbb{C}^n$ と $C^i\colon \mathbb{C}^n \to \mathbb{C}^n$ の像をそれぞれ W_i, W'_i とすると, B, C が互いに共役であることから $\dim W_i = \dim W'_i$ であることが分かる. 実際, $Q^{-1}BQ = C$ となる正則行列 Q をとると, W_i の基底を Q^{-1} 倍したものが W'_i の基底をなすことが確認できるからである (確認してみよ). $J_i(0)^s\colon \mathbb{C}^i \to \mathbb{C}^i$ の像の次元が $i - s$ ($s \leqq i$) であることに注意すると B の定義から,

$$\dim W_s = \sum_{i=s}^{k} (i-s) m_{i-1} \tag{6.5}$$

を得る. 同様にして, C の中にあらわれる Jordan 細胞の最大の次数を k' としておくと, C の定義から,

$$\dim W'_s = \sum_{i=s}^{k'} (i-s) m'_{i-1} \tag{6.6}$$

を得る. (6.5) と (6.6) は一致するので, 全ての s に対して $m_s = m'_s$ となることが (大きな s から順に見ていくことで) 確かめられる. 以上より, 定理は証明された. □

一般論では難しくなってしまったが, 次数が 3 , 4 くらいであれば各ベクトル空間 V_i の次元は小さい数なので, 正則行列 P の作り方 (並べ方) に注意すれば難しくない.

例 6.2.1. 次の巾零行列の標準形を求めよ.

$$(1)\quad A=\begin{pmatrix}0&2&3\\0&0&2\\0&0&0\end{pmatrix}\qquad (2)\quad B=\begin{pmatrix}0&0&2\\0&0&2\\0&0&0\end{pmatrix}$$

解. (1) $i \geqq 0$ に対して A^i で定義される線型変換 $A^i\colon \mathbb{C}^n \to \mathbb{C}^n$ の像を V_i と書くことにする.

$$A^2=\begin{pmatrix}0&0&4\\0&0&0\\0&0&0\end{pmatrix},\qquad A^3 = O \qquad さらに,\quad A^2\begin{pmatrix}x\\y\\z\end{pmatrix}=\begin{pmatrix}4z\\0\\0\end{pmatrix}$$

であるので $\dim V_2 = 1$ で,

$$A^2\begin{pmatrix}0\\0\\1\end{pmatrix}=\begin{pmatrix}4\\0\\0\end{pmatrix},\quad とさらに,\quad A\begin{pmatrix}0\\0\\1\end{pmatrix}=\begin{pmatrix}3\\2\\0\end{pmatrix}$$

となるので, 正則行列 P を

$$P=\begin{pmatrix}4&3&0\\0&2&0\\0&0&1\end{pmatrix}\qquad として,\qquad P^{-1}=\frac{1}{8}\begin{pmatrix}2&-3&0\\0&4&0\\0&0&8\end{pmatrix}$$

となるので,

$$P^{-1}AP=\begin{pmatrix}0&1&0\\0&0&1\\0&0&0\end{pmatrix}$$

となる.

(2) $i \geqq 0$ に対して B^i で定義される線型変換 $B^i\colon \mathbb{C}^n \to \mathbb{C}^n$ の像を V_i と書くことにする.

$$B^2 = O \quad であり \quad B\begin{pmatrix}x\\y\\z\end{pmatrix}=\begin{pmatrix}2z\\2z\\0\end{pmatrix}$$

であるので, $\dim V_1 = 1$ で,

$$B\begin{pmatrix}0\\0\\1\end{pmatrix}=\begin{pmatrix}2\\2\\0\end{pmatrix},\ \begin{pmatrix}0\\0\\1\end{pmatrix}\qquad とさらに,\ \begin{pmatrix}1\\0\\0\end{pmatrix}$$

を取り, 正則行列 P を

$$P=\begin{pmatrix}2&0&1\\2&0&0\\0&1&0\end{pmatrix}\qquad として,\qquad P^{-1}=\frac{1}{2}\begin{pmatrix}0&1&0\\0&0&2\\2&-2&0\end{pmatrix}$$

となるので,

$$P^{-1}BP = \begin{pmatrix} 0 & 1 & 0 \\ 0 & 0 & 0 \\ 0 & 0 & 0 \end{pmatrix}$$

となる. ■

問 6.2 次の巾零行列の標準形を求めよ.

(1) $\begin{pmatrix} -3 & 9 \\ -1 & 3 \end{pmatrix}$　(2) $\begin{pmatrix} 0 & -1 & -1 \\ 0 & 1 & 1 \\ 0 & -1 & -1 \end{pmatrix}$

6.3 Jordan の標準形 (1)

前節で巾零行列の標準形について学んだ. この節と次節では, 一般の行列に対する標準形である Jordan の標準形について学ぶ. 対角化可能な行列であれば, Jordan の標準形とは対角化した結果得られる対角行列そのものであるが, しかし全ての行列が常に対角化できるとは限らないのであった. Jordan の標準形は, たとえ対角化できない場合であっても常に対角行列に近い形の行列へと自然な変形が可能であることを主張するものとなっている.

まずは大変有名な Cayley-Hamilton の定理を説明することから始めよう. たとえば 2 次正方行列 $A = \begin{pmatrix} a & b \\ c & d \end{pmatrix}$ を考えてみる. A の固有多項式は,

$$f_A(x) = \begin{vmatrix} x-a & b \\ c & x-d \end{vmatrix} = (x-a)(x-d) - bc = x^2 - (a+d)x + ad - bc$$

である. この変数 x に「行列 A を代入」してみると (ただし行列計算が可能となるように定数項には E をつける),

$$\begin{aligned} f_A(A) &= A^2 - (a+d)A + (ad-bc)E \\ &= \begin{pmatrix} a & b \\ c & d \end{pmatrix}^2 - (a+d)\begin{pmatrix} a & b \\ c & d \end{pmatrix} + (ad-bc)\begin{pmatrix} 1 & 0 \\ 0 & 1 \end{pmatrix} \\ &= \begin{pmatrix} a^2+bc & ab+bd \\ ac+cd & bc+d^2 \end{pmatrix} - \begin{pmatrix} (a+d)a & (a+d)b \\ (a+d)c & (a+d)d \end{pmatrix} + \begin{pmatrix} ad-bc & 0 \\ 0 & ad-bc \end{pmatrix} = O \end{aligned}$$

となり, $f_A(A) = O$ という綺麗な結論を得る.

上の性質を一般の n 次正方行列へと一般化したものが Cayley-Hamilton の定理である. この定理は行列の最も基本的な定理であり, いろいろな場面に登場する重要なものである. 初めに種々の定理の証明に利用される準備をする.

補題 6.3.1. 正方行列 A は適当な正則行列 P を用いて $P^{-1}AP$ が上三角行列となるようにできる.

証明. n 次の行列 A の固有値を $\alpha_1, \alpha_2, \ldots, \alpha_n$ として, 次数 n についての帰納法で示す.

$n = 1$ のときは明らかに成り立つ. $n-1$ 次の場合まで補題 6.3.1 が成り立つと仮定する. 行列 A が n 次のとき, A の固有値 α_1 に対する固有ベクトルを $\boldsymbol{x}_1$ とし, $\boldsymbol{x}_1, \boldsymbol{x}_2, \ldots, \boldsymbol{x}_n$ が $\mathbb{C}^n$ の基底

となるようにベクトル $\boldsymbol{x}_2, \ldots, \boldsymbol{x}_n$ を選ぶ. ここで, $P_1 = (\boldsymbol{x}_1\ \boldsymbol{x}_2\ \cdots\ \boldsymbol{x}_n)$ とすると, P_1 は正則で,

$$AP_1 = (A\boldsymbol{x}_1\ A\boldsymbol{x}_2\ \cdots\ A\boldsymbol{x}_n) = (\alpha_1\boldsymbol{x}_1\ A\boldsymbol{x}_2\ \cdots\ A\boldsymbol{x}_n) = (\boldsymbol{x}_1\ \boldsymbol{x}_2\ \cdots\ \boldsymbol{x}_n)\begin{pmatrix}\alpha_1 & * \\ 0 & A_{n-1}\end{pmatrix},$$

すなわち

$$P_1^{-1}AP_1 = \begin{pmatrix}\alpha_1 & * \\ 0 & A_{n-1}\end{pmatrix}$$

を得る. ここで, A_{n-1} は $n-1$ 次行列で固有値は $\alpha_2, \ldots, \alpha_n$ である. したがって帰納法の仮定より, ある $n-1$ 次の正則行列 Q を用いて

$$Q^{-1}A_{n-1}Q = \begin{pmatrix}\alpha_2 & & * \\ & \ddots & \\ 0 & & \alpha_n\end{pmatrix}$$

とできる. そこで,

$$P_2 = \begin{pmatrix}1 & 0 \\ 0 & Q\end{pmatrix}$$

とおくと, P_2 は正則で

$$\begin{aligned}P_2^{-1}(P_1^{-1}AP_1)P_2 &= \begin{pmatrix}1 & 0 \\ 0 & Q^{-1}\end{pmatrix}\begin{pmatrix}\alpha_1 & * \\ 0 & A_{n-1}\end{pmatrix}\begin{pmatrix}1 & 0 \\ 0 & Q^{-1}\end{pmatrix} \\ &= \begin{pmatrix}\alpha_1 & * \\ 0 & Q^{-1}A_{n-1}Q\end{pmatrix} = \begin{pmatrix}\alpha_1 & & & * \\ & \alpha_2 & & \\ & & \ddots & \\ 0 & & & \alpha_n\end{pmatrix}\end{aligned}$$

となる. そこで $P = P_1P_2$ とおけば $P^{-1}AP$ は上三角行列になることがわかり, よって補題は示された. □

定理 6.3.2. (Cayley-Hamilton) 正方行列 A に対する固有多項式を $f_A(x)$ とすると,

$$f_A(A) = O$$

が成り立つ.

証明. 補題 6.3.1 によって, 行列 A はある正則行列 P を用いて,

$$B = P^{-1}AP = \begin{pmatrix}\alpha_1 & & * \\ & \ddots & \\ 0 & & \alpha_n\end{pmatrix} \quad (\text{上三角行列})$$

とできる. 等式 $f_{P^{-1}AP}(x) = f_A(x)$ が成り立つので $f_A(x) = (x-\alpha_1)\cdots(x-\alpha_n)$ となる. したがって,

$$\begin{aligned} f_A(A) &= (A-\alpha_1 E)\cdots(A-\alpha_n E) \\ &= (PBP^{-1}-\alpha_1 E)\cdots(PBP^{-1}-\alpha_n E) \\ &= P(B-\alpha_1 E)\cdots(B-\alpha_n E)P^{-1} \end{aligned}$$

となる. よって,

$$P^{-1}f_A(A)P = (B-\alpha_1 E)\cdots(B-\alpha_n E).$$

ここで $\{\boldsymbol{e}_1,\ldots,\boldsymbol{e}_n\}$ を $\mathbb{C}^n$ の標準基底とし, $W_k = L(\boldsymbol{e}_1,\ldots,\boldsymbol{e}_k)$ $(k=1,\ldots,n)$ とおく. すると

$$\begin{cases} (B-\alpha_1 E)\boldsymbol{x}_1 = \boldsymbol{0} & (\boldsymbol{x}_1 \in W_1) \\ (B-\alpha_k E)\boldsymbol{x}_k \in W_{k-1} & (\boldsymbol{x}_k \in W_k) \end{cases}$$

が成り立っている. いま任意の $\boldsymbol{x} \in \boldsymbol{C}^n = W_n$ に対して,

$$\boldsymbol{x}_{n-1} = (B-\alpha_n E)\boldsymbol{x},\ \boldsymbol{x}_{n-2} = (B-\alpha_{n-1}E)\boldsymbol{x}_{n-1},\ldots,\ \boldsymbol{x}_1 = (B-\alpha_2 E)\boldsymbol{x}_2$$

とおけば, $k=n-1, n-2, \ldots$ に対して順に $\boldsymbol{x}_k \in W_k$ となることを確認することができるから,

$$\begin{aligned} (B-\alpha_1 E)\cdots(B-\alpha_n E)\boldsymbol{x} &= (B-\alpha_1 E)\cdots(B-\alpha_{n-1}E)\boldsymbol{x}_{n-1} \\ &\cdots \\ &= (B-\alpha_1 E)\boldsymbol{x}_1 = \boldsymbol{0}. \end{aligned}$$

したがって, $(B-\alpha_1 E)\cdots(B-\alpha_n E) = O$ であるので定理は示された. □

Point　Cayley-Hamilton の定理は, どんな行列でも必ず $f(A)=O$ となる多項式 $f(x)$ があることを保証している. また, 正則行列 A の逆行列は A の多項式で表せることを示している. 実際, $f_A(x) = x^n + a_{n-1}x^{n-1} + \cdots + a_0$ とすれば $A^n + a_{n-1}A^{n-1} + \cdots + a_0 E = O$ より $A(A^{n-1} + a_{n-1}A^{n-2} + \cdots + a_1 E) = -a_0 E$ なので

$$A^{-1} = -a_0^{-1}(A^{n-1} + a_{n-1}A^{n-2} + \cdots + a_1 E)$$

となる (定理 4.5.2 より $a_0 = (-1)^n|A| \neq 0$ であることにも注意せよ).

Jordan の標準形においては, 対角化のときと同様に固有値が非常に重要な役割を果たすことになる. 対角化可能な行列のみを考察するのであれば固有空間を用いれば十分なのだが, 対角化不可能なものを含めて議論を進めていくのであればそれでは不十分となる. そこで, 固有空間よりも広い空間である以下のものを定義する.

定義 6.3.3. n 次正方行列 A とその 1 つの固有値 α およびその重複度 k に対して,

$$(A-\alpha E)^k \boldsymbol{x} = \boldsymbol{0}$$

となるベクトル $\boldsymbol{x} \in \mathbb{C}^n$ の全体のつくる固有空間を $\widetilde{W(\alpha)}$ と表し, **広い意味の固有空間**という.

上の記号の下で, $\widetilde{W(\alpha)}$ が $\mathbb{C}^n$ の部分空間となることは簡単に確認できる. また, $W(\alpha)$ を α の固有空間とすれば明らかに $W(\alpha) \subset \widetilde{W(\alpha)}$ となることに注意しておこう. 次の定理は広い意味の固有空間を導入する大きな理由の1つである.

定理 6.3.4. 正方行列 A の相異なる固有値の全体を $\alpha_1, \alpha_2, \ldots, \alpha_j$ とする. このとき

$$\boldsymbol{C}^n = \widetilde{W(\alpha_1)} \oplus \widetilde{W(\alpha_2)} \oplus \cdots \oplus \widetilde{W(\alpha_j)}$$

が成り立つ.

定理 6.3.4 を示すために次の補題を用意する. ここで, n 次の正方行列 A に対して線型変換 $A\colon \mathbb{C}^n \to \mathbb{C}^n$ の像を $\mathrm{R}(A)$ と書くことにする.

補題 6.3.5. m 個の行列 $A_1, A_2, \ldots, A_m$ が次の条件

(1) $A_1 + A_2 + \cdots + A_m = E$,

(2) $A_i A_j = O \quad (i \neq j)$

をみたすならば,

$$\mathbb{C}^n = \mathrm{R}(A_1) \oplus \mathrm{R}(A_2) \oplus \cdots \oplus \mathrm{R}(A_m)$$

が成り立つ.

証明. 最初に,

$$\mathbb{C}^n = \mathrm{R}(A_1) + \mathrm{R}(A_2) + \cdots + \mathrm{R}(A_m)$$

を示す. $\mathbb{C}^n \supseteq \mathrm{R}(A_1) + \mathrm{R}(A_2) + \cdots + \mathrm{R}(A_m)$ は自明であるので,

$$\mathbb{C}^n \subseteq \mathrm{R}(A_1) + \mathrm{R}(A_2) + \cdots + \mathrm{R}(A_m) \tag{6.7}$$

を示せばよい. 任意の $\boldsymbol{x} \in \mathbb{C}^n$ に対して, 条件 (1) より, $\boldsymbol{x} = A_1\boldsymbol{x} + A_2\boldsymbol{x} + \cdots + A_n\boldsymbol{x}$ が成り立つ. ここで, $\boldsymbol{y}_1 = A_1\boldsymbol{x}, \boldsymbol{y}_2 = A_2\boldsymbol{x}, \ldots, \boldsymbol{y}_n = A_n\boldsymbol{x}$ とおくと, $\boldsymbol{x} = \boldsymbol{y}_1 + \boldsymbol{y}_2 + \cdots + \boldsymbol{y}_m$ かつ $\boldsymbol{y}_i \in \mathrm{R}(A_i)$ $(i = 1, 2, \ldots, m)$ であるから, (6.7) が示せた.

次に直和であることを示す. 直和の定義より,

$$\mathrm{R}(A_i) \cap (\mathrm{R}(A_1) + \cdots + \mathrm{R}(A_{i-1}) + \mathrm{R}(A_{i+1}) + \cdots + \mathrm{R}(A_m)) = \{\boldsymbol{0}\} \ (i = 1, 2, \ldots, m)$$

を示せばよい. まず条件 (1), (2) より,

$$A_i = A_i(A_1 + \cdots + A_n) = A_i^2 \tag{6.8}$$

に注意する. $\boldsymbol{y} \in \mathrm{R}(A_i) \cap (\mathrm{R}(A_1) + \cdots + \mathrm{R}(A_{i-1}) + \mathrm{R}(A_{i+1}) + \cdots + \mathrm{R}(A_m))$ とすると, あるベクトル $\boldsymbol{x}_k \in \mathbb{C}^n$ $(k = 1, 2, \cdots, m)$, に対して, $\boldsymbol{y} = A_i\boldsymbol{x}_i$, $\boldsymbol{y} = A_1\boldsymbol{x}_1 + \cdots + A_{i-1}\boldsymbol{x}_{i-1} + A_{i+1}\boldsymbol{x}_{i+1} + \cdots + A_m\boldsymbol{x}_m$ が成り立つ. そこで, 条件 (2) と (6.8) より,

$$\boldsymbol{y} = A_i\boldsymbol{x}_i = A_i^2\boldsymbol{x}_i = A_i\boldsymbol{y} = A_i(A_1\boldsymbol{x}_1 + \cdots + A_{i-1}\boldsymbol{x}_{i-1} + A_{i+1}\boldsymbol{x}_{i+1} + \cdots + A_m\boldsymbol{x}_m) = \boldsymbol{0}$$

となり, 補題 6.3.5 が示せた. □

定理 6.3.4 の証明. $f_A(x) = (x-\alpha_1)^{k_1}\cdots(x-\alpha_j)^{k_j}$ と因数分解すると, Cayley-Hamilton の定理より

$$f_A(A) = (A-\alpha_1 E)^{k_1}\cdots(A-\alpha_j E)^{k_j} = O \tag{6.9}$$

が成り立つ. ここで $f_A(x)$ から因数 $(x-\alpha_i)^{k_i}$ を除いた多項式を $f_i(x)$ と書くことにする. すなわち

$$f_i(x) = (x-\alpha_1)^{k_1}\cdots(x-\alpha_{i-1})^{k_{i-1}}(x-\alpha_{i+1})^{k_{i+1}}\cdots(x-\alpha_j)^{k_j}.$$

j 個の多項式 $f_1(x),\ldots,f_j(x)$ は互いに素な多項式より (巻末付録を参照)

$$g_1(x)\cdot f_1(x) + \cdots + g_j(x)\cdot f_j(x) = 1$$

となる多項式 $g_1(x),\ldots,g_j(x)$ がある. そこで, $A_i = g_i(A)\cdot f_i(A)$ とおくと

$$A_1 + \cdots + A_j = E. \tag{6.10}$$

また, $i \neq t$ に対しては $f_i(x)\cdot f_t(x)$ は $f_A(x)$ で割り切れるので, (6.9) より $f_i(A)\cdot f_t(A) = O$. よって,

$$A_i A_t = O \quad (i \neq t) \tag{6.11}$$

が成り立つ. よって, (6.10) と (6.11) から各 A_i は補題 6.3.5 の 2 条件をみたすから,

$$\mathbb{C}^n = \mathrm{R}(A_1) \oplus \mathrm{R}(A_2) \oplus \cdots \oplus \mathrm{R}(A_j)$$

が成り立つ. 以下, $\mathrm{R}(A_i) = \widetilde{W(\alpha_i)}$ $(i = 1, 2, \ldots, j)$ を示せばよい.

最初に $\mathrm{R}(A_i) \subseteq \widetilde{W(\alpha_i)}$ を示す.

$$(x-\alpha_i)^{k_i} f_i(x) = f_A(x)$$

であるから, (6.9) より

$$(A-\alpha_i E)^{k_i} f_i(A) = f_A(A) = O.$$

よって,

$$(A-\alpha_i E)^{k_i} A_i = (A-\alpha_i E)^{k_i} g_i(A)\cdot f_i(A) = g_i(A)\{(A-\alpha_i E)^{k_i} f_i(A)\} = O.$$

よって任意の $\boldsymbol{x} \in \mathbb{C}^n$ に対して, $A_i\boldsymbol{x} \in \widetilde{W(\alpha_i)}$, すなわち

$$\mathrm{R}(A_i) \subseteq \widetilde{W(\alpha_i)}$$

が成り立つことが示された.

次に $\widetilde{W(\alpha_i)} \subseteq \mathrm{R}(A_i)$ を示す. $\boldsymbol{x} \in \widetilde{W(\alpha_i)}$ とすると,

$$(A-\alpha_i E)^{k_i}\boldsymbol{x} = \boldsymbol{0}.$$

そして, $g_i(x)\cdot f_i(x)$ は因数 $(x-\alpha_i)$ を含まないので, $(x-\alpha_i)^k_i$ と $g_i(x)\cdot f_i(x)$ に対して

$$h_1(x)\cdot(x-\alpha_i)^{k_i} + h_2(x)\cdot g_i(x)\cdot f_i(x) = 1$$

となる多項式 $h_1(x)$, $h_2(x)$ がある. したがって,

$$h_1(A)\cdot(A-\alpha_i E)^{k_i} + h_2(A)\cdot g_i(A)\cdot f_i(A) = E.$$

いま $(A-\alpha_i E)^{k_i}\boldsymbol{x}=\boldsymbol{0}$ より

$$h_2(A)A_i\boldsymbol{x}=h_2(A)\cdot g_i(A)\cdot f_i(A)\boldsymbol{x}=\boldsymbol{x}$$

が成り立ち, また, $h_2(A)$ と A_i の積は交換可能なので

$$A_i h_2(A)\boldsymbol{x}=\boldsymbol{x}.$$

となる. よって, $\boldsymbol{x}\in \mathrm{R}(A_i)$. ゆえに $\widetilde{W(\alpha_i)}\subseteq \mathrm{R}(A_i)$.

以上のことから $\widetilde{W(\alpha_i)}=\mathrm{R}(A_i)$ がわかり, したがって定理 6.3.4 は証明された. □

6.4 Jordan の標準形 (2)

本節では Jordan の標準形の正確な主張とその証明を与える. 以下の形をした行列を複素数 α に対する Jordan 細胞とよぶのであった.

$$\begin{pmatrix} \alpha & 1 & & 0 \\ & \alpha & \ddots & \\ & & \ddots & 1 \\ 0 & & & \alpha \end{pmatrix}$$

そしてこの行列が n 次正方行列であるときは $J_n(\alpha)$ と書くこととしていた. 定義から $J_n(\alpha)-\alpha E_n=J_n(0)$ で, これは巾零行列であることに注意しておく.

定理 6.4.1. 正方行列 A は適当な正則行列 P を用いて,

$$P^{-1}AP=\begin{pmatrix} J_1 & & & O \\ & J_2 & & \\ & & \ddots & \\ O & & & J_k \end{pmatrix}$$

という形にすることができる. ただし, 各 J_i は A の固有値に対する Jordan 細胞である. この右辺の行列を A に対する **Jordan の標準形** という. Jordan の標準形は Jordan 細胞 $J_1,\ldots,J_k$ の順序を除き一意的に定まる.

証明. Jordan 標準形が存在することと一意的であることを順に示す. A は n 次の正方行列であるとし, $\alpha_1,\ldots,\alpha_k$ を A の相異なる固有値の全体であるとする. また, n_i を A の固有値 α_i の重複度とする.

(A) Jordan 標準形の存在:

定理 6.3.4 より $\mathbb{C}^n=\widetilde{W(\alpha_1)}\oplus\cdots\oplus\widetilde{W(\alpha_k)}$ であるので, $\mathbb{C}^n$ の基底として,

$$\boldsymbol{a}_1^1,\ldots,\boldsymbol{a}_{m_1}^1\in\widetilde{W(\alpha_1)},\ \boldsymbol{a}_1^2,\ldots,\boldsymbol{a}_{m_2}^2\in\widetilde{W(\alpha_2)},\ \boldsymbol{a}_1^k,\ldots,\boldsymbol{a}_{m_k}^k\in\widetilde{W(\alpha_k)}$$

をとる ($m_i=\dim\widetilde{W(\alpha_i)}$, $m_1+\cdots+m_k=n$ である). そこで,

$$P=(\boldsymbol{a}_1^1\ \cdots\ \boldsymbol{a}_{m_1}^1\ \boldsymbol{a}_1^2\ \cdots\ \boldsymbol{a}_{m_2}^2\ \cdots\ \boldsymbol{a}_1^k\ \cdots\ \boldsymbol{a}_{m_k}^k)$$

として行列をつくるとこれは正則行列. また各 i に対して $P_i = (\boldsymbol{a}_1^i \ \cdots \ \boldsymbol{a}_{m_i}^i)$ とおくと $A\widetilde{W(\alpha_i)} \subset \widetilde{W(\alpha_i)}$ であるから, ある m_i 次正方行列 B_i $(i = 1, \ldots, k)$ を用いて $AP_i = P_i B_i$ と書ける. すると,

$$AP = P \begin{pmatrix} B_1 & & & O \\ & B_2 & & \\ & & \ddots & \\ O & & & B_k \end{pmatrix}$$

となり, よって

$$A = P \begin{pmatrix} B_1 & & & O \\ & B_2 & & \\ & & \ddots & \\ O & & & B_k \end{pmatrix} P^{-1} \tag{6.12}$$

を得る. したがって,

$$(A - \alpha_i E)^{n_i} = P \begin{pmatrix} (B_1 - \alpha_i E)^{n_i} & & & & \\ & \ddots & & & \\ & & (B_i - \alpha_i E)^{n_i} & & \\ & & & \ddots & \\ & & & & (B_k - \alpha_i E)^{n_i} \end{pmatrix} P^{-1}.$$

よって,

$$(A - \alpha_i E)^{n_i} P = P \begin{pmatrix} (B_1 - \alpha_i E)^{n_i} & & & & \\ & \ddots & & & \\ & & (B_i - \alpha_i E)^{n_i} & & \\ & & & \ddots & \\ & & & & (B_k - \alpha_i E)^{n_i} \end{pmatrix}$$

である. ここで, ベクトル $\boldsymbol{a}_1^i, \ldots, \boldsymbol{a}_{m_i}^i$ については,

$$(A - \alpha_i E)^{n_i} \boldsymbol{a}_j^i = 0 \quad (j = 1, 2, \ldots, m_i)$$

が成り立つことと $AP_i = P_i B_i$ であることから,

$$O = (A - \alpha_i E)^{n_i} P_i = P_i (B_i - \alpha_i E_{m_i})^{n_i}$$

となる. このことと $\boldsymbol{a}_1^i, \ldots, \boldsymbol{a}_{m_i}^i$ が 1 次独立であることから,

$$(B_i - \alpha_i E_{m_i})^{n_i} = O$$

を得る. したがって, $B_i - \alpha_i E_{m_i} = N_i$ とおくと, N_i は巾零行列で,

$$B_i = \alpha_i E_{m_i} + N_i$$

となる.

注意. 実はこのことから m_i が $f_A(x)$ における α_i の重複度となることが次のようにして証明できる: まず B_i の固有値は α_i のみとなることを示す. β を B_i の固有値, $\boldsymbol{x} \neq \boldsymbol{0}$ を β の固有ベクトルとすると, $\beta \boldsymbol{x} = B_i \boldsymbol{x} =$

$(\alpha_i E_{m_i}+N_i)\boldsymbol{x}$ より $N_i\boldsymbol{x}=(\beta-\alpha_i)\boldsymbol{x}$. N_i は巾零行列でありその固有値は 0 しかもたないので $\beta=\alpha_i$. したがって $f_{B_i}(x)=(x-\alpha_i)^{m_i}$ であり, ゆえに (6.12) から $f_A(x)=f_{B_1}(x)\cdots f_{B_j}(x)=(x-\alpha_1)^{m_1}\cdots(x-\alpha_j)^{m_j}$. したがって, 証明された.

さて, 定理 6.2.2 より N_i はある正則行列 P_i を用いて $N_i'=P_i^{-1}N_iP_i$ が巾零行列の標準形となるようにできる. このとき $P_i^{-1}B_iP_i=\alpha_iE+P_i^{-1}N_iP_i=\alpha_iE+N_i'$ となることから,

$$P'=P\begin{pmatrix} P_1 & & & O \\ & P_2 & & \\ & & \ddots & \\ & & & P_k \end{pmatrix}$$

とおくと, これは正則でかつ,

$$P'^{-1}AP'=\begin{pmatrix} \alpha_1E+N_1' & & & O \\ & \alpha_2E+N_2' & & \\ & & \ddots & \\ & & & \alpha_kE+N_k' \end{pmatrix} \tag{6.13}$$

をみたしている. α_iE+N_i' は α_i に対する Jordan 細胞が対角に並ぶ行列であることから, (6.13) は A の Jordan 標準形を与えている.

(B) Jordan 標準形の一意性: 定理 6.2.2 の証明を拡張する.

$$B=\begin{pmatrix} J_1 & & & O \\ & J_2 & & \\ & & \ddots & \\ O & & & J_k \end{pmatrix},\quad C=\begin{pmatrix} J_1' & & & O \\ & J_2' & & \\ & & \ddots & \\ O & & & J_\ell \end{pmatrix}$$

が 2 つの A の Jordan 標準形とする. A の固有値 α を任意にとる. 各 $s\geqq 1$ に対して $\{J_i\}_i$, $\{J_i'\}_i$ の中に出てくる $J_s(\alpha)$ の個数をそれぞれ m_s, m_s' としたときに $m_s=m_s'$ であることを示せばよい.

いま $(B-\alpha E)^i\colon \mathbb{C}^n\to\mathbb{C}^n$ と $(C-\alpha E)^i\colon \mathbb{C}^n\to\mathbb{C}^n$ の像をそれぞれ W_i, W_i' とすると, B,C が共役であることから $\dim W_i=\dim W_i'$ であることが分かる. α と異なる A の固有値 β に対して $J_i(\beta)-\alpha E$ は正則であることに注意すれば, 行列 B の形から

$$\dim W_s=(n-n_\alpha)+\sum_{i=s}^{\infty}(i-s)m_i \tag{6.14}$$

となる (右辺の $\sum_{i=1}^{\infty}$ は実際には有限和になっていることに注意せよ). ここで n_α は固有値 α の $f_A(x)$ における重複度である. 同様に行列 C の形から

$$\dim W_s'=(n-n_\alpha)+\sum_{i=s}^{\infty}(i-s)m_i' \tag{6.15}$$

となるので, (6.14) と (6.15) より全ての s に対して

$$\sum_{i=s}^{\infty}(i-s)m_i=\sum_{i=s}^{\infty}(i-s)m_i'$$

という等式を得る. この式から $m_s=m_s'$ となることが容易に確かめられる. □

定理の証明の途中に注意書きで書いたことは大事な性質なので，ここにまとめておく．

定理 6.4.2. α を正方行列 A の固有値とする．このとき，α の $f_A(x)$ における重複度は $\dim \widetilde{W(\alpha)}$ に一致する．

例 6.4.1. $A = \begin{pmatrix} 2 & -8 & 7 \\ 1 & -5 & 5 \\ 1 & -4 & 4 \end{pmatrix}$ の Jordan の標準形と変換行列を求めよ．

解. $f_A(x) = (x-1)^2(x+1)$, $(A-E)^2 = \begin{pmatrix} 0 & 12 & -12 \\ 0 & 8 & -8 \\ 0 & 4 & -4 \end{pmatrix}$, $A+E = \begin{pmatrix} 3 & -8 & 7 \\ 1 & -4 & 5 \\ 1 & -4 & 5 \end{pmatrix}$

$\mathrm{Ker}(A-E)^2$ の基底として $\begin{pmatrix} 1 \\ 1 \\ 1 \end{pmatrix}$, $\begin{pmatrix} 2 \\ 1 \\ 1 \end{pmatrix}$ がとれ（$\begin{pmatrix} 1 \\ 1 \\ 1 \end{pmatrix} = (A-E)\begin{pmatrix} 2 \\ 1 \\ 1 \end{pmatrix}$ に注意する），$\mathrm{Ker}(A+E)$ の基底として $\begin{pmatrix} 3 \\ 2 \\ 1 \end{pmatrix}$ がとれる．そこで，

$$P = \begin{pmatrix} 1 & 2 & 3 \\ 1 & 1 & 2 \\ 1 & 1 & 1 \end{pmatrix}, \quad P^{-1} = \begin{pmatrix} -1 & 1 & 1 \\ 1 & -2 & 1 \\ 0 & 1 & -1 \end{pmatrix}$$

とすれば，

$$P^{-1}AP = \begin{pmatrix} -1 & 1 & 1 \\ 1 & -2 & 1 \\ 0 & 1 & -1 \end{pmatrix} \begin{pmatrix} 2 & -8 & 7 \\ 1 & -5 & 5 \\ 1 & -4 & 4 \end{pmatrix} \begin{pmatrix} 1 & 2 & 3 \\ 1 & 1 & 2 \\ 1 & 1 & 1 \end{pmatrix} = \begin{pmatrix} 1 & 1 & 0 \\ 0 & 1 & 0 \\ 0 & 0 & -1 \end{pmatrix}.$$

■

Point $\mathrm{Ker}(A-E)^2$ の基底として $\begin{pmatrix} 1 \\ 1 \\ 1 \end{pmatrix}$, $\begin{pmatrix} 2 \\ 1 \\ 1 \end{pmatrix}$ を選んだが $\begin{pmatrix} 1 \\ 1 \\ 1 \end{pmatrix} = (A-E)\begin{pmatrix} 2 \\ 1 \\ 1 \end{pmatrix}$ であり，行列 P を作るときに並べた順序に注意すること．定理の証明にあったように，この 3 つのベクトルは 1 次独立である．もし，ベクトルを並べる順序を変えて

$P = \begin{pmatrix} 3 & 1 & 2 \\ 2 & 1 & 1 \\ 1 & 1 & 1 \end{pmatrix}$ と作れば $P^{-1}AP = \begin{pmatrix} -1 & 0 & 0 \\ 0 & 1 & 1 \\ 0 & 0 & 1 \end{pmatrix}$ となる．どちらでもよい．

6.5 スペクトル分解

前節までは行列の Jordan 標準形について学んだ. この節では行列のスペクトル分解といわれる Jordan 標準形とはまた違う重要な分解について学ぶ. この分解を用いることにより, 次節で学ぶように適当な行列に関する絶対値や実数乗という概念が自然に定義できるようになる.

A を n 次正規行列とする. $\alpha_1, \alpha_2, \ldots, \alpha_k$ を A の相異なる固有値の全てとし, $W(\alpha_i)$ $(i = 1, 2, \ldots, k)$ を α_i の固有空間とすると, 第 1 節で考察したことより次が成り立つことが分かっている. 各固有値 α_i の固有空間 $W(\alpha_i)$ に対してその正規直交基底 $\{\boldsymbol{a}_j^{(i)} \mid j = 1, 2, \ldots, n_i\}$ をとると, $\{\boldsymbol{a}_1^{(1)}, \ldots, \boldsymbol{a}_{n_1}^{(1)}, \ldots, \boldsymbol{a}_1^{(k)}, \ldots, \boldsymbol{a}_{n_k}^{(k)} \mid i = 1, 2, \ldots, k,\ j = 1, 2, \ldots, n_i\}$ は $\boldsymbol{C}^n$ の正規直交基底, すなわち

$$U = (\boldsymbol{a}_1^{(1)} \ \cdots \ \boldsymbol{a}_{n_1}^{(1)} \ \cdots \ \boldsymbol{a}_1^{(k)} \ \cdots \ \boldsymbol{a}_{n_k}^{(k)})$$

は n 次のユニタリ行列となり,

$$U^*AU = \begin{pmatrix} \alpha_1 & & & & & & 0 \\ & \ddots & & & & & \\ & & \alpha_1 & & & & \\ & & & \ddots & & & \\ & & & & \alpha_k & & \\ & & & & & \ddots & \\ 0 & & & & & & \alpha_k \end{pmatrix} \tag{6.16}$$

をみたす. いま,

$$P_i = U \begin{pmatrix} 0 & & & & & & 0 \\ & \ddots & & & & & \\ & & 1 & & & & \\ & & & \ddots & & & \\ & & & & 1 & & \\ & & & & & \ddots & \\ 0 & & & & & & 0 \end{pmatrix} U^* \tag{6.17}$$

とおく. (右辺の大きく書かれた行列は, 行列 (6.16) の右辺の α_i を 1 に置き換え, α_j $(j \neq i)$ を 0 に置き換えたものである.) 定義から, 次が成り立つことが容易に確認できる.

S1 P_i はエルミート行列; $P_i = P_i^*$ $(i = 1, 2, \ldots k)$

S2 $P_1 + P_2 + \cdots + P_k = E_n$

S3 $P_i P_j = O$ $(i \neq j)$

S4 $\alpha_1 P_1 + \alpha_2 P_2 + \cdots + \alpha_k P_k = A$

行列 P_i は $P_i^2 = P_i$ をみたしていることに注意しておこう. このことは P_i の定義から直ちに分かるが, 他にも **S2** の両辺に P_i をかけて **S3** を用いることによっても確認できる.

定義 6.5.1. 上記の性質 **S1**, **S2**, **S3** をみたすような行列 P_i たちを用いて正規行列 A を **S4** の形に分解することを A の **スペクトル分解** という.

先のスペクトル分解の構成法を見ると, スペクトル分解とはユニタリ行列 U の取り方に依存しているように見えるが, 実は U の取り方には依らず A のみによって定まることが分かる.

定理 6.5.2. 正規行列 A のスペクトル分解は一意的である.

証明. $P'_1, P'_2, \ldots, P'_k$ が A のもう 1 つのスペクトル分解を与えるとするときに $P_i = P'_i$ を示したい. 以下, n 次正方行列 M に対して線形変換 $M\colon \mathbb{C}^n \to \mathbb{C}^n$ の像を $\mathrm{R}(M)$ と書くことにする. このとき $\mathrm{R}(P_i), \mathrm{R}(P'_i) \subset W(\alpha_i)$ となることが分かる. 実際, **S2**, **S3** および **S4** を用いると, 任意のベクトル $\boldsymbol{x} \in \mathbb{C}^n$ に対して

$$AP_i(\boldsymbol{x}) = (\alpha_1 P_1 + \alpha_2 P_2 + \cdots + \alpha_k P_k)P_i\boldsymbol{x} = \alpha_i P_i^2 \boldsymbol{x} = \alpha_i P_i \boldsymbol{x}$$

となるから $P_i\boldsymbol{x} \in W(\alpha_i)$ となり, よって $\mathrm{R}(P_i) \subset W(\alpha_i)$ が分かる. 同様に $\mathrm{R}(P'_i) \subset W(\alpha_i)$ も確認できる. さて, いま **S2** より $P_1 + P_2 + \cdots + P_k = E_n$, $P'_1 + P'_2 + \cdots + P'_k = E_n$ が成り立っているから, 両辺を引き算して

$$(P_1 - P'_1) + (P_2 - P'_2) + \cdots + (P_k - P'_k) = O$$

を得る. したがって, 任意のベクトル $\boldsymbol{x} \in \mathbb{C}^n$ に対して

$$(P_1 - P'_1)\boldsymbol{x} + (P_2 - P'_2)\boldsymbol{x} + \cdots + (P_k - P'_k)\boldsymbol{x} = \boldsymbol{0}$$

が成立する. $\mathrm{R}(P_i) \subset W(\alpha_i)$ と $\mathrm{R}(P'_i) \subset W(\alpha_i)$ から $(P_i - P'_i)\boldsymbol{x} \in W(\alpha_i)$ であることと $\mathbb{C}^n = W(\alpha_1) \oplus W(\alpha_2) \oplus \cdots \oplus W(\alpha_k)$ であることから, 全ての i に対して $(P_i - P'_i)\boldsymbol{x} = \boldsymbol{0}$ とならなければならない. したがって $P_i = P'_i$ を得る. □

スペクトル分解に対してもう少し補足をしておこう.

定理 6.5.3. A を n 次の正規行列とする. $\alpha_1, \alpha_2, \ldots, \alpha_k$ を A の相異なる固有値の全てとし, $W(\alpha_i)$ $(i = 1, 2, \ldots, k)$ を α_i の固有空間とする. (このとき $\mathbb{C}^n = W(\alpha_1) \oplus W(\alpha_2) \oplus \cdots \oplus W(\alpha_k)$ であったことに注意せよ.) また, $P_1, P_2, \ldots, P_k$ が **S1**,...,**S4** をみたす, すなわち A のスペクトル分解を与えているものとする.

(1) $P_i\colon \mathbb{C}^n \to \mathbb{C}^n$ の像 $\mathrm{R}(P_i)$ は α_i の固有空間に一致している, すなわち

$$\mathrm{R}(P_i) = W(\alpha_i)$$

が成り立つ.

(2) ベクトル $\boldsymbol{x} \in \mathbb{C}^n$ を $\boldsymbol{x} = \boldsymbol{x}_1 + \boldsymbol{x}_2 + \cdots + \boldsymbol{x}_k$ $(\boldsymbol{x}_i \in W(\alpha_i),\ i = 1, 2, \ldots, k)$ と表したとき, 各 $i = 1, 2, \ldots, k$ に対して

$$P_i\boldsymbol{x} = \boldsymbol{x}_i$$

が成り立つ.

証明. (1) 定理 6.5.2 の証明の中で示したように $\mathrm{R}(P_i) \subset W(\alpha_i)$ が成り立つので, 次の包含関係を得る.

$$\begin{aligned} \mathbb{C}^n &= W(\alpha_1) \oplus W(\alpha_2) \oplus \cdots \oplus W(\alpha_k) \\ &\supset \mathrm{R}(P_1) \oplus \mathrm{R}(P_2) \oplus \cdots \oplus \mathrm{R}(P_k) \\ &\supset \mathrm{R}(P_1 + P_2 + \cdots + P_k) \\ &= \mathrm{R}(E_n) = \mathbb{C}^n. \end{aligned}$$

したがって, 包含記号 $\supset$ は実は全て等号であり, ゆえに $\mathrm{R}(P_i) = W(\alpha_i)$ となることが分かる.
(2) (1) より $\boldsymbol{x}_j = P_j \boldsymbol{y}_j$ $(\boldsymbol{y}_j \in W(\alpha_j))$ と書けるので, このとき

$$P_i \boldsymbol{x} = P_i(P_1 \boldsymbol{y}_1 + P_2 \boldsymbol{y}_2 + \cdots + P_k \boldsymbol{y}_k) = P_i^2 \boldsymbol{y}_i = P_i \boldsymbol{y}_i = \boldsymbol{x}_i$$

より示せた. □

この定理から, スペクトル分解の中にあらわれる P_i が定義する線型変換 $P_i \colon \mathbb{C}^n \to \mathbb{C}^n$ とは「ベクトル $\boldsymbol{x} \in \mathbb{C}^n$ をその $W(\alpha_i)$ 成分 $\boldsymbol{x}_i$ に移す変換」として捉えることができる. そこで, P_i を $W(\alpha_i)$ への **射影** あるいは **射影子** ということもある. この言葉を用いると, 行列 A のスペクトル分解とは, A の各固有値の射影子を用いて A を綺麗に分解することであるといえる.

6.6 行列の絶対値と不等式

ここでは行列の絶対値や, 適当な行列に対する行列の実数巾が自然に定義できることを述べる. はじめにベクトル $\boldsymbol{x} \in \mathbb{C}^n$ に対して $(A\boldsymbol{x}, \boldsymbol{x})$ は一般に複素数値であるが, すべてのベクトル $\boldsymbol{x} \in \mathbb{C}^n$ に対して $(A\boldsymbol{x}, \boldsymbol{x}) = 0$ であれば, 行列 A はゼロ行列である. これは次のようにして確認できる. まずベクトル $\boldsymbol{x}, \boldsymbol{y} \in \mathbb{C}^n$ に対して

$$(A\boldsymbol{x}, \boldsymbol{y}) = \frac{1}{4}\{(A(\boldsymbol{x}+\boldsymbol{y}), \boldsymbol{x}+\boldsymbol{y}) - (A(\boldsymbol{x}-\boldsymbol{y}), \boldsymbol{x}-\boldsymbol{y}) + i(A(\boldsymbol{x}+i\boldsymbol{y}), \boldsymbol{x}+i\boldsymbol{y}) - i(A(\boldsymbol{x}-i\boldsymbol{y}), \boldsymbol{x}-i\boldsymbol{y})\}$$

が成り立つ. 右辺の 4 か所の内積はすべて同じベクトルとの内積であるので, 4 か所の内積の値はすべて 0 である. したがって, $(A\boldsymbol{x}, \boldsymbol{y}) = 0$ を得る. そこで, $\boldsymbol{y} = A\boldsymbol{x}$ とおくことで $A = 0$ が分かる.

上のことに注意すると, エルミート行列を特徴づける次の定理が得られる ($A^* = A$ のとき A をエルミート行列というのであった).

定理 6.6.1. n 次正方行列 A に対して, A はエルミート行列である必要十分条件は, すべてのベクトル $\boldsymbol{x} \in \mathbb{C}^n$ に対して $(A\boldsymbol{x}, \boldsymbol{x})$ が実数値となることである.

証明. A が エルミート行列とすれば, すべてのベクトル $\boldsymbol{x} \in \mathbb{C}^n$ に対して,

$$(A\boldsymbol{x}, \boldsymbol{x}) = (\boldsymbol{x}, A^*\boldsymbol{x}) = (\boldsymbol{x}, A\boldsymbol{x}) = \overline{(A\boldsymbol{x}, \boldsymbol{x})}$$

となるので $(A\boldsymbol{x}, \boldsymbol{x})$ は実数である. 次にすべてのベクトル $\boldsymbol{x} \in \mathbb{C}^n$ に対して $(A\boldsymbol{x}, \boldsymbol{x})$ が実数値とすると,

$$((A - A^*)\boldsymbol{x}, \boldsymbol{x}) = (A\boldsymbol{x}, \boldsymbol{x}) - (A^*\boldsymbol{x}, \boldsymbol{x}) = (A\boldsymbol{x}, \boldsymbol{x}) - (\boldsymbol{x}, A\boldsymbol{x}) = (A\boldsymbol{x}, \boldsymbol{x}) - (A\boldsymbol{x}, \boldsymbol{x}) = 0$$

より上のことから $A - A^* = 0$ となる. □

定義 6.6.2. A を正方行列とする. すべてのベクトル $\boldsymbol{x} \in \mathbb{C}^n$ に対して $(A\boldsymbol{x}, \boldsymbol{x})$ が正の実数値となるとき, A を **正値行列** または **正値エルミート行列** といい, $A \geqq 0$ で表す.

注意. 他の本やテキストを参照すると, 上の定義は半正値行列, 半正定値行列というように「半」という言い回しをされており, 正値行列とは「 $(A\boldsymbol{x}, \boldsymbol{x}) > 0$ がすべての 0 でないベクトル $\boldsymbol{x} \in \mathbb{C}^n$ について成立」で定義されているものが多く見受けられるだろう. 本書ではこれらの細かい差異に触れていくことはしないので, 上の定義のまま話を進めていく.

正値行列の典型的な例は, 0 以上の数 $a_1, ..., a_n$ に対して

$$A = \begin{pmatrix} a_1 & 0 & \cdots & 0 \\ 0 & a_2 & \cdots & 0 \\ \vdots & \vdots & \ddots & \vdots \\ 0 & 0 & \cdots & a_n \end{pmatrix}$$

である対角行列である. なぜなら, すべてのベクトル $\boldsymbol{x} = \begin{pmatrix} x_1 \\ x_2 \\ \vdots \\ x_n \end{pmatrix} \in \mathbb{C}^n$ に対して $(A\boldsymbol{x}, \boldsymbol{x}) = \sum_{i=1}^{n} a_i |x_i|^2 \geqq 0$ より $A \geqq 0$ である. また, $A \geqq 0$ のとき, 任意の X に対して $(X^*AX\boldsymbol{x}, \boldsymbol{x}) = (AX\boldsymbol{x}, X\boldsymbol{x})$ より $X^*AX \geqq 0$ が成り立つ.

定理 6.6.3. n 次正方行列 A に対して, 以下は同値である:

(1) すべてのベクトル $\boldsymbol{x} \in \mathbb{C}^n$ に対して $(A\boldsymbol{x}, \boldsymbol{x}) \geqq 0$ である (実数値で正の意味).

(2) A はエルミート行列で, その固有値は全て 0 以上である.

証明. まず (1) ⇒ (2) を示す. すべてのベクトル $\boldsymbol{x} \in \mathbb{C}^n$ に対して $(A\boldsymbol{x}, \boldsymbol{x}) \geqq 0$ であるので, エルミート行列であることは示されている. したがって, 固有値がすべて 0 以上を示せばよい. A の固有値 α とその固有ベクトル $\boldsymbol{x}$ をとると, (1) より $0 \leqq (A\boldsymbol{x}, \boldsymbol{x}) = (\alpha\boldsymbol{x}, \boldsymbol{x}) = \alpha\|\boldsymbol{x}\|^2$ となり, $\boldsymbol{x} \neq 0$ より $\|\boldsymbol{x}\| \neq 0$ なので $\alpha \geqq 0$ を得る.

次に (2) ⇒ (1) を示そう. エルミート行列 A を n 次とし, その n 個の固有値を $a_1, ..., a_n$ とする (重複を含めている). 6 章定理 6.1.2 によりユニタリ行列 U によって,

$$U^*AU = \begin{pmatrix} a_1 & 0 & \cdots & 0 \\ 0 & a_2 & \cdots & 0 \\ \vdots & \vdots & \ddots & \vdots \\ 0 & 0 & \cdots & a_n \end{pmatrix}$$

と書ける. ここで, $a_1, ..., a_n$ はすべて 0 以上の数なので 前の例で示したように $U^*AU \geqq 0$ であり, したがって, $U(U^*AU)U^* = A \geqq 0$ である. □

これから行列の絶対値を定義しよう. 任意の n 次正方行列 A を考える.

$(A^*A\boldsymbol{x}, \boldsymbol{x}) = (A\boldsymbol{x}, A\boldsymbol{x}) = \|A\boldsymbol{x}\|^2 \geqq 0$ なので, A^*A は正値行列となる. 特に A^*A のスペクトル分解

$$A^*A = \beta_1 P_1 + \beta_2 P_2 + \cdots + \beta_k P_k$$

が定まる. ここで $\beta_1, \beta_2, \ldots, \beta_k$ は A^*A の相異なる固有値の全体である. 定理 6.6.3 より, 各 β_i は全て 0 以上の実数となる.

定義 6.6.4. 上の記号の下で,

$$|A| = \sqrt{\beta_1}P_1 + \sqrt{\beta_2}P_2 + \cdots + \sqrt{\beta_k}P_k$$

とおき, これを行列 A の **絶対値** という.

明らかに, 絶対値 $|A|$ は正値行列となることに注意せよ. 定義から $|A|^2 = A^*A$ が成り立っていることが簡単に確認できるが, これは複素数 z に対して $|z|^2 = \bar{z}z$ が成り立っていることの行列への拡張である.

注意. この絶対値の記号 $|\cdot|$ は行列式の記号と混同してしまうため, その区別のためにこの節では A の行列式は $\det A$ と書くこととする.

行列の絶対値は次のようにして与えることもできる. A を正方行列とする. 既にみたように A^*A は正値行列となる. したがって, あるユニタリ行列 U を用いて

$$U^*(A^*A)U = \begin{pmatrix} \beta_1 & & 0 \\ & \ddots & \\ 0 & & \beta_n \end{pmatrix}$$

と対角化できる. ($\beta_1, \ldots, \beta_n$ は正値行列 A^*A の固有値であるから 0 以上の実数である.) このとき, 等式

$$|A| = U \begin{pmatrix} \sqrt{\beta_1} & & 0 \\ & \ddots & \\ 0 & & \sqrt{\beta_n} \end{pmatrix} U^*$$

が成り立つことが確認できる. この等式の右辺は U の取り方に依存した式の形をしているが, 左辺は U とは独立したものであることに注意しておく.

複素数 z は $z = re^{i\theta}$ と表すことができる. この分解の「行列版」について説明する. A を n 次の正方行列とし, 先の記号をそのまま用いる. $(AU)^*AU = \begin{pmatrix} \beta_1 & & 0 \\ & \ddots & \\ 0 & & \beta_n \end{pmatrix}$ であるので,

$AU = (\boldsymbol{a}_1 \ \cdots \ \boldsymbol{a}_n)$ とすると,

$$(\boldsymbol{a}_i, \boldsymbol{a}_j) = \beta_i \delta_{ij} = \begin{cases} \beta_i & (i = j \text{ のとき}) \\ 0 & (i \neq j \text{ のとき}) \end{cases} \qquad (\delta_{ij} \text{ はクロネッカーのデルタ}) \tag{6.18}$$

が成り立つ. うまく U を選ぶことで, ある k に対して $\beta_1, \ldots, \beta_k$ は 0 ではないが $\beta_{k+1} = \cdots = \beta_n = 0$ となるようにできるので, そのように U をとっておく. すると (6.18) に注意すれば,

$$\boldsymbol{a}_{k+1} = \cdots = \boldsymbol{a}_n = \boldsymbol{0}$$

が成り立つことが分かる. 再び (6.18) に注意すると $\boldsymbol{a}_1, \ldots, \boldsymbol{a}_k$ は互いに直交しており, かつ $\|\boldsymbol{a}_i\| = \sqrt{\beta_i}$ $(i = 1, 2, \ldots, k)$ となっているので, $\mathbb{C}^n$ の正規直交基底として.

$$\frac{1}{\sqrt{\beta_1}}\boldsymbol{a}_1, \ldots, \frac{1}{\sqrt{\beta_k}}\boldsymbol{a}_k, \boldsymbol{b}_{k+1}, \ldots, \boldsymbol{b}_n$$

の形をしたものを選ぶことができる. いま行列 V を.

$$V = \left(\frac{1}{\sqrt{\beta_1}}\boldsymbol{a}_1 \ \cdots \ \frac{1}{\sqrt{\beta_k}}\boldsymbol{a}_k \ \boldsymbol{b}_{k+1} \ \cdots \ \boldsymbol{b}_n \right)$$

とすると V はユニタリ行列で,

$$AU = V \begin{pmatrix} \sqrt{\beta_1} & & & & & \text{\huge 0} \\ & \ddots & & & & \\ & & \sqrt{\beta_k} & & & \\ & & & 0 & & \\ & & & & \ddots & \\ \text{\huge 0} & & & & & 0 \end{pmatrix}$$

となる. したがって,

$$A = V \begin{pmatrix} \sqrt{\beta_1} & & & & & \text{\huge 0} \\ & \ddots & & & & \\ & & \sqrt{\beta_k} & & & \\ & & & 0 & & \\ & & & & \ddots & \\ \text{\huge 0} & & & & & 0 \end{pmatrix} U^* = VU^*|A|$$

となる. VU^* はユニタリ行列なので, この式は n 次正方行列は必ずユニタリ行列と正値行列の積に分解できることを意味している. 以上のことから, 次の定理を得ることができた.

定理 6.6.5. (極分解) 正方行列 A は正値行列 $|A|$ とユニタリ行列 U の積

$$A = U|A|$$

に分解できる.

次に, 実数 $p>0$ と正値行列 A に対して A^p を定義しよう. ここでもスペクトル分解を用いる. A のスペクトル分解

$$A=\alpha_1P_1+\alpha_2P_2+\cdots+\alpha_kP_k$$

をとる. ここで $\alpha_1,\ldots,\alpha_k\geqq 0$ は A の相異なる固有値の全体である.

定義 6.6.6. 上の記号の下で, 任意の実数 $p>0$ に対して

$$A^p=\alpha_1^pP_1+\alpha_2^pP_2+\cdots+\alpha_k^pP_k$$

と定義する. また, A が正則であるときは

$$A^{-p}=(A^{-1})^p=\alpha_1^{-p}P_1+\alpha_2^{-p}P_2+\cdots+\alpha_k^{-p}P_k$$

と定義する (A^{-1} は正値行列であることに注意せよ).

たとえば

$$A^{\frac{1}{2}}=\sqrt{\alpha_1}P_1+\sqrt{\alpha_2}P_2+\cdots+\sqrt{\alpha_k}P_k$$

である. これを $\sqrt{A}$ と書く. 定義から明らかに $(\sqrt{A})^2=A$ が成り立つ. 定義から $A^{p+q}=A^pA^q$, $A^{pq}=(A^p)^q$ が成り立つことが容易に確認できる.

証明は省略するが, A^p は次のようにして計算することもできる. 正値行列 A はあるユニタリ行列 U を用いて,

$$U^*AU=\begin{pmatrix}\alpha_1 & & 0\\ & \ddots & \\ 0 & & \alpha_n\end{pmatrix}$$

と対角化できる. このとき,

$$A^p=U\begin{pmatrix}\alpha_1^p & & 0\\ & \ddots & \\ 0 & & \alpha_n^p\end{pmatrix}U^*$$

が成立する.

注意. 上の問において示された等式の右辺は U の取り方に依存した式の形をしているが, 左辺は U とは独立したものであることに注意しておこう.

補足 1. 正値行列 A の $A^{\frac{1}{2}}$ を求める計算は, 定義に従うとその固有値やスペクトル分解を求めなけらばならず, 簡単ではない. しかしながら, 2 次の正値行列の場合は Cayley-Hamilton の定理を利用するのが便利である. $A\geqq 0$ とし, その固有値を α,β とすると, Cayley-Hamilton の定理より $(A-\alpha E)(A-\beta E)=O$. これを変形すると

$$(A+\sqrt{\alpha\cdot\beta}\cdot E)^2=((\alpha+\beta)+2\sqrt{\alpha\cdot\beta})A. \tag{6.19}$$

この式から

$$A+\sqrt{\alpha\cdot\beta}\cdot E=\sqrt{(\alpha+\beta)+2\sqrt{\alpha\cdot\beta}}\cdot A^{\frac{1}{2}} \tag{6.20}$$

となることが導かれる. 実際, ユニタリ行列 U を用いて $D := U^*AU = \begin{pmatrix} \alpha & 0 \\ 0 & \beta \end{pmatrix}$ と対角化すれば, (6.19) より $(D + \sqrt{\alpha \cdot \beta} \cdot E)^2 = ((\alpha + \beta) + 2\sqrt{\alpha \cdot \beta})D$ となる. $\alpha, \beta \geqq 0$ より, $D + \sqrt{\alpha \cdot \beta} \cdot E$ と右辺は正の実数を対角成分にもつ対角行列であることに注意すれば $D + \sqrt{\alpha \cdot \beta} \cdot E = \sqrt{(\alpha + \beta) + 2\sqrt{\alpha \cdot \beta}} \begin{pmatrix} \sqrt{\alpha} & 0 \\ 0 & \sqrt{\beta} \end{pmatrix}$ が成り立ち, (6.20) が得られる. (6.20) は以下の等式が成り立つことを意味する.

$$A + \sqrt{\det A} \cdot E = \sqrt{\mathrm{tr}\ A + 2\sqrt{\det A}} \cdot A^{\frac{1}{2}} \quad (A : 2 \text{ 次正値行列}) \tag{6.21}$$

たとえば正値行列 $A = \begin{pmatrix} 2 & 1 \\ 1 & 1 \end{pmatrix}$ では $\det A = 1, \mathrm{tr}\ A = 3$ なので

$$A^{\frac{1}{2}} = \frac{1}{\sqrt{5}}(A + E) = \frac{1}{\sqrt{5}} \begin{pmatrix} 3 & 1 \\ 1 & 2 \end{pmatrix}$$

となる.

定義 6.6.7. 2 つの正値行列 $A, B \geqq 0$ に対して, $A - B \geqq 0$ が成り立つとき $A \geqq B$ と書く. すなわち, $A - B$ の固有値がすべて 0 以上のとき, $A \geqq B$ である.

行列の不等式に関して, 次の性質は基本である.

定理 6.6.8. 次が成り立つ.

(1) $A \geqq A$　(反射律)

(2) $A \geqq B, B \geqq C$ ならば $A \geqq C$.　(推移律)

(3) $A \geqq B, B \geqq A$ ならば $A = B$.　(対称律)

(4) $A \geqq B, \lambda \geqq 0$ ならば $\lambda A \geqq \lambda B$.

(5) $A \geqq 0$ かつ A が正則ならば $A^{-1} \geqq 0$.

(6) 任意の行列 X に対して $A \geqq 0$ ならば $X^*AX \geqq 0$. 特に, $A \geqq B$ ならば $X^*AX \geqq X^*BX$.

(7) $A_n \geqq B_n, \lim_{n\to\infty} A_n = A, \lim_{n\to\infty} B_n = B$ ならば $A \geqq B$.

注意. 行列の列 $A_1, A_2, \ldots$ と行列 A に対して, $\lim_{n\to\infty} A_n = A$ であるとは, A_n の各 (i, j) 成分が A の (i, j) 成分に収束するときをいう.

証明. (1) は明らかである.
(2) $((A - C)\boldsymbol{x}, \boldsymbol{x}) = ((A - B)\boldsymbol{x} + (B - C)\boldsymbol{x}, \boldsymbol{x}) = ((A - B)\boldsymbol{x}, \boldsymbol{x}) + ((B - C)\boldsymbol{x}, \boldsymbol{x}) \geqq 0$ より従う.
(3) n 次正値行列 A, B に対し, $\alpha_1, \alpha_2, \ldots, \alpha_n$ を $A - B$ の全ての固有値とする. $A - B \geqq 0$ より $\alpha_1, \alpha_2, \ldots, \alpha_n \geqq 0$ である. 一方, $B - A$ の全ての固有値は $-\alpha_1, -\alpha_2, \ldots, -\alpha_n$ であるから, $B - A \geqq 0$ より $\alpha_1, \alpha_2, \ldots, \alpha_n \leqq 0$ である. したがって $\alpha_1 = \alpha_2 = \cdots = \alpha_n = 0$ となる. $A - B$ は (エルミート行列, 特に正規行列なので) 対角化可能かつ全ての固有値が 0 なので, $A - B = O$.
(4) $(\lambda A\boldsymbol{x}, \boldsymbol{x}) = \lambda(A\boldsymbol{x}, \boldsymbol{x}) \geqq 0$ より従う.

(5) 正値行列 A が正則のとき, 任意のベクトル $\boldsymbol{x}$ に対して $\boldsymbol{x} = A\boldsymbol{y}$ と取ると $(A^{-1}\boldsymbol{x}, \boldsymbol{x}) = (A^{-1}A\boldsymbol{y}, A\boldsymbol{y}) = (\boldsymbol{y}, A\boldsymbol{y}) = (A\boldsymbol{y}, \boldsymbol{y}) \geqq 0$ より A^{-1} も正値である.
(6) 任意のベクトル $\boldsymbol{x} \in \mathbb{C}^n$ に対して $(X^*AX\boldsymbol{x}, \boldsymbol{x}) = (AX\boldsymbol{x}, X\boldsymbol{x}) \geqq 0$ より $X^*AX \geqq 0$ である.
(7) まず A, B がエルミート行列であることには注意しておこう. また, 任意のベクトル $\boldsymbol{x} \in \mathbb{C}^n$ に対して

$$((A-B)\boldsymbol{x}, \boldsymbol{x}) = (\lim_{n\to\infty}(A_n - B_n)\boldsymbol{x}, \boldsymbol{x}) = \lim_{n\to\infty}((A_n - B_n)\boldsymbol{x}, \boldsymbol{x})$$

であることと $A_n \geqq B_n$ より $((A_n - B_n)\boldsymbol{x}, \boldsymbol{x}) \geqq 0$ であることから $((A-B)\boldsymbol{x}, \boldsymbol{x}) \geqq 0$ となることが従う. 以上より $A \geqq B$ となる. □

問 6.3 A, B を正則な正値行列とするとき, $A \geqq B$ ならば $A^{-1} \leqq B^{-1}$ を示せ.

行列の不等式は, 積に関しては通常の実数の不等式ほど単純に扱うことができない. たとえば次の例からも見て取れるように, $A \geqq B$ でも $A^2 \geqq B^2$ は一般に成立しない.

例 6.6.1. $A = \begin{pmatrix} 2 & 1 \\ 1 & 1 \end{pmatrix}, B = \begin{pmatrix} 1 & 0 \\ 0 & 0 \end{pmatrix}$ とすると, A と B は正値行列である. また $A-B = \begin{pmatrix} 1 & 1 \\ 1 & 1 \end{pmatrix}$ より $A-B$ の固有値は 2, 0 となり, よって $A \geqq B$ がわかる. 一方,

$$A^2 - B^2 = \begin{pmatrix} 5 & 3 \\ 3 & 2 \end{pmatrix} - \begin{pmatrix} 1 & 0 \\ 0 & 0 \end{pmatrix} = \begin{pmatrix} 4 & 3 \\ 3 & 2 \end{pmatrix}$$

より $A^2 - B^2$ の固有値は $3 \pm \sqrt{10}$ となり, 負の固有値 $3 - \sqrt{10}$ をもつ. よって $A^2 \ngeqq B^2$ である. ■

補足 2. 正値行列 A, B が $A \geqq B$ のとき, $0 < p \leqq 1$ であれば $A^p \geqq B^p$ は成り立つ. これは Löwner-Heinz の不等式といわれている. 実際, 例 6.6.1 では $A^{\frac{1}{2}} = \frac{1}{\sqrt{5}}\begin{pmatrix} 3 & 1 \\ 1 & 2 \end{pmatrix}, B^{\frac{1}{2}} = \begin{pmatrix} 1 & 0 \\ 0 & 0 \end{pmatrix}$ より $A^{\frac{1}{2}} \geqq B^{\frac{1}{2}}$ となっている. Löwner-Heinz の不等式の他にも「古田不等式」など多くの不等式がある. 意欲ある学生は調べてみるとよい.

6.7 確率行列への具体例

ここでは, 非負実数値行列に関する Jordan 標準形やフロベニウスの定理を利用した行列のべき乗 A^k の表現について具体例を示しながら説明していく.

定義 6.7.1. n 次正方行列 $P = (p_{ij})$ で, $p_{i,j} \geqq 0$ $(1 \leqq i, j \leqq n)$ かつ $\sum_{j=1}^{n} p_{ij} = 1$ $(1 \leqq i \leqq n)$ をみたす行列を **確率行列** という.

例 6.7.1. $P = \begin{pmatrix} \frac{1}{2} & \frac{1}{2} \\ \frac{1}{3} & \frac{2}{3} \end{pmatrix}$ のとき (i, j) 成分 p_{ij} は, システム内の状態 i から状態 j への推移の様子 (確率) を表す. たとえば, $p_{12} = \frac{1}{2}$ は時刻 t で状態 1 にいて, 時刻 $t+1$ で状態 2 にいる確率が $\frac{1}{2}$ であることを表している. このとき, 同じ時刻 $t+1$ で状態 1 にいる確率は $p_{11} = 1 - p_{12} = \frac{1}{2}$ であることも表している.

$$P^2 = PP = \begin{pmatrix} \frac{1}{2} & \frac{1}{2} \\ \frac{1}{3} & \frac{2}{3} \end{pmatrix} \begin{pmatrix} \frac{1}{2} & \frac{1}{2} \\ \frac{1}{3} & \frac{2}{3} \end{pmatrix} = \begin{pmatrix} \frac{1}{4} + \frac{1}{6} & \frac{1}{4} + \frac{2}{6} \\ \frac{1}{6} + \frac{2}{9} & \frac{1}{6} + \frac{4}{9} \end{pmatrix} = \begin{pmatrix} \frac{5}{12} & \frac{7}{12} \\ \frac{7}{18} & \frac{11}{18} \end{pmatrix}$$

では, $P^2 = \left(p_{ij}^{(2)}\right)$ と各成分を表すと, たとえば $p_{12}^{(2)} = \frac{7}{12}$ は時刻 t で状態 1 にいて時刻 $t+2$ で状態 2 にいる確率が $\frac{7}{12}$ であることを示している. ■

上の例のようにして, 行列 A のべき乗 A^k あるいはその極限 $\lim_{n \to \infty} A^n$, あるいはある条件下で有限確定値となる級数 $\sum_{k=0}^{\infty} A^k = E + A + A^2 + \cdots$ などによってシステムの状態を知る. たとえば, 適切な条件をみたす確率行列のべき乗 P^k の構造はフロベニウスの定理によりある正則行列と P の固有値 $\alpha_1, \alpha_2, \ldots, \alpha_s$ の k 乗を用いた対角行列 (あるいは Jordan 標準形) をもとにして表現することができる. 以下でその基本的性質を示していく.

定理 6.7.2. P の最大固有値は 1 である.

証明. 固有多項式 $f_P(x) = |xE - P|$ とおくと, $f_P(1) = |E - P| = 0$. よって, P は必ず固有値 1 をもつ. $P\boldsymbol{x} = \lambda \boldsymbol{x}$ とおくとき,

$$|\lambda x_i| = \left| \sum_{j=1}^{n} p_{ij} x_j \right| \leqq \sum_{j=1}^{n} p_{ij} |x_j|. \tag{6.22}$$

ここで, 各辺を $|x_i| (\neq 0)$ で割って,

$$\frac{|\lambda x_i|}{|x_i|} = |\lambda| \leqq \frac{\sum_{j=1}^{n} p_{ij} |x_j|}{|x_i|} \tag{6.23}$$

を得る. ただし, $|x_i| = 0$ ならば式 (6.23) の右辺の値は ∞ とする. いま $\rho = \max_i \{|x_i|\}$ とおけば,

$$|\lambda| \leqq \min_i \frac{\sum_{j=1}^{n} p_{ij} |x_j|}{|x_i|} \leqq \min_i \frac{\sum_{j=1}^{n} p_{ij} \rho}{|x_i|} \leqq \rho \min_i \frac{1}{|x_i|} = \frac{\rho}{\rho} = 1. \tag{6.24}$$

□

定義 6.7.3. 確率行列 P で, ある自然数 k が存在して $P^k > 0$ (各成分ごとに正値を取る行列) であるとき, P を primitive あるいは regular という.

定理 6.7.4. P が regular のとき, P の固有値 $\lambda = 1$ は単根である.

証明. $\lambda = 1$ を重解と仮定し, 固有ベクトル $\boldsymbol{x}$ を $(1,1,\ldots,1)$ 以外の固有ベクトルとする. $\rho = \max_i\{|x_i|\}$ とおく. このとき, $\{i : |x_i| = \rho\} \neq \{1,2,\ldots,n\}$ である. $x_i = \sum_{j=1}^{n} p_{ij}x_j$ であって,

$$|x_i| \leqq \sum_{j=1}^{n} p_{ij}|x_j| \quad (i = 1,2,\ldots,n).$$

よって, $|x_i| \neq 0$ ならば, $1 \leqq \frac{\sum_{j=1}^{n} p_{ij}|x_j|}{|x_i|}$. したがって, $i \in \{j; |x_j| = \rho\}$ に対して,

$$1 \leqq \frac{1}{\rho}\sum_{j=1}^{n} p_{ij}|x_j| = \frac{1}{\rho}\left(\sum_{j;|x_j|=\rho} p_{ij}\rho + \sum_{j;|x_j|\neq\rho} p_{ij}|x_j|\right) \tag{6.25}$$

$$= \sum_{j;|x_j|=\rho} p_{ij} + \sum_{j;|x_j|\neq\rho} p_{ij}\left(\frac{|x_j|}{\rho}\right). \tag{6.26}$$

$|x_j| \neq \rho$ のとき, ρ の定義から $\frac{|x_j|}{\rho} < 1$ であるから上の不等式 (6.26) が成り立つには, $\sum_{j;|x_j|=\rho} p_{ij} = 1$ でなければならない. $\{j; |x_j| = \rho\} \neq \{1,2,\ldots,n\}$ であるから $\{k; |x_k| \neq \rho\}$ の各状態 k に対して $p_{ik} = 0$ $(i \in \{j; |x_j| = \rho\})$ がいえる. これは, P が regular であることに矛盾. □

定理 6.7.5. P が regular のとき, 1 以外の固有値 λ_i は $|\lambda_i| < 1$ である.

証明. $|\lambda| = 1$ となる複素固有値が存在したとする. その時の固有ベクトルを $\boldsymbol{x}(\neq \boldsymbol{0})$ とすれば式 (6.22) と同様に考えて $|x_i| \leqq \sum_{j=1}^{n} p_{ij}|x_j|$ $(i = 1,2,\ldots,n)$ であって, $|\boldsymbol{x}|' = (|x_1|,|x_2|,\ldots,|x_n|)$ によって $\boldsymbol{x}$ の各成分の絶対値からなるベクトルを表せば, $\boldsymbol{u} = P|\boldsymbol{x}| - |\boldsymbol{x}| \geqq \boldsymbol{0}$ がいえる. $\boldsymbol{u} = \boldsymbol{0}$ ならば $|\boldsymbol{x}|$ は固有値 1 の固有ベクトルを表す. よって, $\boldsymbol{u} \neq \boldsymbol{0}$ の非負ベクトルとするとき, P は regular であるからある自然数 k が存在して $P^k > 0$. よって, $P^k\boldsymbol{u} = P^{k+1}|\boldsymbol{x}| - P^k|\boldsymbol{x}| = P(P^k|\boldsymbol{x}|) - P^k|\boldsymbol{x}| > \boldsymbol{0}$ でなければならない. このとき, $P^k|\boldsymbol{x}|$ の第 j 成分 $(P^k|\boldsymbol{x}|)_j$ が 0 ではないとき

$$\frac{(P(P^k|\boldsymbol{x}|))_j}{(P^k|\boldsymbol{x}|)_j} > 1 \tag{6.27}$$

となり, P の最大固有値が 1 であることに矛盾. よって, $\boldsymbol{u} = \boldsymbol{0}$ のみが成り立つ. このとき, $P|\boldsymbol{x}| = |\boldsymbol{x}| = |\lambda\boldsymbol{x}| = |P\boldsymbol{x}|$ (各成分ごとの絶対値) と表せるから $\left|\sum_{j=1}^{n} p_{ij}x_j\right| = \sum_{j=1}^{n} p_{ij}|x_j|$ が成り立つ. 特に, $P^k > 0$ であるから $\left|\sum_{j=1}^{n} p_{ij}^{(k)}x_j\right| = \sum_{j=1}^{n} p_{ij}^{(k)}|x_j|$ である. $p_{ij}^{(k)} > 0$ $(1 \leqq i,j \leqq n)$ より, この等式が成り立つためには, $x_j = |x_j|e^{i\theta_j}$ とおくとき, $\theta_1 = \theta_2 = \cdots = \theta_n$ でなければならない. (たとえば, 2 つの複素数 α,β に対して, $|\alpha+\beta| = |\alpha| + |\beta|$ の成り立つ条件を考える.) よって, $\lambda x_i = \lambda|x_i|e^{i\theta_i} = \sum_{j=1}^{n} p_{ij}(|x_j|e^{i\theta_j})$ より, $\lambda|x_i| = \sum_{j=1}^{n} p_{ij}|x_j|$ で λ は実数値でなければならないから $\lambda = 1$ であることが示された. □

注意. P の最大固有値は

$$\sup_{\boldsymbol{x}\geqq 0, \boldsymbol{x}\neq 0} \min_i \frac{\sum_{j=1}^n p_{ij}x_j}{x_i} = \sup_{\boldsymbol{x}\geqq 0, \boldsymbol{x}\boldsymbol{x}'=1} \min_i \frac{\sum_{j=1}^n p_{ij}x_j}{x_i}$$

として特徴付けられる. これを, 式 (6.27) の不等式に適用した.

行列 P が regular であれば, 左固有ベクトル $\boldsymbol{x}P = \lambda\boldsymbol{x}$ について, その固有値は単根の $\lambda_1 = 1$ とその他の固有値は $|\lambda_i| < 1 (i = 2, 3, \ldots, s)$ をみたすことも示せる.

P の固有値 1 の左固有ベクトル $\boldsymbol{x} = (x_1, x_2, \ldots, x_n)$ で確率ベクトル $\displaystyle\sum_{i=1}^n x_i = 1$ であるものを $\boldsymbol{\pi}$ と表すことにする.

定理 6.7.6. P が regular のとき,

$$P^n \to \begin{pmatrix} \boldsymbol{\pi} \\ \boldsymbol{\pi} \\ \vdots \\ \boldsymbol{\pi} \end{pmatrix} \quad (n \to \infty) \tag{6.28}$$

また, P の固有値 1 の左固有ベクトルの確率ベクトル $\boldsymbol{\pi}$ は一意に定まる.

証明. P の固有値を $\lambda_1 = 1, \lambda_2, \ldots, \lambda_s$ とおく. このとき, 適当な正則行列 A があって $A^{-1}PA = D = \begin{pmatrix} A_1 & & & \\ & A_2 & O & \\ & & \ddots & \\ & O & & A_s \end{pmatrix}$ と Jordan 標準形を用いて表せる. このとき,

$$D^n = \begin{pmatrix} A_1^n & & & \\ & A_2^n & O & \\ & & \ddots & \\ & O & & A_s^n \end{pmatrix} \text{ であって, } D^n \to \begin{pmatrix} 1 & & & & \\ & 0 & & O & \\ & & 0 & & \\ & & & \ddots & \\ & O & & & 0 \end{pmatrix} \quad (n \to \infty) \text{ となる}$$

から, $A = (a_{ij}), A^{-1} = B = (b_{ij})$ と表すことにすれば

$$\begin{aligned} P^n &= AD^nA^{-1} = AD^nB \\ &\to \begin{pmatrix} a_{11} & a_{12} & \cdots & a_{1n} \\ a_{21} & a_{22} & \cdots & a_{2n} \\ \vdots & \vdots & \ddots & \vdots \\ a_{n1} & a_{n2} & \cdots & a_{nn} \end{pmatrix} \begin{pmatrix} 1 & 0 & \cdots & 0 \\ 0 & 0 & \cdots & 0 \\ \vdots & \vdots & \ddots & \vdots \\ 0 & 0 & \cdots & 0 \end{pmatrix} \begin{pmatrix} b_{11} & b_{12} & \cdots & b_{1n} \\ b_{21} & b_{22} & \cdots & b_{2n} \\ \vdots & \vdots & \ddots & \vdots \\ b_{n1} & b_{n2} & \cdots & b_{nn} \end{pmatrix} \\ &= \begin{pmatrix} a_{11} & 0 & \cdots & 0 \\ a_{21} & 0 & \cdots & 0 \\ \vdots & \vdots & \ddots & \vdots \\ a_{n1} & 0 & \cdots & 0 \end{pmatrix} \begin{pmatrix} b_{11} & b_{12} & \cdots & b_{1n} \\ b_{21} & b_{22} & \cdots & b_{2n} \\ \vdots & \vdots & \ddots & \vdots \\ b_{n1} & b_{n2} & \cdots & b_{nn} \end{pmatrix} \end{aligned}$$

$$
= \begin{pmatrix} a_{11}b_{11} & a_{11}b_{12} & \cdots & a_{11}b_{1n} \\ a_{21}b_{11} & a_{21}b_{12} & \cdots & a_{21}b_{1n} \\ \vdots & \vdots & \ddots & \vdots \\ a_{n1}b_{11} & a_{n1}b_{12} & \cdots & a_{n1}b_{1n} \end{pmatrix} \quad (n \to \infty).
$$

この収束は各成分ごとであるから, $a_{k1}\sum_{j=1}^{n} b_{1j} = 1\ (1 \leqq k \leqq n)$ より, $a_{11} = a_{21} = \cdots = a_{n1}$ を得る. すなわち, P^n の $n \to \infty$ としたときの極限行列を $P^{(\infty)}$ で表すことにすれば, $P^{(\infty)}$ の各行は同じ行ベクトルで表される. その行ベクトルを $\boldsymbol{\pi} = (\pi_1, \pi_2, \ldots, \pi_n)$ とおく. 極限を取るときの添え字を m, ベクトルの次元を表す添え字を n と表すことにして, 特に, $p_{ij}^{(m)} \to \pi_j\ (m \to \infty)\ (j = 1, 2, \ldots, n)$ で i には無関係であることがわかる. 今, $p_{ij}^{(m+1)} = \sum_{k=1}^{n} p_{ik}^{(m)} p_{kj}$ の各辺で $n \to \infty$ として極限をとると,

$$
\pi_j = \sum_{k=1}^{n} \pi_k p_{kj} \quad (j = 1, 2, \ldots, n).
$$

すなわち, $\boldsymbol{\pi} = \boldsymbol{\pi} P$ を得る. 確率ベクトル $\boldsymbol{\pi}$ は P の固有値 1 の左固有ベクトルである.

確率ベクトルとしての π の一意性は, 確率ベクトル $\boldsymbol{v}$ をほかの固有値 1 の左固有ベクトルとすると, $\boldsymbol{v} = \boldsymbol{v}P = \cdots = \boldsymbol{v}P^m$ より $v_j = \sum_{k=1}^{n} v_k p_{kj}^{(m)} \to \sum_{k=1}^{n} v_k \pi_j = \pi_j \sum_{k=1}^{n} v_k = \pi_j\ (m \to \infty)$ より $\boldsymbol{v} = \boldsymbol{\pi}$ を得る. □

Point 上の命題の $\boldsymbol{\pi}$ の一意性の証明は, 任意の確率ベクトル $\boldsymbol{v}$ に対して $\boldsymbol{v}P^n$ は $n \to \infty$ のとき$\boldsymbol{\pi}$ に収束することを示している. このベクトル $\boldsymbol{\pi}$ を P の **定常分布** という. べき乗 P^n の極限は, 行の番号によらず同じ定常分布 $\boldsymbol{\pi}$ に収束するということであって, 時刻 t を遡って考えれば, P によって起きた状態推移から十分時間が経過した現在の状態分布 を$\boldsymbol{\pi}$ が表していると考えられる.

過渡的状態集合

確率行列 P の行と列を並べ替えて $\begin{pmatrix} A & O \\ R & Q \end{pmatrix}$ のように表せたとする. A と Q は正方小行列であり, O はすべての成分が 0 の矩形行列である. このとき, P は分解可能であるという. 今, A に対応する状態集合を $S_A = \{i_1, \ldots, i_s\}$, Q に対応する状態集合を $S_Q = \{i_{s+1}, \ldots, i_n\}$ とする. $S_A \cap S_Q = \emptyset, S_A \cup S_Q = \{1, 2, \ldots, n\}$ である. 小行列 Q の各行の和 $\sum_{j \in S_Q} p_{ij}\ (i \in S_Q)$ のうちで 1 にならない行が存在するとき, 一端 S_Q の状態から S_A の状態への推移が起こると, S_A から S_Q への推移は起こらない. このとき, S_Q を **過渡的状態集合**といい, S_Q を出るまでのシステムの状態を知るために $\sum_{k=0}^{\infty} Q^k$ の値を利用する. Q の固有値に関して, 次が成り立つ.

定理 6.7.7. Q の固有値 λ は $|\lambda| < 1$ をみたす.

証明. 簡単のため, $S_Q = \{1, 2, \ldots, l\}$ とおき, $Q = (q_{ij})$ $(i, j \in S_Q)$ について固有値と固有ベクトルを調べる. $|\lambda| = 1$ となる固有値 λ と固有ベクトル $\boldsymbol{x}$ があったとする. このとき, $\displaystyle\sum_{j=1}^{l} q_{ij} x_j = \lambda x_i$ $(i \in S_Q)$ であって,

$$|\lambda x_i| = |x_i| \leqq \sum_{j=1}^{l} q_{ij} |x_j|.$$

定理 6.7.4 のときと同じように考えて $\rho = \max_{i \in S_Q}\{|x_i|\}$ とすると, $i \in \{j; |x_j| = \rho\}$ に対して,

$$1 \leqq \sum_{j;|x_j|=\rho} q_{ij} + \sum_{j;|x_j|\neq\rho} q_{ij} \left(\frac{|x_j|}{\rho}\right)$$

となり, このとき $\displaystyle\sum_{j;|x_j|=\rho} q_{ij} = 1$ が得られる. これは, S_Q が過渡的状態集合であることに矛盾. □

上の命題から $Q^n \to O$ $(n \to \infty)$ がいえる. ただし, O は Q と同じサイズの正方零行列で, 収束は成分ごとである. このとき

$$(E - Q)(E + Q + \cdots + Q^{n-1}) = E - Q^n \to E \quad (n \to \infty).$$

よって,

$$\sum_{k=0}^{\infty} Q^k = (E - Q)^{-1}$$

を得る. $(E - Q)^{-1}$ を Q の **基本行列** という.

(発展) すべての成分が 1 の列ベクトルを$\mathbf{1}' = (1, 1, \ldots, 1)'$ と表すとき, $(E - P)^{-1}\mathbf{1}$ は S_Q の外に出るまでの各状態での平均滞在時間, $(E - Q)^{-1}R$ は, S_A の各状態に吸収される確率を表すことが確率法則などから示される.

参考文献

確率行列についてさらに学習したい読者は, たとえば以下のテキストを読んでみるといいだろう.

[1] 『マルコフ過程』, 北川敏男編, 共立出版社, 1967.

[2] 『Non-negative Matrices and Markov chains』, 2nd Ed., E.Seneta, Springer, 1981.

[3] 『Finite Markov Chains』, 2nd Ed., J.G. Kemeny & J.L. Snell, UTM Springer, 1976.

[4] 『線形代数』, 木村英紀, 東京大学出版会, 2003.

第 6 章練習問題

1. 行列 $\begin{pmatrix} 2+i & i & 1 \\ -i & 2+i & i \\ 1 & -i & 2+i \end{pmatrix}$ が正規行列であることを確かめ, ユニタリ行列で対角化せよ.

(1) $\begin{pmatrix} 0 & 1+i \\ 1-i & 0 \end{pmatrix}$ (2) $\begin{pmatrix} 2+4i & 0 & 2-4i \\ 0 & 4 & 0 \\ 2-4i & 0 & 2+4i \end{pmatrix}$ (3) $\begin{pmatrix} 2+i & i & 1 \\ -i & 2+i & i \\ 1 & -i & 2+i \end{pmatrix}$

(4) $\begin{pmatrix} 0 & 0 & i \\ 0 & 0 & 1 \\ -i & 1 & 0 \end{pmatrix}$ (5) $\begin{pmatrix} 0 & -i & 1 \\ i & 0 & i \\ 1 & -i & 0 \end{pmatrix}$ (6) $\begin{pmatrix} 1 & i & 1 \\ -i & 1 & i \\ 1 & -i & 1 \end{pmatrix}$

(7) $\begin{pmatrix} 2-i & 0 & i \\ 0 & 1+i & 0 \\ i & 0 & 2-i \end{pmatrix}$ (8) $\begin{pmatrix} 2 & 1 & 2 \\ 1 & 2 & -2 \\ -2 & 2 & 1 \end{pmatrix}$ (9) $\begin{pmatrix} 0 & -1 & -2 \\ 1 & 0 & -2 \\ 2 & 2 & 0 \end{pmatrix}$

2. 次の巾零行列の標準形を求めよ.

(1) $\begin{pmatrix} 2 & -1 & 2 \\ -4 & 2 & -4 \\ -4 & 2 & -4 \end{pmatrix}$ (2) $\begin{pmatrix} 1 & 1 & 0 \\ 0 & 1 & 1 \\ -1 & -3 & -2 \end{pmatrix}$

3. $A \neq O$ なる巾零行列 A は対角化不可能であることを示せ.

4. 次の行列の Jordan 標準形を求めよ.

(1) $\begin{pmatrix} 2 & 9 \\ -1 & 8 \end{pmatrix}$ (2) $\begin{pmatrix} 1 & 1 & 1 \\ 0 & 2 & 1 \\ 0 & 0 & 2 \end{pmatrix}$ (3) $\begin{pmatrix} 1 & 2 & 3 \\ 0 & 1 & 0 \\ 0 & 0 & 1 \end{pmatrix}$

(4) $\begin{pmatrix} 1 & 0 & 1 \\ -1 & 2 & 1 \\ 1 & -1 & 1 \end{pmatrix}$ (5) $\begin{pmatrix} 2 & -1 & -1 \\ 0 & 3 & 1 \\ 0 & -1 & 1 \end{pmatrix}$ (6) $\begin{pmatrix} 3 & 1 & -3 \\ -4 & -2 & 6 \\ -1 & -1 & 3 \end{pmatrix}$

5. 次の行列の極分解を求めよ.

(1) $\begin{pmatrix} 2 & 1 \\ 2 & 1 \end{pmatrix}$ (2) $\begin{pmatrix} 1 & 1 \\ 3 & 3 \end{pmatrix}$ (3) $\begin{pmatrix} 2 & 11 \\ -5 & 10 \end{pmatrix}$

6. 次の行列の $\dfrac{1}{2}$ 乗を求めよ.

(1) $\begin{pmatrix} 1 & 1 \\ 1 & 1 \end{pmatrix}$ (2) $\begin{pmatrix} 8 & 4 \\ 4 & 2 \end{pmatrix}$ (3) $\begin{pmatrix} 2 & 3 \\ 3 & 5 \end{pmatrix}$

7. 行列 $A = \begin{pmatrix} 1 & 1 & 1 \\ 1 & 2 & -1 \\ -2 & 1 & 4 \end{pmatrix}$ の Jordan 標準形を求め, それを利用することによって A^n を求めよ.

8. 行列 A に対して e^A を

$$e^A = E + A + \frac{A^2}{2!} + \frac{A^3}{3!} + \cdots + \frac{A^n}{n!} + \cdots$$

で定義する. このとき $AB = BA$ ならば $e^A e^B = e^{A+B}$ が成り立つことが知られている. これを踏まえて, 次の行列 A に対して e^A を求めよ.

(1) $\begin{pmatrix} 6 & -1 \\ 1 & 4 \end{pmatrix}$ (2) $\begin{pmatrix} 1 & 1 & 1 \\ 1 & 2 & -1 \\ -1 & 1 & 3 \end{pmatrix}$

9. 次の行列の $P^n, \lim_{n\to\infty} P^n$, 定常分布 $\boldsymbol{\pi}$ を求めよ.

(1) $\begin{pmatrix} 1-\alpha & \alpha \\ \beta & 1-\beta \end{pmatrix}$ $(0 < \alpha, \beta < 1)$ (2) $\begin{pmatrix} 0 & \frac{2}{3} & \frac{1}{3} \\ \frac{1}{3} & 0 & \frac{2}{3} \\ \frac{2}{3} & \frac{1}{3} & 0 \end{pmatrix}$ (3) $\begin{pmatrix} \frac{1}{2} & \frac{1}{2} & 0 \\ \frac{1}{3} & \frac{1}{3} & \frac{1}{3} \\ 0 & \frac{1}{2} & \frac{1}{2} \end{pmatrix}$

10. $P = \begin{pmatrix} 0 & 1 & 0 \\ \frac{1}{2} & 0 & \frac{1}{2} \\ 0 & 1 & 0 \end{pmatrix}$ について以下の問いに答えよ.

(1) P^n について調べよ. (2) $\displaystyle\lim_{n\to\infty} P^n$ は存在しないことを示せ.

(3) $\displaystyle\lim_{n\to\infty} \frac{1}{2n} \sum_{k=1}^{2n} P^k$ は存在することを示せ. (4) 定常分布 $\boldsymbol{\pi}$ を求めよ.

11. 行列 $Q = \begin{pmatrix} \frac{1}{5} & \frac{1}{2} \\ \frac{1}{2} & \frac{1}{5} \end{pmatrix}$ について以下の問いに答えよ.

(1) Q^n を求めよ.　(2) $(E - Q)^{-1}$ を求めよ.　(3) $\displaystyle\sum_{k=0}^{n} Q^k$ を求めよ.

12. 行列 $Q = \begin{pmatrix} 0 & \frac{1}{2} & 0 \\ \frac{1}{2} & 0 & \frac{1}{2} \\ 0 & \frac{1}{2} & 0 \end{pmatrix}$ に対して, $(E - Q)^{-1}$ を求めよ.

付　録

【多項式】

定理 7.1. $f_1(x), \cdots, f_n(x)$ を 1 次以上の共通な因子をもたない多項式とする (最大公約数が 1). このとき,

$$g_1(x) \cdot f_1(x) + \cdots + g_n(x) \cdot f_n(x) = 1$$

となる多項式 $g_1(x), \cdots, g_n(x)$ が存在する.

証明. 任意の多項式 $h_1(x), \cdots, h_n(x)$ で

$$h_1(x) \cdot f_1(x) + \cdots + h_n(x) \cdot f_n(x)$$

と表される多項式全体の集合 M の中で，次数の最小のものを $f_0(x)$ とする．いま,

$$f_0(x) = g_1(x) \cdot f_1(x) + \cdots + g_n(x) \cdot f_n(x)$$

としたとき, M の要素は $f_0(x)$ で割り切れる．なぜならば, 任意の $F(x) \in M$ について,

$$F(x) = p(x) \cdot f_0(x) + r(x), \quad r(x) \text{ の次数} < f_0(x) \text{ の次数}$$

とおくと, M の定義から

$$r(x) = F(x) - p(x) \cdot f_0(x) \in M$$

となるので, $f_0(x)$ が M の要素で次数が最小であることに矛盾する．したがって, M の要素は $f_0(x)$ で割り切れる．ここで,

$$\begin{aligned}
f_1(x) &= 1 \cdot f_1(x) + 0 \cdot f_2(x) + \cdots + 0 \cdot f_n(x) \\
f_2(x) &= 0 \cdot f_1(x) + 1 \cdot f_2(x) + \cdots + 0 \cdot f_n(x) \\
&\cdots \quad \cdots \quad \cdots \\
f_n(x) &= 0 \cdot f_1(x) + 0 \cdot f_2(x) + \cdots + 1 \cdot f_n(x)
\end{aligned}$$

より, $f_1(x), f_2(x), \cdots, f_n(x) \in M$ であるので,

$$f_1(x) = p_1(x) \cdot f_0(x), \quad f_2(x) = p_2(x) \cdot f_0(x), \cdots, f_n(x) = p_n(x) \cdot f_0(x)$$

となっている．したがって, $f_0(x)$ は $f_1(x), f_2(x), \cdots, f_n(x)$ の公約数である．また, これらの多項式の最大公約数は 1 であるので, $f_0(x) = 1$ すなわち,

$$g_1(x) \cdot f_1(x) + \cdots + g_n(x) \cdot f_n(x) = 1.$$

与えられた $f_1(x), \cdots, f_n(x)$ に対して, $g_1(x), \cdots, g_n(x)$ を見つけるには **Euclid の互除法**による．ここでは, 2 つの多項式の場合で説明しよう．

$$f_1(x) = x^4 + x^2 - 2 = (x+1)(x-1)(x^2+2),$$
$$f_2(x) = x^3 - x^2 - x - 2 = (x-2)(x^2+x+1)$$

のとき, $f_1(x)$ を $f_2(x)$ で割ると,

$$f_1(x) = (x+1)f_2(x) + 3(x^2+x).$$

次に, $f_2(x)$ を x^2+x で割ると

$$f_2(x) = (x-2)(x^2+x) + (x-2).$$

最後に, x^2+x を $x-2$ で割ると,

$$x^2 + x = (x+3)(x-2) + 6$$

であるから,

$$\begin{aligned}
6 &= (x^2+x) - (x+3)(x-2) \\
&= (x^2+x) - (x+3)\{f_2(x) - (x-2)(x^2+x)\} \\
&= -(x+3)f_2(x) + \{(x+3)(x-2)+1\}(x^2+x) \\
&= -(x+3)f_2(x) + (x^2+x-5)\frac{1}{3}\{f_1(x) - (x+1)f_2(x)\} \\
&= \frac{1}{3}(x^3+x-5)f_1(x) + \left\{-(x+3) - \frac{1}{3}(x^2+x-5)(x+1)\right\} f_2(x) \\
&= \frac{1}{3}(x^3+x-5)f_1(x) - \frac{1}{3}(3x+9+x^3+2x^2-4x-5)f_2(x)
\end{aligned}$$

より,

$$\frac{1}{18}(x^2+x-5)f_1(x) - \frac{1}{18}(x^3+2x^2-x+4)f_2(x) = 1.$$

□

解　答

第 1 章

問 1.1. $\begin{pmatrix} -3 & -6 & -9 \\ 1 & 2 & 3 \\ 1 & 3 & 5 \end{pmatrix}$, $\begin{pmatrix} 1 & 3 & 5 \end{pmatrix}$

問 1.2. (1) $\begin{pmatrix} \pm\sqrt{5} & 0 \\ 0 & \pm 3 \end{pmatrix}$, $\begin{pmatrix} \pm\sqrt{5} & 0 \\ 0 & \mp 3 \end{pmatrix}$ (2) なし (3) $\pm\begin{pmatrix} 1 & 1 \\ 1 & 1 \end{pmatrix}$

問 1.3. $(ad-bc=)1\cdot 4 - 2\cdot 2 = 0$ なので, 例 1.3.2 により A は正則ではない.

問 1.4. $\begin{pmatrix} 1 & 0 & 0 \\ 0 & 1 & -1 \\ 0 & -1 & 2 \end{pmatrix}$

解法. $X = \begin{pmatrix} a & b & c \\ d & e & f \\ g & h & i \end{pmatrix}$ とおき, 方程式 $AX=E$, つまり $\begin{pmatrix} a & b & c \\ d & e & f \\ g & h & i \end{pmatrix}\begin{pmatrix} 1 & 0 & 0 \\ 0 & 2 & 1 \\ 0 & 1 & 1 \end{pmatrix} = \begin{pmatrix} 1 & 0 & 0 \\ 0 & 1 & 0 \\ 0 & 0 & 1 \end{pmatrix}$ を考える. この左辺を計算し, 両辺の成分を比較すればよい.

問 1.5. $\begin{pmatrix} 1 & -a & ac-b \\ 0 & 1 & -c \\ 0 & 0 & 1 \end{pmatrix}$

解法. 問 1.4 と同様にすればよい.

第 1 章　練習問題

1. (1) $\begin{pmatrix} 0 & 9 & 1 \\ 0 & 2 & 0 \end{pmatrix}$ (2) $\begin{pmatrix} 2 & -1 \\ -5 & -8 \\ 6 & -15 \end{pmatrix}$ (3) $\begin{pmatrix} 7 & 25 \\ 0 & 1 \\ 5 & 20 \end{pmatrix}$ (4) $\begin{pmatrix} 23 & 62 \\ 4 & 34 \end{pmatrix}$ (5) $\begin{pmatrix} 2 & 12 & 9 \\ 5 & 10 & 8 \\ -2 & -2 & 2 \end{pmatrix}$ (6) 7

(7) $\begin{pmatrix} \alpha^n & n\alpha^{n-1} & \frac{n(n-1)}{2}\alpha^{n-2} \\ 0 & \alpha^n & n\alpha^{n-1} \\ 0 & 0 & \alpha^n \end{pmatrix}$ (8) $\begin{pmatrix} \alpha^n & n\alpha^{n-1} & 0 & 0 \\ 0 & \alpha^n & 0 & 0 \\ 0 & 0 & \beta^n & n\beta^{n-1} \\ 0 & 0 & 0 & \beta^n \end{pmatrix}$

ただし, (7), (8) では $0^{-1} = 0^0 = 1$ と約束する.

解法. (7) と (8) は同様に計算できる. ここでは (7) のみ説明する. (※まずは $n=1,2,3,4$ あたりで実験して計算してみるとよい.) $A = \begin{pmatrix} \alpha & 1 & 0 \\ 0 & \alpha & 1 \\ 0 & 0 & \alpha \end{pmatrix}$ とおく. $A^n = \begin{pmatrix} \alpha^n & n\alpha^{n-1} & \frac{n(n-1)}{2}\alpha^{n-2} \\ 0 & \alpha^n & n\alpha^{n-1} \\ 0 & 0 & \alpha^n \end{pmatrix}$ となることを n についての数学的帰納法によって証明する. $n=1$ のときは明らか. n のときに主張が正しいとして A^{n+1} のときを考える.

$$\begin{aligned} A^{n+1} &= A^nA = \begin{pmatrix} \alpha^n & n\alpha^{n-1} & \frac{n(n-1)}{2}\alpha^{n-2} \\ 0 & \alpha^n & n\alpha^{n-1} \\ 0 & 0 & \alpha^n \end{pmatrix}\begin{pmatrix} \alpha & 1 & 0 \\ 0 & \alpha & 1 \\ 0 & 0 & \alpha \end{pmatrix} \\ &= \cdots = \begin{pmatrix} \alpha^{n+1} & (n+1)\alpha^n & \frac{(n+1)n}{2}\alpha^{n-1} \\ 0 & \alpha^{n+1} & (n+1)\alpha^n \\ 0 & 0 & \alpha^{n+1} \end{pmatrix} \end{aligned}$$

より, $n+1$ のときも主張が示された.

2. (1) $a=1$ (2) $b = 1, -\dfrac{1}{2}$ (3) $3ab - a - 4b + 2 = 0$ (4) $a=1$ かつ $b=1$
(5) $(a+2b-1)(2-a+b) = 0$ (6) $a=b=1$

3. $(a_1, a_2, a_3) = (\pm 1/\sqrt{6}, \mp 1/\sqrt{6}, \pm 2/\sqrt{6})$

解法. ${}^tA = \begin{pmatrix} 1/\sqrt{2} & -1/\sqrt{3} & 0 \\ -1/\sqrt{3} & 1/\sqrt{3} & 1/\sqrt{3} \\ a_1 & a_2 & a_3 \end{pmatrix}$ に注意して ${}^tAA = E_3$ の両辺の成分を比較すると $\frac{1}{\sqrt{2}}a_1 + \frac{1}{\sqrt{2}}a_2 = 0, -\frac{1}{\sqrt{3}}a_1 + \frac{1}{\sqrt{3}}a_2 + \frac{1}{\sqrt{3}}a_3 = 0, a_1^2 + a_2^2 + a_3^2 = 1$ を得る. これを解けばよい.

4. $a = 2, -3$

解法. 例 1.3.2 より, A が逆行列をもたないための必要十分条件は $a(a+1) - (a+4)(-a+3) = 0$ である. これを解けばよい.

5. (1) $\begin{pmatrix} 3 & -2 \\ -4 & 3 \end{pmatrix}$ (2) $\begin{pmatrix} 1 & -2 & 8 \\ 0 & 1 & -3 \\ 0 & 0 & 1 \end{pmatrix}$

(3) $\alpha = 0$ のとき逆行列は存在しない. $\alpha \neq 0$ のとき $\begin{pmatrix} \alpha^{-1} & -\alpha^{-2} & \alpha^{-3} \\ 0 & \alpha^{-1} & -\alpha^{-2} \\ 0 & 0 & \alpha^{-1} \end{pmatrix}$

(4) $\begin{pmatrix} 0 & 0 & 0 & 1 \\ 0 & 0 & -1 & 0 \\ 0 & -1 & 0 & 0 \\ 1 & 0 & 0 & 0 \end{pmatrix}$

解法. (1), (2), (4) : (2) のみ説明する. (※ (1) と (4) も同様の方法で解ける.) $X = \begin{pmatrix} a & b & c \\ d & e & f \\ g & h & i \end{pmatrix}$ とおき, 方程式 $XA = E$, つまり $\begin{pmatrix} a & b & c \\ d & e & f \\ g & h & i \end{pmatrix}\begin{pmatrix} 1 & 2 & -2 \\ 0 & 1 & 3 \\ 0 & 0 & 1 \end{pmatrix} = \begin{pmatrix} 1 & 0 & 0 \\ 0 & 1 & 0 \\ 0 & 0 & 1 \end{pmatrix}$ を考える. この左辺を計算し, 両辺の成分を比較すれば $a, b, \ldots, i$ が求まる. $A^{-1} = X$ なのでこれで解を得る.

(3) : $X = \begin{pmatrix} a & b & c \\ d & e & f \\ g & h & i \end{pmatrix}$ とおき, 方程式 $XA = E$, つまり $\begin{pmatrix} a & b & c \\ d & e & f \\ g & h & i \end{pmatrix}\begin{pmatrix} \alpha & 1 & 0 \\ 0 & \alpha & 1 \\ 0 & 0 & \alpha \end{pmatrix} = \begin{pmatrix} 1 & 0 & 0 \\ 0 & 1 & 0 \\ 0 & 0 & 1 \end{pmatrix}$ を考える. もしこれが解をもてば $A^{-1} = X$ として逆行列が求まる. さて, 方程式の両辺の $(1, 1)$ 成分を比較すると $a\alpha = 1$ となるから, A が正則となるためには特に $\alpha \neq 0$ でなければならない. $\alpha \neq 0$ のとき, 方程式の成分を比較すれば $a, b, \ldots, i$ が求まる.

6. (1) $A^2 = \begin{pmatrix} 0 & 0 & ab \\ 0 & 0 & 0 \\ 0 & 0 & 0 \end{pmatrix}, A^3 = A^4 = A^{10} = O$

(2) $A^2 = A^4 = A^{10} = \begin{pmatrix} 1 & 0 & 0 \\ 0 & 1 & 0 \\ 0 & 0 & 1 \end{pmatrix}, A^3 = \begin{pmatrix} 0 & 0 & 1 \\ 0 & 1 & 0 \\ 1 & 0 & 0 \end{pmatrix}$

(3) $A^2 = A^4 = A^{10} = \begin{pmatrix} 1 & 0 \\ 0 & 1 \end{pmatrix}, A^3 = \begin{pmatrix} a & 1-a \\ 1+a & -a \end{pmatrix}$

7. 直接計算して $(E_n + B(E_n - AB)^{-1}A)(E_n - BA) = E_n$ と $(E_n - BA)(E_n + B(E_n - AB)^{-1}A) = E_n$ を確かめればよい.

第 2 章

問 2.1. (1) $\begin{pmatrix}1&0&-3\\0&1&-5\\0&0&0\end{pmatrix}$ (2) $\begin{pmatrix}1&0&29\\0&1&-12\\0&0&0\\0&0&0\end{pmatrix}$

解法. (1) $\begin{pmatrix}-1&1&-2\\3&-2&1\\-2&3&9\end{pmatrix}\to\begin{pmatrix}1&-1&2\\0&1&-5\\0&1&-5\end{pmatrix}\to\begin{pmatrix}1&0&-3\\0&1&-5\\0&0&0\end{pmatrix}$

(※ 1 つめの変形: 2 行+1 行 × 3, 3 行+1 行 × (−2), 1 行 × (−1). 2 つめの変形: 1 行+2 行 × 3, 3 行+2 行 × (−1))

(2) $\begin{pmatrix}1&2&5\\-1&-3&7\\-4&-1&16\\5&12&1\end{pmatrix}\to\begin{pmatrix}1&-1&2\\0&-1&12\\0&-3&36\\0&2&-24\end{pmatrix}\to\begin{pmatrix}1&0&29\\0&1&-12\\0&0&0\\0&0&0\end{pmatrix}$

(※ 1 つめの変形: 2 行+1 行, 3 行+1 行 × 4, 4 行+1 行 × (−5). 2 つめの変形: 1 行+2 行 × (−1), 3 行+2 行 × (−3), 4 行+2 行 × (−2), 2 行 × (−1))

問 2.2. (1) 3 (2) 3

解法. (1) 行変形を行うと $\begin{pmatrix}1&2&1\\-2&-1&-2\\2&1&1\end{pmatrix}\to\cdots\to\begin{pmatrix}1&0&0\\0&1&0\\0&0&1\end{pmatrix}$ となるから, 求める階数は 3.

(2) 行変形を行うと $\begin{pmatrix}1&2&3&6\\3&6&-9&0\\1&2&-3&0\\2&2&-4&0\end{pmatrix}\to\cdots\to\begin{pmatrix}1&0&0&1\\0&1&0&1\\0&0&1&1\\0&0&0&0\end{pmatrix}$ となるから, 求める階数は 3.

問 2.3. (1) 解なし (2) たとえば $x_4 = c$ (c は任意の定数) として $\begin{pmatrix}x_1\\x_2\\x_3\\x_4\end{pmatrix}=\frac{1}{3}\begin{pmatrix}-7c-2\\5c-5\\-4c-2\\3c\end{pmatrix}$

(3) $\begin{pmatrix}x\\y\\z\end{pmatrix}=\frac{1}{2}\begin{pmatrix}-12\\23\\17\end{pmatrix}$

解法. (1) 拡大係数行列係数行列を $\tilde{A}$ として行変形を行う: $\tilde{A}=\begin{pmatrix}2&-1&-1&-5\\4&-5&-2&-1\\-2&3&1&3\end{pmatrix}\to\cdots\to$ $\begin{pmatrix}2&-1&-1&-5\\0&1&0&-3\\0&0&0&1\end{pmatrix}$. 3 行目は方程式 $0\cdot x+0\cdot y+0\cdot z=0$ を意味しているので, よって解なし.

問 2.4. (1) $-a_1-a_2+a_3=0$ (2) $5a_1-3a_2-a_3=0$

解法. (1) 拡大係数行列を $\tilde{A}$ として行変型を行う:

$$\tilde{A}=\begin{pmatrix}2&1&-1&a_1\\1&1&0&a_2\\3&2&-1&a_3\end{pmatrix}\to\begin{pmatrix}1&1&0&a_2\\0&-1&-1&a_1-2a_2\\0&-1&-1&a_3-3a_2\end{pmatrix}\to\begin{pmatrix}1&1&0&a_2\\0&1&1&a_1-2a_2\\0&0&0&-a_1-a_2+a_3\end{pmatrix}.$$

(※ 1 つめの変形: 1 行 +2 行 × (−2), 3 行 +2 行 × (−3), 1 行目と 2 行目を交換. 2 つ目の変形: 3 行 −2 行, 2 行 × (−1).).

(2) 拡大係数行列を $\tilde{A}$ として行変型を行う:

$$\tilde{A}=\begin{pmatrix}2&3&4&a_1\\3&4&7&a_2\\1&3&-1&a_3\end{pmatrix}\to\begin{pmatrix}1&3&-1&a_3\\0&-5&10&a_2-3a_3\\0&-3&6&a_1-2a_3\end{pmatrix}\to\begin{pmatrix}1&3&-1&a_3\\0&1&-2&-2a_1+a_2+a_3\\0&0&0&-5a_1+3a_2+a_3\end{pmatrix}.$$

(※ 1 つめの変形: 1 行と 3 行を交換, 2 行 +1 行 × (−3), 3 行 +1 行 × (−2). 2 つ目の変形: 2 行 +3 行 × (−2), 3 行 +2 行 × 3.).

問 2.5. (1) $\begin{pmatrix}-6&2&-1\\19&-7&2\\-2&1&0\end{pmatrix}$ (2) $\begin{pmatrix}1&1&2&1\\2&3&4&1\\3&3&3&1\\1&2&3&1\end{pmatrix}$

解法. (1) $\begin{pmatrix} 2 & 1 & 3 & 1 & 0 & 0 \\ 4 & 2 & 7 & 0 & 1 & 0 \\ -5 & -2 & -4 & 0 & 0 & 1 \end{pmatrix} \to \cdots \to \begin{pmatrix} 1 & 0 & 0 & -6 & 2 & -1 \\ 0 & 1 & 0 & 19 & -7 & 2 \\ 0 & 0 & 1 & -2 & 1 & 0 \end{pmatrix}$ と行変形されることから, 求める逆行列を得る.

(2) $\begin{pmatrix} 1 & 1 & 0 & -2 & 1 & 0 & 0 & 0 \\ -2 & -2 & 1 & 3 & 0 & 1 & 0 & 0 \\ 1 & 2 & -1 & -2 & 0 & 0 & 1 & 0 \\ 0 & -3 & 1 & 3 & 0 & 0 & 0 & 1 \end{pmatrix} \to \cdots \to \begin{pmatrix} 1 & 0 & 0 & 0 & 1 & 1 & 2 & 1 \\ 0 & 1 & 0 & 0 & 2 & 3 & 4 & 1 \\ 0 & 0 & 1 & 0 & 3 & 3 & 3 & 1 \\ 0 & 0 & 0 & 1 & 1 & 2 & 3 & 1 \end{pmatrix}$ と行変形されることから, 求める逆行列を得る.

第 2 章　練習問題

1. (1) 3　(2) 2　(3) 3　(4) 3　(5) 2　(6) 2　(7) $a = b = 0$ のとき 0. $a = b \neq 0$ のとき 1. $a \neq b, a = -2b$ のとき 2. $a \neq b, a \neq -2b$ のとき 3.　(8) $a = b = c$ のとき 1, $a = b$ または $a = c$ もしくは $b = c$ のとき 2, それ以外では 3

解法. (7) まず $\begin{pmatrix} a & b & b \\ b & a & b \\ b & b & a \end{pmatrix} \to \begin{pmatrix} a & b & b \\ -(a-b) & a-b & 0 \\ 0 & -(a-b) & a-b \end{pmatrix} =: A'$ と変形しておく.

(i) $a = b$ のとき: このときは $A' \to \begin{pmatrix} a & a & a \\ 0 & 0 & 0 \\ 0 & 0 & 0 \end{pmatrix}$ と行変形される. したがって求める階数は $a = 0$ ならば 0 で, そうでないなら 1.

(ii) $a \neq b$ のとき: このときは $A' \to \begin{pmatrix} a & b & b \\ 1 & -1 & 0 \\ 0 & 1 & -1 \end{pmatrix} \to \begin{pmatrix} 1 & -1 & 0 \\ 0 & 1 & -1 \\ 0 & 0 & a+2b \end{pmatrix}$ と行変形される. したがって求める階数は $a + 2b = 0$ ならば 2 で, そうでないなら 3.

(8) (i) a, b, c が全て異なるとき: $\begin{pmatrix} 1 & a & bc \\ 1 & b & ca \\ 1 & c & ab \end{pmatrix} \to \begin{pmatrix} 1 & a & bc \\ 0 & -(a-b) & (a-b)c \\ 0 & -(b-c) & (b-c)a \end{pmatrix} \to \begin{pmatrix} 1 & a & bc \\ 0 & 1 & -c \\ 0 & 1 & -a \end{pmatrix} \to \begin{pmatrix} 1 & a & bc \\ 0 & 1 & -c \\ 0 & 0 & c-a \end{pmatrix}$

$\to \begin{pmatrix} 1 & a & bc \\ 0 & 1 & -c \\ 0 & 0 & 1 \end{pmatrix}$ より求める階数は 3.

(ii) a, b, c が 2 つだけ一致するとき: $a = b \neq c$ としてよい. このとき $\begin{pmatrix} 1 & a & bc \\ 1 & b & ca \\ 1 & c & ab \end{pmatrix} = \begin{pmatrix} 1 & a & ac \\ 1 & a & ac \\ 1 & c & a^2 \end{pmatrix} \to$
$\begin{pmatrix} 1 & a & bc \\ 0 & 0 & 0 \\ 0 & -(a-c) & (a-c)a \end{pmatrix} \to \begin{pmatrix} 1 & a & bc \\ 0 & 1 & -a \\ 0 & 0 & 0 \end{pmatrix}$ より求める階数は 2.

(iii) a, b, c が全て同じとき: $\begin{pmatrix} 1 & a & bc \\ 1 & b & ca \\ 1 & c & ab \end{pmatrix} = \begin{pmatrix} 1 & a & a^2 \\ 1 & a & a^2 \\ 1 & a & a^2 \end{pmatrix} \to \begin{pmatrix} 1 & a & a^2 \\ 0 & 0 & 0 \\ 0 & 0 & 0 \end{pmatrix}$ より求める階数は 1.

2. (1) $\begin{pmatrix} x \\ y \\ z \\ w \end{pmatrix} = \begin{pmatrix} 2 \\ 3 \\ 0 \\ -1 \end{pmatrix}$　(2) 解なし　(3) $\begin{pmatrix} x \\ y \\ z \end{pmatrix} = a \begin{pmatrix} 2 \\ 1 \\ 0 \end{pmatrix} + b \begin{pmatrix} -3 \\ 0 \\ 1 \end{pmatrix} + \begin{pmatrix} 2 \\ 0 \\ 0 \end{pmatrix}$ (a, b は任意の数)　(4) $\begin{pmatrix} x \\ y \\ z \\ w \\ u \end{pmatrix} = a \begin{pmatrix} -2 \\ 1 \\ 0 \\ 0 \\ 0 \end{pmatrix} + b \begin{pmatrix} -4 \\ 0 \\ 1 \\ 1 \\ 0 \end{pmatrix} + c \begin{pmatrix} 3 \\ 0 \\ -1 \\ 0 \\ 1 \end{pmatrix}$ (a, b, c は任意の数)

3. $2a_1 - a_2 - 2a_3 = 0$

解法. 拡大係数行列を行変形する:

$$\begin{pmatrix} 2 & 1 & 3 & a_1 \\ 2 & 0 & 2 & a_2 \\ 1 & 1 & 2 & a_3 \end{pmatrix} \to \begin{pmatrix} 1 & 1 & 2 & a_3 \\ 0 & -1 & -1 & a_1 - 2a_3 \\ 0 & -2 & -2 & a_2 - 2a_3 \end{pmatrix} \to \begin{pmatrix} 1 & 1 & 2 & a_3 \\ 0 & -1 & -1 & a_1 - 2a_3 \\ 0 & 0 & 0 & -2a_1 + a_2a_2 + 2a_3 \end{pmatrix}.$$

連立方程式が解をもつためには係数行列の階数である 2 (※ 4 列目を無視した行列の階数を見ればよい) と, 拡大係数行列の階数が一致すればよいので, 求める条件は $-2a_1 + a_2a_2 + 2a_3 = 0$.

4. $a = 1,\ b = 2,\ \begin{pmatrix} x \\ y \\ z \\ w \end{pmatrix} = \dfrac{1}{5} \begin{pmatrix} 7 \\ 3 \\ 0 \\ 0 \end{pmatrix} + c \begin{pmatrix} -1 \\ -1 \\ 1 \\ 0 \end{pmatrix} + \dfrac{d}{5} \begin{pmatrix} 2 \\ 3 \\ 0 \\ 5 \end{pmatrix}$ (c, d は任意の数)

解法. 拡大係数行列を行変形する:

$$\begin{pmatrix}2 & -3 & -1 & 1 & a\\ 1 & -9 & -8 & 5 & -4\\ 4 & -11 & -7 & 5 & -1\\ 1 & 1 & 2 & -1 & b\end{pmatrix} \to \begin{pmatrix}1 & 1 & 2 & -1 & b\\ 0 & -10 & -10 & 6 & -b-4\\ 0 & -15 & -15 & 9 & -4b-1\\ 0 & -5 & -5 & 3 & a-2b\end{pmatrix} \to \begin{pmatrix}1 & 1 & 2 & -1 & b\\ 0 & 0 & 0 & 0 & -2a+3b-4\\ 0 & 0 & 0 & 0 & -3a+2b-1\\ 0 & -5 & -5 & 3 & a-2b\end{pmatrix}.$$

連立方程式が解をもつためには係数行列の階数である 2 (※ 5 列目を無視した行列の階数を見ればよい) と, 拡大係数行列の階数が一致すればよいので, そのための条件は $-2a+3b-4=0, -3a+2b-1=0$. これを解くと $a=1, b=2$. あとはこれを問題の連立方程式に代入して解けばよい (※ このときは先ほどの行変形した結果を使うとラクになる).

5. (1) $\dfrac{1}{10}\begin{pmatrix}-2 & 4\\ 1 & 3\end{pmatrix}$　(2) $\begin{pmatrix}1 & 0 & -1\\ -1 & -1 & 3\\ 0 & 1 & -1\end{pmatrix}$　(3) $\begin{pmatrix}1 & 0 & 0 & 0\\ 0 & \frac{1}{2} & 0 & 0\\ 0 & 0 & \frac{1}{3} & 0\\ 0 & 0 & 0 & \frac{1}{4}\end{pmatrix}$　(4) $\begin{pmatrix}4 & 18 & -16 & -3\\ 0 & -1 & 1 & 1\\ 1 & 3 & -3 & 0\\ 1 & 6 & -5 & -1\end{pmatrix}$

(5) $\begin{pmatrix}ab & -a & 1\\ -b & 1 & 0\\ 1 & 0 & 0\end{pmatrix}$　(6) $\begin{pmatrix}0 & 0 & 0 & 1\\ 0 & 0 & 1 & -a\\ 0 & 1 & -b & ab\\ 1 & -c & bc & -abc\end{pmatrix}$

解法. 3 次以上の行列の逆行列は, 例 2.6.2 と同じようにすればよい.

第 3 章

問 3.1. (1) -10　(2) 7　(3) 2

解法. (1) $\begin{vmatrix}4 & 3\\ 2 & -1\end{vmatrix} = 4\cdot(-1) - 3\cdot 2 = -10.$

(2) $\begin{vmatrix}1 & 0 & 2\\ 5 & 5 & 7\\ 3 & 4 & 5\end{vmatrix} = (1\cdot5\cdot5 + 5\cdot4\cdot2 + 3\cdot7\cdot0) - (2\cdot5\cdot3 + 5\cdot0\cdot5 + 1\cdot4\cdot7) = 7.$

(3) $\begin{vmatrix}-2 & 4 & 1\\ 1 & 0 & -2\\ -1 & -2 & 3\end{vmatrix} = ((-2)\cdot0\cdot3 + 1\cdot(-2)\cdot1 + (-1)\cdot(-2)\cdot4) - (1\cdot0\cdot(-1) + 4\cdot1\cdot3 + (-2)\cdot(-2)\cdot(-2)) = 2.$

問 3.2. (1) -12　(2) -10　(3) -3　(4) 0

解法. (1) $\begin{vmatrix}1 & 3 & 0 & 2\\ 1 & 2 & 1 & -1\\ 0 & 0 & 3 & -2\\ 0 & 0 & 0 & 4\end{vmatrix} = \begin{vmatrix}1 & 3\\ 1 & 2\end{vmatrix}\cdot\begin{vmatrix}3 & -2\\ 0 & 4\end{vmatrix} = (-1)\cdot 12 = -12.$

(2) $\begin{vmatrix}1 & 1 & 2 & 3\\ 2 & 4 & 3 & 6\\ 2 & 4 & 2 & 8\\ 1 & 2 & 4 & 3\end{vmatrix} = \begin{vmatrix}1 & 1 & 2 & 3\\ 0 & 2 & -1 & 0\\ 0 & 2 & -2 & 2\\ 0 & 1 & 2 & 0\end{vmatrix} = -\begin{vmatrix}1 & 1 & 2 & 3\\ 0 & 1 & 2 & 0\\ 0 & 0 & -6 & 2\\ 0 & 0 & -5 & 0\end{vmatrix} = -\begin{vmatrix}-6 & 2\\ -5 & 0\end{vmatrix} = -10.$

(3) $\begin{vmatrix}0 & 1 & 1 & 1\\ 1 & 0 & 1 & 1\\ 1 & 1 & 0 & 1\\ 1 & 1 & 1 & 0\end{vmatrix} = \begin{vmatrix}3 & 3 & 3 & 3\\ 1 & 0 & 1 & 1\\ 1 & 1 & 0 & 1\\ 1 & 1 & 1 & 0\end{vmatrix} = 3\begin{vmatrix}1 & 1 & 1 & 1\\ 1 & 0 & 1 & 1\\ 1 & 1 & 0 & 1\\ 1 & 1 & 1 & 0\end{vmatrix} = 3\begin{vmatrix}1 & 1 & 1 & 1\\ 0 & -1 & 0 & 0\\ 0 & 0 & -1 & 0\\ 0 & 0 & 0 & -1\end{vmatrix} = -3.$

(4) $\begin{vmatrix}1 & 2 & 3 & 4\\ 5 & 6 & 7 & 8\\ 9 & 10 & 11 & 12\\ 13 & 14 & 15 & 16\end{vmatrix} = \begin{vmatrix}1 & 2 & 3 & 4\\ 4 & 4 & 4 & 4\\ 9 & 10 & 11 & 12\\ 4 & 4 & 4 & 4\end{vmatrix} = 0.$ (2 行目 -1 行目, 4 行目 -3 行目をおこなった.)

問 3.3. (1) -307　(2) -272

解法. 余因子展開を行って計算する. その際, 成分に 0 を含む行または列に着目すると計算がラクになることが多い.

(1) 4 行目に着目して余因子展開を行う: $\begin{vmatrix}1 & 4 & 1 & 4\\ 2 & 1 & 3 & 5\\ 6 & 2 & 3 & 7\\ 3 & 0 & 9 & 5\end{vmatrix} = -3\begin{vmatrix}4 & 1 & 4\\ 1 & 3 & 5\\ 2 & 3 & 7\end{vmatrix} - 9\begin{vmatrix}1 & 4 & 4\\ 2 & 1 & 5\\ 6 & 2 & 7\end{vmatrix} + 5\begin{vmatrix}1 & 4 & 1\\ 2 & 1 & 3\\ 6 & 2 & 3\end{vmatrix} =$
$-3\cdot15 - 9\cdot53 + 5\cdot43 = -307.$

(2) 3 行目に着目して余因子展開を行う: $\begin{vmatrix} 1 & 1 & 8 & 4 \\ 1 & 1 & 4 & -2 \\ -10 & -8 & 0 & -2 \\ 4 & 2 & -6 & 7 \end{vmatrix} = -10\begin{vmatrix} 1 & 8 & 4 \\ 1 & 4 & -2 \\ 2 & -6 & 7 \end{vmatrix} + 8\begin{vmatrix} 1 & 8 & 4 \\ 1 & 4 & -2 \\ 4 & -6 & 7 \end{vmatrix} +$

$2\begin{vmatrix} 1 & 1 & 8 \\ 1 & 1 & 4 \\ 4 & 2 & -6 \end{vmatrix} = -10 \cdot (-128) + 8 \cdot (-192) + 2 \cdot (-8) = -272.$

問 3.4. $\dfrac{14}{307}$

解法. z を求めたいので係数行列の行列式の 3 列目に着目しつつクラーメルの公式を用いる.

$$z = \left(\begin{vmatrix} 1 & 4 & 1 & 4 \\ 2 & 1 & 3 & 5 \\ 6 & 2 & 3 & 7 \\ 3 & 0 & 9 & 5 \end{vmatrix}\right)^{-1} \cdot \begin{vmatrix} 1 & 4 & 0 & 4 \\ 2 & 1 & 0 & 5 \\ 6 & 2 & 3 & 7 \\ 3 & 0 & 1 & 5 \end{vmatrix} = \frac{14}{307}.$$

第 3 章　練習問題

1. (1) 1　(2) -1　(3) n が偶数のときは $(-1)^{\frac{n}{2}}$. n が奇数のときは $(-1)^{\frac{n-1}{2}}$.

解法. 問題の置換を σ とする.

(1) $\sigma = (2\ 4)(2\ 3)$ より σ は偶置換.

(2) $\sigma = (1\ 2)(2\ 3)(1\ 5)$ より σ は奇置換.

(3) n が偶数のときは $\sigma = (1\ n)(2\ n-1)\cdots\left(\frac{n}{2}\ \ \frac{n}{2}+1\right)$ と, $\frac{n}{2}$ 個の互換の積として表されるので求める符号は $(-1)^{\frac{n}{2}}$. 次に n が奇数のときは $\sigma = (1\ n)(2\ n-1)\cdots\left(\frac{n-1}{2}\ \ \frac{n+3}{2}\right)$ と, $\frac{n-1}{2}$ 個の互換の積として表されるので求める符号は $(-1)^{\frac{n-1}{2}}$.

2. (1) 98　(2) 1　(3) n が偶数のときは $(-1)^{\frac{n}{2}} n!$. n が奇数のときは $(-1)^{\frac{n-1}{2}} n!$.

解法. (1) $\begin{vmatrix} 3 & 1 & 4 & 1 \\ 5 & 9 & 2 & 6 \\ 5 & 3 & 5 & 8 \\ 9 & 7 & 9 & 3 \end{vmatrix} = \begin{vmatrix} 3 & 1 & 4 & 1 \\ 5 & 9 & 2 & 6 \\ 0 & -6 & 3 & 2 \\ 9 & 7 & 9 & 3 \end{vmatrix} = 6\begin{vmatrix} 3 & 4 & 1 \\ 5 & 2 & 6 \\ 9 & 9 & 3 \end{vmatrix} + 3\begin{vmatrix} 3 & 1 & 1 \\ 5 & 9 & 6 \\ 9 & 7 & 3 \end{vmatrix} - 2\begin{vmatrix} 3 & 1 & 4 \\ 5 & 9 & 2 \\ 9 & 7 & 9 \end{vmatrix} = 6 \cdot 39 + 3 \cdot (-52) - 2 \cdot (-10) = 98.$

(2) $\begin{vmatrix} 1 & 1 & 1 & 1 & 1 \\ 1 & 2 & 2 & 2 & 2 \\ 1 & 2 & 3 & 3 & 3 \\ 1 & 2 & 3 & 4 & 4 \\ 1 & 2 & 3 & 4 & 5 \end{vmatrix} = \begin{vmatrix} 1 & 1 & 1 & 1 & 1 \\ 0 & 1 & 1 & 1 & 1 \\ 0 & 0 & 1 & 1 & 1 \\ 0 & 0 & 0 & 1 & 1 \\ 0 & 0 & 0 & 0 & 1 \end{vmatrix} = 1.$ (はじめの等式では, 5 行 -4 行, 4 行 -3 行, 3 行 -2 行, 2 行 -1 行という変形を順に行っている.)

(3) (a) n が偶数のとき: 「1 列目と n 列目, 2 列目と $n-1$ 列目, $\cdots$, $\frac{n}{2}$ 列目と $\frac{n}{2}+1$ 列目」を入れ替えることで, 問題にある行列は, $1, 2, \ldots, n$ がこの順に並ぶ対角行列に変形できる. この対角行列の行列式は $n!$ であり, また列の入れ替えは全部で $\frac{n}{2}$ 回行われたことから求める行列式は $(-1)^{\frac{n}{2}} n!$.

(b) n が奇数のとき: 「1 列目と n 列目, 2 列目と $n-1$ 列目, $\cdots$, $\frac{n-1}{2}$ 列目と $\frac{n+3}{2}$ 列目」を入れ替えることで, 問題にある行列は, $1, 2, \ldots, n$ がこの順に並ぶ対角行列に変形できる. この対角行列の行列式は $n!$ であり, また列の入れ替えは全部で $\frac{n-1}{2}$ 回行われたことから求める行列式は $(-1)^{\frac{n-1}{2}} n!$.

3. (1) $(\alpha+\beta+\gamma+\delta)(\alpha+\beta-\gamma-\delta)(\alpha-\beta-\gamma+\delta)(\alpha-\beta+\gamma-\delta)$　(2) $(a+b+c)(a-b)(b-c)(c-a)$
(3) $(x+3a)(x-a)^3$

解法. (1) (与式) $= \begin{vmatrix} \alpha+\beta+\gamma+\delta & \alpha+\beta+\gamma+\delta & \alpha+\beta+\gamma+\delta & \alpha+\beta+\gamma+\delta \\ \beta & \alpha & \delta & \gamma \\ \gamma & \delta & \alpha & \beta \\ \delta & \gamma & \beta & \alpha \end{vmatrix} = (\alpha+\beta+\gamma+\delta)\begin{vmatrix} 1 & 1 & 1 & 1 \\ \beta & \alpha & \delta & \gamma \\ \gamma & \delta & \alpha & \beta \\ \delta & \gamma & \beta & \alpha \end{vmatrix} = (\alpha+\beta+\gamma+\delta)\begin{vmatrix} 1 & 0 & 0 & 0 \\ \beta & \alpha-\beta & \delta-\alpha & \gamma-\delta \\ \gamma & \delta-\gamma & \alpha-\delta & \beta-\alpha \\ \delta & \gamma-\delta & \beta-\gamma & \alpha-\beta \end{vmatrix} = (\alpha+\beta+\gamma+\delta)\begin{vmatrix} \alpha-\beta & \delta-\alpha & \gamma-\delta \\ \delta-\gamma & \alpha-\delta & \beta-\alpha \\ \gamma-\delta & \beta-\gamma & \alpha-\beta \end{vmatrix} =$
$(\alpha+\beta+\gamma+\delta)\begin{vmatrix} \alpha-\beta & \delta-\alpha & \gamma-\delta \\ \delta-\gamma & \alpha-\delta & \beta-\alpha \\ 0 & \alpha+\beta-\gamma-\delta & 0 \end{vmatrix} = -(\alpha+\beta+\gamma+\delta)(\alpha+\beta-\gamma-\delta)\begin{vmatrix} \alpha-\beta & \gamma-\delta \\ \delta-\gamma & \beta-\alpha \end{vmatrix} =$
$-(\alpha+\beta+\gamma+\delta)(\alpha+\beta-\gamma-\delta)\begin{vmatrix} \alpha-\beta-\gamma+\delta & -(\alpha-\beta-\gamma+\delta) \\ \delta-\gamma & \beta-\alpha \end{vmatrix} = -(\alpha+\beta+\gamma+\delta)(\alpha+\beta-\gamma-\delta)(\alpha-\beta-\gamma+\delta)\begin{vmatrix} 1 & -1 \\ \delta-\gamma & \beta-\alpha \end{vmatrix} = (\alpha+\beta+\gamma+\delta)(\alpha+\beta-\gamma-\delta)(\alpha-\beta-\gamma+\delta)(\alpha-\beta+\gamma-\delta)$

(2) (与式) $= \begin{vmatrix} a & bc & b+c \\ b-a & c(a-b) & a-b \\ c-b & a(b-c) & b-c \end{vmatrix} = (a-b)(b-c)\begin{vmatrix} a & bc & b+c \\ -1 & c & 1 \\ -1 & a & 1 \end{vmatrix} = (a-b)(b-c)\begin{vmatrix} 0 & (a+b)c & a+b+c \\ -1 & c & 1 \\ 0 & a-c & 0 \end{vmatrix}$
$= (a-b)(b-c)(c-a)\begin{vmatrix} 0 & a+b+c \\ -1 & 1 \end{vmatrix} = (a+b+c)(a-b)(b-c)(c-a)$

(3) (与式) $= \begin{vmatrix} x+3a & x+3a & x+3a & x+3a \\ a & a & x & a \\ a & x & a & a \\ x & a & a & a \end{vmatrix} = (x+3a)\begin{vmatrix} 1 & 1 & 1 & 1 \\ a & a & x & a \\ a & x & a & a \\ x & a & a & a \end{vmatrix} = (x+3a)\begin{vmatrix} 1 & 0 & 0 & 0 \\ a & 0 & x-a & a-x \\ a & x-a & a-x & 0 \\ x & a-x & 0 & 0 \end{vmatrix}$
$= (x+3a)\begin{vmatrix} 0 & x-a & a-x \\ x-a & a-x & 0 \\ a-x & 0 & 0 \end{vmatrix} = -(x+3a)\begin{vmatrix} a-x & x-a & 0 \\ 0 & a-x & x-a \\ 0 & 0 & a-x \end{vmatrix} = (x+3a)(x-a)^3$

4. (1) 第 i 列 − 第 $(i-1)$ 列 $\times x_1$ という操作を $i = n+1, n, n-1, \ldots$ の順に繰り返してみると,

$$\begin{aligned}
(\text{与式}) &= \begin{vmatrix} 1 & 0 & 0 & \cdots & 0 \\ 1 & x_2-x_1 & x_2(x_2-x_1) & \cdots & x_2^{n-2}(x_2-x_1) \\ \vdots & \vdots & \vdots & & \vdots \\ 1 & x_n-x_1 & x_n(x_n-x_1) & \cdots & x_n^{n-2}(x_n-x_1) \end{vmatrix} \\
&= \begin{vmatrix} x_2-x_1 & x_2(x_2-x_1) & \cdots & x_2^{n-2}(x_2-x_1) \\ \vdots & \vdots & & \vdots \\ x_n-x_1 & x_n(x_n-x_1) & \cdots & x_n^{n-2}(x_n-x_1) \end{vmatrix} \\
&= (x_n-x_1)(x_{n-1}-x_1)\cdots(x_2-x_1)\begin{vmatrix} 1 & x_2 & \cdots & x_2^{n-2} \\ \vdots & \vdots & & \vdots \\ 1 & x_n & \cdots & x_n^{n-2} \end{vmatrix}
\end{aligned}$$

となる. このことに注意すれば, 求める等式は帰納法により直ちに導かれる.

(2) 示すべき等式の左辺を $f_n(x)$ とおいたときに $f_n(x) = a_0x^n - a_1x^{n-1} + \cdots + (-1)^n a_n$ であることを示す. $n=1$ のときは簡単. また $f_{n-1}(x)$ に対しては主張は正しいとして, $f_n(x)$ の $n+1$ 行目で余因子展開を行うと

$$\begin{aligned}
f_n(x) &= (-1)^{n+1+1}a_n\begin{vmatrix} 1 & 0 & \cdots & \cdots & 0 \\ x & 1 & \ddots & & \vdots \\ \vdots & \ddots & \ddots & \ddots & \vdots \\ \vdots & & \ddots & 1 & 0 \\ 0 & \cdots & \cdots & x & 1 \end{vmatrix} + (-1)^{n+1+n+1}x\begin{vmatrix} a_0 & 1 & 0 & \cdots & 0 \\ a_1 & x & 1 & \cdots & 0 \\ a_2 & 0 & x & \ddots & \vdots \\ \vdots & \vdots & \vdots & \ddots & \vdots \\ a_{n-1} & 0 & 0 & \cdots & x \end{vmatrix} \\
&= xf_{n-1}(x) + (-1)^n a_n = x(a_0x^{n-1} - a_1x^{n-2} + \cdots + (-1)^{n-1}a_{n-1}) + (-1)^n a_n \\
&= a_0x^n - a_1x^{n-1} + \cdots + (-1)^n a_n.
\end{aligned}$$

5. (1) $x=-2,\ y=3,\ z=1$　(2) $x=-5,\ y=3,\ z=-1$　(3) $x=7,\ y=-3,\ z=1$
(4) $x=5,\ y=-3,\ z=-2$　(5) $x=4,\ y=3,\ z=-2$　(6) $x=2,\ y=3,\ z=4$

第 4 章

問 4.1. (1) 1 次従属　(2) 1 次独立

解法. (1) $\boldsymbol{c} = \boldsymbol{a} + \boldsymbol{b}$ なので 1 次従属である. (この関係式は $\lambda_1\boldsymbol{a} + \lambda_2\boldsymbol{b} + \lambda_3\boldsymbol{c} = \boldsymbol{0}$ として解くと $\lambda_1 = \lambda_2 = -t,\ \lambda_3 = t$ となることがわかり, これに $t=-1$ として元の式に代入すれば得られる.)

(2) $\lambda_1\boldsymbol{a} + \lambda_2\boldsymbol{b} + \lambda_3\boldsymbol{c} = \boldsymbol{0}$ として第 1,2,4 成分を見ると $\lambda_1 - 2\lambda_2 + 4\lambda_3 = 0,\ -\lambda_1 + \lambda_3 = 0,\ \lambda_2 - 3\lambda_3 = 0$. これを解くと $\lambda_1 = \lambda_2 = \lambda_3 = 0$ を得る. よって 1 次独立.

問 4.2. 2

解法. $\boldsymbol{a} = \begin{pmatrix} 1 \\ 1 \\ -1 \end{pmatrix},\ \boldsymbol{b} = \begin{pmatrix} 2 \\ 2 \\ -1 \end{pmatrix},\ \boldsymbol{c} = \begin{pmatrix} -3 \\ -3 \\ 3 \end{pmatrix},\ \boldsymbol{d} = \begin{pmatrix} -\sqrt{2} \\ -\sqrt{2} \\ \sqrt{2} \end{pmatrix}$ とおくと, $\boldsymbol{a}$ と $\boldsymbol{b}$ は 1 次独立. また $\boldsymbol{c} = -3\boldsymbol{a},\ \boldsymbol{d} = -\sqrt{2}\boldsymbol{a}$ であることに注意すると, どの 3 つを選んでも 1 次従属であることがわかる (系 4.1.4 参照).

問 4.3. 固有値 1 と 3. 1 の固有ベクトルは $c_1\begin{pmatrix}1\\0\\-1\end{pmatrix}+c_2\begin{pmatrix}0\\1\\-1\end{pmatrix}$. 3 の固有ベクトルは $c_3\begin{pmatrix}1\\1\\0\end{pmatrix}$.

解法. $A=\begin{pmatrix}2&1&1\\1&2&1\\0&0&1\end{pmatrix}$ とする. 固有多項式は $f_A(x)=(x-1)^2(x-3)$ なので, A の固有値は 1 と 3. 1 の固有ベクトル $\boldsymbol{x}$ をとると $(E-A)\boldsymbol{x}=0$, すなわち $\begin{pmatrix}-1&-1&-1\\-1&-1&-1\\0&0&0\end{pmatrix}\boldsymbol{x}=\boldsymbol{0}$. これを解くと $\boldsymbol{x}=c_1\begin{pmatrix}1\\0\\-1\end{pmatrix}+c_2\begin{pmatrix}0\\1\\-1\end{pmatrix}$. つぎに 3 の固有ベクトル $\boldsymbol{x}$ をとると $(3E-A)\boldsymbol{x}=0$, すなわち $\begin{pmatrix}1&-1&-1\\-1&1&-1\\0&0&2\end{pmatrix}\boldsymbol{x}=\boldsymbol{0}$. これを解くと $\boldsymbol{x}=c_3\begin{pmatrix}1\\1\\0\end{pmatrix}$.

問 4.4. $P=\begin{pmatrix}4&1&-16\\1&1&41\\2&1&136\end{pmatrix}$ とすると $P^{-1}AP=\begin{pmatrix}0&0&0\\0&-1&0\\0&0&18\end{pmatrix}$.

解法. $A=\begin{pmatrix}1&0&-2\\-2&-6&7\\-7&-16&22\end{pmatrix}$ とする. 固有多項式は $f_A(x)=x(x+1)(x-18)$ なので, A の固有値は $0,-1,18$ となる. 0 の固有ベクトルとしてたとえば $\begin{pmatrix}4\\1\\2\end{pmatrix}$ がとれる. -1 の固有ベクトルとしてたとえば $\begin{pmatrix}1\\1\\1\end{pmatrix}$ がとれる. 18 の固有ベクトルとしてたとえば $\begin{pmatrix}-16\\41\\136\end{pmatrix}$ がとれる. そこでこれら 3 つの固有ベクトルを並べて得られる行列 $\begin{pmatrix}4&1&-16\\1&1&41\\2&1&136\end{pmatrix}$ を P と定義すれば, これは正則で $P^{-1}AP=\begin{pmatrix}0&0&0\\0&-1&0\\0&0&18\end{pmatrix}$ をみたす.

第 4 章　練習問題

1.　1 次従属

解法 1. $\boldsymbol{a}=\begin{pmatrix}1\\0\\2\end{pmatrix}$, $\boldsymbol{b}=\begin{pmatrix}2\\1\\3\end{pmatrix}$, $\boldsymbol{c}=\begin{pmatrix}3\\1\\5\end{pmatrix}$ とおくと, $\boldsymbol{c}=\boldsymbol{a}+\boldsymbol{b}$ なので, $\boldsymbol{a},\boldsymbol{b},\boldsymbol{c}$ は 1 次従属.

解法 2. $\boldsymbol{a},\boldsymbol{b},\boldsymbol{c}$ を上のようにとり, $A=(\boldsymbol{a}\ \boldsymbol{b}\ \boldsymbol{c})=\begin{pmatrix}1&2&3\\0&1&1\\2&3&5\end{pmatrix}$ とすると, $\mathrm{rank}A=2$. これは ($\boldsymbol{a},\boldsymbol{b},\boldsymbol{c}$ の個数である) 3 より小さいので, $\boldsymbol{a},\boldsymbol{b},\boldsymbol{c}$ は 1 次従属 (定理 4.3.3 参照).

2.　$m=\dfrac{3}{7}$

解法. $A=\begin{pmatrix}1&2&m\\2&3&1\\3&1&2\end{pmatrix}$ とすると, A が正則とならない, つまり $\det A=0$ となるような m を求めればよい (定理 3.6.1 と系 4.3.4 参照). $\det A=-7m+3$ より求める条件は $m=\dfrac{3}{7}$.

3.　(1) 1 次従属　(2) 1 次独立

(1) **解法 1.** $(\boldsymbol{a}+\boldsymbol{b})+(-1)(\boldsymbol{b}+\boldsymbol{c})+(\boldsymbol{c}+\boldsymbol{d})+(-1)(\boldsymbol{d}+\boldsymbol{a})=\boldsymbol{0}$ より, 1 次従属.

解法 2. (※ 解法 1 に書いたような線形関係式が思いつけばいいのだが, そう都合よくいくとも限らないので, そのような場合は以下に述べる解法を用いるとよい.) $\lambda_1(\boldsymbol{a}+\boldsymbol{b})+\lambda_2(\boldsymbol{b}+\boldsymbol{c})+\lambda_3(\boldsymbol{c}+\boldsymbol{d})+\lambda_4(\boldsymbol{d}+\boldsymbol{a})=\boldsymbol{0}$ とすると, $(\lambda_1+\lambda_4)\boldsymbol{a}+(\lambda_1+\lambda_2)\boldsymbol{b}+(\lambda_2+\lambda_3)\boldsymbol{c}+(\lambda_3+\lambda_4)\boldsymbol{d}=\boldsymbol{0}$. $\boldsymbol{a},\boldsymbol{b},\boldsymbol{c},\boldsymbol{d}$ は 1 次独立なので, $\lambda_1+\lambda_4=\lambda_1+\lambda_2=\lambda_2+\lambda_3=\lambda_3+\lambda_4=0$. よって方程式 $\begin{pmatrix}1&0&0&1\\1&1&0&0\\0&1&1&0\\0&0&1&1\end{pmatrix}\begin{pmatrix}\lambda_1\\\lambda_2\\\lambda_3\\\lambda_4\end{pmatrix}=\boldsymbol{0}$ を得る. ここで $\begin{vmatrix}1&0&0&1\\1&1&0&0\\0&1&1&0\\0&0&1&1\end{vmatrix}=0$ であることに注意すれば, 方程式は $\begin{pmatrix}\lambda_1\\\lambda_2\\\lambda_3\\\lambda_4\end{pmatrix}\neq\boldsymbol{0}$ なる解をもつことがわかる. したがって, もとめる答えは 1 次従属.

(2) $\lambda_1(\boldsymbol{a}+\boldsymbol{b}+\boldsymbol{c})+\lambda_2(\boldsymbol{b}+\boldsymbol{c}+\boldsymbol{d})+\lambda_3(\boldsymbol{c}+\boldsymbol{d}+\boldsymbol{a})+\lambda_4(\boldsymbol{d}+\boldsymbol{a}+\boldsymbol{b})=\boldsymbol{0}$ とすると, $(\lambda_1+\lambda_3+\lambda_4)\boldsymbol{a}+(\lambda_1+\lambda_2+\lambda_4)\boldsymbol{b}+(\lambda_1+\lambda_2+\lambda_3)\boldsymbol{c}+(\lambda_2+\lambda_3+\lambda_4)\boldsymbol{d}=\boldsymbol{0}$. $\boldsymbol{a},\boldsymbol{b},\boldsymbol{c},\boldsymbol{d}$ は 1 次独立なので, $\lambda_1+\lambda_3+\lambda_4=\lambda_1+\lambda_2+\lambda_4=\lambda_1+\lambda_2+\lambda_3=$

$\lambda_2+\lambda_3+\lambda_4=0$. よって方程式 $\begin{pmatrix}1&0&1&1\\1&1&0&1\\1&1&1&0\\0&1&1&1\end{pmatrix}\begin{pmatrix}\lambda_1\\\lambda_2\\\lambda_3\\\lambda_4\end{pmatrix}=\mathbf{0}$ を得る. ここで $\begin{vmatrix}1&0&0&1\\1&1&0&0\\0&1&1&0\\0&0&1&1\end{vmatrix}=3\neq 0$ であることに注意すれば, 方程式は $\begin{pmatrix}\lambda_1\\\lambda_2\\\lambda_3\\\lambda_4\end{pmatrix}=\mathbf{0}$ 以外に解をもたないことがわかる. したがって, もとめる答えは 1 次独立.

4. $\alpha=2,\ \beta=1$

解法. 問題の 3 つの列ベクトルを並べて得られる行列に対して行変形を行う: $\begin{pmatrix}-1&2&\beta\\2&-4&-2\\-1&\alpha&1\end{pmatrix}\to\cdots\to\begin{pmatrix}1&-2&-\beta\\0&\alpha-2&0\\0&0&\beta-1\end{pmatrix}$. これが階数 1 となる条件は $\alpha-2=\beta-1=0$.

5. (1) 固有値 $-1,5$. -1 の固有ベクトルは $c_1\begin{pmatrix}1\\2\\-2\end{pmatrix}$, 5 の固有ベクトルは $c_2\begin{pmatrix}5\\4\\2\end{pmatrix}$.　(2) 固有値 $\dfrac{3\pm\sqrt{1+4a^2}}{2}$. それぞれの固有ベクトルは $\begin{pmatrix}\frac{1\pm\sqrt{1+4a^2}}{2}\\a\end{pmatrix}$ (複合同順)

解法. 問題の行列を A とする.

(1) A の固有多項式は $f_A(x)=\begin{vmatrix}x-1&-3&-4\\-2&x-1&-3\\0&-2&x-1\end{vmatrix}=(x+1)^2(x-5)$. よって A の固有値は -1 と 5. -1 の固有ベクトルを $\boldsymbol{x}$ とすると $A\boldsymbol{x}=-\boldsymbol{x}$ より $(-E-A)\boldsymbol{x}=\mathbf{0}$, すなわち $\begin{pmatrix}2&-3&-4\\-2&-2&-3\\0&-2&-2\end{pmatrix}\boldsymbol{x}=\mathbf{0}$. これを解くと $\boldsymbol{x}=c_1\begin{pmatrix}1\\2\\-2\end{pmatrix}$. つぎに 5 の固有ベクトルを $\boldsymbol{x}$ とすると $A\boldsymbol{x}=5\boldsymbol{x}$ より $(5E-A)\boldsymbol{x}=\mathbf{0}$, すなわち $\begin{pmatrix}4&-3&-4\\-2&4&-3\\0&-2&4\end{pmatrix}\boldsymbol{x}=\mathbf{0}$. これを解くと $\boldsymbol{x}=c_2\begin{pmatrix}5\\4\\2\end{pmatrix}$.

(2) A の固有多項式は $f_A(x)=\begin{vmatrix}x-2&a\\-a&x-1\end{vmatrix}=x^2-3x+2-a^2$. よって A の固有値は $\dfrac{3\pm\sqrt{1+4a^2}}{2}$. $\dfrac{3+\sqrt{1+4a^2}}{2}$ の固有ベクトルを $\boldsymbol{x}$ とすると $A\boldsymbol{x}=\dfrac{3+\sqrt{1+4a^2}}{2}\boldsymbol{x}$ より $\begin{pmatrix}\frac{-1+\sqrt{1+4a^2}}{2}&-a\\-a&\frac{1+\sqrt{1+4a^2}}{2}\end{pmatrix}\boldsymbol{x}=\mathbf{0}$. $a\neq 0$ に注意してこれを解くと $\boldsymbol{x}=c\begin{pmatrix}\frac{1+\sqrt{1+4a^2}}{2}\\a\end{pmatrix}$ となる. 固有値 $\dfrac{3-\sqrt{1+4a^2}}{2}$ の固有ベクトルについても同様にすればよい.

6. λ を固有値とし, その固有ベクトルを $\boldsymbol{x}$ とすると $A\boldsymbol{x}=\lambda\boldsymbol{x}$. $A^2=A$ に注意すると $\lambda\boldsymbol{x}=A\boldsymbol{x}=A^2\boldsymbol{x}=A(\lambda\boldsymbol{x})=\lambda(A\boldsymbol{x})=\lambda^2\boldsymbol{x}$. $\boldsymbol{x}\neq\mathbf{0}$ なので $\lambda=\lambda^2$ より, $\lambda=0$ または 1.

7. (1) 対角化不可能　(2) $P=\begin{pmatrix}1&2&1\\1&1&0\\-2&0&1\end{pmatrix}$, $P^{-1}AP=\begin{pmatrix}1&0&0\\0&2&0\\0&0&2\end{pmatrix}$

解法. 問題の行列を A とする.

(1) A の固有多項式を計算すると $f_A(x)=(x-2)(x-1)^2$ なので, A の固有値は 1 と 2. 2 の固有ベクトルは $c_1\begin{pmatrix}1\\1\\1\end{pmatrix}$, 1 の固有ベクトルは $c_2\begin{pmatrix}1\\1\\0\end{pmatrix}$ の形をしていることが確認できる. したがって, 3 つの 1 次独立な固有ベクトルを得ることはできないので, A は対角化できない.

(2) A の固有多項式を計算すると $f_A(x)=(x-1)(x-2)^2$ なので, A の固有値は 1 と 2. 1 の固有ベクトルは $c_1\begin{pmatrix}1\\1\\-2\end{pmatrix}$, 2 の固有ベクトルは $c_2\begin{pmatrix}2\\1\\0\end{pmatrix}+c_3\begin{pmatrix}1\\0\\1\end{pmatrix}$ の形をしていることが確認できる. そこで $P=\begin{pmatrix}1&2&1\\1&1&0\\-2&0&1\end{pmatrix}$ とおくと P は正則で, $P^{-1}AP=\begin{pmatrix}1&0&0\\0&2&0\\0&0&2\end{pmatrix}$.

第 5 章

問 5.1. たとえば $\left\{\begin{pmatrix}1\\1\\1\end{pmatrix}, \begin{pmatrix}1\\1\\0\end{pmatrix}, \begin{pmatrix}1\\0\\0\end{pmatrix}\right\}$

問 5.2. (1) $\dim L_1 = 0$, $\dim L_2 = 1$, $\dim L_3 = 1$, $\dim L_4 = 2$　(2) $\{a_2, a_4\}$ ($\{a_3, a_4\}$ でもよい)

解法. (1) 定理 5.2.5 を用いればよい. たとえば L_3 であれば $\dim L_3 = \mathrm{rank}\begin{pmatrix}0 & 1 & -2\\0 & -1 & 2\\0 & 1 & -2\end{pmatrix} = 1$.

(2) $\boldsymbol{a}_2$, $\boldsymbol{a}_4$ が 1 次独立であることと $\dim L_4 = 2$ であることより, 定理 5.2.9 から $\{\boldsymbol{a}_2, \boldsymbol{a}_4\}$ は L_4 の基底をなすことが分かる.

問 5.3. **L1 + L2 ⇒ L3** の証明: まず **L1** より $f(\lambda\boldsymbol{x} + \mu\boldsymbol{y}) = f(\lambda\boldsymbol{x}) + f(\mu\boldsymbol{y})$. 次に **L2** より $f(\lambda\boldsymbol{x}) = \lambda f(\boldsymbol{x})$, $f(\mu\boldsymbol{y}) = \mu f(\boldsymbol{y})$. これらをあわせると $f(\lambda\boldsymbol{x} + \mu\boldsymbol{y}) = \lambda f(\boldsymbol{x}) + \mu f(\boldsymbol{y})$.

L3 ⇒ L1 + L2 の証明: **L1** は **L3** を $\lambda = \mu = 1$ として適用すればよい. **L2** は **L3** を $\mu = 0$ として適用すればよい.

問 5.4. (1) $\mathrm{R}(f) = L\left(\begin{pmatrix}1\\-1\end{pmatrix}\right)$, $\mathrm{Ker}(f) = L\left(\begin{pmatrix}1\\-1\end{pmatrix}\right)$, 次元はどちらも 1,

(2) $\mathrm{R}(g) = L\left(\begin{pmatrix}1\\0\\-1\end{pmatrix}, \begin{pmatrix}0\\1\\1\end{pmatrix}\right)$, 次元 $= 2$, $\mathrm{Ker}(g) = L\left(\begin{pmatrix}1\\1\\1\end{pmatrix}\right)$, 次元 $= 1$

解法. (1) まず $\mathrm{R}(f)$ を計算する. $f\left(\begin{pmatrix}x\\y\end{pmatrix}\right) = x\begin{pmatrix}1\\-1\end{pmatrix} + y\begin{pmatrix}1\\-1\end{pmatrix}$ なので, $\mathrm{R}(f) = L\left(\begin{pmatrix}1\\-1\end{pmatrix}\right)$ であり, これは 1 次元.

つぎに $\mathrm{Ker}(f)$ を求める. $f\left(\begin{pmatrix}x\\y\end{pmatrix}\right) = \boldsymbol{0}$ とすると $\begin{pmatrix}x+y\\-x-y\end{pmatrix} = \boldsymbol{0}$. これを解くと $\begin{pmatrix}x\\y\end{pmatrix} = c\begin{pmatrix}1\\-1\end{pmatrix}$. よって $\mathrm{Ker}(f) = L\left(\begin{pmatrix}1\\-1\end{pmatrix}\right)$ でこれは 1 次元.

(2) まず $\mathrm{R}(f)$ を計算する. $f\left(\begin{pmatrix}x\\y\\z\end{pmatrix}\right) = x\begin{pmatrix}-1\\1\\2\end{pmatrix} + y\begin{pmatrix}1\\0\\-1\end{pmatrix} + z\begin{pmatrix}0\\-1\\-1\end{pmatrix}$ であることに注意すると, $\mathrm{R}(f) = L\left(\begin{pmatrix}-1\\1\\2\end{pmatrix}, \begin{pmatrix}1\\0\\-1\end{pmatrix}, \begin{pmatrix}0\\-1\\-1\end{pmatrix}\right)$. さらに $\begin{pmatrix}1\\0\\-1\end{pmatrix}$ と $\begin{pmatrix}0\\-1\\-1\end{pmatrix}$ は 1 次独立で, $\begin{pmatrix}-1\\1\\2\end{pmatrix} = -\begin{pmatrix}1\\0\\-1\end{pmatrix} - \begin{pmatrix}0\\-1\\-1\end{pmatrix}$ であることに注意すれば, $\mathrm{R}(f) = L\left(\begin{pmatrix}1\\0\\-1\end{pmatrix}, \begin{pmatrix}0\\-1\\-1\end{pmatrix}\right)$ であり, これは 2 次元 (定理 5.2.5 参照).

つぎに $\mathrm{Ker}(f)$ を求める. $f\left(\begin{pmatrix}x\\y\\z\end{pmatrix}\right) = \boldsymbol{0}$ とすると $\begin{pmatrix}-x+y\\x-z\\2x-y-z\end{pmatrix} = \boldsymbol{0}$. これを解くと $\begin{pmatrix}x\\y\\z\end{pmatrix} = c\begin{pmatrix}1\\1\\1\end{pmatrix}$. よって $\mathrm{Ker}(f) = L\left(\begin{pmatrix}1\\1\\1\end{pmatrix}\right)$ でこれは 1 次元.

問 5.5. $\dfrac{1}{2}\begin{pmatrix}5 & 5 & 6\\5 & -1 & 4\end{pmatrix}$

解法. まず $f(\boldsymbol{x}) = \begin{pmatrix}4 & 1 & 1\\-1 & 1 & 2\end{pmatrix}\boldsymbol{x}$ であることに注意し, $A = \begin{pmatrix}4 & 1 & 1\\-1 & 1 & 2\end{pmatrix}$ とおく. つぎに $\mathbb{R}^3$ の標準基底から問題文の $\mathbb{R}^3$ の基底への変換行列を P とすると $P = \begin{pmatrix}1 & 0 & 1\\1 & 1 & 0\\0 & 1 & 1\end{pmatrix}$. また $\mathbb{R}^2$ の標準基底から問題文の $\mathbb{R}^2$ の基底への変換行列を Q とすると $Q = \begin{pmatrix}1 & 1\\1 & -1\end{pmatrix}$. このとき, もとめる表現行列は $Q^{-1}AP = \cdots = \dfrac{1}{2}\begin{pmatrix}5 & 5 & 6\\5 & -1 & 4\end{pmatrix}$.

問 5.6. $\left\{\begin{pmatrix}\frac{4}{5}\\0\\\frac{3}{5}\end{pmatrix}, \begin{pmatrix}\frac{3}{5}\\0\\-\frac{4}{5}\end{pmatrix}, \begin{pmatrix}0\\1\\0\end{pmatrix}\right\}$

解法. $\boldsymbol{b}_1 = \dfrac{\boldsymbol{a}_1}{\|\boldsymbol{a}_1\|} = \begin{pmatrix} \frac{4}{5} \\ 0 \\ \frac{3}{5} \end{pmatrix}$, $\boldsymbol{b}'_2 = \boldsymbol{a}_2 - (\boldsymbol{a}_2, \boldsymbol{b}_1)\boldsymbol{b}_1 = \begin{pmatrix} 3 \\ 0 \\ -4 \end{pmatrix}$, $\boldsymbol{b}_2 = \dfrac{\boldsymbol{b}'_2}{\|\boldsymbol{b}'_2\|} = \begin{pmatrix} \frac{3}{5} \\ 0 \\ -\frac{4}{5} \end{pmatrix}$, $\boldsymbol{b}'_3 = \boldsymbol{a}_3 - (\boldsymbol{a}_3, \boldsymbol{b}_1)\boldsymbol{b}_1 - (\boldsymbol{a}_3, \boldsymbol{b}_2)\boldsymbol{b}_2 = \begin{pmatrix} 0 \\ 9 \\ 0 \end{pmatrix}$, $\boldsymbol{b}_3 = \dfrac{\boldsymbol{b}'_3}{\|\boldsymbol{b}'_3\|} = \begin{pmatrix} 0 \\ 1 \\ 0 \end{pmatrix}$.

問 5.7. 問題の行列を A とおくと, 具体的に計算することにより ${}^tAA = A{}^tA = E$ となることが確認できる.

問 5.8. 固有ベクトルは $x \cdot \begin{pmatrix} 1 \\ 0 \end{pmatrix}$ の形をしたものしかないから.

問 5.9. $P = \begin{pmatrix} \frac{1}{\sqrt{3}} & \frac{1}{\sqrt{2}} & \frac{1}{\sqrt{6}} \\ -\frac{1}{\sqrt{3}} & 0 & \frac{2}{\sqrt{6}} \\ \frac{1}{\sqrt{3}} & -\frac{1}{\sqrt{2}} & \frac{1}{\sqrt{6}} \end{pmatrix}$, ${}^tPAP = \begin{pmatrix} -1 & 0 & 0 \\ 0 & 2 & 0 \\ 0 & 0 & 2 \end{pmatrix}$

解法. 問題の行列を A とすると A の固有多項式は $f_A(x) = (x+1)(x-2)^2$ であり固有値は $-1, 2$. -1 の固有ベクトルとして $\begin{pmatrix} 1 \\ -1 \\ 1 \end{pmatrix}$ がとれる. シュミットの方法で正規直交化すると $\dfrac{1}{\sqrt{3}}\begin{pmatrix} 1 \\ -1 \\ 1 \end{pmatrix}$ を得る. 次に 2 の固有ベクトルとして $\begin{pmatrix} 1 \\ 0 \\ -1 \end{pmatrix}$, $\begin{pmatrix} 1 \\ 1 \\ 0 \end{pmatrix}$ がとれる. これをシュミットの方法で正規直交化すると $\dfrac{1}{\sqrt{2}}\begin{pmatrix} 1 \\ 0 \\ -1 \end{pmatrix}$, $\dfrac{1}{\sqrt{2}}\begin{pmatrix} 1 \\ 1 \\ 0 \end{pmatrix}$ を得る. そこで $P = \begin{pmatrix} \frac{1}{\sqrt{3}} & \frac{1}{\sqrt{2}} & \frac{1}{\sqrt{6}} \\ -\frac{1}{\sqrt{3}} & 0 & \frac{2}{\sqrt{6}} \\ \frac{1}{\sqrt{3}} & -\frac{1}{\sqrt{2}} & \frac{1}{\sqrt{6}} \end{pmatrix}$ とおけば P は直交行列で ${}^tPAP = \begin{pmatrix} -1 & 0 & 0 \\ 0 & 2 & 0 \\ 0 & 0 & 2 \end{pmatrix}$ となる.

問 5.10. $-x^2 + 2y^2 + 2z^2$

解法. $\boldsymbol{x} = \begin{pmatrix} x \\ y \\ z \end{pmatrix}$, $A = \begin{pmatrix} 1 & 1 & -1 \\ 1 & 1 & 1 \\ -1 & 1 & 1 \end{pmatrix}$ とおくと, $x^2 + y^2 + z^2 + 2xy + 2yz - 2zx = {}^t\boldsymbol{x}A\boldsymbol{x}$. この A を直交行列で対角化する: $P = \begin{pmatrix} \frac{1}{\sqrt{3}} & \frac{1}{\sqrt{2}} & \frac{1}{\sqrt{6}} \\ -\frac{1}{\sqrt{3}} & 0 & \frac{2}{\sqrt{6}} \\ \frac{1}{\sqrt{3}} & -\frac{1}{\sqrt{2}} & \frac{1}{\sqrt{6}} \end{pmatrix}$ とおけば P は直交行列で ${}^tPAP = \begin{pmatrix} -1 & 0 & 0 \\ 0 & 2 & 0 \\ 0 & 0 & 2 \end{pmatrix}$. そこで $\boldsymbol{u} = \begin{pmatrix} u \\ v \\ w \end{pmatrix} := {}^tP\boldsymbol{x}$ と変数変換すると, ${}^t\boldsymbol{x}A\boldsymbol{x} = {}^t({}^tP\boldsymbol{x}){}^tPAP({}^tP\boldsymbol{x}) = {}^t\boldsymbol{u}\begin{pmatrix} -1 & 0 & 0 \\ 0 & 2 & 0 \\ 0 & 0 & 2 \end{pmatrix}\boldsymbol{u} = -u^2 + 2v^2 + 2w^2$.

第 5 章　練習問題

1. たとえば $\left\{ \begin{pmatrix} 1 & 0 \\ 0 & 0 \end{pmatrix}, \begin{pmatrix} 0 & 1 \\ 0 & 0 \end{pmatrix}, \begin{pmatrix} 0 & 0 \\ 1 & 0 \end{pmatrix}, \begin{pmatrix} 0 & 0 \\ 0 & 1 \end{pmatrix} \right\}$

2. 問題の写像を T とする.

(1) $T(f(x) + g(x)) = (f(x) + g(x))' = f'(x) + g'(x) = T(f(x)) + T(g(x))$.
$T(\lambda f(x)) = (\lambda f(x))' = \lambda f'(x) = \lambda T(f(x))$.

(2) $T(f(x) + g(x)) = \displaystyle\int_0^1 (f(t) + g(t))dt = \int_0^1 f(t)dt + \int_0^1 g(t)dt = T(f(x)) + T(g(x))$.
$T(\lambda f(x)) = \displaystyle\int_0^1 \lambda f(t)dt = \lambda \int_0^1 f(t)dt = \lambda T(f(x))$.

3. (1) 線形変換である　(2) 線形変換ではない　(3) 線形変換ではない

解法. 問題の写像を T とする.

(1) $T(\boldsymbol{x}) = \begin{pmatrix} 1 & 1 & 0 \\ 1 & 1 & 1 \\ -1 & 0 & 0 \end{pmatrix}\boldsymbol{x}$ であり, これが線形変換であることは例 5.4.5 ですでに見た.

(2) $\boldsymbol{x} = \begin{pmatrix} 1 \\ 0 \\ 0 \end{pmatrix}$, $\boldsymbol{y} = \begin{pmatrix} 1 \\ 1 \\ 0 \end{pmatrix}$ とおくと, $T(\boldsymbol{x}) + T(\boldsymbol{y}) = \begin{pmatrix} 1 \\ 0 \\ 0 \end{pmatrix} + \begin{pmatrix} 0 \\ 1 \\ 0 \end{pmatrix} = \begin{pmatrix} 1 \\ 1 \\ 0 \end{pmatrix}$. また, $\boldsymbol{x} + \boldsymbol{y} = \begin{pmatrix} 2 \\ 1 \\ 0 \end{pmatrix}$ より $T(\boldsymbol{x} + \boldsymbol{y}) = \begin{pmatrix} 3 \\ 1 \\ 0 \end{pmatrix}$. したがって $T(\boldsymbol{x} + \boldsymbol{y}) \neq T(\boldsymbol{x}) + T(\boldsymbol{y})$ より, 線形変換ではない.

(3) $T(\boldsymbol{0}) = \begin{pmatrix} 0 \\ 0 \\ 1 \end{pmatrix} \neq \boldsymbol{0}$ より線型変換ではない.

4. $\begin{pmatrix} 1 & -1 & 1 \\ 0 & -1 & 0 \\ 1 & 0 & -1 \end{pmatrix}$

解法. 問題の写像を T とすると $T\left(\begin{pmatrix} x \\ y \\ z \end{pmatrix}\right) = \begin{pmatrix} 1 & -1 & 1 \\ 0 & -1 & 0 \\ 1 & 0 & -1 \end{pmatrix}\begin{pmatrix} x \\ y \\ z \end{pmatrix}$ より分かる.

5. $\begin{pmatrix} \frac{2}{3} & -\frac{3}{2} \\ \frac{1}{3} & -1 \end{pmatrix}$

解法. $\begin{pmatrix} 1 & -2 \\ 1 & -3 \end{pmatrix} = \begin{pmatrix} 2 & -1 \\ 0 & 3 \end{pmatrix} P$ をみたす 2 次正方行列 P を求めればよい.

6. $\begin{pmatrix} -2 & 6 \\ 4 & -6 \\ -1 & 5 \end{pmatrix}$

解法. 問題の線形写像を f とすると $f(\boldsymbol{x}) = \begin{pmatrix} 1 & 1 \\ -1 & 0 \\ -2 & 3 \end{pmatrix}\boldsymbol{x}$ である. そこで $A = \begin{pmatrix} 1 & 1 \\ -1 & 0 \\ -2 & 3 \end{pmatrix}$ とおく. また, $\mathbb{R}^2$ の標準基底から基底 B_1 への変換行列を P, $\mathbb{R}^3$ の標準基底から基底 B_2 への変換行列を Q とすると, $P = \begin{pmatrix} 1 & -1 \\ 1 & 1 \end{pmatrix}$, $Q = \begin{pmatrix} 1 & 1 & 0 \\ 1 & 0 & -1 \\ 1 & 1 & 1 \end{pmatrix}$. いま $Q^{-1} = \begin{pmatrix} -1 & 1 & 1 \\ 2 & -1 & -1 \\ -1 & 0 & 1 \end{pmatrix}$ であることに注意すれば, 求める表現行列は $Q^{-1}AP = \cdots = \begin{pmatrix} -2 & 6 \\ 4 & -6 \\ -1 & 5 \end{pmatrix}$.

7. $a = -\dfrac{2}{\sqrt{6}}, b = \dfrac{1}{\sqrt{3}}, c = \dfrac{1}{\sqrt{2}}$

解法. 各列が正規直交系となるように a, b, c を決定すればよい. 各列は直交することから $\dfrac{1}{\sqrt{6}}b + \dfrac{1}{\sqrt{18}} + \dfrac{1}{\sqrt{3}}a = 0$, $-\dfrac{1}{\sqrt{2}}b + \dfrac{1}{\sqrt{3}}c = 0$, $-\dfrac{1}{\sqrt{12}} + \dfrac{1}{\sqrt{6}}c = 0$. 各列は長さ 1 なので $\dfrac{1}{6} + \dfrac{1}{6} + a^2 = 1$, $\dfrac{1}{3} + \dfrac{1}{3} + b^2 = 1$, $\dfrac{1}{2} + c^2 = 1$. これらを解くと $a = -\dfrac{2}{\sqrt{6}}, b = \dfrac{1}{\sqrt{3}}, c = \dfrac{1}{\sqrt{2}}$ を得る.

8. $\dfrac{1}{\sqrt{2}}\begin{pmatrix} 1 \\ 1 \\ 0 \\ 0 \end{pmatrix}, \dfrac{1}{\sqrt{6}}\begin{pmatrix} 1 \\ -1 \\ 2 \\ 0 \end{pmatrix}, \dfrac{1}{\sqrt{3}}\begin{pmatrix} 1 \\ -1 \\ -1 \\ 0 \end{pmatrix}, \begin{pmatrix} 0 \\ 0 \\ 0 \\ 1 \end{pmatrix}$.

解法. $\boldsymbol{a}_1 = \begin{pmatrix} 1 \\ 1 \\ 0 \\ 0 \end{pmatrix}, \boldsymbol{a}_2 = \begin{pmatrix} 1 \\ -1 \\ 2 \\ 0 \end{pmatrix}, \boldsymbol{a}_3 = \begin{pmatrix} 1 \\ 0 \\ -1 \\ 0 \end{pmatrix}, \boldsymbol{a}_4 = \begin{pmatrix} 0 \\ 0 \\ 2 \\ 1 \end{pmatrix}$ とおく.

$\boldsymbol{b}_1 = \dfrac{\boldsymbol{a}_1}{\|\boldsymbol{a}_1\|} = \dfrac{1}{\sqrt{2}}\begin{pmatrix} 1 \\ 1 \\ 0 \\ 0 \end{pmatrix}, \boldsymbol{b}_2' = \boldsymbol{a}_2 - (\boldsymbol{a}_2, \boldsymbol{b}_1)\boldsymbol{b}_1 = \begin{pmatrix} 1 \\ -1 \\ 2 \\ 0 \end{pmatrix}, \boldsymbol{b}_2 = \dfrac{\boldsymbol{b}_2'}{\|\boldsymbol{b}_2'\|} = \dfrac{1}{\sqrt{6}}\begin{pmatrix} 1 \\ -1 \\ 2 \\ 0 \end{pmatrix}, \boldsymbol{b}_3' = \boldsymbol{a}_3 - (\boldsymbol{a}_3, \boldsymbol{b}_1)\boldsymbol{b}_1 - (\boldsymbol{a}_3, \boldsymbol{b}_2)\boldsymbol{b}_2 = \dfrac{2}{3}\begin{pmatrix} 1 \\ -1 \\ -1 \\ 0 \end{pmatrix}, \boldsymbol{b}_3 = \dfrac{\boldsymbol{b}_3'}{\|\boldsymbol{b}_3'\|} = \dfrac{1}{\sqrt{3}}\begin{pmatrix} 1 \\ -1 \\ -1 \\ 0 \end{pmatrix}$. $\boldsymbol{b}_4' = \boldsymbol{a}_4 - (\boldsymbol{a}_4, \boldsymbol{b}_1)\boldsymbol{b}_1 - (\boldsymbol{a}_4, \boldsymbol{b}_2)\boldsymbol{b}_2 - (\boldsymbol{a}_4, \boldsymbol{b}_3)\boldsymbol{b}_3 = \begin{pmatrix} 0 \\ 0 \\ 0 \\ 1 \end{pmatrix}$. $\boldsymbol{b}_4 = \dfrac{\boldsymbol{b}_4'}{\|\boldsymbol{b}_4'\|} = \begin{pmatrix} 0 \\ 0 \\ 0 \\ 1 \end{pmatrix}$.

9. たとえば $\left\{\dfrac{1}{\sqrt{5}}\begin{pmatrix} 2 \\ 1 \\ 0 \end{pmatrix}, \dfrac{1}{\sqrt{30}}\begin{pmatrix} -1 \\ 2 \\ 5 \end{pmatrix}\right\}$

解法. $-x_1 + 2x_2 - x_3 = 0$ を解くと $\begin{pmatrix} x_1 \\ x_2 \\ x_3 \end{pmatrix} = s\begin{pmatrix} 2 \\ 1 \\ 0 \end{pmatrix} + t\begin{pmatrix} -1 \\ 0 \\ 1 \end{pmatrix}$. したがって W の基底として $\left\{\begin{pmatrix} 2 \\ 1 \\ 0 \end{pmatrix}, \begin{pmatrix} -1 \\ 0 \\ 1 \end{pmatrix}\right\}$ がとれる. これをシュミットの方法で正規直交化すると $\left\{\dfrac{1}{\sqrt{5}}\begin{pmatrix} 2 \\ 1 \\ 0 \end{pmatrix}, \dfrac{1}{\sqrt{30}}\begin{pmatrix} -1 \\ 2 \\ 5 \end{pmatrix}\right\}$ を得る.

10. 固有値 $1, 1-2a, 1+2a$. 1 の固有空間の基底はたとえば $\left\{\begin{pmatrix}-1\\0\\1\\0\end{pmatrix}, \begin{pmatrix}0\\-1\\0\\1\end{pmatrix}\right\}$, $1-2a$ の固有空間の基底はたとえば $\left\{\begin{pmatrix}-1\\1\\-1\\1\end{pmatrix}\right\}$, $1+2a$ の固有空間の基底はたとえば $\left\{\begin{pmatrix}1\\1\\1\\1\end{pmatrix}\right\}$.

解法. 問題の行列を A とすると, 固有多項式は $f_A(x) = (x-1)^2(x-1+2a)(x-1-2a)$ なので, A の固有値は $1, 1-2a, 1+2a$. 1 の固有ベクトルを $\boldsymbol{x}$ とすると, $A\boldsymbol{x} = \boldsymbol{x}$, つまり $(E-A)\boldsymbol{x} = \boldsymbol{0}$. よって $\begin{pmatrix}0&-a&0&-a\\-a&0&-a&0\\0&-a&0&-a\\-a&0&-a&0\end{pmatrix}\boldsymbol{x} = \boldsymbol{0}$. $a \neq 0$ より $\begin{pmatrix}0&-1&0&-1\\-1&0&-1&0\\0&-1&0&-1\\-1&0&-1&0\end{pmatrix}\boldsymbol{x} = \boldsymbol{0}$. これを解くと $\boldsymbol{x} = s\begin{pmatrix}-1\\0\\1\\0\end{pmatrix} + t\begin{pmatrix}0\\-1\\0\\1\end{pmatrix}$ となる. 残り 2 つの固有値に関する固有ベクトルについても同様にすればよい.

11. (1) (a) ${}^t\boldsymbol{x}\begin{pmatrix}5&3\\3&-3\end{pmatrix}\boldsymbol{x}$ (b) 固有値は $6, -4$. 6 の固有ベクトルは $c\begin{pmatrix}3\\1\end{pmatrix}$. -4 の固有ベクトルは $c\begin{pmatrix}1\\-3\end{pmatrix}$.
(c) たとえば $P = \begin{pmatrix}\frac{3}{\sqrt{10}}&\frac{1}{\sqrt{10}}\\\frac{1}{\sqrt{10}}&-\frac{3}{\sqrt{10}}\end{pmatrix}$, $P^{-1}AP = \begin{pmatrix}6&0\\0&-4\end{pmatrix}$ (d) $6x^2 - 4y^2$

(2) (a) ${}^t\boldsymbol{x}\begin{pmatrix}0&2&2\\2&1&0\\2&0&-1\end{pmatrix}\boldsymbol{x}$ (b) 固有値は 3, 0, -3. 3 の固有ベクトルは $\begin{pmatrix}2\\2\\1\end{pmatrix}$, 0 の固有ベクトルは $\begin{pmatrix}1\\-2\\2\end{pmatrix}$, -3 の固有ベクトルは $\begin{pmatrix}-2\\1\\2\end{pmatrix}$. (c) たとえば $P = \begin{pmatrix}\frac{2}{3}&\frac{1}{3}&-\frac{2}{3}\\\frac{2}{3}&-\frac{2}{3}&\frac{1}{3}\\\frac{1}{3}&\frac{2}{3}&\frac{2}{3}\end{pmatrix}$, $P^{-1}AP = \begin{pmatrix}3&0&0\\0&0&0\\0&0&-3\end{pmatrix}$ (d) $3x^2 - 3z^2$

解法. (1) (d) $\boldsymbol{u} = \begin{pmatrix}u\\v\end{pmatrix} := {}^tP\boldsymbol{x}$ と変数変換すると, ${}^t\boldsymbol{x}A\boldsymbol{x} = {}^t({}^tP\boldsymbol{x}){}^tPAP({}^tP\boldsymbol{x}) = {}^t\boldsymbol{u}\begin{pmatrix}6&0\\0&-4\end{pmatrix}\boldsymbol{u} = 6u^2 - 4v^2$.
(2) (d) $\boldsymbol{u} = \begin{pmatrix}u\\v\\w\end{pmatrix} := {}^tP\boldsymbol{x}$ と変数変換すると, ${}^t\boldsymbol{x}A\boldsymbol{x} = {}^t({}^tP\boldsymbol{x}){}^tPAP({}^tP\boldsymbol{x}) = {}^t\boldsymbol{u}\begin{pmatrix}3&0&0\\0&0&0\\0&0&-3\end{pmatrix}\boldsymbol{u} = 3u^2 - 3w^2$.

第 6 章

問 6.1. (1) $(A+\alpha E)(A+\alpha E)^* = (A+\alpha E)(A^*+\overline{\alpha}E) = AA^* + \overline{\alpha}A + \alpha A^* + \alpha\overline{\alpha}E$. 同様に $(A+\alpha E)^*(A+\alpha E) = AA^* + \overline{\alpha}A + \alpha A^* + \alpha\overline{\alpha}E$ も分かるので $(A+\alpha E)(A+\alpha E)^* = (A+\alpha E)^*(A+\alpha E)$.
(2) $A-\alpha E$ は正規行列であることに注意すると $\|(A-\alpha E)\boldsymbol{x}\|^2 = ((A-\alpha E)\boldsymbol{x}, (A-\alpha E)\boldsymbol{x}) = (\boldsymbol{x}, (A-\alpha E)^*(A-\alpha E)\boldsymbol{x}) = (\boldsymbol{x}, (A-\alpha E)(A-\alpha E)^*\boldsymbol{x}) = ((A-\alpha E)^*\boldsymbol{x}, (A-\alpha E)^*\boldsymbol{x}) = \|(A-\alpha E)^*\boldsymbol{x}\|^2$. よって $0 = \|(A-\alpha E)\boldsymbol{x}\| = \|(A-\alpha E)^*\boldsymbol{x}\|$. これは $(A-\alpha E)^*\boldsymbol{x} = \boldsymbol{0}$ を意味する.
(3) $\alpha(\boldsymbol{x}, \boldsymbol{y}) = (A\boldsymbol{x}, \boldsymbol{y}) = (\boldsymbol{x}, A^*\boldsymbol{y}) = (\boldsymbol{x}, \overline{\beta}\boldsymbol{y}) = \beta(\boldsymbol{x}, \boldsymbol{y})$ より.
(4) α を A の固有値, $\boldsymbol{x}$ をその固有ベクトルとすると $(A\boldsymbol{x}, A\boldsymbol{x}) = (\alpha\boldsymbol{x}, \alpha\boldsymbol{x}) = |\alpha|^2\|\boldsymbol{x}\|^2$. 一方, A はユニタリ行列なので $(A\boldsymbol{x}, A\boldsymbol{x}) = (\boldsymbol{x}, A^*A\boldsymbol{x}) = (\boldsymbol{x}, \boldsymbol{x}) = \|\boldsymbol{x}\|^2$. よって $|\alpha|^2 = 1$.

問 6.2. (1) $P = \begin{pmatrix}3&-1\\1&0\end{pmatrix}$, $P^{-1}AP = \begin{pmatrix}0&1\\0&0\end{pmatrix}$
(2) $P = \begin{pmatrix}-1&0&1\\1&1&0\\-1&0&0\end{pmatrix}$, $P^{-1}AP = \begin{pmatrix}0&1&0\\0&0&0\\0&0&0\end{pmatrix}$

問 6.3. まず, $X \geqq 0$ で正則のとき $E \geqq X$ であれば $X^{-1} \geqq E$ である. なぜなら $E \geqq X$ の両側から $X^{-\frac{1}{2}}$ で挟むと $X^{-\frac{1}{2}}EX^{-\frac{1}{2}} \geqq E$ となるので. したがって, $A \geqq B$ の両側から $A^{-\frac{1}{2}}$ で挟むと $E \geqq A^{-\frac{1}{2}}BA^{-\frac{1}{2}}$ となり, 上のことより, 逆行列をとればよい.

第 6 章 練習問題

すべて与えられた行列は A と書き, ユニタリ行列は U と書く.

1.

(1) $U = \begin{pmatrix} \frac{1+i}{2} & \frac{1+i}{2} \\ -\frac{1}{2} & \frac{1}{2} \end{pmatrix}$, $U^*AU = \begin{pmatrix} 1-\sqrt{2} & 0 \\ 0 & 1+\sqrt{2} \end{pmatrix}$

(2) $U = \frac{1}{2}\begin{pmatrix} 1 & i & 1-i \\ \sqrt{2}i & \sqrt{2} & 0 \\ 1 & i & -1+i \end{pmatrix}$, $U^*AU = \begin{pmatrix} 4 & 0 & 0 \\ 0 & 4 & 0 \\ 0 & 0 & 8i \end{pmatrix}$

(3) $U = \frac{1}{\sqrt{6}}\begin{pmatrix} \sqrt{3}i & 1 & \sqrt{2} \\ \sqrt{3} & i & \sqrt{2}i \\ 0 & 2 & -\sqrt{2} \end{pmatrix}$, $U^*AU = \begin{pmatrix} 3+i & 0 & 0 \\ 0 & 3+i & 0 \\ 0 & 0 & i \end{pmatrix}$

(4) $U = \begin{pmatrix} \frac{i}{2} & \frac{1}{\sqrt{2}} & \frac{i}{2} \\ \frac{1}{2} & \frac{i}{\sqrt{2}} & \frac{1}{2} \\ -\frac{1}{\sqrt{2}} & 0 & \frac{1}{\sqrt{2}} \end{pmatrix}$, $U^*AU = \begin{pmatrix} -\sqrt{2} & 0 & 0 \\ 0 & 0 & 0 \\ 0 & 0 & \sqrt{2} \end{pmatrix}$

(5) $U = \begin{pmatrix} 0 & \frac{\sqrt{2}i}{2} & -\frac{\sqrt{2}i}{2} \\ \frac{1}{\sqrt{2}} & \frac{1}{2} & \frac{1}{2} \\ \frac{i}{\sqrt{2}} & -\frac{i}{2} & -\frac{i}{\sqrt{2}} \end{pmatrix}$, $U^*AU = \begin{pmatrix} -1 & 0 & 0 \\ 0 & 1-\sqrt{2} & 0 \\ 0 & 0 & 1+\sqrt{2} \end{pmatrix}$

(6) $U = \frac{1}{\sqrt{6}}\begin{pmatrix} -\sqrt{2} & \sqrt{3} & \sqrt{3}i \\ -\sqrt{2}i & 0 & \sqrt{3} \\ \sqrt{2} & \sqrt{3} & 0 \end{pmatrix}$, $U^*AU = \begin{pmatrix} -1 & 0 & 0 \\ 0 & 2 & 0 \\ 0 & 0 & 2 \end{pmatrix}$

(7) $U = \frac{1}{\sqrt{2}}\begin{pmatrix} 0 & 1 & -1 \\ \sqrt{2} & 0 & 0 \\ 0 & 1 & 1 \end{pmatrix}$, $U^*AU = \begin{pmatrix} 1+i & 0 & 0 \\ 0 & 2 & 0 \\ 0 & 0 & 2-2i \end{pmatrix}$

(8) $U = \frac{1}{2}\begin{pmatrix} \sqrt{2} & i & -i \\ \sqrt{2} & -i & i \\ 0 & \sqrt{2} & \sqrt{2} \end{pmatrix}$, $U^*AU = \begin{pmatrix} 3 & 0 & 0 \\ 0 & 1-2\sqrt{2}i & 0 \\ 0 & 0 & 1+2\sqrt{2}i \end{pmatrix}$

(9) $U = \frac{1}{6}\begin{pmatrix} 4 & -1-3i & -1+3i \\ -4 & 1-3i & 1+3i \\ 2 & 4 & 4 \end{pmatrix}$, $U^*AU = \begin{pmatrix} 0 & 0 & 0 \\ 0 & -3i & 0 \\ 0 & 0 & 3i \end{pmatrix}$

解法. (3) のみやる. 問題の行列 A が正規行列であることは $A^*A = AA^*$ が成り立つことを直接計算するだけなので省略する. A の固有多項式は $f_A(x) = (x-3-i)^2(x-i)$ なので A の固有値は $3+i$ と i. $3+i$ の固有空間の基底としてはたとえば $\begin{pmatrix} i \\ 1 \\ 0 \end{pmatrix}$, $\begin{pmatrix} 1 \\ 0 \\ 1 \end{pmatrix}$ がとれる. これをシュミットの方法で正規直交化すると $\frac{1}{\sqrt{2}}\begin{pmatrix} i \\ 1 \\ 0 \end{pmatrix}$, $\frac{1}{\sqrt{6}}\begin{pmatrix} 1 \\ i \\ 2 \end{pmatrix}$ となる. 一方, i の固有空間の基底としてはたとえば $\begin{pmatrix} 1 \\ i \\ -1 \end{pmatrix}$ がとれる. これをシュミットの方法で正規直交化すると $\frac{1}{\sqrt{3}}\begin{pmatrix} 1 \\ i \\ -1 \end{pmatrix}$ となる. そこでこうして得られた 3 つのベクトルを並べて得られる行列を考えて $U = \frac{1}{\sqrt{6}}\begin{pmatrix} \sqrt{3}i & 1 & \sqrt{2} \\ \sqrt{3} & i & \sqrt{2}i \\ 0 & 2 & -\sqrt{2} \end{pmatrix}$ とすれば, これはユニタリ行列で, $U^*AU = \begin{pmatrix} 3+i & 0 & 0 \\ 0 & 3+i & 0 \\ 0 & 0 & i \end{pmatrix}$ が成り立つ.

2. (1) $P = \begin{pmatrix} -1 & 0 & 1 \\ 2 & 1 & 2 \\ 2 & 0 & 0 \end{pmatrix}$ $P^{-1} = -\frac{1}{2}\begin{pmatrix} 0 & 0 & -1 \\ 4 & -2 & 4 \\ -2 & 0 & -1 \end{pmatrix}$ $P^{-1}AP = \begin{pmatrix} 0 & 1 & 0 \\ 0 & 0 & 0 \\ 0 & 0 & 0 \end{pmatrix}$.

(2) $P = \begin{pmatrix} 1 & 1 & 1 \\ -1 & 0 & 0 \\ 1 & -1 & 0 \end{pmatrix}$ $P^{-1} = \begin{pmatrix} 0 & -1 & 0 \\ 0 & -1 & -1 \\ 1 & 2 & 1 \end{pmatrix}$ $P^{-1}AP = \begin{pmatrix} 0 & 1 & 0 \\ 0 & 0 & 1 \\ 0 & 0 & 0 \end{pmatrix}$.

3. A が対角化可能と仮定すると, 適当な正則行列 P により $P^{-1}AP$ は対角行列となる. この対角行列の対角成分には A の固有値があらわれることに注意する. いま A は巾零なのでその全ての固有値は 0 となり, $P^{-1}AP = O$. よって $A = O$ となり, これは矛盾.

4. (1) $P = \begin{pmatrix} -3 & 1 \\ -1 & 0 \end{pmatrix}$, $P^{-1}AP = \begin{pmatrix} 5 & 1 \\ 0 & 5 \end{pmatrix}$ (2) $P = \begin{pmatrix} 1 & 1 & 0 \\ 0 & 1 & 0 \\ 0 & 0 & 1 \end{pmatrix}$, $P^{-1}AP = \begin{pmatrix} 1 & 0 & 0 \\ 0 & 2 & 1 \\ 0 & 0 & 2 \end{pmatrix}$

(3) $P = \begin{pmatrix} 0 & 1 & 0 \\ -3 & 0 & \frac{1}{2} \\ 2 & 0 & 0 \end{pmatrix}$, $P^{-1}AP = \begin{pmatrix} 1 & 0 & 0 \\ 0 & 1 & 1 \\ 0 & 0 & 1 \end{pmatrix}$ (4) $P = \begin{pmatrix} 1 & 0 & 1 \\ 1 & 0 & 0 \\ 0 & 1 & 1 \end{pmatrix}$, $P^{-1}AP = \begin{pmatrix} 1 & 1 & 0 \\ 0 & 1 & 0 \\ 0 & 0 & 2 \end{pmatrix}$

(5) $P = \begin{pmatrix} -1 & 0 & 0 \\ 0 & 1 & 0 \\ 0 & -1 & 1 \end{pmatrix}$, $P^{-1}AP = \begin{pmatrix} 2 & 0 & 0 \\ 0 & 2 & 1 \\ 0 & 0 & 2 \end{pmatrix}$ (6) $P = \begin{pmatrix} 0 & -1 & \frac{1}{2} \\ 3 & 1 & 0 \\ 1 & 0 & \frac{1}{2} \end{pmatrix}$, $P^{-1}AP = \begin{pmatrix} 0 & 0 & 0 \\ 0 & 2 & 1 \\ 0 & 0 & 2 \end{pmatrix}$

5. (1) $U = \dfrac{1}{\sqrt{10}} \begin{pmatrix} 1 & 3 \\ 3 & -1 \end{pmatrix}$, $|A| = \dfrac{\sqrt{10}}{5} \begin{pmatrix} 4 & 2 \\ 2 & 1 \end{pmatrix}$

(2) $U = \dfrac{1}{\sqrt{5}} \begin{pmatrix} 2 & -1 \\ 1 & 2 \end{pmatrix}$, $|A| = \begin{pmatrix} \sqrt{5} & \sqrt{5} \\ \sqrt{5} & \sqrt{5} \end{pmatrix}$

(3) $U = \dfrac{1}{5} \begin{pmatrix} 3 & 4 \\ -4 & 3 \end{pmatrix}$, $|A| = \begin{pmatrix} 10 & 5 \\ 5 & 10 \end{pmatrix}$

6. (1) $\begin{pmatrix} \frac{1}{\sqrt{2}} & \frac{1}{\sqrt{2}} \\ \frac{1}{\sqrt{2}} & \frac{1}{\sqrt{2}} \end{pmatrix}$ (2) $\begin{pmatrix} 4\sqrt{\frac{2}{5}} & 2\sqrt{\frac{2}{5}} \\ 2\sqrt{\frac{2}{5}} & \sqrt{\frac{2}{5}} \end{pmatrix}$ (3) $\begin{pmatrix} 1 & 1 \\ 1 & 2 \end{pmatrix}$

7. $2^n \begin{pmatrix} 1 & 0 & 0 \\ -1 & 1 & 1 \\ 1 & 0 & 0 \end{pmatrix} + 3^n \begin{pmatrix} 0 & 0 & 0 \\ 1 & 0 & -1 \\ -1 & 0 & 1 \end{pmatrix} + n2^{n-1} \begin{pmatrix} -1 & 1 & 1 \\ 0 & 0 & 0 \\ -1 & 1 & 1 \end{pmatrix}$

解法. 問題の行列 A は $P = \begin{pmatrix} 1 & 0 & 0 \\ 0 & 1 & 1 \\ 1 & 0 & -1 \end{pmatrix}$ とおくと $P^{-1}AP = \begin{pmatrix} 2 & 1 & 0 \\ 0 & 2 & 0 \\ 0 & 0 & 3 \end{pmatrix}$ となる. このとき $(P^{-1}AP)^n = \begin{pmatrix} 2^n & n2^{n-1} & 0 \\ 0 & 2^n & 0 \\ 0 & 0 & 3^n \end{pmatrix}$ より, $P^{-1}A^nP = \begin{pmatrix} 2^n & n2^{n-1} & 0 \\ 0 & 2^n & 0 \\ 0 & 0 & 3^n \end{pmatrix}$. いま $P^{-1} = \begin{pmatrix} 1 & 0 & 0 \\ -1 & 1 & 1 \\ 1 & 0 & -1 \end{pmatrix}$ であることに注意すると, $A^n = P\begin{pmatrix} 2^n & n2^{n-1} & 0 \\ 0 & 2^n & 0 \\ 0 & 0 & 3^n \end{pmatrix}P^{-1} = \cdots = 2^n \begin{pmatrix} 1 & 0 & 0 \\ -1 & 1 & 1 \\ 1 & 0 & 0 \end{pmatrix} + 3^n \begin{pmatrix} 0 & 0 & 0 \\ 1 & 0 & -1 \\ -1 & 0 & 1 \end{pmatrix} + n2^{n-1} \begin{pmatrix} -1 & 1 & 1 \\ 0 & 0 & 0 \\ -1 & 1 & 1 \end{pmatrix}$.

8. (1) $e^5 \begin{pmatrix} 2 & -1 \\ 1 & 0 \end{pmatrix}$ (2) $\dfrac{e^2}{2} \begin{pmatrix} 1 & 2 & 1 \\ 2 & 2 & -2 \\ -1 & 2 & 3 \end{pmatrix}$

解法. (1) まず問題の行列 A の Jordan 標準形を求める: $P = \begin{pmatrix} 1 & 1 \\ 1 & 0 \end{pmatrix}$ とすれば $P^{-1}AP = \begin{pmatrix} 5 & 1 \\ 0 & 5 \end{pmatrix}$. $B = 5E$, $C = \begin{pmatrix} 0 & 1 \\ 0 & 0 \end{pmatrix}$ とすれば $P^{-1}AP = B+C$, $BC = CB$ が成り立つ. したがって $P^{-1}e^AP = e^{P^{-1}AP} = e^{B+C} = e^Be^C$. ここで, 通常の指数関数のマクローリン展開 $e^x = 1 + x + \dfrac{1}{2!}x^2 + \dfrac{1}{3!}x^3 + \cdots$ に注意すると $e^B = e^5E$. さらに $C^2 = O$ に注意すると $e^C = E + C = \begin{pmatrix} 1 & 1 \\ 0 & 1 \end{pmatrix}$. したがって $e^A = Pe^Be^CP^{-1} = \cdots = e^5 \begin{pmatrix} 2 & -1 \\ 1 & 0 \end{pmatrix}$.

(2) (1) と同様. 問題の行列 A は $P = \begin{pmatrix} 1 & -1 & 1 \\ 0 & 1 & 0 \\ 1 & -1 & 0 \end{pmatrix}$ とおくと $P^{-1}AP = \begin{pmatrix} 2 & 1 & 0 \\ 0 & 2 & 1 \\ 0 & 0 & 2 \end{pmatrix}$ となる. $B = 2E$, $C = \begin{pmatrix} 0 & 1 & 0 \\ 0 & 0 & 1 \\ 0 & 0 & 0 \end{pmatrix}$ とすれば $P^{-1}AP = B+C$, $BC = CB$ が成り立つ. したがって $e^A = Pe^Be^CP^{-1} = \begin{pmatrix} 1 & -1 & 1 \\ 0 & 1 & 0 \\ 1 & -1 & 0 \end{pmatrix} \cdot e^2E \cdot \dfrac{1}{2} \begin{pmatrix} 2 & 2 & 1 \\ 0 & 2 & 2 \\ 0 & 0 & 2 \end{pmatrix} \cdot \begin{pmatrix} 0 & 1 & 1 \\ 0 & 1 & 0 \\ 1 & 0 & -1 \end{pmatrix} = \cdots = \dfrac{e^2}{2} \begin{pmatrix} 1 & 2 & 1 \\ 2 & 2 & -2 \\ -1 & 2 & 3 \end{pmatrix}$.

9. (1) 固有値は, $x = 1, 1 - \alpha - \beta$, 固有ベクトルはそれぞれ $\begin{pmatrix} 1 \\ 1 \end{pmatrix}$, $(\alpha, -\beta)$. $X = \begin{pmatrix} 1 & \alpha \\ 1 & -\beta \end{pmatrix}$ とおけば,

$X^{-1} = \frac{1}{-(\alpha+\beta)} \begin{pmatrix} -\beta & -\alpha \\ -161 & \end{pmatrix} = \frac{1}{\alpha+\beta} \begin{pmatrix} \beta & \alpha \\ 1 & -1 \end{pmatrix}$.

よって, $P^n = \begin{pmatrix} 1 & \alpha \\ 1 & -\beta \end{pmatrix} \begin{pmatrix} 1 & 0 \\ 0 & (1-\alpha-\beta)^n \end{pmatrix} \frac{1}{\alpha+\beta} \begin{pmatrix} \beta & \alpha \\ 1 & -1 \end{pmatrix}$

$= \frac{1}{\alpha+\beta} \begin{pmatrix} \beta + \alpha(1-\alpha-\beta)^n & \alpha - \alpha(1-\alpha-\beta)^n \\ \beta - \beta(1-\alpha-\beta)^n & \alpha + \beta(1-\alpha-\beta)^n \end{pmatrix}$. $|1 - \alpha - \beta| < 1$ であるから, $\lim_{n\to\infty} P^n =$

$\begin{pmatrix} \frac{\beta}{\alpha+\beta} & \frac{\alpha}{\alpha+\beta} \\ \frac{\beta}{\alpha+\beta} & \frac{\alpha}{\alpha+\beta} \end{pmatrix}$. $\boldsymbol{\pi}= \begin{pmatrix} \frac{\beta}{\alpha+\beta} & \frac{\alpha}{\alpha+\beta} \end{pmatrix}$. (2) 固有方程式 $|xE-P| = (x-1)\left(x^2+x+\frac{1}{3}\right) = 0$ より, 固有値 $x = 1, -\frac{1}{2} \pm \frac{i}{2\sqrt{3}}$. $w_1 = e^{\frac{2}{3}\pi i}, w_2 = e^{\frac{4}{3}\pi i}$ とおくと, 1 以外の固有値は $\lambda_1 = \frac{2}{3}w_1 + \frac{1}{3}w_1^2, \lambda_2 = \frac{2}{3}w_2 + \frac{1}{3}w_2^2$. 固有ベクトルをそれぞれ $\begin{pmatrix} 1 \\ 1 \\ 1 \end{pmatrix}, \begin{pmatrix} 1 \\ w_1 \\ w_1^2 \end{pmatrix}, \begin{pmatrix} 1 \\ w_2 \\ w_2^2 \end{pmatrix}$, $w_2 = w_1^2, w_2^2 = w_1$ であることと, $|\lambda_1| = \frac{1}{\sqrt{3}} < 1, |\lambda_2| = \frac{1}{\sqrt{3}} < 1$ に注意して,

$$P^n = \frac{1}{3}\begin{pmatrix} 1 & 1 & 1 \\ 1 & w_1 & w_1^2 \\ 1 & w_1^2 & w_1 \end{pmatrix}\begin{pmatrix} 1 & 0 & 0 \\ 0 & \lambda_1^n & 0 \\ 0 & 0 & \lambda_2^n \end{pmatrix}\begin{pmatrix} 1 & 1 & 1 \\ 1 & w_2 & w_1 \\ 1 & w_1 & w_2 \end{pmatrix}$$

$$\to \frac{1}{3}\begin{pmatrix} 1 & 1 & 1 \\ 1 & w_1 & w_1^2 \\ 1 & w_1^2 & w_1 \end{pmatrix}\begin{pmatrix} 1 & 0 & 0 \\ 0 & 0 & 0 \\ 0 & 0 & 0 \end{pmatrix}\begin{pmatrix} 1 & 1 & 1 \\ 1 & w_2 & w_1 \\ 1 & w_1 & w_2 \end{pmatrix} = \frac{1}{3}\begin{pmatrix} 1 & 1 & 1 \\ 1 & 1 & 1 \\ 1 & 1 & 1 \end{pmatrix} \ (n \to \infty).$$

$\boldsymbol{\pi}= \begin{pmatrix} \frac{1}{3} & \frac{1}{3} & \frac{1}{3} \end{pmatrix}$ (3) 固有値は $1, \frac{1}{2}, -\frac{1}{6}$. 固有ベクトルは, $\begin{pmatrix} 1 \\ 1 \\ 1 \end{pmatrix}, \begin{pmatrix} 1 \\ 0 \\ -1 \end{pmatrix}, \begin{pmatrix} 3 \\ -4 \\ -3 \end{pmatrix}$. $P^n = \frac{1}{8}\begin{pmatrix} 1 & 1 & 3 \\ 1 & 0 & -4 \\ 1 & -1 & -3 \end{pmatrix}\begin{pmatrix} 1 & 0 & 0 \\ 0 & \left(\frac{1}{2}\right)^n & 0 \\ 0 & 0 & \left(-\frac{1}{6}\right)^n \end{pmatrix}\begin{pmatrix} 4 & 0 & 4 \\ 1 & 6 & -7 \\ 1 & -2 & 1 \end{pmatrix} \to \begin{pmatrix} \frac{1}{2} & 0 & \frac{1}{2} \\ \frac{1}{2} & 0 & \frac{1}{2} \\ \frac{1}{2} & 0 & \frac{1}{2} \end{pmatrix}$ $(n \to \infty)$. $\boldsymbol{\pi}= \begin{pmatrix} \frac{1}{2} & 0 & \frac{1}{2} \end{pmatrix}$.

10. (1) $P^{2k} = \begin{pmatrix} \frac{1}{2} & 0 & \frac{1}{2} \\ 0 & 1 & 0 \\ \frac{1}{2} & 0 & \frac{1}{2} \end{pmatrix} (k = 1, 2, \ldots)$, $P^{2k-1} = \begin{pmatrix} 0 & 1 & 0 \\ \frac{1}{2} & 0 & \frac{1}{2} \\ 0 & 1 & 0 \end{pmatrix} (k = 1, 2, \ldots)$.

(2) $\lim_{n\to\infty} P^{2k} \neq \lim_{k\to\infty} P^{2k-1}$ より $\lim_{n\to\infty} P^n$ は存在しない.

(3) $\displaystyle\lim_{n\to\infty} \frac{1}{2n}\sum_{l=0}^{1}\sum_{k=1}^{n} P^{2k-l} = \frac{1}{2}\sum_{l=0}^{1}\left(\lim_{n\to\infty}\frac{1}{n}\sum_{k=1}^{n} P^{2k-l}\right) = \frac{1}{2}\left(P^1 + P^2\right) = \begin{pmatrix} \frac{1}{4} & \frac{1}{2} & \frac{1}{4} \\ \frac{1}{4} & \frac{1}{2} & \frac{1}{4} \\ \frac{1}{4} & \frac{1}{2} & \frac{1}{4} \end{pmatrix}$.

(4) $\boldsymbol{\pi}P = \boldsymbol{\pi}, \pi_1 + \pi_2 + \pi_3 = 1$ を解いて $\boldsymbol{\pi} = \begin{pmatrix} \frac{1}{4} & \frac{1}{2} & \frac{1}{4} \end{pmatrix}$.

11. (1) 固有値は, $x = \frac{7}{10}, -\frac{3}{10}$. 固有ベクトルをそれぞれ $\begin{pmatrix} 1 \\ 1 \end{pmatrix}, \begin{pmatrix} 1 \\ -1 \end{pmatrix}$ とすれば,

$Q_n = \frac{1}{2}\begin{pmatrix} 1 & 1 \\ 1 & -1 \end{pmatrix}\begin{pmatrix} \left(\frac{7}{10}\right)^n & 0 \\ 0 & \left(-\frac{3}{10}\right)^n \end{pmatrix}\begin{pmatrix} 1 & 1 \\ 1 & -1 \end{pmatrix}$ (2) $E - Q = \begin{pmatrix} \frac{4}{5} & -\frac{1}{2} \\ -\frac{1}{2} & \frac{4}{5} \end{pmatrix}$ より $(E-Q)^{-1} = \frac{100}{39}\begin{pmatrix} \frac{4}{5} & \frac{1}{2} \\ \frac{1}{2} & \frac{4}{5} \end{pmatrix}$.

(3) $\sum_{k=0}^{n} Q^k = (E-Q)^{-1}(E-Q^n) = \begin{pmatrix} 1 - \frac{1}{2}\left\{\left(\frac{7}{10}\right)^n + \left(-\frac{3}{10}\right)^n\right\} & -\left(\frac{7}{10}\right)^n + \left(-\frac{3}{10}\right)^n \\ -\left(\frac{7}{10}\right)^n - \left(-\frac{3}{10}\right)^n & 1 - \left(\frac{7}{10}\right)^n - \left(-\frac{3}{10}\right)^n . \end{pmatrix}$

12. $E - Q = \begin{pmatrix} 1 & -\frac{1}{2} & 0 \\ -\frac{1}{2} & 1 & -\frac{1}{2} \\ 0 & -\frac{1}{2} & 1 \end{pmatrix}$ より, $(E-Q)^{-1} = 2\begin{pmatrix} \frac{3}{4} & \frac{1}{2} & \frac{1}{4} \\ \frac{1}{2} & 1 & \frac{1}{2} \\ \frac{1}{4} & \frac{1}{2} & \frac{3}{4} \end{pmatrix} = \begin{pmatrix} \frac{3}{2} & 1 & \frac{1}{2} \\ 1 & 2 & 1 \\ \frac{1}{2} & 1 & \frac{3}{2} \end{pmatrix}$.

索 引

新版 線形代数学〈第 2 版〉

ISBN 978-4-8082-1040-3

2020 年 4 月 1 日 初版発行
2023 年 4 月 1 日 2 版発行
2024 年 4 月 1 日 2 刷発行

著者代表 © 酒 井 政 美
発 行 者 鳥 飼 正 樹
印 刷
製 本 三 美 印 刷 株式会社

発行所 株式会社 東京教学社

郵便番号 112-0002
住 所 東京都文京区小石川 3-10-5
電 話 03（3868）2405
F A X 03（3868）0673
http://www.tokyokyogakusha.com